MBA MPAcc MEM MPA 管理类联考

数学提分技巧

郑小松 ◎ 编著

清华大学出版社
北京

内 容 简 介

为了帮助管理类专业硕士联考的考生更好地备考数学，编著者按照考试大纲的要求，归纳、分类、整理考点与历年真题后编著本书。

本书共11章，内容包含实数、绝对值、比例和平均值、应用题、整式、分式和函数、方程和不等式、数列、平面几何、立体几何、解析几何、排列组合、概率初步、数据描述，每章附有习题详解。绪论是对数学条件充分性判断题型的专题介绍。

本书可作为备考MBA、MPAcc、MPA、MEM等管理类联考数学的辅导教材。本书含有近十年真题的解析，明确考试方向，把握考试重点，便于学生复习备考使用。

本书封面贴有清华大学出版社防伪标签，无标签者不得销售。
版权所有，侵权必究。举报：010-62782989，beiqinquan@tup.tsinghua.edu.cn。

图书在版编目（CIP）数据

MBA MPAcc MEM MPA 管理类联考．数学提分技巧/郑小松编著．—北京：清华大学出版社，2022.3(2022.12重印)

ISBN 978-7-302-59950-0

Ⅰ.①M… Ⅱ.①郑… Ⅲ.①高等数学-研究生-入学考试-自学参考资料 Ⅳ.①G643

中国版本图书馆CIP数据核字(2022)第021207号

责任编辑：颜廷芳
封面设计：刘　键
责任校对：李　梅
责任印制：丛怀宇

出版发行：清华大学出版社
网　　址：http://www.tup.com.cn，http://www.wqbook.com
地　　址：北京清华大学学研大厦A座　　邮　编：100084
社 总 机：010-83470000　　邮　购：010-62786544
投稿与读者服务：010-62776969，c-service@tup.tsinghua.edu.cn
质量反馈：010-62772015，zhiliang@tup.tsinghua.edu.cn
课件下载：http://www.tup.com.cn，010-83470410

印 装 者：涿州市般润文化传播有限公司
经　　销：全国新华书店
开　　本：185mm×260mm　　印　张：23.75　　字　数：577千字
版　　次：2022年3月第1版　　印　次：2022年12月第2次印刷
定　　价：98.00元

产品编号：094915-02

前　言

为了帮助报考管理类专业硕士联考的考生更好地备考数学,编著者对历年数学真题进行了研究,将其归纳、分类、整理,在此基础上,按照全新管理类专业硕士联考数学考试大纲的要求编著本书。

- **本书特点**

  1. **配有思维框架导图**。思维导图可以帮助考生快速理清知识点之间的关系,明确考试方向,形成系统性思维,提升概括能力,对每章考点有一个全面且清晰的了解。

  2. **分为基础和强化两个阶段**。基础阶段的内容紧扣大纲,从零起步,帮助考生循序渐进地掌握基本公式、概念和做题方法,为后期学习打下坚实的基础;强化阶段的内容,总结考试规律,细分考试考点,将题型全面归类,帮助考生快速突破考试重点和难点,掌握解题技巧,实现从量变到质变的突破,提高考试分数。

  3. **将精讲例题和练习题紧密结合**。本书不仅有基础和强化阶段精讲例题,还有对应阶段的基础巩固习题和强化提升习题。考生通过适度做题,可以加强对概念的理解,提升对公式灵活运用的能力,形成较好的解题思维。

  4. **涵盖近十年的真题及模拟题**。本书不仅收集了大量的真题,同时根据考试大纲,扩充了大量类似真题难度的模拟题,以帮助考生真正把握考试的命题思路,挖掘题目陷阱,增加实战经验。

- **数学五大核心学习方法**

  1. **搭建知识框架**。知识框架的构建是对知识的系统归纳,考生在备考时可以根据书中的内容尝试绘制各章节的思维导图,从而快速整理考试涉及的考点,全方位地覆盖所有类型的题目;尤其在强化阶段,根据宏观考点可以再次细分考试方向,整理出每一个考点涉及的所有变化题型,既有框架,又有细节,掌握全局,运筹帷幄,决胜千里。

  2. **共性题目归类**。每一道考题都有其考点或公式,但是这些考题往往披上了一层或几层外衣,要么改变了结构,要么换了一种说法。考生在做题过程中可以将同一类题型进行归纳,挖掘其共同特征,分析其差异,达到触类旁通、举一反三的效果,并能灵活应对各类看似无规律的考题,最终形成做题套路和数学思维。

  3. **做题时间管控**。考试答题时间为60min,共25道题,平均每2分半需要完成一道题,时间比较紧张,所以需要考生在平时练习中加强速度训练,改变以往做题习惯,调整做题方式,可以自我设定时间,在规定时间内完成相应题量,提升在单位时间内的解题速度。

  4. **不断复习巩固**。知识要靠一点一滴的积累,如果不对学过的内容进行复习巩固,就会降低学习的效率,到头来将一无所获。防止遗忘最有效的办法就是及时复习,不断地复习,这也能帮助考生加深理解、形成技能。建议考生每天抽出数学学习1/3的时间,复习之前学过的内容。

5. 数学思维培养。数学会涉及很多思想,如代数思想、数形结合、转化思想、对应思想、假设法、比较法、符号化、极限法、特值法、淘汰法、估算法等,考生可以根据书中内容全面总结做题技巧,培养做题思维,改变以往的做题策略,一题多解时,寻找最快捷的方法得出正确答案,为数学考试赢得时间!

• 数学四大板块及分值分布(共25题)

1. 算术(8题)
第一章　实数、绝对值、比例和平均值(2题)
第二章　应用题(6题)

2. 代数(6题)
第三章　整式、分式和函数(2题)
第四章　方程和不等式(2题)
第五章　数列(2题)

3. 几何(6题)
第六章　平面几何(2题)
第七章　立体几何(1题)
第八章　解析几何(3题)

4. 数据(5题)
第九章　排列组合(2题)
第十章　概率初步(2题)
第十一章　数据描述(1题)

• 考试大纲解读

综合能力考试中的数学基础部分主要考查考生的运算能力、逻辑推理能力、空间想象能力和数据处理能力。通过问题求解和条件充分性判断两种形式进行测试。

试题涉及的数学知识范围如下。

1. 算术

(1) 整数

① 整数及其运算;② 整除、公倍数、公约数;③ 奇数、偶数;④ 质数、合数。

(2) 分数、小数、百分数

(3) 比与比例

(4) 数轴与绝对值

2. 代数

(1) 整式

① 整式及其运算;② 整式的因式与因式分解。

(2) 分式及其运算

(3) 函数

① 集合;② 一元二次函数及其图像;③ 指数函数、对数函数。

(4) 代数方程

① 一元一次方程;② 一元二次方程;③ 二元一次方程组。

(5) 不等式

① 不等式的性质;② 均值不等式;③ 不等式求解,包括一元一次不等式(组)、一元二次不等式、简单绝对值不等式、简单分式不等式。

(6) 数列、等差数列、等比数列

3. 几何

(1) 平面图形

① 三角形;② 四边形,包括矩形、平行四边形、梯形;③ 圆与扇形。

(2) 空间几何体

① 长方体;② 柱体;③ 球体。

(3) 平面解析几何

① 平面直角坐标系;② 直线方程与圆的方程;③ 两点间距离公式与点到直线的距离公式。

4. 数据

(1) 计数原理

① 加法原理、乘法原理;② 排列与排列数;③ 组合与组合数。

(2) 数据描述

① 平均值;② 方差与标准差;③ 数据的图表表示,包括直方图、饼图、数表。

(3) 概率

① 事件及其简单运算;② 加法公式;③ 乘法公式;④ 古典概型;⑤ 伯努利概型。

本书可作为备考 MBA、MPAcc、MEM、MPA 等管理类联考数学的辅导教材。由于编著者水平有限,书中难免有疏漏之处,恳请读者批评、指正。

编著者

2022 年 12 月

配套视频资源

近 10 年真题+解析

目　录

绪论　条件充分性判断题 ……………………………………………………… 1

第1章　实数、绝对值、比例和平均值 …………………………………… 3
1.1　知识要点归纳 ……………………………………………………… 4
1.2　基础精讲例题 ……………………………………………………… 8
1.3　基础巩固习题 ……………………………………………………… 14
1.4　强化精讲例题 ……………………………………………………… 20
1.5　强化提升习题 ……………………………………………………… 32

第2章　应用题 …………………………………………………………… 39
2.1　知识要点归纳 ……………………………………………………… 40
2.2　基础精讲例题 ……………………………………………………… 44
2.3　基础巩固习题 ……………………………………………………… 53
2.4　强化精讲例题 ……………………………………………………… 62
2.5　强化提升习题 ……………………………………………………… 77

第3章　整式、分式和函数 ……………………………………………… 88
3.1　知识要点归纳 ……………………………………………………… 89
3.2　基础精讲例题 ……………………………………………………… 93
3.3　基础巩固习题 ……………………………………………………… 100
3.4　强化精讲例题 ……………………………………………………… 106
3.5　强化提升习题 ……………………………………………………… 117

第4章　方程和不等式 …………………………………………………… 124
4.1　知识要点归纳 ……………………………………………………… 124
4.2　基础精讲例题 ……………………………………………………… 128
4.3　基础巩固习题 ……………………………………………………… 133
4.4　强化精讲例题 ……………………………………………………… 139
4.5　强化提升习题 ……………………………………………………… 151

第 5 章 数列 159

- 5.1 知识要点归纳 159
- 5.2 基础精讲例题 162
- 5.3 基础巩固习题 167
- 5.4 强化精讲例题 174
- 5.5 强化提升习题 181

第 6 章 平面几何 190

- 6.1 知识要点归纳 190
- 6.2 基础精讲例题 194
- 6.3 基础巩固习题 202
- 6.4 强化精讲例题 211
- 6.5 强化提升习题 223

第 7 章 立体几何 232

- 7.1 知识要点归纳 232
- 7.2 基础精讲例题 234
- 7.3 基础巩固习题 237
- 7.4 强化精讲例题 242
- 7.5 强化提升习题 248

第 8 章 解析几何 255

- 8.1 知识要点归纳 256
- 8.2 基础精讲例题 260
- 8.3 基础巩固习题 267
- 8.4 强化精讲例题 275
- 8.5 强化提升习题 286

第 9 章 排列组合 297

- 9.1 知识要点归纳 297
- 9.2 基础精讲例题 299
- 9.3 基础巩固习题 305
- 9.4 强化精讲例题 310
- 9.5 强化提升习题 318

第 10 章 概率初步 324

- 10.1 知识要点归纳 324
- 10.2 基础精讲例题 325

10.3	基础巩固习题	332
10.4	强化精讲例题	338
10.5	强化提升习题	347

第 11 章　数据描述 ········ 356

11.1	知识要点归纳	356
11.2	基础精讲例题	357
11.3	基础巩固习题	360
11.4	强化精讲例题	364
11.5	强化提升习题	367

参考文献 ········ 372

绪论　条件充分性判断题

条件充分性判断是管理类联考数学部分第二题型,引自于国外 GMAT 考试。该题型主要考查学生的逆向思维能力,需结合数学和逻辑推理知识求解,要求较高,很多考生做此类题型时错误率极高。本部分将详细介绍此种题型的解法。

一、充分性定义

两个命题 A 和 B,若由命题 A 成立,可以肯定推出命题 B 也成立(即 A ⇒ B 为真命题),则称命题 A 是命题 B 成立的充分条件。

二、解题说明及选项含义

条件充分性判断题由一个结论、两个条件和五个选项组成。此类题要求判断所给的条件是否能够完全肯定地推出题干中的条件,即只需要分析条件是否充分即可。五个选项是固定的,其所规定的含义严格按照考试大纲给出的标准定义,呈现如下:

若条件(1)充分,但条件(2)不充分,选 A;
若条件(1)不充分,但条件(2)充分,选 B;
若条件(1)和(2)单独都不充分,但条件(1)和(2)联合起来充分,选 C;
若条件(1)充分,条件(2)也充分,选 D;
若条件(1)和(2)单独都不充分,条件(1)和(2)联合起来也不充分,选 E。

三、基本解法

(1)自下而上:由条件推导结论,这是最基本的解法,但需保证条件的所有情况都可以肯定推出结论,则条件才是充分的。

(2)自上而下:如果结论比较复杂,找不到条件和结论的关联,可以先从结论出发,找到结论的同义替换,再从条件推导结论(其本质仍然回归到自下而上)。

四、解题技巧

(1)特值法:从条件中取特值,代入结论验证。此种情况需要注意:从条件中取特值代入结论符合,但条件不一定充分。

(2)反例法:从条件中找到一个反例推翻了结论,则条件一定不充分。

注意:基础阶段只需要掌握前两种技巧即可,下面的技巧需要经过大量题型训练之后,再学习利用,否则效果不佳。

(3)两条件矛盾型:当两个条件矛盾时,一般考虑选 A、B、D、E。

(4)两条件等价型:当两个条件为等价命题时,一般考虑选 D,E。

(5) 两条件包含型:当两条件具备包含关系时,比如条件(2)的范围包含了条件(1)的范围,一般考虑选 A、D、E。

(6) 两条件红花绿叶型:当其中的一个条件是等量表达式(红花),另一个条件是范围限定(绿叶),一般考虑选 C、E。

(7) 当两个条件至少有一个是充分的,不再考虑联合,一般考虑选 A、B、D。

(8) 当两个条件都不充分时,才考虑联合,一般考虑选 C、E。

五、例题精讲

【例1】$1 < x < 10$。

(1) $2 < x < 6$。　　　　　　　　　　(2) $x = 4$。

【解析】条件(1),x的范围被包含在结论里,充分;条件(2),$x = 4$在结论范围里,也充分,答案选 D。

【例2】$3 < x < 16$。

(1) $1 < x < 8$。　　　　　　　　　　(2) $5 < x < 18$。

【解析】条件(1),举反例 $x = 2$,推不出结论,不充分;条件(2),举反例 $x = 17$,推不出结论,也不充分;考虑联合,取其交集为 $5 < x < 8$,此时是结论的子集,联合充分,答案选 C。

【例3】$|x| = 1$。

(1) $x = 1$。　　　　　　　　　　　　(2) $x = -1$。

【解析】把条件(1)和(2)中的 x 值都代入结论符合,两个条件都充分,答案选 D。

【例4】$x = \pm 1$。

(1) $x = 1$。　　　　　　　　　　　　(2) $x = -1$。

【解析】$x = \pm 1$ 表示 $x = 1$ 或 $x = -1$,包含两种情况,条件(1)和(2)均为结论的子集,都充分,答案选 D。

【例5】$x \geq 1$。

(1) $x > 1$。　　　　　　　　　　　　(2) $x = 1$。

【解析】$x \geq 1$ 表示 $x > 1$ 或 $x = 1$,包含两种情况,条件(1)和(2)均为结论的子集,都充分,答案选 D。

【例6】$x > 5$。

(1) $x \geq 5$。　　　　　　　　　　　(2) $x \geq 6$。

【解析】条件(1),举反例 $x = 5$,不能推出结论,不充分;条件(2),$x \geq 6$ 是结论的子集,充分,答案选 B。

【例7】$(x+3)(x-5) = 0$。

(1) $x = \pm 5$。　　　　　　　　　　(2) $x > 0$。

【解析】结论为 $x = -3$ 或 $x = 5$。条件(1),举反例 $x = -5$,不能推出结论,不充分;条件(2),$x > 0$,也不充分;条件(1)和(2)联合取交集为 $x = 5$,是结论的子集,充分,答案选 C。

第1章 实数、绝对值、比例和平均值

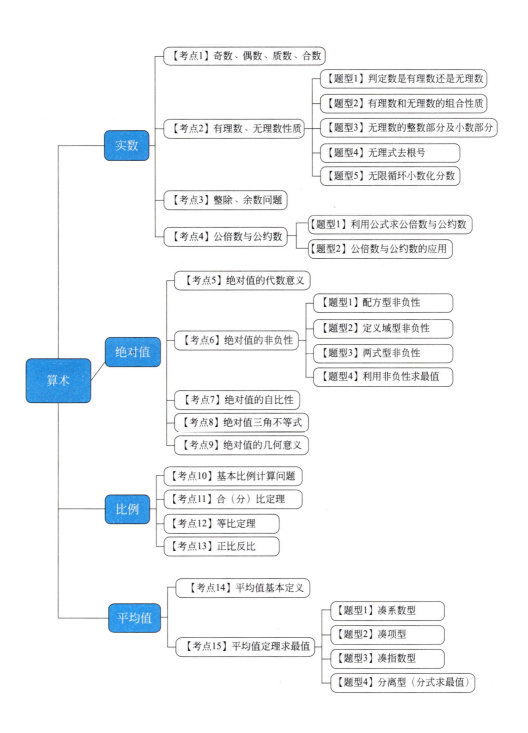

1.1 知识要点归纳

一、实数的基本概念和应用

1. 整数、自然数

整数：$-2,-1,0,1,2$ 这样的数称为整数。整数包含正整数、0和负整数，符号为 Z。
自然数：$0,1,2,3,\cdots$，符号为 N（最小的自然数是0）。

2. 奇数、偶数

奇数：不能被2整除的数，一般用 $2n+1(n\in Z)$ 表示。
偶数：能被2整除的数，一般用 $2n(n\in Z)$ 表示。注意0能被2整除，所以0是偶数。
奇偶组合性质如下。
奇数＋奇数＝偶数；奇数＋偶数＝奇数；偶数＋偶数＝偶数；
奇数×奇数＝奇数；奇数×偶数＝偶数；偶数×偶数＝偶数。

3. 质数、合数

质数：除了1和它本身以外，不能被其他自然数整除的正整数，如5只能被1和5整除。
合数：除了1和它本身以外，还能被其他自然数整除的正整数，如4不仅能被1和4整除，还能被2整除。
质数、合数的重要性质如下。
(1) 小于20的质数：2,3,5,7,11,13,17,19。
(2) 最小的质数是2,2既是质数也是偶数,2是唯一的质偶数，除2以外的质数都是奇数。
(3) 若两个正整数 a,b 满足 $a\times b=$ 质数，则 a,b 中必有一个为1（质数只能分解为1和它本身相乘）。
(4) 如果两个质数的和或者差是奇数，则其中必有一个是2；如果两个质数的积是偶数，则其中也必有一个是2。
(5) 最小的合数是4,把一个合数分解成几个质数乘积的形式，称为分解质因数，如 $30=5\times 3\times 2$。
(6) 互质数：公约数只有1的两个数称为互质数，如9和16。

4. 有理数、无理数

实数是有理数和无理数的统称。
有理数包括整数、有限小数和无限循环小数。
无理数指无限不循环小数。
实数的具体分类见图1-1。
常见的无理数有：
(1) 圆周率 π，自然对数 e；
(2) 带有根号，如 $\sqrt{2}$ 和 $\sqrt{3}$；
(3) 对数函数，如 $\log_2 3$。

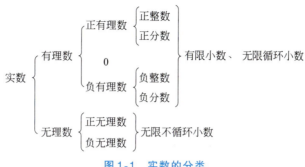

图 1-1　实数的分类

5. 整除、倍数、约数

整除:当整数 a 除以非零整数 b,商是整数时,则称 a 能被 b 整除。

整除特点如下。

(1) 能被 2 整除的数:个位为 0,2,4,6,8;

(2) 能被 3(9) 整除的数:各数位的数字之和必能被 3(9) 整除;

(3) 能被 4(8) 整除的数:末两(三)位数字必能被 4(8) 整除;

(4) 能被 5 整除的数:个位为 0 或 5;

(5) 能被 6 整除的数:同时能被 2 和 3 整除;

(6) 能被 10 整除的数:个位必为 0;

(7) 能被 11 整除的数:从右向左,奇数位的数字之和减去偶数位的数字之和能被 11 整除(包括 0)。

倍数、约数:当 a 能被 b 整除时,则 a 是 b 的倍数,b 是 a 的约数。

最小公倍数:几个数公有的倍数称为公倍数,其中最小的一个数称为这几个数的最小公倍数。a,b 两个数的最小公倍数可以表示成 $[a,b]$,如 6,9 的最小公倍数为 $[6,9]=18$。

最大公约数:几个数公有的约数称为公约数(又称公因数),其中最大的一个数称为最大公约数。a,b 两个数的最大公约数可以表示成 (a,b),如 6,9 的最大公约数为 $(6,9)=3$。

求最小公倍数有以下两种方法。

(1) 公式法。两数乘积=最大公约数×最小公倍数,即 $a\times b=(a,b)\times [a,b]$。若已知两数乘积及这两数的最大公约数,则可利用此公式求最小公倍数;若要求三个数的最小公倍数,仍可利用上述公式,先求得其中两个数的最小公倍数,再求这个最小公倍数与第三个数的最小公倍数即为所求结果。

(2) 短除法。先用这几个数的公约数除以每一个数,再用部分数的公约数去除,并把不能整除的数移下来,一直除到所有的商中每两个数都是互质的为止,然后把所有的除数和商连乘起来,所得的积就是这几个数的最小公倍数。

二、绝对值

1. 代数定义

$$|a|=\begin{cases}a, & a\geqslant 0\\-a, & a<0\end{cases}$$

2. 几何定义

$|a|$ 表示在数轴上 a 点到原点 0 的距离；

$|a-b|$ 表示数轴上 a 点到 b 点的距离。

3. 绝对值的性质

(1) 对称性：$|-a|=|a|$；

(2) 等价性：$\sqrt{a^2}=|a|, |a|^2=|a^2|=a^2$；

(3) 自比性：$-|a| \leqslant a \leqslant |a|, \dfrac{|a|}{a}=\dfrac{a}{|a|}=\begin{cases} 1, & a>0 \\ -1, & a<0 \end{cases}$；

(4) 非负性：$|a| \geqslant 0, a^2 \geqslant 0, a^4 \geqslant 0, \cdots, \sqrt{a} \geqslant 0, \sqrt[4]{a} \geqslant 0, \cdots$。

4. 绝对值基本不等式

$|x|<a(a>0) \Leftrightarrow -a<x<a$（$x$ 到原点的距离小于 a）；

$|x|>a(a>0) \Leftrightarrow x<-a$ 或 $x>a$（x 到原点的距离大于 a）。

5. 绝对值三角不等式

基本公式为 $|a|-|b| \leqslant |a \pm b| \leqslant |a|+|b|$，等号成立的条件见表1-1。

表1-1 三角不等式中等号成立的条件

表达式	成立条件	举 例
$\|a+b\|=\|a\|+\|b\|$	$ab \geqslant 0$	$\|3+2\|=\|3\|+\|2\|$
$\|a-b\|=\|a\|+\|b\|$	$ab \leqslant 0$	$\|3-(-2)\|=\|3\|+\|(-2)\|$
$\|a+b\|=\|a\|-\|b\|$	$ab \leqslant 0$ 且 $\|a\| \geqslant \|b\|$	$\|3+(-2)\|=\|3\|-\|(-2)\|$
$\|a-b\|=\|a\|-\|b\|$	$ab \geqslant 0$ 且 $\|a\| \geqslant \|b\|$	$\|3-2\|=\|3\|-\|2\|$

三、比和比例

1. 比

两个数 a,b 相除又可称为这两个数的比，即 $a:b=\dfrac{a}{b}$。若 a 除以 b 的商为 k，则称 k 为 $a:b$ 的比值。

2. 比例

如果 $a:b$ 和 $c:d$ 的比值相等，则称 a,b,c,d 成比例，记做 $a:b=c:d$ 或 $\dfrac{a}{b}=\dfrac{c}{d}$。其中 a 和 d 叫作比例外项，b 和 c 叫作比例内项，当 $a:b=b:c$ 时，称 b 为 a 和 c 的比例中项。

3. 正比和反比

正比：若 $y=kx(k \neq 0, k$ 为常数$)$，则称 y 与 x 成正比，k 为比例系数；

反比：若 $y=\dfrac{k}{x}(k \neq 0, k$ 为常数$)$，则称 y 与 x 成反比，k 为比例系数。

4. 比例基本定理

(1) 更比定理：$\dfrac{a}{b}=\dfrac{c}{d} \Leftrightarrow \dfrac{a}{c}=\dfrac{b}{d}$；

(2) 反比定理：$\dfrac{a}{b}=\dfrac{c}{d} \Leftrightarrow \dfrac{b}{a}=\dfrac{d}{c}$；

(3) 合比定理：$\dfrac{a}{b}=\dfrac{c}{d} \Leftrightarrow \dfrac{a+b}{b}=\dfrac{c+d}{d}$（等式左右同加1）；

(4) 分比定理：$\dfrac{a}{b}=\dfrac{c}{d} \Leftrightarrow \dfrac{a-b}{b}=\dfrac{c-d}{d}$（等式左右同减1）；

(5) 合分比定理：$\dfrac{a}{b}=\dfrac{c}{d} \Leftrightarrow \dfrac{a+b}{a-b}=\dfrac{c+d}{c-d}$（(3)式除以(4)式）；

(6) 等比定理：$\dfrac{a}{b}=\dfrac{c}{d}=\dfrac{e}{f}=\dfrac{a+c+e}{b+d+f}(b+d+f\neq 0)$。

四、平均值

1. 平均值基本定义

(1) 算术平均值

有 n 个实数 $x_1,x_2,\cdots,x_n$，称 $\dfrac{x_1+x_2+\cdots+x_n}{n}$ 为这 n 个数的算术平均值，记为 $\overline{x}=\dfrac{1}{n}\sum_{i=1}^{n}x_i$。

(2) 几何平均值

有 n 个正实数 $x_1,x_2,\cdots,x_n$，称 $\sqrt[n]{x_1x_2\cdots x_n}$ 为这 n 个数的几何平均值，记为 $x_g=\sqrt[n]{\prod_{i=1}^{n}x_i}$。

2. 平均值定理

有 n 个正实数 $x_1,x_2,\cdots,x_n$，其算术平均值大于等于其几何平均值，即 $\dfrac{x_1+x_2+\cdots+x_n}{n}\geqslant \sqrt[n]{x_1x_2\cdots x_n}$（当且仅当 $x_1=x_2=\cdots=x_n$ 时，取等号）。

3. 平均值定理的运用

对于两个数：$a>0,b>0,\dfrac{a+b}{2}\geqslant \sqrt{ab}$（当且仅当 $a=b$ 时，取等号）。

转化(1)：$a+b\geqslant 2\sqrt{ab}$（当 a,b 两数乘积为定值时，可得两数之和的最小值）；

转化(2)：$ab\leqslant \left(\dfrac{a+b}{2}\right)^2$（当 a,b 两数之和为定值时，可得两数乘积的最大值）；

转化(3)：$a+\dfrac{1}{a}\geqslant 2(a>0)$；$a+\dfrac{1}{a}\leqslant -2(a<0)$；

转化(4)：$\sqrt{\dfrac{a^2+b^2}{2}}\geqslant \dfrac{a+b}{2}\geqslant \sqrt{ab}\geqslant \dfrac{2}{\dfrac{1}{a}+\dfrac{1}{b}}$。

对于三个数：$a>0, b>0, c>0, \dfrac{a+b+c}{3} \geqslant \sqrt[3]{abc}$（当且仅当 $a=b=c$ 时，取等号）。

求最值口诀：一正，二定，三相等。

1.2 基础精讲例题

一、奇数、偶数、质数、合数

【例 1-1】 如果 a, b 均为质数，且 $3a+7b=97$，则 $a+b=$（　　）。

A. 14　　B. 15　　C. 16　　D. 17　　E. 18

【解析】 97 为奇数，一奇一偶相加所得，又 a, b 均为质数，所以 a, b 必有一个为 2，当 $a=2$ 时，$b=13$；当 $b=2$ 时，$a=\dfrac{83}{3}$，不符合，因此 $a+b=15$，答案选 B。

【套路】 此类题是奇、偶、质、合联合考查，应先根据已知数据的奇偶性判定未知变量的奇偶性，再通过质、合，讨论确定数值。

【例 1-2】（2014-1）若几个质数（素数）的乘积为 770，则它们的和为（　　）。

A. 85　　B. 84　　C. 28　　D. 26　　E. 25

【解析】 分解质因数，$770=11\times7\times5\times2$，其和为 $11+7+5+2=25$，答案选 E。

【例 1-3】（2015-1）设 m, n 是小于 20 的质数，满足条件 $|m-n|=2$ 的 $\{m, n\}$ 共有（　　）。

A. 2 组　　B. 3 组　　C. 4 组　　D. 5 组　　E. 6 组

【解析】 小于 20 的质数分别是 2, 3, 5, 7, 11, 13, 17, 19，满足条件的集合有 $\{3,5\}, \{5,7\}, \{11,13\}, \{17,19\}$，由于集合具有无序性，因此共有 4 组，答案选 C。

【例 1-4】（2021-1）设 p, q 是小于 10 的质数，则满足条件 $1<\dfrac{q}{p}<2$ 的 p, q 有（　　）组。

A. 2　　B. 3　　C. 4　　D. 5　　E. 6

【解析】 10 以内的质数有 2, 3, 5, 7，则满足条件的有 $\dfrac{3}{2}, \dfrac{5}{3}, \dfrac{7}{5}$，共 3 组，答案选 B。

二、有理数、无理数性质

【例 1-5】 设 $m=\sqrt{5}+2$，则 $m+\dfrac{1}{m}$ 的整数部分为（　　）。

A. 2　　B. 3　　C. 4　　D. 5　　E. 以上结论均不正确

【解析】 $m+\dfrac{1}{m}=\sqrt{5}+2+\dfrac{1}{\sqrt{5}+2}=\sqrt{5}+2+\dfrac{\sqrt{5}-2}{(\sqrt{5}+2)(\sqrt{5}-2)}=\sqrt{5}+2+\sqrt{5}-2=2\sqrt{5}<5$，其整数部分是 4，答案选 C。

【例 1-6】 如果 $(2+\sqrt{2})^2=a+b\sqrt{2}$（$a, b$ 为有理数），那么 $a-b$ 等于（　　）。

A. 2　　B. 3　　C. 8　　D. 10　　E. 以上结论均不正确

【解析】 $(2+\sqrt{2})^2=6+4\sqrt{2}=a+b\sqrt{2}$，则 $a=6, b=4, a-b=2$，答案选 A。

【套路】 已知 a, b, c, d 为有理数，$\sqrt{c}, \sqrt{d}$ 为无理数，满足 $a+\sqrt{c}=b+\sqrt{d}$，利用"门当

户对"原则,则 $a=b, c=d$。

三、整除、余数问题

【例1-7】 三个数的和是312,这三个数分别能被7,8,9整除,而且商都相同,则最大的数与最小的数相差(　　)。

A. 18　　B. 20　　C. 22　　D. 24　　E. 26

【解析】 设商都为 n,则三个数分别为 $7n, 8n, 9n$, $7n+8n+9n=312$,解得 $n=13$,最大的数与最小的数相差 $9n-7n=2n=2\times 13=26$,答案选E。

【例1-8】 若 n 是正整数,则 n^3-n 一定有约数(　　)。

A. 5　　B. 6　　C. 7　　D. 8　　E. 12

【解析】 $n^3-n=n(n^2-1)=n(n+1)(n-1)$,根据定理:连续 n 个整数乘积一定能被 $n!$ 整除,又 $n(n+1)(n-1)$ 是三个连续的整数乘积,因此一定能被 $3!=6$ 整除,答案选B。

【技巧】 特值法排除,令 $n=2, n^3-n=6$;令 $n=3, n^3-n=24$,观察选项都有约数6,答案选B。

【例1-9】 自然数 n 的13倍除以10的余数为9,则 n 的个位数字为(　　)。

A. 2　　B. 3　　C. 5　　D. 7　　E. 9

【解析】 被除数=除数×商+余数,则 $13n=10\times$ 商 $+9$,即 $13n-9=10\times$ 商,所以 $13n-9$ 是10的倍数,可以推出 $13n$ 的个位数字为9,因此 n 的个位数字为3,答案选B。

【套路】 被除数=除数×商+余数,可以转化为被除数−余数=除数×商。余数问题可以转化为整除问题进行求解。

【技巧】 通过代入法排除,当 $n=3$ 时, $13n=39$,除以10的余数为9,答案选B。

四、公倍数与公约数

【例1-10】 甲每9天进城一次,乙每12天进城一次,丙每15天进城一次,某天三人在城里相遇,那么距离下次相遇的时间至少是(　　)天。

A. 60　　B. 180　　C. 270　　D. 300　　E. 360

【解析】 要求距离下次相遇的最少天数,即求 9,12,15 的最小公倍数,$[9,12,15]=180$,答案选B。

【例1-11】 将长为18cm,宽为12cm的长方形截成若干个相同的正方形(边长是整厘米数)且没有剩余,则所截得的正方形最少为(　　)个。

A. 2　　B. 4　　C. 6　　D. 8　　E. 12

【解析】 截成的正方形的边长应尽可能大,即求18和12的最大公约数。$(18,12)=6$,则所截得的正方形最少为 $\dfrac{18}{6}\times\dfrac{12}{6}=6$ 个,答案选C。

五、绝对值的代数意义

【例1-12】 已知 $t^2-3t-18\leqslant 0$,则 $|t+4|+|t-6|=$(　　)。

A. $2t-2$　　B. 10　　C. 3　　D. $2t+2$　　E. 以上结论均不正确

【解析】 根据题意,$(t+3)(t-6)\leqslant 0$,解得 $-3\leqslant t\leqslant 6$,则 $t+4>0, t-6\leqslant 0$,去掉绝

对值符号可得 $|t+4|+|t-6|=(t+4)+(6-t)=10$,答案选 B。

【技巧】特值法,当 $t=0$ 时,符合不等式,代入原式结果为 10,答案选 B。

【例 1-13】已知 $\left|\dfrac{5x-3}{2x+5}\right|=\dfrac{3-5x}{2x+5}$,则实数 x 的取值范围为(　　)。

A. $x<-\dfrac{5}{2}$ 或 $x\geqslant\dfrac{3}{5}$ B. $-\dfrac{5}{2}\leqslant x\leqslant\dfrac{3}{5}$ C. $-\dfrac{5}{2}<x\leqslant\dfrac{3}{5}$

D. $-\dfrac{3}{5}\leqslant x<\dfrac{5}{2}$ E. 以上结论均不正确

【解析】已知 $\left|\dfrac{5x-3}{2x+5}\right|=\dfrac{3-5x}{2x+5}$,去掉绝对值变为了相反数,则绝对值里面的数 $\dfrac{5x-3}{2x+5}\leqslant 0$,即 $\begin{cases}(5x-3)(2x+5)\leqslant 0\\ 2x+5\neq 0\end{cases}$,解得 $-\dfrac{5}{2}<x\leqslant\dfrac{3}{5}$,答案选 C。

【套路】①若 $|a|=-a$,则 $a\leqslant 0$;②$\dfrac{f(x)}{g(x)}\geqslant(\leqslant)0\Leftrightarrow\begin{cases}f(x)g(x)\geqslant(\leqslant)0\\ g(x)\neq 0\end{cases}$。

【技巧】通过特值法排除,$x=0$ 符合等式,排除 A;分母不能为零,即 $x\neq-\dfrac{5}{2}$,排除 B;$x=2$ 不符合等式,排除 D,答案选 C。

【例 1-14】(2019-1)设 a,b 满足 $ab=6,|a+b|+|a-b|=6$,则 $a^2+b^2=(\quad)$。
A. 10　　B. 11　　C. 12　　D. 13　　E. 14

【解析】$ab=6>0$,则 a,b 同号。令 $a>b>0$,去掉绝对值符号,则 $|a+b|+|a-b|=(a+b)+(a-b)=2a=6$,则 $a=3,b=\dfrac{6}{a}=2$,因此 $a^2+b^2=13$,答案选 D。

【技巧】特值法,由 $ab=6$ 很容易想到 $ab=6=1\times 6=2\times 3$,代入 $|a+b|+|a-b|=6$ 验证,得到 $a=2,b=3$,符合,因此 $a^2+b^2=13$,答案选 D。

六、绝对值的非负性

【例 1-15】已知 $|x-y+1|+(2x-y)^2=0$,那么 $\log_y x=(\quad)$。
A. 1　　B. -1　　C. 0　　D. 2　　E. 3

【解析】利用非负性得 $\begin{cases}x-y+1=0\\ 2x-y=0\end{cases}$,解得 $\begin{cases}x=1\\ y=2\end{cases}$,则 $\log_y x=\log_2 1=0$,答案选 C。

【套路】具有非负性式子:$|a|\geqslant 0,a^2\geqslant 0,\sqrt{a}\geqslant 0$。

非负性基本题型模板:若 $|a|+b^2+\sqrt{c}=0$,则 $a=b=c=0$。

【例 1-16】(2008-10) $|3x+2|+2x^2-12xy+18y^2=0$,则 $2y-3x=(\quad)$。
A. $-\dfrac{14}{9}$　　B. $-\dfrac{2}{9}$　　C. 0　　D. $\dfrac{2}{9}$　　E. $\dfrac{14}{9}$

【解析】配方得 $|3x+2|+2(x-3y)^2=0$,利用非负性得:$3x+2=0,x-3y=0$,解得 $x=-\dfrac{2}{3},y=-\dfrac{2}{9}$,则 $2y-3x=2\times\left(-\dfrac{2}{9}\right)-3\times\left(-\dfrac{2}{3}\right)=\dfrac{14}{9}$,答案选 E。

七、绝对值的自比性

【例1-17】 a,b,c 是非零实数,则 $\dfrac{a}{|a|}+\dfrac{b}{|b|}+\dfrac{c}{|c|}+\dfrac{abc}{|abc|}$ 的所有值共有（　　）种情况。

A. 1　　　　B. 2　　　　C. 3　　　　D. 4　　　　E. 5

【解析】 分以下几种情况讨论。

① 三个正：令 $a>0,b>0,c>0$，则原式 $=1+1+1+1=4$；
② 两正一负：令 $a>0,b>0,c<0$，则原式 $=1+1-1-1=0$；
③ 两负一正：令 $a>0,b<0,c<0$，则原式 $=1-1-1+1=0$；
④ 三个负：令 $a<0,b<0,c<0$，则原式 $=-1-1-1-1=-4$。

综上，所有取值共有 3 个，答案选 C。

【套路】 绝对值的自比性 $\dfrac{a}{|a|}=\dfrac{|a|}{a}=\begin{cases}1 & a>0\\-1 & a<0\end{cases}$，核心是正、负符号的判定。

【扩展】 如果在题干前加入限定条件 $a+b+c=0$，此时三个数只能为两正一负或两负一正，原式的值为 0。

八、绝对值三角不等式

【例1-18】 已知 $|a|=5,|b|=7,ab<0$，则 $|a-b|=$（　　）。

A. 2　　　　B. -2　　　　C. 12　　　　D. -12　　　　E. 以上结论均不正确

【解析】 方法(1)，根据题意 $\begin{cases}a=5\\b=-7\end{cases}$ 或 $\begin{cases}a=-5\\b=7\end{cases}$，则 $|a-b|=12$，答案选 C。

方法(2)，根据三角不等式公式，因为 $ab<0$，则 $|a-b|=|a|+|b|=5+7=12$，答案选 C。

【例1-19】 已知 $|x-a|\leqslant 1,|y-x|\leqslant 1$，则有（　　）。

A. $|y-a|\leqslant 2$　　　　B. $|y-a|\leqslant 1$　　　　C. $|y+a|\leqslant 2$

D. $|y+a|\leqslant 1$　　　　E. 以上结论均不正确

【解析】 根据三角不等式公式，可得 $|y-a|=|(x-a)+(y-x)|\leqslant |x-a|+|y-x|\leqslant 2$，答案选 A。

九、绝对值的几何意义

【例1-20】 设 $y=|x-1|+|x-3|$，则下列结论正确的是（　　）。

A. y 没有最小值

B. 只有一个 x 可使 y 取到最小值

C. 有无穷多个 x 可使 y 取到最大值

D. 有无穷多个 x 可使 y 取到最小值

E. 以上结论均不正确

【解析】 $|x-1|+|x-3|$ 表示 x 到 1 和 3 的距离之和。分段讨论：当 $1\leqslant x\leqslant 3$ 时，x 到 1

的距离与 x 到 3 的距离之和等于 2(即 1 到 3 的距离);当 $x<1$ 时,x 到 1 的距离与 x 到 3 的距离之和必然大于 2;当 $x>3$ 时,x 到 1 的距离与 x 到 3 的距离之和必然大于 2,综上:当 $1\leqslant x\leqslant 3$ 时,$|x-1|+|x-3|$ 有最小值为 $|1-3|=2$,答案选 D。

【套路】形如 $|x-a|+|x-b|$(令 $a<b$)表示 x 到 a,b 的距离之和,当 $a\leqslant x\leqslant b$ 时,有最小值为 $|a-b|$,无最大值。

十、基本比例计算问题

【例 1-21】(2015-1)若实数 a,b,c 满足 $a:b:c=1:2:5$,且 $a+b+c=24$,则 $a^2+b^2+c^2=$(　　)。

A. 30　　　　B. 90　　　　C. 120　　　　D. 240　　　　E. 270

【解析】待定系数法,设 $a=k,b=2k,c=5k$,则 $a+b+c=k+2k+5k=24$,解得 $k=3$,则 $a=3,b=6,c=15$,因此 $a^2+b^2+c^2=3^2+5^2+15^2=270$,答案选 E。

【例 1-22】设 $\dfrac{1}{x}:\dfrac{1}{y}:\dfrac{1}{z}=4:5:6$,则使 $x+y+z=74$ 成立的 y 值是(　　)。

A. 24　　　　B. 36　　　　C. $\dfrac{74}{3}$　　　　D. $\dfrac{37}{2}$　　　　E. 以上结论均不正确

【解析】方法(1),$x:y:z=\dfrac{1}{4}:\dfrac{1}{5}:\dfrac{1}{6}$,利用待定系数法,令 $x=\dfrac{1}{4}a,y=\dfrac{1}{5}a,z=\dfrac{1}{6}a$,则 $x+y+z=\dfrac{1}{4}a+\dfrac{1}{5}a+\dfrac{1}{6}a=74$,解得 $a=120$,则 $y=\dfrac{1}{5}a=24$,答案选 A。

方法(2),$x:y:z=\dfrac{1}{4}:\dfrac{1}{5}:\dfrac{1}{6}=\dfrac{1}{4}\times 60:\dfrac{1}{5}\times 60:\dfrac{1}{6}\times 60=15:12:10$,又 $x+y+z=74$,观察得到 $y=24$,答案选 A。

【套路】对于 $x:y:z=\dfrac{1}{a}:\dfrac{1}{b}:\dfrac{1}{c}$($a,b,c$ 为常数)的多比例题型,有以下两种方法。

方法(1),待定系数法,令 $x=\dfrac{1}{a}k,y=\dfrac{1}{b}k,z=\dfrac{1}{c}k$,根据题干的等量关系式求出 k 值。

方法(2),求出分母 a,b,c 的最小公倍数,将分数比化为整数比,通过观察分数对应的具体数值,直接找到答案。

十一、合(分)比定理

【例 1-23】若 $a=\dfrac{2011}{2012},b=\dfrac{2012}{2013},c=\dfrac{2013}{2014}$,则 a,b,c 的大小关系为(　　)。

A. $a<b<c$　　　　B. $a<c<b$　　　　C. $c<b<a$

D. $c<a<b$　　　　E. 以上结论均不正确

【解析】利用分比定理,则有 $a=1-\dfrac{1}{2012},b=1-\dfrac{1}{2013},c=1-\dfrac{1}{2014}$,明显 $a<b<c$,答案选 A。

【技巧】分子比分母小 1,由于 $\dfrac{1}{2}<\dfrac{2}{3}<\dfrac{3}{4}$,则 $a<b<c$,答案选 A。

十二、等比定理

【例1-24】 $\dfrac{a+b}{c} = \dfrac{a+c}{b} = \dfrac{b+c}{a} = (\quad)$。

A. 2   B. -1   C. 2或-1   D. 1   E. 1或2

【解析】方法（1），当 $a+b+c \neq 0$ 时，利用等比定理，可得 $\dfrac{a+b}{c} = \dfrac{a+c}{b} = \dfrac{b+c}{a} = \dfrac{2(a+b+c)}{a+b+c} = 2$；当 $a+b+c = 0$ 时，代入题干，$\dfrac{a+b}{c} = \dfrac{-c}{c} = -1$，答案选C。

方法（2），待定系数法。令 $\dfrac{a+b}{c} = \dfrac{a+c}{b} = \dfrac{b+c}{a} = k$，则 $\begin{cases} a+b=kc \\ a+c=kb \\ b+c=ka \end{cases}$，三式相加得：$2(a+b+c) = k(a+b+c)$，整理 $(a+b+c)(k-2) = 0$，则 $k=2$ 或 $a+b+c=0$。当 $a+b+c=0$ 时，$k = \dfrac{a+b}{c} = \dfrac{-c}{c} = -1$，综上所述，$k=2$ 或 $k=-1$，答案选C。

【套路】解分式连等式题型方法如下。

（1）等比定理 $\dfrac{a}{b} = \dfrac{c}{d} = \dfrac{e}{f} = \dfrac{a+c+e}{b+d+f}(b+d+f \neq 0)$，需要讨论分母是否为零；

（2）待定系数法，连等分式全部拆开并化为整式，再整合成一个式子，求出待定系数。

十三、正比、反比

【例1-25】已知 $y = y_1 - y_2$，且 y_1 与 $\dfrac{1}{2x^2}$ 成反比例，y_2 与 $\dfrac{3}{x+2}$ 成正比例。当 $x=0$ 时，$y=-3$；当 $x=1$ 时，$y=1$，那么 y 与 x 的表达式是（　　）。

A. $y = \dfrac{3x^2}{2} - \dfrac{3}{x+2}$ B. $y = 3x^2 - \dfrac{6}{x+2}$ C. $y = 3x^2 + \dfrac{6}{x+2}$

D. $y = -\dfrac{3x^2}{2} + \dfrac{3}{x+2}$ E. $y = -3x^2 - \dfrac{3}{x+2}$

【解析】根据题意，$y_1 = \dfrac{k_1}{\dfrac{1}{2x^2}} = 2k_1 x^2$，$y_2 = \dfrac{3}{x+2} k_2$，则 $y = 2k_1 x^2 - \dfrac{3}{x+2} k_2$。将 $(0,-3)$，$(1,1)$ 代入得 $\begin{cases} -3 = -\dfrac{3}{2} k_2 \\ 1 = 2k_1 - \dfrac{3}{1+2} k_2 \end{cases}$，解得 $k_1 = \dfrac{3}{2}$，$k_2 = 2$，因此 $y = 3x^2 - \dfrac{6}{x+2}$，答案选B。

【技巧】特值法验证排除，将 $x=0$，$y=-3$ 代入五个选项中，只有B选项符合，答案选B。

十四、平均值基本定义

【例1-26】(2017-1)在1到100之间，能被9整除的整数的平均值是（　　）。

A. 27   B. 36   C. 45   D. 54   E. 63

【解析】由题意可得，最小为9，最大为99，则平均数为 $\dfrac{9+18+\cdots+99}{11} = \dfrac{9\times(1+2+\cdots+11)}{11} = 54$，答案选 D。

【技巧】对于等差数列，平均数为 $\dfrac{S_n}{n} = \dfrac{a_1+a_n}{2} = \dfrac{9+99}{2} = 54$，答案选 D。

【例1-27】如果 x_1,x_2,x_3 三个数的算术平均值为5，则 x_1+2,x_2-3,x_3+6 与 8 的算术平均值为(　　)。

A. $3\dfrac{1}{4}$　　　B. 6　　　C. 7　　　D. $7\dfrac{1}{2}$　　　E. $9\dfrac{1}{5}$

【解析】根据题意，$x_1+x_2+x_3=15$，则 x_1+2,x_2-3,x_3+6 与 8 的算术平均值为 $\dfrac{(x_1+2)+(x_2-3)+(x_3+6)+8}{4} = \dfrac{15+13}{4} = 7$，答案选 C。

【技巧】x_1,x_2,x_3 的算术平均值为 5，直接令 $x_1=x_2=x_3=5$ 代入求值。

十五、平均值定理求最值

【例1-28】已知 $a+b=4$，则 3^a+3^b 的最小值为(　　)。

A. $3\sqrt{2}$　　　B. 18　　　C. 9　　　D. $2\sqrt{2}$　　　E. $\sqrt{6}$

【解析】根据平均值定理，$3^a+3^b \geqslant 2\sqrt{3^a\times 3^b} = 2\sqrt{3^{a+b}} = 2\sqrt{3^4} = 18$，答案选 B。

【例1-29】已知 $x>0, y>0, x+y=1$，则 $\dfrac{4}{x}+\dfrac{1}{y}$ 的最小值为(　　)。

A. 8　　　B. 9　　　C. 10　　　D. 12　　　E. 14

【解析】$\dfrac{4}{x}+\dfrac{1}{y} = \left(\dfrac{4}{x}+\dfrac{1}{y}\right)(x+y) = 5+\dfrac{4y}{x}+\dfrac{x}{y} \geqslant 5+2\sqrt{\dfrac{4y}{x}\times\dfrac{x}{y}} = 5+2\sqrt{4} = 9$，答案选 B。

【例1-30】已知 $x>0, y>0$，且满足 $4x+3y=12$，则 xy 的最大值为(　　)。

A. 1　　　B. 2　　　C. 3　　　D. 4　　　E. 6

【解析】根据均值不等式，$4x+3y=12 \geqslant 2\sqrt{4x\times 3y}$，解得 $xy \leqslant 3$（当且仅当 $4x=3y=6$，即 $x=\dfrac{3}{2}, y=2$ 时，取到等号），答案选 C。

1.3　基础巩固习题

1. 已知 p,q 均为质数，且满足 $3p-5q=11$，则 $p+q=$(　　)。
   A. 8　　　B. 9　　　C. 10　　　D. 11　　　E. 12

2. 若 a,b 都是质数，且 $a^2+b=2003$，则 $a+b$ 的值等于(　　)。
   A. 1999　　　B. 2000　　　C. 2001　　　D. 2002　　　E. 2003

3. 三名小孩中有一名学龄前儿童(年龄不足6岁)，他们的年龄都是质数(素数)，且依次相差6岁，他们的年龄之和为(　　)。
   A. 21　　　B. 27　　　C. 33　　　D. 39　　　E. 51

4. (2012-1) 已知 m,n 是正整数,则 m 是偶数。

(1) $3m+2n$ 是偶数。

(2) $3m^2+2n^2$ 是偶数。

5. (2013-10) m^2n^2-1 能被2整除。

(1) m 是奇数。

(2) n 是奇数。

6. 已知 a,b 为整数,能确定 $a+b$ 为偶数。

(1) $a-b$ 为偶数。

(2) a^2-b^2 为偶数。

7. 代数式 $\dfrac{\sqrt{x}}{\sqrt{x}-\sqrt{y}}-\dfrac{\sqrt{y}}{\sqrt{x}+\sqrt{y}}$ 的值为 $\dfrac{\sqrt{5}}{2}$。

(1) x 是 $\sqrt{5}$ 的小数部分,$xy=1$。

(2) y 是 $\sqrt{5}$ 的小数部分,$x=\dfrac{1}{y}$。

8. 若 a 为整数,则 a^2+a 一定能被( )整除。

A. 2　　　B. 3　　　C. 4　　　D. 5　　　E. 6

9. 一个小于200的正整数,除以24或36都有余数16,则这个正整数的取值有( )种。

A. 1　　　B. 2　　　C. 3　　　D. 4　　　E. 5

10. (2019-1) 设 n 为正整数,则能确定 n 除以5的余数。

(1) 已知 n 除以2的余数。

(2) 已知 n 除以3的余数。

11. (2008-10) $\dfrac{n}{14}$ 是一个整数。

(1) n 是一个整数,且 $\dfrac{3n}{14}$ 也是一个整数。

(2) n 是一个整数,且 $\dfrac{n}{7}$ 也是一个整数。

12. m 是一个整数。

(1) 若 $m=\dfrac{p}{q}$,其中 p 与 q 为非零的整数,且 m^2 是一个整数。

(2) 若 $m=\dfrac{p}{q}$,其中 p 与 q 为非零的整数,且 $\dfrac{2m+4}{3}$ 是一个整数。

13. 老师将100名学生分别抽签编号,依次分别为 $1,2,\cdots,100$,已知编号为5或7的倍数的学生可以获得免费的图书礼券一张,老师应送出( )张图书礼券。

A. 30　　B. 31　　C. 32　　D. 33　　E. 以上结论均不正确

14. 若 $\dfrac{x}{|x|-1}=1$,则 $\dfrac{|x|+1}{2x}$ 的值为( )。

A. 1　　B. $\dfrac{1}{2}$　　C. $-\dfrac{1}{2}$　　D. $\dfrac{3}{2}$　　E. $-\dfrac{3}{2}$

15. 对任意实数 $x\in\left(\dfrac{1}{8},\dfrac{1}{7}\right)$,代数式 $|1-2x|+|1-3x|+|1-4x|+\cdots+|1-$

$10x|=$( )。

A. 1　　　B. 3　　　C. 4　　　D. 6　　　E. 10

16. (2008-10) $-1<x\leqslant \dfrac{1}{3}$。

(1) $\left|\dfrac{2x-1}{x^2+1}\right|=\dfrac{1-2x}{x^2+1}$。　　(2) $\left|\dfrac{2x-1}{3}\right|=\dfrac{2x-1}{3}$。

17. $\dfrac{|a|}{a+a^2}=-\dfrac{1}{1+a}$。

(1) $a<0$。　　(2) $a<-1$。

18. $|b-a|+|c-b|-|c|=a$。

(1) 实数 a,b,c 在数轴上的位置见图1-2。

(2) 实数 a,b,c 在数轴上的位置见图1-3。

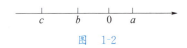
图 1-2

图 1-3

19. 方程 $|5-3x|-|3x-2|=3$ 的解是空集。

(1) $x>\dfrac{5}{3}$。　　(2) $\dfrac{7}{6}<x<\dfrac{5}{3}$。

20. (2011-1) 若实数 a,b,c 满足 $|a-3|+\sqrt{3b+5}+(5c-4)^2=0$,则 $abc=$( )。

A. -4　　B. $-\dfrac{5}{3}$　　C. $-\dfrac{4}{3}$　　D. $\dfrac{4}{5}$　　E. 3

21. $\dfrac{|x-1|}{1-x}+\dfrac{|x-2|}{x-2}$ 的值为 -2。

(1) $1<x<2$。　　(2) $2<x<3$。

22. x,y 是实数,则 $|x|+|y|=|x-y|$。

(1) $x>0,y<0$。　　(2) $x<0,y>0$。

23. (2009-10) 设 $y=|x-a|+|x-20|+|x-a-20|$,其中 $0<a<20$,则对于满足 $a\leqslant x\leqslant 20$ 的 x 值,y 的最小值是( )。

A. 10　　B. 15　　C. 20　　D. 25　　E. 30

24. (2008-10) 若 $a:b=\dfrac{1}{3}:\dfrac{1}{4}$,则 $\dfrac{12a+16b}{12a-8b}=$( )。

A. 2　　B. 3　　C. 4　　D. -3　　E. -2

25. 三个实数 $1,x-2$ 和 x 的几何平均值等于 $4,5$ 和 -3 的算术平均值,则 x 的值为( )。

A. -2　　B. 4　　C. 2　　D. -2 或 4　　E. 2 或 4

26. $x>0,y>0$,则 $\dfrac{1}{x}+\dfrac{1}{y}=4$。

(1) x,y 的算术平均值为6,比例中项为 $\sqrt{3}$。

(2) x^2,y^2 的算术平均值为7,几何平均值为1。

27. (2020-1) 若 a,b,c 是实数,则能确定 a,b,c 的最大值。

(1) 已知 a,b,c 的平均值。

(2) 已知 a,b,c 的最小值。

28. 若 $x>0, y>0$，且 $x+2y=4$，则 $\lg x+\lg y$ 的最大值为(　　)。

    A. lg2　　　B. 2lg2　　　C. $\frac{1}{2}$lg2　　　D. 3lg2　　　E. lg3

29. 已知 $x>0$，则 $y=\dfrac{x^2+9}{x}$ 的最小值为(　　)。

    A. 4　　　B. 5　　　C. 6　　　D. 8　　　E. 10

30. 若正实数 x,y 满足 $x+2y+2xy-8=0$，则 $x+2y$ 的最小值为(　　)。

    A. 3　　　B. 4　　　C. 6　　　D. 8　　　E. 9

基础巩固习题详解

1. 【解析】$3p-5q=11$，则 $3p-5q$ 为奇数，可以推出 p,q 为一奇一偶，又 p,q 均为质数，所以 p,q 必有一个为2，显然 $q=2$，此时 $p=7$，所以 $p+q=9$，答案选B。

   【套路】两数相减是奇数，则这两个数是一奇一偶。

2. 【解析】$a^2+b=2003$，2003是奇数，说明等式左边是一奇一偶，又 a,b 都是质数，所以必有一个是2，当 $b=2$ 时，$a=\sqrt{2001}$，不符合要求；当 $a=2$ 时，$b=1999$，均为质数，符合要求，所以 $a+b=2001$，答案选C。

3. 【解析】小于6的质数为2,3,5，讨论可得三个小孩的年龄为5,11,17符合要求，则年龄之和 $5+11+17=33$，答案选C。

4. 【解析】条件(1)，$3m+2n$ 是偶数，又已知 $2n$ 为偶数，则 $3m$ 是偶数，3是奇数，所以 m 是偶数，充分；条件(2)，$3m^2+2n^2$ 是偶数，又已知 $2n^2$ 是偶数，则 $3m^2$ 是偶数，3是奇数，则 m^2 是偶数，所以 m 是偶数，充分，答案选D。

5. 【解析】m^2n^2-1 能被2整除，1是奇数，所以 m^2n^2 必然是奇数，条件(1)和(2)联合可得 m^2n^2 为奇数，联合充分，答案选C。

6. 【解析】由于 $(a-b)+(a+b)=2a\in$ 偶数，因此 $a-b$ 与 $a+b$ 同奇或同偶。条件(1)，$a-b$ 为偶数，则 $a+b$ 也为偶数，充分；条件(2)，$a^2-b^2=(a+b)(a-b)$ 为偶数，也能确定 $a+b$ 为偶数，也充分，答案选D。

7. 【解析】$\dfrac{\sqrt{x}}{\sqrt{x}-\sqrt{y}}-\dfrac{\sqrt{y}}{\sqrt{x}+\sqrt{y}}=\dfrac{\sqrt{x}(\sqrt{x}+\sqrt{y})-\sqrt{y}(\sqrt{x}-\sqrt{y})}{(\sqrt{x}-\sqrt{y})(\sqrt{x}+\sqrt{y})}=\dfrac{x+y}{x-y}$。条件(1)，$x=\sqrt{5}-2, y=\sqrt{5}+2$，代入得到 $\dfrac{x+y}{x-y}=-\dfrac{\sqrt{5}}{2}$，不充分；条件(2)，$x=\sqrt{5}+2, y=\sqrt{5}-2$，代入得到 $\dfrac{x+y}{x-y}=\dfrac{\sqrt{5}}{2}$，充分，答案选B。

8. 【解析】连续 n 个整数的乘积一定能被 $n!$ 整除，$a^2+a=a(a+1)$，是连续两个整数的乘积，因此一定能被 $2!=2$ 整除，答案选A。

9. 【解析】这个数减去16，即为24和36的公倍数，由于24和36的最小公倍数为72，因此此数为 $72k+16(k\in \mathbf{Z})$；又 $0<72k+16<200$，解得 $k=0,1,2$，则此数为16,88或160，共有3种取值，答案选C。

【套路】①余数都相同时,"余同加余";②当被除数小于除数时,商为0,余数就是被除数本身,如16除以24,商0余16。

10.【解析】显然单独都不充分,联合起来,可以举反例,假设n除以2和除以3的余数都为0,则n是6的倍数,$n=6,12,18,\cdots$,此时n除以5的余数仍然在变化,不是唯一确定的数值,联合也不充分,答案选E。

11.【解析】条件(1),$\dfrac{3n}{14}$是一个整数,因为3与14互质,所以n是14的倍数,充分;条件(2),$\dfrac{n}{7}$是一个整数,则n是7的倍数,举反例,当$n=7$时,推不出结论,不充分,答案选A。

12.【解析】条件(1),$m=\dfrac{p}{q}$为整数或分数,即m是有理数,又m^2是一个整数,所以m一定是整数,充分;条件(2),设k法,令$\dfrac{2m+4}{3}=k(k\in\mathbf{Z})$,则$m=\dfrac{3k}{2}-2$,当$k$是偶数时,$m$是整数;当$k$是奇数时,$m$不是整数,不充分,答案选A。

【技巧】条件(2),举反例,当$m=-\dfrac{1}{2}$时,$\dfrac{2m+4}{3}$是一个整数,但m不是整数,不充分。

13.【解析】考查公倍数,1~100中5的倍数共有20个,7的倍数共有14个,5和7公有的倍数有35和70两个,所以编号为5或7的倍数共有$20+14-2=32$个,答案选C。

14.【解析】$\dfrac{x}{|x|-1}=1$整理为$x=|x|-1$,当$x\geqslant 0$时,$x=x-1$,方程无解;当$x<0$时,$x=-x-1$,解得$x=-\dfrac{1}{2}$,代入$\dfrac{|x|+1}{2x}=\dfrac{\dfrac{1}{2}+1}{2\times\left(-\dfrac{1}{2}\right)}=-\dfrac{3}{2}$,答案选E。

15.【解析】因为$\dfrac{1}{8}<x<\dfrac{1}{7}$,则$7x<1,8x>1$。原式去掉绝对值符号为$(1-2x)+(1-3x)+\cdots+(1-7x)+(8x-1)+(9x-1)+(10x-1)=6-3=3$,答案选B。

16.【解析】条件(1),$\dfrac{2x-1}{x^2+1}\leqslant 0$,解得$x\leqslant\dfrac{1}{2}$,推不出结论,不充分;条件(2),$\dfrac{2x-1}{3}\geqslant 0$,解得$x\geqslant\dfrac{1}{2}$,推不出结论,也不充分;联合可得$x=\dfrac{1}{2}$,仍然不充分,答案选E。

【套路】若$|a|=a$,则$a\geqslant 0$;若$|a|=-a$,则$a\leqslant 0$。

17.【解析】$\dfrac{|a|}{a+a^2}=\dfrac{|a|}{a(1+a)}=-\dfrac{1}{1+a}$,则$a<0$且$a\neq -1$,条件(1)不充分,条件(2)充分,答案选B。

18.【解析】条件(1),$c<b<0<a$,则$|b-a|+|c-b|-|c|=(a-b)+(b-c)+c=a$,充分;条件(2),$a<0<b<c$,则$|b-a|+|c-b|-|c|=(b-a)+(c-b)-c=-a\neq a$,不充分,答案选A。

19.【解析】条件(1),$x>\dfrac{5}{3}$,去掉绝对值符号,则$(3x-5)-(3x-2)=3$,明显方程无

解,充分;条件(2),$\frac{7}{6}<x<\frac{5}{3}$,去掉绝对值符号,则$(5-3x)-(3x-2)=3$,解得$x=\frac{2}{3}$,不在条件的区间范围内,方程无解,也充分,答案选D。

20.【解析】由非负性可得,$a=3,b=-\frac{5}{3},c=\frac{4}{5}$,则$abc=3\times\left(-\frac{5}{3}\right)\times\frac{4}{5}=-4$,答案选A。

21.【解析】条件(1),原式$=\frac{(x-1)}{1-x}+\frac{(2-x)}{x-2}=-1-1=-2$,充分;条件(2),原式$=\frac{(x-1)}{1-x}+\frac{(x-2)}{x-2}=-1+1=0$,不充分,答案选A。

22.【解析】考查三角不等式,$|x|+|y|=|x-y|$,只需满足x,y异号即可。条件(1)和(2)都充分,答案选D。

23.【解析】由于$a\leqslant x\leqslant20$,则$y=(x-a)+(20-x)+(20+a-x)=40-x$,当$x=20$时,$y$取到最小值为20,答案选C。

【技巧】形如$|x-a|+|x-b|+|x-c|$(令$a<b<c$)表示x到a,b,c距离之和,当$x=b$时,有最小值为$|a-c|$。由于三个零点分别为$a,20,a+20$,明显当$x=20$时,y取到最小值为20,答案选C。

24.【解析】方法(1),待定系数法,设$a=\frac{1}{3}k,b=\frac{1}{4}k$,则原式$=\frac{12\times\frac{1}{3}k+16\times\frac{1}{4}k}{12\times\frac{1}{3}k-8\times\frac{1}{4}k}=4$,答案选C。

方法(2),$a:b=\frac{1}{3}:\frac{1}{4}=4:3$,特值法,令$a=4,b=3$,则原式$=\frac{12\times4+16\times3}{12\times4-8\times3}=4$,答案选C。

25.【解析】根据题意,$\sqrt[3]{1(x-2)x}=\frac{4+5-3}{3}$,解得$x=-2$或4。由于几何平均值概念中,要求每个元素都要为正数,则$x=-2$不符合,答案选B。

26.【解析】条件(1),$x+y=12,xy=3$,则$\frac{1}{x}+\frac{1}{y}=\frac{x+y}{xy}=\frac{12}{3}=4$,充分;条件(2),$x^2+y^2=14,xy=1$,则$(x+y)^2=x^2+y^2+2xy=14+2=16$,又$x>0,y>0$,所以$x+y=4$,则$\frac{1}{x}+\frac{1}{y}=\frac{x+y}{xy}=\frac{4}{1}=4$,也充分,答案选D。

27.【解析】显然两个条件单独都不充分,考虑联合。设$a\leqslant b\leqslant c,a,b,c$的平均值已知,设为$k$,则$a+b+c=3k$;三个数的最小值$a$已知,由于$b$不能确定,仍然不能确定最大的数$c$的值,联合不充分,答案选E。

28.【解析】根据平均值定理,$4=x+2y\geqslant2\sqrt{x\times2y}$,解得$xy\leqslant2$,因此$\lg x+\lg y=\lg xy\leqslant\lg2$,答案选A。

29.【解析】根据均值不等式,则$\frac{x^2+9}{x}=x+\frac{9}{x}\geqslant2\sqrt{x\times\frac{9}{x}}=6\left(\text{当且仅当}x=\frac{9}{x}\text{,即}\right.$

19

$x=3$ 时,取到等号),答案选 C。

30.【解析】根据均值不等式,$8-(x+2y)=2xy=x\cdot 2y\leqslant\left(\dfrac{x+2y}{2}\right)^2$,令 $x+2y=t$ $(t>0)$,即 $8-t\leqslant\left(\dfrac{t}{2}\right)^2$,整理为 $(t+8)(t-4)\geqslant 0$,解得 $t\geqslant 4$ 或 $t\leqslant -8$(舍去),因此 $x+2y$ 的最小值为 4,答案选 B。

1.4　强化精讲例题

一、奇数、偶数、质数、合数

【例1-31】20以内的质数中,两个质数之和还是质数的共有(　　)种。
A. 2　　　　B. 3　　　　C. 4　　　　D. 5　　　　E. 6

【解析】20以内的质数有 2,3,5,7,11,13,17,19。质数+质数=质数,则等式右边的质数大于2,大于2的质数又都是奇数,所以等式左边两个质数是一奇一偶,则其中必有一个质数是2,另外一个质数通过讨论为 3,5,11,17,共4种,答案选 C。

【例1-32】若 A,B,C 为三个小于20的质数,且满足 $A+B+C=30$,则这三个数的乘积为(　　)。
A. 372　　　B. 374　　　C. 376　　　D. 378　　　E. 380

【解析】三个数的和为偶数,又三个数均为小于20的质数,只能是奇数+奇数+偶数=偶数,因此必有一个为2,通过列举,另外两个数分别为11和17,所以三个数的乘积为 $2\times 11\times 17=374$,答案选 B。

二、有理数、无理数性质

1. 判定数是有理数还是无理数

【例1-33】在 $0.2,\dfrac{1}{2},\dfrac{2}{7},\sqrt{2},\dfrac{\sqrt{3}}{2},\sqrt{16},2.\dot{7},\pi,0.1010010001\cdots,\log_2 3$ 这十个实数中,无理数的个数为(　　)个。
A. 1　　　　B. 2　　　　C. 3　　　　D. 4　　　　E. 5

【解析】有理数包含整数、有限小数和无限循环小数,其中有限小数和无限循环小数均可以化为分数,而无理数是无限不循环小数,根据定义得 $\sqrt{2},\dfrac{\sqrt{3}}{2},\pi,0.1010010001\cdots,\log_2 3$ 这5个数均是无理数,答案选 E。

2. 有理数和无理数的组合性质

【例1-34】(2009-10)若 x,y 是有理数,且满足 $(1+2\sqrt{3})x+(1-\sqrt{3})y-2+5\sqrt{3}=0$,则 x,y 的值分别为(　　)。
A. 1,3　　　B. −1,2　　　C. −1,3　　　D. 1,2　　　E. 以上结论均不正确

【解析】整理为 $(x+y-2)+\sqrt{3}(2x-y+5)=0$,根据无理数性质有 $\begin{cases} x+y-2=0 \\ 2x-y+5=0 \end{cases}$,解得 $\begin{cases} x=-1 \\ y=3 \end{cases}$,答案选C。

【套路】已知 a,b 为有理数,$\sqrt{m}$ 为无理数,若满足 $a+b\sqrt{m}=0$,则 $a=0,b=0$。

3. 无理数的整数部分及小数部分

【例1-35】若 $\dfrac{1}{3-\sqrt{7}}$ 的整数部分是 a,小数部分是 b,则 $a^2+(1-\sqrt{7})ab$ 的值等于( )。

A. 6　　　B. 7　　　C. 8　　　D. 9　　　E. 10

【解析】$\dfrac{1}{3-\sqrt{7}}=\dfrac{3+\sqrt{7}}{(3-\sqrt{7})(3+\sqrt{7})}=\dfrac{3+\sqrt{7}}{2}$,又 $2<\dfrac{3+\sqrt{7}}{2}<3$,因此整数部分 $a=2$,小数部分 $b=\dfrac{3+\sqrt{7}}{2}-2=\dfrac{\sqrt{7}-1}{2}$,则 $a^2+(1+\sqrt{7})ab=2^2+(1+\sqrt{7})\times 2\times \dfrac{\sqrt{7}-1}{2}=4+6=10$,答案选E。

【套路】无理数的整数部分:小于数本身的最大整数;无理数的小数部分:数本身减去整数部分,如 $\sqrt{5}$ 的整数部分是2,小数部分是 $\sqrt{5}-2$。

4. 无理式去根号

【例1-36】已知 a,b,c 为有理数,且 $\sqrt{5-2\sqrt{6}}=a\sqrt{2}+b\sqrt{3}+c$,则 $a+b+c=$( )。

A. -2　　　B. -1　　　C. 0　　　D. 1　　　E. 3

【解析】配方去根号,$\sqrt{5-2\sqrt{6}}=\sqrt{\sqrt{3}^2+\sqrt{2}^2-2\sqrt{3}\times\sqrt{2}}=\sqrt{(\sqrt{3}-\sqrt{2})^2}=\sqrt{3}-\sqrt{2}$,即 $\sqrt{3}-\sqrt{2}=a\sqrt{2}+b\sqrt{3}+c$,利用对应项系数相等,则 $a=-1,b=1,c=0$,因此 $a+b+c=0$,答案选C。

5. 无限循环小数化分数

【例1-37】将纯循环小数 $0.\dot{1}4\dot{4}$ 化为最简分数,分母比分子大( )。

A. 855　　　B. 655　　　C. 105　　　D. 95　　　E. 85

【解析】$0.\dot{1}4\dot{4}=\dfrac{144}{999}=\dfrac{16}{111}$,分母比分子大 $111-16=95$,答案选D。

【套路】有限小数化分数:如 $0.3=\dfrac{3}{10}$,$0.23=\dfrac{23}{100}$;

纯循环小数化分数:分子是循环节,循环节有几位,分母就是几个9,最后进行约分,如 $0.\dot{3}=\dfrac{3}{9}=\dfrac{1}{3}$,$0.\dot{2}\dot{3}=\dfrac{23}{99}$;

混循环小数化分数:分子为小数点后的数字减去不循环的部分,循环节有几位,分母就是几个9,循环节前有几位,分母中的9后面就有几个0,如 $0.2\dot{3}\dot{4} = \dfrac{234-2}{990} = \dfrac{232}{990} = \dfrac{116}{495}$。

三、整除、余数问题

【例1-38】设 n 为整数,则 $(2n+1)^2 - 25$ 一定能被(　　)整除。
A. 5　　　B. 6　　　C. 7　　　D. 8　　　E. 9

【解析】$(2n+1)^2 - 25 = (2n+1+5)(2n+1-5) = 4(n+3)(n-2)$,又 $(n+3) + (n-2) = 2n+1$,两数之和为奇数,则 $(n+3)$ 和 $(n-2)$ 必然是一奇一偶,而偶数是2的倍数,因此 $4(n+3)(n-2)$ 一定是8的倍数,答案选D。

【技巧】特值法,$n=3$ 时,$(2n+1)^2 - 25 = 24$,排除A、C、E;$n=4$ 时,$(2n+1)^2 - 25 = 56$,排除B,答案选D。

【例1-39】一个小于100的正整数,除以5余1,除以6余1,则满足条件的数有(　　)个。
A. 1　　　B. 2　　　C. 3　　　D. 4　　　E. 5

【解析】这个数减去1,即为5和6的公倍数,由于5和6的最小公倍数为30,因此此数为 $30k+1(k \in \mathbf{Z})$。又 $0 < 30k+1 < 100$,解得 $k=0,1,2,3$,则此数为1,31,61,91,共有四种情况,答案选D。

【套路】余数都相同时,"余同加余"。

【例1-40】一个小于100的正整数,除以5余4,除以6余5,则满足条件的数有(　　)个。
A. 1　　　B. 2　　　C. 3　　　D. 4　　　E. 5

【解析】此数加1,即为5和6的公倍数,由于5和6的最小公倍数为30,所以此数为 $30k-1(k \in \mathbf{Z})$。又 $0 < 30k-1 < 100$,解得 $k=1,2,3$,则此数为29,59,89,共有三种情况,答案选C。

【套路】除数与余数的差值都相等时,"差同减差"。

【例1-41】一个小于100的正整数,除以5余2,除以6余1,则满足条件的数有(　　)个。
A. 1　　　B. 2　　　C. 3　　　D. 4　　　E. 5

【解析】此数减去7,即为5和6的公倍数,由于5和6的最小公倍数为30,所以此数为 $30k+7(k \in \mathbf{Z})$。又 $0 < 30k+7 < 100$,解得 $k=0,1,2,3$,则此数为7,37,67,97,共有四种情况,答案选D。

【套路】除数与余数的和都相等时,"和同加和"。

四、公倍数与公约数

1. 利用公式求公倍数与公约数

【例1-42】甲数是36,甲、乙两数的最大公约数是4,最小公倍数是288,求乙数为(　　)。
A. 18　　　B. 20　　　C. 28　　　D. 30　　　E. 32

【解析】公式法:两数乘积=最大公约数×最小公倍数,即 $a \times b = (a,b) \times [a,b]$,可得 $36 \times$ 乙数 $= 4 \times 288$,因此乙数为32,答案选E。

2. 公倍数与公约数的应用

【例1-43】 甲、乙、丙三人沿着环形跑道跑步,甲跑完一圈需要90s,乙跑完一圈需要80s,丙跑完一圈需要72s,三人同时、同向、同地起跑,当三人第一次在出发点相遇时,甲、乙、丙三人各跑的圈数之和为(　　)。

A. 27　　　B. 30　　　C. 36　　　D. 39　　　E. 42

【解析】 此时每个人跑的都是整数圈,即求三人时间的最小公倍数:$[90,80,72]=720$s,因此甲跑了$\frac{720}{90}=8$圈,乙跑了$\frac{720}{80}=9$圈,丙跑了$\frac{720}{72}=10$圈,三人各跑的圈数之和为$8+9+10=27$圈,答案选A。

【例1-44】 有三根铁丝,长度分别是120cm,180cm,300cm,现在要把它们截成相等的小段,每根都不能有剩余,每小段最长为$a$cm,一共可以截成b段,则$a+b=$(　　)cm。

A. 55　　　B. 60　　　C. 65　　　D. 70　　　E. 75

【解析】 截成相等的最长小段,每根都不能有剩余,即求120,180,300的最大公约数。$a=(120,180,300)=60$,$b=\frac{120}{60}+\frac{180}{60}+\frac{300}{60}=10$,答案选D。

五、绝对值的代数意义

【例1-45】 (2011-1)设a,b,c是小于12的三个不同的质数(素数),且$|a-b|+|b-c|+|c-a|=8$,则$a+b+c=$(　　)。

A. 10　　　B. 12　　　C. 14　　　D. 15　　　E. 19

【解析】 设$a>b>c$,则$|a-b|+|b-c|+|c-a|=(a-b)+(b-c)+(a-c)=2(a-c)=8$,即$a-c=4$。又因为小于12的质数有2,3,5,7,11,只有$a=7,b=5,c=3$才能满足,答案选D。

【例1-46】 (2011-10)已知$g(x)=\begin{cases}1, & x>0 \\ -1, & x<0\end{cases}$,$f(x)=|x-1|-g(x)|x+1|+|x-2|+|x+2|$,则$f(x)$是与$x$无关的常数。

(1) $-1<x<0$。　　　(2) $1<x<2$。

【解析】 条件(1),$-1<x<0$,则$g(x)=-1$,$f(x)=(1-x)+(x+1)+(2-x)+(x+2)=6$,充分;条件(2),$1<x<2$,则$g(x)=1$,$f(x)=(x-1)-(x+1)+(2-x)+(x+2)=2$,也充分,答案选D。

【例1-47】 (2021-1)设a,b为实数,则能确定$|a|+|b|$的值。

(1) 已知$|a+b|$的值。

(2) 已知$|a-b|$的值。

【解析】 条件(1),举反例,$|a+b|=2$,则当$a=b=1$时,$|a|+|b|=2$;当$a=4,b=-2$时,$|a|+|b|=6$,因此不能确定$|a|+|b|$的值,不充分;同理条件(2)也不充分;考虑联合,设$\begin{cases}|a+b|=m \\ |a-b|=n\end{cases}$,则$\begin{cases}a+b=m \\ a-b=n\end{cases}$,$\begin{cases}a+b=m \\ a-b=-n\end{cases}$,$\begin{cases}a+b=-m \\ a-b=n\end{cases}$,$\begin{cases}a+b=-m \\ a-b=-n\end{cases}$,不管是哪一组,$|a|+|b|=\left|\frac{m+n}{2}\right|+\left|\frac{m-n}{2}\right|$,结果为定值,联合充分,答案选C。

六、绝对值的非负性

1. 配方型非负性

【例 1-48】 已知 $\left|x^2+4xy+5y^2\right|+\sqrt{z+\dfrac{1}{2}}=-2y-1$，则 $(4x-10y)^z=(\quad)$。

A. 1 B. $\sqrt{2}$ C. $\dfrac{\sqrt{2}}{6}$ D. 2 E. 3

【解析】 整理得 $\left|x^2+4xy+4y^2\right|+\sqrt{z+\dfrac{1}{2}}+y^2+2y+1=0$，配方为 $(x+2y)^2+\sqrt{z+\dfrac{1}{2}}+(y+1)^2=0$，利用非负性，则 $x=2,y=-1,z=-\dfrac{1}{2}$，因此 $(4x-10y)^z=[4\times 2-10\times(-1)]^{-\frac{1}{2}}=18^{-\frac{1}{2}}=\dfrac{1}{3\sqrt{2}}=\dfrac{\sqrt{2}}{6}$，答案选 C。

【套路】 通过配方构造平方形式，转化为 $|a|+b^2+\sqrt{c}=0$ 的基本模型。

2. 定义域型非负性

【例 1-49】 x,y,z 满足 $|x-y+z|+(x-z)^2=\sqrt{x+y-3}+\sqrt{3-x-y}$，则 $x+y+z=(\quad)$。

A. 5 B. 4 C. 3 D. 2 E. 1

【解析】 $\sqrt{x+y-3}$ 与 $\sqrt{3-x-y}$ 都有意义，则 $x+y-3\geqslant 0,3-x-y\geqslant 0$，则 $x+y-3=0$，因此 $|x-y+z|+(x-z)^2=0$，利用非负性得：$x-y+z=0,x-z=0$，解得 $x=1,y=2,z=1,x+y+z=1+2+1=4$，答案选 B。

【套路】 当 $\sqrt{a}$ 与 $\sqrt{-a}$ 同时出现时，$a=0$。

3. 两式型非负性

【例 1-50】 (2009-1) 已知实数 a,b,x,y 满足 $y+\left|\sqrt{x}-\sqrt{2}\right|=1-a^2$ 和 $|x-2|=y-1-b^2$，则 $3^{x+y}+3^{a+b}=(\quad)$。

A. 25 B. 26 C. 27 D. 28 E. 29

【解析】 两式相加得：$y+\left|\sqrt{x}-\sqrt{2}\right|+|x-2|=1-a^2+y-1-b^2$，整理得 $|x-2|+\left|\sqrt{x}-\sqrt{2}\right|+a^2+b^2=0$，利用非负性得：$x=2,a=0,b=0$，代入得到 $y=1$，则 $3^{x+y}+3^{a+b}=3^{2+1}+3^{0+0}=28$，答案选 D。

【套路】 非负性的量分散到两个等式中，通过两式相加（减）转化为 $|a|+b^2+\sqrt{c}=0$ 的基本模型。

4. 利用非负性求最值

【例 1-51】 设实数 x,y 满足等式 $x^2-4xy+4y^2+\sqrt{3}\,x+\sqrt{3}\,y-6=0$，则 $x+y$ 的最大值为（　　）。

A. $\dfrac{\sqrt{3}}{2}$ B. $\dfrac{2\sqrt{3}}{3}$ C. $2\sqrt{3}$ D. $3\sqrt{2}$ E. $3\sqrt{3}$

【解析】原式配方为$(x-2y)^2+\sqrt{3}(x+y)-6=0$,将目标表达式分离得$\sqrt{3}(x+y)=-(x-2y)^2+6$,利用平方的非负性得$-(x-2y)^2+6 \leqslant 6$,则$x+y \leqslant \dfrac{6}{\sqrt{3}}=2\sqrt{3}$,即$x+y$的最大值为$2\sqrt{3}$,答案选C。

七、绝对值的自比性

【例1-52】可以确定$\dfrac{|x+y|}{x-y}=2$。

(1) $\dfrac{x}{y}=3$。   (2) $\dfrac{x}{y}=\dfrac{1}{3}$。

【解析】条件(1),$x=3y$,则$\dfrac{|x+y|}{x-y}=\dfrac{4|y|}{2y}=\begin{cases}2, & y>0 \\ -2, & y<0\end{cases}$,不充分;条件(2),$y=3x$,则$\dfrac{|x+y|}{x-y}=\dfrac{4|x|}{-2x}=\begin{cases}-2, & x>0 \\ 2, & x<0\end{cases}$,也不充分;联合无交集,仍然不充分,答案选E。

【技巧】$\dfrac{|x+y|}{x-y}=2>0$,由于分子$|x+y|$为正,则必须要求分母$(x-y)$也为正,而条件(1)和(2)均不能确定x,y的大小关系,因此两个条件都不充分,答案选E。

八、绝对值三角不等式

【例1-53】已知$|x| \leqslant \dfrac{1}{4}$,$|y| \leqslant \dfrac{1}{6}$,则$|2x-3y|$的最大值为( )。

A. $\dfrac{1}{2}$ B. $\dfrac{2}{3}$ C. $\dfrac{5}{6}$ D. 1   E. $\dfrac{4}{3}$

【解析】$|2x-3y| \leqslant |2x|+|3y| \leqslant 2 \times \dfrac{1}{4} + 3 \times \dfrac{1}{6} = 1$,答案选D。

【例1-54】(2013-1)已知a,b是实数,则$|a| \leqslant 1, |b| \leqslant 1$。
(1) $|a+b| \leqslant 1$。   (2) $|a-b| \leqslant 1$。

【解析】方法(1),条件(1),反例$a=100,b=-100$,不充分;条件(2),反例$a=b=100$,也不充分;条件(1)和(2)联合,根据绝对值三角不等式,$2|a|=|(a-b)+(a+b)| \leqslant |a-b|+|a+b| \leqslant 2$,所以$|a| \leqslant 1$,同理$2|b|=|(a-b)-(a+b)| \leqslant |a-b|+|a+b| \leqslant 2$,所以$|b| \leqslant 1$,联合充分,答案选C。

方法(2),条件(1)和(2)联合,$\begin{cases} a^2+2ab+b^2 \leqslant 1 \\ a^2-2ab+b^2 \leqslant 1 \end{cases}$,相加整理得$2(a^2+b^2) \leqslant 2$,即$a^2+b^2 \leqslant 1$,则必有$|a| \leqslant 1$且$|b| \leqslant 1$,联合充分,答案选C。

【例1-55】(2015-1)已知x_1, x_2, x_3为实数,$\bar{x}$为x_1, x_2, x_3的平均值,则$|x_k - \bar{x}| \leqslant 1$,$k=1,2,3$。

(1) $|x_k| \leqslant 1, k=1,2,3$。 (2) $x_1 = 0$。

【解析】当 $k=1$ 时，$|x_k - \bar{x}| = |x_1 - \bar{x}| = \left|x_1 - \dfrac{x_1+x_2+x_3}{3}\right| = \left|\dfrac{2x_1 - x_2 - x_3}{3}\right|$，以此类推，结论为 $\left|\dfrac{2x_1-x_2-x_3}{3}\right| \leqslant 1$ 且 $\left|\dfrac{2x_2-x_1-x_3}{3}\right| \leqslant 1$ 且 $\left|\dfrac{2x_3-x_1-x_2}{3}\right| \leqslant 1$。条件(1)，$|x_1| \leqslant 1, |x_2| \leqslant 1, |x_3| \leqslant 1$，举出反例，当 $x_1=1, x_2=-1, x_3=-1$ 时，$\left|\dfrac{2x_1-x_2-x_3}{3}\right| = \left|\dfrac{2 \times 1-(-1)-(-1)}{3}\right| = \dfrac{4}{3} > 1$，不充分；条件(2)，$x_1 = 0$，不能确定 x_2, x_3 的值，也不充分；条件(1)和(2)联合，则 $\left|\dfrac{2x_1-x_2-x_3}{3}\right| = \left|\dfrac{2 \times 0-x_2-x_3}{3}\right| = \left|\dfrac{x_2+x_3}{3}\right| \leqslant \left|\dfrac{x_2}{3}\right| + \left|\dfrac{x_3}{3}\right| \leqslant \dfrac{2}{3}$，同理，$\left|\dfrac{2x_2-x_1-x_3}{3}\right| = \left|\dfrac{2x_2-x_3}{3}\right| \leqslant \dfrac{2|x_2|}{3} + \left|\dfrac{x_3}{3}\right| \leqslant 1$，$\left|\dfrac{2x_3-x_1-x_2}{3}\right| = \left|\dfrac{2x_3-x_2}{3}\right| \leqslant \dfrac{2|x_3|}{3} + \left|\dfrac{x_2}{3}\right| \leqslant 1$，能推出结论，联合充分，答案选C。

九、绝对值的几何意义

1. 形如 |x−a|+|x−b|

【例 1-56】$f(x)$ 有最小值2。

(1) $f(x) = \left|x - \dfrac{5}{12}\right| + \left|x - \dfrac{1}{12}\right|$。

(2) $f(x) = |x-2| + |4-x|$。

【解析】形如 $|x-a| + |x-b|$ 有最小值 $|a-b|$。条件(1)，$f(x)$ 的最小值为 $\left|\dfrac{5}{12} - \dfrac{1}{12}\right| = \dfrac{1}{3}$，不充分；条件(2)，$f(x) = |x-2| + |x-4|$ 的最小值为 $|2-4| = 2$，充分，答案选B。

2. 形如 |x−a|+|x−b|+|x−c|

【例 1-57】$|x-1| + |x-2| + |x-3|$ 的最小值为(　　)。

A. 0　　B. 1　　C. 2　　D. 3　　E. 4

【解析】$|x-1| + |x-2| + |x-3|$ 表示 x 到 $1,2,3$ 的距离之和。当 $1 \leqslant x \leqslant 3$ 时，由于 $|x-1| + |x-3|$ 有最小值2，要使 $|x-1| + |x-2| + |x-3|$ 取到最小，则只需 $|x-2|$ 取最小值，即 $x=2$ 时，取到最小值为 $|1-3|=2$，答案选C。

【套路】形如 $|x-a| + |x-b| + |x-c|$（令 $a<b<c$）表示 x 到 a,b,c 距离之和，当 $x=b$ 时，有最小值为 $|a-c|$，无最大值。

3. 形如 |x−a|+|x−b|+|x−c|+|x−d|

【例 1-58】$|x-1| + |x-2| + |x-3| + |x-4|$ 的最小值为(　　)。

A. 0　　　　B. 1　　　　C. 2　　　　D. 3　　　　E. 4

【解析】$|x-1|+|x-2|+|x-3|+|x-4|$ 表示 x 到 $1,2,3,4$ 的距离之和，由于 $|x-1|+|x-4|$ 在 $1\leqslant x\leqslant 4$ 取最小值 $|1-4|$，$|x-2|+|x-3|$ 在 $2\leqslant x\leqslant 3$ 取最小值 $|2-3|$，所以当 $2\leqslant x\leqslant 3$ 时，$|x-1|+|x-2|+|x-3|+|x-4|$ 取最小值 $|1-4|+|2-3|=4$，答案选 E。

【套路】形如 $|x-a|+|x-b|+|x-c|+|x-d|$（令 $a<b<c<d$）表示 x 到 a,b,c,d 距离之和，当 $b\leqslant x\leqslant c$ 时，有最小值 $|a-d|+|b-c|$，无最大值。

4. 形如 $|x-a|-|x-b|$

【例 1-59】$|x-2|-|x-5|$ 的最大值和最小值分别为（　　）。
A. 3,4　　　B. 3,-7　　　C. 4,-3　　　D. 4,-5　　　E. 3,-3

【套路】$|x-2|-|x-5|$ 表示 x 到 2 的距离与 x 到 5 的距离的差。当 $x>5$ 时，x 到 2 的距离与 x 到 5 的距离的差均为 3，见图 1-4；当 $x<2$ 时，x 到 2 的距离与 x 到 5 的距离的差均为 -3，见图 1-5；当 $2\leqslant x\leqslant 5$ 时，x 从 2 移动到 5，x 到 2 的距离与 x 到 5 的距离的差从 -3 逐渐变成 3，答案选 E。

图　1-4　　　　　　　　　　图　1-5

【套路】形如 $|x-a|-|x-b|$ 表示 x 到 a,b 距离之差，最大值为 $|a-b|$，最小值为 $-|a-b|$。

【例 1-60】(2017-1) 已知 a,b,c 为三个实数，则 $\min\{|a-b|,|b-c|,|b-c|\}\leqslant 5$。
(1) $|a|\leqslant 5,|b|\leqslant 5,|c|\leqslant 5$。　　　　(2) $a+b+c=15$。

【解析】结论为 a 到 b，b 到 c，a 到 c 的距离的最小值小于等于 5，即三个距离至少有一个小于等于 5，或三个不能都大于 5。条件(1)，见图 1-6，根据绝对值的几何意义，点 a,b,c 到原点的距离都小于等于 5，而点 a,b,c 在 -5 和 5 之间任意取值时，两两之间的距离至少有一个小于等于 5，因此能推出结论，充分；条件(2)，$a+b+c=15$，举出反例 $a=5,b=-5,c=15$，此时两两之间的距离都大于 5，不能推出结论，不充分，答案选 A。

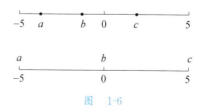

图　1-6

【套路】①绝对值的几何意义：$|m-n|$ 表示在数轴上 m 到 n 的距离；②$\min\{x,y,z\}\leqslant a$ 表示 x,y,z 中最小值小于等于 a，即三个至少有一个小于等于 a，或三个不能都大于 a；同理 $\max\{x,y,z\}\geqslant a$ 表示 x,y,z 中最大值大于等于 a，即三个至少有一个大于等于 a，或三个不能都小于 a。

十、基本比例计算问题

【例1-61】已知 $\dfrac{x}{3} = \dfrac{y}{4} = \dfrac{z}{5}$,且 $x+y+z=48$,那么 $x=$（　　）。

A. 12　　　　B. 16　　　　C. 20　　　　D. 24　　　　E. 28

【解析】待定系数法,令 $x=3k, y=4k, z=5k$,则 $x+y+z=3k+4k+5k=48$,解得 $k=4$,则 $x=3k=12$,答案选A。

十一、合（分）比定理

【例1-62】a,b,c,d 均为正数,且 $\dfrac{a}{b}=\dfrac{c}{d}$,则 $\dfrac{\sqrt{a^2+b^2}}{\sqrt{c^2+d^2}}$ 的值为（　　）。

A. $\dfrac{a^2}{d^2}$　　B. $\dfrac{b^2}{d^2}$　　C. $\dfrac{c^2}{d^2}$　　D. $\dfrac{b}{d}$　　E. $\dfrac{d}{b}$

【解析】方法（1）,$\dfrac{a}{b}=\dfrac{c}{d}$ 两边平方得 $\dfrac{a^2}{b^2}=\dfrac{c^2}{d^2}$,由合比定理得 $\dfrac{a^2+b^2}{b^2}=\dfrac{c^2+d^2}{d^2}$,更比定理交换内项 $\dfrac{a^2+b^2}{c^2+d^2}=\dfrac{b^2}{d^2}$,开方得 $\dfrac{\sqrt{a^2+b^2}}{\sqrt{c^2+d^2}}=\dfrac{b}{d}$,答案选D。

方法（2）,待定系数法,令 $\dfrac{a}{b}=\dfrac{c}{d}=k(k\neq 0)$,则 $a=kb, c=kd$,代入 $\dfrac{\sqrt{a^2+b^2}}{\sqrt{c^2+d^2}}=\dfrac{\sqrt{(kb)^2+b^2}}{\sqrt{(kd)^2+d^2}}=\dfrac{\sqrt{k^2+1}\times b}{\sqrt{k^2+1}\times d}=\dfrac{b}{d}$,答案选D。

【技巧】特值法,$\dfrac{a}{b}=\dfrac{c}{d}$,令 $a=1, b=2, c=3, d=6$,此时 $\dfrac{\sqrt{a^2+b^2}}{\sqrt{c^2+d^2}}=\dfrac{1}{3}$,只有D选项符合,答案选D。

十二、等比定理

【例1-63】$\dfrac{a+b-c}{c}=\dfrac{a+c-b}{b}=\dfrac{b+c-a}{a}=$（　　）。

A. 1　　　B. 1或 -2　　　C. -1 或 2　　　D. -2　　　E. 以上结论均不正确

【解析】方法（1）,当 $a+b+c\neq 0$ 时,利用等比定理,可得 $\dfrac{a+b-c}{c}=\dfrac{a+c-b}{b}=\dfrac{b+c-a}{a}=\dfrac{a+b+c}{a+b+c}=1$;当 $a+b+c=0$ 时,代入题干 $\dfrac{a+b-c}{c}=\dfrac{-c-c}{c}=-2$,答案选B。

方法（2）,待定系数法,令 $\dfrac{a+b-c}{c}=\dfrac{a+c-b}{b}=\dfrac{b+c-a}{a}=k$,则 $\begin{cases} a+b-c=kc \\ a+c-b=kb \\ b+c-a=ka \end{cases}$,三式相加得 $(a+b+c)=k(a+b+c)$,整理 $(a+b+c)(k-1)=0$,则 $k=1$ 或 $a+b+$

$c=0$,当 $a+b+c=0$ 时,$k=\dfrac{a+b-c}{c}=\dfrac{-c-c}{c}=-2$。综上所述,$k=1$ 或 $k=-2$,答案选 B。

十三、正比、反比

【例1-64】若 y 与 $x-1$ 成正比,比例系数为 k_1;y 又与 $x+1$ 成反比,比例系数为 k_2,且 $k_1:k_2=2:3$,则 x 的值为(　　)。

A. $\pm\dfrac{\sqrt{15}}{3}$　　B. $\dfrac{\sqrt{15}}{3}$　　C. $-\dfrac{\sqrt{15}}{3}$　　D. $\pm\dfrac{\sqrt{10}}{2}$　　E. $-\dfrac{\sqrt{10}}{2}$

【解析】根据题意,$y=k_1(x-1)$,$y=\dfrac{k_2}{x+1}$,两式相除得 $1=\dfrac{k_1}{k_2}(x-1)(x+1)$,即 $x^2-1=\dfrac{3}{2}$,解得 $x=\pm\dfrac{\sqrt{10}}{2}$,答案选 D。

十四、平均值基本定义

【例1-65】六个数排成一行,它们的平均数是 27,前四个数的平均数是 23,后三个数的平均数是 34,则第四个数是(　　)。

A. 24　　B. 28　　C. 30　　D. 32　　E. 34

【解析】六个数的和是 $27\times6=162$,前四个数的和是 $23\times4=92$,后三个数的和是 $34\times3=102$,则第四个数的值为 $92+102-162=32$,答案选 D。

【例1-66】(2021-1)某班增加了两名同学,则该班同学的平均身高增加了。
(1) 增加的两名同学的平均身高与原来男同学的平均身高相同。
(2) 原来男同学的平均身高大于女同学的平均身高。

【解析】条件(1)和(2)明显单独都不充分,联立可知,增加的两名同学平均身高=原来男同学的平均身高>女同学的平均身高,即增加的两名同学平均身高>原来班级同学的平均身高,则该班同学的平均身高增加了,答案选 C。

十五、平均值定理求最值

1. 凑系数型

【例1-67】当 $0<x<4$ 时,$x(8-2x)$ 的最大值为(　　)。

A. 5　　B. 6　　C. 7　　D. 8　　E. 以上结论均不正确

【解析】利用平均值定理可知和定积最大,通过凑系数让二者之和为定值。$x(8-2x)=\dfrac{1}{2}\times2x\times(8-2x)\leqslant\dfrac{1}{2}\times\left[\dfrac{2x+(8-2x)}{2}\right]^2=8$,答案选 D。

【套路】此类乘积形式无法直接用均值定理,但凑系数后可得到和为定值,从而利用平均值定理 $ab\leqslant\left(\dfrac{a+b}{2}\right)^2$,求其乘积的最值。

2. 凑项型

【例1-68】 已知 $x < \dfrac{5}{4}$，则 $4x - 2 + \dfrac{1}{4x-5}$ 的最大值为（　　）。

A. 1　　　　B. 2　　　　C. 3　　　　D. 4　　　　E. 以上结论均不正确

【解析】 $4x-2$ 凑项为 $(4x-5)+3$，又 $x<\dfrac{5}{4}$，则 $4x-5<0$，需调整符号，则 $4x-2+\dfrac{1}{4x-5}=-\left[(5-4x)+\dfrac{1}{5-4x}\right]+3\leqslant -2+3=1$，当且仅当 $5-4x=\dfrac{1}{5-4x}$，即 $x=1$ 时，取等号，答案选 A。

【套路】 此类题需要凑项构造出 $a+\dfrac{1}{a}$。利用平均值定理：当 $a>0$ 时，$a+\dfrac{1}{a}\geqslant 2$；当 $a<0$ 时，$a+\dfrac{1}{a}\leqslant -2$，求其和的最值。

3. 凑指数型

【例1-69】 $x+\dfrac{4}{x^2}$ $(x>0)$ 的最小值为（　　）。

A. 1　　　　B. 2　　　　C. 3　　　　D. 4　　　　E. 以上结论均不正确

【解析】 $x+\dfrac{4}{x^2}=\dfrac{x}{2}+\dfrac{x}{2}+\dfrac{4}{x^2}\geqslant 3\sqrt[3]{\dfrac{x}{2}\times\dfrac{x}{2}\times\dfrac{4}{x^2}}=3$，当且仅当 $\dfrac{x}{2}=\dfrac{x}{2}=\dfrac{4}{x^2}$，即 $x=2$ 时，取到等号，答案选 C。

【套路】 此题关键是凑出乘积为定值。x 与 $\dfrac{4}{x^2}$ 分母的次数不一样，调整系数是行不通的，只能将二者中次数较低的拆成相等的项，再利用平均值定理 $\dfrac{a+b+c}{3}\geqslant \sqrt[3]{abc}$，求其和的最值。

【扩展】 题干若改为"求 $x^2+\dfrac{4}{x}$ $(x>0)$ 的最小值"，则 $x^2+\dfrac{4}{x}=x^2+\dfrac{2}{x}+\dfrac{2}{x}\geqslant 3\sqrt[3]{x^2\times\dfrac{2}{x}\times\dfrac{2}{x}}=3\sqrt[3]{4}$，当且仅当 $x^2=\dfrac{2}{x}$，即 $x=\sqrt[3]{2}$ 时，取到等号。

4. 分离型

【例1-70】 求 $\dfrac{x^2+7x+10}{x+1}$ $(x>-1)$ 的最小值为（　　）。

A. 6　　　　B. 7　　　　C. 8　　　　D. 9　　　　E. 以上结论均不正确

【解析】 $\dfrac{x^2+7x+10}{x+1}=\dfrac{(x+1)^2+5(x+1)+4}{x+1}=(x+1)+\dfrac{4}{x+1}+5\geqslant 2\sqrt{4}+5=9$，当且仅当 $x+1=\dfrac{4}{x+1}$，即 $x=1$ 时，取到等号，答案选 D。

【套路】 此类题无法直接用平均值定理，可以将分子凑出含有 $(x+1)$ 的项，将其分离，再利用平均值定理：当 $a>0$ 时，$a+\dfrac{1}{a}\geqslant 2$；当 $a<0$ 时，$a+\dfrac{1}{a}\leqslant -2$，求其和的最值。

【扩展】① $y=x+\dfrac{1}{x}$ 的图像形如双勾,因此称作双勾函数,见图1-7。由图可得:当 $x>0$ 时,$y=x+\dfrac{1}{x}\geqslant 2$;当 $x<0$ 时,$y=x+\dfrac{1}{x}\leqslant -2$。

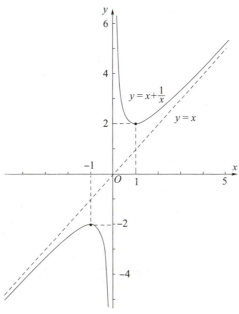

图1-7 双勾函数

② $y=ax+\dfrac{b}{x}(a>0,b>0)$:当 $x>0$ 时,$ax+\dfrac{b}{x}\geqslant 2\sqrt{ab}$,当且仅当 $ax=\dfrac{b}{x}$,即 $x=\sqrt{\dfrac{b}{a}}$ 时,取到等号;当 $x<0$ 时,$ax+\dfrac{b}{x}\leqslant -2\sqrt{ab}$,当且仅当 $ax=\dfrac{b}{x}$,即 $x=-\sqrt{\dfrac{b}{a}}$ 时,取到等号。

【例1-71】(2019-1)设函数 $f(x)=2x+\dfrac{a}{x^2}(a>0)$ 在 $(0,+\infty)$ 的最小值为 $f(x_0)=12$,则 $x_0=(\quad)$。

A. 5　　　　B. 4　　　　C. 3　　　　D. 2　　　　E. 1

【解析】利用平均值定理 $a+b+c\geqslant 3\sqrt[3]{abc}$(当且仅当 $a=b=c$ 时,取到等号),则 $f(x)=2x+\dfrac{a}{x^2}=x+x+\dfrac{a}{x^2}\geqslant 3\sqrt[3]{x\times x\times\dfrac{a}{x^2}}=3\sqrt[3]{a}=12$,当且仅当 $x=x=\dfrac{a}{x^2}=4$ 时,取到等号,即 $x_0=4$,答案选B。

【套路】拆分时,为了保证取到最值,要进行平均拆分。

【例1-72】(2020-1)设 a,b 是正实数,则 $\dfrac{1}{a}+\dfrac{1}{b}$ 存在最小值。

(1)已知 ab 的值。

(2)已知 a,b 是方程 $x^2-(a+b)x+2=0$ 的不同实根。

【解析】条件(1),$\dfrac{1}{a}+\dfrac{1}{b}\geqslant 2\sqrt{\dfrac{1}{ab}}$,$ab$ 的值已知,则 $\dfrac{1}{a}+\dfrac{1}{b}$ 存在最小值为 $2\sqrt{\dfrac{1}{ab}}$(当且仅

当 $\frac{1}{a} = \frac{1}{b}$，即 $a = b$ 时，取到等号），充分；条件(2)，根据韦达定理可得 $ab = 2$，虽然已知 ab 的值，但是 $a \neq b$，不满足均值不等式取最小值的条件，不充分，答案选 A。

【例 1-73】(2018-1)设 x, y 为实数，则 $|x+y| \leqslant 2$。

(1) $x^2 + y^2 \leqslant 2$。　　　　(2) $xy \leqslant 1$。

【解析】方法(1)，结论 $|x+y| \leqslant 2 \Leftrightarrow (x+y)^2 \leqslant 2^2$，即 $x^2 + 2xy + y^2 \leqslant 4$。条件(1)，$x^2 + y^2 \leqslant 2$，根据平均值定理可得，$2xy \leqslant x^2 + y^2 \leqslant 2$，则 $2xy \leqslant 2$，因此 $x^2 + y^2 + 2xy \leqslant 2 + 2 \leqslant 4$，能推出结论，充分；条件(2)，$xy \leqslant 1$，很容易找到反例，当 $x = 100, y = \frac{1}{100}$ 时，$|x+y| > 2$，不充分，答案选 A。

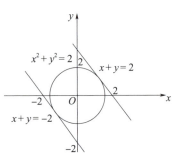

图 1-8　图像法

方法(2)，针对条件(1)可以采用图像法，如图 1-8 所示。因为 $x + y = \pm 2$ 是圆 $x^2 + y^2 = 2$ 的上、下两条切线，而 $|x+y| \leqslant 2$ 表示在两条直线之间的所有区域，又因为圆上和圆内所有的点都在两条直线之间，则条件的范围完全被包含在结论的范围中，充分。

1.5　强化提升习题

1. 某人左右两手分别握了若干个石子，左手中石子数乘 3 加上右手中石子数乘 4 之和为 29，则右手中石子数是(　　)。

　　A. 奇数　　B. 偶数　　C. 质数　　D. 合数　　E. 以上结论均不正确

2. 若三个质数(素数)之积恰好等于它们和的 5 倍，则这三个质数之和为(　　)。

　　A. 12　　B. 14　　C. 15　　D. 18　　E. 20

3. 已知 x 为正整数，且 $6x^2 - 19x - 7$ 的值为质数，则这个质数为(　　)。

　　A. 2　　B. 7　　C. 11　　D. 13　　E. 17

4. (2014-10) $m^2 - n^2$ 是 4 的倍数。

(1) m, n 都是偶数。　　　　(2) m, n 都是奇数。

5. 如果 a, b, c 是三个连续的奇数，则 $a + b = 32$。

(1) $10 < a < b < c < 20$。　　(2) b 和 c 为质数。

6. 若整数 a, m, n 满足 $\sqrt{a^2 - 4\sqrt{2}} = \sqrt{m} - \sqrt{n}$，则 $m + n + a$ 取值有(　　)种。

　　A. 1　　B. 2　　C. 3　　D. 4　　E. 5

7. 纯循环小数 $0.\dot{a}b\dot{c}$ 写成最简分数时，分子与分母之和是 58，这个循环小数是(　　)。

　　A. $0.\dot{5}6\dot{7}$　　B. $0.\dot{5}3\dot{7}$　　C. $0.\dot{5}1\dot{7}$　　D. $0.\dot{5}6\dot{9}$　　E. $0.\dot{5}6\dot{2}$

8. 若 1374 除以某个质数，余数为 9，则这个质数为(　　)。

　　A. 7　　B. 11　　C. 13　　D. 17　　E. 19

9. 一个盒子装有 $m(m \leqslant 100)$ 个小球，每次按照 2 个、3 个、4 个的顺序取出，最终盒内都只剩下 1 个小球，如果每次取出 11 个，则余 4 个，求 m 的各位数上的数字之和为(　　)。

　　A. 9　　B. 10　　C. 11　　D. 12　　E. 13

10. 一个自然数除以2余1,除以3余2,除以5余4,满足此条件且介于100~200的自然数有( )个。

   A. 1   B. 2   C. 3   D. 4   E. 5

11. 已知 a 为小于60的正整数,则可以确定 a 的值。

   (1) 72除以 a 的余数为3。

   (2) 118除以 a 的余数为3。

12. 已知两个正整数的最大公约数是6,最小公倍数是120,求这两个数的和是( )。

   A. 126   B. 54   C. 126或54   D. 124   E. 124或54

13. (2008-10) 设 a,b,c 为整数,且 $|a-b|^{29}+|c-a|^{41}=1$,则 $|a-b|+|a-c|+|b-c|=$( )。

   A. 2   B. 3   C. 4   D. -3   E. -2

14. (2010-1) $a|a-b| \geqslant |a|(a-b)$。

   (1) 实数 $a>0$。

   (2) 实数 a,b 满足 $a>b$。

15. 实数 a,b 满足 $|a|(a+b)>a|a+b|$。

   (1) $a<0$。   (2) $b>-a$。

16. (2008-10) $|1-x|-\sqrt{x^2-8x+16}=2x-5$。

   (1) $2<x$。   (2) $x<3$。

17. (2010-10) 若实数 a,b,c 满足 $a^2+b^2+c^2=9$,则代数式 $(a-b)^2+(b-c)^2+(c-a)^2$ 的最大值是( )。

   A. 21   B. 27   C. 29   D. 32   E. 39

18. (2008-1) $\dfrac{b+c}{|a|}+\dfrac{c+a}{|b|}+\dfrac{a+b}{|c|}=1$。

   (1) 实数 a,b,c 满足 $a+b+c=0$。

   (2) 实数 a,b,c 满足 $abc>0$。

19. 方程 $|2x-11|=|x-3|+|x-8|$ 的解集为( )。

   A. $3<x<8$ B. $x \leqslant 3$ C. $x \geqslant 8$

   D. $x<3$ 或 $x>8$ E. $x \leqslant 3$ 或 $x \geqslant 8$

20. 方程 $|3x-4|+|3x+2|=6$ 的整数解有( )个。

   A. 1   B. 2   C. 3   D. 4   E. 5

21. 已知 $x \leqslant \dfrac{5}{2}$,关于 $|x-1|-|x-3|$ 的最值,下列说法正确的是( )。

   A. 最大值为1,最小值为-1   B. 最大值为2,最小值为-1

   C. 最大值为2,最小值为-2   D. 最大值为1,最小值为-2

   E. 无最大值和最小值

22. (2013-10) 方程 $|x+1|+|x+3|+|x-5|=9$ 存在唯一解。

   (1) $|x-2| \leqslant 3$。   (2) $|x-2| \geqslant 2$。

23. 已知 $\dfrac{x}{a-b}=\dfrac{y}{b-c}=\dfrac{z}{c-a}$($a,b,c$ 互不相等),则 $x+y+z=$( )。

   A. 1   B. -1   C. 0   D. 0或1   E. 2

24. 已知 $x_1, x_2, \cdots, x_n$ 的几何平均值为 3,前面 $n-1$ 个数的几何平均值为 2,则 x_n 的值是（　　）。

　　A. $\dfrac{9}{2}$　　B. $\left(\dfrac{3}{2}\right)^n$　　C. $2\left(\dfrac{3}{2}\right)^n$　　D. $\left(\dfrac{3}{2}\right)^{n-1}$　　E. $\left(\dfrac{3}{2}\right)^{n+1}$

25. (2014-10) a, b, c, d, e 五个数满足 $a \leqslant b \leqslant c \leqslant d \leqslant e$,其平均数 $m=100, c=120$,则 $e-a$ 的最小值是（　　）。

　　A. 45　　　　B. 50　　　　C. 55　　　　D. 60　　　　E. 65

26. 已知 $x>0$,函数 $y=\dfrac{2}{x}+3x^2$ 的最小值是（　　）。

　　A. $2\sqrt{6}$　　B. $3\sqrt[3]{3}$　　C. $4\sqrt{2}$　　D. 6　　E. 以上结论均不正确

27. (2010-1)设 a 和 b 为非负实数,则 $a+b \leqslant \dfrac{5}{4}$。

　　(1) $ab \leqslant \dfrac{1}{16}$。　　　　(2) $a^2+b^2 \leqslant 1$。

28. (2020-1)设 a,b,c,d 是正实数,则 $\sqrt{a}+\sqrt{d} \leqslant \sqrt{2(b+c)}$。

　　(1) $a+d=b+c$。　　　　(2) $ad=bc$。

29. (2009-10) $a+b+c+d+e$ 的最大值为 133。

　　(1) a,b,c,d,e 是大于 1 的自然数,且 $abcde=2700$。

　　(2) a,b,c,d,e 是大于 1 的自然数,且 $abcde=2000$。

30. (2009-10) $\dfrac{1}{a}+\dfrac{1}{b}+\dfrac{1}{c}>\sqrt{a}+\sqrt{b}+\sqrt{c}$。

　　(1) $abc=1$。

　　(2) a,b,c 为不全相等的正数。

◆ 强化提升习题详解

1. 【解析】左 $\times 3+$ 右 $\times 4=29$,因为 29 是奇数,右 $\times 4$ 是偶数,所以左 $\times 3$ 是奇数,则左手中石子数是奇数。通过讨论左手中石子数为 3 或 7 时,右手中石子数为 5 或 2,可判定右手的石子数是质数,答案选 C。

2. 【解析】设三个质数为 a,b,c,由题意得 $abc=5(a+b+c)$,可知必有一个质数是 5。设 $a=5$,则 $5bc=5(5+b+c)$,即 $bc=5+b+c$,整理为 $bc-b-c+1=6$,分解得 $(b-1)(c-1)=6=2\times 3=1\times 6$。又因为 b,c 为质数,所以 $\begin{cases} b-1=1 \\ c-1=6 \end{cases}$,解得 $\begin{cases} b=2 \\ c=7 \end{cases}$,所以 $a+b+c=14$,答案选 B。

3. 【解析】$6x^2-19x-7=(3x+1)(2x-7)$,由于质数只能分解为 1 和它本身相乘,则 $(3x+1)$ 和 $(2x-7)$ 必有一个为 1。明显当 $2x-7=1$,即 $x=4$ 时,$6x^2-19x-7=13$,则这个质数为 13,答案选 D。

4. 【解析】$m^2-n^2=(m+n)(m-n)$。条件(1),m 和 n 都是偶数,则 $m+n, m-n$ 也都是偶数,因此 m^2-n^2 必然是 4 的倍数,充分;条件(2),m 和 n 都是奇数,则 $m+n, m-n$ 也都是偶数,因此 m^2-n^2 必然是 4 的倍数,也充分,答案选 D。

5.【解析】条件(1)和(2)显然单独都不充分,考虑联合,三个连续的奇数且 b 和 c 为质数,讨论得 $a=15, b=17, c=19$,所以 $a+b=32$,联合充分,答案选C。

6.【解析】等式两边同时平方去根号:$a^2-4\sqrt{2}=m+n-2\sqrt{mn}$,利用对应项相等,则 $\begin{cases} m+n=a^2 \\ mn=8(m \geqslant n \geqslant 0) \end{cases}$,又 a, m, n 均为整数,尝试分解法 $mn=8=8\times 1=4\times 2$,则 $\begin{cases} m=8 \\ n=1 \\ a=\pm 3 \end{cases}$ 或 $\begin{cases} m=4 \\ n=2 \\ a=\pm\sqrt{6} \end{cases}$ (舍弃),则 $m+n+a$ 的取值有两种,答案选B。

7.【解析】$0.\dot{a}b\dot{c}$ 化为分数是 $\dfrac{abc}{999}$。当化为最简分数时,因为分母大于分子,所以分母大于 $58 \div 2 = 29$,即分母是大于29的两位数。由 $999 = 3\times 3\times 3\times 37$,推知999的分母大于29的两位数的约数只有37,所以分母是37,分子是 $58-37=21$,因为 $\dfrac{21}{37}=\dfrac{21\times 27}{37\times 27}=\dfrac{567}{999}$,所以这个循环小数是 $0.\dot{5}6\dot{7}$,答案选A。

8.【解析】分解质因数法,$1374-9=1365=3\times 5\times 7\times 13$,因为余数为9,则除数必然大于9,这个质数为13,答案选C。

9.【解析】根据题意,$m-1$ 能被 2,3,4 整除,因此 $m-1$ 是12的倍数,即 $m-1=12k$,$m=12k+1$,而每次取出11个余4个,$m=12k+1=11k+(k+1)$,则 $k+1=4, k=3$,$m=12\times 3+1=37$,因此各数位上的数字之和为10,答案选B。

10.【解析】此数加上1,即为2,3,5的公倍数。由于2,3,5的最小公倍数为30,所以此数为 $30k-1(k\in \mathbf{Z})$。又因为 $100 \leqslant 30k-1 \leqslant 200$,解得 $k=4,5,6$,则此数为119,149,179,共有三种情况,答案选C。

【套路】除数与余数的差值都相等时,"差同减差"。

11.【解析】条件(1),72除以 a 的余数为3,则 $a>3$ 且 a 为69的约数,因此 $a=23$,充分;条件(2),118除以 a 的余数为3,则 $a>3$ 且 a 为115的约数,因此 $a=5$ 或 $a=23$,不能唯一确定,不充分,答案选A。

12.【解析】设这两个正整数分别是 $6m$ 和 $6n$,且 $(m,n)=1$,令 $n>m>0$,则这两个数的最小公倍数是 $6mn=120$,所以 $mn=20=1\times 20=4\times 5$,则 $\begin{cases} m=1 \\ n=20 \end{cases}$ 或 $\begin{cases} m=4 \\ n=5 \end{cases}$,因此两个数 $\begin{cases} 6m=6 \\ 6n=120 \end{cases}$ 或 $\begin{cases} 6m=24 \\ 6n=30 \end{cases}$,$6m+6n=126$ 或 54,答案选C。

【套路】若已知两个数的最大公约数为 k,可设这两个数分别为 km 和 kn,且 $(m,n)=1$,则最小公倍数为 kmn,这两个数的乘积为 k^2mn。

13.【解析】采用特值法,令 $a=b=0, c=1$,满足 $|a-b|^{20}+|c-a|^{41}=1$,此时 $|a-b|+|a-c|+|b-c|=0+1+1=2$,答案选A。

14.【解析】条件(1),$a>0$,不等式左边 $a|a-b| \geqslant 0$,一定能推出结论,充分;条件(2)$a>b$,不等式右边 $|a|(a-b) \geqslant 0$,可以找到反例:当 $a<0$ 时,$a|a-b|<0$,此时 $a|b|<|a|(a-b)$,不充分,答案选A。

【扩展】若结论改为 $a|a-b|>|a|(a-b)$，则必须满足 $\begin{cases} a|a-b|>0 \\ |a|(a-b)<0 \end{cases}$，解得 $\begin{cases} a>0 \\ a-b<0 \end{cases}$，即 $0<a<b$。

15.【解析】$|a|(a+b)>a|a+b|$ 成立，必须满足 $\begin{cases} |a|(a+b)>0 \\ a|a+b|<0 \end{cases}$，解得 $\begin{cases} a+b>0 \\ a<0 \end{cases}$，条件(1)和(2)联合充分,答案选C。

【扩展】若结论改为"$|a|(a+b) \geqslant a|a+b|$"，则只需要满足 $a+b \geqslant 0$ 或 $a \leqslant 0$，此时两个条件都充分，答案选D。

16.【解析】$|1-x|-\sqrt{(x-4)^2}=|1-x|-|x-4|$，显然当 $1-x \leqslant 0$ 且 $x-4 \leqslant 0$ 时，$|1-x|-|x-4|=(x-1)-(4-x)=2x-5$，因此 $1 \leqslant x \leqslant 4$，条件(1)和(2)联合充分，答案选C。

17.【解析】代数式展开整理为 $2(a^2+b^2+c^2)-(2ab+2ac+2bc)=2 \times 9-(2ab+2ac+2bc)$，又因为 $2(ab+ac+bc)=(a+b+c)^2-(a^2+b^2+c^2)$，则 $2 \times 9-(2ab+2ac+2bc)=2 \times 9-[(a+b+c)^2-9]=27-(a+b+c)^2 \leqslant 27$，因此代数式的最大值是27，答案选B。

【技巧】极端赋值法，当 $a=\sqrt{4.5}$，$b=-\sqrt{4.5}$，$c=0$ 时，取到最大值27，答案选B。

18.【解析】条件(1)，$\dfrac{b+c}{|a|}+\dfrac{c+a}{|b|}+\dfrac{a+b}{|c|}=\dfrac{-a}{|a|}+\dfrac{-b}{|b|}+\dfrac{-c}{|c|}$，由于 a,b,c 的正负性不确定，推不出结论，不充分；条件(2)，$abc>0$，没有等量关系，也推不出结论，不充分；条件(1)和(2)联合，可以得到 a,b,c 必然是两负一正，令 $a>0$，$b<0$，$c<0$，此时 $\dfrac{-a}{|a|}+\dfrac{-b}{|b|}+\dfrac{-c}{|c|}=-1+1+1=1$，联合充分，答案选C。

19.【解析】令 $x-3=a$，$x-8=b$，则 $2x-11=a+b$，题干方程即为 $|a+b|=|a|+|b|$。根据三角不等式，成立的条件为 $ab \geqslant 0$，即 $(x-3)(x-8) \geqslant 0$，解得 $x \leqslant 3$ 或 $x \geqslant 8$，答案选E。

【技巧】特值法排除，$x=3$，$x=8$ 都是方程的解，排除A,B,C,D，答案选E。

20.【解析】方程可以整理为 $\left|x-\dfrac{4}{3}\right|+\left|x+\dfrac{2}{3}\right|=2$，根据绝对值几何意义，当 $-\dfrac{2}{3} \leqslant x \leqslant \dfrac{4}{3}$ 时，$\left|x-\dfrac{4}{3}\right|+\left|x+\dfrac{2}{3}\right|$ 有最小值 $\dfrac{4}{3}-\left(-\dfrac{2}{3}\right)=2$，方程的解集即为 $-\dfrac{2}{3} \leqslant x \leqslant \dfrac{4}{3}$，又 x 是整数，因此 $x=0$ 或 1，答案选B。

21.【解析】方法(1)，分段讨论法。当 $x \leqslant 1$ 时，$|x-1|-|x-3|=(1-x)-(3-x)=-2$；当 $1<x \leqslant \dfrac{5}{2}$ 时，$|x-1|-|x-3|=(x-1)-(3-x)=2x-4$，则当 $x=\dfrac{5}{2}$ 时，有最大值 $2 \times \dfrac{5}{2}-4=1$，综上所述，最大值为1，最小值为 -2，答案选D。

方法(2),$|x-1|-|x-3|$表示x到1的距离与x到3的距离的差。当$x\leqslant 1$时,有最小值$-|1-3|=-2$;当$x\geqslant 3$时,有最大值$|1-3|=2$;当$1\leqslant x\leqslant 3$时,x从1移动到3,函数值从-2变成2,又因为$x\leqslant\dfrac{5}{2}$,所以$x=\dfrac{5}{2}$时,函数有最大值$\left|\dfrac{5}{2}-1\right|-\left|\dfrac{5}{2}-3\right|=1$,综上所述,最大值为1,最小值为$-2$,答案选D。

【套路】形如$|x-a|-|x-b|$表示x到a和b距离之差,最大值为$|a-b|$,最小值为$-|a-b|$。

22.【解析】整理为$|x+3|+|x+1|+|x-5|$,表示数轴上点x到点$-3,-1,5$距离之和。当$x=-1$时,最小值为$|-3-5|=8$;当$-3\leqslant x\leqslant 5$时,$|x+3|+|x-5|$为定值$|-3-5|=8$,而$|x+3|+|x+1|+|x-5|=9$,则此时点x到点-1距离应为1,即$x=-2$或$x=0$。条件(1),$|x-2|\leqslant 3$,解得$-1\leqslant x\leqslant 5$,此时方程$|x+1|+|x+3|+|x-5|=9$在$-1\leqslant x\leqslant 5$区间只有唯一解$x=0$,舍去$x=-2$,充分;同理,条件(2),$|x-2|\geqslant 2$,解得$x\geqslant 4$或$x\leqslant 0$,此时方程在$x\geqslant 4$或$x\leqslant 0$区间有两个解$x=-2$或$x=0$,不充分,答案选A。

【套路】形如$|x-a|+|x-b|+|x-c|$(令$a<b<c$)表示x到a,b,c距离之和,无最大值,当$x=b$时,有最小值$|a-c|$。

23.【解析】待定系数法,令$\dfrac{x}{a-b}=\dfrac{y}{b-c}=\dfrac{z}{c-a}=k$,则$\begin{cases}x=k(a-b)\\y=k(b-c)\\z=k(a-c)\end{cases}$,三式相加得$x+y+z=0$,答案选C。

24.【解析】考查几何平均值的定义,根据题意得$\begin{cases}\sqrt[n]{x_1x_2\cdots x_n}=3\\\sqrt[n-1]{x_1x_2\cdots x_{n-1}}=2\end{cases}$,整理为$\begin{cases}x_1x_2\cdots x_n=3^n\\x_1x_2\cdots x_{n-1}=2^{n-1}\end{cases}$,两式相除得$x_n=\dfrac{3^n}{2^{n-1}}=2\left(\dfrac{3}{2}\right)^n$,答案选C。

25.【解析】当e最小且a最大时,$e-a$取得最小值,由于平均数$m<c$,因此a最大不能取到120,应该先考虑e的值,$120=c\leqslant d\leqslant e$,因此$e$最小取120,此时$c=d=e=120$,又$a+b+c+d+e=100\times 5=500$,$a\leqslant b$,要使$a$最大,则$a=b=70$,因此$e-a$的最小值是$120-70=50$,答案选B。

26.【解析】利用平均值定理,平均拆分,$y=\dfrac{2}{x}+3x^2=\dfrac{1}{x}+\dfrac{1}{x}+3x^2\geqslant 3\sqrt[3]{\dfrac{1}{x}\times\dfrac{1}{x}\times 3x^2}=3\sqrt[3]{3}$,当且仅当$\dfrac{1}{x}=3x^2$,即$x=\sqrt[3]{\dfrac{1}{3}}$,取到等号,答案选B。

27.【解析】条件(1),举反例,当$a=0,b=2$时,$a+b=2>\dfrac{5}{4}$,推不出结论,不充分;条件(2),举反例,当$a=b=\dfrac{\sqrt{2}}{2}$时,$a+b=\sqrt{2}>\dfrac{5}{4}$,推不出结论,也不充分;考虑联合,$(a+b)^2=a^2+b^2+2ab\leqslant 1+2\times\dfrac{1}{16}=\dfrac{18}{16}$,又$a,b$为非负实数,则$a+b\leqslant\sqrt{\dfrac{18}{16}}=\dfrac{3\sqrt{2}}{4}<\dfrac{5}{4}$,

联合充分,答案选C。

28.【解析】结论的等价形式为$(\sqrt{a}+\sqrt{d})^2 \leqslant \sqrt{2(b+c)}^2$,即$a+d+2\sqrt{ad} \leqslant 2(b+c)$,条件(1),$a+d=b+c$,而$a+d \geqslant 2\sqrt{ad}$,则$a+d+2\sqrt{ad} \leqslant 2(a+d)=2(b+c)$,充分;条件(2),$ad=bc$,仍然确定不了$a+d$和$b+c$的大小关系,因此推不出结论,举反例,当$a=9$,$d=1,b=c=3$时,$\sqrt{a}+\sqrt{d}=3+1=4,\sqrt{2(b+c)}=2\sqrt{3}$,则$\sqrt{a}+\sqrt{d}>\sqrt{2(b+c)}$,不充分,答案选A。

29.【解析】当几个正数的乘积为定值时,这几个数相差越大,和越大。条件(1),$abcde=2700$,要求a,b,c,d,e的和是最大值,应让这五个数相差尽可能大,则$abcde=2700=2×2×3×3×75$,和的最大值为$2+2+3+3+75=85 \neq 133$,不充分;同理,条件(2),$abcde=2000=2×2×2×2×125$,和的最大值为$2+2+2+2+125=133$,充分,答案选B。

【套路】①平均值定理:当几个正数的乘积为定值时,这几个数越接近,和越小;这几个数相差越大,和越大。②当几个正数的和为定值时,这几个数越接近,乘积越大;这几个数相差越大,乘积越小。

【扩展】结论若改为"求$a+b+c+d+e$的最小值",则条件(1),$abcde=2700=3×5×5×6×6$,和的最小值为$3+5+5+6+6=25$;条件(2),$abcde=2000=4×4×5×5×5$,和的最小值为$4+4+5+5+5=23$。

30.【解析】条件(1),举反例$a=b=c=1$,推不出结论,不充分;条件(2),举反例$a=1$,$b=1,c=4$,推不出结论,也不充分;联合起来,$\dfrac{1}{a}+\dfrac{1}{b}+\dfrac{1}{c}=\dfrac{abc}{a}+\dfrac{abc}{b}+\dfrac{abc}{c}=bc+ac+ab$,根据平均值定理$bc+ac+ab=\left(\dfrac{ab}{2}+\dfrac{ac}{2}\right)+\left(\dfrac{ab}{2}+\dfrac{bc}{2}\right)+\left(\dfrac{ac}{2}+\dfrac{bc}{2}\right) \geqslant 2\sqrt{\dfrac{ab}{2}×\dfrac{ac}{2}}+2\sqrt{\dfrac{ab}{2}×\dfrac{bc}{2}}+2\sqrt{\dfrac{ac}{2}×\dfrac{bc}{2}}=\sqrt{a}+\sqrt{b}+\sqrt{c}$,又$a,b,c$为不全相等的正数,取不到等号,因此$\dfrac{1}{a}+\dfrac{1}{b}+\dfrac{1}{c}>\sqrt{a}+\sqrt{b}+\sqrt{c}$,联合充分,答案选C。

第2章 应用题

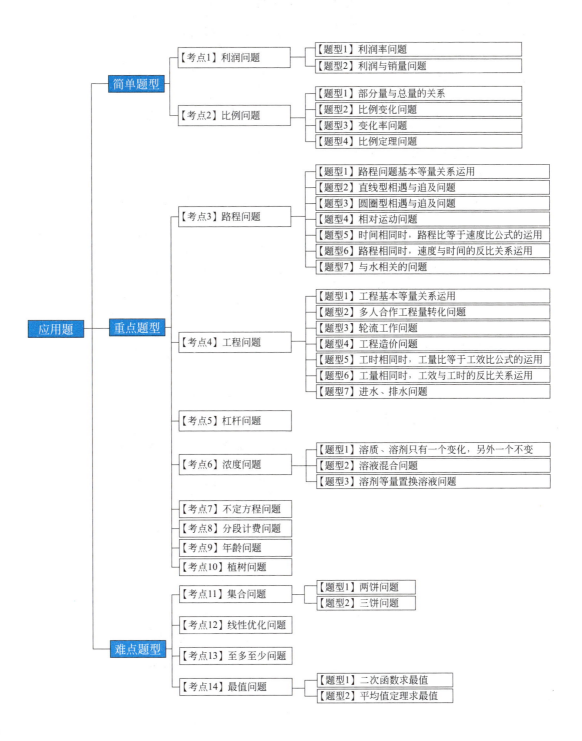

2.1 知识要点归纳

一、利润问题

（1）利润＝售价－进价，标价(原价)×折扣＝售价。

（2）利润率＝$\dfrac{利润}{进价}$＝$\dfrac{售价-进价}{进价}$，售价＝进价×(1＋利润率)。

二、比例问题

（1）变化率＝$\dfrac{变化量}{变前量}$＝$\left|\dfrac{现值-原值}{原值}\right|$。

（2）原值若为 a，增长 $p\%$，则现值为 $a(1+p\%)$；

原值若为 a，下降 $p\%$，则现值为 $a(1-p\%)$；

原值若为 a，先增长 $p\%$，再下降 $p\%$，则现值为 $a(1+p\%)(1-p\%)<a$。

（3）乙比甲多 $p\%$，则乙＝甲×$(1+p\%)$ 或 $\dfrac{乙-甲}{甲}=p\%$，"比"后面的对象作为基准量。

（4）总量＝$\dfrac{部分量}{对应占的比例}$。

三、路程问题

1. 路程问题基本等量关系

$$s=vt \quad t=\dfrac{s}{v} \quad v=\dfrac{s}{t}$$

2. 直线型相遇与追及问题

（1）相遇问题：甲乙两人同时分别从 A、B 两地相向而行，C 点相遇，如图 2-1 所示。

$s_{AB}=s_甲+s_乙=v_甲 t+v_乙 t=(v_甲+v_乙)t$，$\dfrac{s_甲}{s_乙}=\dfrac{v_甲}{v_乙}=\dfrac{AC}{BC}$（时间相同，即相遇所用时间相同）。

（2）追及问题：甲乙两人同时分别从 A、B 两地同向而行，甲在 C 点追上乙，如图 2-2 所示。

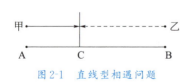

图 2-1　直线型相遇问题　　图 2-2　直线型追及问题

$s_{AB}=s_甲-s_乙=v_甲 t-v_乙 t=(v_甲-v_乙)t$，$\dfrac{s_甲}{s_乙}=\dfrac{v_甲}{v_乙}=\dfrac{AC}{BC}$（时间相同，即追及所用时间相同）。

3. 圆圈型相遇与追及问题

(1) 相遇问题:甲、乙两人同时从 A 地反向而行,B 点相遇(假定一圈路程为 s),如图 2-3 所示。

甲、乙第一次相遇时,两人共走一圈路程,则 $s = s_甲 + s_乙 = v_甲 t + v_乙 t = (v_甲 + v_乙)t$;

甲、乙第 n 次相遇时,两人共走 n 圈路程,则 $ns = s_甲 + s_乙 = v_甲 t + v_乙 t = (v_甲 + v_乙)t$。

(2) 追及问题:甲、乙两人同时从 A 地同向而行,甲在 B 点追上乙(假定一圈路程为 s),如图 2-4 所示。

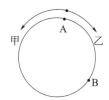 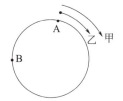

图 2-3　圆圈型相遇问题　　　　图 2-4　圆圈型追及问题

甲第一次追上乙时,甲比乙多跑一圈路程,则 $s = s_甲 - s_乙 = v_甲 t - v_乙 t = (v_甲 - v_乙)t$;

甲第 n 次追上乙时,甲比乙多跑 n 圈路程,则 $ns = s_甲 - s_乙 = v_甲 t - v_乙 t = (v_甲 - v_乙)t$。

4. 相对运动问题(至少两个对象)

相向运动,可以把其中一个对象看成静止状态,则另外一个对象的速度为二者速度之和,即

$$v_{相对} = v_1 + v_2$$

同向运动,可以把其中一个对象看成静止状态,则另外一个对象的速度为二者速度之差,即

$$v_{相对} = v_1 - v_2$$

5. 与水相关的问题

$$v_顺 = v_船 + v_水 \qquad v_逆 = v_船 - v_水$$

四、工程问题

(1) 工程问题基本等量关系为

工作总量 = 工作效率 × 工作时间　　工作效率 = $\dfrac{\text{工作总量}}{\text{工作时间}}$　　工作时间 = $\dfrac{\text{工作总量}}{\text{工作效率}}$

(2) 若工作总量与工作效率没有说明具体的数量,通常把工作总量看作"1",工作总量等于各对象工作量之和。

(3) 甲单独完成需要 m 天,乙单独完成需要 n 天,则:

① 甲的效率为 $\dfrac{1}{m}$,乙的效率为 $\dfrac{1}{n}$;

② 甲乙的效率之和为 $\dfrac{1}{m} + \dfrac{1}{n}$;

③ 甲乙合作需要 $\dfrac{1}{\dfrac{1}{m} + \dfrac{1}{n}} = \dfrac{mn}{m+n}$ 天。

五、杠杆问题

一个整体按照某种标准可以分为两个部分,已知这两个部分各自均值及整体均值,可以通过杠杆交叉法求得这两个部分的数量之比。另外,杠杆交叉法的应用不局限于平均值问题,只要涉及一个大量、一个小量以及它们混合后的中间量,一般都可以利用杠杆交叉法算出大量与小量的数量之比。

六、浓度问题

(1)浓度 $=\dfrac{溶质}{溶液}\times 100\%=\dfrac{溶质}{溶质+溶剂}\times 100\%$(浓度本质:溶质占总体溶液的百分比)。

(2)溶质、溶剂只有一个发生变化,另外一个不变,涉及蒸发、稀释、加浓三大问题,其核心:抓住不变的量建立等量关系,见表2-1。

表2-1 蒸发、稀释、加浓问题

问题	溶质	溶剂	溶液	浓度
蒸发	不变	减少	减少	增加
稀释	不变	增加	增加	减少
加浓	增加	不变	增加	增加

(3)溶剂等量置换溶液的问题。

① 原来有浓度为 $p\%$ 的溶液 vL,倒出 aL,再用水补齐,则此时溶液的浓度为 $p\%\times\dfrac{v-a}{v}$;再次倒出 aL,再用水补齐,则此时溶液的浓度为 $p\%\times\left(\dfrac{v-a}{v}\right)^2$。

② 原来有浓度为 $p\%$ 的溶液,倒出 $\dfrac{n}{m}$,再用水补齐,则此时溶液的浓度为 $p\%\times\dfrac{m-n}{m}$;再次倒出 $\dfrac{n}{m}$,再用水补齐,则此时溶液的浓度为 $p\%\times\left(\dfrac{m-n}{m}\right)^2$。

(4)溶液混合问题。

① 杠杆交叉法:浓度为 $a\%$ 与 $b\%$ 的溶液混合得到 $c\%$,则可求出两溶液数量之比。

② 逆向倒推法:已知最后结果,求原值,可以通过最后一个动作一步步往前推出结果。

③ 比例法:溶液整体倒掉几分之几,则溶质也会倒掉几分之几;溶液整体剩余几分之几,则溶质也会剩余几分之几。

七、不定方程问题

一般未知数的个数多于方程的个数,这样的方程即为不定方程,经过化简,得到的是二元一次方程,即两个未知数,一个方程。通常需要求解的是整数解,所以可以借助整除、奇偶性、倍数、尾数、范围等特征进行讨论,也可以采用因数因式分解法、整数分离法确定其具体数值。

八、分段计费问题

在现实生活中,如水电费、打车费、报销费、提成、个税等,由于其不同区间的计费标准各不相同,需要分段再汇总。分段计费的核心:先计算每段最多的费用,再根据题干的费用确定其落入的区间,最后反算出具体的数量。

九、年龄问题

年龄问题的两大规律如下:
(1) 两人的年龄差是不变的;
(2) 随着时间的推移,两人的年龄都是增加相等的量。

十、植树问题

(1) 对于直线问题,如果长度为 l m,每隔 n m 植树,则共有 $\dfrac{l}{n}$ 个间距,$\dfrac{l}{n}+1$ 棵树;

(2) 对于圆圈问题,如果长度为 l m,每隔 n m 植树,则共有 $\dfrac{l}{n}$ 个间距,$\dfrac{l}{n}$ 棵树;

(3) 对于未封闭的图形,植树棵数为 $\dfrac{周长}{间距}+1$;

(4) 对于封闭的图形,如三角形、四边形等,植树棵数为 $\dfrac{周长}{间距}$。

十一、集合问题

(1) 两个饼的集合问题如图 2-5 所示,公式为
$$A \cup B = A + B - A \cap B = 全集 - \overline{A} \cap \overline{B}$$

(2) 三个饼的集合问题如图 2-6 所示,公式为
$$A \cup B \cup C = A + B + C - A \cap B - A \cap C - B \cap C + A \cap B \cap C = 全集 - \overline{A} \cap \overline{B} \cap \overline{C}$$

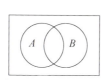

图 2-5 两个饼的集合

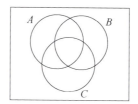

图 2-6 三个饼的集合

$A \cup B \cup C$ 表示至少参加 A, B, C 一项的人数之和;

$A \cup B \cup C =$ 全集 $-$(三项都不参加的人数);

$A \cup B \cup C =$(只参加一项的人数)$+$(只参加两项的人数)$+$(三项都参加的人数);

$A + B + C =$(只参加一项的人数)$+$(只参加两项的人数)$\times 2 +$(三项都参加的人数)$\times 3$;

$A \cup B \cup C = A + B + C -$(只参加两项的人数)$-$(三项都参加的人数)$\times 2$。

十二、线性优化问题

针对线性优化问题,先设出决策变量,找出线性约束条件和线性目标函数,利用图像在线性约束条件下找出决策变量,使线性目标函数达到最大(或最小)。

十三、至多至少问题

总量固定时,要求某对象至多,可以转化为求其余对象最少;要求某对象至少,可以转化为求其余对象最多,尤其需要注意题干中"互不相等""整数"等关键词。

十四、最值问题

利用数量关系列出目标函数式,再利用函数的有关方法求解。求最值的方法主要有一元二次函数抛物线法和平均值定理等。

2.2 基础精讲例题

一、利润问题

【例 2-1】(2010-1)某商品成本为240元,若按该商品标价8折出售,利润率是15%,则该商品的标价为(   )元。

A. 276   B. 331   C. 345   D. 360   E. 400

【解析】设标价为x,根据 利润率 $= \dfrac{售价 - 进价}{进价}$,则 $\dfrac{0.8x - 240}{240} = 15\%$,解得 $x = 345$,答案选 C。

【例 2-2】(2009-1)一家商店为回收资金,把甲、乙两件商品均以480元一件卖出,已知甲商品赚了20%,乙商品亏了20%,则商店盈亏结果为(   )。

A. 不亏不赚   B. 亏了50元   C. 赚了50元

D. 赚了40元   E. 亏了40元

【解析】设甲商品成本为x元,乙商品成本为y元,则$x(1+20\%)=480$,$y(1-20\%)=480$,解得$x=400$,$y=600$,所以总利润为$2 \times 480 - (400+600) = -40$,亏了40元,答案选 E。

二、比例问题

【例 2-3】(2018-1)学科竞赛设一等奖、二等奖和三等奖,比例为$1:3:8$,获奖率为30%,已知10人获得一等奖,则参加竞赛的人数为(   )。

A. 300   B. 400   C. 500   D. 550   E. 600

【解析】根据题意,获奖人数一共有$10+30+80=120$人,又获奖率为30%,所以总人数为$\dfrac{120}{30\%}=400$,答案选 B。

【例2-4】(2014-1)某公司投资一个项目,已知上半年完成了预算的 $\frac{1}{3}$,下半年完成了剩余部分的 $\frac{2}{3}$,此时还有8千万元投资未完成,则该项目的预算为( )亿元。

A. 3　　　　B. 3.6　　　　C. 3.9　　　　D. 4.5　　　　E. 5.1

【解析】方法(1),设该项目的预算为 x 亿元,则 $x - \frac{1}{3}x - \frac{2}{3}x \times \frac{2}{3} = 0.8$,解得 $x = 3.6$,答案选B。

方法(2),上半年完成 $\frac{1}{3}$,还剩下 $\frac{2}{3}$,下半年完成 $\frac{2}{3} \times \frac{2}{3} = \frac{4}{9}$,最终剩余 $1 - \frac{1}{3} - \frac{4}{9} = \frac{2}{9}$,对应的金额为0.8亿,则总预算为 $0.8 \div \frac{2}{9} = 3.6$,答案选B。

【例2-5】某班男、女生人数之比是16∶13,后来有10个女生转学到这个班,男、女生人数之比变为12∶11,此时全班共有( )人。

A. 158　　　　B. 160　　　　C. 168　　　　D. 184　　　　E. 192

【解析】男生人数不变,将其份数统一,找到16和12的最小公倍数48,则16∶13 = 48∶39,12∶11 = 48∶44,女生增加了5份,对应的是10个女生,即1份是2人,则此时全班共有(48+44)×2 = 184人,答案选D。

【套路】寻找不变量,将其份数利用最小公倍数法统一。

【技巧】此题所求为最终的全班人数,一定是12+11 = 23的倍数,利用排除法,答案选D。

【例2-6】(2015-1)某公司共有甲、乙两个部门,如果从甲部门调10人到乙部门,那么乙部门人数是甲部门人数的2倍;如果把乙部门员工的 $\frac{1}{5}$ 调到甲部门,那么两个部门的人数相等,该公司的总人数为( )。

A. 150　　　　B. 180　　　　C. 200　　　　D. 240　　　　E. 250

【解析】设甲部门人数为 x,乙部门人数为 y,则 $\begin{cases} 2(x-10) = y+10 \\ x + \frac{1}{5}y = \frac{4}{5}y \end{cases}$,解得 $\begin{cases} x = 90 \\ y = 150 \end{cases}$,因此总人数为240人,答案选D。

【技巧】乙是甲的2倍,则总人数是3的倍数,把乙的 $\frac{1}{5}$ 调到甲时人数相等,乙可看成是5份,则甲是3份,乙调1份到甲,此时甲、乙都是4份,总人数是8份,即总人数是8的倍数,排除选项,答案选D。

【例2-7】(2020-1)某产品去年涨价10%,今年涨价20%,则该产品这两年涨价( )。

A. 15%　　　　B. 16%　　　　C. 30%　　　　D. 32%　　　　E. 33%

【解析】设原价为100,则现价为 $100 \times (1+10\%)(1+20\%) = 132$,两年涨价32%,答案选D。

【技巧】尾数法,1.1×1.2的尾数为2,答案选D。

【例2-8】(2017-1)某品牌的电冰箱经过两次降价10%后的售价是降价前的( )。

A. 80%　　　　B. 81%　　　　C. 82%　　　　D. 83%　　　　E. 85%

【解析】设降价前价格为 a，则两次降价后价格为 $a(1-10\%)(1-10\%)=0.81a$，为原来价格的81%，答案选B。

【例2-9】(2009-1) A企业的职工人数今年比前年增加了30%。

(1) A企业的职工人数去年比前年减少了20%。

(2) A企业的职工人数今年比去年增加了50%。

【解析】条件(1)和(2)明显需要联合，设前年人数为 x，则去年是 $0.8x$，今年是 $0.8x \times 1.5 = 1.2x$，则今年比前年增加了20%，联合不充分，答案选E。

【套路】"比"后面的对象作为基准量，此题关键点应把前年的人数作为基准量，将其设为未知数，通过传递性，可以迅速得出今年的人数。

【技巧】此题题型特征：通过比例求比例，可以采用特值法。把前年的人数看成100进行推导可以简化运算。

三、路程问题

【例2-10】(2017-1) 某人从A地出发，先乘时速为220km的动车，后转乘时速为100km的汽车到达B地，则AB两地的距离为960km。

(1) 乘动车时间与乘汽车时间相等。

(2) 乘动车时间与乘汽车时间之和为6h。

【解析】条件(1)和(2)明显需要联合，可以推出乘动车和汽车的时间均为3h，AB的距离为 $s = 220 \times 3 + 100 \times 3 = 960$km，联合充分，答案选C。

【例2-11】(2021-1) 甲开车上班，有一段路因维修限速通行，则可以算出甲上班的距离。

(1) 路上比平时多用了半小时。

(2) 已知维修路段的通行速度。

【解析】条件(1)和(2)明显单独都不充分，联合起来，由于不知道非维修路段的通行速度和距离，无法求出总路程，联合也不充分，答案选E。

【例2-12】(2021-1) 甲、乙两人相距330km，他们驾车同时出发，经过2h相遇，甲继续行驶2h24min后到达乙的出发地，则乙的车速为(　　)km/h。

A. 70　　　　B. 75　　　　C. 80　　　　D. 90　　　　E. 96

【解析】由题意可知 $\begin{cases} 2(v_甲 + v_乙) = 330 \\ v_甲 \times \left(2 + 2\dfrac{24}{60}\right) = 330 \end{cases}$，解得 $\begin{cases} v_甲 = 75 \\ v_乙 = 90 \end{cases}$，答案选D。

【例2-13】(2014-1) 甲、乙两人上午8:00分别从A、B两地出发相向而行，9:00第一次相遇，之后速度均提高了1.5km/h，甲到B地、乙到A地后都立刻沿原路返回，若两人在10:30第二次相遇，则A、B两地的距离为(　　)km。

A. 5.6　　　　B. 7　　　　C. 8　　　　D. 9　　　　E. 9.5

【解析】设A、B两地路程为 s，第一次相遇时间为1h，路程和为 s；第二次相遇时间为1.5h，

路程和为 $2s$,则 $\begin{cases}(v_甲+v_乙)\times 1=s\\ [(v_甲+1.5)+(v_乙+1.5)]\times 1.5=2s\end{cases}$,解得 $s=9$,答案选 D。

【技巧】由于两人速度恒定,则两人速度之和也恒定。将两人速度之和看成一个整体,利用时间之比等于路程之比进行分析,即 $\dfrac{1}{1.5}=\dfrac{s}{s+3\times 1.5}$,解得 $s=9$,答案选 D。

【例2-14】一列火车完全通过一个长为1600m的隧道用了25s,通过一根电线杆用了5s,则该列火车的长度为( )m。

A. 200　　　B. 300　　　C. 400　　　D. 450　　　E. 500

【解析】设火车长度为 l m,速度为 v m/s,则 $\begin{cases}\dfrac{1600+l}{v}=25\\ \dfrac{l}{v}=5\end{cases}$,解得 $\begin{cases}l=400\\ v=80\end{cases}$,答案选 C。

【例2-15】(2010-10)在一条与铁路平行的公路上有一个行人与一个骑车人同向行进,行人速度为3.6km/h,骑车人速度为10.8km/h,如果一列火车从他们的后面同向匀速驶来,它通过行人的时间是22s,通过骑车人的时间是26s,则这列火车的车身长为( )m。

A. 186　　　B. 268　　　C. 168　　　D. 286　　　E. 188

【解析】设火车的速度为 v m/s,车长为 l m,由于3.6km/h=1m/s,10.8km/h=3m/s,则 $\begin{cases}(v-1)\times 22=l\\ (v-3)\times 26=l\end{cases}$,解得 $\begin{cases}v=14\\ l=286\end{cases}$,答案选 D。

【技巧】列出方程后很容易观察得到车长 l 是22和26的倍数,排除选项,答案选 D。

【例2-16】分别在上、下行轨道上行驶的两列火车相向而行,已知甲车长192m,每秒行驶20m;乙车长178m,每秒行驶17m,则从两车车头相遇到两车车尾分开,需要( )s。

A. 7　　　B. 8　　　C. 9　　　D. 10　　　E. 11

【解析】错车时间 $=\dfrac{路程和}{速度和}=\dfrac{192+178}{20+17}=\dfrac{370}{37}=10$s,答案选 D。

【套路】设两列火车的车长分别为 l_1 和 l_2,速度分别为 v_1 和 v_2,则相向而行两列火车的错车时间 $t=\dfrac{l_1+l_2}{v_1+v_2}$,同向而行两列火车的超车时间 $t=\dfrac{l_1+l_2}{v_1-v_2}$。

【例2-17】甲、乙、丙三人进行百米赛跑(假设他们速度不变),甲到达终点时,乙距离终点还差10m,丙距离终点还差16m,则当乙到达终点时,丙距离终点还差( )m。

A. $\dfrac{22}{3}$　　　B. $\dfrac{20}{3}$　　　C. $\dfrac{15}{3}$　　　D. $\dfrac{10}{3}$　　　E. 以上结论均不正确

【解析】在相同的时间内,速度比等于路程比。设乙到达终点时,丙跑了 x m,则 $\dfrac{v_乙}{v_丙}=\dfrac{90}{84}=\dfrac{100}{x}$,解得 $x=\dfrac{280}{3}$,丙距离终点还差 $100-\dfrac{280}{3}=\dfrac{20}{3}$ m,答案选 B。

【例2-18】(2011-1)已知船在静水中的速度为28km/h,水流的速度为2km/h,则此船在相距78km的两地往返一次所需时间是( )h。

A. 5.9　　　B. 5.6　　　C. 5.4　　　D. 4.4　　　E. 4

【解析】往返一次所需时间 $t = \dfrac{78}{28+2} + \dfrac{78}{28-2} = 5.6\text{h}$，答案选 B。

四、工程问题

【例2-19】(2017-1)某人需要处理若干份文件，第一个小时处理了全部文件的 $\dfrac{1}{5}$，第二个小时处理了剩余文件的 $\dfrac{1}{4}$，则此人需处理的文件共25份。

(1) 前两个小时处理了10个文件。
(2) 第二个小时处理了5份文件。

【解析】设文件总数为 a，第一个小时处理了 $\dfrac{1}{5}a$，第二个小时处理了 $\dfrac{4}{5}a \times \dfrac{1}{4} = \dfrac{1}{5}a$，条件(1)，$\dfrac{1}{5}a + \dfrac{1}{5}a = 10$，解得 $a = 25$，充分；条件(2)，$\dfrac{1}{5}a = 5$，解得 $a = 25$，也充分，答案选 D。

【例2-20】一项工作，甲、乙合作30天可以完成，现在共同做了6天后，甲离开了，由乙继续做了40天才完成，如果这项工作由甲、乙单独完成，相差（　　）天。

A. 22　　　B. 23　　　C. 24　　　D. 25　　　E. 26

【解析】方法(1)，设甲和乙的工作效率分别为 x 和 y，则 $\begin{cases} 30(x+y)=1 \\ 6(x+y)+40y=1 \end{cases}$，解得 $\begin{cases} x = \dfrac{1}{75} \\ y = \dfrac{1}{50} \end{cases}$，因此甲、乙单独完成各需要75天和50天，相差 $75 - 50 = 25$ 天，答案选 D。

方法(2)，等量代换法(总工量不变，多种完成方式)，总工量=甲30天+乙30天=甲6天+乙46天，则甲24天=乙16天，即甲3天=乙2天，则总工量=甲30天+乙30天=甲30天+甲45天=甲75天=乙50天，甲、乙单独完成总工量各需要75天和50天，相差 $75 - 50 = 25$（天），答案选 D。

【套路】找到几个对象的最简效率之比，将几个对象的工作量转化成一个对象的工作量。

【例2-21】(2013-1)某工程由甲公司承包需要60天完成，由甲、乙两公司共同承包需要28天完成，由乙、丙两公司共同承包需要35天完成，则由丙公司承包完成该工程需要的天数为（　　）。

A. 85　　　B. 90　　　C. 95　　　D. 100　　　E. 105

【解析】甲的工作效率为 $\dfrac{1}{60}$，设乙和丙的工作效率分别为 x 和 y，则 $\left(\dfrac{1}{60}+x\right) \times 28 = 1$，$(x+y) \times 35 = 1$，解得 $x = \dfrac{2}{105}$，$y = \dfrac{1}{105}$，则丙承包需要105天完成，答案选 E。

【例2-22】(2015-1)一项工作，甲、乙两人合作需要2天，人工费为2900元；乙、丙两人合作需要4天，人工费为2600元；甲、丙两人合作2天完成了全部工程量的 $\dfrac{5}{6}$，人工费为2400元，甲单独做该工作需要的时间与人工费分别为（　　）。

A. 3天，3000元　　　　　B. 3天，2850元　　　　　C. 3天，2700元
D. 4天，3000元　　　　　E. 4天，2900元

【解析】设甲、乙、丙的工作效率分别为 x,y,z，则有 $\begin{cases} 2(x+y)=1 \\ 4(y+z)=1 \\ 2(x+z)=\dfrac{5}{6} \end{cases}$，解得 $x=\dfrac{1}{3}$，$y=\dfrac{1}{6}$，$z=\dfrac{1}{12}$。设甲、乙、丙每天的人工费分别为 a,b,c 元，则有 $\begin{cases} 2(a+b)=2900 \\ 4(b+c)=2600 \\ 2(a+c)=2400 \end{cases}$，解得 $\begin{cases} a=1000 \\ b=450 \\ c=200 \end{cases}$，因此甲单独做需要3天，人工费为 $1000\times 3=3000$ 元，答案选A。

【技巧】根据题意，很容易得到甲的工作效率最高，因此甲单独做该工作需要的时间少，但人工费高，观察选项，答案选A。

【例2-23】一批零件，甲单独做6h完成，乙单独做8h完成，现两人合作，完成任务时甲比乙多做24个，这批零件共有（　　）个。

A. 128　　　B. 138　　　C. 146　　　D. 168　　　E. 188

【解析】甲与乙工作效率之比为 $\dfrac{1}{6}:\dfrac{1}{8}=8:6=4:3$。两人合作完成任务时，工时相同，工量比＝工效比＝4:3，甲比乙多做1份，对应24个，则这批零件共有 $24\times(4+3)=168$ 个，答案选D。

【例2-24】(2019-1)某车间计划10天完成一项任务，工作3天后因故停工2天，若仍要按原计划完成任务，则工作效率需要提高（　　）。

A. 20%　　　B. 30%　　　C. 40%　　　D. 50%　　　E. 60%

【解析】设工作效率需要提高 $a\%$，要按原计划完成任务，需要再工作5天，则 $\dfrac{1}{10}\times 3+\dfrac{1}{10}(1+a\%)\times 5=1$，解得 $a\%=40\%$，答案选C。

【技巧】工量不变时，工效和工时成反比，由于剩余的工量计划7天完成，实际5天完成，时间之比为 $7:5$，则效率之比应为 $5:7$，工作效率提高 $\dfrac{7-5}{5}=40\%$，答案选C。

五、杠杆交叉法

【例2-25】公司有职工50人，理论知识考核平均成绩为81分，按成绩将公司职工分为优秀与非优秀两类，优秀职工的平均成绩为90分，非优秀职工的平均成绩是75分，则非优秀职工的人数为（　　）人。

A. 30　　　B. 25　　　C. 20　　　D. 15　　　E. 10

【解析】方法(1)，设非优秀职工为 x 人，则 $81\times 50=75x+90\times(50-x)$，解得 $x=30$，答案选A。

方法(2)，杠杆交叉比例法：

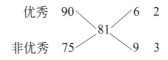

则优秀职工：非优秀职工＝2∶3，从而得到非优秀职工为 $50 \times \dfrac{3}{5} = 30$ 人，答案选 A。

【技巧】由于整体平均成绩 81 分更靠近 75 分，说明非优秀的人数多于优秀的人数，答案选 A。

【例 2-26】(2014-1) 某部门在一次联欢活动中共设了 26 个奖，奖品均价为 280 元，其中一等奖单价为 400 元，其他奖品均价为 270 元，一等奖的个数为（　　）。

A. 6　　　　B. 5　　　　C. 4　　　　D. 3　　　　E. 2

【解析】方法(1)，设一等奖的个数为 x，其他奖的个数为 y，则 $\begin{cases} x + y = 26 \\ \dfrac{400x + 270y}{26} = 280 \end{cases}$，解得 $x = 2, y = 24$，答案选 E。

方法(2)，杠杆交叉比例法：

则一等奖：其他奖＝1∶12，从而得到一等奖的个数为 $26 \times \dfrac{1}{13} = 2$，答案选 E。

【例 2-27】(2013-10) 某高中高一年级男生人数占该年级学生总人数的 40%，在一次考试中，男、女生的平均分数分别为 75 和 80，则这次考试高一年级的平均分数为（　　）。

A. 76　　　　B. 77　　　　C. 77.5　　　　D. 78　　　　E. 79

【解析】设高一年级的学生总人数为 x，则平均分为 $\dfrac{75 \times 40\% x + 80 \times 60\% x}{x} = 78$，答案选 D。

【技巧】采用权重法，平均分为 $75 \times 40\% + 80 \times 60\% = 78$，答案选 D。

六、浓度问题

【例 2-28】含盐 12.5% 的盐水 160kg 蒸发部分水分后变成了含盐 40% 的盐水，蒸发的水分质量为（　　）kg。

A. 100　　　　B. 105　　　　C. 110　　　　D. 115　　　　E. 120

【解析】设蒸发的水分为 x kg，蒸发问题的本质是溶质不变，则 $160 \times 12.5\% = (160 - x) \times 40\%$，解得 $x = 110$，答案选 C。

【技巧】$12.5\% = \dfrac{1}{8}, 40\% = \dfrac{2}{5}$，蒸发问题溶质不变，分子溶质应统一，$\dfrac{1}{8} = \dfrac{2}{16}$，则溶液由 16 份减少到 5 份，即减少了 11 份的水，16 份溶液对应 160kg，减少的 11 份水即为 110kg，答案选 C。

【例 2-29】某种酒精溶液的浓度为 60%，加入 100L 纯酒精后，配成浓度为 80% 的酒精溶液，则原有酒精溶液（　　）L。

A. 70　　　　B. 80　　　　C. 90　　　　D. 100　　　　E. 150

【解析】设原有酒精溶液 x L，$\dfrac{x \times 60\% + 100}{x + 100} = 80\%$，解得 $x = 100$，答案选 D。

【例2-30】(2008-1)若用浓度为30%和20%的甲、乙两种食盐溶液配成浓度为24%的食盐溶液500g,则甲、乙两种溶液各取( )g。

A.180,320 B.185,315 C.190,310
D.195,305 E.200,300

【解析】方法(1),设需要甲溶液xg,乙溶液yg,则$\begin{cases} x+y=500 \\ \dfrac{30\%x+20\%y}{x+y}=24\% \end{cases}$,解得$\begin{cases} x=200 \\ y=300 \end{cases}$,答案选E。

方法(2),杠杆交叉比例法:

所以得到甲、乙的数量之比为2:3,则甲为200g,乙为300g,答案选E。

【套路】(1) mL浓度为$p\%$的溶液与nL浓度为$q\%$的溶液混合后浓度为$\dfrac{m\times p\% + n\times q\%}{m+n}$。

(2)两种溶液浓度为$a\%$与$b\%$的溶液混合得到$c\%$($a<c<b$),利用杠杆交叉比例法:

$$\begin{array}{c} a \\ \\ b \end{array} \diagdown c \diagdown \begin{array}{c} b-c \\ \\ c-a \end{array}$$

则两种溶液数量之比为$\dfrac{b-c}{c-a}$。

【例2-31】(2021-1)现有甲、乙两种浓度的酒精,已知用10L甲酒精和12L乙酒精可以配成浓度为70%的酒精,用20L甲酒精和8L乙酒精可以配成浓度为80%的酒精,则甲酒精的浓度为( )。

A.72% B.80% C.84% D.88% E.91%

【解析】设甲酒精的浓度为x,乙酒精的浓度为y,则$\begin{cases} \dfrac{10x+12y}{22}\times 100\%=70\% \\ \dfrac{20x+8y}{28}\times 100\%=80\% \end{cases}$,解得$x=91\%$,答案选E。

七、不定方程

【例2-32】(2017-1)某公司用1万元分别购买了价格为1750元和950元的甲、乙两种办公设备,求购买的甲、乙办公设备的件数分别为( )。

A.3,5 B.5,3 C.4,4 D.2,6 E.6,2

【解析】设购买甲、乙办公设备的件数分别为x和y,则$1750x+950y=10000$,化简为

$35x+19y=200$,利用尾数法,因为 200 的个位是 0,$35x$ 的个位是 0 或 5,则 $19y$ 个位只能是 0 或 5,讨论得到 $x=3,y=5$,答案选 A。

【例 2-33】(2020-1)已知甲、乙、丙三人共捐款 3500 元,则能确定每人的捐款金额。

(1) 三人的捐款金额各不相同。

(2) 三人的捐款金额都是 500 的倍数。

【解析】两个条件单独显然不充分,考虑联合。设三个人的捐款总额分别为 $500a$,$500b$,$500c$,则有 $500a+500b+500c=3500$,整理得 $a+b+c=7$。又 a,b,c 为互不相同的正整数,则 $a+b+c=1+2+4=7$,无法确定谁是 1,谁是 2,谁是 4,仍然不充分,答案选 E。

【例 2-34】(2015-1)几个朋友外出游玩,购买了一些瓶装水,则能确定购买的瓶装水数量。

(1) 若每人分 3 瓶,剩余 30 瓶。

(2) 若每人分 10 瓶,只有一人不够。

【解析】设人数为 x,瓶装水数量为 y,条件(1),$y=3x+30$,不能求出 y,不充分;条件(2),可以列出不等式 $10(x-1)<y<10x$,不能求出 y,也不充分;联合起来,则有
$\begin{cases} y=3x+30 \\ 10(x-1)<y<10x \end{cases}$,可得 $\dfrac{30}{7}<x<\dfrac{40}{7}$,因此 $x=5,y=45$,联合充分,答案选 C。

八、分段计费

【例 2-35】(2018-1)某单位采取分段收费的方式收取网络流量(单位:GB)费用,每月流量 20(含)以内免费,流量 20 到 30(含)的每 GB 收费 1 元,流量 30 到 40(含)的每 GB 收费 3 元,流量 40 以上的每 GB 收费 5 元。小王这个月用了 45GB 的流量,则他应该交费(　　)元。

  A. 45   B. 65   C. 75   D. 85   E. 135

【解析】20GB 到 30GB(含)共收费 10GB×1 元/GB=10 元;30GB 到 40GB(含)共收费 10GB×3 元/GB=30 元;40GB 到 45GB 共收费 5GB×5 元/GB=25 元,则应该交费 10+30+25=65 元,答案选 B。

【例 2-36】某市用水价格:每户每月不超过 5 吨的部分按 4 元/吨收取,超过 5 吨不超过 10 吨的部分按照 6 元/吨收取,超过 10 吨的部分按照 8 元/吨收取。某户居民两个月共交水费 108 元,则该户居民这两个月用水量最多为(　　)吨。

  A. 18   B. 19   C. 20   D. 21   E. 22

【解析】每月用水量为 10 吨时,应交水费为 $4\times5+5\times6=50$ 元,要求两个月用水量最大值,应尽量多用便宜的水,当两个月都用完前 10 吨时,此时水费和为 $50\times2=100$ 元,而 $108-100=8$ 元,即 8 元/吨额度刚好用了 1 吨,这两个月用水量最多为 $10+10+1=21$ 吨,答案选 D。

九、年龄问题

【例 2-37】(2021-1)三位年轻人的年龄成等差数列,且最大与最小的两人年龄之差的 10 倍是另一人的年龄,这三人年龄最大的是(　　)。

  A. 19   B. 20   C. 21   D. 22   E. 23

【解析】设三位年轻人的年龄分别为 $a,b,c(a>b>c)$，则 $2b=a+c$，$10(a-c)=b$，整理可得 $19a=21c$，则 a 是 21 的倍数，由于都是年轻人，则 $a=21$，答案选 C。

【例2-38】甲对乙说："我在你这个岁数时，你刚好4岁"，乙对甲说"我到你这个岁数时，你已经退休7年了"，设60岁为退休年龄，则甲、乙现在的年龄之和为（　　）。

A. 68   B. 69   C. 70   D. 71   E. 72

【解析】设甲现在 x 岁，乙现在 y 岁，则甲在乙岁数时，是 $(x-y)$ 年前：乙的岁数是 $4=y-(x-y)$；乙在甲岁数时，是 $(x-y)$ 年后：甲的岁数是 $67=x+(x-y)$，联立求解得 $x=46$，$y=25$，甲、乙现在的年龄之和 $x+y=46+25=71$，答案选 D。

十、植树问题

【例2-39】有一条道路，左边每隔5m种一棵杨树，右边每隔6m种一棵柳树，道路两端都种上树，共有5处杨树和柳树相对，则这条道路长为（　　）m。

A. 110   B. 120   C. 130   D. 140   E. 150

【解析】5与6的最小公倍数 $[5,6]=30$，设这条道路长为 l m，则 $\dfrac{l}{30}+1=5$，解得 $l=120$ m，答案选 B。

【例2-40】(2019-1)将一批树苗种在一个正方形花园边上，四条边都种，如果每隔3m种一棵，那么剩下10棵树苗，如果每隔2m种一棵，那么恰好种满正方形的3条边，则这批树苗有（　　）棵。

A. 54   B. 60   C. 70   D. 82   E. 94

【解析】对于封闭的图形，树苗棵数均为 $\dfrac{周长}{间距}$；对于未封闭的图形，植树棵数均为 $\dfrac{周长}{间距}+1$。设正方形边长为 a，则树苗棵数 $\dfrac{4a}{3}+10=\dfrac{3a}{2}+1$，解得 $a=54$，因此树苗棵数为 $\dfrac{4a}{3}+10=\dfrac{4\times54}{3}+10=82$，答案选 D。

2.3 基础巩固习题

1. 某种商品，甲店的进货价比乙店的进货价便宜10%，甲店按30%的利润定价，乙店按20%的利润定价，结果乙店的定价比甲店的定价贵6元，则乙店的定价为（　　）元。

A. 72   B. 108   C. 144   D. 240   E. 280

2. 某商品的标价为90元，若降价以8折出售，仍可获利20%（相对进货价），则该商品的进货价为（　　）元。

A. 45   B. 55   C. 58   D. 60   E. 63

3. 奖金发给甲、乙、丙、丁四人，其中 $\dfrac{1}{5}$ 发给甲，$\dfrac{1}{3}$ 发给乙，发给丙的奖金数正好是甲、乙奖金之差的3倍，已知发给丁的奖金为200元，则这批奖金应为（　　）。

A. 1500元   B. 2000元   C. 2500元   D. 3000元   E. 以上结论均不正确

4. 某产品有一等品、二等品和不合格品三种,若在一批产品中一等品件数和二等品件数的比是 5：3,二等品件数和不合格品件数的比是 4：1,则该产品的不合格率约为(　　)。

  A. 7.2% B. 8% C. 8.6% D. 9.2% E. 10%

5. (2012-1)某商品的定价为 200 元,受金融危机的影响,连续两次降价 20% 以后的售价是(　　)元。

  A. 114 B. 120 C. 128 D. 144 E. 160

6. (2011-10)已知某种商品的价格从一月份到三月份的月平均增长速度为 10%,那么该商品三月份的价格是一月份价格的(　　)。

  A. 21% B. 110% C. 120% D. 121% E. 133.1%

7. (2010-1)甲企业今年人均成本是去年的 60%。

 (1) 甲企业今年总成本比去年减少 25%,员工人数增加 25%。

 (2) 甲企业今年总成本比去年减少 28%,员工人数增加 20%。

8. (2012-10)第一季度甲公司的产值比乙公司的产值低 20%,第二季度甲公司的产值比第一季度增加了 20%,乙公司的产值比第一季度增长了 10%,第二季度甲、乙公司的产值之比是(　　)。

  A. 96：115 B. 92：115 C. 48：55 D. 24：25 E. 10：11

9. (2010-1)该股票涨了。

 (1) 某股票连续三天涨 10% 后,又连续三天跌 10%。

 (2) 某股票连续三天跌 10% 后,又连续三天涨 10%。

10. (2012-10)某商品经过八月份与九月份的连续两次降价,售价由 m 元降到了 n 元,则该商品的售价平均每次下降了 20%。

 (1) $m-n=900$。

 (2) $m+n=4100$。

11. (2008-1)本学期某大学的 a 个学生或者付 x 元的全额学费或者付半额学费,付全额学费的学生所付的学费占 a 个学生所付学费总额的 $\dfrac{1}{3}$。

 (1) a 个学生中 20% 的人付全额学费。

 (2) a 个学生本学期共付 9120 元学费。

12. (2011-10)一列火车匀速行驶时,通过一座长为 250m 的大桥需要 10s,通过一座长为 450m 的大桥需要 15s,该火车通过长为 1050m 的大桥需要(　　)s。

  A. 22 B. 25 C. 28 D. 30 E. 35

13. 甲、乙两地相距 828km,一列普通快车与一列直达快车都由甲地开往乙地,直达快车的速度是普通快车的速度的 1.5 倍,直达快车比普通快车晚出发 2h,比普通快车早 4h 到达乙地,则两车的速度分别为(　　)km/h。

  A. 30,60 B. 45,60 C. 46,69 D. 46,79 E. 50,69

14. 甲、乙二人同时从两地骑自行车相向而行,甲每小时骑行 15km,乙每小时骑行 13km,两人在距中点 3km 处相遇,则两地的距离是(　　)km。

  A. 82 B. 84 C. 86 D. 87 E. 88

15. (2011-10)甲、乙两人赛跑,甲的速度是6m/s。
    (1)乙比甲先跑12m,甲起跑后6s追上乙。
    (2)乙比甲先跑2.5s,甲起跑后5s追上乙。
16. 快、慢两列车的长度分别为160m和120m,它们相向行驶在平行轨道上。若坐在慢车上的人看见整列快车驶过的时间是4s,那么坐在快车上的人看见整列慢车驶过的时间是(　　)s。
    A.3　　B.4　　C.5　　D.6　　E.以上结论均不正确
17. 自行车队出发12min后,通信员骑摩托车去追他们,在距出发点9km处追上了自行车队,然后通信员立即返回出发点,到达后又返回去追自行车队,再追上时恰好离出发点18km,则摩托车每分钟行(　　)km。
    A.2　　B.1.8　　C.1.6　　D.1.5　　E.1.2
18. (2016-1)上午9时一辆货车从甲地出发前往乙地,同时一辆客车从乙地出发前往甲地,中午12时两车相遇,已知货车和客车的时速分别为90km/h和100km/h,则当客车到达甲地时,货车距乙地的距离为(　　)km。
    A.30　　B.43　　C.45　　D.50　　E.57
19. A、B两地相距$s$km,甲、乙两人同时分别从A、B两地出发,则甲、乙速度之比为3∶1。
    (1)甲、乙相向而行,两人在途中相遇时,甲距离中点的距离与乙走过的距离相等。
    (2)甲、乙同向而行,甲追上乙时,甲走的距离为$2s$km。
20. 轮船在顺水中航行30km所用的时间与在逆水中航行20km所用的时间相等,已知水流速度为2km/h,则船在静水中的速度为(　　)km/h。
    A.6　　B.7　　C.8　　D.9　　E.10
21. (2011-10)某施工队承担了开凿一条长为2400m隧道的工程,在掘进了400m后,由于改进了施工方法,每天比原计划多掘进2m,最后提前50天完成了施工任务,则原计划施工工期是(　　)天。
    A.200　　B.240　　C.250　　D.300　　E.350
22. (2011-1)现有一批文字材料需要打印,两台新型打印机单独完成此任务分别需要4h与5h,两台旧型打印机单独完成任务分别需要9h与11h,则能在2.5h内完成任务。
    (1)安排两台新型打印机同时打印。
    (2)安排一台新型打印机与两台旧型打印机同时打印。
23. (2013-10)产品出厂前,需要在外包装上打印某些标志,甲、乙两人一起每小时可完成600件,则可以确定甲每小时完成多少件。
    (1)乙的打件速度是甲的打件速度的$\frac{1}{3}$。
    (2)乙工作5h可以完成1000件。
24. 一件工作,甲先做7天,乙接着做14天可以完成;如果由甲先做10天,乙接着做2天也可以完成。现在甲先做了5天后,剩下的全部由乙接着做,还需要(　　)天完成。
    A.20　　B.22　　C.25　　D.32　　E.48

25. 一项工程如果交给甲、乙两队共同施工,8天能完成;如果交给甲、丙两队共同施工,10天能完成;如果交给甲、丁两队共同施工,15天能完成;如果交给乙、丙、丁三队共同施工,6天就可以完成。如果甲队独立施工,需要(　　)天完成。
　　A. 16　　B. 20　　C. 24　　D. 28　　E. 32

26. (2014-1)某单位进行办公室装修,若甲、乙两个装修公司合作,需10周完成,总工时费为100万元;甲公司单独做6周后由乙公司接着做18周可完成,总工时费为96万元,则甲公司每周的工时费为(　　)万元。
　　A. 7.5　　B. 7　　C. 6.5　　D. 6　　E. 5.5

27. 某厂计划若干天内完成生产任务,实际生产时每天工作效率提高25%,最终提前2天完成生产任务,则原计划完成的天数为(　　)天。
　　A. 6　　B. 8　　C. 10　　D. 12　　E. 16

28. 游泳池有甲、乙、丙三个注水管,如果单开甲管需要20h注满水池;甲、乙两管合开需要8h注满水池;乙、丙两管合开需要6h注满水池,则单开丙管需要(　　)h注满水池。
　　A. $\frac{3}{40}$　　B. $\frac{120}{11}$　　C. 11　　D. $\frac{11}{120}$　　E. 13

29. 车间共有40人,某技术操作考核的平均成绩为80分,其中男工平均成绩为83分,女工平均成绩为78分,该车间有女工(　　)人。
　　A. 16　　B. 18　　C. 20　　D. 24　　E. 28

30. 某班同学在一次测验中,平均成绩为75分,其中男同学人数比女同学多80%,而女同学平均成绩比男同学高20%,则女同学的平均成绩为(　　)分。
　　A. 83　　B. 84　　C. 85　　D. 86　　E. 以上结论均不正确

31. (2011-1)在一次英语考试中,某班的及格率为80%。
(1) 男生及格率为70%,女生及格率为90%。
(2) 男生的平均分与女生的平均分相等。

32. 甲容器有浓度为12%的盐水100g,乙容器有100g水,把甲容器中盐水的一半倒入乙容器中,混合后再把乙容器中现有盐水的一半倒入甲容器中,求最后甲容器中盐水的浓度为(　　)。
　　A. 7.2%　　B. 3.6%　　C. 4%　　D. 3.2%　　E. 4.8%

33. 有A、B两种不同浓度的盐水,将A与B按2∶1的数量之比混合,可以得到浓度为13%的盐水;将A与B按1∶2的数量之比混合,可以得到浓度为14%的盐水,则盐水A的浓度是(　　)。
　　A. 8%　　B. 10%　　C. 12%　　D. 15%　　E. 18%

34. (2010-10)一次考试有20道题,做对一题得8分,做错一题扣5分,不做不计分。某同学共得13分,则该同学没做的题数是(　　)。
　　A. 4　　B. 6　　C. 7　　D. 8　　E. 9

35. 将99个小球装进两种盒子,每个大盒子可以装12个小球,每个小盒子可以装5个小球,恰好装满,大、小盒子的数量之和多于10个,则大、小盒子的数量之和为(　　)。
　　A. 12　　B. 13　　C. 15　　D. 17　　E. 19

36. (2020-1)共有n辆车,能确定人数。
(1) 若每辆车坐20人,则1辆车未满。
(2) 若每辆车坐12人,则少10个座位。

37. 某地自来水公司为鼓励居民节约用水,采取按月分段计费的方法收取水费,15吨以内(含15吨)每吨3.8元,超出15吨的部分,每吨5元。甲7月份交水费77元,则该月甲用了(　　)吨水。

  A. 16 B. 17 C. 18 D. 19 E. 20

38. 税务部门规定个人稿费纳税办法:不超过800元的不纳税,超过800元而不超过4000元的按超过800元部分的14%纳税,超过4000元的按全稿酬的11%纳税。已知甲纳税550元,乙纳税420元,则两人稿费相差(　　)元。

  A. 900 B. 1050 C. 1200 D. 1250 E. 1300

39. 有4个小朋友,年龄逐个相差一岁,4人年龄的乘积是360,则4人年龄之和为(　　)。

  A. 14 B. 16 C. 18 D. 20 E. 22

40. (2016-1)有一批同规格的正方形瓷砖,用它们铺满某个正方形区域时剩余180块,将此正方形区域的边长增加一块瓷砖长度时,还需要增加21块瓷砖才能铺满,则该批瓷砖共有(　　)块。

  A. 9981 B. 10000 C. 10180 D. 10201 E. 10222

41. (2010-1)某班有50名学生,其中女生26名。在某次选拔测试中,有27名同学未通过,则有9名男生通过。

  (1)在通过的学生中,女生比男生多5人。

  (2)在男生中,未通过的人数比通过的人数多6人。

42. 某单位有职工40人,其中参加计算机考核的有31人,参加外语考核的有20人,有8人没有参加任何一种考核,则同时参加两项考核的职工有(　　)人。

  A. 10 B. 13 C. 15 D. 19 E. 以上结论均不正确

43. (2017-1)张老师到一所中学进行招生咨询解答,上午接受了45名同学的咨询,其中的9位同学下午又咨询了张老师,占下午咨询张老师学生的10%,则一天中向张老师咨询的学生人数为(　　)。

  A. 81 B. 90 C. 115 D. 126 E. 135

基础巩固习题详解

1. 【解析】设乙店进货价为x元,则甲店进货价为$0.9x$元。由题意得$x(1+20\%)-0.9x(1+30\%)=6$,解得$x=200$,则乙店的定价为$200\times(1+20\%)=240$元,答案选D。

2. 【解析】商品的进货价为$\dfrac{90\times0.8}{1+20\%}=60$元,答案选D。

3. 【解析】方法(1),设这批奖金为x元,则$x-\dfrac{1}{5}x-\dfrac{1}{3}x-\left(\dfrac{1}{3}x-\dfrac{1}{5}x\right)\times3=200$,解得$x=3000$,答案选D。

方法(2),发给丁的奖金为200元,所占比例为$1-\dfrac{1}{5}-\dfrac{1}{3}-\left(\dfrac{1}{3}-\dfrac{1}{5}\right)\times3=\dfrac{1}{15}$,则这批奖金应为$200\div\dfrac{1}{15}=3000$,答案选D。

4.【解析】二等品根据最小公倍数法将其份数统一,可得一等品:二等品:不合格品=20:12:3,由此可知不合格率为 $\frac{3}{20+12+3}\times 100\%\approx 8.6\%$,答案选C。

5.【解析】$200(1-20\%)(1-20\%)=128$元,答案选C。

6.【解析】设一月份价格为 a,则二月份价格为 $a(1+10\%)$,三月份价格为 $a(1+10\%)(1+10\%)=1.21a$,即三月份的价格是一月份价格的 121%,答案选D。

7.【解析】设去年总成本 a,总人数 b,则去年人均成本为 $\frac{a}{b}$。条件(1),今年人均成本为 $\frac{a(1-25\%)}{b(1+25\%)}=\frac{a}{b}\times 60\%$,充分;条件(2),今年人均成本为 $\frac{a(1-28\%)}{b(1+20\%)}=\frac{a}{b}\times 60\%$,也充分,答案选D。

8.【解析】设第一季度乙公司的产值为 a,则甲公司的产值为 $0.8a$,因此第二季度甲、乙公司的产值之比是 $\frac{0.96a}{1.1a}=\frac{48}{55}$,答案选C。

9.【解析】设该股票原价为 x,条件(1),三涨三跌后的股价为 $x(1-10\%)^3(1+10\%)^3=0.99^3x<x$,股价跌了,不充分;条件(2),同理股价跌了,也不充分;条件(1)和(2)无法联合,答案选E。

【套路】若原价为 a,先涨再跌或先跌再涨同样的百分比后,$a(1+p\%)(1-p\%)<a$,均比原价小。

10.【解析】条件(1)和(2)明显需要联合,解得 $m=2500, n=1600$。设每次下降了 $a\%$,则 $2500\times(1-a\%)^2=1600$,解得 $a\%=20\%$,联合充分,答案选C。

11.【解析】条件(1),比率为 $\frac{20\%ax}{20\%ax+80\%a\times\frac{x}{2}}=\frac{1}{3}$,充分;条件(2),仅知道付费总额不能推出所占比例,不充分,答案选A。

12.【解析】设火车的长度为 xm,火车的速度为 vm/s,则 $\frac{250+x}{v}=10$,$\frac{450+x}{v}=15$,解得 $x=150, v=40$,那么通过1050m的大桥的时间为 $\frac{1050+150}{40}=30$s,答案选D。

【套路】火车通过大桥的路程=火车长度+桥长,则 $t_{火车穿桥}=\frac{l_{火车}+l_{桥}}{v_{火车}}$。

13.【解析】设普通快车的速度为 $x$km/h,则直达快车的速度为 $1.5x$km/h,依题意得 $\frac{828}{x}-\frac{828}{1.5x}=6$,解得 $x=46, 1.5x=69$,答案选C。

14.【解析】由题意得,甲过了中点3km,乙距中点3km,甲比乙多走 3×2km,则相遇时间为 $(3\times 2)\div(15-13)=3$h,两地距离为 $(15+13)\times 3=84$km,答案选B。

15.【解析】设甲速度为 x,乙速度为 y,条件(1),$6(x-y)=12$,不能求出甲的速度,不充分;条件(2),$5(x-y)=2.5y$,不能求出甲的速度,也不充分;联合起来,$x=6, y=4$,联合充分,答案选C。

16.【解析】两车相向而行,相对速度为两车速度之和,坐在慢车上的人看见整列快车驶过的时间应为 $\frac{160}{v_{快}+v_{慢}}=4$,可得 $v_{快}+v_{慢}=40$,则坐在快车上的人看见整列慢车驶过的时间应为 $\frac{120}{v_{快}+v_{慢}}=\frac{120}{40}=3$,答案选A。

【技巧】时间的长短只与对方车长有关,与自身车长无关,所以看见整列慢车驶过的时间一定小于4s,排除选项,答案选A。

17.【解析】摩托车从第一次追上车队到第二次追上车队共走了 $9+18=27$ km,在此期间自行车队共走了 $18-9=9$ km,则 $v_{摩}:v_{自}=3:1$,而 $\frac{9}{v_{自}}-\frac{9}{v_{摩}}=12$ min,因此 $\begin{cases}v_{自}=0.5\text{km/min}\\v_{摩}=1.5\text{km/min}\end{cases}$,答案选D。

18.【解析】方法(1),相遇时,货车行驶了 $3\times90=270$ km,客车行驶了 $100\times3=300$ km,此时客车距甲地270km,货车距乙地300km,客车到达甲地还需要 $270\div100=2.7$ h,则货车又走了 $90\times2.7=243$ km,因此货车距乙地 $300-243=57$ km,答案选E。

方法(2),在相同的时间内,路程比等于速度比。设货车又行驶了 x km,则 $\frac{270}{x}=\frac{V_{客车}}{V_{货车}}=\frac{100}{90}$,解得 $x=243$,因此货车距乙地 $300-243=57$ km,答案选E。

19.【解析】条件(1),甲走了 $\frac{3}{4}s$,乙走了 $\frac{1}{4}s$,在相同的时间内,路程比等于速度比,则 $v_{甲}:v_{乙}=\frac{3}{4}s:\frac{1}{4}s=3:1$,充分;条件(2),甲追上乙时,甲比乙多走了 s,又因为甲走了 $2s$,所以乙走了 s,则 $v_{甲}:v_{乙}=2s:s=2:1$,不充分,答案选A。

20.【解析】设船在静水中的速度为 x km/h,根据时间相等 $\frac{30}{x+2}=\frac{20}{x-2}$,解得 $x=10$,答案选E。

21.【解析】设原计划每天挖 x m,则 $\frac{2000}{x}-\frac{2000}{x+2}=50$,解得 $x=8$,因此原计划施工工期是 $\frac{2400}{8}=300$ 天,答案选D。

22.【解析】条件(1),打印所需时间 $t=\frac{1}{\frac{1}{4}+\frac{1}{5}}=\frac{20}{9}<2.5$,充分;条件(2),选择效率较低的新型打印机,打印所需时间 $t=\frac{1}{\frac{1}{5}+\frac{1}{9}+\frac{1}{11}}=\frac{495}{199}<2.5$,也充分,答案选D。

23.【解析】条件(1),甲和乙的工作效率之比为3:1,则甲每小时完成 $600\times\frac{3}{4}=450$ 件,充分;条件(2),乙每小时完成 $\frac{1000}{5}=200$ 件,则甲每小时完成 $600-200=400$ 件,也充分,答案选D。

24.【解析】方法(1),设甲的工作效率为x,乙的工作效率为y,乙还需做m天,则 $\begin{cases}7x+14y=1\\10x+2y=1\end{cases}$,解得 $\begin{cases}x=\dfrac{1}{10.5}\\y=\dfrac{1}{42}\end{cases}$,$5\times\dfrac{1}{10.5}+m\times\dfrac{1}{42}=1$,解得$m=22$,答案选B。

方法(2),等量代换法(总工量不变,多种完成方式)。总工量=甲7天+乙14天=甲10天+乙2天,则甲3天=乙12天,即甲1天=乙4天,当甲从7天到5天少做2天时,乙应多做8天,即乙还需做14+8=22天,答案选B。

【套路】找到几个对象的最简效率之比,将几个对象的工作量化成一个对象的工作量。

25.【解析】设工作总量为120,则甲、乙的工作效率和为15,甲、丙的工作效率和为12,甲、丁的工作效率和为8,乙、丙、丁的工作效率和为20,可得甲的工作效率为(15+12+8−20)÷3=5,则甲单独完成需要120÷5=24天,答案选C。

26.【解析】设甲、乙两公司每周工时费分别为a、b万元,则 $\begin{cases}(a+b)\times 10=100\\6a+18b=96\end{cases}$,解得 $\begin{cases}a=7\\b=3\end{cases}$,答案选B。

27.【解析】根据题意,实际效率:原计划效率=5:4,因为任务总量不变,因此实际完成时间:原计划完成时间=4:5,又最终提前2天完成,即1份对应2天,则原计划完成的天数为10天,答案选C。

28.【解析】乙管每小时注满水池的$\dfrac{1}{8}-\dfrac{1}{20}=\dfrac{3}{40}$,丙管每小时注满水池的$\dfrac{1}{6}-\dfrac{3}{40}=\dfrac{11}{120}$,则单开丙管需要$1\div\dfrac{11}{120}=\dfrac{120}{11}$小时,答案选B。

29.【解析】杠杆交叉比例法:

男工　83　　　2
　　　　　80
女工　78　　　3

则男工:女工=2:3,该车间有女工$40\times\dfrac{3}{5}=24$人,答案选D。

30.【解析】设男生平均成绩为x分,则女生平均成绩为$1.2x$分,利用杠杆交叉比例法:

男　x　　　$1.2x-75$　1.8
　　　　　75
女　$1.2x$　　$75-x$　　1

则$\dfrac{1.2x-75}{75-x}=\dfrac{1.8}{1}$,解得$x=70$,因此女生平均成绩为$1.2x=1.2\times 70=84$分,答案选B。

【技巧】女同学平均成绩是男同学平均成绩的1.2倍,利用倍数关系排除,答案选B。

31.【解析】条件(1)和(2)明显需要联合,设男生为x人,女生为y人,则$\dfrac{0.7x+0.9y}{x+y}=$ 0.8,整理得$x=y$,因此必须满足男生和女生的人数相等,与平均分无关,联合也不充分,答案选 E。

32.【解析】需要求出甲容器最终的溶质和溶液。甲容器原来的溶质 $12\% \times 100 = 12g$，倒掉一半溶液，则溶质也相应倒掉一半，还剩 6g，此时乙容器的溶质为 6g，溶液为 150g，混合后再把乙容器中盐水的一半倒入甲中，溶质也相应倒掉一半，倒入 3g 到甲容器，此时甲容器最终的溶质和溶液分别为 9g、125g，浓度为 $\dfrac{9}{125} = 7.2\%$，答案选 A。

33.【解析】设 A 和 B 的浓度分别为 x 和 y，则有 $\begin{cases} \dfrac{2x+y}{3} = 13\% \\ \dfrac{x+2y}{3} = 14\% \end{cases}$，解得 $\begin{cases} x = 12\% \\ y = 15\% \end{cases}$，答案选 C。

34.【解析】设该同学做对了 x 道题，做错了 y 道题，则 $8x - 5y = 13$，即 $8x = 13 + 5y$，由于 $8x$ 为偶数，13 为奇数，则 y 为奇数，讨论得 $\begin{cases} x = 6 \\ y = 7 \end{cases}$，因此没做的题数是 $20 - 6 - 7 = 7$，答案选 C。

35.【解析】设大、小盒子的数量分别为 x 和 y，则 $12x + 5y = 99$，由于 $99 - 12x$ 能被 5 整除，因此 x 的个位数必然为 2 或 7。当 $x = 2$ 时，$y = 15$，此时 $x + y = 17$；当 $x = 7$ 时，$y = 3$，此时 $x + y = 10$（舍弃）。综上所述，大、小盒子的数量之和为 17，答案选 D。

36.【解析】显然条件(1)和(2)单独都不充分，考虑联合。设人数为 x，则 $\begin{cases} 20(n-1) < x < 20n \\ x = 12n + 10 \end{cases}$，即 $20(n-1) < 12n + 10 < 20n$，解得 $\dfrac{5}{4} < n < \dfrac{15}{4}$，又 $n \in \mathbf{Z}^+$，则 $n = 2$ 或 $n = 3$，人数为 34 或 46，联合也不充分，答案选 E。

37.【解析】由题意可得，15t 以内的水费最高为 $3.8 \times 15 = 57$ 元，甲交水费 77 元，则用水量超过 15t，超过部分为 $(77 - 57) \div 5 = 4t$，则甲这个月的用水量为 $15 + 4 = 19t$，答案选 D。

38.【解析】稿费是 4000 元时应纳税 $3200 \times 14\% = 448$ 元，明显甲超过 4000 元，乙没有超过 4000 元，则甲的稿费为 $\dfrac{550}{11\%} = 5000$ 元，乙的稿费为 $800 + \dfrac{420}{14\%} = 3800$ 元，因此两人稿费相差 1200 元，答案选 C。

39.【解析】$360 = 2 \times 2 \times 2 \times 3 \times 3 \times 5 = 3 \times 4 \times 5 \times 6$，因此 4 人年龄之和为 $3 + 4 + 5 + 6 = 18$ 岁，答案选 C。

40.【解析】设原来的正方形的边长有 x 块砖，根据总砖量不变可得 $x^2 + 180 = (x+1)^2 - 21$，解得 $x = 100$，则瓷砖共有 $x^2 + 180 = 10180$ 块，答案选 C。

【技巧】该瓷砖共有 y 块，显然 $y - 180$ 为完全平方数，观察 5 个选项很容易发现 $10180 - 180 = 10000 = 100^2$，且 $10180 + 21 = 10201 = 101^2$，所以 $y = 10180$，答案选 C。

41.【解析】依题意得，男生 24 人，女生 26 人，通过 23 人，未通过 27 人。条件(1)，设男生通过 x 人，则女生通过 $x + 5$ 人，因此 $x + (x+5) = 23$，解得 $x = 9$，充分；条件(2)，设男生 y 人通过，则男生 $(y+6)$ 人未通过，因此 $y + (y+6) = 24$，解得 $y = 9$，也充分，答案选 D。

42.【解析】设同时参加两项考核的职工有 x 人，至少参加一种考核的人数为 $40 - 8 = 32$ 人，则 $20 + 31 - x = 32$，解得 $x = 19$，答案选 D。

43.【解析】下午向张老师咨询的人数为 $\frac{9}{10\%}=90$ 人。由于下午咨询的人中有9个是上午咨询过的,所以一天中咨询的人数为 $45+90-9=126$ 人,答案选D。

2.4 强化精讲例题

一、利润问题

1. 利润率问题

【例2-41】某商店将每套服装按原价提高50%后再作7折"优惠"出售,这样每售出一套服装可获利625元,已知每套服装的成本是2000元,该店按"优惠价"售出一套服装比按原价(　　)元。

A. 多赚100   B. 少赚100   C. 多赚125
D. 少赚125   E. 多赚155

【解析】设原价为 x 元,则 $x(1+50\%)\times 0.7-2000=625$,解得 $x=2500$,所以按原价出售可获利500元,则多赚 $625-500=125$ 元,答案选C。

2. 利润与销量问题

【例2-42】(2009-10)甲、乙两商店某种商品的进货价格都是200元,甲店以高出进货价20%的价格出售,乙店以高出进货价15%的价格出售,结果乙店的售出件数是甲店的2倍,扣除营业税后乙店的利润比甲店多5400元,若设营业税率是营业额的5%,那么甲、乙两店售出该商品应各为(　　)件。

A. 450,900   B. 500,1000   C. 550,1100
D. 600,1200   E. 650,1300

【解析】设甲出售的件数为 x 件,则乙出售的件数为 $2x$,甲店的利润为 $200\times 0.2x-200\times 1.2x\times 5\%=28x$,乙店的利润为 $200\times 0.15\times 2x-200\times 1.15\times 2x\times 5\%=37x$,则 $37x-28x=5400$,解得 $x=600$,所以甲、乙两店售出该商品分别为600件和1200件,答案选D。

二、比例问题

1. 部分量与总量的关系

【例2-43】(2013-10)某物流公司将一批货物的60%送到了甲商场,100件送到了乙商场,其余的都送到了丙商场,若送到甲、丙两商场的货物数量之比为7:3,则该货物共有(　　)件。

A. 700   B. 800   C. 900   D. 1000   E. 1100

【解析】方法(1),设该货物共有 x 件,则 $\frac{60\%x}{40\%x-100}=\frac{7}{3}$,解得 $x=700$,答案选A。

方法(2),总量 $=\dfrac{乙}{乙所占的比例}=\dfrac{100}{1-60\%-60\%\times\frac{3}{7}}=700$,答案选A。

2. 比例变化问题

【例2-44】(2016-1)某家庭一年总支出中,子女教育支出与生活资料支出之比为3:8;文化娱乐支出与子女教育支出之比为1:2。已知文化娱乐支出占家庭总支出的10.5%,则生活资料支出占家庭总支出的( )。

A. 40%　　　　B. 42%　　　　C. 48%　　　　D. 56%　　　　E. 64%

【解析】 将子女教育支出的份数利用最小公倍数法统一,整理可得文化娱乐支出:子女教育支出:生活资料支出＝3:6:16,则生活资料支出占家庭总支出的 $\frac{10.5\%}{3} \times 16 = 56\%$,答案选D。

3. 变化率问题

【例2-45】 某企业2020年产值的20%相当于2019年产值的25%,则2020年的产值与2019年相比( )。

A. 降低了5%　　　　B. 提高了5%　　　　C. 提高了20%
D. 提高了25%　　　　E. 降低了25%

【解析】 设2020年的产值为 a,2019年的产值为 b,根据题意,$a \times 20\% = b \times 25\%$,则2020年的产值与2019年的比为 $\frac{a}{b} = \frac{25\%}{20\%} = 1.25$,即产值提高了25%,答案选D。

4. 比例定理问题

【例2-46】(2018-1)如果甲公司的年终奖总额增加了25%,乙公司的年终奖总额减少了10%时两者相等,则能确定两公司的员工人数之比。

(1) 甲公司的人均年终奖与乙公司的相同。
(2) 两公司的员工人数之比与两公司的年终奖总额之比相等。

【解析】 设甲公司员工数为 x,年终奖总额为 m,乙公司员工数为 y,年终奖总额为 n,由题干可得 $(1+25\%)m = (1-10\%)n$,即 $1.25m = 0.9n$。条件(1),$\frac{m}{x} = \frac{n}{y}$,则 $\frac{x}{y} = \frac{m}{n} = \frac{0.9}{1.25}$,可以确定两公司员工人数之比,充分;条件(2),$\frac{x}{y} = \frac{m}{n} = \frac{0.9}{1.25}$,与条件(1)等价,可以确定两公司员工人数之比,也充分,答案选D。

三、路程问题

1. 路程基本等量关系的运用

【例2-47】 A、B两地相距15km,甲中午12时从A地出发,步行前往B地;20min后乙从B地出发骑车前往A地,到达A地后乙停留40min,之后骑车从原路返回,结果甲、乙同时到达B地,若乙骑车比甲步行每小时快10km,则两人同时到达B地的时间是( )。

A. 下午2时　　　　B. 下午2时半　　　　C. 下午3时
D. 下午3时半　　　　E. 以上结论均不正确

【解析】设甲步行速度为 v km/h,则乙骑车速度为 $(v+10)$ km/h,则 $\dfrac{15}{v}=\dfrac{15\times 2}{v+10}+1$,解得 $v=5$,则 $t=3$,即两人同时到达 B 地的时间是下午 3 时,答案选 C。

【套路】由于时间不同步,可采用时间扣除法得到等量关系。

2. 直线型相遇与追及问题

【例 2-48】小李每分钟走 80m,小韩每分钟走 60m,两人同时从同一地点背向走了 5min,小李掉头追赶小韩,追上小韩时小李共走了( )m。

A. 3000　　B. 3100　　C. 3200　　D. 3300　　E. 3400

【解析】5min 后两人相距 $(80+60)\times 5=700$m,小李掉头后追小韩的时间为 $700\div(80-60)=35$min,小李走的总路程为 $(35+5)\times 80=3200$m,答案选 C。

【技巧】由于路程=速度×时间,则小李行走的路程一定是 80 的倍数,答案选 C。

【例 2-49】(2020-1)两地相距 1800km,甲车的速度是 100km/h,乙车的速度是 80km/h,相向而行,则两车第三次相遇时,甲车距其出发点( )km。

A. 600　　B. 900　　C. 1000　　D. 1400　　E. 1600

【解析】如图 2-7 所示,两车第三次相遇时共行驶了 5 个全程,即 $1800\times 5=9000$km,所用时间为 $\dfrac{9000}{100+80}=50$h,此时甲车共行驶了 $100\times 50=5000$km,则甲车距其出发点 $5000-1800\times 2=1400$km,答案选 D。

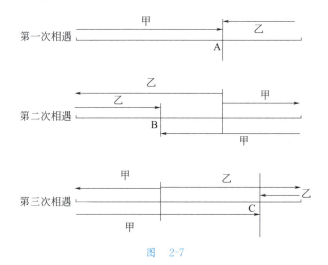

图 2-7

【技巧】由于时间相同,则 $\dfrac{s_甲}{s_乙}=\dfrac{v_甲}{v_乙}=\dfrac{100}{80}=\dfrac{5}{4}$,又两车第三次相遇时共行驶了 9000km,因此 $s_甲=5000$,$s_乙=4000$,则甲车距其出发点 $5000-1800\times 2=1400$km,答案选 D。

3. 圆圈型相遇与追及问题

【例 2-50】甲、乙二人在长为 200m 的圆形跑道上骑行,已知甲的速度为 11m/s,乙的速度为 9m/s,当两人同时同地同向出发,第一次相遇时乙骑行了( )圈。

A. 2.8　　　B. 3.6　　　C. 4.5　　　D. 4.8　　　E. 5

【解析】设甲第一次追上乙所用时间为 t，此时甲比乙多骑行了一圈路程，则 $(11-9) \times t = 200$，解得 $t = 100$，则乙骑行了 $\dfrac{9 \times 100}{200} = 4.5$ 圈，答案选C。

【例2-51】(2013-1)甲、乙两人同时从A点出发，沿400m圆形跑道同向匀速行走，25min后乙比甲少走了一圈，若乙行走一圈需要8min，甲的速度是(　　)m/min。

A. 62　　　B. 65　　　C. 66　　　D. 67　　　E. 69

【解析】$v_乙 = \dfrac{400}{8} = 50$，$(v_甲 - v_乙) \times 25 = 400$，解得 $v_甲 = 66$，答案选C。

4. 相对运动问题

【例2-52】一支部队排成长度为800m的队列行军，速度为80m/min。在队首的通讯员以3倍于行军的速度跑步到队尾，花1min传达首长命令后，立即以同样的速度跑回到队首，在往返全过程中通讯员所花费的时间为(　　)min。

A. 6.5　　　B. 7.5　　　C. 8　　　D. 8.5　　　E. 10

【解析】通信员速度为 $3 \times 80 = 240$m/min，通讯员从队首跑到队尾，为相遇问题，花费时间为 $\dfrac{800}{240+80} = 2.5$min；通讯员从队尾跑到队首，为追及问题，花费时间为 $\dfrac{800}{240-80} = 5$min，因此共花费的时间为 $2.5 + 5 + 1 = 8.5$min，答案选D。

5. 时间相同时，路程比等于速度比公式的运用

【例2-53】小张、小明两人同时从甲、乙两地出发相向而行，两人在离甲地40m处第一次相遇，相遇后两人仍以原速继续前行，并且在各自到达对方出发点后立即沿原路返回，途中两人在距乙地15m处第二次相遇，则甲、乙两地相距(　　)m。

A. 80　　　B. 90　　　C. 100　　　D. 105　　　E. 120

【解析】如图2-8所示，设甲、乙两地相距 sm，在相同的时间内，速度比等于路程比。两人第一次相遇时，小张走了40m，小明走了 $(s-40)$m；两人第二次相遇时，小张又走了 $(s-40+15)$m，小明又走了 $(40+s-15)$m，则 $\dfrac{v_张}{v_明} = \dfrac{40}{s-40} = \dfrac{s-40+15}{40+s-15}$，解得 $s = 105$，答案选D。

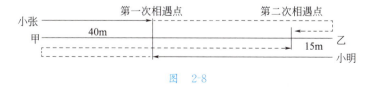

图 2-8

【技巧】两人第一次相遇共走了一个 s，此时小张走了40m，第二次相遇时，两人共走了 $3s$，因为速度都没变化，所以小张共走了 $40 \times 3 = 120$m，而画图可知小张一共走了 $(s+15)$m，即 $s+15 = 120$，则 $s = 105$，答案选D。

6. 路程相同时,速度与时间反比关系的运用

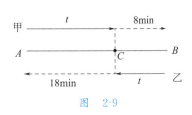

图 2-9

【例2-54】甲、乙两人分别从A、B两地同时出发,相向而行,相遇后甲继续向前行进8min到达B地,乙继续向前行进18min到达A地,则两人出发后( )min相遇。

A. 10　　　B. 12　　　C. 14
D. 16　　　E. 18

【解析】设相遇时间为t,如图2-9所示,根据路程一定时,速度和时间成反比,则$\dfrac{v_甲}{v_乙}=\dfrac{t_乙}{t_甲}=\dfrac{18}{t}=\dfrac{t}{8}$,即$t^2=144$,解得$t=12$,答案选B。

7. 顺水、逆水问题

【例2-55】(2009-1)一艘轮船往返航行于甲、乙两个码头之间,若船在静水中的速度不变,则当这条河的水流速度增加50%时,往返一次所需的时间与原来相比将( )。

A. 增加　　　　　　B. 减少半个小时　　　　　　C. 不变
D. 减少1个小时　　E. 无法判断

【解析】设船在静水中的速度为v_1,水流速度为v_2,甲、乙两码头之间的距离为s,$t_1=\dfrac{s}{v_1+v_2}+\dfrac{s}{v_1-v_2}\Rightarrow t_1=\dfrac{2v_1}{v_1^2-v_2^2}\times s$,$t_2=\dfrac{s}{v_1+1.5v_2}+\dfrac{s}{v_1-1.5v_2}\Rightarrow t_2=\dfrac{2v_1}{v_1^2-2.25v_2^2}\times s$,所以$t_1<t_2$,答案选A。

【技巧】极限考虑,假设水流速度增加50%超过船速,则船在逆流时就回不来了,因此所需时间增加,答案选A。

四、工程问题

1. 工程基本等量关系运用

【例2-56】(2011-10)小张需要录入一份资料,若每分钟录入30个字,需要若干小时打完,当录入到此材料的$\dfrac{2}{5}$时,录入效率提高了40%,结果提前半小时录入完成,这份材料的字数是( )个。

A. 4650　　　B. 4800　　　C. 4950　　　D. 5100　　　E. 5250

【解析】设总字数为x,完成剩余材料的$\dfrac{3}{5}$,因为录入效率的提高,提前30分钟完成,则$\dfrac{\frac{3}{5}x}{30}-\dfrac{\frac{3}{5}x}{30(1+40\%)}=30$,解得$x=5250$,答案选E。

2. 多人合作工程量转化问题

【例2-57】一项工程由甲、乙两队合作30天可完成,甲队单独做24天后,乙队加入,两队合作10天后,甲队调走,乙队继续做了17天才完成,若这项工程由甲队单独做,则需要( )天。

A. 60　　　　B. 70　　　　C. 80　　　　D. 90　　　　E. 100

【解析】方法(1)，设甲、乙的效率分别为 x,y，则 $\begin{cases}30(x+y)=1\\24x+10(x+y)+17y=1\end{cases}$，解得 $\begin{cases}x=\dfrac{1}{70}\\y=\dfrac{2}{105}\end{cases}$，因此甲单独做需要70天，答案选B。

方法(2)，等量代换法(总工量不变，多种完成方式)，总工量＝甲30天＋乙30天＝甲34天＋乙27天，则甲4天＝乙3天，则总工量＝甲30天＋乙30天＝甲30天＋甲40天＝甲70天，因此甲单独做需要70天，答案选B。

【套路】找到几个对象的最简效率之比，将几个对象的工作量化成一个对象的工作量。

【例2-58】(2010-10)一项工程要在规定时间内完成，若甲单独做要比规定的时间推迟4天完成，若乙单独做要比规定的时间提前2天完成，若甲、乙合作了3天，剩下的部分由甲单独做，恰好在规定时间内完成，则规定时间为(　　)天。

A. 19　　　　B. 20　　　　C. 21　　　　D. 22　　　　E. 24

【解析】设规定时间为 x，则甲单独做需要 $x+4$ 天，乙单独做需要 $x-2$ 天，则 $\left(\dfrac{1}{x+4}+\dfrac{1}{x-2}\right)\times 3+\dfrac{1}{x+4}\times(x-3)=1$，整理为 $\dfrac{x}{x+4}+\dfrac{3}{x-2}=1$，解得 $x=20$，答案选B。

【技巧】因为乙帮助甲3天，甲就可以按期完成，则乙3天的工作量＝甲4天的工作量，又甲、乙单独完成相差6天，所以乙单独做需要18天，甲单独做需要24天，规定的时间为20天，答案选B。

【例2-59】(2021-1)清理一块场地，则甲、乙、丙三人能在2天内完成。

(1)甲、乙两人需要3天。

(2)甲、丙两人需要4天。

【解析】条件(1)和(2)明显单独都不充分，联合可设甲、乙、丙的效率分别为 x,y,z，则 $\begin{cases}x+y=\dfrac{1}{3}\\x+z=\dfrac{1}{4}\end{cases}$，整理得 $2x+y+z=\dfrac{7}{12}$，明显当 $x>\dfrac{1}{12}$ 时，$x+y+z<\dfrac{1}{2}$，即三人每天的效率之和小于 $\dfrac{1}{2}$，则三人不能在2天内完成，联合不充分，答案选E。

3. 轮流工作问题

【例2-60】完成某项任务，甲单独做需要4天，乙单独做需要6天，丙单独做需要8天，若甲、乙、丙三人依次一日一轮地工作，则完成该任务共需的天数为(　　)。

A. $6\dfrac{2}{3}$　　　　B. $5\dfrac{1}{3}$　　　　C. 6　　　　D. $4\dfrac{2}{3}$　　　　E. 4

【解析】甲、乙、丙的工作效率分别为 $\dfrac{1}{4},\dfrac{1}{6},\dfrac{1}{8}$，即 $\dfrac{6}{24},\dfrac{4}{24},\dfrac{3}{24}$。甲、乙、丙轮流工作1天，甲

和乙再各工作1天,此时还剩$\frac{1}{24}$,丙完成需要$\frac{\frac{1}{24}}{\frac{1}{8}}=\frac{1}{3}$天,因此共需要$5+\frac{1}{3}=5\frac{1}{3}$天,答案选B。

【套路】轮流工作问题关键抓住两点:①预估需要几个工作周期;②由谁进行收尾工作。

4. 工程造价问题

【例2-61】(2019-1)某单位要铺设草坪,若甲、乙两公司合作需6天完成,工时费共2.4万元,若甲公司单独做4天后由乙公司接着做9天完成,工时费共计2.35万元,若由甲公司单独完成该项目,则工时费共计( )万元。

A. 2.25　　B. 2.35　　C. 2.4　　D. 2.45　　E. 2.5

【解析】设甲、乙每天的工时费分别为x,y万元,则$\begin{cases}6(x+y)=2.4\\4x+9y=2.35\end{cases}$,解得$\begin{cases}x=0.25\\y=0.15\end{cases}$。设甲、乙的效率分别为$a,b$,则$\begin{cases}(a+b)\times 6=1\\4a+9b=1\end{cases}$,解得$\begin{cases}a=\frac{1}{10}\\b=\frac{1}{15}\end{cases}$,即甲单独做需要10天,工时费共计$0.25\times 10=2.5$万元,答案选E。

【技巧】根据题意,很容易得到甲做的天数越多,工时费越高。甲单独做时,观察选项,工时费应该为2.5万元,答案选E。

5. 工时相同时,工量比等于工效比公式的运用

【例2-62】甲、乙两机床4h共生产某种零件360个,现在两台机床同时生产这种零件,在相同的时间内,甲机床生产了1225个,乙机床生产了1025个,甲机床每小时生产零件( )个。

A. 49　　B. 50　　C. 51　　D. 52　　E. 以上结论均不正确

【解析】甲、乙每小时共生产$360\div 4=90$个,时间相同时,工量比=工效比=$1225:1025=49:41$,所以甲每小时生产49个,乙每小时生产41个,答案选A。

6. 工量相同时,工效与工时反比关系的运用

【例2-63】(2013-1)某工厂生产一批零件,计划10天完成,实际提前了2天完成,则每天的产量比计划提高了( )。

A. 15%　　B. 20%　　C. 25%　　D. 30%　　E. 35%

【解析】方法(1),计划每天的产量为$\frac{1}{10}$,实际每天的产量为$\frac{1}{8}$,则每天的产量比计划提高了$\frac{\frac{1}{8}-\frac{1}{10}}{\frac{1}{10}}=25\%$,答案选C。

方法(2),计划与实际完成的天数之比为$10:8=5:4$,由于工量相同时,时间与效率

成反比,则计划与实际的效率之比为 4:5,每天的产量比计划提高了 $\frac{5-4}{4}=25\%$,答案选 C。

7. 进水、排水问题

【例 2-64】一个水池,底部安有一个常开的排水管,上部安有若干个同样粗细的进水管,当打开 4 个进水管时,需要 5h 才能注满水池;当打开 2 个进水管时,需要 15h 才能注满水池。现在需要在 2h 内将水池注满,最少需要打开( )个进水管。
A. 7   B. 8   C. 9   D. 10   E. 6

【解析】设每个进水管的效率为 x,排水管的效率 y,最少要打开 m 个进水管,则
$\begin{cases} 5(4x-y)=1 \\ 15(2x-y)=1 \\ 2(mx-y)=1 \end{cases}$,解得 $x=y=\frac{1}{15}$,$m=8.5$,最少要打开 9 个进水管,答案选 C。

五、杠杆交叉法

【例 2-65】(2016-1)已知某公司男员工的平均年龄和女员工的平均年龄,则能确定该公司员工的平均年龄。
(1)已知该公司员工的人数。
(2)已知该公司男女员工的人数之比。

【解析】已知男女员工的平均年龄分别为 a,b,设男女员工的人数分别为 x,y,则平均年龄为 $\frac{ax+by}{x+y}$。条件(1),$x+y$ 已知,无法确定 $\frac{ax+by}{x+y}$,不充分;条件(2),$x:y=k$ 已知,整理为 $x=ky$,则平均年龄 $\frac{ax+by}{x+y}=\frac{aky+by}{ky+y}=\frac{ak+b}{k+1}$,字母全部已知,条件(2)充分,答案选 B。

【技巧】已知两个部分各自均值及这两个部分的数量之比,则可以通过杠杆交叉比例法求得整体均值。此题已知男女员工各自的平均年龄,只需要知道男女员工的人数之比,即可求出该公司员工的平均年龄,条件(2)充分,答案选 B。

【例 2-66】(2020-1)一项考试的总成绩由甲、乙、丙三部分组成:总成绩=甲成绩×30%+乙成绩×20%+丙成绩×50%;考试通过的标准是:每部分≥50分,且总成绩≥60分。已知某人甲成绩 70 分,乙成绩 75 分,且通过了这项考试,则此人丙成绩的分数至少是( )分。
A. 48   B. 50   C. 55   D. 60   E. 62

【解析】设丙成绩为 x 分,则 $70×30\%+75×20\%+x×50\%≥60$,解得 $x≥48$,又每部分成绩≥50 分,所以丙成绩最少为 50 分,答案选 B。

六、浓度问题

1. 溶质、溶剂只有一个变化,另外一个不变

【例 2-67】水果仓库运来含水量为 90% 的一种水果 400kg,一周后再测,发现含水量降

低为80%,现在这批水果的总重量是(　　)kg。

　　A. 100　　　　B. 120　　　　C. 140　　　　D. 150　　　　E. 200

【解析】蒸发问题,溶质不变,400kg水果中,果肉有40kg,一周后,果肉质量仍不变,仍为40kg,占水果总重量的20%,因此现在的总重量是40÷20%=200kg,答案选E。

2. 溶液混合问题

【例2-68】(2016-1)将2L甲酒精和1L乙酒精混合得到丙酒精,则能确定甲、乙两种酒精的浓度。

(1) 1L甲酒精和5L乙酒精混合后的浓度是丙酒精浓度的$\frac{1}{2}$倍。

(2) 1L甲酒精和2L乙酒精混合后的浓度是丙酒精浓度的$\frac{2}{3}$倍。

【解析】设甲、乙、丙的浓度分别为x,y,z,将2L甲酒精和1L乙酒精混合得到丙酒精,则有$\frac{2x+y}{2+1}=z$,即$2x+y=3z$。条件(1),$\frac{x+5y}{1+5}=\frac{1}{2}z$,即$x+5y=3z$,显然不充分;条件(2),$\frac{x+2y}{1+2}=\frac{2}{3}z$,即$x+2y=2z$,也不充分;联合起来,$\begin{cases} 2x+y=3z\cdots① \\ x+5y=3z\cdots② \\ x+2y=2z\cdots③ \end{cases}$,①+②得$3x+6y=6z$,即$x+2y=2z$,与③相同,因此,无法求得甲、乙的浓度,联合不充分,答案选E。

【例2-69】甲杯中有纯酒精12g,乙杯中有水15g,第一次将甲杯中的部分纯酒精倒入乙杯,使酒精与水混合,第二次将乙杯中的部分混合溶液倒入甲杯,这样甲杯中纯酒精含量为50%,乙杯中纯酒精含量为25%,则第二次从乙杯倒入甲杯的混合溶液是(　　)g。

　　A. 13　　　　B. 14　　　　C. 15　　　　D. 16　　　　E. 17

【解析】设从甲倒入的纯酒精为xg,则$\frac{x}{15+x}=25\%$,解得$x=5$,则甲剩余纯酒精7g,设第二次从乙倒出的溶液为yg,则$\frac{25\%y+7}{x+7}=50\%$,解得$y=14$,答案选B。

【套路】此题核心关键点:从乙的浓度为25%出发,推出甲的纯酒精倒入乙混合后乙浓度即为25%,逆向倒推出甲倒入乙的纯酒精的量,当然此题也可以采用杠杆交叉法求得结果。

3. 溶剂等量置换溶液问题

【例2-70】一瓶浓度为20%的消毒液倒出$\frac{2}{5}$后,加满清水,再倒出$\frac{2}{5}$后,又加满清水,此时消毒液的浓度为(　　)。

　　A. 7.2%　　　B. 3.2%　　　C. 5%　　　D. 4.8%　　　E. 3.6%

【解析】倒出$\frac{2}{5}$后,加满清水,溶液不变,溶质减少了$\frac{2}{5}$,则浓度为原来的$\frac{3}{5}$,再倒出$\frac{2}{5}$后,又加满清水,浓度又为上次的$\frac{3}{5}$,则最后的浓度为$20\%\times\frac{3}{5}\times\frac{3}{5}=7.2\%$,答案选A。

【套路】 原来有浓度为 $p\%$ 的溶液,倒出 $\dfrac{n}{m}$,再用水补齐,则此时溶液的浓度为 $p\% \times \dfrac{m-n}{m}$;再次倒出 $\dfrac{n}{m}$,再用水补齐,则此时溶液的浓度为 $p\% \times \left(\dfrac{m-n}{m}\right)^2$。

【例2-71】 在浓度为60%的盐水容器中,第一次倒出20L后,加入等量的水,又倒出30L后,再加入等量的水,这时盐水浓度为20%,则原溶液体积是(　　)L。

  A.40   B.45   C.50   D.57   E.60

【解析】 溶剂等量置换溶液问题。设原来有浓度为 $p\%$ 的溶液 vL,倒出 a 升,再用水补齐,则此时溶液的浓度为 $p\% \times \dfrac{v-a}{v}$。根据公式列出 $60\% \times \dfrac{(v-20)(v-30)}{v^2} = 20\%$,解得 $v=60$,原溶液体积是60L,答案选E。

七、不定方程

【例2-72】(2011-1)在年底的献爱心活动中,某单位共有100人参加捐款,经统计捐款总额为19000元,个人捐款数额有100元、500元和2000元三种,该单位捐款500元的人数为(　　)。

  A.13   B.18   C.25   D.30   E.38

【解析】 设捐款100元、500元和2000元的人数分别为 x,y,z,则 $\begin{cases} x+y+z=100 \\ 100x+500y+2000z=19000 \end{cases}$,整理得 $4y+19z=90$,由于90和 $4y$ 均为偶数,则 z 也为偶数,讨论得到 $\begin{cases} y=13 \\ z=2 \end{cases}$,则捐款500元的人数是13人,答案选A。

【技巧】 100人共捐款19000元,则人均捐款190元,说明捐款100元的人很多,而捐款500元和2000元的人数较少。

【例2-73】(2016-1)利用长度分别为 a 和 b 的两种管材能连接成长度为37m的管道。

  (1) $a=3,b=5$ (2) $a=4,b=6$

【解析】 设 a 管道 x 根,b 管道 y 根。条件(1),$3x+5y=37$,列举得 $\begin{cases} x=4 \\ y=5 \end{cases}$ 或 $\begin{cases} x=9 \\ y=2 \end{cases}$,能连接长度为37m的管道,充分;条件(2),$4x+6y=37$,由于 $4x+6y$ 必为偶数,37为奇数,因此 x,y 的值不存在,不充分,答案选A。

【例2-74】(2021-1)某人购买了果汁、牛奶和咖啡三种物品,已知果汁每瓶12元,牛奶每盒15元,咖啡每盒35元,则能确定所买各种物品的数量。

  (1)总花费104元。

  (2)总花费215元。

【解析】 设果汁、牛奶和咖啡各买了 x,y,z 份。条件(1),$12x+15y+35z=104$,由于 $12x$ 为偶数,则 $15y+35z$ 也必为偶数,$15y+35z$ 的尾数必为0,因此 $12x$ 的尾数必为4,则 $x=2$ 或 $x=7$。当 $x=2$ 时,讨论得到 $y=3,z=1$;当 $x=7$ 时,y,z 无整数解,充分。条件(2),$12x+15y+35z=215$,明显 $12x$ 的尾数必为0,当 $x=5$ 时,$y=8,z=1$ 或 $y=1,z=4$,两组值明显不充分,答案选A。

【例2-75】(2017-1)某机构向12位教师征题,共征集到5种题型的试题52道,则能确定供题教师的人数。
(1) 每位供题教师提供的试题数相同。
(2) 每位供题教师提供的题型不超过2种。

【解析】条件(1),每位供题教师提供的试题数相同,由于$52=1×52=2×26=4×13$,则可以是1位教师提供52道,也可以是2位教师每人提供26道,还可以是4位教师每人提供13道,因此无法确定供题教师的数量,不充分;条件(2),显然不充分;联合起来,每位供题教师提供的题型不超过2种,如果只有1位教师或2位教师供题,无法征集到5种题型,不符合题干,如果是4位教师供题,可以征集到5种题型,即可以确定是4位教师供题,联合充分,答案选C。

八、分段计费

【例2-76】某市全面推行农村合作医疗,方案见表2-2。某人住院报销了805元,则花费了(   )元。

表2-2 农村合作医疗报销单

住院费/元	报销率/%
不超过3000	15
3000~4000	25
4000~5000	30
5000~10000	35
10000~20000	40

A. 3220   B. 4180   C. 4350   D. 4500   E. 以上答案均不正确

【解析】不超过3000最多报销$3000×15\%=450$元,3000~4000最多报销$1000×25\%=250$元,4000~5000最多报销$1000×30\%=300$元,则当住院费为4000元时,可报销$450+250=700$元,所以报销了805元对应的住院费的区间在4000~5000元,剩下的$805-700=105$元是按照30%报销得到的,则住院费为$4000+\dfrac{105}{30\%}=4350$元,答案选C。

【套路】分段计费的核心:先计算每段最多的报销费用,再根据题干的报销费用计算出具体的住院费。

九、年龄问题

【例2-77】(2019-1)能确定小明年龄。
(1) 小明年龄是完全平方数。
(2) 20年后小明年龄是完全平方数。

【解析】条件(1)和(2)明显需要联合。设小明今年年龄为m^2,20年后年龄为n^2,则有$n^2-m^2=20$,因式分解为$(n+m)(n-m)=20=20×1=10×2=5×4$,又因为$n+m$与$n-m$同奇同偶,因此$\begin{cases}n+m=10\\n-m=2\end{cases}$,解得$\begin{cases}n=6\\m=4\end{cases}$,因此小明的年龄为$m^2=16$,联合充分,答案选C。

【技巧】列举法,100以内的完全平方数有:1,4,9,16,25,36,49,64,81,100,从1开始验证,判断其加上20后是否仍然为完全平方数,容易得到只有16和36相差20,能确定小明年龄,联合充分,答案选C。

十、植树问题

【例2-78】一条长为1200m的道路一边每隔30m已经挖好坑植树,后又改为每隔25m植树,则需要新挖坑m个,需要填上n个,则$m+n=$( )。

A.54　　　　B.68　　　　C.72　　　　D.78　　　　E.86

【解析】30与25的最小公倍数$[30,25]=150$,原来已经挖好的坑有$\frac{1200}{30}+1=41$个,现在总共需要的坑有$\frac{1200}{25}+1=49$个,原来的坑可以直接利用的有$\frac{1200}{150}+1=9$个,则需要新挖坑$m=49-9=40$个,需要填上$n=41-9=32$个,则$m+n=40+32=72$个,答案选C。

【例2-79】在一块三角形场地的每条边上植树,每条边的长度分别为156m、186m、234m,树与树的距离均为6m,三个角都必须植一棵树,则共需要植树( )棵。

A.90　　　　B.92　　　　C.94　　　　D.96　　　　E.100

【解析】方法(1),156m边上植树$\frac{156}{6}+1=27$棵,186m边上植树$\frac{186}{6}+1=32$棵,234m边上植树$\frac{234}{6}+1=40$棵,三个角各重合一棵树,则共需植树$27+32+40-3=96$棵,答案选D。

方法(2),三角形为封闭的图形,植树棵数均为$\frac{周长}{间距}=\frac{156+186+234}{6}=96$棵,答案选D。

十一、集合问题

1.两饼集合问题

【例2-80】一个俱乐部共有109人,会下象棋的有69人,会下围棋的有58人,两种棋都会下的有30人,则两种棋都不会下的有( )人。

A.10　　　　B.11　　　　C.12　　　　D.13　　　　E.14

【解析】根据公式,至少会下一种棋的人数为$69+58-30=97$,俱乐部一共有109人,则两种棋都不会下的有$109-97=12$人,答案选C。

2.三饼集合问题

【例2-81】(2018-1)有96位顾客至少购买了甲、乙、丙三种商品中的一种,经调查:同时购买甲、乙两种商品的有8位,同时购买甲、丙两种商品的有12位,同时购买乙、丙两种商品的有6位,同时购买了三种商品的有2位,则仅购买一种商品的顾客有( )位。

A.70　　　　B.72　　　　C.74　　　　D.76　　　　E.82

【解析】只购买甲、乙两种商品的人数为$8-2=6$;只购买甲、丙两种商品的人数为$12-2=$

10;只购买乙、丙两种商品的人数为6－2＝4;则只购买一种商品的人数＝总人数－只购买两种商品的人数－购买三种商品的人数＝96－(6＋10＋4)－2＝74,答案选C。

【套路】同时购买两种商品的人数包括三种都购买的人数和只购买两种商品的人数这两种情况。

【例2-82】(2010-1)某公司的员工中,拥有本科毕业证、计算机等级证、汽车驾驶证的人数分别为130,110,90,又知只有一种证的人数为140,三证齐全的人数为30,则有双证的人数为( )。

A. 45　　　B. 50　　　C. 52　　　D. 65　　　E. 100

【解析】设有双证的人数为x,根据公式$A+B+C=$(只有一种证的人数)＋(只有两种证的人数)×2＋(三证都有的人数)×3,则$130+110+90=140+2x+3×30$,解得$x=50$,答案选B。

【例2-83】某公司员工有200人,每人至少参加一项培训,参加数学、外语、会计培训的人数分别为130,110,90,只参加数学和外语培训的有35人,只参加数学和会计培训的有30人,只参加外语和会计培训的有25人,则三项都参加的人数为( )。

A. 15　　　B. 20　　　C. 25　　　D. 30　　　E. 40

【解析】设三项都参加的人数为x人,根据公式至少参加一项的人数为$A\cup B\cup C=A+B+C-$(只参加两项的人数)－(三项都参加的人数)×2,则$200=130+110+90-(35+30+25)-2x$,解得$x=20$,答案选B。

十二、线性优化

【例2-84】某公司生产甲、乙两种桶装产品,已知生产1桶甲产品需消耗A原料1kg、B原料2kg,生产1桶乙产品需消耗A原料2kg、B原料1kg,每桶甲产品的利润是300元,每桶乙产品的利润是400元。公司在生产这两种产品的计划中,要求每天消耗A、B原料都不超过12kg。通过合理安排生产计划,从每天生产的甲、乙两种产品中,公司共可获得的最大利润是( )元。

A. 2800　　B. 2900　　C. 3000　　D. 3100　　E. 3200

【解析】设分别生产甲、乙两种产品x桶和y桶,则$\begin{cases}x+2y\leqslant 12\\2x+y\leqslant 12\end{cases}$,联立方程组$\begin{cases}x+2y=12\\2x+y=12\end{cases}$,解得$\begin{cases}x=4\\y=4\end{cases}$,则最大利润为$300x+400y=300×4+400×4=2800$元,答案选A。

【例2-85】(2013-1)有一批水果要装箱,一名熟练工单独装箱需要10天,每天报酬为200元;一名普通工单独装箱需要15天,每天报酬为120元。由于场地的限制,最多可同时安排12人装箱,若要求在一天内完成装箱任务,则支付的最少报酬为( )元。

A. 1800　　B. 1840　　C. 1920　　D. 1960　　E. 2000

【解析】设需要x名熟练工,y名普通工,总工作量为1,则有$\begin{cases}x+y\leqslant 12\\\dfrac{1}{10}x+\dfrac{1}{15}y=1\end{cases}$,解得$x\leqslant$ 6,因此6个熟练工,6个普通工即可,最少报酬为$200x+120y=200×6+120×6=$

1920元,答案选C。

【例2-86】(2012-1)某公司计划运送180台电视机和110台洗衣机下乡,现有两种货车,甲种货车每辆最多可载40台电视机和10台洗衣机,乙种货车每辆最多可载20台电视机和20台洗衣机,已知甲、乙两种货车的租金分别是每辆400元和360元,则最少的运费是( )元。

A. 2560　　B. 2600　　C. 2640　　D. 2680　　E. 2720

【解析】设需要甲货车 x 辆,乙货车 y 辆,则 $\begin{cases} 40x+20y \geq 180 \\ 10x+20y \geq 110 \end{cases}$,联立方程组 $\begin{cases} 40x+20y=180 \\ 10x+20y=110 \end{cases}$,解得 $\begin{cases} x=\frac{7}{3}=2.\dot{3} \\ y=\frac{13}{3}=4.\dot{3} \end{cases}$,附近的整数解有四组 $\begin{cases} x=2 \\ y=4 \end{cases}$,$\begin{cases} x=3 \\ y=5 \end{cases}$,$\begin{cases} x=2 \\ y=5 \end{cases}$,$\begin{cases} x=3 \\ y=4 \end{cases}$,运费为 $400x+360y$。由于第一组不能完成任务,第二组资源浪费必然不是最优解,直接舍弃,第三组和第四组相比甲乙车辆数量之和都为7,但乙的运费便宜,所以乙越多越好,甲越少越好,当甲是2辆、乙是5辆时,运费最少为 $400 \times 2+360 \times 5=2600$ 元,答案选B。

【套路】线性优化的最优点一般在边界值产生,可将不等式组转化为方程组求解,若解得的是整数解即为最优解,若解得的不是整数解,可先确定小数附近的几组整数解,并根据不等式组限定约束条件及目标表达式特征确定最优解。

十三、至多、至少

【例2-87】五名选手在一次数学竞赛中共得404分,每人得分互不相等,并且其中得分最高的选手得90分,那么得分最低的选手至多得( )分(每位选手得分都是整数)。

A. 68　　B. 72　　C. 75　　D. 77　　E. 78

【解析】设五人成绩为 $a<b<c<d<90$,要使 a 至多,则 b,c,d 最少即可,可令 a 至多 x 分,则 b,c,d 分别最少为 $x+1,x+2,x+3$ 分,又根据五人总分,得到 $x+(x+1)+(x+2)+(x+3)+90=404$,解得 $x=77$,答案选D。

【扩展】将题干所求改为"得分最低的选手至少得( )分",要使 a 至少,则 b,c,d 最多即可,b,c,d 分别最多为 87,88,89 分,此时得分最低的选手至少得50分。

【例2-88】(2011-1)某年级共有8个班,在一次年级考试中,共有21名学生不及格,每班不及格的学生最多3名,则(一)班至少有1名学生不及格。

(1)(二)班的不及格人数多于(三)班。

(2)(四)班不及格的学生有2名。

【解析】至多至少问题,只要其他7个班不及格人数至多20名就充分。条件(1),(二)班不及格人数至多3名,(三)班不及格人数至多2名,其他5个班不及格人数至多3名,则这7个班不及格人数至多 $3+2+3 \times 5=20$ 名,充分;条件(2),(四)班不及格的学生有2名,其他6个班不及格人数至多3名,则这7个班不及格人数至多 $2+3 \times 6=20$ 名,也充分,答案选D。

【例2-89】(2013-1)某单位年终共发了100万元奖金,奖金金额分别是一等奖1.5万元、二等奖1万元、三等奖0.5万元,则该单位至少有100人。

(1) 得二等奖的人数最多。

(2) 得三等奖的人数最多。

【解析】设得一、二、三等奖的人数分别为 x,y,z，则 $1.5x+y+0.5z=100$，可以整理为 $1.5x+y+0.5z=(x+y+z)+0.5(x-z)=100$，要使得单位人数 $x+y+z\geqslant 100$，则只需要满足 $x-z\leqslant 0$，即 $x\leqslant z$。条件(1)推不出来，不充分；条件(2)，得三等奖的人数最多，可以推出 $x\leqslant z$，充分，答案选 B。

【技巧】总奖金金额是固定的，由于三等奖单个奖金金额较少，因此得三等奖的人数越多，则总的人数越多。

十四、最值问题

1. 二次函数求最值

【例2-90】(2016-1)某商场将每台进价为2000元的冰箱以2400元销售时，每天销售8台，调研表明这种冰箱的售价每降低50元，每天就能多销售4台。若要每天销售利润最大，则该冰箱的定价应为(   )元。

A. 2200　　　B. 2250　　　C. 2300　　　D. 2350　　　E. 2400

【解析】设售价应降低 $50x$ 元，则每天多销售 $4x$ 台，每天的利润为 $y=(2400-50x-2000)(8+4x)$。根据公式 $y=a(x-x_1)(x-x_2)$，当 $x=\dfrac{x_1+x_2}{2}$ 时，y 取到最值，所以令 $y=(2400-50x-2000)(8+4x)=0$，解得 $x_1=8,x_2=-2$，当 $x=\dfrac{x_1+x_2}{2}=\dfrac{8+(-2)}{2}=3$ 时，y 取到最大值，该冰箱的定价应为 $2400-50x=2400-50\times 3=2250$ 元，答案选 B。

【技巧】见表2-3，通过列举法，明显当销售价格为2250时，利润最大，答案选 B。

表2-3　销售列举法

销售价格/元	销量/件	总利润/元
2400	8	3200
2350	12	4200
2300	16	4800
2250	20	5000
2200	24	4800

2. 平均值定理求最值

【例2-91】(2018-1)甲、乙、丙三人的年收入成等比数列，则能确定乙的年收入的最大值。

(1) 已知甲、丙两人的年收入之和。

(2) 已知甲、丙两人的年收入之积。

【解析】设甲、乙、丙三人的年收入为 $a,b,c(a,b,c>0)$，则 $b^2=ac$，题干要求 b 的最大值即求 ac 的最大值。条件(1)，已知 $a+c$ 为定值，根据平均值定理，$a+c\geqslant 2\sqrt{ac}$，即 $b^2=$

$ac \leqslant \left(\dfrac{a+c}{2}\right)^2$，可以确定 b 的最大值，充分；条件(2)，已知 ac 为定值，$b^2=ac$，则 b 为常数，常数的最大值就是它本身，能确定 b 的最大值，也充分，答案选 D。

2.5　强化提升习题

1. 某商场老板希望以超出进价 20% 的价格出售某种商品，但为了获得更多的利润，他以高出进价 80% 的价格标价，若客户想买下标价为 360 元的这种商品，最多降价(　　)时商店老板才能出售。

A. 80 元　　B. 100 元　　C. 120 元　　D. 160 元　　E. 200 元

2. (2020-1)某网店对单价为 55 元、75 元、80 元的三种商品进行促销，促销策略是每单满 200 元减 m 元，如果每单减 m 元后实际售价均不低于原价的 8 折，那么 m 的最大值为(　　)元。

A. 40　　B. 41　　C. 43　　D. 44　　E. 48

3. 某工厂职工由技术人员、行政人员和工人组成，共有男职工 420 人，是女职工的 $1\dfrac{1}{3}$ 倍，其中行政人员占全体职工的 20%，技术人员比工人少了 $\dfrac{1}{25}$，那么该工厂有工人(　　)人。

A. 200　　B. 250　　C. 300　　D. 350　　E. 400

4. (2015-1)某新兴产业在 2005 年末至 2009 年末产值的年平均增长率为 q，在 2009 年末至 2013 年末产值的年平均增长率比前四年下降了 40%，2013 年的产值约为 2005 年产值的 $14.46(\approx 1.95^4)$ 倍，则 q 的值约为(　　)。

A. 30%　　B. 35%　　C. 40%　　D. 45%　　E. 50%

5. (2021-1)某单位进行投票表决，已知该单位的男、女员工人数之比为 3∶2，则能确定至少有 50% 的女员工参加了投票。

(1) 投赞成票的人数超过了总人数的 40%。
(2) 参加投票的女员工比男员工多。

6. 甲、乙两座城市相距 530 km，货车和客车从两城同时出发，相向而行，货车每小时行 50 km，客车每小时行 70 km，客车在行驶过程中因故耽误 1 h，然后继续向前行驶与货车相遇，问相遇时货车行驶(　　)km。

A. 230　　B. 235　　C. 240　　D. 250　　E. 255

7. (2019-1)火车行驶 72 km 用时 1 h，速度 v 与行驶时间 t 的关系如图 2-10 所示，则 $v_0=$(　　)km/h。

A. 72　　B. 80　　C. 90
D. 95　　E. 100

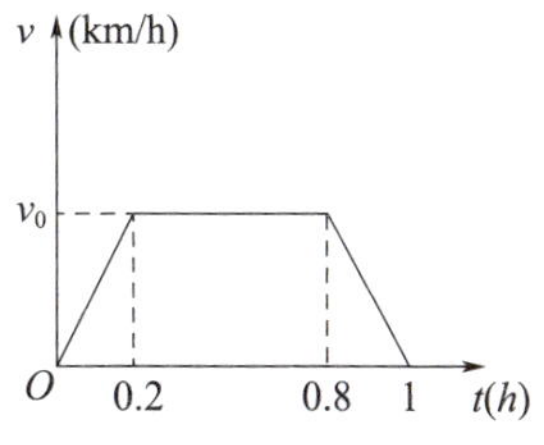

8. 两人沿 400 m 环形跑道跑步，甲跑 2 圈的时间，乙跑 3 圈，两人在同地反向而跑，32 s 后两人第一次相遇，则两人的速度分别为(　　)m/s。

A. 4.5, 5　　B. 6, 12　　C. 3.5, 7　　D. 5, 7.5

图 2-10

E. 以上结论均不正确

9. (2009-10)甲、乙两人在环形跑道上跑步,他们同时从起点出发,当方向相反时每隔48s相遇一次,当方向相同时每隔10min相遇一次,若甲每分钟比乙快40m,则甲、乙两人的跑步速度分别为( )m/min。

  A. 470,430   B. 380,340   C. 370,330
  D. 280,240   E. 270,230

10. 小王沿街匀速行走,发现每隔6min从背后驶过一辆219路公交车,每隔3min从迎面驶来一辆219路公交车,假设每辆219路公交车行驶速度相同,而且219路公交车总站每隔固定时间发一辆车,那么发车间隔的时间是( )min。

  A. 3   B. 4   C. 5   D. 18   E. 6

11. 甲、乙两车分别从A、B两地出发,相向而行,出发时甲、乙的速度比是5∶4,相遇后甲的速度减少20%,乙的速度增加20%,当甲到达B地时,乙离A地还有10km,那么A、B两地相距( )km。

  A. 450   B. 500   C. 550   D. 600   E. 650

12. 甲、乙两人从同一起跑线上绕300m跑道跑步,甲每秒跑7m,乙每秒跑4m,第二次在起跑线上甲追上乙时甲跑了( )圈。

  A. 4   B. 7   C. 10   D. 14   E. 21

13. (2015-1)某人驾车从A地赶往B地,前一半路程比计划多用时45min,平均速度只有计划的80%,若后一半路程的平均速度为120km/h,此人还能按原定时间到达B地,则A、B两地的距离为( )km。

  A. 450   B. 480   C. 520   D. 540   E. 600

14. 有一条公路,甲队单独修需10天,乙队单独修需12天,丙队单独修需15天,现在让三个队合修,但中间甲队撤出,结果共用了6天才把这条公路修完。当甲队撤出后,乙、丙两队又共同合修了( )天才完成。

  A. 2   B. 3   C. 5   D. 7   E. 9

15. 一家机械加工企业加工一批零件,用4台A型机床5天可以完成;用4台A型机床和2台B型机床3天可以完成;用3台B型机床和9台C型机床2天可以完成。若3种机床各取一台工作5天后,剩下A、C型机床继续工作,还需要( )天可以完成。

  A. 1   B. 2   C. 3   D. 4   E. 5

16. 能确定甲、乙两队合作完成A工程的时间。

 (1)甲、乙两个工程队中甲的工效比乙高25%。
 (2)甲队比乙队单独完成A工程要少用6天。

17. 公司的一项工程由甲、乙两队合作6天完成,公司需付8700元;由乙、丙两队合作10天完成,公司需付9500元;由甲、丙两队合作7.5天完成,公司需付8250元。若单独承包给一个工程队并且要求不超过15天完成全部工作,则公司付钱最少的队是( )。

  A. 甲队   B. 乙队   C. 丙队   D. 不能确定   E. 以上结论均不正确

18. 某水池的容积是$100m^3$,它有甲、乙两个进水管和一个排水管,甲、乙两管单独灌满水池分别需要10h和5h。水池中原有一些水,如果甲、乙两管同时进水而排水管放水,需要6h将水池中的水放完;如果甲管进水而排水管放水,需要2h将水池中的水放完,问水池中原有水( )m^3。

A. 40   B. 56   C. 60   D. 68   E. 72

19. 王女士将一笔资金分别投入股市和基金,但因故需抽回一部分资金,若从股票中抽回10%,从基金中抽回5%,则其总投资额减少8%;若从股市和基金的投资额中各抽回15%和10%,则其总投资额减少130万元,其总投资额为(　　)万元。

A. 1000   B. 1500   C. 2000   D. 2500   E. 3000

20. 甲、乙两组射手打靶,乙组平均成绩为171.6环,比甲组平均成绩高出30%,而甲组人数比乙组人数多20%,则甲、乙两组射手的总平均成绩是(　　)分。

A. 140   B. 145.5   C. 150   D. 158.5   E. 以上结论均不正确

21. (2013-10)甲、乙、丙三个容器装有盐水,现将甲容器中 $\frac{1}{3}$ 的盐水倒入乙容器,摇匀后将乙容器中 $\frac{1}{4}$ 的盐水倒入丙容器,摇匀后再将丙容器中 $\frac{1}{10}$ 的盐水倒回甲容器,此时甲、乙、丙三个容器中盐水的含盐量都是9kg,则甲容器中原来的盐水含盐量是(　　)kg。

A. 13   B. 12.5   C. 12   D. 10   E. 9.5

22. 有甲、乙、丙三种盐水,浓度分别为5%、8%、9%,质量分别为60g、60g、47g,若用这三种溶液配置浓度为7%的盐水100g,则甲种盐水最多可用(　　)g。

A. 35   B. 39   C. 46   D. 49   E. 50

23. 酒精浓度为70%和55%的两桶酒精分别有15kg和10kg,现在从两个桶中取出等量的酒精溶液倒入对方桶中,混合后两桶的浓度恰好相同,则交换的量为(　　)kg。

A. 3   B. 4   C. 5   D. 6   E. 7

24. (2009-1)三个试管各盛水若干g,现将浓度为12%的盐水10g倒入A管中,混合后,取10g倒入B管中,混合后再取10g倒入C管中,结果A,B,C三个试管中盐水的浓度分别为6%,2%,0.5%,那么三个试管中原来盛水最多的试管及其盛水量是(　　)。

A. A,10g   B. B,20g   C. C,30g   D. B,40g   E. C,50g

25. (2012-10)满桶纯酒精倒出10L后,加满水搅匀,再倒出4L后,再加满水,此时,桶中的纯酒精与水的体积之比为2∶3,则该桶的容积是(　　)L。

A. 15   B. 18   C. 20   D. 22   E. 25

26. 若1只兔子可换2只鸡,2只兔子可换3只鸭,5只兔子可换7只鹅,某人用20只兔子换得鸡、鸭、鹅共30只,并且鸭和鹅各至少8只,则鸡与鸭的总和比鹅多(　　)只。

A. 1   B. 2   C. 3   D. 4   E. 5

27. (2018-1)甲购买了若干件A玩具,乙购买了若干件B玩具送给了幼儿园,甲比乙少花了100元,则能确定甲购买的玩具件数。

(1) 甲与乙共购买了50件玩具。

(2) A玩具的价格是B玩具的2倍。

28. 某地电费按梯度收费,不超过10度时,每度0.45元;超过10度时,超过部分每度0.8元。张家比李家多交电费3.3元,如果两家的用电量都是整数度,张家比李家多用(　　)度电。

A. 4   B. 5   C. 6   D. 7   E. 8

29. (2012-10)某商场在一次活动中规定:一次购物不超过100元时没有优惠;超过

100元而没有超过200元时,按该次购物全额9折优惠;超过200元时,其中200元按9折优惠,超过200元的部分按8.5折优惠。若甲、乙两人在商场购买的物品分别付费94.5元和197元,则两人购买物品在举办活动前需要的付费总额是( )元。

  A. 291.5   B. 314.5   C. 325

  D. 291.5 或 314.5   E. 314.5 或 325

30.(2008-1)某单位有90人,其中65人参加外语培训,72人参加计算机培训,已知参加外语培训而未参加计算机培训的有8人,则参加计算机培训而未参加外语培训的人数是( )人。

  A. 5   B. 8   C. 10   D. 12   E. 15

31.(2008-1)申请驾照时必须参加理论考试和路考,且两种考试均通过。若在同一批学员中有70%的人通过了理论考试,80%的人通过了路考,则最后领到驾驶执照的人有60%。

(1) 10%的人两种考试都没通过。

(2) 20%的人仅通过了路考。

32.(2008-10)某班同学参加智力竞赛,共有A,B,C三题,每题或得0分或满分,竞赛结果无人得0分,三题全部答对的有1人,答对两题的有15人,答对A题的人数和答对B题的人数之和为29人,答对A题的人数和答对C题的人数之和为25人,答对B题的人数和答对C题的人数之和为20人,那么该班的人数为( )人。

  A. 20   B. 25   C. 30   D. 35   E. 40

33.(2017-1)老师统计50名同学周末复习的情况,有20人复习过数学,30人复习过语文,6人复习过英语,且同时复习数学和语文的有10人,语文和英语的有2人,英语和数学的有3人,若同时复习过这三门课的人数为0,则没复习过这三门课程的人数为( )人。

  A. 7   B. 8   C. 9   D. 10   E. 11

34.(2021-1)某便利店第一天售出50种商品,第二天售出45种商品,第三天售出60种商品,前两天售出的商品有25种相同,后两天售出的商品有30种相同,这三天售出的商品至少有( )种。

  A. 70   B. 75   C. 80   D. 85   E. 100

35.(2011-10)某地区平均每天产生生活垃圾700t,由甲、乙两个处理厂处理,甲厂每小时可处理垃圾55t,所需费用为550元;乙厂每小时可处理垃圾45t,所需费用为495元,如果该地区每天的垃圾处理费不能超过7370元,那么甲厂每天处理垃圾的时间至少需要( )小时。

  A. 6   B. 7   C. 8   D. 9   E. 10

36.(2010-1)某居民小区决定投资15万元修建停车位。据测算,修建一个室内车位的费用为5000元,修建一个室外车位的费用为1000元。考虑到实际因素,计划室外车位的数量不少于室内车位的2倍,也不多于室内车位的3倍,这笔投资最多可建车位的数量为( )。

  A. 78   B. 74   C. 72   D. 70   E. 66

37.(2014-10)A、B两种型号的客车载客量分别为36人和60人,租金别为1600元/辆和2400元/辆。某旅行社租用A、B两种车辆安排900名旅客出行,则至少要花租金37600元。

(1) B型车租用数量不多于A型车租用数量。

(2) 租用车辆总数不多于20辆。

38. 某班45人参加数学考试,共有四个考题,结果有37人答对了第一题,有25人答对了第二题,有40人答对了第三题,有39人答对了第四题,则四道题都对的同学至少有(　　)人。
    A.7　　B.6　　C.5　　D.4　　E.3

39. (2013-1)甲班共有30名学生,在一次满分为100分的考试中,全班的平均成绩为90分,则成绩低于60分的学生至多有(　　)个。
    A.8　　B.7　　C.6　　D.5　　E.4

40. 有20人参加百分制的考试,及格线为60分,20人的平均成绩为88分,及格率为95%,所有人得分均为整数,且得分互不相同,则成绩排名第十的人最低考了(　　)分。
    A.87　　B.88　　C.89　　D.90　　E.91

41. (2010-1)甲商店销售某种商品,该商品的进价为每件90元,若每件定价为100元,则一天内能售出500件,在此基础上,定价每增加1元,一天便少售出10件。甲商店欲获得最大利润,则该商品的定价应为(　　)元。
    A.115　　B.120　　C.125　　D.130　　E.135

42. 已知某厂生产x件产品的成本为$C=25000+200x+\dfrac{1}{40}x^2$(元),要使平均成本最小,所应生产的产品为(　　)件。
    A.100　　B.200　　C.1000　　D.2000　　E.以上结果均不正确

43. 甲、乙两人曾经两次去购买葡萄,则两次购买中,甲购买葡萄的平均价格比乙的低。
    (1) 甲每次购买1元钱的葡萄,乙每次购买1kg的葡萄。
    (2) 每次葡萄的市场价格都不相同。

● **强化提升习题详解**

1. 【解析】设进价为x,则$x(1+80\%)=360$,解得$x=200$,超出进价20%的价格才能出售,则售价为$200(1+20\%)=240$,最多降价120元,答案选C。

2. 【解析】设消费k元,则$k-m\geqslant k\times 0.8$,解得$m\leqslant 0.2k$,因为"均不低于",则$m\leqslant 0.2k$必须恒成立,消费超过200元的最低组合为1件55元、2件75元,则$k_{\min}=55+75+75=205$,即$m\leqslant 0.2\times 205=41$,$m$的最大值为41,答案选B。

3. 【解析】女职工为$420\div\dfrac{4}{3}=315$,则总人数为735,工人可看成是25份,则技术人员是24份,技术人员和工人之和是49份,所以工人有$735\times 80\%\times\dfrac{25}{49}=300$人,答案选C。

【套路】此题核心点:利用"比"后面的对象作为基准量,分数的分母可以对应为基准量的份数,并得出其他对象的份数,找到份数和具体数值的匹配关系即可。

4. 【解析】设2005年产值为a,则2009年产值为$a(1+q)^4$,2013年产值为$a(1+q)^4(1+0.6q)^4$,根据题意,$(1+q)^4(1+0.6q)^4=14.46\approx 1.95^4$,整理为$(1+q)(1+0.6q)=1.95$,即$12q^2+32q-19=0$,整理得$(6q+19)(2q-1)=0$,解得$q=\dfrac{1}{2}=50\%$,答案选E。

【技巧】由于此题的计算量较大,当整理为$(1+q)(1+0.6q)=1.95$时,可以将选项带入验证,又1.95的末位为5,所以优先考虑50%。

5.【解析】条件(1)和(2)明显单独都不充分,考虑联合。假设男员工30人,女员工20人,则投赞成票的人数大于$50×40\%=20$人,可以推出投票总人数也大于20人;又参加投票的女员工比男员工多,则女员工的投票人数肯定大于10人,即至少有50%的女员工参加了投票,联合充分,答案选C。

6.【解析】两车共同行进时间为$(530-50)÷(50+70)=4h$,则客车行驶$4×70=280km$,货车行驶$(4+1)×50=250km$,答案选D。

7.【解析】横纵坐标分别为时间和速度,则路程72为梯形的面积,即$\frac{(0.8-0.2)+1}{2}×v_0=72$,解得$v_0=90$,答案选C。

【套路】对于速度和时间的坐标系,围成的图形面积即为路程。

8.【解析】在相同时间内,速度比=路程比=圈数比=2:3,设甲、乙速度分别为$2x$和$3x$,则$(2x+3x)×32=400$,解得$x=2.5$,所以甲速度为5m/s,乙速度为7.5m/s,答案选D。

【技巧】根据速度之比为2:3,排除选项,答案选D。

9.【解析】设一圈为sm,乙速度为v m/min,甲速度为$(v+40)$ m/min,则 $\begin{cases}[(v+40)+v]×\frac{48}{60}=s \\ [(v+40)-v]×10=s\end{cases}$,解得$\begin{cases}s=400 \\ v=230\end{cases}$,则甲、乙的速度分别为270m/min和230m/min,答案选E。

10.【解析】设公交车的速度是xm/min,小王的速度是ym/min,同向行驶的相邻两车的间距为sm,则$\begin{cases}(x-y)×6=s \\ (x+y)×3=s\end{cases}$,解得$s=4x$,所以发车间隔的时间为$\frac{s}{x}=\frac{4x}{x}=4$,答案选B。

11.【解析】如图2-11所示,假设全程为9份,由于时间相同时,路程比等于速度比,所以相遇时甲走了5份,乙走了4份,相遇后速度比为$5×0.8:4×1.2=4:4.8$,甲到达B地时,甲刚好又走了4份,乙走了4.8份,乙距A地还有0.2份,对应10km,则1份对应50km,全程9份对应450km,答案选A。

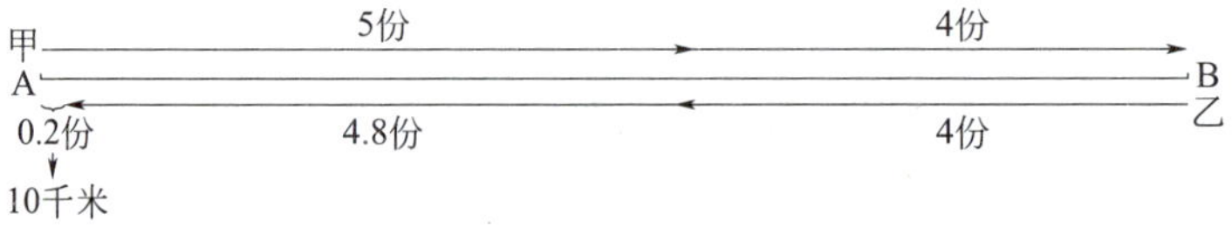

图 2-11

12.【解析】在相同时间下,速度比=路程比=圈数比。在起跑线上甲追上乙时,甲、乙跑的都是整数圈,则甲跑7圈时,乙正好跑4圈,此时甲第一次在起跑线上追上乙;甲跑14圈时,乙正好跑8圈,此时甲第二次在起跑线上追上乙,答案选D。

【扩展】若去掉"在起跑线上",则甲第二次追上乙时,甲比乙多跑了2圈,所用时间为$\frac{300×2}{7-4}=200$秒,则甲跑了$\frac{200×7}{300}=\frac{14}{3}$圈。

13.【解析】设两地距离为$s$km,计划的平均速度为$v$km/h,则$\begin{cases}\dfrac{0.5s}{0.8v}-\dfrac{0.5s}{v}=\dfrac{45}{60}\\ \dfrac{0.5s}{v}-\dfrac{0.5s}{120}=\dfrac{45}{60}\end{cases}$,解得$\begin{cases}s=540\\ v=90\end{cases}$,答案选D。

【技巧】前一半路程平均速度只有计划的80%,即现速∶原速=4∶5,则所用时间∶原计划时间=5∶4,多出的一份即$\dfrac{3}{4}$h,则前一半路程原计划时间为$\dfrac{3}{4}\times 4=3$h,后一半路程所用时间为$\left(3-\dfrac{3}{4}\right)$h,又速度为120km/h,则后一半路程为$\left(3-\dfrac{3}{4}\right)\times 120=270$km,全程为$270\times 2=540$km,答案选D。

【套路】当路程固定不变时,速度与时间成反比。

14.【解析】设乙、丙两队又合修x天,则$\left(\dfrac{1}{10}+\dfrac{1}{12}+\dfrac{1}{15}\right)(6-x)+\left(\dfrac{1}{12}+\dfrac{1}{15}\right)x=1$,解得$x=5$,答案选C。

15.【解析】由题意得$\begin{cases}4A\times 5=1\\ (4A+2B)\times 3=1\\ (3B+9C)\times 2=1\end{cases}$,解得$A=\dfrac{1}{20}$,$B=\dfrac{1}{15}$,$C=\dfrac{1}{30}$,则还需要$\dfrac{1-\left(\dfrac{1}{20}+\dfrac{1}{15}+\dfrac{1}{30}\right)\times 5}{\dfrac{1}{20}+\dfrac{1}{30}}=3$天,答案选C。

16.【解析】显然条件(1)和(2)单独不充分,联合起来,甲、乙效率之比为5∶4,则甲、乙完成的时间之比为4∶5,相差1份对应的是6天,因此甲、乙完成的时间分别为24天和30天,进而可计算出甲、乙合作完成A工程时间,联合充分,答案选C。

17.【解析】设甲、乙、丙的效率分别为x,y,z,则有$\begin{cases}6(x+y)=1\\ 10(y+z)=1\\ 7.5(x+z)=1\end{cases}$,解得$x=\dfrac{1}{10}$,$y=\dfrac{1}{15}$,$z=\dfrac{1}{30}$。设甲、乙、丙每天的工费分别为$a,b,c$元,则有$\begin{cases}6(a+b)=8700\\ 10(b+c)=9500\\ 7.5(a+c)=8250\end{cases}$,解得$\begin{cases}a=800\\ b=650\\ c=300\end{cases}$,因此甲单独做的工费为$800\times 10=8000$元,乙单独做的工费为$650\times 15=9750$元,丙的工时超过15天,答案选A。

【技巧】根据题意很容易得到甲的性价比最高,通过估算,答案选A。

18.【解析】甲每小时注水$100\div 10=10$m³,乙每小时注水$100\div 5=20$m³,设排水管每小时排水量为x,则池中原有水$(x-10-20)\times 6=(x-10)\times 2$,解得$x=40$,所以池中原有水$(40-10)\times 2=60$m³,答案选C。

19.【解析】利用杠杆交叉比例法：

```
股票   10 ╲   ╱ 3
           ╲ ╱
            8
           ╱ ╲
基金   5  ╱   ╲ 2
```

股票占 $\frac{3}{5}$，基金占 $\frac{2}{5}$，若从股市和基金各抽回 15% 和 10%，则总投资额减少 $\frac{3}{5} \times 15\% + \frac{2}{5} \times 10\% = 13\%$，对应减少的资金额为 130 万，则总投资额为 $\frac{130}{13\%} = 1000$ 万元，答案选 A。

【技巧】总投资额减少的比例介于 10%～15%，总投资额减少 130 万元，则 $\frac{130}{15\%} <$ 总投资额 $< \frac{130}{10\%}$，排除选项，答案选 A。

20.【解析】甲组平均成绩 $\frac{171.6}{1+30\%} = 132$，设总平均成绩为 x，利用杠杆交叉比例法：

```
甲组   132 ╲   ╱ 171.6-x    1.2
            ╲ ╱
             x
            ╱ ╲
乙组  171.6 ╱   ╲ x-132      1
```

则 $\frac{171.6-x}{x-132} = \frac{1.2}{1}$，解得 $x = 150$，答案选 C。

21.【解析】采用逆向倒推法，因为最后丙倒了 $\frac{1}{10}$ 给甲之后剩下 9kg 盐，所以丙最后倒了 1kg 盐给甲。又因为最后甲含盐量为 9kg，所以甲将 $\frac{1}{3}$ 盐水倒入乙之后剩余 8kg 盐，即 8kg 盐占甲原来含盐量的 $\frac{2}{3}$，则甲原来的含盐量为 $8 \div \frac{2}{3} = 12$kg，答案选 C。

【套路】①逆向倒推法：已知最后结果，求原值，可以通过最后一个动作一步步往前倒推；②比例法则：溶液整体倒掉几分之几，则溶质也会倒掉几分之几，溶液整体剩余几分之几，则溶质也会剩余几分之几。

【技巧】甲中盐水的 $\frac{1}{3}$ 倒入乙，则甲中盐的 $\frac{1}{3}$ 也倒入乙，甲中的盐应是 3 的倍数，选 C。

22.【解析】设甲、乙、丙三种盐水各需要 x, y, z g，根据浓度公式可得 $\begin{cases} x+y+z=100 \\ 5\%x+8\%y+9\%z=100\times 7\% \end{cases}$，化简得 $3x = 100 + z$。要想甲盐水即 x 尽可能大，z 应取最大值 47g，此时 $x = 49$，答案选 D。

23.【解析】设交换量为 x kg，根据浓度相同，则有 $\frac{(15-x)\times 70\% + 55\%x}{15} = \frac{(10-x)\times 55\% + 70\%x}{10}$，解得 $x = 6$，答案选 D。

【技巧】由于混合后浓度相同，根据杠杆交叉原理，每个桶中的两种酒精溶液混合时的数量之比相等，即 $\frac{x}{15-x} = \frac{10-x}{x}$，解得 $x = 6$，答案选 D，由此可以得到，无论两种溶液浓度具体为多少，交换的量是恒定不变的。

24.【解析】三个试管各盛水,浓度均为0%,混合后A浓度为6%,利用杠杆交叉比例法:

可得12%的盐水与A试管的数量之比为1:1,推出A管原有水10g,同理利用杠杆交叉比例法依次可得B管有20g水,C管有30g水,答案选C。

25.【解析】溶剂等量置换溶液问题:原来有浓度为$p\%$的溶液vL,倒出aL,再用水补齐,则此时溶液的浓度为$p\% \times \dfrac{v-a}{v}$,根据公式,设该桶的容积是$v$L,原始浓度为100%,最终的浓度为$\dfrac{2}{5}=40\%$,则$100\% \times \dfrac{(v-10)(v-4)}{v^2}=40\%$,解得$v=20$,答案选C。

26.【解析】设鸡、鸭、鹅分别有x,y,z只,则$\begin{cases} x+y+z=30 \\ \dfrac{1}{2}x+\dfrac{2}{3}y+\dfrac{5}{7}z=20 \end{cases}$,消去$z$整理得$9x+2y=60$,根据奇偶性及倍数特征,可得$x=4,y=12$,则$z=14$,因此$x+y-z=2$,答案选B。

27.【解析】设甲、乙购买的数量分别为x和y,A,B的单价分别为a和b,条件(1)和(2)明显需要联合,则$\begin{cases} x+y=50 \\ a=2b \\ by-ax=100 \end{cases}$,3个方程,4个未知数,无法确定$x$的值,联合也不充分,答案选E。

28.【解析】如果两家都不超过10度,则电费相差为0.45的倍数;如果两家都超过10度,则电费相差为0.8的倍数;因为3.3不是0.45的倍数,也不是0.8的倍数,所以张家超过10度,李家不超过10度,设张家用电$10+x$度,李家用电$10-y$度,则$0.8x+0.45y=3.3$,整理得$16x+9y=66$,只有一组正整数解$x=3,y=2$,所以张家用电13度,李家用电8度,相差5度,答案选B。

29.【解析】付费94.5有两种情况,第一种:购物没有超过100元,即购物94.5元;第二种:购物超过100元,9折优惠,则购物$\dfrac{94.5}{0.9}=105$元。又$197>200\times0.9$,因此付费197元购物一定超过200元,则购物$200+\dfrac{197-180}{0.85}=200+20=220$元,则两人在举办活动前需要的付费总额是$94.5+220=314.5$或$105+220=325$元,答案选E。

30.【解析】根据题意,两项都参加的人数为$65-8=57$人,则参加计算机培训而未参加外语培训的人数是$72-57=15$人,答案选E。

31.【解析】如图2-12所示,条件(1),两种考试至少通过一个的有90%,最后领到驾驶执照的人有$(70\%+80\%)-90\%=60\%$,充分;条件(2),20%的人仅通过了路考,80%的人通过了路考,可以推出$80\%-20\%=60\%$的人同时通过理论考试和路考,即最后领到驾驶执照的人有60%,也充分,答案选D。

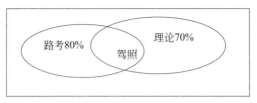

图 2-12

32.【解析】 设答对A,B,C题的人数分别为a,b,c。根据题意,$a+b=29$,$a+c=25$,$b+c=20$,所以$a+b+c=\dfrac{29+25+20}{2}=37$,根据公式,至少答对一题人数为$a\cup b\cup c=a+b+c-$(仅答对两题的人数)$-$(三题都答对的人数)$\times 2$,则$a\cup b\cup c=37-15-1\times 2=20$,又无人得0分,则该班人数为20人,答案选A。

33.【解析】 根据公式,至少复习一科的人数为$A\cup B\cup C=A+B+C-$(只复习两科的人数)$-$(三科都复习的人数)$\times 2$,则$A\cup B\cup C=20+30+6-(10+2+3)-2\times 0=41$,因此没复习过这三门课程的学生人数为$50-41=9$人,答案选C。

34.【解析】 前两天有25种重叠,则第一天没有重叠的有25种,第2天没有重叠的有20种,第三天应与前两天重叠的商品越多越好,而第三天有30种与第二天重叠,则另外30种与第一天最多可重叠25种,还剩下5种与前两天没有重叠,因此三天售出至少25+25+20+5=75种,答案选B。

35.【解析】 设甲厂每天处理x小时,乙厂每天处理y小时,则$\begin{cases}55x+45y=700\\550x+495y\leqslant 7370\end{cases}$,整理为$\begin{cases}11x+9y=140\\10x+9y\leqslant 134\end{cases}$,两式相减,解得$x\geqslant 6$,因此甲厂每天处理垃圾的时间至少需要6h,答案选A。

36.【解析】 设室内修x个车位,室外修y个车位,则$\begin{cases}5x+y=150\\2x\leqslant y\leqslant 3x\end{cases}$,因此$y=150-5x$,$2x\leqslant 150-5x\leqslant 3x$,解得$\dfrac{150}{8}\leqslant x\leqslant \dfrac{150}{7}$,即$x=19,20,21$,又由于车位的数量为$x+y=x+(150-5x)=150-4x$,因此$x$取最小值19时,可建车位最多为$x+y=150-4x=150-4\times 19=74$个,答案选B。

37.【解析】 设租用A型号车x辆,B型号车y辆,总的租金为$1600x+2400y$,需要安排900名旅客出行,则$36x+60y\geqslant 900$,即$3x+5y\geqslant 75$;又$\dfrac{1600}{36}>\dfrac{2400}{60}$,所以B车性价比高,应尽量少租用A车,多租用B车。条件(1),$\begin{cases}x\geqslant y\\3x+5y\geqslant 75\end{cases}$,整理得$x\geqslant \dfrac{75}{8}$,当$x=10$,$y=9$时,租金最少为$1600\times 10+2400\times 9=37600$元,充分;条件(2),$x+y\leqslant 20$,要使费用最少,应全部租用B车,共需要$\dfrac{900}{60}=15$辆,租金最少为$15\times 2400=36000$元,不充分,答案选A。

38.【解析】 答错第一题的有$45-37=8$人,答错第二题的有$45-25=20$人,答错第三

题的有 $45-40=5$ 人,答错第四题的有 $45-39=6$ 人。要求四道题都对至少多少人,反面求出至少做错一道题的人数的最大值,则应让答错第一、二、三、四的人数互无交集,最大值为 $8+20+5+6=39$ 人,则四道题都答对的至少有 $45-39=6$ 人,答案选B。

39.【解析】方法(1),设成绩低于60分的学生有 x 人,每人最多得分趋近于60分,则高于60分的学生有 $(30-x)$ 人,每人最多得100分,因此 $60x+100×(30-x)>90×30$,解得 $x<7.5$,则成绩低于60分的学生至多有7人,答案选B。

方法(2),设成绩低于60分的学生有 x 人,则每人至少扣40分以上,30人的总失分为 $(100-90)×30=300$ 分,则 $40x<300$,解得 $x<7.5$,则成绩低于60分的学生至多有7人,答案选B。

40.【解析】20人总失分为 $(100-88)×20=240$,及格率为95%,则只有1人不及格。要求排名第十的人失分最多(得分最低)为多少,应使其他人失分尽量少,则前九名分别失分为 $0,1,2,\cdots,8$ 分,而第11名到第20名失分也应尽量少,设第10名到第19名分别失分为 $x, x+1, x+2, \cdots, x+9$ 分,第20名失分为41分,则 $(0+1+2+\cdots+8)+x+(x+1)+(x+2)+\cdots+(x+9)+41\leqslant 240$,解得 x 最大值为11,即排名第十的人最低考了89分,答案选C。

41.【解析】设在原定价上增加 x 元,则一天少售出 $10x$ 件,总利润为 $y=(100+x-90)(500-10x)$,根据公式 $y=a(x-x_1)(x-x_2)$,当 $x=\dfrac{x_1+x_2}{2}$ 时 y 取到最值,所以令 $y=(100+x-90)(500-10x)=0$,解得 $x_1=-10, x_2=50$,当 $x=\dfrac{x_1+x_2}{2}=\dfrac{-10+50}{2}=20$ 时,y 取到最大值,则该商品的定价应为120元,答案选B。

42.【解析】利用平均值定理,平均成本 $\bar{C}=\dfrac{C}{x}=200+\dfrac{25000}{x}+\dfrac{x}{40}\geqslant 200+2\sqrt{\dfrac{25000}{x}×\dfrac{x}{40}}=250$,当且仅当 $\dfrac{25000}{x}=\dfrac{x}{40}$,即 $x=1000$ 时,取到等号,则所应生产的产品件数为1000件,答案选C。

43.【解析】条件(1)和(2)明显需要联合,设两次购买葡萄的市场价格分别为 a 元/kg、b 元/kg,因为平均价格 $=\dfrac{总价格}{总质量}$,则甲的平均价格为 $\dfrac{2}{\dfrac{1}{a}+\dfrac{1}{b}}=\dfrac{2ab}{a+b}\leqslant \dfrac{2ab}{2\sqrt{ab}}=\sqrt{ab}$,乙的平均价格为 $\dfrac{a+b}{2}\geqslant \sqrt{ab}$,又 $a\neq b$,则甲购买葡萄的平均价格比乙的低,联合充分,答案选C。

第3章 整式、分式和函数

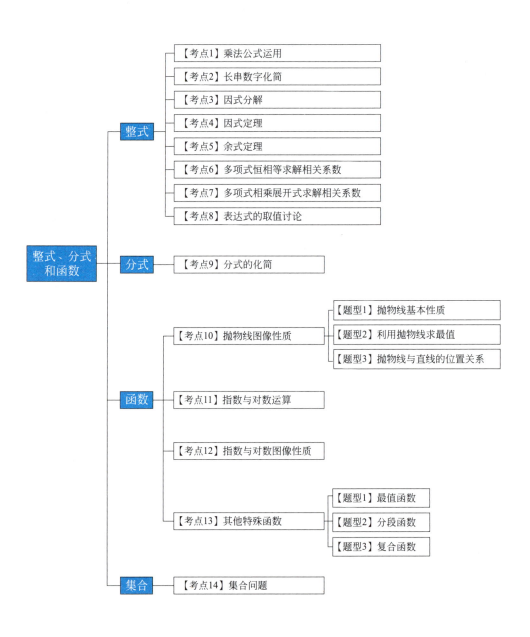

3.1 知识要点归纳

一、整式与分式相关概念

1. 单项式

数与字母的乘积称作单项式，如 $6x^2y^3$。

2. 多项式

几个单项式的和称作多项式，如 $2x^2+3x+4$。

3. 整式

单项式和多项式统称作整式。

4. 分式

设 A、B 为两个整式，且 B 中含有未知数，则形如 $\dfrac{A}{B}$（$B\neq 0$）的式子称作分式，分式运算见表 3-1。

表 3-1 分式运算

运算法则	示　例
同乘（除）法则	$\dfrac{a}{b}=\dfrac{a\times k}{b\times k}=\dfrac{a\div k}{b\div k}(k\neq 0)$
加减法则	$\dfrac{a}{b}\pm\dfrac{c}{d}=\dfrac{ad\pm bc}{bd}$
乘除法则	$\dfrac{a}{b}\times\dfrac{c}{d}=\dfrac{ac}{bd}$，$\dfrac{a}{b}\div\dfrac{c}{d}=\dfrac{ad}{bc}$
乘方法则	$\left(\dfrac{a}{b}\right)^n=\dfrac{a^n}{b^n}$

二、乘法公式

$$a^2-b^2=(a+b)(a-b)$$
$$(a\pm b)^2=a^2\pm 2ab+b^2$$
$$(a+b+c)^2=a^2+b^2+c^2+2ab+2ac+2bc$$
$$a^3+b^3=(a+b)(a^2-ab+b^2)$$
$$a^3-b^3=(a-b)(a^2+ab+b^2)$$
$$(a+b)^3=a^3+3a^2b+3ab^2+b^3$$
$$(a-b)^3=a^3-3a^2b+3ab^2-b^3$$
$$a^2+b^2+c^2-ab-bc-ac=\dfrac{1}{2}[(a-b)^2+(a-c)^2+(b-c)^2]$$

三、因式分解

把一个多项式化成几个整式乘积的形式称作因式分解,其实质是化和为积的恒等变形,因式分解和整式乘法是相反方向的运算,二者关系如图 3-1 所示。

多项式 ⇌ 整式乘积（因式分解 / 整式乘法）

图 3-1 因式分解与整式乘法的关系

常见的因式分解的方法有：①提公因式法；②运用公式法；③十字相乘法；④拆项、补项法；⑤双十字相乘法；⑥分组分解法；⑦待定系数法；⑧竖式除法；⑨配方法；⑩换元法。

四、整式的除法

数和式子的除法见表 3-2。

表 3-2 数和式子的除法

数 的 除 法	式子的除法
被除数＝除数×商＋余数 $a = b \times c + r$	被除式＝除式×商式＋余式 $f(x) = q(x) \times g(x) + r(x)$
① 余数要小于除数：$r < c$ ② 当 $r = 0$ 时，a 能被 b 整除	① 余式 $r(x)$ 的次数要小于除式 $q(x)$ ② 当 $r(x) = 0$ 时，$f(x)$ 能被 $q(x)$ 整除

1. 因式定理

多项式 $f(x)$ 含有因式 $(ax-b) \Leftrightarrow f(x)$ 能被 $(ax-b)$ 整除 $\Leftrightarrow f\left(\dfrac{b}{a}\right) = 0$。

推导过程：$f(x) = (ax-b)g(x)$，令因式 $(ax-b) = 0$，得 $x = \dfrac{b}{a}$，代入 $f(x)$ 也会为 0。

口诀：因式为 0 时，多项式值也为 0。

2. 余式定理

多项式 $f(x)$ 除以 $(ax-b)$ 的余式为 $f\left(\dfrac{b}{a}\right)$。

推导过程：$f(x) = (ax-b) \times g(x) + r(x)$，令除式 $(ax-b) = 0$，得 $x = \dfrac{b}{a}$，则 $f\left(\dfrac{b}{a}\right) = r\left(\dfrac{b}{a}\right)$。

五、一元二次函数

1. 一元二次函数的表达形式

（1）一般式：$y = ax^2 + bx + c\ (a \neq 0)$。

(2) 顶点式:$y = a\left(x + \dfrac{b}{2a}\right)^2 + \dfrac{4ac - b^2}{4a}(a \neq 0)$。

(3) 两根式:$y = a(x - x_1)(x - x_2)(a \neq 0)$。

2. 一元二次函数的图像及性质

$y = ax^2 + bx + c(a \neq 0)$是一条抛物线,其相关参数如下。

(1) 开口方向:当$a > 0$时,开口朝上;当$a < 0$时,开口朝下。

(2) 对称轴:$x = -\dfrac{b}{2a}$。

(3) 顶点坐标:$\left(-\dfrac{b}{2a}, \dfrac{4ac - b^2}{4a}\right)$。

(4) 与y轴截距:当$x = 0$时,$y = c$。

(5) 最值:当$a > 0$时,开口朝上,在$x = -\dfrac{b}{2a}$时,y有最小值$y_{\min} = \dfrac{4ac - b^2}{4a}$;当$a < 0$时,开口朝下,在$x = -\dfrac{b}{2a}$时,$y$有最大值$y_{\max} = \dfrac{4ac - b^2}{4a}$。

(6) 单调性:当$a > 0$时,函数在区间$\left(-\infty, -\dfrac{b}{2a}\right)$上是减函数,在$\left(-\dfrac{b}{2a}, +\infty\right)$上是增函数;当$a < 0$时,函数在区间$\left(-\infty, -\dfrac{b}{2a}\right)$上是增函数,在$\left(-\dfrac{b}{2a}, +\infty\right)$上是减函数。

(7) 图像与x轴交点的个数:

当$\Delta = b^2 - 4ac > 0$时,图像与x轴有两个交点;

当$\Delta = b^2 - 4ac = 0$时,图像与x轴有一个交点(图像与x轴相切);

当$\Delta = b^2 - 4ac < 0$时,图像与x轴没有交点。

六、指数与对数

1. 指数与对数基本运算法则(见表3-3)

表3-3 指数与对数基本运算法则

指　　数	对　　数
$a^m \times a^n = a^{m+n}$ $a^m \div a^n = a^{m-n}$ $(a^m)^n = a^{mn}$ $(ab)^m = a^m b^m$ $a^0 = 1, a^{-m} = \dfrac{1}{a^m}, a^{\frac{1}{m}} = \sqrt[m]{a}$	$\log_a M + \log_a N = \log_a MN$ $\log_a M - \log_a N = \log_a \dfrac{M}{N}$ $\log_{a^m} b^n = \dfrac{n}{m} \log_a b$ $\log_a b = \dfrac{\log_c b}{\log_c a}$,特殊:$c = b$时,$\log_a b = \dfrac{1}{\log_b a}$ $\log_a 1 = 0, \log_a a = 1, \log_{10} a = \lg a$(常用对数) $\log_e a = \ln a$(自然对数,$e \approx 2.718$)

2. 指数与对数图像性质(见表3-4)

表3-4 指数与对数图像性质

名称	指 数 函 数	对 数 职 数
表达式	$y=a^x(a>0,a\neq 1)$	$y=\log_a x(a>0,a\neq 1)$
图像	$y=a^x$，$(0<a<1)$，$(a>1)$	$y=\log_a x$ $(a>1)$；$y=\log_a x(0<a<1)$
性质	(1) 定义域：$\mathbf{R}$； (2) 值域：$(0,+\infty)$； (3) 恒过点$(0,1)$； (4) 当$a>1$时，在$\mathbf{R}$上是增函数；当$0<a<1$时，在$\mathbf{R}$上是减函数	(1) 定义域：$(0,+\infty)$； (2) 值域：$\mathbf{R}$； (3) 恒过点$(1,0)$； (4) 当$a>1$时，在$(0,+\infty)$上是增函数；当$0<a<1$时，在$(0,+\infty)$上是减函数

七、集合

1. 定义

(1) 集合：某些指定的对象集在一起就形成一个集合(简称集)。
(2) 元素：集合中每个对象叫作这个集合的元素。

2. 常用数集及记法

(1) 自然数集记作$\mathbf{N}$，正整数集记作$\mathbf{N}^+$。
(2) 整数集记作$\mathbf{Z}$。
(3) 有理数集记作$\mathbf{Q}$。
(4) 实数集记作$\mathbf{R}$。
(5) 空集记作$\varnothing$。

3. 元素与集合关系

(1) 属于：如果a是集合A的元素，就说a属于A，记作$a\in A$。
(2) 不属于：如果a不是集合A的元素，就说a不属于A，记作$a\notin A$。

4. 集合中元素的特性

(1) 确定性：集合中的元素必须是确定的。
(2) 互异性：集合中的元素互不相同，如$\{1,a\}$，则$a\neq 1$。
(3) 无序性：集合中的元素没有先后顺序之分。

5. 集合的关系及运算

(1) 子集：对于两个集合A与B，如果集合A的任何一个元素都是集合B的元素，则集合

A 是集合 B 的子集，A 包含于 B，或 B 包含 A，记作 $A \subseteq B$。

(2) 真子集：对于两个集合 A 与 B，如果 $A \subseteq B$，并且 $A \neq B$，则集合 A 是集合 B 的真子集，A 真包含于 B，或 B 真包含 A，记作 $A \subset B$。

(3) 交集：由所有属于 A 且属于 B 的元素所组成的集合称作 A 与 B 的交集，记作 $A \cap B$，即 $A \cap B = \{x \mid x \in A \text{ 且 } x \in B\}$。

(4) 并集：由所有属于 A 或属于 B 的元素所组成的集合称作 A 与 B 的并集，记作 $A \cup B$，即 $A \cup B = \{x \mid x \in A \text{ 或 } x \in B\}$。

3.2 基础精讲例题

一、乘法公式运用

【例 3-1】已知 $a = 2004^2 - 2003 \times 2005$，则 $a + \dfrac{1}{a} = ($)。

A. 2   B. 4   C. 6   D. 8   E. 10

【解析】$2004^2 - 2003 \times 2005 = 2004^2 - (2004-1) \times (2004+1) = 2004^2 - (2004^2 - 1^2) = 1$，即 $a = 1$，则 $a + \dfrac{1}{a} = 1 + 1 = 2$，答案选 A。

【例 3-2】如果 $a^2 + b^2 + 2c^2 + 2ac - 2bc = 0$，则 $a + b = ($)。

A. 0   B. 1   C. -1   D. -2   E. 2

【解析】配方得 $(a+c)^2 + (b-c)^2 = 0$，利用非负性，$a = -c$，$b = c$，因此 $a + b = 0$，答案选 A。

【技巧】特值法，当 $a = b = c = 0$ 时满足题干要求，因此 $a + b = 0$，答案选 A。

【例 3-3】若 x, y, z 为实数，设 $A = x^2 - 2y + \dfrac{\pi}{2}$，$B = y^2 - 2z + \dfrac{\pi}{3}$，$C = z^2 - 2x + \dfrac{\pi}{6}$，则 $A, B, C ($)。

A. 至少有一个大于 0   B. 至少有一个小于 0   C. 都大于 0
D. 都小于 0   E. 至少有两个大于 0

【解析】$A + B + C = x^2 - 2x + 1 + y^2 - 2y + 1 + z^2 - 2z + 1 + (\pi - 3) = (x-1)^2 + (y-1)^2 + (z-1)^2 + (\pi - 3) > 0$，因此 A, B, C 至少有一个大于 0，答案选 A。

【套路】变量判断符号的方法见表 3-5。

表 3-5　变量判断符号的方法

以三个非零变量 x, y, z 为例	
加法	若 $x + y + z > 0$，则至少有一个为正
	若 $x + y + z < 0$，则至少有一个为负
	若 $x + y + z = 0$，则至少有一个为正且至少有一个为负
乘法	若 $xyz > 0$，则均为正或两负一正
	若 $xyz < 0$，则均为负或两正一负

【例 3-4】已知 $a=\dfrac{1}{20}x+20, b=\dfrac{1}{20}x+19, c=\dfrac{1}{20}x+21$，则 $a^2+b^2+c^2-ab-bc-ac=($ $)$。

A. 4　　　　B. 3　　　　C. 2　　　　D. 1　　　　E. 0

【解析】所求表达式可配方为 $\dfrac{1}{2}[(a-b)^2+(b-c)^2+(a-c)^2]$，又 $a-b=1, a-c=-1, b-c=-2$，直接代入，结果为 3，答案选 B。

【技巧】特值法，可令 $x=-20$，则 $a=0, b=-1, c=1$，代入原式，结果为 3，答案选 B。

【例 3-5】(2010-10) 若 $x+\dfrac{1}{x}=3$，则 $\dfrac{x^2}{x^4+x^2+1}$ 的值是($\quad$)。

A. $-\dfrac{1}{8}$　　B. $\dfrac{1}{6}$　　C. $\dfrac{1}{4}$　　D. $-\dfrac{1}{4}$　　E. $\dfrac{1}{8}$

【解析】$\dfrac{x^2}{x^4+x^2+1}=\dfrac{1}{x^2+1+\dfrac{1}{x^2}}=\dfrac{1}{\left(x+\dfrac{1}{x}\right)^2-2+1}=\dfrac{1}{3^2-2+1}=\dfrac{1}{8}$，答案选 E。

【例 3-6】(2011-1) 已知 $x^2+y^2=9, xy=4$，则 $\dfrac{x+y}{x^3+y^3+x+y}=($ $)$。

A. $\dfrac{1}{2}$　　B. $\dfrac{1}{5}$　　C. $\dfrac{1}{6}$　　D. $\dfrac{1}{13}$　　E. $\dfrac{1}{14}$

【解析】根据立方和公式，原式可化为 $\dfrac{x+y}{(x+y)(x^2-xy+y^2)+(x+y)}=\dfrac{1}{x^2-xy+y^2+1}=\dfrac{1}{9-4+1}=\dfrac{1}{6}$，答案选 C。

【例 3-7】(2020-1) 已知实数 x 满足 $x^2+\dfrac{1}{x^2}-3x-\dfrac{3}{x}+2=0$，则 $x^3+\dfrac{1}{x^3}=($ $)$。

A. 12　　　　B. 15　　　　C. 18　　　　D. 24　　　　E. 27

【解析】原式可化为 $\left(x+\dfrac{1}{x}\right)^2-3\left(x+\dfrac{1}{x}\right)=0$，整理为 $\left(x+\dfrac{1}{x}\right)\left(x+\dfrac{1}{x}-3\right)=0$，解得 $x+\dfrac{1}{x}=3$ 或 $x+\dfrac{1}{x}=0$(舍去)，则 $x^3+\dfrac{1}{x^3}=\left(x+\dfrac{1}{x}\right)\left(x^2+\dfrac{1}{x^2}-1\right)=\left(x+\dfrac{1}{x}\right)\left[\left(x+\dfrac{1}{x}\right)^2-3\right]=3\times(3^2-3)=18$，答案选 C。

【例 3-8】(2009-1) $2a^2-5a-2+\dfrac{3}{a^2+1}=-1$。

(1) a 是方程 $x^2-3x+1=0$ 的根。

(2) $|a|=1$。

【解析】条件(1)，$a^2-3a+1=0$，整理为 $a^2=3a-1$ 代入表达式，则 $2(3a-1)-5a-2+\dfrac{3}{3a-1+1}=a+\dfrac{1}{a}-4$，$a^2-3a+1=0$ 两边同除以 a，整理得 $a+\dfrac{1}{a}=3$，因此原表达式为 $a+\dfrac{1}{a}-4=3-4=-1$，充分；条件(2)，$|a|=1, a=\pm 1$，代入原表达式必然有两个值，不充分，答案选 A。

二、长串数字化简

【例3-9】$\dfrac{1}{1\times 2}+\dfrac{1}{2\times 3}+\dfrac{1}{3\times 4}+\cdots+\dfrac{1}{99\times 100}=(\quad)$。

A. $\dfrac{99}{100}$ B. $\dfrac{100}{101}$ C. $\dfrac{99}{101}$ D. $\dfrac{97}{100}$ E. 以上结论均不正确

【解析】每一个分母的两个因子差值均为1,而 $\dfrac{1}{2\times 3}=\dfrac{1}{2}-\dfrac{1}{3}$, $\dfrac{1}{3\times 4}=\dfrac{1}{3}-\dfrac{1}{4}$,以此类推,则原式可以化为 $\left(1-\dfrac{1}{2}\right)+\left(\dfrac{1}{2}-\dfrac{1}{3}\right)+\left(\dfrac{1}{3}-\dfrac{1}{4}\right)+\cdots+\left(\dfrac{1}{99}-\dfrac{1}{100}\right)=1-\dfrac{1}{100}=\dfrac{99}{100}$,答案选A。

【套路】裂项公式:$\dfrac{1}{n(n+1)}=\dfrac{1}{n}-\dfrac{1}{n+1}$;$\dfrac{1}{n(n+k)}=\dfrac{1}{k}\left(\dfrac{1}{n}-\dfrac{1}{n+k}\right)$。

【例3-10】(2021-1)$\dfrac{1}{1+\sqrt{2}}+\dfrac{1}{\sqrt{2}+\sqrt{3}}+\cdots+\dfrac{1}{\sqrt{99}+\sqrt{100}}=(\quad)$。

A. 9   B. 10   C. 11   D. $3\sqrt{11}-1$ E. $3\sqrt{11}$

【解析】$\dfrac{1}{1+\sqrt{2}}=\dfrac{\sqrt{2}-1}{(\sqrt{2}+1)(\sqrt{2}-1)}=\sqrt{2}-1$,以此类推,则原式可化为$(\sqrt{2}-1)+(\sqrt{3}-\sqrt{2})+\cdots+(\sqrt{100}-\sqrt{99})=-1+\sqrt{100}=9$,答案选A。

【套路】$\dfrac{1}{\sqrt{n}+\sqrt{n+1}}=\sqrt{n+1}-\sqrt{n}$;$\dfrac{1}{\sqrt{n}+\sqrt{n+k}}=\dfrac{1}{k}(\sqrt{n+k}-\sqrt{n})$。

【例3-11】$\left(1+\dfrac{1}{2}+\dfrac{1}{3}+\dfrac{1}{4}\right)\times\left(\dfrac{1}{2}+\dfrac{1}{3}+\dfrac{1}{4}+\dfrac{1}{5}\right)-\left(1+\dfrac{1}{2}+\dfrac{1}{3}+\dfrac{1}{4}+\dfrac{1}{5}\right)\left(\dfrac{1}{2}+\dfrac{1}{3}+\dfrac{1}{4}\right)=$
( )。

A. $\dfrac{1}{5}$ B. $\dfrac{2}{5}$ C. 1   D. 2   E. 3

【解析】四个表达式中均有$\dfrac{1}{2}+\dfrac{1}{3}+\dfrac{1}{4}$,可以利用整体换元思路,令$\dfrac{1}{2}+\dfrac{1}{3}+\dfrac{1}{4}=t$,则原式可以化为$(1+t)\times\left(t+\dfrac{1}{5}\right)-\left(1+t+\dfrac{1}{5}\right)\times t$,展开整理,$t$刚好抵消掉,结果为$\dfrac{1}{5}$,答案选A。

三、因式分解

【例3-12】对下列多项式进行因式分解。

(1) $x^2-y^2-z^2-2yz$。
(2) $x^2-y^2+ax+ay$。
(3) x^5-x。
(4) $2ax-10ay+5by-bx$。
(5) $x^2+5xy+6y^2$。
(6) $y^2-2y-15$。
(7) $x^2-10x-24$。
(8) $3x^2-11x+10$。
(9) $3x^2-7x+2$。
(10) x^3+3x^2-4。

【解析】
(1) $x^2-y^2-z^2-2yz=x^2-(y+z)^2=(x+y+z)(x-y-z)$。
(2) $x^2-y^2+ax+ay=(x+y)(x-y)+a(x+y)=(x+y)(x-y+a)$。
(3) $x^5-x=x(x^4-1)=x(x^2+1)(x^2-1)=x(x^2+1)(x+1)(x-1)$。
(4) $2ax-10ay+5by-bx=2a(x-5y)-b(x-5y)=(x-5y)(2a-b)$。
(5) $x^2+5xy+6y^2=(x+2y)(x+3y)$。
(6) $y^2-2y-15=(y+3)(y-5)$。
(7) $x^2-10x-24=(x+2)(x-12)$。
(8) $3x^2-11x+10=(3x-5)(x-2)$。
(9) $3x^2-7x+2=(3x-1)(x-2)$。
(10) $x^3+3x^2-4=(x^3+2x^2)+(x^2-4)=x^2(x+2)+(x+2)(x-2)=(x-1)(x+2)^2$。

【例3-13】若 $x^2+xy+y=14, y^2+xy+x=28$，则 $x+y=$（　　）。

A. 6　　　　B. 7　　　　C. -7　　　　D. 6或7　　　　E. 6或-7

【解析】两式相加得，$x^2+2xy+y^2+x+y=42$，整理为 $(x+y)^2+(x+y)-42=0$，因式分解为 $(x+y-6)(x+y+7)=0$，则 $x+y=6$ 或 $x+y=-7$，答案选E。

【例3-14】x 一定是偶数。

(1) $x=n^2+3n+2(n\in \mathbf{Z})$。　　　　(2) $x=n^2+4n-5(n\in \mathbf{Z})$。

【解析】条件(1)，$x=n^2+3n+2=(n+1)(n+2)$，相邻两个整数的乘积一定是偶数，充分；条件(2)，$x=n^2+4n-5=(n-1)(n+5)$，相差为6的两个整数是同奇同偶，因此乘积未必是偶数，举反例，当 $n=2$ 时，$x=(2-1)(2+5)=7$，不是偶数，不充分，答案选A。

四、因式定理

【例3-15】若多项式 $f(x)=x^3+a^2x^2+x-3a$ 能被 $x-1$ 整除，则实数 $a=$（　　）。

A. 0　　　　B. 1　　　　C. 0或1　　　　D. -1或2　　　　E. 1或2

【解析】根据题意，$(x-1)$ 是 $f(x)$ 的因式，利用因式定理：当因式为零时，函数值也为零，令 $x-1=0$，得 $x=1$，代入多项式 $f(1)=1+a^2+1-3a=0$，解得 $a=1$ 或 $a=2$，答案选E。

【例3-16】(2012-1) 若 x^3+x^2+ax+b 能被 x^2-3x+2 整除，则（　　）。

A. $a=4, b=4$　　　　B. $a=-4, b=-4$　　　　C. $a=10, b=-8$

D. $a=-10, b=8$　　　　E. $a=2, b=0$

【解析】利用因式定理：当因式为零时，函数值也为零，令 $x^2-3x+2=0$，解得 $x=1$ 或 $x=2$，将 $x=1, x=2$ 分别代入多项式得 $\begin{cases} 1^3+1^2+a\times 1+b=0 \\ 2^3+2^2+a\times 2+b=0 \end{cases}$，解得 $a=-10, b=8$，答案选D。

五、多项式恒相等求解相关系数

【例3-17】多项式 $f(x)=2x-7$ 与 $g(x)=a(x-1)^2-b(x+2)+c(x^2+x-2)$ 恒相等，则 a, b, c 值分别为（　　）。

A. $a=-\dfrac{11}{9}, b=\dfrac{5}{3}, c=\dfrac{11}{9}$

B. $a=-11, b=15, c=11$

C. $a=\dfrac{11}{9}, b=\dfrac{5}{3}, c=-\dfrac{11}{9}$

D. $a=11, b=\dfrac{5}{3}, c=-11$

E. 以上结论均不正确

【解析】两个多项式恒相等,则对应项系数相等,而 $g(x)$ 可展开整理为 $g(x)=(a+c)x^2+(c-2a-b)x+(a-2b-2c)$,则有 $\begin{cases} a+c=0 \\ c-2a-b=2 \\ a-2b-2c=-7 \end{cases}$,解得 $a=-\dfrac{11}{9}, b=\dfrac{5}{3}, c=\dfrac{11}{9}$,答案选 A。

【技巧】对于两个多项式恒相等,意味着 x 不论取何值都相等,可以采用特值法,$2x-7=a(x-1)^2-b(x+2)+c(x^2+x-2)$,令 $x=1$,则 $2\times 1-7=-b(1+2), b=\dfrac{5}{3}$;令 $x=-2$,则 $2\times(-2)-7=a(-2-1)^2, a=-\dfrac{11}{9}$,排除法,答案选 A。

六、多项式相乘展开式求解相关系数

【例3-18】(2008-10) ax^2+bx+1 与 $3x^2-4x+5$ 的积不含 x 的一次方项和三次方项。

(1) $a:b=3:4$。 (2) $a=\dfrac{3}{5}, b=\dfrac{4}{5}$。

【解析】两个多项式乘积中,x 项系数为 $5b-4$,x^3 项系数为 $3b-4a$,因为不含 x 和 x^3 项,则 $\begin{cases} 5b-4=0 \\ 3b-4a=0 \end{cases}$,解得 $a=\dfrac{3}{5}, b=\dfrac{4}{5}$,条件(1),$a:b=3:4$,推不出结论,不充分;条件(2),充分,答案选 B。

七、表达式的取值讨论

【例3-19】四个各不相等的整数 a,b,c,d,它们的积 $abcd=9$,那么 $a+b+c+d$ 的值是( )。

A. 0   B. 1   C. 4   D. 6   E. 8

【解析】利用因数分解法,$abcd=9=3\times(-3)\times 1\times(-1)$,则 $a+b+c+d=3+(-3)+1\times(-1)=0$,答案选 A。

【扩展】此题条件若改为 $abcd=25$,则 $a+b+c+d$ 的值也为 0。

【例3-20】若分式 $\dfrac{3x+2}{x-1}$ 是整数,则符合要求的整数 x 共有( )种取值。

A. 1   B. 2   C. 3   D. 4   E. 5

【解析】$\dfrac{3x+2}{x-1}=\dfrac{3(x-1)+5}{x-1}=3+\dfrac{5}{x-1}$ 是整数,则分母 $x-1$ 应是分子 5 的约数,

因此 $x-1=\pm 5$ 或 ± 1，解得 $x=6,-4,2,0$，共有 4 种取值，答案选 D。

八、分式的化简

【例 3-21】(2013-1)设 x,y,z 为非零实数，则 $\dfrac{2x+3y-4z}{-x+y-2z}=1$。

(1) $3x-2y=0$。　　　　(2) $2y-z=0$。

【解析】单独看明显都不充分，考虑联合，$x=\dfrac{2}{3}y, z=2y$，则 $\dfrac{2x+3y-4z}{-x+y-2z}=\dfrac{2\times\dfrac{2}{3}y+3y-4\times 2y}{-\dfrac{2}{3}y+y-2\times 2y}=1$，联合充分，答案选 C。

【例 3-22】(2009-1)对于使 $\dfrac{ax+7}{bx+11}$ 有意义的一切 x 的值，都使这个分式为一个定值。

(1) $7a-11b=0$。　　　　(2) $11a-7b=0$。

【解析】条件(1)，$7a-11b=0$，令 $a=11k, b=7k$，则 $\dfrac{ax+7}{bx+11}=\dfrac{11kx+7}{7kx+11}$，随着 x 的变化分式的值也在变化，不充分；条件(2)，$11a-7b=0$，令 $a=7k, b=11k$，则 $\dfrac{ax+7}{bx+11}=\dfrac{7kx+7}{11kx+11}=\dfrac{7(kx+1)}{11(kx+1)}=\dfrac{7}{11}$，分式为定值，充分，答案选 B。

九、抛物线图像性质

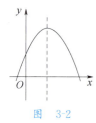

图 3-2

【例 3-23】已知二次函数 $y=ax^2+bx+c$ 的图像如图 3-2 所示，则 a,b,c 满足(　　)。

A. $a<0, b<0, c>0$　　　　B. $a<0, b<0, c<0$
C. $a<0, b>0, c>0$　　　　D. $a>0, b<0, c>0$
E. $a>0, b>0, c>0$

【解析】通过观察图像，可得开口朝下 $a<0$，与 y 轴截距为正 $c>0$，对称轴 $-\dfrac{b}{2a}>0$，则 $b>0$，答案选 C。

【例 3-24】(2013-1)已知抛物线 $y=x^2+bx+c$ 的对称轴为 $x=1$，且过点 $(-1,1)$，则(　　)。

A. $b=-2, c=-2$　　　　B. $b=2, c=2$　　　　C. $b=-2, c=2$
D. $b=-1, c=1$　　　　E. $b=1, c=1$

【解析】对称轴 $x=-\dfrac{b}{2}=1$，则 $b=-2$，又过点 $(-1,1)$，则 $1-b+c=1$，解得 $c=-2$，答案选 A。

【例 3-25】(2011-10)抛物线 $y=x^2+(a+2)x+2a$ 与 x 轴相切。

(1) $a>0$。　　　　(2) $a^2+a-6=0$。

【解析】与 x 轴相切,即抛物线与 x 轴仅有一个交点,则 $\Delta=(a+2)^2-4\times 1\times 2a=0$,解得 $a=2$,两个条件联合可以得到 $a=2$,联合充分,答案选 C。

【例 3-26】抛物线 $y=x^2-4x+c$ 的图像上有三点 $(-1,y_1),(2,y_2),(3,y_3)$,则 y_1,y_2,y_3 的大小关系为(　　)。

A. $y_1>y_2>y_3$　　　　　　B. $y_1>y_3>y_2$　　　　　　C. $y_2>y_3>y_1$

D. $y_3>y_1>y_2$　　　　　　E. $y_3>y_2>y_1$

【解析】对称轴为 $x=2$,开口朝上,离对称轴越近,函数值越小,可得 $y_1>y_3>y_2$,答案选 B。

【套路】抛物线开口朝上时,离对称轴越近,函数值越小;开口朝下时,离对称轴越近,函数值越大。

【例 3-27】(2012-10)设实数 x,y 满足 $x+2y=3$,则 x^2+y^2+2y 的最小值为(　　)。

A. 4　　　　　B. 5　　　　　C. 6　　　　　D. $\sqrt{5}-1$　　　　　E. $\sqrt{5}+1$

【解析】根据题意,$x=3-2y$,则 $x^2+y^2+2y=(3-2y)^2+y^2+2y=5y^2-10y+9$,是关于 y 的一元二次函数,即开口朝上的抛物线,当对称轴 $y=-\dfrac{-10}{2\times 5}=1$ 时,函数有最小值为 $5\times 1^2-10\times 1+9=4$,答案选 A。

十、指数与对数运算

【例 3-28】若 $a=3^{555},b=4^{444},c=5^{333}$,则 a,b,c 的大小关系是(　　)。

A. $a>b>c$　　　　　　B. $b>c>a$　　　　　　C. $b>a>c$

D. $c>b>a$　　　　　　E. $a>c>b$

【解析】$a=3^{555}=(3^5)^{111}=243^{111}$,$b=4^{444}=(4^4)^{111}=256^{111}$,$c=5^{333}=(5^3)^{111}=125^{111}$,则 $b>a>c$,答案选 C。

【例 3-29】已知 $25^x=2000,80^y=2000$,则 $\dfrac{1}{x}+\dfrac{1}{y}=$(　　)。

A. 1　　　　　B. 2　　　　　C. $\dfrac{1}{2}$　　　　　D. $\dfrac{3}{2}$　　　　　E. 3

【解析】$x=\log_{25}2000,y=\log_{80}2000$,则 $\dfrac{1}{x}+\dfrac{1}{y}=\dfrac{1}{\log_{25}2000}+\dfrac{1}{\log_{80}2000}=\log_{2000}25+\log_{2000}80=\log_{2000}(25\times 80)=\log_{2000}2000=1$,答案选 A。

【套路】换底公式:$\dfrac{1}{\log_a b}=\log_b a$。

【例 3-30】若使函数 $f(x)=\dfrac{\lg(2x^2+5x-12)}{\sqrt{x^2-3}}$ 有意义,则 x 的取值范围包括(　　)个正整数。

A. 0　　　　　B. 1　　　　　C. 2　　　　　D. 3　　　　　E. 无数个

【解析】$\begin{cases} 2x^2+5x-12>0 \\ x^2-3>0 \end{cases}$,解得$\begin{cases} x<-4 \text{ 或 } x>\frac{3}{2} \\ x>\sqrt{3} \text{ 或 } x<-\sqrt{3} \end{cases}$,则$x>\sqrt{3}$ 或 $x<-4$,范围内有无数个正整数,答案选E。

【套路】表达式有意义：①分式$\frac{g(x)}{f(x)}$,分母$f(x)\neq 0$;②偶次根号$\sqrt[2n]{f(x)}$,根号内$f(x)\geq 0$;③对数$\log_a f(x)$,真数$f(x)>0$。

十一、指数与对数图像性质

【例3-31】已知$(0.2)^{x^2-2x-1}>0.04$,则x的范围为( )。

A. $x<3$ B. $-1<x<3$ C. $-1<x<2$

D. $x>3$ E. $x<-1$

【解析】题干中的常数可以化作同底对数,则$(0.2)^{x^2-2x-1}>0.2^2$,因为$y=0.2^x$是递减函数,所以$x^2-2x-1<2$,解得$-1<x<3$,答案选B。

【例3-32】已知$\log_{\frac{1}{2}} m < \log_{\frac{1}{2}} n < 0$,则( )。

A. $n<m<1$ B. $m<n<1$ C. $1<m<n$

D. $1<n<m$ E. 以上结论均不正确

【解析】题干中的常数可以化作同底对数,则$\log_{\frac{1}{2}} m < \log_{\frac{1}{2}} n < \log_{\frac{1}{2}} 1$,又$y=\log_{\frac{1}{2}} x$是减函数,所以$m>n>1$,答案选D。

十二、集合问题

【例3-33】集合$P=\{1,2,3,4\}$,$Q=\{x\mid |x|\leq 2, x\in \mathbf{R}\}$,则$P\cap Q$等于( )。

A. $\{1,2\}$ B. $\{3,4\}$ C. $\{1\}$

D. $\{-2,-1,0,1,2\}$ E. 以上结论均不正确

【解析】$Q=\{x\mid -2\leq x\leq 2\}$,$P\cap Q=\{1,2\}$,答案选A。

3.3 基础巩固习题

1. 设a,b,c是不全相等的实数,若$x=a^2-bc, y=b^2-ac, z=c^2-ab$,则$x,y,z$( )。

   A. 都大于0   B. 至少有一个大于0   C. 至少有一个小于0

   D. 都不小于0   E. 以上结论均不正确

2. 如果$9x^2+kx+25$是一个完全平方式,则k的值是( )。

   A. 15   B. ± 15 C. 30   D. ± 30 E. ± 20

3. (2008-1) $\dfrac{(1+3)(1+3^2)(1+3^4)(1+3^8)\cdots(1+3^{32})+\frac{1}{2}}{3\times 3^2\times 3^3\times 3^4\times\cdots\times 3^{10}}=$( )。

A. $\dfrac{1}{2}\times 3^{10}+3^{19}$ B. $\dfrac{1}{2}+3^{19}$ C. $\dfrac{1}{2}\times 3^{19}$

D. $\dfrac{1}{2}\times 3^9$ E. 以上结论均不正确

4. 若 $x^2-3x+1=0$，则 $\left|x-\dfrac{1}{x}\right|=($ ____)。

A. $\sqrt{2}$ B. $\sqrt{3}$ C. 1 D. 2 E. $\sqrt{5}$

5. 已知 $x=\dfrac{\sqrt{3}-\sqrt{2}}{\sqrt{3}+\sqrt{2}}, y=\dfrac{\sqrt{3}+\sqrt{2}}{\sqrt{3}-\sqrt{2}}$，则 $x^2-xy+y^2=($ ____)。

A. 1 B. -1 C. $\sqrt{3}-\sqrt{2}$ D. $\sqrt{3}+\sqrt{2}$ E. 97

6. 已知 $x^2-3x-1=0$，则多项式 $3x^3-11x^2+3x+3$ 的值为(____)。

A. -1 B. 0 C. 1 D. 2 E. 3

7. 若 $xy=-6$，则 $xy(x+y)$ 的值可以唯一确定。

(1) $x-y=5$。 (2) $xy^2=18$。

8. (2013-1) 已知 $f(x)=\dfrac{1}{(x+1)(x+2)}+\dfrac{1}{(x+2)(x+3)}+\cdots+\dfrac{1}{(x+9)(x+10)}$，则 $f(8)=($ ____)。

A. $\dfrac{1}{9}$ B. $\dfrac{1}{10}$ C. $\dfrac{1}{16}$ D. $\dfrac{1}{17}$ E. $\dfrac{1}{18}$

9. $\left(1-\dfrac{1}{2^2}\right)\left(1-\dfrac{1}{3^2}\right)\left(1-\dfrac{1}{4^2}\right)\cdots\left(1-\dfrac{1}{10^2}\right)=($ ____)。

A. $\dfrac{1}{9}$ B. $\dfrac{3}{20}$ C. $\dfrac{11}{20}$ D. $\dfrac{11}{15}$ E. $\dfrac{15}{32}$

10. $4x^2+7xy-2y^2$ 是 9 的倍数。

(1) x,y 是整数。

(2) $4x-y$ 是 3 的倍数。

11. (2014-1) 已知曲线 $l: y=a+bx-6x^2+x^3$，则 $(a+b-5)(a-b-5)=0$。

(1) 曲线 l 过点 $(1,0)$。

(2) 曲线 l 过点 $(-1,0)$。

12. 多项式 x^2+x+n 能被 $x+5$ 整除，则此多项式也可以被(____)整除。

A. $x-6$ B. $x+6$ C. $x-4$ D. $x+4$ E. $x+2$

13. (2010-10) $ax^3-bx^2+23x-6$ 能被 $(x-2)(x-3)$ 整除。

(1) $a=3, b=-16$。 (2) $a=3, b=16$。

14. 对于任意实数 x，等式 $ax-4x+5+b=0$ 恒成立，则 $a+b=($ ____)。

A. 0 B. 1 C. 2 D. -1 E. -2

15. 多项式 $f(x)=x^2+x-1$ 与 $g(x)=a(x+1)^2+b(x-1)(x+1)+c(x-1)^2$ 相等。

(1) $a=-\dfrac{1}{2}, b=2, c=-\dfrac{1}{2}$。 (2) $a=\dfrac{1}{4}, b=1, c=-\dfrac{1}{4}$。

16. 已知 $(x^2+px+8)(x^2-3x+q)$ 的展开式中不含 x^2, x^3 项，则 $p+q=($ ____)。

A. 2 B. 4 C. 6 D. 8 E. 10

17. a,b 为正整数,则能确定 $a+b$ 的值。

(1) $\dfrac{a}{11}+\dfrac{b}{3}=\dfrac{31}{33}$。 (2) $\dfrac{a}{18}+\dfrac{b}{27}=\dfrac{1}{3}$。

18. 正整数 x,y 满足不等式 $x^2+y^2\leqslant 2x+2y$,则 $x+y$ 有( )种取值情况。

A. 1　　　B. 2　　　C. 3　　　D. 4　　　E. 5

19. 若 $\dfrac{1}{x}-\dfrac{1}{y}=5$,则 $\dfrac{2x+4xy-2y}{x-3xy-y}=($)。

A. $\dfrac{3}{4}$　　B. $\dfrac{2}{5}$　　C. 1　　D. $\dfrac{11}{5}$　　E. $\dfrac{1}{4}$

20. 已知 $4x-3y-6z=0, x+2y-7z=0$,则 $\dfrac{2x^2+3y^2+6z^2}{x^2+5y^2+7z^2}=($)。

A. -1　　B. 2　　C. $\dfrac{1}{2}$　　D. $\dfrac{2}{3}$　　E. 1

21. a,b 为互异实数,则能够确定 $\dfrac{a}{1+a}+\dfrac{b}{1+b}$ 的值。

(1) $ab=1$。 (2) $a+b=1$。

22. 若二次函数 $y=x^2-2mx+m+6$ 的顶点在第四象限,则实数 m 的取值范围是( )。

A. $m>5$　　B. $m>4$　　C. $m>3$　　D. $m>2$　　E. $m>1$

23. 抛物线 $f(x)=x^2+ax+3(0<a<2)$ 在 $-1\leqslant x\leqslant 1$ 时的最大值、最小值分别为( )。

A. $4+a, 4-a$　　　　　B. $\dfrac{5}{4}a^2+3, 4+a$　　　　　C. $4+a, \dfrac{5}{4}a^2+3$

D. $4+a, 3-\dfrac{a^2}{4}$　　　　E. 以上结论均不正确

24. 一元二次函数 $x(1-x)$ 的最大值为( )。

A. 0.05　　B. 0.10　　C. 0.15　　D. 0.20　　E. 0.25

25. 已知实数 x,y 满足 $3x^2+2y^2=6x$,则 x^2+y^2 的最大值为( )。

A. $\dfrac{9}{2}$　　B. 4　　C. 3　　D. 2　　E. 1

26. (2014-1)已知二次函数 $f(x)=ax^2+bx+c$,则能确定 a,b,c 的值。

(1) 曲线 $y=f(x)$ 经过点 $(0,0)$ 和点 $(1,1)$。

(2) 曲线 $y=f(x)$ 与直线 $y=a+b$ 相切。

27. (2008-1) $a>b$。

(1) a,b 为实数,且 $a^2>b^2$。

(2) a,b 为实数,且 $\left(\dfrac{1}{2}\right)^a<\left(\dfrac{1}{2}\right)^b$。

28. 已知 x,y,z 都是正数,且 $2^x=3^y=6^z$,那么 $\dfrac{z}{x}+\dfrac{z}{y}=($)。

A. -1　　B. 0　　C. 1　　D. $\log_2 3$　　E. $\log_3 2$

29. 如果 $\log_a 5 > \log_b 5 > 0$，那么 a,b 之间的关系为（　　）。

　　A. $0 < a < b < 1$　　　　B. $1 < a < b$　　　　　　　　C. $0 < b < a < 1$
　　D. $1 < b < a$　　　　　　E. 以上结论均不正确

30. 求函数 $f(x)=\begin{cases} 4x+3 & (x\leq 0)\\ x+3 & (0<x\leq 1)\\ -x+5 & (x>1)\end{cases}$ 的最大值为（　　）。

　　A. 2　　　　B. 3　　　　C. 4　　　　D. 5　　　　E. 6

◆ 基础巩固习题详解

1. 【解析】$x+y+z=a^2+b^2+c^2-ab-bc-ac=\dfrac{1}{2}[(a-b)^2+(b-c)^2+(a-c)^2]>0$，则 x,y,z 至少有一个大于 0，答案选 B。

2. 【解析】方法（1），$(3x\pm 5)^2=9x^2\pm 30x+25$，因此 $k=\pm 30$，答案选 D。

方法（2），因为 $9x^2+kx+25$ 是一个完全平方式，所以方程 $9x^2+kx+25=0$ 有两个相等的实根，即 $\Delta=k^2-4\times 9\times 25=0$，解得 $k=\pm 30$，答案选 D。

3. 【解析】通过观察发现分子含 3 的式子中后面项均为前面项的平方，而 1 可以看成 1^2，可以联想到平方差公式 $a^2-b^2=(a+b)(a-b)$，分母利用公式 $a^m\times a^n=a^{m+n}$，则原式可化为
$$\dfrac{(3-1)\left[(1+3)(1+3^2)(1+3^4)(1+3^8)\cdots(1+3^{32})+\dfrac{1}{2}\right]}{(3-1)(3\times 3^2\times 3^3\times 3^4\times\cdots\times 3^{10})}=\dfrac{3^{64}-1+1}{2\times 3^{1+2+\cdots+10}}=\dfrac{3^{64}}{2\times 3^{55}}=\dfrac{1}{2}\times 3^9$$，答案选 D。

4. 【解析】$x^2-3x+1=0$ 两边同时除以 x 可得 $x-3+\dfrac{1}{x}=0$，整理为 $x+\dfrac{1}{x}=3$，则 $\left|x-\dfrac{1}{x}\right|=\sqrt{\left(x-\dfrac{1}{x}\right)^2}=\sqrt{\left(x+\dfrac{1}{x}\right)^2-4}=\sqrt{3^2-4}=\sqrt{5}$，答案选 E。

5. 【解析】根据题意，$xy=1$，$x+y=\dfrac{\sqrt{3}-\sqrt{2}}{\sqrt{3}+\sqrt{2}}+\dfrac{\sqrt{3}+\sqrt{2}}{\sqrt{3}-\sqrt{2}}=\dfrac{(\sqrt{3}-\sqrt{2})^2+(\sqrt{3}+\sqrt{2})^2}{(\sqrt{3}+\sqrt{2})(\sqrt{3}-\sqrt{2})}=10$，则 $x^2-xy+y^2=(x+y)^2-3xy=10^2-3\times 1=97$，答案选 E。

6. 【解析】将 $x^2=3x+1$ 代入原表达式迭代降次化为 $3x(3x+1)-11x^2+3x+3=-2x^2+6x+3=-2(3x+1)+6x+3=1$，答案选 C。

7. 【解析】条件（1），$\begin{cases} xy=-6\\ x-y=5\end{cases}$，解得 $\begin{cases} x=2\\ y=-3\end{cases}$ 或 $\begin{cases} x=3\\ y=-2\end{cases}$，则 $xy(x+y)=\pm 6$，不充分；

条件（2），$\begin{cases} xy=-6\\ xy^2=18\end{cases}$，解得 $\begin{cases} x=2\\ y=-3\end{cases}$，求得 $xy(x+y)=6$，充分，答案选 B。

8. 【解析】$f(x)=\left(\dfrac{1}{x+1}-\dfrac{1}{x+2}\right)+\left(\dfrac{1}{x+2}-\dfrac{1}{x+3}\right)+\cdots+\left(\dfrac{1}{x+9}-\dfrac{1}{x+10}\right)=\dfrac{1}{x+1}-\dfrac{1}{x+10}$，则 $f(8)=\dfrac{1}{8+1}-\dfrac{1}{8+10}=\dfrac{1}{18}$，答案选 E。

9.【解析】利用平方差公式整理为$\left(1+\dfrac{1}{2}\right)\left(1-\dfrac{1}{2}\right)\left(1+\dfrac{1}{3}\right)\left(1-\dfrac{1}{3}\right)\left(1+\dfrac{1}{4}\right)$$\left(1-\dfrac{1}{4}\right)\cdots\left(1+\dfrac{1}{10}\right)\left(1-\dfrac{1}{10}\right)$,再分组整理为$\left(1+\dfrac{1}{2}\right)\left(1+\dfrac{1}{3}\right)\left(1+\dfrac{1}{4}\right)\cdots\left(1+\dfrac{1}{10}\right)\times$$\left(1-\dfrac{1}{2}\right)\left(1-\dfrac{1}{3}\right)\left(1-\dfrac{1}{4}\right)\cdots\left(1-\dfrac{1}{10}\right)$,通分错位抵消可得$\left(\dfrac{3}{2}\times\dfrac{4}{3}\times\dfrac{5}{4}\times\cdots\times\dfrac{11}{10}\right)\times\left(\dfrac{1}{2}\times\right.$$\left.\dfrac{2}{3}\times\dfrac{3}{4}\times\cdots\times\dfrac{9}{10}\right)=\dfrac{11}{2}\times\dfrac{1}{10}=\dfrac{11}{20}$,答案选C。

10.【解析】$4x^2+7xy-2y^2=(4x-y)(x+2y)$,条件(1)、(2)明显需要联合,设$4x-y=3k(k\in\mathbf{Z})$,整理得$y=4x-3k$,则$x+2y=x+2(4x-3k)=3(3x-2k)$,$x+2y$也是3的倍数,因此$4x^2+7xy-2y^2$必然是9的倍数,联合充分,答案选C。

【套路】单独看条件(2),容易找到反例$x=0.5,y=-1$,此时$4x-y$是3的倍数,但是$x+2y$不是3的倍数,所以需要条件(1)的限定。

11.【解析】条件(1),$a+b\times1-6\times1^2+1^3=0$,即$a+b-5=0$,可以推出结论,充分;条件(2),$a+b\times(-1)-6\times(-1)^2+(-1)^3=0$,即$a-b-7=0$,不能推出结论,不充分,答案选A。

12.【解析】方法(1),$x+5$是x^2+x+n的因式,利用因式定理:当因式为零时,函数值也为零,令$x+5=0$,则$x=-5$,代入多项式$(-5)^2+(-5)+n=0$,解得$n=-20$,$x^2+x-20=(x+5)(x-4)$,因此多项式也可以被$x-4$整除,答案选C。

方法(2),待定系数法,$x^2+x+n=(x+5)(x+q)$,展开对应项系数相等,$(x+5)(x+q)=x^2+(q+5)x+5q$,则$q+5=1,q=-4$,因此另一个因式为$x-4$,答案选C。

方法(3),竖式除法,多项式x^2+x+n能被$x+5$整除,则余数应该为0,

$$\begin{array}{r}x-4\\x+5\overline{\smash{)}x^2+x+n}\\\underline{x^2+5x}\\-4x+n\\\underline{-4x-20}\\0\end{array}$$

很容易得到$n=-20$,因此多项式也可以被$x-4$整除,答案选C。

13.【解析】根据因式定理:当因式为零时,函数值也为零,令$(x-2)(x-3)=0$,解得$x=2$或$x=3$,则$\begin{cases}f(2)=a\times2^3-b\times2^2+23\times2-6=0\\f(3)=a\times3^3-b\times3^2+23\times3-6=0\end{cases}$,解得$\begin{cases}a=3\\b=16\end{cases}$,条件(1)不充分,条件(2)充分,答案选B。

14.【解析】等式整理为$(a-4)x+(5+b)=0$,对于任意实数x等式恒成立,则$a-4=0,5+b=0$,因此$a=4,b=-5,a+b=-1$,答案选D。

【技巧】特值法,令$x=1$,代入原等式$a-4+5+b=0$,则$a+b=-1$,答案选D。

15.【解析】$x^2+x-1=a(x+1)^2+b(x-1)(x+1)+c(x-1)^2$,两个多项式恒相等,可采用特值法,令$x=1,1=a(1+1)^2$,解得$a=\dfrac{1}{4}$;令$x=-1,-1=c(-1-1)^2$,解得$c=-\dfrac{1}{4}$,令$x=0,-1=\dfrac{1}{4}-b+\left(-\dfrac{1}{4}\right)$,解得$b=1$,条件(1)不充分,条件(2)充分,答案

16.【解析】x^2 项系数为 $8-3p+q$，x^3 项系数为 $-3+p$，因为不含 x^2，x^3 项，则 $\begin{cases} 8-3p+q=0 \\ -3+p=0 \end{cases}$，解得 $\begin{cases} p=3 \\ q=1 \end{cases}$，则 $p+q=4$，答案选 B。

17.【解析】条件(1)，整理为 $3a+11b=31$，又 a,b 都是正整数，讨论得 $\begin{cases} a=3 \\ b=2 \end{cases}$，则 $a+b=5$，充分；条件(2)，整理为 $3a+2b=18$，讨论得 $\begin{cases} a=2 \\ b=6 \end{cases}$ 或 $\begin{cases} a=4 \\ b=3 \end{cases}$，则 $a+b=8$ 或 7，不充分，答案选 A。

18.【解析】原不等式可以化为 $(x-1)^2+(y-1)^2 \leqslant 2$，又 x,y 为正整数，可能的情况有 $\begin{cases} x=1 \\ y=1 \end{cases}$ 或 $\begin{cases} x=1 \\ y=2 \end{cases}$ 或 $\begin{cases} x=2 \\ y=1 \end{cases}$ 或 $\begin{cases} x=2 \\ y=2 \end{cases}$，则 $x+y$ 有 $2,3,4$ 共三种情况，答案选 C。

19.【解析】$\dfrac{1}{x}-\dfrac{1}{y}=5$，两边同乘 xy 得：$y-x=5xy$，则 $\dfrac{2x+4xy-2y}{x-3xy-y}=\dfrac{2(x-y)+4xy}{(x-y)-3xy}=\dfrac{2\times(-5xy)+4xy}{-5xy-3xy}=\dfrac{-6}{-8}=\dfrac{3}{4}$，答案选 A。

20.【解析】两个条件联立可以得 $y=2z$，$x=3z$，可以直接采用特值法，令 $z=1$，则 $y=2$，$x=3$，代入得到 $\dfrac{2\times 3^2+3\times 2^2+6\times 1^2}{3^2+5\times 2^2+7\times 1^2}=1$，答案选 E。

21.【解析】条件(1)，$ab=1$，所求表达式通分整理为 $\dfrac{a+b+2ab}{1+a+b+ab}=\dfrac{a+b+2}{1+a+b+1}=1$，充分；条件(2)，$a+b=1$，$\dfrac{a+b+2ab}{1+a+b+ab}=\dfrac{1+2ab}{1+1+ab}=\dfrac{1+2ab}{2+ab}$，不能确定其值，不充分，答案选 A。

22.【解析】根据顶点坐标公式，$\begin{cases} -\dfrac{b}{2a}=m>0 \\ \dfrac{4ac-b^2}{4a}=\dfrac{4(m+6)-4m^2}{4}<0 \end{cases}$，解得 $m>3$，答案选 C。

23.【解析】抛物线开口朝上，与 y 轴截距为 3，对称轴为 $x=-\dfrac{a}{2}$，因为 $0<a<2$，则对称轴 $-1<-\dfrac{a}{2}<0$，抛物线在区间 $-1\leqslant x\leqslant 1$ 的图像见图 3-3，则 $f(x)_{\max}=f(1)=4+a$，$f(x)_{\min}=f\left(-\dfrac{a}{2}\right)=3-\dfrac{a^2}{4}$，答案选 D。

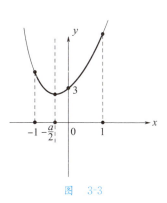

图 3-3

24.【解析】方法(1)，利用平均值定理 $ab\leqslant\left(\dfrac{a+b}{2}\right)^2$，则 $x(1-x)\leqslant\left[\dfrac{x+(1-x)}{2}\right]^2=\dfrac{1}{4}=0.25$，当且仅当 $x=1-x$，即 $x=\dfrac{1}{2}$ 时，取到等号，答案选 E。

方法(2)，$x(1-x)=-x^2+x$，是关于x的一元二次函数，即开口朝下的抛物线，当对称轴$x=-\dfrac{b}{2a}=-\dfrac{1}{2\times(-1)}=\dfrac{1}{2}$时，函数有最大值为$-\left(\dfrac{1}{2}\right)^2+\dfrac{1}{2}=-\dfrac{1}{4}+\dfrac{1}{2}=0.25$，答案选E。

25.【解析】根据题意，$y^2=3x-\dfrac{3}{2}x^2\geqslant 0$，则$0\leqslant x\leqslant 2$，$x^2+y^2=x^2+\left(3x-\dfrac{3}{2}x^2\right)=-\dfrac{1}{2}x^2+3x$，转化为求$-\dfrac{1}{2}x^2+3x$在$0\leqslant x\leqslant 2$时的最大值，抛物线开口朝下，对称轴为$x=3$，明显当$x=2$时，取到最大值为4，答案选B。

26.【解析】条件(1)，$\begin{cases}f(0)=0+0+c=0\\f(1)=a+b+c=1\end{cases}$，解得$c=0$，$a+b=1$，不能确定$a,b$的值，不充分；条件(2)，抛物线与直线相切，即两个图像仅有一个交点，联立$\begin{cases}y=ax^2+bx+c\\y=a+b\end{cases}$，消去$y$，整理为$ax^2+bx+c-a-b=0$，则方程有两个相等实根，$\Delta=b^2-4a(c-a-b)=0$，也不充分；联合起来，可以解得$a=-1,b=2,c=0$，联合充分，答案选C。

27.【解析】条件(1)，不知道a,b的正负性，不充分；条件(2)，$y=\left(\dfrac{1}{2}\right)^x$为单调递减函数，而$\left(\dfrac{1}{2}\right)^a<\left(\dfrac{1}{2}\right)^b$，因此$a>b$，充分，答案选B。

28.【解析】令$2^x=3^y=6^z=m$，则$x=\log_2 m=\dfrac{1}{\log_m 2}$，$y=\log_3 m=\dfrac{1}{\log_m 3}$，$z=\log_6 m=\dfrac{1}{\log_m 6}$，因此$\dfrac{z}{x}+\dfrac{z}{y}=\dfrac{\log_m 2}{\log_m 6}+\dfrac{\log_m 3}{\log_m 6}=\dfrac{\log_m 6}{\log_m 6}=1$，答案选C。

29.【解析】利用换底公式$\log_a b=\dfrac{1}{\log_b a}$，容易得到$\dfrac{1}{\log_5 a}>\dfrac{1}{\log_5 b}>0$，则$\log_5 b>\log_5 a>0$，再将常数0也化为同底对数，即$\log_5 b>\log_5 a>\log_5 1$，对数函数$y=\log_5 x$是增函数，所以$b>a>1$，答案选B。

30.【解析】当$x\leqslant 0$时，$f(x)_{\max}=f(0)=4\times 0+3=3$；当$0<x\leqslant 1$时，$f(x)_{\max}=f(1)=1+3=4$；当$x>1$时，$-x+5<-1+5=4$，综上所述，$f(x)$的最大值为4，答案选C。

3.4　强化精讲例题

一、乘法公式运用

【例3-34】已知$(2010-a)(2008-a)=2009$，那么$(2010-a)^2+(2008-a)^2=(\qquad)$。
A. 4000　　B. 4002　　C. 4012　　D. 4020　　E. 4022

【解析】换元法，令$2010-a=m,2008-a=n$，则$mn=2009,m-n=2$，所求式子为$m^2+n^2=(m-n)^2+2mn=2^2+2\times 2009=4022$，答案选E。

【例3-35】(2018-1)设实数 a,b 满足 $|a-b|=2$,$|a^3-b^3|=26$,则 $a^2+b^2=$( )。
A. 30　　B. 22　　C. 15　　C. 13　　E. 10

【解析】$|a^3-b^3|=|a-b|\times|a^2+ab+b^2|$,所以 $|a^2+ab+b^2|=13$,由于 $a^2+ab+b^2=\left(a+\dfrac{b}{2}\right)^2+\dfrac{3b^2}{4}\geqslant 0$,则 $a^2+ab+b^2=13$,又因为 $(a-b)^2=2^2$,即 $a^2-2ab+b^2=4$,所以 $ab=3$,则 $a^2+b^2=10$,答案选 E。

【技巧】特值法,两个数的差值为2,两个数的立方差为26,很容易想到 $3^3-1^3=26$,则 $a=3,b=1$,因此 $a^2+b^2=3^2+1^2=10$,答案选 E。

【例3-36】若 $x^2-3x+1=0$,则 $x^4+\dfrac{1}{x^4}=$( )。
A. 7　　B. 9　　C. 27　　D. 47　　E. 49

【解析】$x^2-3x+1=0$ 两边同时除以 x 可得 $x-3+\dfrac{1}{x}=0$,整理为 $x+\dfrac{1}{x}=3$,则 $x^2+\dfrac{1}{x^2}=\left(x+\dfrac{1}{x}\right)^2-2=3^2-2=7$,$x^4+\dfrac{1}{x^4}=\left(x^2+\dfrac{1}{x^2}\right)^2-2=7^2-2=47$,答案选 D。

【套路】已知 $x^2-ax+1=0$,求代数式的值。

整理①:当所求式子为高次整式时,可将 $x^2-ax+1=0$ 化为 $x^2=ax-1$,代入整式,迭代降次,进行化简;整理②:当所求式子为分式时,可将 $x^2-ax+1=0$ 化为 $x+\dfrac{1}{x}=a$,继而可以求 $x^2+\dfrac{1}{x^2}=\left(x+\dfrac{1}{x}\right)^2-2=a^2-2$;$x^3+\dfrac{1}{x^3}=\left(x+\dfrac{1}{x}\right)\left(x^2-1+\dfrac{1}{x^2}\right)=\left(x+\dfrac{1}{x}\right)\left[\left(x+\dfrac{1}{x}\right)^2-3\right]=a(a^2-3)$;$x^4+\dfrac{1}{x^4}=\left(x^2+\dfrac{1}{x^2}\right)^2-2=(a^2-2)^2-2$。

【例3-37】(2014-1)设 x 是非零实数,则 $x^3+\dfrac{1}{x^3}=18$。

(1) $x+\dfrac{1}{x}=3$。　　　　(2) $x^2+\dfrac{1}{x^2}=7$。

【解析】$x^3+\dfrac{1}{x^3}=\left(x+\dfrac{1}{x}\right)\left(x^2-1+\dfrac{1}{x^2}\right)=\left(x+\dfrac{1}{x}\right)\left[\left(x+\dfrac{1}{x}\right)^2-3\right]$,条件(1),$x+\dfrac{1}{x}=3$,则 $x^3+\dfrac{1}{x^3}=3(3^2-3)=18$,充分;条件(2),$x^2+\dfrac{1}{x^2}=7$,则 $\left(x+\dfrac{1}{x}\right)^2=x^2+\dfrac{1}{x^2}+2=7+2=9$,解得 $x+\dfrac{1}{x}=\pm 3$,则 $x^3+\dfrac{1}{x^3}=(\pm 3)\left[(\pm 3)^2-3\right]=\pm 18$,不充分,答案选 A。

【例3-38】已知 $a+b+c=2$,$\dfrac{1}{a}+\dfrac{1}{b}+\dfrac{1}{c}=0$,则 $a^2+b^2+c^2=$( )。
A. 1　　B. 2　　C. 4　　D. 8　　E. 9

【解析】$(a+b+c)^2=a^2+b^2+c^2+2(ab+ac+bc)$,$\dfrac{1}{a}+\dfrac{1}{b}+\dfrac{1}{c}=0$,两边同乘 abc,

$\left(\dfrac{1}{a}+\dfrac{1}{b}+\dfrac{1}{c}\right)\times abc=0\times abc$，整理得 $ab+ac+bc=0$，则 $a^2+b^2+c^2=(a+b+c)^2-2(ab+ac+bc)=2^2-0=4$，答案选 C。

【套路】若 $\dfrac{1}{a}+\dfrac{1}{b}+\dfrac{1}{c}=0$，则 $(a+b+c)^2=a^2+b^2+c^2$。

【例3-39】已知 $\left(\dfrac{x}{a}\right)^2+\left(\dfrac{y}{b}\right)^2+\left(\dfrac{z}{c}\right)^2=9$，$\dfrac{a}{x}+\dfrac{b}{y}+\dfrac{c}{z}=0$，则 $\dfrac{x}{a}+\dfrac{y}{b}+\dfrac{z}{c}=($　　$)$。

A. 3　　　　　B. -3　　　　　C. 0 或 3　　　　　D. ± 3　　　　　E. 以上结论均不正确

【解析】利用公式：若 $\dfrac{1}{a}+\dfrac{1}{b}+\dfrac{1}{c}=0$，则 $(a+b+c)^2=a^2+b^2+c^2$，此题是对公式的逆向考察，利用整体思路，因为 $\dfrac{a}{x}+\dfrac{b}{y}+\dfrac{c}{z}=0$，则 $\left(\dfrac{x}{a}+\dfrac{y}{b}+\dfrac{z}{c}\right)^2=\left(\dfrac{x}{a}\right)^2+\left(\dfrac{y}{b}\right)^2+\left(\dfrac{z}{c}\right)^2=9$，因此 $\dfrac{x}{a}+\dfrac{y}{b}+\dfrac{z}{c}=\pm 3$，答案选 D。

二、长串数字化简

【例3-40】$\dfrac{5}{6}+\dfrac{11}{12}+\dfrac{19}{20}+\dfrac{29}{30}+\dfrac{41}{42}+\dfrac{55}{56}=($　　$)$。

A. 5　　　　　B. $\dfrac{43}{8}$　　　　　C. $\dfrac{45}{8}$　　　　　D. 6　　　　　E. $\dfrac{51}{8}$

【解析】$\left(1-\dfrac{1}{6}\right)+\left(1-\dfrac{1}{12}\right)+\left(1-\dfrac{1}{20}\right)+\left(1-\dfrac{1}{30}\right)+\left(1-\dfrac{1}{42}\right)+\left(1-\dfrac{1}{56}\right)=6-\left(\dfrac{1}{6}+\dfrac{1}{12}+\dfrac{1}{20}+\dfrac{1}{30}+\dfrac{1}{42}+\dfrac{1}{56}\right)=6-\left(\dfrac{1}{2\times 3}+\dfrac{1}{3\times 4}+\dfrac{1}{4\times 5}+\dfrac{1}{5\times 6}+\dfrac{1}{6\times 7}+\dfrac{1}{7\times 8}\right)=6-\left[\left(\dfrac{1}{2}-\dfrac{1}{3}\right)+\left(\dfrac{1}{3}-\dfrac{1}{4}\right)+\cdots+\left(\dfrac{1}{7}-\dfrac{1}{8}\right)\right]=6-\left(\dfrac{1}{2}-\dfrac{1}{8}\right)=\dfrac{45}{8}$，答案选 C。

【例3-41】(2015-1) 已知 $M=(a_1+a_2+\cdots+a_{n-1})(a_2+a_3+\cdots+a_n)$，$N=(a_1+a_2+\cdots+a_n)(a_2+a_3+\cdots+a_{n-1})$，则 $M>N$。

(1) $a_1>0$。　　　　　(2) $a_1 a_n>0$。

【解析】四个括号中都有相同的表达式，整体换元，令 $a_2+a_3+\cdots+a_{n-1}=t$，则 $M-N=(a_1+t)(t+a_n)-(a_1+t+a_n)t=a_1 a_n$，要使得 $M>N$，只需要满足 $a_1 a_n>0$ 即可，明显条件(2)充分，答案选 B。

三、因式分解

十字相乘法的模板如下：

形如 ax^2+bx+c

$$\begin{array}{c} a_1 x \searrow\!\!\!\!\nearrow c_1 \\ a_2 x \nearrow\!\!\!\!\searrow c_2 \end{array}$$

若满足：$a_1 a_2=a$，$c_1 c_2=c$

$$a_1 c_2+a_2 c_1=b$$

则可分解为:$(a_1x+c_1)(a_2x+c_2)$;

形如 $ax+bxy+cy+d$

$$\begin{matrix} a_1x & & c_1 \\ & \times & \\ a_2 & & c_2y \end{matrix}$$

若满足:$a_1a_2=a, c_1c_2=c$
$a_1c_2=b, a_2c_1=d$

则可分解为:$(a_1x+c_1)(a_2+c_2y)$;

形如 $ax^2+bxy+cy^2+dx+ey+f$

$$\begin{matrix} a_1x & & c_1y & & f_1 \\ & \times & & \times & \\ a_2x & & c_2y & & f_2 \end{matrix}$$

若满足:$a_1a_2=a, c_1c_2=c, a_1c_2+a_2c_1=b$,
$a_1f_2+a_2f_1=d, c_1f_2+c_2f_1=e, f_1f_2=f$

则可分解为:$(a_1x+c_1y+f_1)(a_2x+c_2y+f_2)$。

【例3-42】 将下列多项式进行因式分解。

(1) $3a^3b+6a^2b+3ab$; (2) $x^2+4xy+4y^2+x+2y$;

(3) $x^2+2xy+y^2+x+y-42$; (4) $6x^2-7x+2$;

(5) $6xy-2x-3y+1$; (6) $2x^2-7xy-22y^2-5x+35y-3$。

【解析】 (1) $3a^3b+6a^2b+3ab=3ab(a^2+2a+1)=3ab(a+1)^2$;

(2) $x^2+4xy+4y^2+x+2y=(x+2y)^2+(x+2y)=(x+2y)(x+2y+1)$;

(3) $(x+y)^2+(x+y)-42$, 令 $x+y=t$, 则 $t^2+t-42=(t+6)(t-7)=(x+y+6)(x+y-7)$;

(4) $$\begin{matrix} 3x & & -2 \\ & \times & \\ 2x & & -1 \end{matrix}$$

则 $6x^2-7x+2=(3x-2)(2x-1)$;

(5) $6xy-2x-3y+1=(2x-1)(3y-1)$;

(6) $$\begin{matrix} x & & 2y & & -3 \\ & \times & & \times & \\ 2x & & -11y & & 1 \end{matrix}$$

则 $2x^2-7xy-22y^2-5x+35y-3=(x+2y-3)(2x-11y+1)$。

四、因式定理

【例3-43】 (2010-1)多项式 x^3+ax^2+bx-6 的两个因式是 $x-1$ 和 $x-2$,则其第三个一次因式为( )。

A. $x-6$ B. $x-3$ C. $x+1$ D. $x+2$ E. $x+3$

【解析】 方法(1),待定系数法,可设 $f(x)=x^3+ax^2+bx-6=(x-1)(x-2)(x+m)$,此时左边的最高次项等于右边的每个因式最高次项的乘积,左边的常数项等于右边的每个因式常数项的乘积,即 $-6=(-1)\times(-2)\times m$,则 $m=-3$,第三个因式为 $x-3$,答案选B。

方法(2),利用因式定理:当因式为零时,函数值也为零,将 $x=1, x=2$ 分别代入 $f(x)$

可得 $\begin{cases} f(1)=1^3+a\times 1^2+b\times 1-6=0 \\ f(2)=2^3+a\times 2^2+b\times 2-6=0 \end{cases}$,解得 $\begin{cases} a=-6 \\ b=11 \end{cases}$,$(x-1)(x-2)=x^2-3x+2$,再利用竖式除法:

$$\begin{array}{r} x-3 \\ x^2-3x+2\overline{\smash{\big)}\,x^3-6x^2+11x-6} \\ \underline{x^3-3x^2+2x} \\ -3x^2+9x-6 \\ \underline{-3x^2+9x-6} \\ 0 \end{array}$$

则 $f(x)=x^3-6x^2+11x-6=(x-1)(x-2)(x-3)$,第三个因式为 $x-3$,答案选B。

【例3-44】 确定 m,n 的值为(　　),使 mx^4+nx^3+1 能被 $(x-1)^2$ 整除。

A. $m=1,n=4$　　　　B. $m=3,n=-4$　　　　C. $m=-3,n=4$
D. $m=1,n=-3$　　　E. $m=1,n=3$

【解析】 利用因式定理:当因式为零时,函数值也为零,令 $(x-1)^2=0$,解得 $x=1$,将 $x=1$ 代入多项式得 $m+n+1=0$,排除选项,答案选B。

五、余式定理

【例3-45】 设 $f(x)$ 为实系数多项式,以 $x-1$ 除之,余数为9;以 $x-2$ 除之,余数为16,则 $f(x)$ 除以 $(x-1)(x-2)$ 的余式为(　　)。

A. $7x+2$　　B. $7x+3$　　C. $7x+4$　　D. $7x+5$　　E. $2x+7$

【解析】 根据余式定理可得 $f(1)=9,f(2)=16$,而余式 $r(x)$ 的次数要低于除式,可设 $f(x)=(x-1)(x-2)\times g(x)+(ax+b)$,则 $\begin{cases} f(1)=a+b=9 \\ f(2)=2a+b=16 \end{cases}$,解得 $\begin{cases} a=7 \\ b=2 \end{cases}$,则余式 $r(x)$ 的值为 $ax+b=7x+2$,答案选A。

【技巧】 直接将 $x=1$ 和 $x=2$ 代入选项检验余式的值是否为9和16,排除选项,答案选A。

六、多项式恒相等求解相关系数

【例3-46】 已知 $(2x-1)^6=a_0+a_1x+a_2x^2+\cdots+a_6x^6$,求 $a_2+a_4+a_6=$(　　)。

A. 360　　B. 362　　C. 364　　D. 366　　E. 368

【解析】 两个多项式恒相等,特值法,令 $f(x)=(2x-1)^6=a_0+a_1x+a_2x^2+\cdots+a_6x^6$,则所有偶数项之和 $a_0+a_2+a_4+a_6=\dfrac{f(1)+f(-1)}{2}=\dfrac{(2\times 1-1)^6+[2\times(-1)-1]^6}{2}=365$,而常数项 $a_0=f(0)=1$,则 $a_2+a_4+a_6=365-1=364$,答案选C。

【套路】 求多项式 $f(x)=a_0+a_1x+a_2x^2+a_3x^3+\cdots+a_nx^n$ 的相关系数,核心思路:赋值法。

(1) 求常数项:令 $x=0$,则 $f(0)=a_0$;

(2) 求所有项之和:令 $x=1$,则 $f(1)=a_0+a_1+a_2+a_3+\cdots+a_n$;

(3) 求所有偶数项之和:令 $x=\pm 1$,则 $\dfrac{f(1)+f(-1)}{2}=a_0+a_2+a_4+\cdots$;

(4) 求所有奇数项之和:令 $x = \pm 1$,则 $\dfrac{f(1)-f(-1)}{2} = a_1 + a_3 + a_5 + \cdots$。

七、多项式相乘展开式求解相关系数

【例3-47】(2013-1)$(x^2 + 3x + 1)^5$ 的展开式中,x^2 的系数为( )。

A. 5   B. 10   C. 45   D. 90   E. 95

【解析】$(x^2 + 3x + 1)^5 = (x^2 + 3x + 1)(x^2 + 3x + 1)(x^2 + 3x + 1)(x^2 + 3x + 1)(x^2 + 3x + 1)$,展开式中 x^2 项有两大类:①从5个式子中选出一个式子出 x^2,剩余4个式子出常数1,即 $C_5^1 \times x^2 \times 1 \times 1 \times 1 \times 1 = 5x^2$;②从5个式子中选出两个式子出 $3x$,剩余3个式子出常数1,即 $C_5^2 \times 3x \times 3x \times 1 \times 1 \times 1 = 90x^2$,两类相加得 $5x^2 + 90x^2 = 95x^2$,则 x^2 的系数为95,答案选E。

【扩展】若改为求"x^3 的系数",那么 $C_5^3 \times 3x \times 3x \times 3x \times 1 \times 1 + C_5^1 \times x^2 \times C_4^1 \times 3x \times 1 \times 1 \times 1 = 330x^3$,则 x^3 的系数为330。

八、表达式的取值讨论

【例3-48】设 x, y 是正整数,且 $x^2 + y^2 + 4y - 96 = 0$,则 $xy = ($)。

A. 32   B. 36   C. 56   D. 32或36   E. 36或56

【解析】依题意得,$x^2 + (y+2)^2 = 100 = 10^2$,又 x, y 是正整数,只有 $6^2 + 8^2 = 10^2$,因此 $\begin{cases} x = 6 \\ y = 6 \end{cases}$ 或 $\begin{cases} x = 8 \\ y = 4 \end{cases}$,则 $xy = 36$ 或 32,答案选D。

【例3-49】方程 $6xy + 4x - 9y - 7 = 0$ 的整数解有( )种情况。

A. 1   B. 2   C. 3   D. 4   E. 5

【解析】因式分解为 $(2x - 3)(3y + 2) = 1$,利用因数分解法,将等式右边的常数分解为 $1 = 1 \times 1 = (-1) \times (-1)$,则 $\begin{cases} 2x - 3 = 1 \\ 3y + 2 = 1 \end{cases}$ 或 $\begin{cases} 2x - 3 = -1 \\ 3y + 2 = -1 \end{cases}$,解得 $\begin{cases} x = 2 \\ y = -\dfrac{1}{3} \end{cases}$(舍弃)或 $\begin{cases} x = 1 \\ y = -1 \end{cases}$,只有一组整数解,答案选A。

【例3-50】(2018-1)设 m, n 是正整数,则能确定 $m + n$ 的值。

(1) $\dfrac{1}{m} + \dfrac{3}{n} = 1$。 (2) $\dfrac{1}{m} + \dfrac{2}{n} = 1$。

【解析】方法(1),整数分离法。条件(1),$\dfrac{1}{m} = 1 - \dfrac{3}{n} = \dfrac{n-3}{n}$,则 $m = \dfrac{n}{n-3} = 1 + \dfrac{3}{n-3}$,又 m, n 是正整数,则分母 $n - 3$ 应是分子3的约数,通过讨论得 $\begin{cases} n = 4 \\ m = 4 \end{cases}$ 或 $\begin{cases} n = 6 \\ m = 2 \end{cases}$,因此 $m + n = 8$,充分;条件(2),同理得到 $\begin{cases} n = 3 \\ m = 3 \end{cases}$ 或 $\begin{cases} n = 4 \\ m = 2 \end{cases}$,因此 $m + n = 6$,也充分,答案选D。

方法(2),因数分解法。条件(1),两边同时乘以 mn 整理为 $mn - 3m - n = 0$,分解为 $(m-1)(n-3) = 3 = 3 \times 1 = 1 \times 3$,解得 $\begin{cases} n = 4 \\ m = 4 \end{cases}$ 或 $\begin{cases} n = 6 \\ m = 2 \end{cases}$,因此 $m + n = 8$,充分;条件

(2),同理得到 $\begin{cases} n=3 \\ m=3 \end{cases}$ 或 $\begin{cases} n=4 \\ m=2 \end{cases}$,因此 $m+n=6$,也充分,答案选 D。

九、分式的化简

【例 3-51】(2015-1)已知 p,q 为非零实数,则能确定 $\dfrac{p}{q(p-1)}$ 的值。

(1) $p+q=1$。 (2) $\dfrac{1}{p}+\dfrac{1}{q}=1$。

【解析】条件(1),$p+q=1$,则 $q=1-p$,从而 $\dfrac{p}{q(p-1)}=\dfrac{p}{(1-p)(p-1)}=-\dfrac{p}{(1-p)^2}$,不是定值,不充分;条件(2),$\dfrac{1}{p}+\dfrac{1}{q}=1$,则 $q=\dfrac{p}{p-1}$,从而 $\dfrac{p}{q(p-1)}=\dfrac{p}{\dfrac{p}{p-1}\times(p-1)}=1$,充分,答案选 B。

【例 3-52】(2009-1)$\dfrac{a^2-b^2}{19a^2+96b^2}=\dfrac{1}{134}$。

(1) a,b 均为实数,且 $|a^2-2|+(a^2-b^2-1)^2=0$。

(2) a,b 均为实数,且 $\dfrac{a^2 b^2}{a^4-2b^4}=1$。

【解析】条件(1),根据非负性可得:$a^2=2,b^2=1$,则 $\dfrac{a^2-b^2}{19a^2+96b^2}=\dfrac{2-1}{19\times 2+96\times 1}=\dfrac{1}{134}$,充分;条件(2),$\dfrac{a^2 b^2}{a^4-2b^4}=1$,化为整式并移项得:$a^4-a^2 b^2-2b^4=0$,因式分解为 $(a^2+b^2)(a^2-2b^2)=0$,又 $a^2+b^2\neq 0$,则 $a^2=2b^2$,因此 $\dfrac{a^2-b^2}{19a^2+96b^2}=\dfrac{2b^2-b^2}{19\times 2b^2+96b^2}=\dfrac{1}{134}$,也充分,答案选 D。

【技巧】条件(2),特值法,令 $b^2=1$,代入得到 $\dfrac{a^2}{a^4-2}=1$,解得 $a^2=2$,明显充分。

十、抛物线图像性质

1. 抛物线基本性质

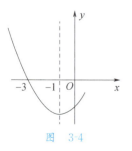

图 3-4

【例 3-53】图 3-4 是二次函数 $y=ax^2+bx+c$ 的一部分,对称轴为 $x=-1$,且过点 $(-3,0)$,下列说法:①$abc<0$;②$2a-b=0$;③$4a+2b+c<0$;④若 $(-5,y_1)$,$\left(\dfrac{5}{2},y_2\right)$ 是抛物线上两点,则 $y_1>y_2$,其中说法正确的是( )。

A.①② B.②③ C.①②④

D.②③④ E.以上结论均不正确

【解析】二次函数图像开口朝上 $a>0$,与 y 轴截距为负 $c<0$,对称轴 $-\dfrac{b}{2a}=-1$,则

$2a=b>0$,因此 $abc<0$,$2a-b=0$,所以①②正确;因为对称轴为 $x=-1$,且过点 $(-3,0)$,则与 x 轴另一个交点为 $(1,0)$,所以把 $x=2$ 代入 $y=ax^2+bx+c=4a+2b+c>0$,③错误;开口朝上,离对称轴越远,函数值越大,明显 $y_1>y_2$,④正确,综上所述,答案选C。

【例3-54】(2021-1)设二次函数 $f(x)=ax^2+bx+c$,且 $f(2)=f(0)$,则 $\dfrac{f(3)-f(2)}{f(2)-f(1)}=$( )。

A. 2   B. 3   C. 4   D. 5   E. 6

【解析】$f(2)=f(0)$,则对称轴 $-\dfrac{b}{2a}=1$,即 $b=-2a$,所以 $\dfrac{f(3)-f(2)}{f(2)-f(1)}=\dfrac{(9a+3b+c)-(4a+2b+c)}{(4a+2b+c)-(a+b+c)}=\dfrac{5a+b}{3a+b}=\dfrac{5a-2a}{3a-2a}=3$,答案选B。

【套路】若二次函数 $f(x_1)=f(x_2)$,则对称轴为 $\dfrac{x_1+x_2}{2}$。

2. 利用抛物线求最值

【例3-55】(2021-1)函数 $f(x)=x^2-4x-2|x-2|$ 的最小值为( )。

A. -4 B. -5 C. -6 D. -7 E. -8

【解析】方法(1),当 $x\geq 2$ 时,$f(x)=x^2-4x-2(x-2)=x^2-6x+4$,则 $f(x)_{\min}=f(3)=-5$;当 $x<2$ 时,$f(x)=x^2-4x-2(2-x)=x^2-2x-4$,则 $f(x)_{\min}=f(1)=-5$,综上所述,函数的最小值为 -5,答案选B。

方法(2),$f(x)=x^2-4x+4-2|x-2|-4=(|x-2|)^2-2|x-2|-4=(|x-2|-1)^2-5$,则当 $|x-2|-1=0$,即 $x=3$ 或 $x=1$ 时,函数取到最小值 -5,答案选B。

【技巧】列举法,$x=0$ 时,$f(0)=-4$;$x=1$ 时,$f(1)=-5$;$x=2$ 时,$f(2)=-4$;$x=3$ 时,$f(3)=-5$;$x=4$ 时,$f(0)=-4$,明显函数取到最小值 -5,答案选B。

【例3-56】(2017-1)设 a,b 是两个不相等的实数,则函数 $f(x)=x^2+2ax+b$ 的最小值小于零。

(1)$1,a,b$ 成等差数列。

(2)$1,a,b$ 成等比数列。

【解析】抛物线 $f(x)$ 的最小值为 $f(-a)=(-a)^2+2a\times(-a)+b=b-a^2$,条件(1),$2a=1+b$,整理为 $b=2a-1$,因此 $b-a^2=2a-1-a^2=-(a-1)^2$,又 a,b 是两个不相等的实数且 $2a=1+b$,则 $a\neq 1$,所以 $b-a^2=-(a-1)^2<0$,充分;条件(2),$a^2=b\times 1$,即 $b-a^2=0$,不充分,答案选A。

【例3-57】(2016-1)设 x,y 为实数,则可以确定 x^3+y^3 的最小值。

(1)$xy=1$。   (2)$x+y=2$。

【解析】条件(1),由于 x,y 的正负性不确定,举出反例,当 $x=-100,y=-\dfrac{1}{100}$ 时,x^3+y^3 的值趋近于负无穷,没有最小值,不充分;条件(2),$x^3+y^3=(x+y)(x^2-xy+y^2)=(x+y)[(x+y)^2-3xy]$,将 $x+y=2$ 代入得到 $x^3+y^3=2(2^2-3xy)=8-6xy$,又 $y=2-x$,则 $8-6xy=8-6x(2-x)=6x^2-12x+8$,是关于 x 的一元二次函数,即开口朝上

的抛物线,当对称轴 $x=-\dfrac{-12}{2\times 6}=1$ 时,函数有最小值为 $6\times 1^2-12\times 1+8=2$,即 x^3+y^3 的最小值为 2,充分,答案选 B。

3. 抛物线与直线的位置关系

【例 3-58】(2017-1)直线 $y=ax+b$ 与抛物线 $y=x^2$ 有两个交点。

(1) $a^2>4b$。   (2) $b>0$。

【解析】联立 $\begin{cases} y=ax+b \\ y=x^2 \end{cases}$,消去 y,转为关于 x 的一元二次方程 $x^2-ax-b=0$,图像有两个交点,对应的方程有两个不同的实根,则 $\Delta=a^2-4\times 1\times(-b)>0$,即 $a^2+4b>0$,条件(1),$a^2>4b$ 推不出结论,不充分;条件(2),$b>0$ 必然可以推出结论,充分,答案选 B。

【例 3-59】(2012-1)直线 $y=x+b$ 是抛物线 $y=x^2+a$ 的切线。

(1) $y=x+b$ 与 $y=x^2+a$ 有且仅有一个交点。

(2) $x^2-x\geqslant b-a(x\in \mathbf{R})$。

【解析】条件(1),直线 $y=x+b$ 的斜率为 1,则直线的倾斜角为 $45°$,直线与抛物线 $y=x^2+a$ 仅有一个交点,则直线与抛物线必然相切,充分;条件(2),$x^2-x\geqslant b-a$ 可以整理为 $x^2+a\geqslant x+b$,令 $y=x^2+a$,$y=x+b$,即抛物线 $y=x^2+a$ 在直线 $y=x+b$ 的上方,但是不能推出一定相切,不充分,答案选 A。

十一、指数与对数运算

【例 3-60】若 $x,y,z\in\mathbf{R}$,则 $x+y+z=0$。

(1) $a^x b^y c^z=a^y b^z c^x=a^z b^x c^y=1$。   (2) a,b,c 均大于 1。

【解析】条件(1),连等式:先拆再合,$\begin{cases} a^x b^y c^z=1 \\ a^y b^z c^x=1 \\ a^z b^x c^y=1 \end{cases}$,三式相乘得到:$a^{x+y+z}b^{x+y+z}c^{x+y+z}=1$,即 $(abc)^{x+y+z}=1$,当 $abc=1$ 时,$x+y+z$ 可以取任意值,推不出 $x+y+z=0$,不充分;条件(2),a,b,c 均大于 1,未提及 x,y,z,不充分;条件(1)和(2)联合,a,b,c 均大于 1,则 $abc>1$,又 $(abc)^{x+y+z}=1$,则 $x+y+z=0$,联合充分,答案选 C。

【技巧】单独看条件(1)时,可令 $a=b=c=1$,此时 x,y,z 可以取任意值,因此推不出 $x+y+z=0$,不充分,条件(1)、(2)明显互补,考虑答案选 C。

【套路】$f(x)^{g(x)}=1\Rightarrow \begin{cases} f(x)=1 \\ g(x)=0 \\ f(x)=-1,g(x)\in 2\mathbf{N} \end{cases}$。

【例 3-61】已知 $\lg(x+y)+\lg(2x+3y)-\lg 3=\lg 4+\lg x+\lg y$,则 $x:y=(\quad)$。

A. 2 或 $\dfrac{1}{3}$ B. $\dfrac{1}{2}$ 或 3   C. $\dfrac{1}{2}$ D. $\dfrac{3}{2}$ E. 3

【解析】原式可以整理为 $\lg\dfrac{(x+y)(2x+3y)}{3}=\lg 4xy$,则 $\dfrac{(x+y)(2x+3y)}{3}=4xy$,化

简为 $2x^2-7xy+3y^2=0$,分解为 $(2x-y)(x-3y)=0$,则 $2x=y$ 或 $x=3y$,因此 $x:y=\dfrac{1}{2}$ 或 3,答案选 B。

十二、指数与对数图像性质

【例3-62】设 $y_1=4^{0.9}$, $y_2=8^{0.48}$, $y_3=\left(\dfrac{1}{2}\right)^{-1.5}$,则三者大小为( )。

A. $y_3>y_1>y_2$ B. $y_2>y_1>y_3$ C. $y_1>y_2>y_3$

D. $y_1>y_3>y_2$ E. 以上结论都均不正确

【解析】指数函数的大小比较,首先化同底,再根据底数的范围判断单调性,最终比较大小即可,$y_1=4^{0.9}=(2^2)^{0.9}=2^{1.8}$,$y_2=8^{0.48}=(2^3)^{0.48}=2^{1.44}$,$y_3=\left(\dfrac{1}{2}\right)^{-1.5}=(2^{-1})^{-1.5}=2^{1.5}$,因为 $y=2^x$ 是增函数,所以 $y_1>y_3>y_2$,答案选 D。

【例3-63】$\log_a\dfrac{1}{2}<1$。

(1) $0<a<\dfrac{1}{2}$。 (2) $a>2$。

【解析】当 $0<a<1$ 时,对数函数单调递减,$\log_a\dfrac{1}{2}<1=\log_a a$,则 $0<a<\dfrac{1}{2}$;当 $a>1$ 时,对数函数单调递增,$\log_a\dfrac{1}{2}<1=\log_a a$,则 $a>\dfrac{1}{2}$,因此 $a>1$,综上所述 $0<a<\dfrac{1}{2}$ 或 $a>2$,两个条件都充分,答案选 D。

十三、其他特殊函数

1. 最值函数

最大值函数:$\max\{x,y,z\}$ 表示 x,y,z 中最大的数。

最小值函数:$\min\{x,y,z\}$ 表示 x,y,z 中最小的数。

【例3-64】(2018-1)函数 $f(x)=\max\{x^2,-x^2+8\}$ 的最小值为( )。

A. 8 B. 7 C. 6 D. 5 E. 4

【解析】图像法,如图 3-5 所示,画出 $f(x)=\max\{x^2,-x^2+8\}$ 的图像,观察得到,当 $x^2=-x^2+8$,即 $x=\pm 2$,$f(x)$ 取得最小值 4,答案选 E。

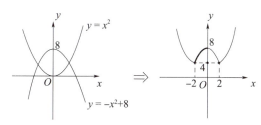

图 3-5

【技巧】列举法，$x=0$ 时，$f(0)=\max\{0,8\}=8$；$x=1$ 时，$f(1)=\max\{1,7\}=7$；$x=2$ 时，$f(2)=\max\{4,4\}=4$；$x=3$ 时，$f(3)=\max\{9,-1\}=9$；$x=4$ 时，$f(4)=\max\{16,-8\}=16$，观察可得 $f(x)$ 取得最小值4，答案选E。

【扩展】若题干改为"求 $f(x)=\min\{x^2,-x^2+8\}$ 的最大值"，其结果仍然为4。

2. 分段函数

在自变量不同的取值范围内，有不同的对应法则，需要用不同的解析式来表示的函数叫作分段表示的函数，简称分段函数；求分段函数的函数值 $f(x_0)$ 时，应该首先判断 x_0 所属的取值范围，然后再把 x_0 代入到相应的解析式中进行计算。

【例3-65】已知 $f(x)=\begin{cases}x-5 & (x\geq 6)\\ f(x+2) & (x<6)\end{cases}$，则 $f(3)=(\quad)$。

A. 2　　　　B. 3　　　　C. 4　　　　D. 5　　　　E. 6

【解析】因为 $3<6$，则 $f(3)=f(3+2)=f(5)$，而 $5<6$，则 $f(5)=f(5+2)=f(7)$，因为 $7>6$，则 $f(7)=7-5=2$，答案选A。

3. 复合函数

将复合函数 $y=f(g(x))$ 分解成 $y=f(u),u=g(x)$，复合函数的单调性判断：根据 $y=f(u),u=g(x)$ 的单调性来决定，即"增+增=增；减+减=增；增+减=减；减+增=减"，可以简化为"同增异减"。

【例3-66】已知函数 $f(x+3)=x^2+2x+1$，则函数 $f(x-3)$ 的解析式为(　　)。

A. $(x-2)^2$　　　　　　B. $(x-3)^2$　　　　　　C. $(x+3)^2$
D. $(x-5)^2$　　　　　　E. $(x+5)^2$

【解析】设 $x+3=t$，则 $x=t-3$，则 $f(t)=(t-3)^2+2(t-3)+1=(t-2)^2$，即 $f(x)=(x-2)^2$，则 $f(x-3)=[(x-3)-2]^2=(x-5)^2$，答案选D。

十四、集合问题

【例3-67】(2020-1)设集合 $A=\{x\,|\,|x-a|<1,x\in\mathbf{R}\}$，$B=\{x\,|\,|x-b|<2,x\in\mathbf{R}\}$，则 $A\subset B$ 的充分必要条件是(　　)。

A. $|a-b|\leq 1$　　　　B. $|a-b|\geq 1$　　　　C. $|a-b|<1$
D. $|a-b|>1$　　　　　E. $|a-b|=1$

【解析】集合 A：$|x-a|<1\Rightarrow a-1<x<a+1$，集合 B：$|x-b|<2\Rightarrow b-2<x<b+2$；则 $A\subset B$ 的充分必要条件为 $\begin{cases}a-1\geq b-2\\ a+1\leq b+2\end{cases}$，解得 $-1\leq a-b\leq 1$，即 $|a-b|\leq 1$，答案选A。

【技巧】特值法，令 $a=b=0$，则 A：$|x|<1\Leftrightarrow -1<x<1$，$B$：$|x|<2\Leftrightarrow -2<x<2$，满足 $A\subset B$，排除B、D、E，令 $a=1,b=0$，则 A：$|x-1|<1\Leftrightarrow -2<x<0$，$B$：$|x|<2\Leftrightarrow -2<x<2$，也满足 $A\subset B$，排除C，答案选A。

3.5 强化提升习题

1. 已知 $\sqrt{x} + \dfrac{1}{\sqrt{x}} = 3$,则 $\dfrac{x}{x^2+13x+1}$ 的值为(　　)。

   A. 18　　B. 20　　C. 25　　D. $\dfrac{1}{20}$　　E. $\dfrac{1}{25}$

2. 若 $a^2+3a+1=0$,求代数式 $a^4+3a^3-a^2-5a+\dfrac{1}{a}-2$ 的值(　　)。

   A. 0　　B. a　　C. $3a$　　D. -3　　E. 以上结论均不正确

3. 已知 $a+b+c=1$, $\dfrac{1}{a+2}+\dfrac{1}{b+3}+\dfrac{1}{c+4}=0$,则 $(a+2)^2+(b+3)^2+(c+4)^2 =$ (　　)。

   A. 1　　B. 10　　C. 100　　D. 180　　E. 210

4. $a^3+a^2c+b^2c-abc+b^3=0$。

   (1) $abc=0$。　　(2) $a+b+c=0$。

5. 有 $a=b=c=d$ 成立。

   (1) $a^2+b^2+c^2+d^2-ab-bc-cd-da=0$。

   (2) $a^4+b^4+c^4+d^4-4abcd=0$。

6. $\dfrac{1}{1\times 3}+\dfrac{1}{3\times 5}+\dfrac{1}{5\times 7}+\cdots+\dfrac{1}{99\times 101}=$(　　)。

   A. $\dfrac{21}{101}$　　B. $\dfrac{49}{101}$　　C. $\dfrac{50}{101}$　　D. $\dfrac{99}{101}$　　E. $\dfrac{100}{101}$

7. $\left(\dfrac{1}{1+\sqrt{2}}+\dfrac{1}{\sqrt{2}+\sqrt{3}}+\cdots+\dfrac{1}{\sqrt{2009}+\sqrt{2010}}+\dfrac{1}{\sqrt{2010}+\sqrt{2011}}\right)\times(1+\sqrt{2011})=$(　　)。

   A. 2006　　B. 2007　　C. 2008　　D. 2009　　E. 2010

8. 多项式 $2x^3+ax^2+1$ 可分解因式为三个一次因式的乘积。

   (1) $a=-3$。　　(2) $a=-5$。

9. $x^2-axy-10y^2+x+9y-2=0$ 的图像表示的是两条直线。

   (1) $a=3$。　　(2) $a=-3$。

10. (2009-10) 二次三项式 x^2+x-6 是多项式 $2x^4+x^3-ax^2+bx+a+b-1$ 的一个因式。

    (1) $a=16$。　　(2) $b=2$。

11. 已知 $f(x)=x^3-2x^2+ax+b$ 除以 x^2-x-2 的余式为 $2x+1$,则 a,b 的值为(　　)。

    A. $a=1, b=-3$　　B. $a=-3, b=1$　　C. $a=-2, b=3$

    D. $a=1, b=3$　　E. $a=-3, b=-1$

12. 设多项式 $f(x)$ 除以 $x-1, x^2-2x+3$ 的余式分别依次为 $2, 4x+6$,则 $f(x)$ 除以 $(x-1)(x^2-2x+3)$ 的余式为(　　)。

A. $4x^2+12x-6$ B. $-4x^2+12x-6$ C. $-4x^2+12x+6$
D. $-4x^2-12x-6$ E. $4x^2-12x-6$

13. (2011-10) 已知 $x(1-kx)^3=a_1x+a_2x^2+a_3x^3+a_4x^4$ 对所有实数 x 成立,则 $a_1+a_2+a_3+a_4=-8$。

    (1) $a_2=-9$。　　　　(2) $a_3=27$。

14. $(x-2)^7$ 的展开式中的 x^3 的系数为(　　)。

    A. 420　　B. 450　　C. 560　　D. 580　　E. 680

15. $\left(x^2+\dfrac{2}{x}\right)^5$ 的展开式中的 x^4 的系数为(　　)。

    A. 40　　B. 45　　C. 46　　D. 47　　E. 48

16. a,b 为自然数,且 $\dfrac{1}{a}$ 和 $\dfrac{1}{b}$ 的算术平均值为 $\dfrac{1}{6}$,则 a 和 b 的算术平均值为(　　)。

    A. 4　　B. 6　　C. 8　　D. 6 或 8　　E. 4 或 6

17. 方程 $(x^2+4x)^2-2(x^2+4x)-15=0$ 有(　　)个整数解。

    A. 2　　B. 3　　C. 4　　D. 5　　E. 6

18. 方程 $4x^2-4xy-3y^2=5$ 的整数解有(　　)组。

    A. 2　　B. 3　　C. 4　　D. 5　　E. 6

19. 已知 x,y,z 不同时为 0,则 $\dfrac{2x^2-3yz+y^2}{x^2-2xy-z^2}=1$。

    (1) $x+y-z=0$。　　　　(2) $x-2y+z=0$。

20. 设二次函数 $f(x)=x^2+2x+3$, $x_1,x_2\in\mathbf{R}$,且 $f(x_1)=f(x_2)$,则 $f(x_1+x_2)=($　　$)$。

    A. 1　　B. 2　　C. 3　　D. 4　　E. 以上结论均不正确

21. 已知函数 $y=x^2-4ax$,当 $1\leqslant x\leqslant 3$ 时,是单调递增函数,则 a 的取值范围是(　　)。

    A. $\left(-\infty,\dfrac{1}{2}\right]$　　　　B. $(-\infty,1]$　　　　C. $\left(\dfrac{1}{2},\dfrac{3}{2}\right]$

    D. $\left[\dfrac{3}{2},+\infty\right)$　　　　E. $\left(-\infty,\dfrac{3}{2}\right)$

22. (2016-1) 已知 $f(x)=x^2+ax+b$,则 $0\leqslant f(1)\leqslant 1$。

    (1) $f(x)$ 在区间 $[0,1]$ 中有两个零点。

    (2) $f(x)$ 在区间 $[1,2]$ 中有两个零点。

23. (2018-1) 设函数 $f(x)=x^2+ax$,则 $f(x)$ 的最小值与 $f(f(x))$ 的最小值相等。

    (1) $a\geqslant 2$。　　　　(2) $a\leqslant 0$。

24. (2020-1) 设函数 $f(x)=(ax-1)(x-4)$,则在 $x=4$ 左侧附近有 $f(x)<0$。

    (1) $a>\dfrac{1}{4}$。　　　　(2) $a<4$。

25. 已知 x,y 为实数,则能确定 $2x^2+3y^2$ 有最小值。

    (1) $x+y=1$。　　　　(2) $xy=1$。

26. 若抛物线 $y=2x^2+8x+m$ 与 x 轴只有一个公共点,则 m 等于(　　)。

    A. 2　　B. 4　　C. 6　　D. 8　　E. 10

27. 若 $3^x + 3^{-x} = 4$，则 $27^x + 27^{-x} = ($ $)$。

　　A. 36　　　B. 48　　　C. 52　　　D. 64　　　E. 以上结论均不正确

28. 函数 $y = a^{2x} + 2a^x - 1 (a > 1)$ 在区间 $[-1, 1]$ 上有最大值 14，则 a 的值是（　　）。

　　A. 3　　　B. $\dfrac{1}{3}$　　　C. 3 或 $\dfrac{1}{3}$　　　D. 3 或 $\dfrac{1}{5}$　　　E. $\dfrac{1}{5}$

29. 若函数 $f(x) = \log_a x$ 在 $[2, 4]$ 上的最大值和最小值之差为 2，则 a 的值为（　　）。

　　A. $\sqrt{2}$　　　　　　B. $\dfrac{1}{2}$ 或 $\sqrt{2}$　　　　　　C. $\dfrac{\sqrt{2}}{2}$ 或 2

　　D. 2　　　　　　　E. $\sqrt{2}$ 或 $\dfrac{\sqrt{2}}{2}$

30. 函数 $y = \log_a(x+3) - 1 (a > 0, a \neq 1)$ 的图像恒过定点 A，若点 A 在直线 $mx + ny + 1 = 0$ 上，其中 $mn > 0$，则 $\dfrac{1}{m} + \dfrac{2}{n}$ 的最小值为（　　）。

　　A. 4　　　B. 6　　　C. 8　　　D. 7　　　E. 5

31. 已知 $a = \log_m \dfrac{x+y}{2}$，$b = \log_m \sqrt{xy}$，$c = \log_m \sqrt{x+y}$，则 $c > b \geqslant a$。

　　(1) $x > 2, y > 2$。　　　　(2) $0 < m < 1$。

32. 已知函数 $f(x) = \begin{cases} |x-1| - 2, & |x| \leqslant 1 \\ \dfrac{1}{1+x^2}, & |x| > 1 \end{cases}$，则 $f\left[f\left(\dfrac{1}{2}\right)\right] = ($ $)$。

　　A. $\dfrac{1}{4}$　　　B. $\dfrac{2}{13}$　　　C. $\dfrac{4}{13}$　　　D. $\dfrac{4}{9}$　　　E. $\dfrac{4}{5}$

强化提升习题详解

1.【解析】两边平方得，$\left(\sqrt{x} + \dfrac{1}{\sqrt{x}}\right)^2 = 3^2$，整理为 $x + \dfrac{1}{x} = 7$，则 $\dfrac{x^2 + 13x + 1}{x} = x + \dfrac{1}{x} + 13 = 7 + 13 = 20$，因此 $\dfrac{x}{x^2 + 13x + 1} = \dfrac{1}{20}$，答案选 D。

2.【解析】$a^2(a^2 + 3a) - a^2 - 5a + \dfrac{1}{a} - 2 = a^2 \times (-1) - a^2 - 5a + \dfrac{1}{a} - 2 = 2(-3a - 1) - 5a + \dfrac{1}{a} - 2 = a + \dfrac{1}{a}$，又 $a^2 + 3a + 1 = 0$ 两边同除以 a，整理得 $a + \dfrac{1}{a} = -3$，即原代数式的值为 -3，答案选 D。

3.【解析】根据公式：若 $\dfrac{1}{a} + \dfrac{1}{b} + \dfrac{1}{c} = 0$，则 $(a+b+c)^2 = a^2 + b^2 + c^2$，利用整体思路，已知 $\dfrac{1}{a+2} + \dfrac{1}{b+3} + \dfrac{1}{c+4} = 0$，则 $(a+2)^2 + (b+3)^2 + (c+4)^2 = [(a+2)+(b+3)+(c+4)]^2 = (1+2+3+4)^2 = 10^2 = 100$，答案选 C。

4.【解析】条件(1)，$abc = 0$，举反例：$a = 0$，此时 b, c 可以任意取值，推不出结论，不充分；条件(2)，原式可分组并利用立方和公式化简得 $(a+b)(a^2 - ab + b^2) + c(a^2 - ab + $

$b^2)=(a+b+c)(a^2-ab+b^2)$,而 $a+b+c=0$,则原式也为 0,充分,答案选 B。

5.【解析】条件(1),等式可以整理为 $\frac{1}{2}[(a-b)^2+(b-c)^2+(c-d)^2+(d-a)^2]=0$,利用平方的非负性可得:$a=b=c=d$,充分;条件(2),等式可以整理为 $(a^4-2a^2b^2+b^4)+(c^4-2c^2d^2+d^4)+(2a^2b^2+2c^2d^2-4abcd)=0$,配方得 $(a^2-b^2)^2+(c^2-d^2)^2+2(ab-cd)^2=0$,利用平方的非负性可得:$a^2=b^2,c^2=d^2,ab=cd$,举反例 $a=b=-c=-d$,不充分,答案选 A。

6.【解析】通过观察发现每一个分式分母的两个因子固定差值为 2,利用基本公式 $\frac{1}{n(n+k)}=\frac{1}{k}\left(\frac{1}{n}-\frac{1}{n+k}\right)$,则原式可以化为 $\frac{1}{2}\left[\left(1-\frac{1}{3}\right)+\left(\frac{1}{3}-\frac{1}{5}\right)+\left(\frac{1}{5}-\frac{1}{7}\right)+\cdots+\left(\frac{1}{99}-\frac{1}{101}\right)\right]=\frac{1}{2}\left(1-\frac{1}{101}\right)=\frac{50}{101}$,答案选 C。

7.【解析】通过观察发现每个式子的分母均含有根号,且根号里面彼此差值固定,可联想到基本公式 $\frac{1}{\sqrt{n}+\sqrt{n+1}}=\sqrt{n+1}-\sqrt{n}$,$\frac{1}{1+\sqrt{2}}=\frac{\sqrt{2}-1}{(1+\sqrt{2})(\sqrt{2}-1)}=\sqrt{2}-1$,则原式化为 $(\sqrt{2}-1+\sqrt{3}-\sqrt{2}+\cdots+\sqrt{2011}-\sqrt{2010})(\sqrt{2011}+1)=(\sqrt{2011}-1)(\sqrt{2011}+1)=2010$,答案选 E。

8.【解析】条件(1),$2x^3-3x^2+1=2x^3-2x^2-x^2+1=2x^2(x-1)-(x+1)(x-1)=(x-1)(2x^2-x-1)=(x-1)^2(2x+1)$,充分;条件(2),$2x^3-5x^2+1=2x^3-x^2-4x^2+1=x^2(2x-1)-(2x+1)(2x-1)=(2x-1)(x^2-2x-1)=(2x-1)(x-\sqrt{2}-1)(x+\sqrt{2}-1)$,也充分,答案选 D。

9.【解析】二次六项式,双十字相乘法分解因式,条件(1),$x^2-3xy-10y^2+x+9y-2=(x+2y-1)(x-5y+2)=0$,则 $x+2y-1=0$ 或 $x-5y+2=0$,表示的是两条直线,充分;条件(2),$x^2+3xy-10y^2+x+9y-2$ 不能进行因式分解,不充分,答案选 A。

10.【解析】根据因式定理:当因式为零时,函数值也为零,令 $x^2+x-6=0$,解得 $x=2$ 或 $x=-3$,则 $\begin{cases} f(2)=2\times2^4+2^3-a\times2^2+b\times2+a+b-1=0 \\ f(-3)=2\times(-3)^4+(-3)^3-a\times(-3)^2+b\times(-3)+a+b-1=0 \end{cases}$,解得 $\begin{cases} a=16 \\ b=3 \end{cases}$,联合也不充分,答案选 E。

11.【解析】$f(x)=x^3-2x^2+ax+b=(x^2-x-2)\times$ 商式 $+(2x+1)$,根据余式定理,令除式 $x^2-x-2=0$,解得 $x=-1$ 或 $x=2$,代入函数得到 $\begin{cases} f(-1)=(-1)^3-2\times(-1)^2+a\times(-1)+b=2\times(-1)+1 \\ f(2)=2^3-2\times2^2+a\times2+b=2\times2+1 \end{cases}$,解得 $\begin{cases} a=1 \\ b=3 \end{cases}$,答案选 D。

12.【解析】根据余式定理可得 $f(1)=2$,而余式 $r(x)$ 的次数要低于除式,可设 $f(x)=(x-1)(x^2-2x+3)\times g(x)+a(x^2-2x+3)+4x+6$,则 $f(1)=a(1^2-2\times1+3)+4\times1+6=2$,解得 $a=-4$,则余式 $r(x)$ 的值为 $a(x^2-2x+3)+4x+6=-4\times(x^2-2x+3)+4x+6=-4x^2+12x-6$,答案选 B。

【技巧】直接将 $x=1$ 代入选项检验余式的值是否为 2,排除选项,答案选 B。

13. 【解析】依照公式 $(a-b)^3=a^3-3a^2b+3ab^2-b^3$，则 $x(1-kx)^3=x-3kx^2+3k^2x^3-k^3x^4$，利用对应项系数相等来求 k，条件(1)，$a_2=-9$，则 $-3k=-9$，解得 $k=3$，令 $x=1$，则 $a_1+a_2+a_3+a_4=(1-k)^3=(1-3)^3=-8$，充分；条件(2)，$a_3=27$，则 $3k^2=27$，解得 $k=\pm 3$，令 $x=1$，则 $a_1+a_2+a_3+a_4=(1-k)^3=(1\pm 3)^3=-8$ 或 64，不充分，答案选 A。

14. 【解析】$C_7^3\times x^3\times(-2)^4=560x^3$，则展开式中的 x^3 的系数为 560，答案选 C。

15. 【解析】$C_5^3\times(x^2)^3\times\left(\dfrac{2}{x}\right)^2=40x^4$，则展开式中的 x^4 的系数为 40，答案选 A。

16. 【解析】方法(1)，整数分离法，$\dfrac{1}{a}+\dfrac{1}{b}=\dfrac{1}{3}$，则 $\dfrac{1}{a}=\dfrac{1}{3}-\dfrac{1}{b}=\dfrac{b-3}{3b}$，$a=\dfrac{3b}{b-3}=\dfrac{3(b-3)+9}{b-3}=3+\dfrac{9}{b-3}$，又 a,b 为自然数，则分母 $b-3$ 应是分子 9 的约数，通过讨论得 $\begin{cases}a=12\\b=4\end{cases}$ 或 $\begin{cases}a=6\\b=6\end{cases}$ 或 $\begin{cases}a=4\\b=12\end{cases}$，因此 a 和 b 的算术平均值为 6 或 8，答案选 D。

方法(2)，因数分解法，$\dfrac{1}{a}+\dfrac{1}{b}=\dfrac{1}{3}$，两边同时乘以 $3ab$ 整理得，$ab-3(a+b)=0$，分解为 $(a-3)(b-3)=9=9\times 1=3\times 3=1\times 9$，则 $\begin{cases}a=12\\b=4\end{cases}$ 或 $\begin{cases}a=6\\b=6\end{cases}$ 或 $\begin{cases}a=4\\b=12\end{cases}$，因此 a 和 b 的算术平均值为 6 或 8，答案选 D。

17. 【解析】方程因式分解整理为 $(x^2+4x+3)(x^2+4x-5)=0$，即 $(x+1)(x+3)(x-1)(x+5)=0$，则方程有 4 个整数解，分别为 $-1,-3,1,-5$，答案选 C。

18. 【解析】原方程可以化为 $(2x-3y)(2x+y)=5=5\times 1=(-5)\times(-1)$，因此 $\begin{cases}2x-3y=5\\2x+y=1\end{cases}$ 或 $\begin{cases}2x-3y=1\\2x+y=5\end{cases}$ 或 $\begin{cases}2x-3y=-5\\2x+y=-1\end{cases}$ 或 $\begin{cases}2x-3y=-1\\2x+y=-5\end{cases}$，解得 $\begin{cases}x=1\\y=-1\end{cases}$ 或 $\begin{cases}x=2\\y=1\end{cases}$ 或 $\begin{cases}x=-1\\y=1\end{cases}$ 或 $\begin{cases}x=-2\\y=-1\end{cases}$，共有 4 组整数解，答案选 C。

19. 【解析】明显需要条件(1)和(2)联合，可得 $y=2x,z=3x$，则 $\dfrac{2x^2-3yz+y^2}{x^2-2xy-z^2}=\dfrac{2x^2-3\times 2x\times 3x+(2x)^2}{x^2-2x\times 2x-(3x)^2}=\dfrac{-12x^2}{-12x^2}=1$，联合充分，答案选 C。

20. 【解析】抛物线的对称轴为 $x=-1$，因为 $f(x_1)=f(x_2)$，则 x_1,x_2 关于对称轴对称，因此 $\dfrac{x_1+x_2}{2}=-1$，即 $x_1+x_2=-2$，$f(x_1+x_2)=f(-2)=(-2)^2+2\times(-2)+3=3$，答案选 C。

21. 【解析】抛物线的单调性主要根据开口方向和对称轴来判断，本题抛物线开口朝上，对称轴为 $x=2a$，因此在对称轴右侧区间单调递增，则 $2a\leqslant 1$，解得 $a\leqslant\dfrac{1}{2}$，答案选 A。

22. 【解析】设函数 $f(x)=x^2+ax+b$ 与 x 轴的两个交点分别为 $(x_1,0)$ 与 $(x_2,0)$，则 $f(x)=(x-x_1)(x-x_2)$，因此 $f(1)=(1-x_1)(1-x_2)$，条件(1)，$0\leqslant x_1\leqslant 1,0\leqslant x_2\leqslant 1$，则 $0\leqslant 1-x_1\leqslant 1,0\leqslant 1-x_2\leqslant 1$，因此 $0\leqslant f(1)\leqslant 1$，充分；条件(2)，$1\leqslant x_1\leqslant 2,1\leqslant x_2\leqslant 2$，则

$-1 \leqslant 1-x_1 \leqslant 0, -1 \leqslant 1-x_2 \leqslant 0$，因此 $0 \leqslant f(1) \leqslant 1$，也充分，答案选 D。

【套路】由于条件给的都是两根的范围，因此本题的关键是将一元二次函数用两根式来表示，一元二次函数表达式有三类：①一般式，$y=ax^2+bx+c$；②顶点式，$y=a\left(x+\dfrac{b}{2a}\right)^2+\dfrac{4ac-b^2}{4a}$；③两根式，$y=a(x-x_1)(x-x_2)$。

【技巧】特值法，条件(1)，令 $x_1=0, x_2=1, f(x)=x(x-1)$，此时 $f(1)=0\in[0,1]$，令 $x_1=0, x_2=\dfrac{1}{2}, f(x)=x\left(x-\dfrac{1}{2}\right)$，此时 $f(1)=\dfrac{1}{2}\in[0,1]$，两组都符合，充分；同理条件(2)也充分，答案选 D。

23.【解析】$f(x)=x^2+ax=\left(x+\dfrac{a}{2}\right)^2-\dfrac{a^2}{4}$，则 $f(x)_{min}=-\dfrac{a^2}{4}$，$f(f(x))=(x^2+ax)^2+a(x^2+ax)=\left(x^2+ax+\dfrac{a}{2}\right)^2-\dfrac{a^2}{4}$，要使 $f(f(x))_{min}=-\dfrac{a^2}{4}$，则需要满足存在 x 的值使得 $x^2+ax+\dfrac{a}{2}=0$，即方程 $x^2+ax+\dfrac{a}{2}=0$ 有实根，$\Delta=a^2-4\times 1\times\dfrac{a}{2}=a^2-2a\geqslant 0$，解得 $a\geqslant 2$ 或 $a\leqslant 0$，两个条件都充分，答案选 D。

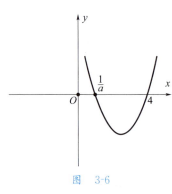

图 3-6

24.【解析】$f(x)=(ax-1)(x-4)$ 的两个零点分别为 $x=4$ 和 $x=\dfrac{1}{a}$，条件(1)，$a>\dfrac{1}{4}$，则抛物线的开口向上，且 $\dfrac{1}{a}<4$，如图 3-6 所示，因此在 $x=4$ 左侧附近有 $f(x)<0$，充分；条件(2)，$a<4$，不妨令 $a=0$，此时 $f(x)=-x+4$，显然当 $x<4$ 时，$f(x)>0$ 恒成立，不充分，答案选 A。

25.【解析】条件(1)，$y=1-x$，代入 $2x^2+3y^2=2x^2+3(1-x)^2=5\left(x-\dfrac{3}{5}\right)^2+\dfrac{6}{5}$，所以当 $x=\dfrac{3}{5}$ 时，有最小值为 $\dfrac{6}{5}$，充分；条件(2)，$2x^2+3y^2\geqslant 2\sqrt{2x^2\times 3y^2}=2\sqrt{6(xy)^2}=2\sqrt{6}$，也充分，答案选 D。

【套路】代数式求最值，常用一元二次函数配方法(几何图像的对称轴)或平均值定理。

26.【解析】抛物线 $y=2x^2+8x+m$ 与 x 轴只有一个公共点，则 $\Delta=8^2-4\times 2\times m=0$，解得 $m=8$，答案选 D。

27.【解析】$27^x+27^{-x}=(3^3)^x+(3^3)^{-x}=(3^x)^3+(3^{-x})^3$，利用整体换元思路，令 $3^x=t$，则 $3^{-x}=\dfrac{1}{t}$，又 $3^x+3^{-x}=4$，即 $t+\dfrac{1}{t}=4$，借助公式 $x^3+\dfrac{1}{x^3}=\left(x+\dfrac{1}{x}\right)\left(x^2-1+\dfrac{1}{x^2}\right)=\left(x+\dfrac{1}{x}\right)\left[\left(x+\dfrac{1}{x}\right)^2-3\right]$ 可求 $t^3+\left(\dfrac{1}{t}\right)^3=\left(t+\dfrac{1}{t}\right)\left[\left(t+\dfrac{1}{t}\right)^2-3\right]=4(4^2-3)=52$，答案选 C。

28.【解析】整体换元，令 $t=a^x$，则 $t>0$，函数可化为 $y=t^2+2t-1=(t+1)^2-2$，其对

称轴为 $t=-1$,开口朝上,当 t 离对称轴越远,函数值越大,由于 $a>1,-1 \leqslant x \leqslant 1$,则 $\dfrac{1}{a} \leqslant a^x \leqslant a$,即 $0 < \dfrac{1}{a} \leqslant t \leqslant a$,所以当 $t=a$ 时,$y_{\max}=(a+1)^2-2=14$,解得 $a=3$ 或 $a=-5$(舍去),答案选 A。

29.【解析】当 $a>1$ 时,对数函数单调递增,此时最大值和最小值之差为 $\log_a 4 - \log_a 2 = 2$,解得 $a=\sqrt{2}$;当 $0<a<1$ 时,对数函数单调递减,此时最大值和最小值之差为 $\log_a 2 - \log_a 4 = 2$,解得 $a=\dfrac{\sqrt{2}}{2}$,因此 a 的值为 $\sqrt{2}$ 或 $\dfrac{\sqrt{2}}{2}$,答案选 E。

30.【解析】$y=\log_a(x+3)-1$ 过定点 $(-2,-1)$,代入直线方程得 $-2m-n+1=0$,整理为 $2m+n=1$,则 $\dfrac{1}{m}+\dfrac{2}{n}=\left(\dfrac{1}{m}+\dfrac{2}{n}\right)(2m+n)=4+\dfrac{4m}{n}+\dfrac{n}{m}\geqslant 4+2\sqrt{\dfrac{4m}{n}\times\dfrac{n}{m}}=8$(平均值定理推导),因此 $\dfrac{1}{m}+\dfrac{2}{n}$ 的最小值为 8,答案选 C。

31.【解析】条件(1)和(2)明显需要联合,根据平均值定理得到 $\dfrac{x+y}{2}\geqslant 2\sqrt{xy}$,而 $x>2$,$y>2$,则 $\dfrac{x+y}{xy}=\dfrac{1}{x}+\dfrac{1}{y}<\dfrac{1}{2}+\dfrac{1}{2}=1$,即 $xy>x+y$,则 $\sqrt{xy}>\sqrt{x+y}$,从而得到 $\dfrac{x+y}{2}\geqslant 2\sqrt{xy}>\sqrt{x+y}$,当 $0<m<1$ 时,$y=\log_m x$ 为单调递减函数,因此可以推出 $c>b\geqslant a$,联合充分,答案选 C。

32.【解析】$f\left(\dfrac{1}{2}\right)=\left|\dfrac{1}{2}-1\right|-2=-\dfrac{3}{2}$,则 $f\left[f\left(\dfrac{1}{2}\right)\right]=f\left(-\dfrac{3}{2}\right)=\dfrac{1}{1+\left(-\dfrac{3}{2}\right)^2}=\dfrac{4}{13}$,答案选 C。

第4章 方程和不等式

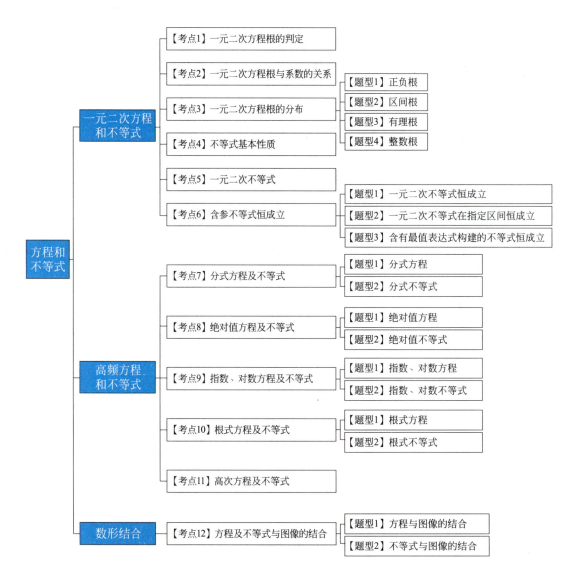

4.1 知识要点归纳

一、一元一次方程

含有未知数的等式称作方程;方程中所含未知数的个数称作"元";方程中未知数最高的指数称作"次"。只含有一个未知数,并且未知数的最高次数是1的方程称作一元一次方程,一般形式:$ax+b=0(a\neq 0)$,方程的解为 $x=-\dfrac{b}{a}$。

二、一元二次方程

(1) 只含有一个未知数,并且未知数的最高次数是2的方程称作一元二次方程,一般形式:$ax^2+bx+c=0(a\neq 0)$。

(2) 一元二次方程根的判别式($\Delta=b^2-4ac$)。

① 当 $\Delta>0$ 时,方程有两个不相等的实数根;

② 当 $\Delta=0$ 时,方程有两个相等的实数根;

③ $\Delta<0$ 时,方程没有实数根。

(3) 一元二次方程根与系数关系(韦达定理)。

设 x_1,x_2 是方程 $ax^2+bx+c=0(a\neq 0)$ 的两根,则

求根公式:$x_1=\dfrac{-b+\sqrt{\Delta}}{2a}$,$x_2=\dfrac{-b-\sqrt{\Delta}}{2a}$;

韦达定理:$x_1+x_2=-\dfrac{b}{a}$,$x_1\times x_2=\dfrac{c}{a}$;

逆定理:若 $x_1+x_2=m$,$x_1\times x_2=n$,则以 x_1,x_2 为根的一元二次方程是 $x^2-mx+n=0$。

韦达定理的扩展及变形:(以下所求式子均可整理为用 x_1+x_2,$x_1\times x_2$ 来表达)

① $\dfrac{1}{x_1}+\dfrac{1}{x_2}=\dfrac{x_1+x_2}{x_1 x_2}$;

② $\dfrac{1}{x_1^2}+\dfrac{1}{x_2^2}=\dfrac{(x_1+x_2)^2-2x_1 x_2}{x_1^2 x_2^2}$;

③ $|x_1-x_2|=\sqrt{(x_1+x_2)^2-4x_1 x_2}=\sqrt{(x_1+x_2)^2-4x_1 x_2}=\sqrt{\left(-\dfrac{b}{a}\right)^2-\dfrac{4c}{a}}=\dfrac{\sqrt{\Delta}}{|a|}$;

④ $x_1^2+x_2^2=(x_1+x_2)^2-2x_1 x_2$;

⑤ $x_1^2-x_2^2=(x_1+x_2)(x_1-x_2)$;

⑥ $x_1^3+x_2^3=(x_1+x_2)(x_1^2-x_1 x_2+x_2^2)=(x_1+x_2)\left[(x_1+x_2)^2-3x_1 x_2\right]$。

三、一元二次函数、方程、不等式的关系

一元二次函数、方程、不等式的关系见表4-1(以 $a>0$ 为例)。

表4-1 函数、方程、不等式关系图

类别	$\Delta>0$	$\Delta=0$	$\Delta<0$
二次函数 $y=ax^2+bx+c(a>0)$ 的图像	$y=ax^2+bx+c$	$y=ax^2+bx+c$	$y=ax^2+bx+c$

续表

类别	$\Delta > 0$	$\Delta = 0$	$\Delta < 0$
一元二次方程 $ax^2 + bx + c = 0 (a > 0)$ 的根	有两相异实根 $x_1, x_2 (x_1 < x_2)$	有两相等实根 $x_1 = x_2 = -\dfrac{b}{2a}$	无实根
$ax^2 + bx + c > 0 (a > 0)$ 的解集	$\{x \mid x < x_1 \text{ 或 } x > x_2\}$	$\left\{x \mid x \neq -\dfrac{b}{2a}\right\}$	$\mathbf{R}$
$ax^2 + bx + c < 0 (a > 0)$ 的解集	$\{x \mid x_1 < x < x_2\}$	$\varnothing$	$\varnothing$

四、不等式的基本性质

(1) 传递性：若 $a > b, b > c$，则 $a > c$；

(2) 乘法性：若 $a > b, c > 0$，则 $ac > bc$，若 $a > b, c < 0$，则 $ac < bc$；

(3) 同向相加性：若 $a > b, c > d$，则 $a + c > b + d$；

(4) 同向相乘性：若 $a > b > 0, c > d > 0$，则 $ac > bd$；

(5) 倒数性：若 $a > b > 0$，则 $\dfrac{1}{b} > \dfrac{1}{a} > 0$；

(6) 乘方性：若 $a > b > 0$，则 $a^n > b^n > 0 (n \in \mathbf{N}^+)$；

(7) 开方性：若 $a > b > 0$，则 $\sqrt[n]{a} > \sqrt[n]{b} > 0 (n \in \mathbf{N}^+)$。

五、分式方程及不等式

(1) 核心要点：解分式方程及不等式的基本思路是将其转化为整式方程及不等式；注意分母不能为零，基本模板如下：

$\dfrac{f(x)}{g(x)} \geqslant 0 \Leftrightarrow f(x) \times g(x) \geqslant 0$ 且 $g(x) \neq 0$；

$\dfrac{f(x)}{g(x)} \leqslant 0 \Leftrightarrow f(x) \times g(x) \leqslant 0$ 且 $g(x) \neq 0$。

(2) 当不确定分母的符号时，移项、通分合并进行求解，基本模板如下：

$\dfrac{f_1(x)}{g_1(x)} \geqslant (\leqslant) \dfrac{f_2(x)}{g_2(x)} \Leftrightarrow \dfrac{f_1(x)}{g_1(x)} - \dfrac{f_2(x)}{g_2(x)} \geqslant (\leqslant) 0 \Leftrightarrow \dfrac{f_1(x)g_2(x) - g_1(x)f_2(x)}{g_1(x)g_2(x)} \geqslant (\leqslant) 0$

六、根式方程及不等式

(1) 核心要点：利用平方法、配方法去根号；注意定义域使根号有意义。

(2) 根式不等式的等价变形如下：

① $\sqrt{f(x)} > \sqrt{g(x)} \Leftrightarrow \begin{cases} f(x) > g(x) \\ f(x) \geqslant 0 \\ g(x) \geqslant 0 \end{cases}$；

② $\sqrt{f(x)} > g(x) \Leftrightarrow \begin{cases} f(x) > [g(x)]^2 \\ f(x) \geqslant 0 \\ g(x) \geqslant 0 \end{cases}$ 或 $\begin{cases} f(x) \geqslant 0 \\ g(x) < 0 \end{cases}$;

③ $\sqrt{f(x)} < g(x) \Leftrightarrow \begin{cases} f(x) < [g(x)]^2 \\ f(x) \geqslant 0 \\ g(x) > 0 \end{cases}$ 。

七、绝对值方程及不等式

绝对值不等式的关键是去掉绝对值符号,处理方法共分为以下三大类。

(1) 形如 $|f(x)| > (<) |g(x)|$,利用平方法,基本模板如下:

$|f(x)| < |g(x)| \Leftrightarrow f(x)^2 < g(x)^2 \Leftrightarrow f(x)^2 - g(x)^2 < 0 \Leftrightarrow [f(x)+g(x)][f(x)-g(x)] < 0$;

$|f(x)| > |g(x)| \Leftrightarrow f(x)^2 > g(x)^2 \Leftrightarrow f(x)^2 - g(x)^2 > 0 \Leftrightarrow [f(x)+g(x)][f(x)-g(x)] > 0$。

(2) 只有一个一次形如 $|ax+b|$,利用分段讨论,基本模板如下:

$|f(x)| < g(x)$,当 $f(x) \geqslant 0$ 时,$f(x) < g(x)$;当 $f(x) < 0$ 时,$-f(x) < g(x)$。

(3) 形如 $|f(x)| > (<) a(a>0)$,利用公式法,基本模板如下:

$|f(x)| < a(a>0) \Leftrightarrow -a < f(x) < a$;

$|f(x)| > a(a>0) \Leftrightarrow f(x) > a$ 或 $f(x) < -a$。

八、指数、对数方程及不等式

1. 核心要点

(1) 指数、对数方程步骤:化同底,换元,解方程,验根。

(2) 指数、对数不等式步骤:化同底,判断单调性,换元,解不等式,与定义域取交集。

2. 指数、对数不等式的等价变形

(1) 指数不等式

当 $a>1$ 时,$a^{f(x)} > a^{g(x)} \Leftrightarrow f(x) > g(x)$;

当 $0<a<1$ 时,$a^{f(x)} > a^{g(x)} \Leftrightarrow f(x) < g(x)$。

(2) 对数不等式

当 $a>1$ 时,$\log_a f(x) > \log_a g(x) \Leftrightarrow f(x) > g(x) > 0$;

当 $0<a<1$ 时,$\log_a f(x) > \log_a g(x) \Leftrightarrow g(x) > f(x) > 0$。

九、高次方程及不等式

主要关注高次不等式、穿根法,基本步骤如下。

(1) 把每个因式最高项系数调整为正(注意不等式大小符号的变化),并分解每个因式。

(2) 对于恒为正的一元二次因式,不等式两边直接同除消掉。

(3) 令每个一次因式为0,得到零点,在 x 轴上标注出来。

(4) 从右上方开始穿根,依次穿过所有根(奇穿偶不穿)。

(5) 位于 x 轴上方的区间,就是令所有因式乘积大于0的解集;位于 x 轴下方的区间,就是令所有因式乘积小于0的解集;位于 x 轴上的点,就是令所有因式乘积等于0的解集(注意最后不等式的解集能否取到等号)。

4.2 基础精讲例题

一、一元二次方程根的判定

【例4-1】(2012-1)一元二次方程 $x^2+bx+1=0$ 有两个不同实根。

(1) $b<-2$。 (2) $b>2$。

【解析】方程有两个不同实根,则 $\Delta=b^2-4>0$,解得 $b<-2$ 或 $b>2$,条件(1)和(2)都充分,答案选D。

【例4-2】(2019-1)关于 x 的方程 $x^2+ax+b-1=0$ 有实根。

(1) $a+b=0$。 (2) $a-b=0$。

【解析】方程有实根,则 $\Delta=a^2-4(b-1)\geq 0$,即 $a^2-4b+4\geq 0$,条件(1),即 $b=-a$,则 $a^2-4b+4=a^2+4a+4=(a+2)^2\geq 0$,充分;条件(2),$b=a$,则 $a^2-4b+4=a^2-4a+4=(a-2)^2\geq 0$,也充分,答案选D。

【例4-3】(2013-1)已知二次函数 $f(x)=ax^2+bx+c$,则方程 $f(x)=0$ 有两个不同实根。

(1) $a+c=0$。 (2) $a+b+c=0$。

【解析】$f(x)$ 为二次函数,所以 $a\neq 0$,要验证 $ax^2+bx+c=0$ 有两个不同实根,只需要满足 $\Delta=b^2-4ac>0$,条件(1),$a+c=0\Rightarrow c=-a$ 代入可得 $\Delta=b^2-4ac=b^2+4a^2>0$,充分;条件(2),$a+b+c=0\Rightarrow b=-(a+c)$ 代入可得 $\Delta=b^2-4ac=[-(a+c)]^2-4ac=(a-c)^2\geq 0$,当 $a=c$ 时,$\Delta=0$,方程有两个相等实根,不充分,答案选A。

【套路】一元二次方程 $ax^2+bx+c=0(a\neq 0)$,当 $ac<0$ 时,Δ 必然大于0,方程一定有两个不同实根。

【例4-4】方程 $x^2+ax+2=0$ 与 $x^2-2x-a=0$ 有一个公共实数解。

(1) $a=3$。 (2) $a=-2$。

【解析】条件(1),当 $a=3$ 时,原方程分别为 $x^2+3x+2=0$ 与 $x^2-2x-3=0$,有一个公共根 $x=-1$,充分;条件(2),当 $a=-2$ 时,原方程均为 $x^2-2x+2=0$,由于 $\Delta=2^2-4\times 1\times 2=-4<0$,因此方程无实数根,不充分,答案选A。

二、一元二次方程根与系数的关系(韦达定理)

【例4-5】(2015-1)已知 x_1,x_2 是方程 $x^2-ax-1=0$ 的两个实数根,则 $x_1^2+x_2^2=$( )。

A. a^2+2 B. a^2+1 C. a^2-1 D. a^2-2 E. $a+2$

【解析】根据韦达定理可得,$x_1+x_2=a,x_1x_2=-1$,则 $x_1^2+x_2^2=(x_1+x_2)^2-2x_1x_2=$

a^2+2,答案选 A。

【例 4-6】 若方程 $x^2+px+q=0$ 的一个根是另一个根的 2 倍,则 p 和 q 应该满足( )。
A. $p^2=4q$ B. $2p^2=9q$ C. $4p=9q^2$
D. $2p=3q^2$ E. 以上结论均不正确

【解析】 设 $x^2+px+q=0$ 的两个根为 a,b,则 $b=2a$,根据韦达定理可得 $a+b=-p=a+2a=3a, ab=q=a\times 2a=2a^2$,整理得 $2p^2=9q$,答案选 B。

【技巧】 因为选项中的等量关系是恒定的,因此可以采用特值法,设方程 $x^2+px+q=0$ 的两个根为 1 和 2,可知 $p=-3, q=2$ 直接代入选项中的等式排除,只有 B 选项符合。

【例 4-7】 已知方程 $3x^2+5x+1=0$ 的两个根为 α 和 β,则 $\sqrt{\dfrac{\beta}{\alpha}}+\sqrt{\dfrac{\alpha}{\beta}}=$( )。

A. $-\dfrac{5\sqrt{3}}{3}$ B. $\dfrac{5\sqrt{3}}{3}$ C. $\dfrac{\sqrt{3}}{5}$ D. $-\dfrac{\sqrt{3}}{5}$ E. 以上结论均不正确

【解析】 已知方程 $3x^2+5x+1=0$ 的两个根为 α,β,利用韦达定理可得 $\alpha+\beta=-\dfrac{5}{3}$,

$\alpha\beta=\dfrac{1}{3}$,则 $\sqrt{\dfrac{\beta}{\alpha}}+\sqrt{\dfrac{\alpha}{\beta}}=\sqrt{\left(\sqrt{\dfrac{\beta}{\alpha}}+\sqrt{\dfrac{\alpha}{\beta}}\right)^2}=\sqrt{\dfrac{(\alpha+\beta)^2}{\alpha\beta}}=\sqrt{\dfrac{\left(-\dfrac{5}{3}\right)^2}{\dfrac{1}{3}}}=\dfrac{5\sqrt{3}}{3}$,答案选 B。

【技巧】 排除法,所求 $\sqrt{\dfrac{\beta}{\alpha}}+\sqrt{\dfrac{\alpha}{\beta}}$ 首先大于 0,排除 A、D,同时根据公式 $a+\dfrac{1}{a}\geq 2(a>0)$,

则 $\sqrt{\dfrac{\beta}{\alpha}}+\sqrt{\dfrac{\alpha}{\beta}}\geq 2\sqrt{\dfrac{\beta}{\alpha}\times\dfrac{\alpha}{\beta}}=2$,排除 C,答案选 B。

【例 4-8】 已知方程 $x^2+5x+k=0$ 的两个实根的差值为 3,则 k 的值为( )。
A. 4   B. 5   C. 6   D. 7   E. 8

【解析】 $|x_1-x_2|=\sqrt{(x_1+x_2)^2-4x_1x_2}=\dfrac{\sqrt{\Delta}}{|a|}=\dfrac{\sqrt{5^2-4k}}{1}=3$,解得 $k=4$,答案选 A。

【技巧】 特值法代入,明显当 $k=4$ 时,方程为 $x^2+5x+4=0$,两个实根是 $-1,-4$,差值为 3,满足要求,答案选 A。

【例 4-9】 设 x_1,x_2 是方程 $x^2-2(k+1)x+k^2+2=0$ 的两个实数根,且 $(x_1+1)(x_2+1)=8$,则 k 的值是( )。
A. 1   B. 2   C. 3   D. 4   E. 5

【解析】 根据韦达定理可得,$x_1+x_2=2(k+1), x_1x_2=k^2+2$,又 $(x_1+1)(x_2+1)=8$,即 $x_1x_2+(x_1+x_2)+1=8$,则 $k^2+2+2(k+1)+1=8$,解得 $k=1$ 或 $k=-3$,而 $k=-3$ 代入原方程 $\Delta<0$,方程无实根,舍去,则 $k=1$,答案选 A。

【例 4-10】 对于一元二次方程 $x^2+px+q=0$,其中 p,q 为已知常数,则方程的两根 $x_1^2+x_2^2=40$。

(1) 甲看错了该方程的常数项,解得两根是 -7 和 3。
(2) 乙看错了该方程的一次项系数,解得两根是 -3 和 4。

【解析】条件(1),甲把 q 看错了,所以 $x_1+x_2=-p=-7+3=-4$,不充分;条件(2),乙把 p 看错了,所以 $x_1x_2=q=(-3)\times 4=-12$,也不充分;考虑联合,则 $\begin{cases} x_1+x_2=-4 \\ x_1x_2=-12 \end{cases}$,所以 $x_1^2+x_2^2=(x_1+x_2)^2-2x_1x_2=16+24=40$,充分,答案选C。

三、一元二次方程根的分布

【例4-11】一元二次方程 $x^2+bx+c=0$ 的两个根为一正一负。
(1) $c<0$。 (2) $b^2-4c>0$。

【解析】方程有一正一负根只需要满足 $x_1x_2<0$,即 $c<0$,条件(1)充分;条件(2),$b^2-4c>0$ 只能推出 $\Delta>0$,方程有两个不同实根,不充分,答案选A。

四、不等式基本性质

【例4-12】(2015-1)已知 a,b 为实数,则 $a\geqslant 2$ 或 $b\geqslant 2$。
(1) $a+b\geqslant 4$。 (2) $ab\geqslant 4$。

【解析】条件(1),$a+b\geqslant 4$,可以推出 a,b 至少有一个大于等于2,即 $a\geqslant 2$ 或 $b\geqslant 2$,充分;条件(2),$ab\geqslant 4$,举反例,$a=-2,b=-2$,推不出结论,不充分,答案选A。

【例4-13】若关于 x 的不等式组 $\begin{cases} 5-2x\geqslant -1 \\ x-a>0 \end{cases}$ 无解,则 a 的取值范围为(   )。

A. $a>3$ B. $a<3$ C. $a\geqslant 3$ D. $a\leqslant 3$ E. $a\geqslant -3$

【解析】不等式组整理得 $\begin{cases} x\leqslant 3 \\ x>a \end{cases}$,因为不等式组无解,则 $a\geqslant 3$,答案选C。

【例4-14】已知 x,y 为实数,则 $x<y$。
(1) $x^2<y$。 (2) $\sqrt{x}<y$。

【解析】条件(1),举反例 $x=0.5,y=0.4$,满足 $x^2<y$,但推不出 $x<y$,不充分;条件(2),举反例 $x=4,y=3$,满足 $\sqrt{x}<y$,但推不出 $x<y$,也不充分;联合起来,由条件(2)可知,$x\geqslant 0,y>0$,当 $0\leqslant x\leqslant 1$ 时,$x<\sqrt{x}$,而 $\sqrt{x}<y$,因此 $x<y$;当 $x>1$ 时,$x<x^2$,而 $x^2<y$,因此 $x<y$,联合充分,答案选C。

五、一元二次不等式

【例4-15】不等式 $-x^2+4x-3>0$ 的解集为(   )。

A. $-3<x<1$ B. $-3<x<-1$ C. $x>3$ 或 $x<1$
D. $1<x<3$ E. 以上结论均不正确

【解析】当二次项系数为负数时,要先化为正,整理为 $x^2-4x+3<0$,因式分解为 $(x-1)(x-3)<0$,解得 $1<x<3$,答案选D。

【例4-16】$ax^2+bx+c>0$ 的解集 $-2<x<3$,则 $bx^2+7ax+c<0$ 的解集为(   )。

A. $-3<x<1$ B. $-6<x<1$ C. $x>1$ 或 $x<-6$
D. $1<x<6$ E. 以上结论均不正确

【解析】已知解集,反求参数,逆向倒推法,$-2<x<3$ 等价形式为 $(x+2)(x-3)<0$,

展开整理为 $x^2-x-6<0$，两边同乘 -1，$-x^2+x+6>0$，又 $ax^2+bx+c>0$，此时可以直接利用特值法，对应项系数相同，则 $a=-1$，$b=1$，$c=6$，代入到 $bx^2+7ax+c<0$，即 $x^2-7x+6<0$，解集为 $1<x<6$，答案选 D。

六、含参不等式恒成立问题

【例 4-17】满足不等式 $(x+4)(x+6)+3>0$ 的所有实数 x 的集合是(　　)。
A. $[4,+\infty)$　　　　　　B. $(4,+\infty)$　　　　　　C. $(-\infty,-2)$
D. $(-\infty,-1)$　　　　　E. $(-\infty,+\infty)$

【解析】不等式整理为 $x^2+10x+27>0$，由于 $\Delta=10^2-4\times27<0$，因此，$x^2+10x+27>0$ 恒成立，解集为 **R**，答案选 E。

【例 4-18】已知不等式 $ax^2+4ax+3\geqslant0$ 的解集为 **R**，则 a 的取值范围为(　　)。
A. $\left[-\dfrac{3}{4},\dfrac{3}{4}\right]$　　　　B. $\left(0,\dfrac{3}{4}\right)$　　　　C. $\left(0,\dfrac{3}{4}\right]$
D. $\left[0,\dfrac{3}{4}\right]$　　　　　E. 以上结论均不正确

【解析】当 $a=0$ 时，$3\geqslant0$，不等式恒成立；当 $a\neq0$ 时，不等式要恒成立，需满足 $\begin{cases}a>0\\ \Delta=(4a)^2-12a\leqslant0\end{cases}$，解得 $0<a\leqslant\dfrac{3}{4}$，综上所述，$0\leqslant a\leqslant\dfrac{3}{4}$，答案选 D。

【套路】当题干中没有明确说明是一元二次不等式时，一定要记得讨论二次项的系数为 0 的情况。

七、分式方程及不等式

【例 4-19】已知 $\dfrac{2x-3}{x^2-x}=\dfrac{A}{x-1}+\dfrac{B}{x}$，其中 A，B 为常数，那么 $A-B$ 的值为(　　)。
A. -2　　　B. -4　　　C. -8　　　D. -12　　　E. 以上结论均不正确

【解析】通过通分，根据多项式相等，利用对应项系数相等来求解，$\dfrac{2x-3}{x^2-x}=\dfrac{A}{x-1}+\dfrac{B}{x}=\dfrac{(A+B)x-B}{x^2-x}$，则 $A+B=2$，$B=3$，则 $A-B=-4$，答案选 B。

【例 4-20】如果 x 满足 $\dfrac{x-1}{3x-2}<0$，则 $\sqrt{4-12x+9x^2}-\sqrt{x^2-2x+1}$ 的值为(　　)。
A. $2x-1$　　B. $1-2x$　　C. $3-4x$　　D. $4x-3$　　E. 以上结论均不正确

【解析】借助公式 $\dfrac{f(x)}{g(x)}<0\Leftrightarrow f(x)\times g(x)<0$ 得，$\dfrac{x-1}{3x-2}<0\Leftrightarrow(x-1)(3x-2)<0$，解得 $\dfrac{2}{3}<x<1$，则 $\sqrt{4-12x+9x^2}-\sqrt{x^2-2x+1}=\sqrt{(3x-2)^2}-\sqrt{(x-1)^2}=|3x-2|-|x-1|=(3x-2)-(1-x)=4x-3$，答案选 D。

【例 4-21】(2013-10) 不等式 $\dfrac{x^2-2x+3}{x^2-5x+6}\geqslant0$ 的解集是(　　)。
A. $(2,3)$　　　　　　　　B. $(-\infty,2]$　　　　　　　　C. $[3,+\infty)$

D. $(-\infty,2]\cup[3,+\infty)$ E. $(-\infty,2)\cup(3,+\infty)$

【解析】分子 x^2-2x+3，$\Delta=(-2)^2-4\times3<0$，因此恒大于零，不等式只需要满足分母 $x^2-5x+6>0$ 即可，整理为 $(x-2)(x-3)>0$，解得 $x>3$ 或 $x<2$，答案选 E。

【技巧】当选项是范围型，可以采用特值法排除，当 $x=2$ 或 $x=3$ 时，分母 $x^2-5x+6=0$，不符合，排除 B、C、D；当 $x=0$ 时，是不等式的解集，排除 A，答案选 E。

八、绝对值方程及不等式

【例 4-22】实数 x 有 4 个互不相等的值。

(1) $|x+2|=\sqrt{x}$。   (2) $||x|-1|=1$。

【解析】条件(1)，两边平方，得 $(x+2)^2=x$，整理为 $x^2+3x+4=0$，由于 $\Delta=9-16=-7<0$，此方程无实根，不充分；条件(2)，$|x|-1=1$ 或 $|x|-1=-1$，解得 $x=\pm2$ 或 $x=0$，有三个不等实根，不充分，答案选 E。

【例 4-23】(2017-1) 不等式 $|x-1|+x\leqslant2$ 的解集为（   ）。

A. $(-\infty,1]$ B. $\left(-\infty,\dfrac{3}{2}\right]$ C. $\left[1,\dfrac{3}{2}\right]$

D. $[1,+\infty)$ E. $\left[\dfrac{3}{2},+\infty\right)$

【解析】去绝对值符号，分情况讨论，当 $x\geqslant1$ 时，$(x-1)+x\leqslant2$，解得 $x\leqslant\dfrac{3}{2}$，因此 $1\leqslant x\leqslant\dfrac{3}{2}$；当 $x<1$ 时，$(1-x)+x\leqslant2$，即 $1\leqslant2$，恒成立，因此 $x<1$，综上所述，$x\leqslant\dfrac{3}{2}$，答案选 B。

【技巧】选项为范围型，采用特值法排除，当 $x=0$ 时，符合不等式，排除 C、D、E；当 $x=\dfrac{3}{2}$ 时，也符合不等式，排除 A，答案选 B。

【例 4-24】$a|a^2-2a+3|\leqslant|a|(a^2-2a+3)$。

(1) $a>0$。   (2) $a<0$。

【解析】由于 a^2-2a+3 恒大于 $0(\Delta<0)$，则 $|a^2-2a+3|=a^2-2a+3$，原式可化简为 $a\leqslant|a|$，显然恒成立，条件(1)、(2)均充分，答案选 D。

九、指数、对数方程及不等式

【例 4-25】关于 x 的方程 $\lg(x^2+11x+8)-\lg(x+1)=1$ 的解为（   ）。

A. 1   B. -2 C. 3   D. 1 或 -2 E. 4

【解析】$\lg(x^2+11x+8)=\lg(x+1)+1=\lg(x+1)+\lg10=\lg10(x+1)$，则 $x^2+11x+8=10(x+1)$，整理为 $x^2+x-2=0$，解得 $x=1$ 或 $x=-2$，而 $x=-2$ 时，$x+1<0$，不满足定义域，因此方程的解为 $x=1$，答案选 A。

【套路】对数函数 $y=\log_a x$ 的定义域：$x>0$。

【例 4-26】$2^{2x-1}-6\times\left(\dfrac{1}{2}\right)^{1-x}<8$ 的解集为（   ）。

A. $x<1$ B. $x<2$ C. $0<x<3$
D. $x<3$ E. 以上结论均不正确

【解析】化同底,$2^{2x-1}-6\times 2^{x-1}<8$,整理为$(2^x)^2\times 2^{(-1)}-6\times 2^x\times 2^{(-1)}<8$,即$(2^x)^2\times \dfrac{1}{2}-6\times 2^x\times \dfrac{1}{2}<8$,令$2^x=t(t>0)$,则$t^2\times \dfrac{1}{2}-6\times t\times \dfrac{1}{2}<8$,即$t^2-6t-16<0$,解得$-2<t<8$,又$t>0$,所以$0<t<8$,即$0<2^x<8$,解得$x<3$,答案选D。

十、根式方程及不等式

【例4-27】不等式$\sqrt{3-x}<x-1$成立。
(1) $x>2$。 (2) $x<3$。

【解析】根据公式$\sqrt{f(x)}<g(x)\Leftrightarrow \begin{cases}f(x)<[g(x)]^2\\f(x)\geqslant 0\\g(x)>0\end{cases}$,可得$\sqrt{3-x}<x-1\Leftrightarrow$
$\begin{cases}3-x<(x-1)^2\\3-x\geqslant 0\\x-1>0\end{cases}$,解得$2<x\leqslant 3$,明显条件(1)、(2)联合充分,答案选C。

十一、高次方程及不等式

【例4-28】(2009-1)$(x^2-2x-8)(2-x)(2x-2x^2-6)>0$。
(1) $x\in(-3,-2)$。 (2) $x\in[2,3]$。

【解析】高次不等式,把每个因式最高项系数先调整为正,$(x^2-2x-8)(x-2)(2x^2-2x+6)>0$,又$2x^2-2x+6$恒大于$0(\Delta<0)$,则$(x^2-2x-8)(x-2)>0$,即$(x+2)(x-4)(x-2)>0$,令每个一次因式为0,得到零点,在$x$轴上标注出来,从右

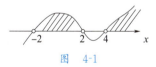
图 4-1

上方开始穿根,依次穿过所有根,如图4-1所示,此题是求所有因式乘积大于0的解集,即位于x轴上方的区间,则$-2<x<2$或$x>4$,因此条件(1)、(2)都不充分,答案选E。

4.3 基础巩固习题

1. 已知关于x的一元二次方程$k^2x^2-(2k+1)x+1=0$有两个相异实根,则k的取值范围为( )。

A. $k>\dfrac{1}{4}$ B. $k\geqslant \dfrac{1}{4}$ C. $k>-\dfrac{1}{4}$且$k\neq 0$
D. $k\geqslant -\dfrac{1}{4}$且$k\neq 0$ E. 以上结论均不正确

2. 关于x的方程$x^2-6x+m=0$的两实根为α和β,且$2\alpha+3\beta=20$,则$m=$( )。
A. -14 B. -16 C. 14 D. 16 E. 18

3. 如果 a,b 都是质数 ($a<b$)，且 $a^2-13a+m=0$，$b^2-13b+m=0$，则 $\dfrac{b}{a}+\dfrac{a}{b}=$ （　　）。

　　A. $\dfrac{123}{22}$　　B. $\dfrac{62}{11}$　　C. $\dfrac{125}{22}$　　D. $\dfrac{127}{22}$　　E. $\dfrac{64}{11}$

4. (2014-10) 关于 x 的方程 $mx^2+2x-1=0$ 有两个不相等的实根。

　　(1) $m>-1$。　　　　　　　　(2) $m\neq 0$。

5. (2013-10) 设 a 是整数，则 $a=2$。

　　(1) 二次方程 $ax^2+8x+6=0$ 有实根。

　　(2) 二次方程 $x^2+5ax+9=0$ 有实根。

6. (2010-10) 一元二次方程 $ax^2+bx+c=0$ 无实根。

　　(1) a,b,c 成等比数列，且 $b\neq 0$。

　　(2) a,b,c 成等差数列。

7. 已知 a,b 是方程 $x^2-4x+m=0$ 的两个根，b,c 是方程 $x^2-8x+5m=0$ 的两个根，则 $m=$（　　）。

　　A. 0　　B. 3　　C. 0 或 3　　D. -3　　E. 0 或 -3

8. (2008-10) 某学生在解方程 $\dfrac{ax+1}{3}-\dfrac{x+1}{2}=1$ 时，误将式中的 $x+1$ 看成 $x-1$，得出的解为 $x=1$，那么 a 的值和原方程的解为（　　）。

　　A. $a=1, x=7$　　　　B. $a=2, x=5$　　　　C. $a=2, x=7$

　　D. $a=5, x=2$　　　　E. $a=5, x=\dfrac{1}{7}$

9. x_1, x_2 是方程 $6x^2-7x+a=0$ 的两个实根，若 $\dfrac{1}{x_1}$ 和 $\dfrac{1}{x_2}$ 的几何平均值为 $\sqrt{3}$，则 a 的值为（　　）。

　　A. 2　　B. 3　　C. 4　　D. -2　　E. -3

10. 设 $a^2+1=3a$，$b^2+1=3b$，且 $a\neq b$，则代数式 $\dfrac{1}{a^2}+\dfrac{1}{b^2}$ 值为（　　）。

　　A. 5　　B. 7　　C. 9　　D. 11　　E. 12

11. 一元二次方程 $x^2+bx+c=0$ 的两根之差的绝对值为 4。

　　(1) $b=4, c=0$。　　(2) $b^2-4c=16$。

12. (2012-10) 设 a,b 为实数，则 $a^2+b^2=16$。

　　(1) a 和 b 是方程 $2x^2-8x-1=0$ 的两个根。

　　(2) $|a-b+3|$ 与 $|2a+b-6|$ 互为相反数。

13. (2010-10) $(\alpha+\beta)^{2009}=1$。

　　(1) $\begin{cases} x+3y=7 \\ \beta x+\alpha y=1 \end{cases}$ 与 $\begin{cases} 3x-y=1 \\ \alpha x+\beta y=2 \end{cases}$ 有相同的解。

　　(2) α 与 β 是方程 $x^2+x-2=0$ 的两个根。

14. 已知二次方程 $x^2-2ax+10x+2a^2-4a-2=0$ 有实根，则其两根之积的最小值为（　　）。

　　A. -4　　B. -3　　C. -2　　D. -1　　E. -6

15. (2012-10)设 a,b 为实数,则 $a=1,b=4$。

(1) 曲线 $y=ax^2+bx+1$ 与 x 轴的两个交点的距离为 $2\sqrt{3}$。

(2) 曲线 $y=ax^2+bx+1$ 关于直线 $x+2=0$ 对称。

16. 方程 $4x^2+(a-2)x+a-5=0$ 有两个不等的负实根。

(1) $a<6$。　　　　　　(2) $a>5$。

17. 已知方程 $(m-1)x^2+3x-1=0$ 的两根都是正数,则 m 的取值范围是(　　)。

A. $-\dfrac{5}{4}<m<1$　　　B. $-\dfrac{5}{4}\leqslant m<1$　　　C. $-\dfrac{5}{4}<m\leqslant 1$

D. $m>1$ 或 $m<-\dfrac{5}{4}$　　E. 以上结论均不正确

18. 已知关于 x 的不等式组 $\begin{cases}x-a\geqslant 0\\ 3-2x>-1\end{cases}$ 的整数解共有 5 个,则 a 的取值范围为(　　)。

A. $a>3$　　　B. $-4\leqslant a\leqslant -3$　　　C. $-4<a\leqslant -3$

D. $a\leqslant -3$　　E. $a\geqslant -3$

19. (2008-1) $ab^2<cb^2$。

(1) 实数 a,b,c 满足 $a+b+c=0$。

(2) 实数 a,b,c 满足 $a<b<c$。

20. 不等式 $(x^4-4)-(x^2-2)\geqslant 0$ 的解集是(　　)。

A. $x\geqslant\sqrt{2}$ 或 $x\leqslant-\sqrt{2}$　　B. $-\sqrt{2}\leqslant x\leqslant\sqrt{2}$　　C. $x>\sqrt{2}$ 或 $x<-\sqrt{2}$

D. $-\sqrt{2}<x<\sqrt{2}$　　E. 空集

21. 已知 $-4x^2+bx+c\geqslant 0$ 的解集为 $-\dfrac{1}{2}\leqslant x\leqslant 3$,则 $b+c=($　　$)$。

A. 10　　B. 12　　C. 13　　D. 16　　E. 以上结论均不正确

22. 不等式 $x^2+ax-a\geqslant 0$ 恒成立。

(1) $|a|<1$。　　　　　　(2) $a<0$。

23. (2011-10)不等式 $ax^2+(a-6)x+2>0$ 对所有实数 x 都成立。

(1) $0<a<3$。　　　　　(2) $1<a<5$。

24. 不等式 $\dfrac{2x-1}{x-1}>\dfrac{x+3}{x+1}$ 的解集包含(　　)个质数。

A. 0　　B. 1　　C. 2　　D. 4　　E. 无数个

25. $0\leqslant x\leqslant 3$。

(1) $|x-1|+|x-3|=2$。　　(2) $||x-2|-x|=2$。

26. 若 x,y 满足 $\begin{cases}2^{x+3}+9^{y+1}=35\\ 8^{\frac{x}{3}}+3^{2y+1}=5\end{cases}$,则 $xy=($　　$)$。

A. $-\dfrac{3}{4}$　　B. $\dfrac{3}{4}$　　C. 1　　D. $-\dfrac{4}{3}$　　E. -1

27. 不等式 $16^x-2^{2+2x}+3<0$ 的解集为(　　)。

A. $0<x<1$　　B. $1<x<\log_4 3$　　C. $1<x<3$

D. $0<x<\log_4 3$　　E. 以上结论均不正确

28. 方程 $\dfrac{1+3^{-x}}{1+3^x}=3$ 的解为(   )。

    A. -1 B. 2 C. -1 或 2 D. 1 E. 1 或 2

29. 不等式 $\sqrt{3x-4}-\sqrt{x-3}>0$ 的解集为(   )。

    A. $x\geqslant 4$ B. $x>3$ C. $x\geqslant 3$ D. $x>4$ E. $3<x\leqslant 4$

30. (2014-10) x 是实数,则 x 的范围是 $(0,1)$。

    (1) $x<\dfrac{1}{x}$。   (2) $2x\geqslant x^2$。

◆ **基础巩固习题详解**

1.【解析】二次项系数 $k\neq 0$ 且 $\Delta=(2k+1)^2-4k^2>0$,解得 $k>-\dfrac{1}{4}$ 且 $k\neq 0$,答案选 C。

2.【解析】利用韦达定理可得 $\alpha+\beta=6$,$\alpha\beta=m$,因此 $2\alpha+3\beta=2(\alpha+\beta)+\beta=2\times 6+\beta=20$,则 $\beta=8$,$\alpha=-2$,$m=\alpha\beta=8\times(-2)=-16$,答案选 B。

3.【解析】因为 $a\neq b$,可将 a,b 看成是方程 $x^2-13x+m=0$ 的两个不同实根,利用韦达定理 $a+b=13$,又 a,b 都是质数 $(a<b)$,则 $a=2$,$b=11$,因此 $\dfrac{b}{a}+\dfrac{a}{b}=\dfrac{11}{2}+\dfrac{2}{11}=\dfrac{125}{22}$,答案选 C。

4.【解析】方程有两个不相等的实根,则二次项系数 $m\neq 0$ 且 $\Delta=2^2-4m\times(-1)>0$,解得 $m>-1$,明显条件(1)、(2)联合充分,答案选 C。

5.【解析】条件(1),二次项系数 $a\neq 0$,$\Delta=8^2-4a\times 6\geqslant 0$,则 $a\leqslant \dfrac{8}{3}$ 且 $a\neq 0$,不充分;条件(2),$\Delta=(5a)^2-4\times 9\geqslant 0$,则 $a\leqslant -\dfrac{6}{5}$ 或 $a\geqslant \dfrac{6}{5}$,也不充分;联合起来,$a\leqslant -\dfrac{6}{5}$ 或 $\dfrac{6}{5}\leqslant a\leqslant \dfrac{8}{3}$,仍然确定不了 a 的值,联合也不充分,答案选 E。

6.【解析】方程无实根,则 $\Delta=b^2-4ac<0$,条件(1),$b^2=ac>0$,则 $\Delta=b^2-4ac=-3b^2<0$,充分;条件(2),$2b=a+c$,取反例,$a=1$,$b=0$,$c=-1$ 时,$\Delta>0$,不充分,答案选 A。

7.【解析】两个方程有一个公共根,采用选项代入排除法,当 $m=0$ 时,两个方程的根分别为 $a=4$,$b=0$ 和 $b=0$,$c=8$;当 $m=3$ 时,两个方程的根分别为 $a=1$,$b=3$ 和 $b=3$,$c=5$,因此 $m=0$ 或 3,答案选 C。

8.【解析】将 $x=1$ 代入 $\dfrac{ax+1}{3}-\dfrac{x-1}{2}=1$,解得 $a=2$,再将 $a=2$ 代入原方程,解得 $x=7$,答案选 C。

【技巧】对于 $\dfrac{ax+1}{3}-\dfrac{x+1}{2}=1$,由于选项 A、B、D、E 中的数值都不能使 $ax+1$ 被分母 3 整除,排除选项答案选 C。

9. 【解析】根据韦达定理可得 $x_1 x_2 = \dfrac{a}{6}$，又 $\dfrac{1}{x_1}, \dfrac{1}{x_2}$ 的几何平均值是 $\sqrt{3}$，则 $\sqrt{\dfrac{1}{x_1} \times \dfrac{1}{x_2}} = \sqrt{3}, \dfrac{1}{x_1} \times \dfrac{1}{x_2} = 3 = \dfrac{6}{a}$，则 $a = 2$，答案选 A。

10. 【解析】因为 $a \neq b$，可将 a, b 看成是方程 $x^2 - 3x + 1 = 0$ 的两个不同实根，利用韦达定理得 $a + b = 3, ab = 1$，则 $\dfrac{1}{a^2} + \dfrac{1}{b^2} = \dfrac{a^2 + b^2}{a^2 b^2} = \dfrac{(a+b)^2 - 2ab}{(ab)^2} = \dfrac{3^2 - 2}{1} = 7$，答案选 B。

11. 【解析】$|x_1 - x_2| = \sqrt{(x_1 - x_2)^2} = \sqrt{(x_1 + x_2)^2 - 4 x_1 x_2} = \sqrt{b^2 - 4c} = 4$，即 $b^2 - 4c = 16$，条件(1)、(2)都可以推出结论，均充分，答案选 D。

12. 【解析】条件(1)，根据韦达定理可得 $a + b = 4, ab = -\dfrac{1}{2}$，因此 $a^2 + b^2 = (a+b)^2 - 2ab = 4^2 - 2 \times \left(-\dfrac{1}{2}\right) = 17$，不充分；条件(2)，$|a - b + 3| + |2a + b - 6| = 0$，利用非负性得 $\begin{cases} a - b + 3 = 0 \\ 2a + b - 6 = 0 \end{cases}$，解得 $\begin{cases} a = 1 \\ b = 4 \end{cases}$，则 $a^2 + b^2 = 1^2 + 4^2 = 17$，也不充分；联合起来无交集，仍然不充分，答案选 E。

13. 【解析】条件(1)，$\begin{cases} x + 3y = 7 \\ 3x - y = 1 \end{cases}$，解得 $\begin{cases} x = 1 \\ y = 2 \end{cases}$，则 $\begin{cases} \beta + 2\alpha = 1 \\ \alpha + 2\beta = 2 \end{cases}$，两式相加整理得 $\alpha + \beta = 1$，则 $(\alpha + \beta)^{2009} = 1$，充分；条件(2)，利用韦达定理可得 $\alpha + \beta = -1$，则 $(\alpha + \beta)^{2009} = -1$，不充分，答案选 A。

14. 【解析】根据韦达定理可得 $x_1 x_2 = 2a^2 - 4a - 2 = 2(a-1)^2 - 4$，又方程有实根，则 $\Delta = (10 - 2a)^2 - 4 \times 1 \times (2a^2 - 4a - 2) \geqslant 0$，解得 $-9 \leqslant a \leqslant 3$，因此当 $a = 1$ 时，$2(a-1)^2 - 4$ 取最小值为 -4，答案选 A。

15. 【解析】条件(1)，设抛物线与 x 轴的两个交点为 $(x_1, 0), (x_2, 0)$，则两个交点的距离 $|x_1 - x_2| = \sqrt{(x_1 - x_2)^2} = \sqrt{(x_1 + x_2)^2 - 4 x_1 x_2} = \sqrt{\left(-\dfrac{b}{a}\right)^2 - 4 \times \dfrac{1}{a}} = 2\sqrt{3}$，即 $\dfrac{b^2 - 4a}{a^2} = 12$，不充分；条件(2)，抛物线的对称轴为 $x = -\dfrac{b}{2a} = -2$，也不充分；考虑联合，可以解得 $a = 1, b = 4$，联合充分，答案选 C。

16. 【解析】方程有两个不等的负实根，则需满足 $\begin{cases} x_1 + x_2 < 0 \\ x_1 x_2 > 0 \\ \Delta > 0 \end{cases}$，即 $\begin{cases} \dfrac{2-a}{4} < 0 \\ \dfrac{a-5}{4} > 0 \\ (a-2)^2 - 16(a-5) > 0 \end{cases}$，解得 $5 < a < 6$ 或 $a > 14$，条件(1)、(2)联合充分，答案选 C。

17.【解析】方程有两个正根,则需满足 $\begin{cases} m-1\neq 0 \\ x_1+x_2>0 \\ x_1x_2>0 \\ \Delta\geqslant 0 \end{cases}$,即 $\begin{cases} m-1\neq 0 \\ -\dfrac{3}{m-1}>0 \\ \dfrac{-1}{m-1}>0 \\ 3^2-4\times(m-1)\times(-1)\geqslant 0 \end{cases}$,解

得 $-\dfrac{5}{4}\leqslant m<1$,答案选 B。

18.【解析】不等式组整理得 $\begin{cases} x\geqslant a \\ x<2 \end{cases}$,即 $a\leqslant x<2$,则不等式的5个整数解应为 $-3,-2,-1,0,1$,因此 $-4<a\leqslant -3$,答案选 C。

19.【解析】条件(1),取反例 $b=0$,不充分;条件(2),取反例 $b=0$,也不充分;条件(1)和(2)联合,同样取反例 $b=0$,仍然不充分,答案选 E。

20.【解析】不等式整理为 $x^4-x^2-2\geqslant 0$,分解得 $(x^2+1)(x^2-2)\geqslant 0$,则 $x^2-2\geqslant 0$,解得 $x\geqslant\sqrt{2}$ 或 $x\leqslant -\sqrt{2}$,答案选 A。

21.【解析】已知解集,反求参数,逆向倒推法,$-\dfrac{1}{2}\leqslant x\leqslant 3$ 等价形式为 $(2x+1)(x-3)\leqslant 0$,展开整理为 $2x^2-5x-3\leqslant 0$,又 $-4x^2+bx+c\geqslant 0$,将 $2x^2-5x-3\leqslant 0$ 两边同乘 -2,得 $-4x^2+10x+6\geqslant 0$,利用对应项系数相同,则 $b=10,c=6,b+c=16$,答案选 D。

【套路】逆向倒推法,最终还原不等式本身,可以很好地避免正负符号的错误。

22.【解析】不等式恒成立,需满足 $\Delta=a^2+4a\leqslant 0$,解得 $-4\leqslant a\leqslant 0$,条件(1)和(2)联合充分,答案选 C。

23.【解析】当 $a=0$ 时,代入到不等式得到 $-6x+2>0$,不等式不是恒成立的;当 $a\neq 0$ 时,不等式恒成立,需满足 $\begin{cases} a>0 \\ \Delta=(a-6)^2-4a\times 2<0 \end{cases}$,解得 $2<a<18$,条件(1)和(2)单独都不充分,联合取交集 $1<a<3$,也不充分,答案选 E。

24.【解析】移项 $\dfrac{2x-1}{x-1}-\dfrac{x+3}{x+1}>0$,通分合并为 $\dfrac{x^2-x+2}{(x-1)(x+1)}>0$,分子 x^2-x+2,由于 $\Delta<0$,因此 x^2-x+2 恒大于零,只需满足 $(x-1)(x+1)>0$ 即可,解得 $x>1$ 或 $x<-1$,包含无数个质数,答案选 E。

25.【解析】条件(1),当 $1\leqslant x\leqslant 3$ 时,$|x-1|+|x-3|$ 有最小值为 $|1-3|=2$,而 $|x-1|+|x-3|=2$,则解集为 $1\leqslant x\leqslant 3$,充分;条件(2),去掉最外面的绝对值,整理得 $|x-2|=x+2$ 或 $|x-2|=x-2$,$|x-2|=x+2$ 时,解得 $x=0$;$|x-2|=x-2$ 时,解得 $x\geqslant 2$,因此 $x=0$ 或 $x\geqslant 2$,不充分,答案选 A。

26.【解析】方程组可以整理为 $\begin{cases} 8\times 2^x+9\times 9^y=35 \\ 2^x+3\times 9^y=5 \end{cases}$,解得 $\begin{cases} 2^x=4 \\ 9^y=\dfrac{1}{3} \end{cases}$,则 $\begin{cases} x=2 \\ y=-\dfrac{1}{2} \end{cases}$,因此 $xy=-1$,答案选 E。

27.【解析】化同底,整理为 $(4^x)^2-4^x\times 4+3<0$,令 $4^x=t(t>0)$,则 $t^2-4t+3<0$,解得 $1<t<3$,即 $1<4^x<3$,解得 $0<x<\log_4 3$,答案选 D。

28.【解析】令 $3^x=t(t>0)$，则 $\frac{1+t^{-1}}{1+t}=3$，整理为 $3t-\frac{1}{t}+2=0$，即 $3t^2+2t-1=0$，解得 $t=-1$（舍弃）或 $t=\frac{1}{3}$，即 $3^x=\frac{1}{3}$，所以 $x=-1$，答案选 A。

29.【解析】不等式整理为 $\sqrt{3x-4}>\sqrt{x-3}$，根据公式 $\sqrt{f(x)}>\sqrt{g(x)}\Leftrightarrow\begin{cases}f(x)>g(x)\\f(x)\geqslant 0\\g(x)\geqslant 0\end{cases}$，则 $\sqrt{3x-4}>\sqrt{x-3}\Leftrightarrow\begin{cases}3x-4>x-3\\3x-4\geqslant 0\\x-3\geqslant 0\end{cases}$，解得 $x\geqslant 3$，答案选 C。

【技巧】特值法排除，当 $x=3$ 时，符合不等式，排除 A、B、D、E，答案选 C。

30.【解析】条件(1)，移项通分整理得 $\frac{x^2-1}{x}<0$，即 $x(x^2-1)<0$，$x(x+1)(x-1)<0$，利用穿根法，如图 4-2 所示，此题是求所有因式乘积小于 0 的解集，即位于 x 轴下方的区间，所以 $x<-1$ 或 $0<x<1$，不充分；条件(2)，$2x>x^2$，整理为 $x(x-2)<0$，解得 $0<x<2$，也不充分；联合起来，$0<x<1$，联合充分，答案选 C。

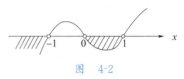

图 4-2

4.4 强化精讲例题

一、一元二次方程根的判定

【例 4-29】方程 $x^2-2(k+1)x+k^2+2=0$ 有两个实根。

(1) $k>\frac{1}{2}$。　　　　(2) $k=\frac{1}{2}$。

【解析】方程有两个实根，则 $\Delta=[2(k+1)]^2-4(k^2+2)\geqslant 0$，解得 $k\geqslant\frac{1}{2}$，两个条件均充分，答案选 D。

【例 4-30】(2014-1)方程 $x^2+2(a+b)x+c^2=0$ 有实根。

(1) a,b,c 是一个三角形的三边长。

(2) 实数 a,c,b 成等差数列。

【解析】方程有实根，则 $\Delta=[2(a+b)]^2-4c^2\geqslant 0$，即 $(a+b)^2\geqslant c^2$，条件(1)，a,b,c 是一个三角形的三边长，则 $a+b>c>0$，能推出 $(a+b)^2\geqslant c^2$，充分；条件(2)，a,c,b 成等差数列，则 $a+b=2c$，因此 $(a+b)^2=(2c)^2=4c^2\geqslant c^2$，也充分，答案选 D。

二、一元二次方程根与系数的关系（韦达定理）

【例 4-31】设方程 $3x^2-8x+a=0$ 的两个实根为 x_1 和 x_2，若 $\frac{1}{x_1}$ 和 $\frac{1}{x_2}$ 的算术平均值为 2，则 a 的值等于(　　)。

A. -2 B. -1 C. 1 D. $\dfrac{1}{2}$ E. 2

【解析】根据韦达定理可得 $x_1+x_2=\dfrac{8}{3}$, $x_1x_2=\dfrac{a}{3}$, 又 $\dfrac{1}{x_1}$, $\dfrac{1}{x_2}$ 的算术平均值为 2, 即 $\dfrac{1}{x_1}+\dfrac{1}{x_2}=4$, 则 $\dfrac{1}{x_1}+\dfrac{1}{x_2}=\dfrac{x_1+x_2}{x_1x_2}=\dfrac{\frac{8}{3}}{\frac{a}{3}}=4$, 解得 $a=2$, 答案选 E。

【例 4-32】若方程 $x^2+px+37=0$ 恰有两个正整数解 x_1 和 x_2, 则 $\dfrac{(x_1+1)(x_2+1)}{p}$ 的值是(   )。

A. -2 B. -1 C. 0 D. 1 E. 2

【解析】方程 $x^2+px+37=0$ 恰有两个正整数解, 利用韦达定理可得 $x_1x_2=37$, 又 37 是质数, 只能分解为 $37=1\times 37$, 所以 $x_1=1$, $x_2=37$, $x_1+x_2=-p=1+37=38$, 所以 $p=-38$, 则 $\dfrac{(x_1+1)(x_2+1)}{p}=\dfrac{(1+1)(37+1)}{-38}=-2$, 答案选 A。

【例 4-33】(2016-1) 设抛物线 $y=x^2+2ax+b$ 与 x 轴相交于 A,B 两点, 点 C 坐标为 $(0,2)$, 若 $\triangle ABC$ 的面积等于 6, 则(   )。

A. $a^2-b=9$ B. $a^2+b=9$ C. $a^2-b=36$
D. $a^2+b=36$ E. $a^2-4b=9$

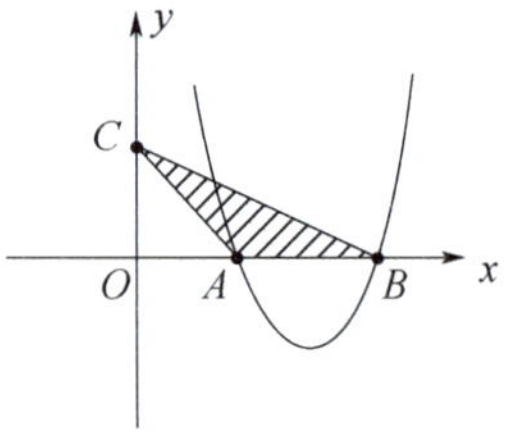

【解析】见图 4-3, 设 $A(x_1,0), B(x_2,0)$, 则 $\triangle ABC$ 底边 $AB=|x_1-x_2|=\sqrt{(x_1-x_2)^2}=\sqrt{(x_1+x_2)^2-4x_1x_2}=\sqrt{(-2a)^2-4b}=\sqrt{4a^2-4b}$, $S_{\triangle ABC}=\dfrac{1}{2}AB\times OC=\dfrac{1}{2}|x_1-x_2|\times 2=6$, 因此 $|x_1-x_2|=6$, 即 $\sqrt{4a^2-4b}=6$, 整理得 $a^2-b=9$, 答案选 A。

图 4-3

【套路】$|x_1-x_2|$ 的几何意义:抛物线与 x 轴两个交点的距离。

【例 4-34】α 与 β 是方程 $x^2-2ax+(a^2+2a+1)=0$ 的两个实根, 则 $\alpha^2+\beta^2$ 的最小值是(   )。

A. $\dfrac{5}{6}$ B. $\dfrac{3}{4}$ C. $\dfrac{2}{3}$ D. $\dfrac{1}{2}$ E. $\dfrac{1}{3}$

【解析】根据韦达定理可得 $\alpha+\beta=2a$, $\alpha\beta=a^2+2a+1$, 则 $\alpha^2+\beta^2=(\alpha+\beta)^2-2\alpha\beta=(2a)^2-2(a^2+2a+1)=2a^2-4a-2$, 又 $\Delta=(2a)^2-4(a^2+2a+1)\geqslant 0$, 解得 $a\leqslant -\dfrac{1}{2}$, 求 $\alpha^2+\beta^2$ 的最小值即求 $f(a)=2a^2-4a-2$ 在指定区间 $a\leqslant -\dfrac{1}{2}$ 的最小值, $f(a)$ 为开口朝上且对称轴为 $a=1$ 的抛物线, 离对称轴越近, 函数值越小, 则 $f(a)_{\min}=f\left(-\dfrac{1}{2}\right)=\dfrac{1}{2}$, 答案选 D。

三、一元二次方程根的分布

一元二次方程 $ax^2+bx+c=0(a\neq 0)$ 根据根的特征分为四大类题型。

1. 正负根

思路:可用韦达定理及判别式 Δ 来判定。

(1) 方程有两个正根,则需满足 $\begin{cases} x_1+x_2>0 \\ x_1x_2>0 \\ \Delta\geqslant 0 \end{cases}$ 。

(2) 方程有两个负根,则需满足 $\begin{cases} x_1+x_2<0 \\ x_1x_2>0 \\ \Delta\geqslant 0 \end{cases}$ 。

(3) 方程有一正根一负根,则需满足 $x_1x_2<0$(省略 $\Delta>0$:因为 $x_1x_2=\dfrac{c}{a}<0\Rightarrow ac<0\Rightarrow \Delta=b^2-4ac>0$)。

(4) 方程有一正根一负根,且正根的绝对值大,则需满足 $\begin{cases} x_1+x_2>0 \\ x_1x_2<0 \end{cases}$ 。

(5) 方程有一正根一负根,且负根的绝对值大,则需满足 $\begin{cases} x_1+x_2<0 \\ x_1x_2<0 \end{cases}$ 。

【例 4-35】关于 x 的方程 $(m-2)x^2-(3m+6)x+6m=0$ 有两个异号根,且负实根的绝对值大于正根,则 m 的取值范围为( )。

A. $-\dfrac{2}{5}\leqslant m<0$ B. $-\dfrac{2}{5}\leqslant m<1$ C. $-\dfrac{2}{5}\leqslant m<10$

D. $\dfrac{2}{5}\leqslant m<10$ E. $0<m<2$

【解析】方程有一正根一负根,且负根的绝对值大,需要满足 $\begin{cases} x_1+x_2<0 \\ x_1x_2<0 \end{cases}$,即

$\begin{cases} \dfrac{3m+6}{m-2}<0 \\ \dfrac{6m}{m-2}<0 \end{cases}$,解得 $0<m<2$,答案选 E。

2. 区间根

思路:根落入到指定区间,可以利用抛物线图像来确定根的区间,需要考虑以下三个要素。

① 对称轴(确定图像的左右位置);
② 判别式 Δ(确定图像的上下位置);
③ 根取所在区间的端点时抛物线函数值的正负性。

根落入的区间形式不同,考虑的要素也不同,具体模板如下。

(1) 形如 $m<x_1<n, p<x_2<q$,或 $m<x_1<n<x_2<p$,只需要考虑③。

(2)形如 $m<x_1<x_2<n$,需要考虑①②③。
(3)形如 $x_1<m<n<x_2$,只需要考虑③。
(4)形如 $m<x_1<x_2$,或 $x_1<x_2<n$,需要考虑①②③。
(5)形如 $x_1<m<x_2$,只需要考虑③。

以(5)为例,$a>0$时,见图4-4,只需满足 $f(m)<0$;$a<0$时,见图4-5,只需满足 $f(m)>0$,即 $af(m)<0$。

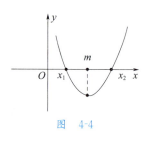

图 4-4

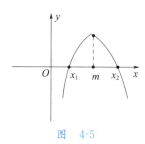

图 4-5

【例4-36】已知方程 $x^2-4x+a=0$ 有两个实根,其中一个根大于3,另一个根小于3,则 a 的范围为(　　)。

　　A. $a\leqslant 3$　　　　　　　　B. $a>3$　　　　　　　　C. $a<3$
　　D. $0<a<3$　　　　　　　E. 以上结论均不正确

【解析】令 $f(x)=x^2-4x+a$,直接套公式 $af(m)<0$ 可得 $1\times(3^2-4\times 3+a)<0$,解得 $a<3$,答案选C。

【例4-37】要使方程 $3x^2+(m-5)x+(m^2-m-2)=0$ 的两根 x_1 和 x_2 分别满足 $0<x_1<1$ 和 $1<x_2<2$,则实数 m 的取值范围(　　)。

　　A. $-2<m<-1$　　　　B. $-4<m<-1$　　　　C. $-4<m<-2$
　　D. $\dfrac{-1-\sqrt{65}}{2}<m<-1$　　　E. $-3<m<1$

【解析】令 $f(x)=3x^2+(m-5)x+(m^2-m-2)$,抛物线开口朝上,方程的根即抛物线与 x 轴交点的横坐标,见图4-6,需要满足:$\begin{cases}f(0)>0\\f(1)<0\\f(2)>0\end{cases}$,即

$\begin{cases}m^2-m-2>0\\3+(m-5)+(m^2-m-2)<0\\3\times 2^2+(m-5)\times 2+(m^2-m-2)>0\end{cases}$,解得 $-2<m<-1$,答案选A。

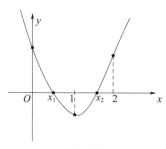

图 4-6

【技巧】特值法排除,当 $m=0$ 时,方程为 $3x^2-5x-2=0$,两根之积 $x_1x_2=-\dfrac{2}{3}<0$,不符合,排除 E;当 $m=-3$ 时,方程为 $3x^2-8x+10=0$,两根之积 $x_1x_2=\dfrac{10}{3}>3$,也不符合,排除 B、C、D,答案选 A。

3. 有理根

一元二次方程 $ax^2+bx+c=0(a\neq 0)$ 的根是有理根,需要满足:判别式 Δ 是完全平方数。根据求根公式 $x_{1,2}=\dfrac{-b\pm\sqrt{\Delta}}{2a}$,当 Δ 是完全平方数时,两根必然是有理根(分数是有理数);当 Δ 不是完全平方数时,两根是无理根,且若已知一个根是 $x_1=m+\sqrt{n}$,由于两根呈对称式,则可以快速得到另外一个根是 $x_2=m-\sqrt{n}$。

【例 4-38】已知 m,n 是有理数,则 $m+n=3$。

(1) 方程 $x^2+mx+n=0$ 有一个根为 $\sqrt{5}-2$。

(2) 方程 $x^2+mx+n=0$ 有一个根为 $\sqrt{5}+2$。

【套路】一元二次方程若已知一个根是 $x_1=m+\sqrt{n}$,则另外一个根是 $x_2=m-\sqrt{n}$,两根呈对称式,条件(1),有一个根为 $\sqrt{5}-2$,则另外一个根是 $-\sqrt{5}-2$,利用韦达定理,$(\sqrt{5}-2)+(-\sqrt{5}-2)=-m$,$(\sqrt{5}-2)(-\sqrt{5}-2)=n$,解得 $m=4$,$n=-1$,则 $m+n=3$,充分;条件(2),同理可得 $m=-4,n=-1$,则 $m+n=-5$,不充分,答案选 A。

4. 整数根

一元二次方程 $ax^2+bx+c=0(a\neq 0)$ 的根是整数根,则需要满足: $\begin{cases}\Delta \text{是完全平方数}\\ x_1+x_2=-\dfrac{b}{a}\in\mathbf{Z}\\ x_1x_2=\dfrac{c}{a}\in\mathbf{Z}\end{cases}$

a 是 b,c 的约数。

【例 4-39】关于 x 的一元二次方程 $ax^2+(a+2)x+a-1=0$ 有且仅有整数根,则 $a=$( )。

A. 1 B. 2 C. 3 D. 4 E. 5

【解析】方程有且仅有整数根,则 $x_1+x_2=-\dfrac{a+2}{a}=-\left(1+\dfrac{2}{a}\right)\in\mathbf{Z}$,$x_1x_2=\dfrac{a-1}{a}=1-\dfrac{1}{a}\in\mathbf{Z}$,所以 $a=\pm 1$,当 $a=1$ 时,原方程的解为 $x_1=0,x_2=-3$;当 $a=-1$ 时,原方程无实数解,综上可得 $a=1$,答案选 A。

四、不等式基本性质

【例 4-40】(2016-1)设 x,y 是实数,则 $x\leqslant 6,y\leqslant 4$。

(1) $x\leqslant y+2$。 (2) $2y\leqslant x+2$。

【解析】显然单独看都不充分,联合起来,两式相加,$x+2y \leqslant y+2+x+2$,整理得 $y \leqslant 4$,而 $x \leqslant y+2$ 可以整理为 $x-2 \leqslant y \leqslant 4$,利用不等式的传递性可得 $x \leqslant 6$,联合充分,答案选 C。

五、一元二次不等式

【例 4-41】 $4x^2 - 4x < 3$。

(1) $x \in \left(-\dfrac{1}{4}, \dfrac{1}{2}\right)$。　　　　(2) $x \in (-1, 0)$。

【解析】$4x^2 - 4x - 3 < 0$,整理为 $(2x+1)(2x-3) < 0$,解得 $-\dfrac{1}{2} < x < \dfrac{3}{2}$,条件(1)充分,条件(2)不充分,答案选 A。

【例 4-42】 不等式 $2x^2 + (2a-b)x + b \geqslant 0$ 的解为 $x \leqslant 1$ 或 $x \geqslant 2$,则 $a+b=($　　)。

A. 1　　　　B. 3　　　　C. 5　　　　D. 7　　　　E. 以上结论均不正确

【解析】已知解集,反求参数,逆向倒推法,$x \leqslant 1$ 或 $x \geqslant 2$ 等价形式为 $(x-1)(x-2) \geqslant 0$,展开整理为 $x^2 - 3x + 2 \geqslant 0$,又 $2x^2 + (2a-b)x + b \geqslant 0$,将 $x^2 - 3x + 2 \geqslant 0$ 两边同乘 2 得 $2x^2 - 6x + 4 \geqslant 0$,利用对应项系数相同,则 $2a - b = -6, b = 4$,所以 $a = -1, a + b = 3$,答案选 B。

六、含参不等式恒成立问题

万能转化公式如下:

$$f(x) > c \text{ 解为 } \varnothing \iff f(x) \leqslant c \text{ 解为 } \mathbf{R} (\text{恒成立})$$

不等式解集为空集问题均可转化为不等式恒成立问题,下面我们主要研究不等式恒成立问题。

题目特征:已知某个不等式恒成立,求其中的参数的取值范围。

常用方法:图像法、分离参数法、最值法等。

1. 一元二次不等式恒成立

$ax^2 + bx + c \geqslant 0 (a \neq 0)$ 恒成立 $\Rightarrow \begin{cases} a > 0 \\ \Delta \leqslant 0 \end{cases}$;

$ax^2 + bx + c \leqslant 0 (a \neq 0)$ 恒成立 $\Rightarrow \begin{cases} a > 0 \\ \Delta \leqslant 0 \end{cases}$。

【例 4-43】 不等式 $(k+3)x^2 - 2(k+3)x + k - 1 < 0$,对 x 的任意数值都成立。

(1) $k = 0$。　　　　(2) $k = -3$。

【解析】当 $k+3 = 0$ 时,$k = -3$,代入到不等式得到 $-4 < 0$,不等式恒成立;当 $k+3 \neq 0$ 时,不等式恒成立,需满足 $\begin{cases} k+3 < 0 \\ \Delta = 4(k+3)^2 - 4(k+3)(k-1) < 0 \end{cases}$,解得 $k < -3$,综上所述,$k \leqslant -3$,明显条件(2)充分,条件(1)不充分,答案选 B。

【套路】一元二次不等式恒成立问题,首先考虑二次项系数是否为 0。

2. 一元二次不等式在指定区间恒成立

【例 4-44】 若不等式 $x^2 - 2x + a \geqslant 0$ 对任何实数 $x \in \left(0, \dfrac{1}{2}\right)$ 都成立，则实数 a 的范围为（ ）。

A. $a \geqslant \dfrac{3}{4}$ B. $a > \dfrac{3}{4}$ C. $a \leqslant \dfrac{3}{4}$

D. $a < \dfrac{3}{4}$ E. 以上结论均不正确

【解析】 令 $f(x) = x^2 - 2x + a$，开口朝上，对称轴 $x = 1$，当 $0 < x < \dfrac{1}{2}$ 时，$f(x) \geqslant 0$ 恒成立，如图 4-7 所示，应满足 $f\left(\dfrac{1}{2}\right) \geqslant 0$，即 $\left(\dfrac{1}{2}\right)^2 - 2 \times \left(\dfrac{1}{2}\right) + a \geqslant 0$，解得 $a \geqslant \dfrac{3}{4}$，答案选 A。

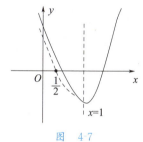

图 4-7

【套路】 一元二次不等式在指定区间恒成立问题与区间根处理方式相似，需要采用图像法，通过研究在区间端点处抛物线函数值的正负性以保证在区间范围内函数值恒大于或小于 0，另外，尤其需要注意开区间和闭区间的端点处抛物线函数值能否取到等于 0 的情况。

3. 含有最值表达式构建的不等式恒成立

若 $f(x)$ 有最大值为 M，最小值为 m，a 为题干中所求参数，会有如下结论，见表 4-2。

表 4-2 最值构建的不等式

题　干	结　论
$a > f(x)$ 恒成立，则 $a > M$	$a > f(x)$ 有解，则 $a > m$
$a \geqslant f(x)$ 恒成立，则 $a \geqslant M$	$a \geqslant f(x)$ 有解，则 $a \geqslant m$
$a < f(x)$ 恒成立，则 $a < m$	$a < f(x)$ 有解，则 $a < M$
$a \leqslant f(x)$ 恒成立，则 $a \leqslant m$	$a \leqslant f(x)$ 有解，则 $a \leqslant M$

【例 4-45】 已知函数 $f(x) = |x-1| + |x-3|$，若关于 x 的不等式 $f(x) > a$ 恒成立，则实数 a 的取值范围为（ ）。

A. $a < 2$ B. $a \geqslant 2$ C. $a \leqslant 2$ D. $a > 2$ E. 以上结论均不正确

【解析】 $|x-1| + |x-3|$ 有最小值 $|1-3| = 2$，$|x-1| + |x-3| > a$ 恒成立，整理为 $a < |x-1| + |x-3|$ 恒成立，则 $a < \left(|x-1| + |x-3|\right)_{\min}$，即 $a < 2$，答案选 A。

【例 4-46】 不等式 $|x-2| + |4-x| < s$ 无解。

(1) $s \leqslant 2$。　　　　　　　(2) $s > 2$。

【解析】 $|x-2| + |4-x| = |x-2| + |x-4|$ 有最小值为 $|2-4| = 2$，不等式 $|x-2| + |4-x| < s$ 无解等价于 $|x-2| + |4-x| \geqslant s$ 恒成立，即 $s \leqslant |x-2| + |4-x|$ 恒成立，则 $s \leqslant \left(|x-2| + |4-x|\right)_{\min}$，即 $s \leqslant 2$，条件(1)充分，条件(2)不充分，答案选 A。

【例4-47】(2014-1)不等式$|x^2+2x+a|\leqslant 1$的解集为空集。

(1) $a<0$。　　　　　　　　(2) $a>2$。

【解析】方法(1),条件(1),举反例$a=-1$,$|x^2+2x-1|\leqslant 1$,不等式明显有解$x=0$,不充分;条件(2),$|x^2+2x+a|=|(x+1)^2+(a-1)|$,由于$a>2$,因此$(x+1)^2+(a-1)$恒大于1,则$|x^2+2x+a|\leqslant 1$的解集为空集,充分,答案选B。

方法(2),结论的等价形式为$|x^2+2x+a|>1$恒成立,即$x^2+2x+a>1$恒成立或$x^2+2x+a<-1$恒成立,$x^2+2x+a-1>0$恒成立,需满足$\Delta=2^2-4(a-1)<0$,解得$a>2$;而$x^2+2x+a-1>0$明显不能恒成立,综上所述$a>2$,条件(2)充分,条件(1)不充分,答案选B。

方法(3),图像法,结论的等价形式为$|x^2+2x+a|>1$恒成立,令$f(x)=x^2+2x+a$,则$|f(x)|=|x^2+2x+a|$,见图4-8,若抛物线$f(x)$与x轴有交点,此时$|f(x)|$最小值为0,不符合要求;见图4-9,如果抛物线$f(x)$都在x轴上方,则$|f(x)|=f(x)$,此时只需要满足对称轴处的函数值$f(-1)=(-1)^2+2\times(-1)+a>1$即可,解得$a>2$,条件(2)充分,答案选B。

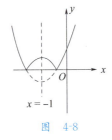

图 4-8

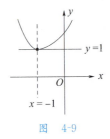

图 4-9

七、分式方程及不等式

1. 分式方程

【例4-48】若关于x的方程$\dfrac{2x+a}{x-2}=-1$的解是正数,则a的取值范围为(　　)。

A. $a<2$且$a\neq -4$　　　　B. $a\leqslant 2$且$a\neq -4$　　　　C. $a<-2$且$a\neq -4$

D. $a\leqslant -2$且$a\neq -4$　　　　E. $a>2$且$a\neq 4$

【解析】方程解得$x=\dfrac{2-a}{3}>0$,则$a<2$,又$x\neq 2$,则$\dfrac{2-a}{3}\neq 2$,所以$a\neq -4$,因此$a<2$且$a\neq -4$,答案选A。

2. 分式不等式

【例4-49】不等式$\dfrac{3x+1}{x-3}\leqslant 1$解集为(　　)。

A. $-3\leqslant x\leqslant 3$　　　　B. $-2\leqslant x<3$　　　　C. $-2\leqslant x\leqslant 3$

D. $-3\leqslant x\leqslant 14$　　　　E. 以上结论均不正确

【解析】移项$\dfrac{3x+1}{x-3}-1\leqslant 0$,通分$\dfrac{3x+1}{x-3}-\dfrac{x-3}{x-3}\leqslant 0$,合并$\dfrac{2x+4}{x-3}\leqslant 0$,借助公式

$\dfrac{f(x)}{g(x)} \leqslant 0 \Leftrightarrow \begin{cases} f(x) \times g(x) \leqslant 0 \\ g(x) \neq 0 \end{cases}$ 得,$\begin{cases} (2x+4)(x-3) \leqslant 0 \\ x-3 \neq 0 \end{cases}$,解得$-2 \leqslant x < 3$,答案选B。

【技巧】 当选项是范围型,可以采用特值法排除,当$x=3$时,分母为零,不符合,排除A、C、D,直接选B。

八、绝对值方程及不等式

1. 绝对值方程

【例4-50】 方程$|x+1|+|x|=2$无根。

(1) $x \in (-\infty, -1)$。　　　　(2) $x \in (-1, 0)$。

【解析】 条件(1),$x < -1$,则$|x+1|+|x|=-(x+1)-x=-2x-1=2$,解得$x=-\dfrac{3}{2}$,有根,不充分;条件(2),$-1 < x < 0$,则$|x+1|+|x|=(x+1)-x=1 \neq 2$,方程无根,充分,答案选B。

2. 绝对值不等式

(1) 形如$|f(x)| > (<) |g(x)|$。

【例4-51】 $|4x-9| < |2x-3|$的解集为(　　)。

A. $x < 2$　　　　　　　　B. $x > 3$　　　　　　　　C. $2 < x < 3$

D. $x < 2$或$x > 3$　　　　E. 以上结论均不正确

【解析】 平方法,$(4x-9)^2 < (2x-3)^2$,避免讨论,可移项利用平方差公式得:$[(4x-9)+(2x-3)][(4x-9)-(2x-3)] < 0$,整理为$(6x-12)(2x-6) < 0$,解得$2 < x < 3$,答案选C。

【技巧】 特值法排除,令$x=0$,不符合不等式,排除A、D;令$x=4$,也不符合不等式,排除B,答案选C。

(2) 不等式中只有一个一次绝对值$|ax+b|$表达式。

【例4-52】 $x^2-x-5 < |2x-1|$有(　　)个整数解。

A. 3　　　B. 4　　　C. 5　　　D. 6　　　E. 7

【解析】 分段讨论,去绝对值符号,当$2x-1 \geqslant 0$,即$x \geqslant \dfrac{1}{2}$时,$x^2-x-5 < 2x-1$,整理为$x^2-3x-4 < 0$,解得$-1 < x < 4$,因此解得$\dfrac{1}{2} \leqslant x < 4$;当$2x-1 < 0$,即$x < \dfrac{1}{2}$时,$x^2-x-5 < 1-2x$,整理为$x^2+x-6 < 0$,解得$-3 < x < 2$,因此$-3 < x < \dfrac{1}{2}$,综上所述,$-3 < x < 4$,整数解集有6个,答案选D。

(3) 形如$|f(x)| > (<) a (a > 0)$。

【例4-53】 不等式$|x^2-x-4| > 2$的解集包含(　　)个10以内的质数。

A. 1　　　B. 2　　　C. 3　　　D. 4　　　E. 5

【解析】 $x^2-x-4 > 2$或$x^2-x-4 < -2$,解得$x > 3$或$x < -2$或$-1 < x < 2$,解集中包含5,7两个10以内的质数,答案选B。

九、指数、对数方程及不等式

1. 指数、对数方程

【例 4-54】 关于 x 的方程 $2^{2x+1} - 9 \times 2^x + 4 = 0$ 的解为（　　）。

A. 1　　　　B. 2　　　　C. -1　　　　D. -1 或 2　　　　E. 1 或 2

【解析】 整理为 $2 \times (2^x)^2 - 9 \times 2^x + 4 = 0$，设 $2^x = t$，则 $2 \times t^2 - 9t + 4 = 0$，解得 $t = 4$ 或 $t = \dfrac{1}{2}$，即 $2^x = 4$ 或 $2^x = \dfrac{1}{2}$，因此 $x = 2$ 或 $x = -1$，答案选 D。

2. 指数、对数不等式

【例 4-55】（2009-1）$|\log_a x| > 1$。

(1) $x \in [2, 4]$，$\dfrac{1}{2} < a < 1$。　　(2) $x \in [4, 6]$，$1 < a < 2$。

【解析】 $|\log_a x| > 1 \Leftrightarrow \log_a x > 1$ 或 $\log_a x < -1$，条件 (1)，当 $\dfrac{1}{2} < a < 1$ 时，$\log_a x$ 为减函数，又 $x \in [2, 4]$，可得 $x > \dfrac{1}{a}$，所以 $\log_a x < \log_a \dfrac{1}{a} = -1$，充分；条件 (2)，当 $1 < a < 2$，$\log_a x$ 为增函数，又 $x \in [4, 6]$，可得 $x > a$，所以 $\log_a x > \log_a a = 1$，充分，答案选 D。

【套路】 对数函数 $y = \log_a x$ 的单调性：当 $a > 1$ 时是单调递增函数；当 $0 < a < 1$ 时是单调递减函数。常用的对数值：$\log_a \dfrac{1}{a} = -1$，$\log_a a = 1$，$\log_a 1 = 0$。

十、根式方程及不等式

1. 根式方程

【例 4-56】 方程 $\sqrt{2x+8} + 2\sqrt{x+5} = 2$ 的根为（　　）。

A. -4　　　　B. 4　　　　C. ± 4　　　　D. 2　　　　E. -2

【解析】 移项得 $\sqrt{2x+8} = 2 - 2\sqrt{x+5}$，两边平方整理得 $4\sqrt{x+5} = x + 8$，再两边平方整理得 $x^2 - 16 = 0$，解得 $x = \pm 4$，$x = 4$ 不满足定义域，舍弃，所以 $x = -4$，答案选 A。

【技巧】 特值法排除，$x = -4$ 满足方程，答案选 A。

2. 根式不等式

【例 4-57】 $\sqrt{1-x^2} < x + 1$。

(1) $x \in [-1, 0]$。　　(2) $x \in \left(0, \dfrac{1}{2}\right]$。

【解析】 方法 (1)，根据公式 $\sqrt{f(x)} < g(x) \Leftrightarrow \begin{cases} f(x) < [g(x)]^2 \\ f(x) \geqslant 0 \\ g(x) > 0 \end{cases}$，可得 $\sqrt{1-x^2} < x + 1 \Leftrightarrow \begin{cases} 1 - x^2 < (x+1)^2 \\ 1 - x^2 \geqslant 0 \\ x + 1 > 0 \end{cases}$，解得 $0 < x \leqslant 1$，条件 (2) 充分，条件 (1) 不充分，答案选 B。

方法(2),图像法,令$y=\sqrt{1-x^2}$,整理为$x^2+y^2=1(y\geq 0)$,图像为上半圆,令$y=x+1$,图像为直线,$\sqrt{1-x^2}<x+1$,见图4-10,即求半圆的图像在直线图像的下方对应的x的区间,观察图像得$0<x\leq 1$,条件(2)充分,条件(1)不充分,答案选B。

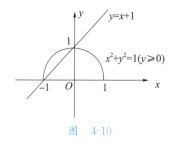

图 4-10

十一、高次方程及不等式

【例4-58】(2008-1)$(2x^2+x+3)(-x^2+2x+3)<0$。
(1) $x\in[-3,-2]$。 (2) $x\in(4,5)$。

【解析】$2x^2+x+3$,$\Delta=1^2-4\times 2\times 3<0$,则其值恒大于0,因此只需要满足$-x^2+2x+3<0$即可,整理为$(x+1)(x-3)>0$,解得$x>3$或$x<-1$,条件(1)、(2)的范围都落在结论的范围中,都充分,答案选D。

【例4-59】分式不等式$\dfrac{2x^2+x+14}{x^2+6x+8}\leq 1$解集中包括( )个整数。

A. 2 B. 3 C. 4 D. 5 E. 无数个

【解析】移项$\dfrac{2x^2+x+14}{x^2+6x+8}-1\leq 0$,通分合并$\dfrac{x^2-5x+6}{x^2+6x+8}\leq 0$,整理$\dfrac{(x-2)(x-3)}{(x+2)(x+4)}\leq 0$,分式化为整式$\begin{cases}(x+4)(x+2)(x-2)(x-3)\leq 0 \\ (x+4)(x+2)\neq 0\end{cases}$,利用穿根

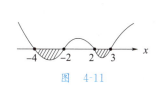

图 4-11

法,见图4-11,此题是求所有因式乘积小于等于0的解集,即位于x轴及下方的区间,注意最后不等式的解集能否取到等号,所以$-4<x<-2$或$2\leq x\leq 3$,解集中包括3个整数,答案选B。

十二、方程及不等式与图像的结合

1. 方程与图像的结合

关于x的方程$f(x)=g(x)$的解的个数,即为$f(x)$与$g(x)$两个函数图像的交点的个数,方程解的具体x的值即为两个图像交点的横坐标的值。

【例4-60】关于x的方程$|x+1|-k=x$有唯一解。
(1) $0<k<3$。 (2) $|k|=2$。

【解析】$|x+1|-k=x\Rightarrow |x+1|=x+k$,利用图像法,令$y=|x+1|$和$y=x+k$,见图4-12,方程有唯一解,则两个函数图像有且仅有一个交点,所求k值为直线$y=x+k$与y轴的截距,观察图像,可得当$k>1$时仅有一个交点,条件(1)、(2)单独都不充分,联合可得$k=2$,充分,答案选C。

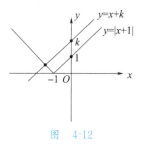

图 4-12

【拓展】函数图像变换有以下三大类。
(1) 平移变换
向左平移m个单位:$x\to x+m$(x轴负方向);
向右平移m个单位:$x\to x-m$(x轴正方向);
向下平移n个单位:$y\to y+n$(y轴负方向);

向上平移n个单位:$y \to y-n$(y轴正方向)。

如:将图像向左平移m个单位,向上平移n个单位。

直线:$ax+by+c=0 \to a(x+m)+b(y-n)+c=0$;

抛物线:$y=ax^2+bx+c \to y-n=a(x+m)^2+b(x+m)+c$;

指数函数:$y=a^x \to y-n=a^{x+m}$;

对数函数:$y=\log_a x \to y-n=\log_a(x+m)$;

圆:$x^2+y^2=r^2 \to (x+m)^2+(y-n)^2=r^2$。

(2) 对称变换

图像关于x轴对称:$y \to -y$;

图像关于y轴对称:$x \to -x$;

图像关于$y=x$对称:$x \to y$且$y \to x$;

图像关于$y=-x$对称:$x \to -y$且$y \to -x$;

如直线$ax+by+c=0$关于$y=-x$对称的直线为$a(-x)+b(-y)+c=0$。

(3) 翻折变换

① $f(x) \to |f(x)|$:先画$f(x)$,再将x轴下方的图像翻折到x轴上方。

直线:$y=kx+b \to y=|kx+b|$,见图4-13;

抛物线:$y=ax^2+bx+c \to y=|ax^2+bx+c|$,见图4-14。

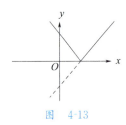

图 4-13

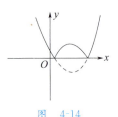

图 4-14

② $f(x) \to f(|x|)$:先画$f(x)$,再将y轴左侧的图像替换成y轴右侧对称过来的图像。

直线:$y=kx+b \to y=k|x|+b$,见图4-15;

抛物线:$y=ax^2+bx+c \to y=a|x|^2+b|x|+c$,见图4-16。

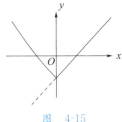

图 4-15

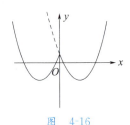

图 4-16

2. 不等式与图像的结合

关于x的不等式$f(x)>g(x)$的解集,即为图像$f(x)$在图像$g(x)$上方时对应的x的区间;

关于x的不等式$f(x)<g(x)$的解集,即为图像$f(x)$在图像$g(x)$下方时对应的x的

区间。

【例 4-61】 如果对任意的实数 x，不等式 $|x+1| \geqslant kx$ 恒成立，则实数 k 的取值范围包含（　　）个整数。

A. 2　　　　B. 4　　　　C. 6

D. 8　　　　E. 无数个

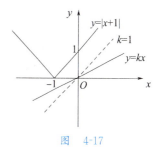

图 4-17

【解析】 令 $y=|x+1|$，令 $y=kx$（直线过原点），如图 4-17 所示，$y=|x+1|$ 的图像要始终在直线 $y=kx$ 的上方，则直线的斜率 $0 \leqslant k \leqslant 1$，取值范围中包含两个整数，答案选 A。

4.5 强化提升习题

1. 关于 x 的一元二次方程 $x^2+(m-2)x+m+1=0$ 有两个相等的实根，则 m 的值是（　　）。

　　A. 0　　　B. 8　　　C. 0 或 8　　　D. $4 \pm 2\sqrt{2}$　　　E. $4 \pm \sqrt{2}$

2. (2013-10) 设 a,b 为常数，则关于 x 的二次方程 $(a^2+1)x^2+2(a+b)x+b^2+1=0$ 具有重实根。

(1) $a,1,b$ 成等差数列。

(2) $a,1,b$ 成等比数列。

3. (2009-1) $3x^2+bx+c=0(c \neq 0)$ 的两个根为 α 和 β，如果又以 $\alpha+\beta$ 和 $\alpha\beta$ 为根的一元二次方程是 $3x^2-bx+c=0$，则 b 和 c 分别为（　　）。

　　A. 2, 6　　　B. 3, 4　　　C. $-2,-6$　　　D. $-3,-6$　　　E. 以上结论均不正确

4. 已知方程 $x^3+2x^2-5x-6=0$ 的三个根为 $x_1=-1, x_2, x_3$，则 $\dfrac{1}{x_2}+\dfrac{1}{x_3}=$（　　）。

　　A. $\dfrac{1}{6}$　　　B. $\dfrac{1}{5}$　　　C. $\dfrac{1}{4}$　　　D. $\dfrac{1}{3}$　　　E. 以上结论均不正确

5. 已知 x_1, x_2 是方程 $x^2-(k-2)x+(k^2+3k+5)=0$ 的两个实根，则 $x_1^2+x_2^2$ 的最大值为（　　）。

　　A. 10　　　B. 12　　　C. 15　　　D. 18　　　E. 19

6. $4x^2-4(m-1)x+m^2=7$ 的两根之差的绝对值大于 2。

(1) $1<m<2$。　　　　(2) $-5<m<-2$。

7. 方程 $f(x)=0$ 有两个实根 α 和 β，则 $\sqrt{\dfrac{\alpha}{\beta}}+\sqrt{\dfrac{\beta}{\alpha}}=4$。

(1) $f(x)=x^2-4x+1$。　　　　(2) $f(x)=x^2+4x+1$。

8. 方程 $x^2-2mx+m^2-4=0$ 有两个不相等的正根。

(1) $m>4$。　　　　(2) $m>3$。

9. 已知方程 $4x^2+2(m-1)x+(2m+3)=0$ 有两个负根，求 m 的取值范围（　　）。

　　A. $m \geqslant 10$　　　　　B. $m \geqslant 11$　　　　　C. $m>11$

　　D. $m \leqslant 11$　　　　　E. $m \geqslant 9$ 或 $m<-2$

10. (2009-10)若关于 x 的二次方程 $mx^2-(m-1)x+m-5=0$ 有两个实根 α 和 β,且满足 $-1<\alpha<0$ 和 $0<\beta<1$,则 m 的取值范围是( )。

　　A. $3<m<4$　　　　　　B. $4<m<5$　　　　　　C. $5<m<6$

　　D. $m>6$ 或 $m<5$　　　E. $m>5$ 或 $m<4$

11. 关于 x 的方程 $x^2+(a-1)x+1=0$ 有两个相异实根,且两根均在区间 $[0,2]$,则 a 的取值范围为( )。

　　A. $-1\leqslant a<1$　　　B. $-\dfrac{3}{2}\leqslant a<-1$　　　C. $-\dfrac{3}{2}\leqslant a<1$

　　D. $-\dfrac{3}{2}\leqslant a<0$　　　E. 以上结论均不正确

12. (2008-1)方程 $2ax^2-2x-3a+5=0$ 的一个根大于1,另一个根小于1。

　　(1) $a>3$。　　　　　　(2) $a<0$。

13. 方程 $x^2-(a+8)x+8a-1=0$ 有两个整数根,则整数 a 的值有( )个。

　　A. 1　　B. 2　　C. 3　　D. 4　　E. 5

14. 不等式组 $\begin{cases} x-1\leqslant a^2 \\ x-4\geqslant 2a \end{cases}$ 有解,则实数 a 的取值范围是( )。

　　A. $-1\leqslant a\leqslant 3$　　　B. $a\leqslant -1$ 或 $a\geqslant 3$　　　C. $a<-1$ 或 $a>3$

　　D. $-1<a<3$　　　　　E. $a\leqslant -3$ 或 $a\geqslant 1$

15. $1<x+y\leqslant\dfrac{4}{3}$。

　　(1) $x>0,y>0$。　　　　(2) $x+y=x^2+y^2+xy$。

16. 已知 $(a^2-1)x^2-(a-1)x-1<0$ 的解集为 $\mathbf{R}$,则实数 a 的取值范围包含( )个整数。

　　A. 1　　B. 2　　C. 3　　D. 4　　E. 5

17. 已知分式 $\dfrac{2x^2+2kx+k}{4x^2+6x+3}<1$ 恒成立,则 k 的范围为( )。

　　A. $k>1$　　　　　　B. $k\leqslant 3$　　　　　　C. $1<k<3$

　　D. $1\leqslant k\leqslant 3$　　　E. 以上结论均不正确

18. 当 $x>1$ 时,$x^2+2x+a^2-4>0$ 恒成立,实数 a 的取值范围为( )。

　　A. $a\geqslant 1$　　　　　B. $a<1$　　　　　C. $a>-1$

　　D. $a<-1$ 或 $a>1$　　E. $a\leqslant -1$ 或 $a\geqslant 1$

19. (2012-10)若不等式 $\dfrac{(x-a)^2+(x+a)^2}{x}>4$ 对 $x\in(0,+\infty)$ 恒成立,则常数 a 的取值范围是( )。

　　A. $(-\infty,-1)$　　　B. $(1,+\infty)$　　　C. $(-1,1)$

　　D. $(-1,+\infty)$　　　E. $(-\infty,-1)\cup(1,+\infty)$

20. 不等式 $|x+3|-|x-1|\leqslant a^2-3a$ 对于 x 取任意值恒成立,则实数 a 的取值范围为( )。

　　A. $(-\infty,-1]\cup[4,+\infty)$　　B. $(-\infty,-2]\cup[5,+\infty)$　　C. $[1,2]$

　　D. $(-\infty,1]\cup[2,+\infty)$　　E. 以上结论均不正确

21. (2008-10)若 $y^2 - 2\left(\sqrt{x} + \dfrac{1}{\sqrt{x}}\right)y + 3 < 0$ 对于一切正实数 x 恒成立,则 y 的取值范围是( )。

　　A. $1 < y < 3$　　　　B. $2 < y < 4$　　　　C. $1 < y < 4$
　　D. $3 < y < 5$　　　　E. $2 < y < 5$

22. 若不等式 $|x-1| + |x-3| \leqslant a$ 有解,则 a 的取值范围为( )。

　　A. $0 < a \leqslant 2$　　　B. $a < 2$　　　　　C. $a \leqslant 2$
　　D. $a \geqslant 2$　　　　　E. $a > 2$

23. 不等式 $\dfrac{9x-5}{x^2-5x+6} \geqslant -2$ 的解集为( )。

　　A. $x < 2$ 或 $x > 5$　　B. $-2 < x < 3$　　　C. $x < 2$ 或 $x > 3$
　　D. $-3 < x < 2$　　　　E. 以上结论均不正确

24. 设函数 $y = \dfrac{1}{2}(x^2 - 100x + 196 + |x^2 - 100x + 196|)$,则当自变量 x 取 $1, 2, 3, \cdots, 100$ 这100个自然数时,函数值的和是( )。

　　A. 540　　B. 390　　C. 194　　D. 97　　E. 80

25. 不等式 $|2-x| + |x-6| > S$ 对于所有的 x 均成立。

　　(1) $S \leqslant 2$。　　　　(2) $S > 2$。

26. 方程 $(\sqrt{2}+1)^x + (\sqrt{2}-1)^x = 6$ 的所有实根之积为( )。

　　A. 2　　B. 4　　C. -2　　D. -4　　E. ± 4

27. 若 $(\log_m x)^2 + 2\log_m x \times \log_m y + (\log_m y)^2 = \dfrac{1}{2}\log_m 2 \times \log_m 4$,则 $xy = ($)。

　　A. $\dfrac{1}{2}$　　B. 1　　C. 2　　D. $\dfrac{1}{2}$ 或 2　　E. 4

28. 不等式 $\sqrt{4-3x} > 2x-1$ 的解集为( )。

　　A. $x \geqslant 4$　　B. $x \leqslant 1$　　C. $x \leqslant 3$　　D. $x < 1$　　E. $3 < x \leqslant 4$

29. 方程 $\sqrt{x-p} = x$ 有两个不相等的正根。

　　(1) $p \geqslant 0$。　　　　(2) $p < \dfrac{1}{4}$。

30. 不等式 $|\sqrt{x-2} - 3| < 1$ 的解集为( )。

　　A. $6 < x < 18$　　　　B. $8 < x < 18$　　　　C. $1 < x < 6$
　　D. $2 < x < 3$　　　　　E. $3 < x < 4$

31. 设 $0 < x < 1$,则不等式 $\dfrac{3x^2-2}{x^2-1} > 1$ 的解集是( )。

　　A. $0 < x < \dfrac{1}{\sqrt{2}}$　　B. $\dfrac{1}{\sqrt{2}} < x < 1$　　C. $0 < x < \sqrt{\dfrac{2}{3}}$
　　D. $\sqrt{\dfrac{2}{3}} < x < 1$　　E. 以上结论均不正确

32. 如果方程$|x|=ax+1$有一个负根,那么a的取值范围是( )。
   A. $a<1$　　B. $a=1$　　C. $a>-1$　　D. $a<-1$　　E. 以上结论均不正确

强化提升习题详解

1. 【解析】根据题意,$\Delta=(m-2)^2-4\times 1\times(m+1)=0$,解得$m=0$或$m=8$,答案选C。

2. 【解析】有重实根即有两个相等的实根,则$\Delta=[2(a+b)]^2-4(a^2+1)(b^2+1)=0$,整理为$a^2b^2-2ab+1=0$,配方得$(ab-1)^2=0$,则$ab=1$,明显条件(1)不充分,条件(2)充分,答案选B。

3. 【解析】根据韦达定理,第一个方程有$\alpha+\beta=-\dfrac{b}{3}$,$\alpha\beta=\dfrac{c}{3}$;第二个方程有$(\alpha+\beta)+\alpha\beta=\dfrac{b}{3}$,$(\alpha+\beta)\alpha\beta=\dfrac{c}{3}$,解得$b=-3,c=-6$,答案选D。

4. 【解析】方程其中一个根为$x_1=-1$,则说明$(x+1)$是多项式x^3+2x^2-5x-6的一个因式,可将多项式利用拆项、补项法分解为$x^3+2x^2-5x-6=(x^3+x^2)+(x^2-5x-6)=x^2(x+1)+(x-6)(x+1)=(x+1)(x^2+x-6)$,则$x_2,x_3$是方程$x^2+x-6=0$的两个不同实根,根据韦达定理可得$x_2+x_3=-1,x_2x_3=-6$,则$\dfrac{1}{x_2}+\dfrac{1}{x_3}=\dfrac{x_2+x_3}{x_2x_3}=\dfrac{-1}{-6}=\dfrac{1}{6}$,答案选A。

5. 【解析】根据韦达定理可得$x_1+x_2=k-2$,$x_1x_2=k^2+3k+5$,$x_1^2+x_2^2=(x_1+x_2)^2-2x_1x_2=(k-2)^2-2(k^2+3k+5)=-k^2-10k-6$,又$\Delta=(k-2)^2-4(k^2+3k+5)\geqslant 0$,解得$-4\leqslant k\leqslant-\dfrac{4}{3}$,求$x_1^2+x_2^2$的最大值即求$f(k)=-k^2-10k-6$在指定区间$-4\leqslant k\leqslant-\dfrac{4}{3}$的最大值,$f(k)$为开口朝下且对称轴为$k=-5$的抛物线,离对称轴越近,函数值越大,则$f(k)_{\min}=f(-4)=18$,答案选D。

6. 【解析】原方程整理为$4x^2-4(m-1)x+m^2-7=0$,两根之差的绝对值大于2,即$|x_1-x_2|=\sqrt{(x_1+x_2)^2-4x_1x_2}=\dfrac{\sqrt{\Delta}}{|a|}=\dfrac{\sqrt{16(m-1)^2-16(m^2-7)}}{4}=\sqrt{8-2m}>2$,解得$m<2$,条件(1)、(2)均充分,答案选D。

7. 【解析】$\left(\sqrt{\dfrac{\alpha}{\beta}}+\sqrt{\dfrac{\beta}{\alpha}}\right)^2=\dfrac{\alpha}{\beta}+\dfrac{\beta}{\alpha}+2=\dfrac{\alpha^2+\beta^2}{\alpha\beta}+2=\dfrac{(\alpha+\beta)^2-2\alpha\beta}{\alpha\beta}+2$,条件(1),$\alpha+\beta=4,\alpha\beta=1$,$\left(\sqrt{\dfrac{\alpha}{\beta}}+\sqrt{\dfrac{\beta}{\alpha}}\right)^2=\dfrac{4^2-2\times 1}{1}+2=16$,则$\sqrt{\dfrac{\alpha}{\beta}}+\sqrt{\dfrac{\beta}{\alpha}}=4$,充分;条件(2),同理也充分,答案选D。

8. 【解析】方程有两个不等的正实根,则需满足$\begin{cases}x_1+x_2>0\\x_1x_2>0\\\Delta>0\end{cases}$,即$\begin{cases}2m>0\\m^2-4>0\\4m^2-4(m^2-4)>0\end{cases}$,

解得 $m>2$，两个条件都充分，答案选 D。

9.【解析】方程有两个负实根，则需满足 $\begin{cases} x_1+x_2<0 \\ x_1x_2>0 \\ \Delta \geqslant 0 \end{cases}$，即 $\begin{cases} -\dfrac{2(m-1)}{4}<0 \\ \dfrac{2m+3}{4}>0 \\ 4(m-1)^2-16(2m+3) \geqslant 0 \end{cases}$，

解得 $m \geqslant 11$，答案选 B。

10.【解析】如图 4-18 所示，令 $f(x)=mx^2-(m-1)x+m-5$，方程的根即抛物线与 x 轴交点的横坐标，需要满足 $\begin{cases} f(-1)f(0)<0 \\ f(0)f(1)<0 \end{cases}$，即 $\begin{cases} (3m-6)(m-5)<0 \\ (m-5)(m-4)<0 \end{cases}$，解得 $4<m<5$，答案选 B。

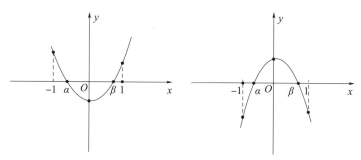

图 4-18

【套路】若二次方程 $f(x)=0$ 的根分布在区间 $\alpha<x<\beta$ 内，则必有 $f(\alpha)f(\beta)<0$。

【技巧】二次项系数 $m \neq 0$，排除 D、E，极端值排除选项，当 $m=4$ 时，方程为 $4x^2-3x-1=0$，即 $(4x+1)(x-1)=0$，解得 $x_1=-\dfrac{1}{4}$，$x_2=1$，明显在极端处；同理当 $m=5$ 时，方程为 $5x^2-4x=0$，解得 $x_1=0$，$x_2=\dfrac{4}{5}$，明显也在极端处，排除 A、C，答案选 B。

11.【解析】令 $f(x)=x^2+(a-1)x+1$，抛物线开口朝上，方程的根即抛物线与 x 轴交点的横坐标，如图 4-19 所示，需要满足：

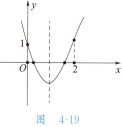

图 4-19

$\begin{cases} f(0) \geqslant 0 \\ f(2) \geqslant 0 \\ 0<-\dfrac{b}{2a}<2 \\ \Delta>0 \end{cases}$，即 $\begin{cases} 1 \geqslant 0 \\ 2^2+(a-1) \times 2+1 \geqslant 0 \\ 0<-\dfrac{a-1}{2}<2 \\ (a-1)^2-4>0 \end{cases}$，解得 $-\dfrac{3}{2} \leqslant a<-1$，答案选 B。

【技巧】特值法排除，当 $a=-1$ 时，方程为 $x^2-2x+1=0$，有两个相等的实根，不符合题干，排除 A、C、D，答案选 B。

12.【解析】令 $f(x)=2ax^2-2x-3a+5$，直接套公式 $af(m)<0$，则 $2a \times (2a-2-3a+5)<0$，解得 $a>3$ 或 $a<0$，条件(1)、(2)均充分，答案选 D。

【套路】$ax^2+bx+c=0$ 的一个根大于 m，另一个根小于 m，则只需要满足 $af(m)<0$。

13.【解析】原方程可整理为$(x-a)(x-8)=1$,直接利用尝试分解法,$(x-a)(x-8)=1=1×1=(-1)×(-1)$,则$\begin{cases}x-a=1\\x-8=1\end{cases}$或$\begin{cases}x-a=-1\\x-8=-1\end{cases}$,解得$x=7$或$x=9$,$a=8$,则整数$a$的值有1个,答案选A。

14.【解析】原不等式组整理为$\begin{cases}x\leqslant a^2+1\\x\geqslant 2a+4\end{cases}$,由于不等式组有解,则$2a+4\leqslant a^2+1$,即$a^2-2a-3\geqslant 0$,解得$a\leqslant -1$或$a\geqslant 3$,答案选B。

15.【解析】条件(1)、(2)明显需要联合,则$x+y=(x+y)^2-xy$,即$(x+y)^2-(x+y)=xy$,根据平均值定理$xy\leqslant\left(\dfrac{x+y}{2}\right)^2$,则$(x+y)^2-(x+y)\leqslant\left(\dfrac{x+y}{2}\right)^2$,解得$0\leqslant x+y\leqslant\dfrac{4}{3}$,又$x>0$,$y>0$,则$(x+y)^2-(x+y)=xy>0$,解得$x+y>1$,因此$1<x+y\leqslant\dfrac{4}{3}$,联合充分,答案选C。

16.【解析】当$a^2-1=0$,即$a=1$或$a=-1$时,不等式的解集分别为R和$x<\dfrac{1}{2}$;当$a^2-1\neq 0$时,需满足$\begin{cases}a^2-1<0\\\Delta=(a-1)^2-4(a^2-1)(-1)<0\end{cases}$,解得$-\dfrac{3}{5}<a<1$,综上所述,$-\dfrac{3}{5}<a\leqslant 1$,取值范围包含2个整数,答案选B。

17.【解析】观察$4x^2+6x+3$的$\Delta<0$,则$4x^2+6x+3$恒大于0,则$2x^2+2kx+2k<4x^2+6x+3$,整理为$2x^2+(6-2k)x+(3-k)>0$恒成立,需满足$\Delta=(6-2k)^2-8(3-k)<0$,解得$1<k<3$,答案选C。

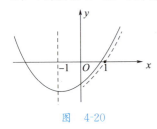

图 4-20

【套路】此类分式不等式恒成立问题,其本质仍然是一元二次不等式恒成立问题,一旦确定分母式子的正负性时,分式不等式可化为整式不等式,最终运用一元二次不等式恒成立的条件,求出相关参数的范围。

18.【解析】图像法,令$f(x)=x^2+2x+a^2-4$,开口朝上,对称轴$x=-1$,当$x>1$时,$f(x)>0$恒成立,如图4-20所示,应满足$f(1)\geqslant 0$,即$1+2+a^2-4\geqslant 0$,解得$a\geqslant 1$或$a\leqslant -1$,答案选E。

【技巧】特值法排除,当$a=\pm 1$时,明显都满足,答案选E。

19.【解析】方法(1),因为$x>0$,则$(x-a)^2+(x+a)^2>4x$,整理为$x^2-2x+a^2>0$,令$f(x)=x^2-2x+a^2$,抛物线开口朝上,对称轴为$x=1$,$f(x)>0$对$x\in(0,+\infty)$恒成立,如图4-21所示,应满足$f(1)=1^2-2\times 1+a^2>0$,解得$a>1$或$a<-1$,答案选E。

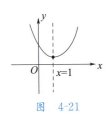

图 4-21

方法(2),原不等式整理为$x+\dfrac{a^2}{x}>2$,不等式对$x\in(0,+\infty)$恒成立,只需要满足$x+\dfrac{a^2}{x}$的最小值大于2即可,由平均值定理得:$x+\dfrac{a^2}{x}\geqslant 2\sqrt{x\times\dfrac{a^2}{x}}=2|a|$,则$2|a|>2$,解得$a>1$或$a<-1$,答案选E。

20.【解析】$|x+3|-|x-1|$有最小值和最大值分别为-4和4,因为$a^2-3a \geqslant |x+3|-|x-1|$恒成立,则$a^2-3a \geqslant (|x+3|-|x-1|)_{max}$,即$a^2-3a \geqslant 4$,解得$a \geqslant 4$或$a \leqslant -1$,答案选A。

21.【解析】利用平均值定理得$\sqrt{x}+\dfrac{1}{\sqrt{x}} \geqslant 2$,又容易得到$y>0$,利用分离参数法,将$y$看成参数,则$\dfrac{y^2+3}{2y}<\sqrt{x}+\dfrac{1}{\sqrt{x}}$恒成立,即$\dfrac{y^2+3}{2y}<2$,解得$1<y<3$,答案选A。

【套路】当不等式中的参数(或关于参数的代数式)能够与其他变量完全分离出来,且分离后不等式另一边的函数最值可求时,常用分离参数法。

【技巧】极限特值,直接令$x=1$,则$y^2-4y+3<0$,解得$1<y<3$,答案选A。

22.【解析】$|x-1|+|x-3|$有最小值$|1-3|=2$,不等式整理为$a \geqslant |x-1|+|x-3|$有解,则$a \geqslant (|x-1|+|x-3|)_{min}$,即$a \geqslant 2$,答案选D。

23.【解析】原不等式移项得$\dfrac{9x-5}{x^2-5x+6}+2 \geqslant 0$,通分合并为$\dfrac{2x^2-x+7}{x^2-5x+6} \geqslant 0$,分子$2x^2-x+7$,由于$\Delta<0$,因此$2x^2-x+7$恒大于零,则$x^2-5x+6>0$,解得$x<2$或$x>3$,答案选C。

24.【解析】$x^2-100x+196=(x-2)(x-98)$,当$2 \leqslant x \leqslant 98$时,$y=0$;当$x=1$时,$y=97$;当$x=99$时,$y=97$;当$x=100$时,$y=196$,则函数值的和是$0+97+97+196=390$,答案选B。

25.【解析】$|2-x|+|x-6|=|x-2|+|x-6|$有最小值为$|2-6|=4$,$S<|2-x|+|x-6|$恒成立,则$S<(|2-x|+|x-6|)_{min}$,即$S<4$,条件(1)充分,条件(2)不充分,答案选A。

26.【解析】令$(\sqrt{2}+1)^x=t$,则原方程为$t+\dfrac{1}{t}=6$,即$t^2-6t+1=0$,解得$t=\dfrac{6 \pm 4\sqrt{2}}{2}=3 \pm 2\sqrt{2}=(\sqrt{2} \pm 1)^2$,则$(\sqrt{2}+1)^x=(\sqrt{2} \pm 1)^2$,解得$x= \pm 2$,所以实根之积为$-4$,答案选D。

27.【解析】等式整理为$(\log_m x+\log_m y)^2=\log_m 2 \times \log_m 4^{\frac{1}{2}}$,即$(\log_m xy)^2=(\log_m 2)^2$,则$\log_m xy=\log_m 2$或$\log_m xy=-\log_m 2=\log_m \dfrac{1}{2}$,因此$xy=2$或$\dfrac{1}{2}$,答案选D。

28.【解析】根据公式$\sqrt{f(x)}>g(x) \Leftrightarrow \begin{cases} f(x)>[g(x)]^2 \\ f(x) \geqslant 0 \\ g(x) \geqslant 0 \end{cases}$ 或 $\begin{cases} f(x) \geqslant 0 \\ g(x)<0 \end{cases}$,可得$\sqrt{4-3x}>2x-1 \Leftrightarrow \begin{cases} 4-3x>(2x-1)^2 \\ 4-3x \geqslant 0 \\ 2x-1 \geqslant 0 \end{cases}$ 或 $\begin{cases} 4-3x \geqslant 0 \\ 2x-1<0 \end{cases}$,解得$\dfrac{1}{2} \leqslant x<1$或$x<\dfrac{1}{2}$,综上所述,$x<1$,答案选D。

【技巧】特值法排除,当$x=1$时,不符合不等式,排除B、C;当$x=4$时,$\sqrt{4-3x}$无意义,排除A、E,答案选D。

29.【解析】原方程两边平方,$x-p=x^2$,整理为$x^2-x+p=0$,即方程有两个不等的正根,则$\begin{cases}\Delta=1-4p>0\\x_1x_2=p>0\end{cases}$,解得$0<p<\dfrac{1}{4}$,条件(1)、(2)单独都不充分,联合也不充分,答案选E。

【技巧】特值法,令$p=0$,原方程为$\sqrt{x}=x$,显然不是两个不相等的正根,条件(1)、(2)范围都包含$p=0$,均不充分,联合也不充分,答案选E。

30.【解析】去绝对值符号,$-1<\sqrt{x-2}-3<1$,即$2<\sqrt{x-2}<4$,两边平方得$2^2<x-2<4^2$,则$6<x<18$,答案选A。

【技巧】特值法排除,当$x=6$或18时,$\sqrt{x-2}-3=\pm1$,是边界值,答案选A。

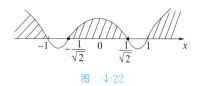

图 4-22

31.【解析】方法(1),移项通分整理为$\dfrac{2x^2-1}{x^2-1}>0$,即$(2x^2-1)(x^2-1)>0$,整理为$\left(x-\dfrac{1}{\sqrt{2}}\right)\left(x+\dfrac{1}{\sqrt{2}}\right)(x+1)(x-1)>0$,利用穿根法,如图4-22所示,此题是求所有因式乘积大于0的解集,即位于x轴上方的区间,又$0<x<1$,因此不等式的解集为$0<x<\dfrac{1}{\sqrt{2}}$,答案选A。

方法(2),因为$0<x<1$,则$3x^2-2<x^2-1$,整理得$2x^2<1$,解得$-\dfrac{1}{\sqrt{2}}<x<\dfrac{1}{\sqrt{2}}$,综上所述,$0<x<\dfrac{1}{\sqrt{2}}$,答案选A。

32.【解析】方法(1),方程有一个负根,则$x<0$,方程为$-x=ax+1$,所以$x=-\dfrac{1}{a+1}<0$,解得$a>-1$,答案选C。

方法(2),图像法,如图4-23所示,令$y=|x|$和$y=ax+1$,方程$|x|=ax+1$有一个负根,则两个函数图像在x轴负方向有一个交点,所求a的范围为直线$y=ax+1$的斜率,观察图像,可得当$a>-1$时在x轴负方向有一个交点,答案选C。

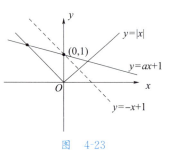

图 4-23

【技巧】特值法排除,当$a=0$时,方程有负根$x=-1$,排除B、D;当$a=1$时,方程有负根$x=-\dfrac{1}{2}$,排除A,答案选C。

第5章 数 列

5.1 知识要点归纳

一、数列概念

1. 基本定义

(1) 数列:按一定次序排列的一列数叫作数列,一般形式为:$a_1, a_2, a_3, \cdots, a_n$,简记为$\{a_n\}$。

(2) 通项公式:$a_n = f(n)$(a_n与项数n之间的函数关系)。

(3) 前n项和S_n:$S_n = a_1 + a_2 + \cdots + a_n = \sum_{i=1}^{n} a_i$。

(4) 数列的分类:递增数列($a_{n+1} > a_n$);递减数列($a_{n+1} < a_n$);常数列($a_{n+1} = a_n$)。

(5) 递推公式:a_n与其前后项之间的关系式,若已知递推公式及首项,可以写出其他项,因此递推公式是确定数列的一种重要方式。

2. a_n 与 S_n 的关系

$$a_n = \begin{cases} a_1 = S_1, & n = 1 \\ S_n - S_{n-1}, & n \geqslant 2 \end{cases}$$

二、等差数列

1. 等差数列定义

一般地，如果一个数列从第 2 项起，每一项与它前一项的差等于同一个常数，这个数列就叫作等差数列，这个常数叫作公差，常用字母 d 表示，即 $a_{n+1} - a_n = d(n = 1, 2, 3, \cdots)$。

2. 等差数列通项公式

$$a_n = a_1 + (n-1)d = a_m + (n-m)d = dn + (a_1 - d)$$

当公差 d 不为零时，可将其看成关于 n 的一次函数 $f(n) = dn + (a_1 - d)$，即直线图像，其斜率为一次项系数 d，在 y 轴上的截距为 $(a_1 - d)$。

如 $a_n = 4n + 2$，可知其通项公式是一个等差数列，且公差 $d = 4$，首项 $a_1 = 6$。

3. 等差数列前 n 项和公式

$$S_n = \frac{n(a_1 + a_n)}{2} = na_1 + \frac{n(n-1)}{2}d = \frac{d}{2}n^2 + \left(a_1 - \frac{d}{2}\right)n$$

当公差 d 不为零时，可将其看成关于 n 的二次函数 $f(n) = \frac{d}{2}n^2 + \left(a_1 - \frac{d}{2}\right)n$，即抛物线图像，其特点如下。

(1) 无常数项，抛物线过原点（重要标志）。

(2) 二次项系数为公差的一半。

(3) $d > 0$ 时，开口朝上；$d < 0$ 时，开口朝下。

(4) 对称轴 $n = \frac{1}{2} - \frac{a_1}{d}$（求最值）。

如 $S_n = 3n^2 - 12n$，可知其求和公式是一个等差数列求和，且公差 $d = 6$，首项 $a_1 = -9$，抛物线对称轴为 $n = 2$，S_n 有最小值为 $S_2 = -12$；

如果 S_n 是一个含有常数项的二次函数，则第一项与其余项不再构成等差数列，但从第二项以后的各项仍然构成等差数列，如 $S_n = 2n^2 - 3n + 4$，所形成的数列为 3, 3, 7, 11, 15, 19, $\cdots$。

4. 等差数列元素及求和性质

(1) a, b, c 成等差数列，则 $2b = a + c$（b 为 a, c 的等差中项）。

(2) 若 $\{a_n\}$ 是等差数列，则 $\{a_n\}$ 中等距离的项也成等差数列。

(3) $m, n, p, q \in \mathbf{N}^+$，若 $m + n = p + q$，则 $a_m + a_n = a_p + a_q$。

(4) 当 $d > 0$ 时，数列 $\{a_n\}$ 单调递增；当 $d < 0$ 时，数列 $\{a_n\}$ 单调递减；当 $d = 0$ 时，$\{a_n\}$ 是

常数列。

(5) 若 S_n 为等差数列 $\{a_n\}$ 的前 n 项和,则 $S_n = na_{\frac{n+1}{2}}$。

(6) 若 S_n 为等差数列 $\{a_n\}$ 的前 n 项和,则 $S_n, S_{2n} - S_n, S_{3n} - S_{2n}, \cdots$ 仍为等差数列,其公差为 $n^2 d$。

三、等比数列

1. 等比数列定义

一般地,如果一个数列从第 2 项起,每一项与它的前一项的比等于一个非零常数,那么这个数列就叫作等比数列,这个常数叫作公比,公比通常用字母 q 表示,即 $\dfrac{a_{n+1}}{a_n} = q(q \neq 0)$。

2. 等比数列通项公式

$$a_n = a_1 q^{n-1} = a_m q^{n-m} = \frac{a_1}{q} q^n$$

当公比 q 不为 1 时,可将其看成关于 n 的指数函数 $f(n) = \dfrac{a_1}{q} q^n$,其底数为公比 q,如 $a_n = 2 \times 3^n$,可知其通项公式是一个等比数列,且公比为 $q = 3, a_1 = 6$。

3. 等比数列前 n 项和公式

$$S_n = \begin{cases} na_1, & q = 1 \\ \dfrac{a_1(1-q^n)}{1-q}, & q \neq 1 \end{cases}$$

4. 等比数列所有项和公式

对于无穷递缩等比数列($|q| < 1$ 且 $q \neq 0$),当 $n \to +\infty$ 时,$q^n \to 0$,则它的所有项的和 $S = \dfrac{a_1}{1-q}$。

5. 等比数列元素及求和性质

(1) 若 a, b, c 成等比数列,则 $b^2 = ac$(b 为 a, c 的等比中项)。

(2) 若 a, b, c 既成等比,又成等差,则 $a = b = c \neq 0$。

(3) 若 $\{a_n\}$ 是等比数列,则 $\{a_n\}$ 中等距离的项也成等比数列。

(4) $m, n, p, q \in \mathbf{N}^+$,若 $m + n = p + q$,则 $a_m \times a_n = a_p \times a_q$。

(5) 若 S_n 为等比数列 $\{a_n\}$ 的前 n 项和,当 $q \neq 1$ 时,$\dfrac{S_n}{S_m} = \dfrac{1-q^n}{1-q^m}$。

(6) 若 S_n 为等比数列 $\{a_n\}$ 的前 n 项和,则 $S_n, S_{2n} - S_n, S_{3n} - S_{2n}, \cdots$ 仍为等比数列,其公比为 q^n。

5.2 基础精讲例题

一、已知 S_n，求通项

【例 5-1】已知数列 $\{a_n\}$ 的前 n 项和 $S_n = n^2 + 2n + 5$，则 $a_6 + a_7 + a_8 + a_9 + a_{10} = ($)。

A. 68　　　B. 80　　　C. 85　　　D. 90　　　E. 100

【解析】$a_6 + a_7 + a_8 + a_9 + a_{10} = S_{10} - S_5$，又 $S_n = n^2 + 2n + 5$，则 $S_{10} - S_5 = (10^2 + 2 \times 10 + 5) - (5^2 + 2 \times 5 + 5) = 85$，答案选 C。

二、等差数列知三求二

【例 5-2】在等差数列 $\{a_n\}$ 中，$a_1 = 2$，$a_4 + a_5 = -3$，则该等差数列的公差是($\quad$)。

A. -2　　　B. -1　　　C. 1　　　D. 2　　　E. 3

【解析】$a_4 + a_5 = (a_1 + 3d) + (a_1 + 4d) = -3$，又 $a_1 = 2$，因此 $d = -1$，答案选 B。

【例 5-3】设 S_n 是等差数列 $\{a_n\}$ 的前 n 项和，$a_2 = 3$，$a_6 = 11$，则 S_7 等于($\quad$)。

A. 13　　　B. 35　　　C. 49　　　D. 63　　　E. 68

【解析】$\begin{cases} a_2 = a_1 + d = 3 \\ a_6 = a_1 + 5d = 11 \end{cases}$，解得 $\begin{cases} a_1 = 1 \\ d = 2 \end{cases}$，则 $S_7 = 7a_1 + \dfrac{7 \times 6}{2} d = 7 \times 1 + \dfrac{7 \times 6}{2} \times 2 = 49$，答案选 C。

【例 5-4】(2014-10) 等差数列 $\{a_n\}$ 的前 n 项和为 S_n，$S_3 = 3$，$S_6 = 24$，则此等差数列的公差 d 等于($\quad$)。

A. 3　　　B. 2　　　C. 1　　　D. $\dfrac{1}{2}$　　　E. $\dfrac{1}{3}$

【解析】方法(1)，根据等差数列求和公式：$S_n = na_1 + \dfrac{n(n-1)}{2} d$，则 $S_3 = 3a_1 + \dfrac{3 \times 2}{2} d = 3$，$S_6 = 6a_1 + \dfrac{6 \times 5}{2} d = 24$，解得 $a_1 = -1$，$d = 2$，答案选 B。

方法(2)，利用等差数列性质：S_n，$S_{2n} - S_n$，$S_{3n} - S_{2n}$ 是公差为 $n^2 d$ 的等差数列，则 $(S_6 - S_3) - S_3 = 3^2 \times d = (24 - 3) - 3 = 18$，解得 $d = 2$，答案选 B。

三、等差数列元素与求和性质

【例 5-5】(2014-1) 已知 $\{a_n\}$ 为等差数列，且 $a_2 - a_5 + a_8 = 9$，则 $a_1 + a_2 + \cdots + a_9 = ($)。

A. 27　　　B. 45　　　C. 54　　　D. 81　　　E. 162

【解析】$S_9 = \dfrac{a_1 + a_9}{2} \times 9$，根据等差数列下角标性质可得，$a_2 + a_8 = 2a_5$，则容易推出 $a_5 = 9$，因此 $S_9 = \dfrac{a_1 + a_9}{2} \times 9 = \dfrac{2a_5}{2} \times 9 = 81$，答案选 D。

【技巧】题干中只有一个关于元素之间的等量关系式，可以采用特值法，令 $d = 0$，则 $a_1 = a_2 = \cdots = a_n = a$，而 $a_2 - a_5 + a_8 = 9$，则 $a = 9$，$S_9 = 9a = 9 \times 9 = 81$，答案选 D。

【例5-6】已知等差数列$\{a_n\}$中,$a_2+a_3+a_{10}+a_{11}=64$,则$S_{12}=($　　$)$。

A. 64　　　　B. 81　　　　C. 128　　　　D. 192　　　　E. 188

【解析】$S_{12}=\dfrac{a_1+a_{12}}{2}\times 12$,根据等差数列下角标性质可得,$a_3+a_{10}=a_2+a_{11}=32$,则 $a_1+a_{12}=32$,因此 $S_{12}=\dfrac{32}{2}\times 12=192$,答案选D。

【技巧】题干中只有一个关于元素之间的等量关系式,可以采用特值法,令$d=0$,则 $a_1=a_2=\cdots=a_n=a$,而 $a_2+a_3+a_{10}+a_{11}=64$,因此 $4a=64$,$S_{12}=12a=64\times 3=192$,答案选D。

【例5-7】(2018-1)设$\{a_n\}$为等差数列,则能确定$a_1+a_2+\cdots+a_9$的值。

(1) 已知a_1的值。

(2) 已知a_5的值。

【解析】已知$\{a_n\}$为等差数列,则根据等差数列下角标性质,有$S_9=\dfrac{a_1+a_9}{2}\times 9=\dfrac{2a_5}{2}\times 9=9a_5$,因此只需要知道$a_5$的值即可,条件(2)充分,条件(1)不充分,答案选B。

【套路】若$\{a_n\}$为等差数列,则前n项和$S_n=na_{\frac{n+1}{2}}$。

【例5-8】(2010-1)已知数列$\{a_n\}$为等差数列,公差为d,$a_1+a_2+a_3+a_4=12$,则$a_4=0$。

(1) $d=-2$。　　　　(2) $a_2+a_4=4$。

【解析】根据等差数列下角标性质可得,$a_1+a_4=a_2+a_3=6$,条件(1),$d=-2$,则$a_1+a_4=a_1+(a_1+3d)=a_1+[a_1+3\times(-2)]=6$,解得$a_1=6$,因此$a_4=a_1+3d=6+3\times(-2)=0$,充分;条件(2),$a_2+a_4=4$,又$a_1+a_4=6$,两式相减可得$a_2-a_1=-2$,即$d=-2$,和条件(1)等价,因此也充分,答案选D。

【例5-9】设$\{a_n\}$是公差为正数的等差数列,若$a_1+a_2+a_3=15$,$a_1a_2a_3=80$,则$a_{11}+a_{12}+a_{13}=($　　$)$。

A. 70　　　　B. 75　　　　C. 90　　　　D. 105　　　　E. 120

【解析】根据等差数列下角标性质可得,$3a_2=15$,则$a_2=5$,而$a_1a_2a_3=80$,则$(a_2-d)a_2(a_2+d)=80$,即$(5-d)\times 5\times(5+d)=80$,解得$d=3$,则$a_{11}+a_{12}+a_{13}=3a_{12}=3(a_2+10d)=3(5+10\times 3)=105$,答案选D。

【例5-10】(2013-1)已知$\{a_n\}$为等差数列,若a_2与a_{10}是方程$x^2-10x-9=0$的两个根,则$a_5+a_7=($　　$)$。

A. -10　　　　B. -9　　　　C. 9　　　　D. 10　　　　E. 12

【解析】由韦达定理和等差数列下角标性质可得,$a_5+a_7=a_2+a_{10}=10$,答案选D。

【例5-11】若在等差数列$\{a_n\}$中,前5项和$S_5=15$,前15项和$S_{15}=120$,则前10项和$S_{10}=($　　$)$。

A. 40　　　　B. 45　　　　C. 50　　　　D. 55　　　　E. 60

【解析】数列$\{a_n\}$为等差数列,则S_5,$S_{10}-S_5$,$S_{15}-S_{10}$也成等差数列,即15,$S_{10}-15$,

$120-S_{10}$ 成等差数列,因此 $15+(120-S_{10})=2(S_{10}-15)$,解得 $S_{10}=55$,答案选 D。

四、等差数列前 n 项和 S_n 的最值

【例 5-12】 设 S_n 是等差数列 $\{a_n\}$ 的前 n 项和,$a_2=6$,$a_6=-2$,则当 $n=($ $)$,S_n 取最大值。

A. 4　　　　B. 5　　　　C. 6　　　　D. 4 或 5　　　　E. 5 或 6

【解析】 $a_6-a_2=4d=-2-6=-8$,所以 $d=-2$,此数列为单调递减数列,其通项公式 $a_n=a_2+(n-2)d=6+(n-2)\times(-2)=-2n+10$,令 $a_n=-2n+10=0$,解得 $n=5$,即 $a_1>\cdots>a_4>a_5=0>a_6$,前 4 项均为正数,第 5 项为零,从第 6 项开始为负数,所以 $S_4=S_5$ 均为最大值,答案选 D。

【技巧】 当求出 $d=-2$ 时,可以列举前面若干项,8,6,4,2,0,-2,-4,$\cdots$,观察可得数列的前 4 项或前 5 项的和最大,答案选 D。

五、等比数列知三求三

【例 5-13】 等比数列 $\{a_n\}$ 中,$a_5+a_1=34$,$a_5-a_1=30$,则 $a_3=($ $)$ 。

A. 8　　　　B. -8　　　　C. ± 8　　　　D. 5　　　　E. ± 5

【解析】 方法(1),依题意得 $a_1=2$,$a_5=32$,根据等比数列下角标性质可得 $a_3^2=a_1a_5=2\times 32=64$,解得 $a_3=8$ 或 $a_3=-8$,又等比数列奇数项同号,因此舍弃负值,$a_3=8$,答案选 A。

方法(2),依题意得,$a_1=2$,$a_5=32$,则 $\dfrac{a_5}{a_1}=q^4=\dfrac{32}{2}=16$,解得 $q^2=4$,因此 $a_3=a_1q^2=2\times 4=8$,答案选 A。

【例 5-14】 (2012-10) 设 $\{a_n\}$ 是非负等比数列,$a_3=1$,$a_5=\dfrac{1}{4}$,则 $\sum_{n=1}^{8}\dfrac{1}{a_n}=($ $)$ 。

A. 255　　B. $\dfrac{255}{4}$　　C. $\dfrac{255}{8}$　　D. $\dfrac{255}{16}$　　E. $\dfrac{255}{32}$

【解析】 根据题意,$\dfrac{a_5}{a_3}=q^2=\dfrac{1}{4}$,数列非负,则 $q=\dfrac{1}{2}$,$a_1=\dfrac{a_3}{q^2}=4$,因此 $\left\{\dfrac{1}{a_n}\right\}$ 是首项为 $\dfrac{1}{4}$、公比为 2 的等比数列,$\sum_{n=1}^{8}\dfrac{1}{a_n}=\dfrac{\dfrac{1}{4}(1-2^8)}{1-2}=\dfrac{255}{4}$,答案选 B。

【例 5-15】 $\dfrac{\dfrac{1}{2}+\left(\dfrac{1}{2}\right)^2+\left(\dfrac{1}{2}\right)^3+\cdots+\left(\dfrac{1}{2}\right)^8}{0.1+0.2+0.3+\cdots+0.9}=($ $)$ 。

A. $\dfrac{85}{768}$　　B. $\dfrac{85}{512}$　　C. $\dfrac{85}{384}$　　D. $\dfrac{255}{256}$　　E. 以上结论均不正确

【解析】 分子为等比数列求和 $\dfrac{\dfrac{1}{2}\left[1-\left(\dfrac{1}{2}\right)^8\right]}{1-\dfrac{1}{2}}=1-\left(\dfrac{1}{2}\right)^8$,分母为等差数列求和

$\dfrac{0.1+0.9}{2}\times 9=\dfrac{9}{2}$,则原式为 $\dfrac{1-\left(\dfrac{1}{2}\right)^8}{\dfrac{9}{2}}=\dfrac{85}{384}$,答案选 C。

【例 5-16】(2011-1)实数 a,b,c 成等差数列。
(1) e^a, e^b, e^c 成等比数列。
(2) $\ln a, \ln b, \ln c$ 成等差数列。
【解析】条件(1),$(e^b)^2=e^a\times e^c$,整理为 $e^{2b}=e^{a+c}$,则 $2b=a+c$,因此 a,b,c 成等差数列,充分;条件(2),$2\ln b=\ln a+\ln c$,整理为 $\ln b^2=\ln ac$,则 $b^2=ac$,因此 a,b,c 成等比数列,不充分,答案选 A。

【例 5-17】已知首项为 1 的无穷等比数列的所有项之和为 3,则公比 $q=($)。
A. $\dfrac{2}{3}$ B. $-\dfrac{2}{3}$ C. $\dfrac{1}{3}$ D. $-\dfrac{1}{3}$ E. $\dfrac{3}{2}$

【解析】无穷等比数列的所有项之和 $S=\dfrac{a_1}{1-q}=\dfrac{1}{1-q}=3$,解得 $q=\dfrac{2}{3}$,答案选 A。

六、等比数列元素与求和性质

【例 5-18】(2011-10)若等比数列 $\{a_n\}$ 满足 $a_2 a_4+2a_3 a_5+a_2 a_8=25$,且 $a_1>0$,则 $a_3+a_5=($)。
A. 8   B. 5   C. 2   D. -2 E. -5

【解析】根据等比数列下角标性质得,$a_3^2+2a_3 a_5+a_5^2=25$,配方为 $(a_3+a_5)^2=25$,又 $a_1>0$,则 $a_3+a_5=a_1 q^2+a_1 q^4=a_1(q^2+q^4)>0$,因此 $a_3+a_5=5$,答案选 B。

【技巧】题干中只有一个关于元素之间的等量关系式,可以采用特值法,令 $q=1$,则 $a_1=a_2=\cdots=a_n=a>0$,而 $a_2 a_4+2a_3 a_5+a_2 a_8=25$,因此 $a^2+2a^2+a^2=25$,解得 $a=\dfrac{5}{2}$,所以 $a_3+a_5=2a=2\times\dfrac{5}{2}=5$,答案选 B。

【例 5-19】(2010-10)等比数列 $\{a_n\}$ 中,a_3,a_8 是方程 $3x^2+2x-18=0$ 的两个根,则 $a_4 a_7=($)。
A. 9   B. -8 C. -6 D. 6   E. 8

【解析】由韦达定理和等比数列下角标性质可得,$a_4 a_7=a_3 a_8=\dfrac{-18}{3}=-6$,答案选 C。

【例 5-20】已知等比数列 $\{a_n\}$ 的前 n 项和为 S_n,若 $S_4=30,S_8=90$,则 $S_{12}=($)。
A. 150   B. 160   C. 180   D. 210   E. 240

【解析】数列 $\{a_n\}$ 为等比数列,则 $S_4, S_8-S_4, S_{12}-S_8$ 也成等比数列,即 $30, 90-30, S_{12}-90$ 成等比数列,因此 $30\times(S_{12}-90)=(90-30)^2$,解得 $S_{12}=210$,答案选 D。

七、已知递推公式,求通项

【例 5-21】(2019-1)设数列 $\{a_n\}$ 满足 $a_1=0, a_{n+1}-2a_n=1$,则 $a_{100}=($)。

A. $2^{99}-1$ B. 2^{99} C. $2^{99}+1$ D. $2^{100}-1$ E. $2^{100}+1$

【解析】依题意得，$a_{n+1}=2a_n+1$，可以等价转化为 $a_{n+1}+1=2(a_n+1)$，令 $b_{n+1}=a_{n+1}+1$，则 $b_n=a_n+1$，即 $b_{n+1}=2b_n$，又 $b_1=a_1+1=0+1=1$，因此 $\{b_n\}$ 是首项为1且公比为2的等比数列，$b_n=b_1\times q^{n-1}=1\times 2^{n-1}=2^{n-1}$，则 $a_n=b_n-1=2^{n-1}-1$，因此 $a_{100}=2^{100-1}-1=2^{99}-1$，答案选A。

【套路】形如 $a_{n+1}=qa_n+d$，当 $q\neq 1$ 且 $d\neq 0$ 时，可以等价转化为 $a_{n+1}+\dfrac{d}{q-1}=q\left(a_n+\dfrac{d}{q-1}\right)$，构造出新的等比数列。

【技巧】列举法，$a_{n+1}=2a_n+1$，当 $n=1$ 时，$a_2=2\times 0+1=1=2^1-1$；当 $n=2$ 时，$a_3=2\times 1+1=3=2^2-1$；当 $n=3$ 时，$a_4=2\times 3+1=7=2^3-1$，以此类推，则 $a_{100}=2^{99}-1$，答案选A。

【例5-22】(2013-10) 设数列 $\{a_n\}$ 满足 $a_1=1$，$a_{n+1}=a_n+\dfrac{n}{3}$ $(n\geqslant 1)$，则 $a_{100}=$（　　）。

A. 1650   B. 1651   C. $\dfrac{5050}{3}$ D. 3300   E. 3301

【解析】依题意得，$a_{n+1}-a_n=\dfrac{n}{3}$，列举得：$\begin{cases}a_2-a_1=\dfrac{1}{3}\\ a_3-a_2=\dfrac{2}{3}\\ \cdots\\ a_{100}-a_{99}=\dfrac{99}{3}\end{cases}$，累加抵消可得，$a_{100}-a_1=\dfrac{1+2+\cdots+99}{3}$，又 $a_1=1$，因此 $a_{100}=\dfrac{1+2+\cdots+99}{3}+1=\dfrac{1}{3}\times\dfrac{1+99}{2}\times 99+1=1651$，答案选B。

八、数列相关的应用题

【例5-23】(2011-1) 一所四年制大学每年的毕业生7月份离校，新生9月份入学，该校2001年招生2000名，之后每一年比上一年多招200人，则该校2007年9月底在校学生有（　　）名。

A. 14000   B. 11600   C. 9000

D. 6200   E. 3200

【解析】2007年9月底的学生是大四(2004年9月入学)2600名，大三(2005年9月入学)2800名，大二(2006年9月入学)3000名，大一(2007年9月入学)3200名，所以2007年9月底在校学生共有 $2600+2800+3000+3200=11600$ 名，答案选B。

【例5-24】(2009-10) 一个球从100m高处自由落下，每次着地后又跳回前一次高度的一半再落下，当它第10次着地时，共经过的路程是（　　）m（精确到1m且不计任何阻力）。

A. 300   B. 250   C. 200   D. 150   E. 100

【解析】第一次着地经过的路程为100m,从第1次弹起到第2次着地经过的路程为$a_1=$ 100m;从第2次弹起到第3次着地经过的路程为$a_2=50$m,从第3次弹起到第4次着地经过的路程为$a_3=25$m,显然是一个首项$a_1=100$、公比$q=\frac{1}{2}$的等比数列,则共经过的路程是

$$100+a_1+a_2+a_3+\cdots+a_9=100+\frac{100\left[1-\left(\frac{1}{2}\right)^9\right]}{1-\frac{1}{2}}\approx 300,答案选A。$$

【技巧】估算法,共经过的路程$S=100+100+50+25+\cdots$,此时明显超过250,排除选项,答案选A。

【例5-25】(2012-1)某人在保险柜中存放了M元现金,第一天取出它的$\frac{2}{3}$,以后每天取出前一天所取出的$\frac{1}{3}$,共取了7天,保险柜中剩余的现金为(　　)元。

A. $\frac{M}{3^7}$　　　　　　B. $\frac{M}{3^6}$　　　　　　C. $\frac{2M}{3^6}$

D. $\left[1-\left(\frac{2}{3}\right)^7\right]M$　　　　E. $\left[1-7\left(\frac{2}{3}\right)^7\right]M$

【解析】第一天用了$\frac{2}{3}$,第二天用了$\frac{2}{3}\times\frac{1}{3}$,第三天用了$\frac{2}{3}\times\frac{1}{3}\times\frac{1}{3}=\frac{2}{3}\times\left(\frac{1}{3}\right)^2,\cdots$,因此最后剩余的现金为$M\left[1-\left[\frac{2}{3}+\frac{2}{3}\times\frac{1}{3}+\frac{2}{3}\times\left(\frac{1}{3}\right)^2+\cdots+\frac{2}{3}\times\left(\frac{1}{3}\right)^6\right]\right]$,整理为$M\left[1-\frac{2}{3}\left[1+\frac{1}{3}+\left(\frac{1}{3}\right)^2+\cdots+\left(\frac{1}{3}\right)^6\right]\right]=M\left[1-\frac{2}{3}\times\frac{1-\left(\frac{1}{3}\right)^7}{1-\frac{1}{3}}\right]=\frac{M}{3^7}$,答案选A。

【技巧】列举找规律,第一天取了$\frac{2}{3}M$,还剩现金为$\frac{M}{3}$;第二天取了$\frac{2}{3}M\times\frac{1}{3}=\frac{2M}{3^2}$,还剩现金为$\frac{M}{3}-\frac{2M}{3^2}=\frac{M}{3^2}$,以此类推,第七天还剩余的现金为$\frac{M}{3^7}$,答案选A。

5.3　基础巩固习题

1. 等差数列$-6,-1,4,9,\cdots$的第20项为(　　)。
   A. 89　　B. 90　　C. 94　　D. 95　　E. 99
2. 等差数列$\{a_n\}$中,$a_1=\frac{1}{3},a_2+a_5=4,a_n=33$,则$n=$(　　)。
   A. 48　　B. 49　　C. 50　　D. 51　　E. 52
3. 在等差数列$\{a_n\}$中,$a_7-2a_4=-1,a_3=0$,则$a_5=$(　　)。

A. -1 B. $-\dfrac{1}{2}$ C. $\dfrac{1}{2}$ D. 1 E. 以上结论均不正确

4. (2009-10)等差数列 $\{a_n\}$ 的前18项和 $S_{18} = \dfrac{19}{2}$。

(1) $a_3 = \dfrac{1}{6}, a_6 = \dfrac{1}{3}$。   (2) $a_3 = \dfrac{1}{4}, a_6 = \dfrac{1}{2}$。

5. (2008-10) $a_1 a_8 < a_4 a_5$。

(1) $\{a_n\}$ 为等差数列,且 $a_1 > 0$。

(2) $\{a_n\}$ 为等差数列,且公差 $d \ne 0$。

6. 若 a, b, c 成等差数列,则二次函数 $f(x) = ax^2 + 2bx + c$ 的图像与 x 轴交点的个数为( )。

 A. 0   B. 1   C. 2   D. 0或1   E. 1或2

7. 在等差数列 $\{a_n\}$ 中,$a_5 = 3, a_6 = -2$,则 $a_4 + a_5 + a_6 + \cdots + a_{10} = ($)。

 A. 37   B. -5 C. 49   D. -49 E. 以上结论均不正确

8. 已知等差数列 $\{a_n\}$ 中,$a_2 + a_8 = 8$,则该数列前9项的和 $S_9 = ($)。

 A. 18   B. 27   C. 36   D. 45   E. 56

9. 若 $\{a_n\}$ 是各项均为正整数的等差数列,则能确定数列 $\{a_n\}$。

(1) $a_1 a_2 a_3 = 80$ (2) $a_1 + a_2 + a_3 = 15$

10. 等差数列 $\{a_n\}$ 中,$a_5 < 0, a_6 > 0$,且 $a_6 > |a_5|$,S_n 是前 n 项和,则( )。

 A. S_1, S_2, S_3 均小于0,而 $S_4, S_5, \cdots$ 均大于0

 B. $S_1, S_2, \cdots, S_5$ 均小于0,而 $S_6, S_7, \cdots$ 均大于0

 C. $S_1, S_2, \cdots, S_9$ 均小于0,而 $S_{10}, S_{11}, \cdots$ 均大于0

 D. $S_1, S_2, \cdots, S_{10}$ 均小于0,而 $S_{11}, S_{12}, \cdots$ 均大于0

 E. 以上结论均不正确

11. 设 $S_n = 1 + 2 + 3 + \cdots + n$,则 $f(n) = \dfrac{S_n}{(n+32)S_{n+1}}$ 的最大值是( )。

 A. 50   B. $\dfrac{1}{50}$ C. 100   D. $\dfrac{1}{100}$ E. 不存在

12. 若 $\{a_n\}$ 为正项等比数列,且 a_3, a_5, a_6 成等差数列,则公比 $q = ($)。

 A. $\dfrac{1}{2}$ B. $\dfrac{1+\sqrt{5}}{2}$ C. 1

 D. 1或 $\dfrac{1+\sqrt{5}}{2}$ E. 以上结论均不正确

13. 设 $3^a = 4, 3^b = 8, 3^c = 16$,则 a, b, c ( )。

 A. 是等比数列,但不是等差数列   B. 是等差数列,但不是等比数列

 C. 既是等比数列,也是等差数列   D. 既不是等比数列,也不是等差数列

 E. 以上结论均不正确

14. 若 $\{a_n\}$ 是公比为 q 的等比数列,下面四个命题中正确的个数为( )。

(1) 数列 $\{a_n^2\}$ 也是等比数列;(2) 数列 $\{a_{2n}\}$ 也是等比数列;

(3)数列$\left\{\dfrac{1}{a_n}\right\}$也是等比数列;(4)数列$\{|a_n|\}$也是等比数列。

  A. 1   B. 2   C. 3   D. 4   E. 以上结论均不正确

15. 已知等比数列$\{a_n\}$的前n项和为S_n,且$\dfrac{S_5}{S_{10}}=\dfrac{1}{33}$,则公比$q$的值为( )。

  A. $\dfrac{1}{4}$ B. $\dfrac{1}{2}$ C. 1   D. 2   E. 4

16. $11+22\dfrac{1}{2}+33\dfrac{1}{4}+44\dfrac{1}{8}+55\dfrac{1}{16}+66\dfrac{1}{32}+77\dfrac{1}{64}=($)。

  A. $308\dfrac{15}{16}$ B. $308\dfrac{31}{32}$ C. $308\dfrac{63}{64}$ D. $308\dfrac{127}{128}$ E. 以上结论均不正确

17. (2014-1)甲、乙、丙三人的年龄相同。

(1)甲、乙、丙的年龄成等差数列。

(2)甲、乙、丙的年龄成等比数列。

18. (2013-10)设$\{a_n\}$是等比数列,则$a_2=2$。

  (1) $a_1+a_3=5$。   (2) $a_1 a_3=4$。

19. 等差数列$\{a_n\}$的前n项和为S_n,公差$d\neq 0$,若a_4是a_3与a_7的等比中项,$S_8=32$,则$S_{10}=($)。

  A. 18   B. 24   C. 60   D. 90   E. 100

20. 无限数列求和$1+\dfrac{1}{\sqrt{2}}+\dfrac{1}{2}+\dfrac{1}{2\sqrt{2}}+\cdots=($)。

  A. $2-\sqrt{2}$ B. $2+\sqrt{2}$ C. 2

  D. $1+\sqrt{2}$ E. 以上结论均不正确

21. 见图5-1,正$\triangle ABC$的面积是1,取正$\triangle ABC$的内心O_1,以$O_1 B$为边长作正$\triangle O_1 BP_1$,再取正$\triangle O_1 BP_1$的内心O_2,以$O_2 B$为边长作正$\triangle O_2 BP_2,\cdots$,以此规律作第2010个正$\triangle O_{2010}BP_{2010}$,则$\triangle O_{2010}BP_{2010}$的面积是( )。

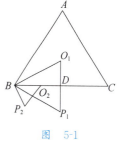

图 5-1

  A. $\left(\dfrac{3}{4}\right)^{1005}$ B. $\left(\dfrac{3}{4}\right)^{2010}$ C. $\dfrac{1}{3^{2009}}$

  D. $\dfrac{1}{3^{2010}}$ E. $\dfrac{1}{3^{1005}}$

22. (2009-1)若$(1+x)+(1+x)^2+\cdots+(1+x)^n=a_1(x-1)+2a_2(x-1)^2+\cdots+na_n(x-1)^n$,则$a_1+2a_2+3a_3+\cdots+na_n=($)。

  A. $\dfrac{3^n-1}{2}$ B. $\dfrac{3^{n-1}-1}{2}$ C. $\dfrac{3^{n+1}-3}{2}$

  D. $\dfrac{3^n-3}{2}$ E. $\dfrac{3^n-3}{4}$

23. 若 $\{a_n\}$ 为等比数列,且 $a_4 a_7 = -512, a_3 + a_8 = 124$,公比 q 为整数,则 $a_{10} = ($ 　 $)$。

   A. -1　　B. 32　　C. 512　　D. 32 或 512　　E. -1 或 512

24. 已知各项均为正数的等比数列 $\{a_n\}, a_1 a_2 a_3 = 5, a_7 a_8 a_9 = 10$,则 $a_4 a_5 a_6 = ($ 　 $)$。

   A. $5\sqrt{2}$　　B. 7　　C. 6　　D. $4\sqrt{2}$　　E. 2

25. 已知等比数列 $\{a_n\}$ 的公比为正数,且 $a_3 \times a_9 = 2a_5^2, a_2 = 1$,则 $a_1 = ($ 　 $)$。

   A. $\dfrac{1}{2}$　　B. $\dfrac{\sqrt{2}}{2}$　　C. 1　　D. $\sqrt{2}$　　E. 2

26. 已知等比数列 $\{a_n\}$ 的前 n 项和为 S_n,且公比 $q = 2, S_4 = 1$,则 $S_8 = ($ 　 $)$。

   A. 15　　B. 17　　C. 19　　D. 21　　E. 23

27. 设数列 $\{a_n\}$ 满足 $a_1 = 1, a_{n+1} = \dfrac{n}{n+1} a_n (n \geqslant 1)$,则 $a_{10} = ($ 　 $)$。

   A. $\dfrac{1}{12}$　　B. $\dfrac{1}{11}$　　C. $\dfrac{1}{10}$　　D. $\dfrac{1}{9}$　　E. $\dfrac{1}{8}$

28. (2011-10) 已知数列 $\{a_n\}$ 满足 $a_{n+1} = \dfrac{a_n + 2}{a_n + 1} (n = 1, 2, \cdots)$,则 $a_2 = a_3 = a_4$。

   (1) $a_1 = \sqrt{2}$。　　(2) $a_1 = -\sqrt{2}$。

29. (2014-10) 已知数列 $\{a_n\}$ 满足 $a_{n+1} = \dfrac{a_n + 2}{a_n + 1}, n = 1, 2, 3, \cdots$,且 $a_2 > a_1$,那么 a_1 的取值范围是 (　)。

   A. $a_1 < \sqrt{2}$　　　　B. $-1 < a_1 < \sqrt{2}$　　　　C. $a_1 > \sqrt{2}$

   D. $-\sqrt{2} < a_1 < \sqrt{2}$ 且 $a_1 \neq -1$　　E. $-1 < a_1 < \sqrt{2}$ 或 $a_1 < -\sqrt{2}$

30. (2010-1) 三人中有一名学龄前儿童(年龄不足6岁),他们的年龄都是质数,且依次相差6岁,则他们的年龄之和为 (　)。

   A. 31　　B. 33　　C. 37　　D. 39　　E. 51

31. A 公司2020年6月份的产值是1月份产值的 a 倍。

   (1) 在2020年上半年,A 公司月产值的平均增长率为 $\sqrt[5]{a}$。

   (2) 在2020年上半年,A 公司月产值的平均增长率为 $\sqrt[6]{a} - 1$。

32. (2010-1) 甲企业一年的总产值为 $\dfrac{a}{p}[(1+p)^{12} - 1]$。

   (1) 甲企业1月份的产值为 a,以后每月产值的增长率为 p。

   (2) 甲企业1月份的产值为 $\dfrac{a}{2}$,以后每月产值的增长率为 $2p$。

✣ 基础巩固习题详解

1. **【解析】** 等差数列的首项 $a_1 = -6$,公差 $d = 5$,通项公式为 $a_n = a_1 + (n-1)d = -6 + (n-1) \times 5 = 5n - 11$,则 $a_{20} = 5 \times 20 - 11 = 89$,答案选 A。

2. **【解析】** $a_1 = \dfrac{1}{3}, a_2 + a_5 = (a_1 + d) + (a_1 + 4d) = 4$,解得 $d = \dfrac{2}{3}$,$a_n = a_1 + (n-1)d = \dfrac{1}{3} + (n-1) \times \dfrac{2}{3} = 33$,则 $n = 50$,答案选 C。

3.【解析】根据题意，$(a_1+6d)-2(a_1+3d)=-1$，$a_3=a_1+2d=0$，解得 $a_1=1$，$d=-\dfrac{1}{2}$，因此 $a_5=a_1+4d=1+4\times\left(-\dfrac{1}{2}\right)=-1$，答案选 A。

4.【解析】条件(1)，$\begin{cases}a_3=a_1+2d=\dfrac{1}{6}\\ a_6=a_1+5d=\dfrac{1}{3}\end{cases}$，解得 $\begin{cases}a_1=\dfrac{1}{18}\\ d=\dfrac{1}{18}\end{cases}$，利用 $S_n=na_1+\dfrac{n(n-1)}{2}d$ 得，$S_{18}=18a_1+\dfrac{18\times17}{2}\times d=1+\dfrac{17}{2}=\dfrac{19}{2}$，充分；条件(2)，同理求得 $S_{18}=\dfrac{57}{4}$，不充分，答案选 A。

5.【解析】条件(1)，举反例，若公差 $d=0$，每个元素相等，此时 $a_1a_8=a_4a_5$，不充分；条件(2)，$d\neq0$，$a_1a_8-a_4a_5=a_1(a_1+7d)-(a_1+3d)(a_1+4d)=-12d^2<0$，则 $a_1a_8<a_4a_5$，充分，答案选 B。

【技巧】对于等差数列，由于 $a_1+a_8=a_4+a_5$，根据平均值定理：和为定值时，乘积有最大值，两个数越接近，其乘积越大，因此 $a_1a_8\leqslant a_4a_5$，当 $d=0$ 时，$a_1a_8=a_4a_5$；当 $d\neq0$ 时，$a_1a_8<a_4a_5$，答案选 B。

6.【解析】根据题意，$2b=a+c$，则 $\Delta=(2b)^2-4ac=(a+c)^2-4ac=(a-c)^2\geqslant0$，抛物线与 x 轴有 1 个或 2 个交点，答案选 E。

7.【解析】等差数列 $a_4+a_5+a_6+\cdots+a_{10}=\dfrac{a_4+a_{10}}{2}\times7=\dfrac{2a_7}{2}\times7=7a_7$，又 $a_5+a_7=2a_6$，则 $a_7=2a_6-a_5=2\times(-2)-3=-7$，所以 $7a_7=7\times(-7)=-49$，答案选 D。

8.【解析】$S_9=\dfrac{a_1+a_9}{2}\times9=\dfrac{a_2+a_8}{2}\times9=\dfrac{8}{2}\times9=36$，答案选 C。

9.【解析】条件(1)，各项均为正整数，则公差 $d>0$，是单调递增数列，则 $a_1a_2a_3=80=2\times5\times8$，即 $a_1=2$，$a_2=5$，$a_3=8$，因此 $d=3$，能确定数列，充分；条件(2)，$a_1+a_2+a_3=15$，则 $3a_2=15$，解得 $a_2=5$，不能确定数列，不充分，答案选 A。

10.【解析】依题意得，$a_5<0<a_6$，所以 $\{a_n\}$ 为单调递增的等差数列，$a_6>|a_5|$，即 $a_6>-a_5$，则 $a_5+a_6>0$，因此 $S_{10}=\dfrac{a_1+a_{10}}{2}\times10=\dfrac{a_5+a_6}{2}\times10>0$，$S_9=\dfrac{a_1+a_9}{2}\times9=\dfrac{2a_5}{2}\times9=9a_5<0$，答案选 C。

11.【解析】$S_n=\dfrac{1+n}{2}\times n=\dfrac{1}{2}n(n+1)$，则 $S_{n+1}=\dfrac{1}{2}(n+1)(n+2)$，因此 $f(n)=\dfrac{S_n}{(n+32)S_{n+1}}=\dfrac{n}{(n+32)(n+2)}=\dfrac{n}{n^2+34n+64}=\dfrac{1}{n+34+\dfrac{64}{n}}$，根据平均值定理，$n+\dfrac{64}{n}\geqslant2\sqrt{n\times\dfrac{64}{n}}=16$（当且仅当 $n=\dfrac{64}{n}$，即 $n=8$ 时取等号），因此 $f(n)\leqslant\dfrac{1}{34+16}=\dfrac{1}{50}$，答案选 B。

12.【解析】$2a_5=a_3+a_6$，则 $2a_3q^2=a_3+a_3q^3$，即 $2q^2=1+q^3$，整理为 $(q^3-q^2)-(q^2-1)=0$，$(q-1)(q^2-q-1)=0$，所以 $q=1$ 或 $q=\dfrac{1+\sqrt{5}}{2}$ 或 $q=\dfrac{1-\sqrt{5}}{2}$（舍去），答案选 D。

13.【解析】方法(1),由于 $4 \times 16 = 8^2$,则 $3^a \times 3^c = (3^b)^2$,即 $3^{a+c} = 3^{2b}$,因此 $a+c = 2b$,则 a,b,c 是等差数列,答案选B。

方法(2),$a = \log_3 4, b = \log_3 8, c = \log_3 16$,又 $\log_3 4 + \log_3 16 = \log_3 64 = 2\log_3 8$,则 $a+c = 2b$,a,b,c 是等差数列,答案选B。

14.【解析】① $\dfrac{a_{n+1}^2}{a_n^2} = \left(\dfrac{a_{n+1}}{a_n}\right)^2 = q^2$,则 $\{a_n^2\}$ 是公比为 q^2 的等比数列;② $\dfrac{a_{2(n+1)}}{a_{2n}} = \dfrac{a_{2n+2}}{a_{2n}} = q^2$,则 $\{a_{2n}^2\}$ 是公比为 q^2 的等比数列;③ $\dfrac{\frac{1}{a_{n+1}}}{\frac{1}{a_n}} = \dfrac{a_n}{a_{n+1}} = \dfrac{1}{q}$,则 $\left\{\dfrac{1}{a_n}\right\}$ 是公比为 $\dfrac{1}{q}$ 的等比数列;

④ $\dfrac{|a_{n+1}|}{|a_n|} = \left|\dfrac{a_{n+1}}{a_n}\right| = |q|$,则 $\{|a_n|\}$ 是公比为 $|q|$ 的等比数列,四个命题都正确,答案选D。

15.【解析】$\dfrac{S_5}{S_{10}} = \dfrac{\frac{a_1(1-q^5)}{1-q}}{\frac{a_1(1-q^{10})}{1-q}} = \dfrac{1-q^5}{1-q^{10}} = \dfrac{1-q^5}{(1+q^5)(1-q^5)} = \dfrac{1}{1+q^5} = \dfrac{1}{33}$,解得公比 $q = 2$,答案选D。

16.【解析】原式整理为 $11 \times (1+2+\cdots+7) + \left(\dfrac{1}{2} + \dfrac{1}{4} + \cdots + \dfrac{1}{64}\right) = 308 + \left(\dfrac{1}{2} + \dfrac{1}{4} + \cdots + \dfrac{1}{64} + \dfrac{1}{64}\right) - \dfrac{1}{64} = 308 + 1 - \dfrac{1}{64} = 308\dfrac{63}{64}$,答案选C。

17.【解析】设甲、乙、丙的年龄分别为 a,b,c,条件(1),$a+c = 2b$,不充分;条件(2),$ac = b^2$,也不充分;联合起来,可得 $a = b = c$,联合充分,答案选C。

【套路】非零的三个数既成等差数列,也成等比数列,则这三个数相等。

18.【解析】条件(1),明显不充分;条件(2),根据等比数列下角标性质可得 $a_2^2 = a_1 a_3 = 4$,则 $a_2 = \pm 2$,也不充分;联合起来,可以解得 $\begin{cases} a_1 = 1 \\ a_3 = 4 \end{cases}$ 或 $\begin{cases} a_1 = 4 \\ a_3 = 1 \end{cases}$,则 $a_2 = \pm 2$,仍然不充分,答案选E。

19.【解析】a_4 是 a_3 与 a_7 的等比中项,则 $a_4^2 = a_3 a_7$,即 $(a_1 + 3d)^2 = (a_1 + 2d)(a_1 + 6d)$,展开整理得,$2a_1 + 3d = 0$,又 $S_8 = 8a_1 + \dfrac{8 \times 7}{2}d = 32$,可以解得 $a_1 = -3, d = 2$,则 $S_{10} = 10a_1 + \dfrac{10 \times 9}{2}d = 10 \times (-3) + \dfrac{10 \times 9}{2} \times 2 = 60$,答案选C。

20.【解析】此数列为无穷递缩等比数列,其公比 $q = \dfrac{1}{\sqrt{2}}(|q|<1)$,首项 $a_1 = 1$,则所有项之和 $S = \dfrac{a_1}{1-q} = \dfrac{1}{1-\dfrac{1}{\sqrt{2}}} = \dfrac{\sqrt{2}(\sqrt{2}+1)}{(\sqrt{2}-1)(\sqrt{2}+1)} = 2+\sqrt{2}$,答案选B。

21. 【解析】根据题意, $O_1B = \dfrac{1}{\sqrt{3}}BC$, 根据相似,面积比等于相似比的平方,则 $S_{\triangle O_1BP_1} = \left(\dfrac{1}{\sqrt{3}}\right)^2 S_{\triangle ABC} = \dfrac{1}{3}S_{\triangle ABC} = \dfrac{1}{3}\times 1 = \dfrac{1}{3}$, 同理可得 $S_{\triangle O_2BP_2} = \dfrac{1}{3}S_{\triangle O_1BP_1} = \left(\dfrac{1}{3}\right)^2 S_{\triangle ABC} = \left(\dfrac{1}{3}\right)^2$, 以此类推, $S_{\triangle O_{2010}BP_{2010}} = \left(\dfrac{1}{3}\right)^{2010} S_{\triangle ABC} = \left(\dfrac{1}{3}\right)^{2010}$, 答案选 D。

22. 【解析】观察系数,令 $x=2$, 则 $a_1 + 2a_2 + 3a_3 + \cdots + na_n = 3 + 3^2 + 3^3 + \cdots + 3^n = \dfrac{3(1-3^n)}{1-3} = \dfrac{3^{n+1}-3}{2}$, 答案选 C。

【技巧】采用特值法,令 $x=2$, $n=1$, 则所求表达式 $= a_1 = 3$, 代入选项排除,答案选 C。

23. 【解析】$a_4 a_7 = -512 \Rightarrow a_3 a_8 = -512$, 又 $a_3 + a_8 = 124$ 且公比 q 为整数,解得 $\begin{cases} a_3 = -4 \\ a_8 = 128 \end{cases}$ 或 $\begin{cases} a_3 = 128 \\ a_8 = -4 \end{cases}$ (舍去), 因此 $\dfrac{a_8}{a_3} = q^5 = \dfrac{128}{-4} = -32$, 解得 $q = -2$, 则 $a_{10} = a_8 \times q^2 = 512$, 答案选 C。

24. 【解析】根据等比数列下角标性质得, $a_1 a_7 = a_4^2$, $a_2 a_8 = a_5^2$, $a_3 a_9 = a_6^2$, 因此 $a_1 a_2 a_3 \times a_7 a_8 a_9 = (a_4 a_5 a_6)^2 = 5\times 10 = 50$, 又各项均为正数,则 $a_4 a_5 a_6 = 5\sqrt{2}$, 答案选 A。

25. 【解析】根据等比数列下角标性质得, $a_3 \times a_9 = a_6^2 = 2a_5^2$, 则 $a_6 = \sqrt{2}\, a_5$, $q = \dfrac{a_6}{a_5} = \sqrt{2}$, 因此 $a_1 = \dfrac{a_2}{q} = \dfrac{1}{\sqrt{2}} = \dfrac{\sqrt{2}}{2}$, 答案选 B。

26. 【解析】方法(1), $S_4 = \dfrac{a_1(1-2^4)}{1-2} = 1$, 解得 $a_1 = \dfrac{1}{15}$, 则 $S_8 = \dfrac{a_1(1-2^8)}{1-2} = \dfrac{1}{15} \times 255 = 17$, 答案选 B。

方法(2),由于 $\dfrac{S_8 - S_4}{S_4} = q^4$, 即 $\dfrac{S_8 - 1}{1} = 2^4$, 解得 $S_8 = 17$, 答案选 B。

27. 【解析】依题意得 $\dfrac{a_{n+1}}{a_n} = \dfrac{n}{n+1}$, 列举得: $\dfrac{a_2}{a_1} = \dfrac{1}{2}$, $\dfrac{a_3}{a_2} = \dfrac{2}{3}$, $\dfrac{a_4}{a_3} = \dfrac{3}{4}$, $\cdots$, $\dfrac{a_{10}}{a_9} = \dfrac{9}{10}$, 叠乘可得, $\dfrac{a_2}{a_1} \times \dfrac{a_3}{a_2} \times \dfrac{a_4}{a_3} \times \cdots \times \dfrac{a_{10}}{a_9} = \dfrac{1}{2} \times \dfrac{2}{3} \times \dfrac{3}{4} \times \cdots \times \dfrac{9}{10}$, 抵消整理为 $\dfrac{a_{10}}{a_1} = \dfrac{1}{10}$, 又 $a_1 = 1$, 则 $a_{10} = \dfrac{1}{10}$, 答案选 C。

28. 【解析】条件(1), $a_2 = \dfrac{a_1 + 2}{a_1 + 1} = \dfrac{\sqrt{2} + 2}{\sqrt{2} + 1} = \dfrac{\sqrt{2}(1+\sqrt{2})}{\sqrt{2}+1} = \sqrt{2}$, 以此类推, $a_3 = a_4 = \sqrt{2}$, 充分;条件(2), $a_2 = \dfrac{a_1 + 2}{a_1 + 1} = \dfrac{-\sqrt{2}+2}{-\sqrt{2}+1} = \dfrac{-\sqrt{2}(1-\sqrt{2})}{-\sqrt{2}+1} = -\sqrt{2}$, 以此类推, $a_3 = a_4 = -\sqrt{2}$, 也充分,答案选 D。

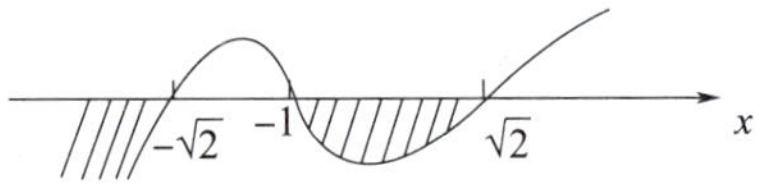

29.【解析】依题意得,$a_2=\dfrac{a_1+2}{a_1+1}$,又 $a_2>a_1$,则 $\dfrac{a_1+2}{a_1+1}>a_1$,移项通分整理得 $\dfrac{a_1(a_1+1)-(a_1+2)}{a_1+1}<0$,

即 $\dfrac{a_1^2-2}{a_1+1}<0$,等价于 $(a_1^2-2)(a_1+1)<0$,如图 5-2 所示,利用穿线法解得 $-1<a_1<\sqrt{2}$ 或 $a_1<-\sqrt{2}$,答案选 E。

图 5-2

【技巧】当整理为 $(a_1^2-2)(a_1+1)<0$ 时,可以采用特值法排除,当 $a_1\to -\infty$ 时,满足不等式,排除 B、C、D,当 $a_1=-1$ 时,不满足不等式,排除 A,答案选 E。

30.【解析】小于 6 的质数有 2,3,5,三名儿童年龄都是质数且依次相差 6 岁,通过列举只有 5,11,17 符合,年龄之和为 $5+7+11=33$,答案选 B。

31.【答案】设 1 月份产值为 1,条件(1),月平均增长率为 $\sqrt[5]{a}$,则 6 月产值为 $(1+\sqrt[5]{a})^5\ne a$,不充分;条件(2),月平均增长率为 $\sqrt[6]{a}-1$,则 6 月产值为 $(1+\sqrt[6]{a}-1)^5=(\sqrt[6]{a})^5\ne a$,也不充分;联合无交集,仍然不充分,答案选 E。

32.【解析】条件(1),甲企业 1 月份的产值为 a,2 月份的产值为 $a(1+p)$,3 月份的产值为 $a(1+p)^2$,以此类推,12 月份的产值为 $a(1+p)^{11}$,则一年的总产值为等比数列求和,首项为 a,公比为 $(1+p)$,总产值为 $S_{12}=\dfrac{a[1-(1+p)^{12}]}{1-(1+p)}=\dfrac{a}{p}[(1+p)^{12}-1]$,充分;条件(2),同理,首项为 $\dfrac{a}{2}$,公比为 $(1+2p)$,总产值为 $S_{12}=\dfrac{\dfrac{a}{2}[1-(1+2p)^{12}]}{1-(1+2p)}=\dfrac{a}{4p}[(1+2p)^{12}-1]$,不充分,答案选 A。

5.4 强化精讲例题

一、已知 S_n,求通项

【例 5-26】数列 $\{a_n\}$ 的前 n 项和是 $S_n=4n^2+n-2$,则它的通项 a_n 是( )。

A. $8n-3$ B. $4n+1$ C. $8n-2$

D. $8n-5$ E. $a_n=\begin{cases}a_1=3,&n=1\\8n-3,&n\ge 2\end{cases}$

【解析】当 $n=1$ 时,$a_1=S_1=4\times 1^2+1-2=3$;当 $n\ge 2$ 时,$a_n=S_n-S_{n-1}=4n^2+n-2-[4(n-1)^2+(n-1)-2]=8n-3$,因此 $a_n=\begin{cases}a_1=3,&n=1\\8n-3,&n\ge 2\end{cases}$,答案选 E。

【套路】已知 S_n 求通项,可以利用万能公式 $a_n=\begin{cases}a_1=S_1,&n=1\\S_n-S_{n-1},&n\ge 2\end{cases}$ 推导。

二、等差数列知三求二

【例5-27】 等差数列 $\{a_n\}$ 中,$a_1+a_7=42$,$a_{10}-a_3=21$,则前10项的和 $S_{10}=$ (   )。

A. 255　　　　B. 257　　　　C. 259　　　　D. 260　　　　E. 265

【解析】 根据题意,$a_1+(a_1+6d)=42$,$a_{10}-a_3=7d=21$,解得 $d=3$,$a_1=12$,则 $S_{10}=10\times 12+\dfrac{10\times 9}{2}\times 3=255$,答案选A。

【例5-28】 (2008-10)下列通项公式表示的数列为等差数列的是(   )。

A. $a=\dfrac{n}{n+1}$　　　　B. $a_n=n^2-1$　　　　C. $a_n=5n+(-1)^n$

D. $a_n=3n-1$　　　　E. $a_n=\sqrt{n}-\sqrt[3]{n}$

【解析】 方法(1),等差数列需要满足 a_n-a_{n-1} 为常数,代入选项D验证,$a_n-a_{n-1}=3n-1-[3(n-1)-1]=3$,是等差数列,答案选D。

方法(2),等差数列的通项 $a_n=a_1+(n-1)d=dn+(a_1-d)$,是关于 n 的一次函数,答案选D。

【例5-29】 (2019-1)设数列 $\{a_n\}$ 的前 n 项和为 S_n,则 $\{a_n\}$ 为等差数列。

(1) $S_n=n^2+2n$,$n=1,2,3$。　　(2) $S_n=n^2+2n+1$,$n=1,2,3$。

【解析】 方法(1),条件(1),当 $n=1$ 时,$a_1=S_n=1^2+2\times 1=3$。当 $n\geq 2$ 时,$a_n=S_n-S_{n-1}=n^2+2n-[(n-1)^2+2(n-1)]=2n+1$,此时 a_1 也满足通项,因此 $\{a_n\}$ 是等差数列,充分;条件(2),当 $n=1$ 时,$a_1=S_n=1^2+2\times 1+1=4$。当 $n\geq 2$ 时,$a_n=S_n-S_{n-1}=n^2+2n+1-[(n-1)^2+2(n-1)+1]=2n+1$,此时 a_1 不满足通项,因此 $\{a_n\}$ 不是等差数列,不充分,答案选A。

方法(2),等差数列前 n 项和 $S_n=\left(\dfrac{d}{2}\right)n^2+\left(a_1-\dfrac{d}{2}\right)n$,是关于 n 的二次函数,其重要标志是没有常数项,条件(1),没有常数项,是等差数列,充分;条件(2),有常数项,从第二项开始才是等差数列,不充分,答案选A。

【例5-30】 (2015-1)设 $\{a_n\}$ 是等差数列,则能确定数列 $\{a_n\}$。

(1) $a_1+a_6=0$。　　　　(2) $a_1 a_6=-1$。

【解析】 显然单独看都不充分,考虑联合,则有 $\begin{cases} a_1+a_6=0 \\ a_1 a_6=-1 \end{cases}$,解得 $\begin{cases} a_1=-1 \\ a_6=1 \end{cases}$ 或 $\begin{cases} a_1=1 \\ a_6=-1 \end{cases}$,因此数列仍不能唯一确定,联合也不充分,答案选E。

三、等差数列元素与求和性质

1. 等差数列元素下角标性质

【例5-31】 (2011-10)若等差数列 $\{a_n\}$ 满足 $5a_7-a_3-12=0$,则 $\sum\limits_{k=1}^{15}a_k=$ (   )。

A. 15　　　　B. 24　　　　C. 30　　　　D. 45　　　　E. 60

【解析】根据题意,$5(a_1+6d)-(a_1+2d)-12=0$,整理为 $a_1+7d=3$,即 $a_8=3$,则 $\sum_{k=1}^{15}a_k=\dfrac{a_1+a_{15}}{2}\times 15=\dfrac{2a_8}{2}\times 15=15\times 3=45$,答案选 D。

【技巧】题干中只有一个关于元素之间的等量关系式,可以采用特值法,令 $d=0$,则 $a_1=a_2=\cdots=a_n=a$,则 $5a-a-12=0$,解得 $a=3$,因此 $\sum_{k=1}^{15}a_k=15a=15\times 3=45$,答案选 D。

【例 5-32】一个等差数列前 3 项和为 34,后 3 项和为 146,所有项和为 390,则这个数列的项数为( )。
A. 13　　　B. 12　　　C. 11　　　D. 10　　　E. 9

【解析】依题意得,$a_1+a_2+a_3=34$,$a_{n-2}+a_{n-1}+a_n=146$,根据等差数列下角标性质得,$a_1+a_2+a_3+a_{n-2}+a_{n-1}+a_n=3(a_1+a_n)=180$,则 $a_1+a_n=60$,而所有项和为 $S_n=\dfrac{a_1+a_n}{2}\times n=390$,解得 $n=13$,答案选 A。

【例 5-33】设 $\{a_n\}$,$\{b_n\}$ 都是等差数列,它们的前 n 项和分别为 S_n,T_n,且 $\dfrac{S_n}{T_n}=\dfrac{5n+3}{2n-1}$,则 $\dfrac{a_5}{b_5}=(\quad)$。

A. $\dfrac{48}{13}$　　　B. $\dfrac{49}{15}$　　　C. $\dfrac{48}{17}$　　　D. $\dfrac{49}{19}$　　　E. $\dfrac{49}{17}$

【解析】根据等差数列公式 $\dfrac{S_{2n-1}}{T_{2n-1}}=\dfrac{a_n}{b_n}$,当 $n=5$ 时,$\dfrac{a_5}{b_5}=\dfrac{S_9}{T_9}$,而 $\dfrac{S_n}{T_n}=\dfrac{5n+3}{2n-1}$,因此 $\dfrac{a_5}{b_5}=\dfrac{S_9}{T_9}=\dfrac{5\times 9+3}{2\times 9-1}=\dfrac{48}{17}$,答案选 C。

【套路】等差数列中,$\dfrac{S_{2n-1}}{T_{2n-1}}=\dfrac{\dfrac{a_1+a_{2n-1}}{2}\times(2n-1)}{\dfrac{b_1+b_{2n-1}}{2}\times(2n-1)}=\dfrac{a_1+a_{2n-1}}{b_1+b_{2n-1}}=\dfrac{2a_n}{2b_n}=\dfrac{a_n}{b_n}$。

2. 等差数列求和性质(连续等长片段和)

【例 5-34】若在等差数列 $\{a_n\}$ 中前 5 项的和为 20,紧接在后面的 5 项的和为 40,则继续紧接在后面的 5 项的和为( )。
A. 40　　　B. 45　　　C. 50　　　D. 55　　　E. 60

【解析】数列 $\{a_n\}$ 为等差数列,则 S_5,$S_{10}-S_5$,$S_{15}-S_{10}$ 也成等差数列,即 $20,40,S_{15}-S_{10}$ 成等差数列,明显 $S_{15}-S_{10}=60$,答案选 E。

四、等差数列前 n 项和 S_n 的最值

1. 利用元素 a_n 变号点求最值(令 $a_n=0$)

【例 5-35】等差数列 $\{a_n\}$ 的前 n 项和为 S_n,若 $a_1=-11$,$d=2$,则当 S_n 取最小值时,$n=(\quad)$。
A. 5　　　B. 6　　　C. 7　　　D. 8　　　E. 9

【解析】此数列为单调递增数列,其通项公式 $a_n = a_1 + (n-1)d = -11 + (n-1) \times 2 = 2n - 13$,令 $a_n = 2n - 13 = 0$,解得 $n = 6.5$,因此 $a_1 < \cdots < a_5 < a_6 < a_{6.5} = 0 < a_7$,前 6 项均为负,从第 7 项开始为正数,所以 S_6 为最小值,答案选 B。

【技巧】可以列举前面若干项,$-11, -9, -7, -5, -3, -1, 1, 3, \cdots$,观察可得数列的前 6 项的和最小,答案选 B。

【套路】若 $a_1 > 0, d < 0$ 时,S_n 有最大值;若 $a_1 < 0, d > 0$ 时,S_n 有最小值。

【例 5-36】(2020-1)若等差数列 $\{a_n\}$ 满足 $a_1 = 8$,且 $a_2 + a_4 = a_1$,则 $\{a_n\}$ 的前 n 项和的最大值为( )。

A. 16   B. 17   C. 18   D. 19   E. 20

【解析】根据等差数列下角标性质可得,$a_2 + a_4 = 2a_3 = a_1 = 8$,则 $a_3 = 4$,$d = \frac{a_3 - a_1}{3 - 1} = \frac{4 - 8}{3 - 1} = -2$,则数列各项为 $8, 6, 4, 2, 0, -2, -4, \cdots$,因此数列的前 4 项或前 5 项的和最大,最大值为 $S_4 = S_5 = 8 + 6 + 4 + 2 = 20$,答案选 E。

【例 5-37】(2015-1)已知 $\{a_n\}$ 是公差大于零的等差数列,S_n 是 $\{a_n\}$ 的前 n 项和,则 $S_n \geqslant S_{10}(n = 1, 2, \cdots)$。

(1) $a_{10} = 0$。   (2) $a_{11} a_{10} < 0$。

【解析】公差 $d > 0$,则 $\{a_n\}$ 是单调递增数列,结论 $S_n \geqslant S_{10}$,即需要推导 S_{10} 是 S_n 的最小值,条件(1),$a_{10} = 0$,则 $a_1 < \cdots < a_8 < a_9 < a_{10} = 0 < a_{11}$,因此 $S_9 = S_{10}$ 均为 S_n 的最小值,充分;条件(2),$a_{11} a_{10} < 0$,则 $a_{10} < 0 < a_{11}$,即 $a_1 < \cdots < a_8 < a_9 < a_{10} < 0 < a_{11}$,因此 S_{10} 为 S_n 的最小值,也充分,答案选 D。

2. 利用 S_n 抛物线性质求最值

【例 5-38】在等差数列 $\{a_n\}$ 中,S_n 表示前 n 项和,若 $a_1 = 13$,$S_3 = S_{11}$,则 S_n 的最大值是( )。

A. 42   B. 49   C. 59   D. 133   E. 以上结论均不正确

【解析】等差数列前 n 项和 $S_n = \left(\frac{d}{2}\right)n^2 + \left(a_1 - \frac{d}{2}\right)n$,图像是对称轴为 $n = \frac{1}{2} - \frac{a_1}{d}$ 的抛物线,因为 $S_3 = S_{11}$,则对称轴为 $n = \frac{3 + 11}{2} = 7$,即 $\frac{1}{2} - \frac{a_1}{d} = 7$,又 $a_1 = 13$,解得 $d = -2 < 0$,因此抛物线开口朝下,S_n 有最大值为 $S_7 = 7a_1 + \frac{7 \times (7-1)}{2}d = 7 \times 13 + \frac{7 \times (7-1)}{2} \times (-2) = 49$,答案选 B。

【扩展】在等差数列 $\{a_n\}$ 中,若 $S_m = S_n$,则 $S_{m+n} = 0$,本题 $S_3 = S_{11}$,则可以推出 $S_{14} = 0$。

五、等比数列知三求三

【例 5-39】已知等比数列 $\{a_n\}$ 的前 n 项和为 S_n,且 $4a_1, 2a_2, a_3$ 成等差数列,$a_1 = 1$,则 $S_4 = ($)。

A. 7   B. 8   C. 13   D. 15   E. 16

【解析】设等比数列的公比为 q，$2\times 2a_2=4a_1+a_3$，整理为 $4a_1q=4a_1+a_1q^2$，又 $a_1=1$，则 $4q=4+q^2$，解得 $q=2$，因此 $S_4=\dfrac{1\times(1-2^4)}{1-2}=15$，答案选 D。

【例 5-40】(2014-10) 等比数列 $\{a_n\}$ 满足 $a_2+a_4=20$，则 $a_3+a_5=40$。

(1) 公比 $q=2$。　　　　　　　(2) $a_1+a_3=10$。

【解析】条件(1)，公比 $q=2$，$a_2+a_4=20$，则 $a_3+a_5=a_2\times q+a_4\times q=(a_2+a_4)q=20\times 2=40$，充分；条件(2)，$a_1+a_3=10$，$a_2+a_4=a_1\times q+a_3\times q=(a_1+a_3)q$，则 $q=\dfrac{a_2+a_4}{a_1+a_3}=\dfrac{20}{10}=2$，和条件(1)等价，也充分，答案选 D。

【例 5-41】(2021-1) 已知数列 $\{a_n\}$，则数列 $\{a_n\}$ 为等比数列。

(1) $a_n\times a_{n+1}>0$。　　　　(2) $a_{n+1}^2-2a_n^2-a_{n+1}\times a_n=0$。

【解析】条件(1)无法判断，不充分；条件(2)，a_{n+1}，a_n 可以都为 0，也不充分；联合起来，条件(2)的方程可整理为 $(a_{n+1}+a_n)(a_{n+1}-2a_n)=0$，又 $a_n\times a_{n+1}>0$，显然两项同号，则 $a_{n+1}=2a_n$，此时 $\{a_n\}$ 是一个公比为 2 的等比数列，联合充分，答案选 C。

【例 5-42】已知数列 $\{a_n\}$ 的前 n 项和 $S_n=3+2^n$，则这个数列是（　　）。

A. 等差数列　　　　　　B. 等比数列　　　　　　C. 既是等差数列又是等比数列

D. 既不是等差数列也不是等比数列　　　　　　E. 以上结论均不正确

【解析】等比数列的前 n 项和 $S_n=\dfrac{a_1(1-q^n)}{1-q}=\dfrac{a_1}{1-q}-\dfrac{a_1}{1-q}q^n=k-kq^n$，是关于 n 的指数函数且指数项前面的系数和常数项互为相反数，因此 $S_n=3+2^n$ 既不是等差数列也不是等比数列，答案选 D。

【例 5-43】(2018-1) 见图 5-3，四边形 $A_1B_1C_1D_1$ 是平行四边形，A_2，B_2，C_2，D_2 分别是 $A_1B_1C_1D_1$ 四边的中点，A_3，B_3，C_3，D_3 分别是四边形 $A_2B_2C_2D_2$ 四边的中点，依次下去，得到四边形序列 $A_nB_nC_nD_n(n=1,2,3,\cdots)$，设 $A_nB_nC_nD_n$ 的面积为 S_n，且 $S_1=12$，则 $S_1+S_2+S_3+\cdots+\infty=$（　　）。

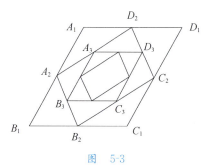

图 5-3

A. 16　　　　B. 20　　　　C. 24　　　　D. 28　　　　E. 30

【解析】$S_1=12$，A_2，B_2，C_2，D_2 分别是 $A_1B_1C_1D_1$ 四边的中点，所以 $S_2=12\times\dfrac{1}{2}$，$S_3=12\times\left(\dfrac{1}{2}\right)^2$，则 $S_n=12\times\left(\dfrac{1}{2}\right)^{n-1}$，数列 $\{S_n\}$ 是以首项为 12、公比为 $\dfrac{1}{2}$ 的无穷递缩等比数列，

所有项和为 $S = \dfrac{a_1}{1-q} = \dfrac{12}{1-\dfrac{1}{2}} = 24$,答案选 C。

【技巧】列举 $S_1 = 12, S_2 = 6, S_3 = 3, S_4 = 1.5, S_5 = 0.75, S_6 = 0.375, \cdots$,将前面的若干项加起来,估算发现其和趋近于 24,答案选 C。

六、等比数列元素与求和性质

1. 等比数列元素下角标性质

【例 5-44】在各项均为正数的等比数列中,若 $a_5 a_6 = 9$,则 $\log_3 a_1 + \log_3 a_2 + \cdots + \log_3 a_{10} = (\quad)$。

A. 8　　　　B. 9　　　　C. 10　　　　D. 16　　　　E. 18

【解析】原式可整理为 $\log_3 a_1 a_2 \cdots a_{10}$,根据等比数列下角标性质得,$a_1 a_{10} = a_2 a_9 = a_3 a_8 = a_4 a_7 = a_5 a_6 = 9$,则 $\log_3 a_1 a_2 \cdots a_{10} = \log_3 9^5 = 5\log_3 9 = 5 \times 2 = 10$,答案选 C。

【技巧】题干中只有一个关于元素之间的等量关系式,可以采用特值法,令 $q = 1$,则 $a_1 = a_2 = \cdots = a_n = a > 0$,而 $a_5 a_6 = 9$,即 $a^2 = 9$,则 $a = 3$,因此表达式的值为 $\log_3 3 + \log_3 3 + \cdots + \log_3 3 = 10$,答案选 C。

【例 5-45】已知 $\{a_n\}$ 为递增等比数列,则能确定数列 $\{a_n\}$。

(1) $a_1 a_9 = 64$。　　　　(2) $a_4 + a_6 = 20$。

【解析】条件(1)、(2)明显单独不充分,考虑联合,根据等比数列下角标性质得,$a_4 a_6 = a_1 a_9 = 64$,又 $a_4 + a_6 = 20$,$\{a_n\}$ 为递增等比数列,解得 $\begin{cases} a_4 = 4 \\ a_6 = 16 \end{cases}$,则 $\dfrac{a_6}{a_4} = q^2 = \dfrac{16}{4}$,解得 $q = 2$ 或 $q = -2$(舍去),联合充分,答案选 C。

2. 等比数列求和性质(连续等长片段和)

【例 5-46】设等比数列 $\{a_n\}$ 的前 n 项和为 S_n,且 $S_{10} = 10, S_{30} = 70$,则 $S_{20} = (\quad)$。

A. -20　　B. -10　　C. 30　　D. -20 或 30　　E. -10 或 30

【解析】数列 $\{a_n\}$ 为等比数列,则 $S_{10}, S_{20} - S_{10}, S_{30} - S_{20}$ 也成等比数列,即 $10, S_{20} - 10, 70 - S_{20}$ 成等比数列,因此 $(S_{20} - 10)^2 = 10 \times (70 - S_{20})$,解得 $S_{20} = -20$ 或 $S_{20} = 30$,而 $S_{10}, S_{20} - S_{10}, S_{30} - S_{20}$ 同号($S_{20} - S_{10} = S_{10} \times q^{10}$),则 $S_{20} = -20$ 舍去,答案选 C。

七、已知递推公式,求通项

【例 5-47】(2020-1)若数列 $\{a_n\}$ 满足 $a_1 = 1, a_2 = 2$,若 $a_{n+2} = a_{n+1} - a_n$,则 $a_{100} = (\quad)$。

A. 1　　　　B. -1　　　　C. 2　　　　D. -2　　　　E. 0

【解析】根据题意,$a_3 = a_2 - a_1 = 1, a_4 = a_3 - a_2 = -1$,以此类推,列举前若干项: $1, 2, 1, -1, -2, -1, 1, 2, 1, -1, -2, -1, \cdots$,该数列是 6 项一个循环,又 $100 \div 6 = 16 \cdots 4$,因此 $a_{100} = a_4 = -1$,答案选 B。

【例 5-48】设数列 $\{a_n\}$ 满足 $a_1 = 1, a_{n+1} = a_n + n (n \geqslant 1)$,则 $a_{10} = (\quad)$。

A. 42 B. 44 C. 46 D. 52 E. 58

【解析】依题意得，$a_{n+1} - a_n = n$，列举得：$\begin{cases} a_2 - a_1 = 1 \\ a_3 - a_2 = 2 \\ \cdots \\ a_{10} - a_9 = 9 \end{cases}$，累加抵消可得，$a_{10} - a_1 = 1 + 2 + \cdots + 9$，又 $a_1 = 1$，因此 $a_{100} = 1 + 2 + \cdots + 9 + 1 = 46$，答案选 C。

【例 5-49】(2016-1) 已知数列 $a_1, a_2, a_3, \cdots, a_{10}$，则 $a_1 - a_2 + a_3 - a_4 + \cdots + a_9 - a_{10} \geq 0$。
(1) $a_n \geq a_{n+1}, n = 1, 2, \cdots, 9$。 (2) $a_n^2 \geq a_{n+1}^2, n = 1, 2, \cdots, 9$。

【解析】条件(1)，$a_n \geq a_{n+1}$，则 $a_1 - a_2 \geq 0, a_3 - a_4 \geq 0, \cdots, a_9 - a_{10} \geq 0$，可以推出 $a_1 - a_2 + a_3 - a_4 + \cdots + a_9 - a_{10} \geq 0$，充分；条件(2)，$a_n^2 \geq a_{n+1}^2$，不能确定 a_n, a_{n+1} 的大小，可以找到反例，当每项都是负数，可知 $a_1 \leq a_2 < 0$，即 $a_1 - a_2 \leq 0$，以此类推，$a_3 - a_4 \leq 0, \cdots, a_9 - a_{10} \leq 0$，则 $a_1 - a_2 + a_3 - a_4 + \cdots + a_9 - a_{10} \leq 0$，不充分，答案选 A。

八、数列相关的应用题

1. 等差数列相关的应用题

【例 5-50】(2017-1) 甲、乙、丙三种货车的载重量成等差数列，2 辆甲种车和 1 辆乙种车满载量为 95 吨，1 辆甲种车和 3 辆丙种车满载量为 150 吨，则用甲、乙、丙各 1 辆车一次最多运送货物(　　)吨。

A. 125 B. 120 C. 115 D. 110 E. 105

【解析】根据题意，设甲、乙、丙三种货车的载重量分别为 $a - d, a, a + d$，由题干可列式 $\begin{cases} 2(a - d) + a = 95 \\ (a - d) + 3 \times (a + d) = 150 \end{cases}$，解得 $a = 35$，则用甲、乙、丙各 1 辆车一次最多送货物为 $(a - d) + a + (a + d) = 3a = 3 \times 35 = 105$ 吨，答案选 E。

【套路】三个数成等差数列问题，除了设 $a, a + d, a + 2d$ 外，还可设 $a - d, a, a + d$；三个数成等比数列问题，除了设 a, aq, aq^2 外，还可设 $\dfrac{a}{q}, a, aq$，对称设元法更能简化运算。

2. 等比数列相关的应用题

【例 5-51】(2016-1) 某公司用分期付款方式购买一套定价为 1100 万元的设备，首期付款 100 万元，之后每月付款 50 万元，并支付上期余款的利息，月利率为 1%，该公司为此设备支付了(　　)万元。

A. 1195 B. 1200 C. 1205
D. 1215 E. 1300

【解析】首期付款 100 万元，还剩余 1000 万元，每月付款 50 万元，则需要支付 20 个月，第 1 个月，付款 50 万元，并支付 1000 万元产生的利息 $1000 \times 1\%$ 万元；第 2 个月，付款 50 万元，并支付剩余的 950 万元产生的利息 $950 \times 1\%$ 万元；以此类推，第 20 个月，付款 50 万元，并支付剩余的 50 万元产生的利息 $50 \times 1\%$ 万元，则利息共支付了 $1000 \times 1\% + 950 \times 1\% + \cdots + 50 \times 1\% = 50 \times 1\% \times (20 + 19 + \cdots + 1) = 105$ 万元，因此该公司为此设备支付了 $100 + 1000 + 105 = 1205$ 万元，答案选 C。

【例 5-52】(2017-1)能确定某企业产值的月平均增长率。

(1) 已知1月份的产值。

(2) 已知全年的总产值。

【解析】 明显条件(1)、(2)需要联合,设1月份的产值为 a,月平均增长率为 $p\%$,全年的总产值 S,则2月的产值为 $a(1+p\%)$,以此类推,12月的产值为 $a(1+p\%)^{11}$,因此 $S=a+a(1+p\%)+\cdots+a(1+p\%)^{11}$,当 $a=0$ 时,无法确定 $p\%$ 的值;当 $a\neq 0$ 时,可以整理为 $\dfrac{S}{a}=1+(1+p\%)+\cdots+(1+p\%)^{11}$,因为 a,S 都已知,并且关于 $p\%$ 的表达式各项均为正,为单调递增的表达式,可以求出 $p\%$,综上所述,联合也不充分,答案选E。

【例 5-53】(2019-1)甲、乙、丙三人各自拥有不超过10本图书,甲购入2本图书后,他们各自拥有的图书数量构成等比数列,则能确定甲拥有图书的数量。

(1) 已知乙拥有的图书数量。

(2) 已知丙拥有的图书数量。

【解析】 方法(1),甲购入2本图书后,构成等比数列(此时 $3\leqslant$ 甲 $\leqslant 12$),如果 $q=1$ 时,有3,3,3、4,4,4、5,5,5、6,6,6、7,7,7、8,8,8、9,9,9、10,10,10,如果 $q\neq 1$ 时,有12,6,3、4,6,9、9,6,4,条件(1),已知乙,举反例,当乙取6时,甲可取6,12,4,9,不能确定甲,不充分;条件(2),已知丙,举反例,当丙取3时,甲可取3,12,不能确定甲,也不充分;条件(1)、(2)联合,乙、丙都已知,则甲唯一,联合充分,答案选C。

方法(2),根据等比数列,(甲+2)×丙=乙²,显然单独都不充分,考虑联合,则 甲 $=\dfrac{\text{乙}^2}{\text{丙}}-2$,此时可以确定甲,联合充分,答案选C。

5.5 强化提升习题

1. 在等差数列 $\{a_n\}$ 中, $a_4=9, a_9=-6$,则满足 $S_n=54$ 的所有 n 的值为( )。

    A. 4   B. 9   C. 4 或 9   D. 8   E. 3 或 8

2. (2012-10)在等差数列 $\{a_n\}$ 中, $a_2=4, a_4=8$,若 $\sum\limits_{k=1}^{n}\dfrac{1}{a_k a_{k+1}}=\dfrac{5}{21}$,则 $n=$( )。

    A. 16   B. 17   C. 19   D. 20   E. 21

3. 在 -12 和 6 之间插入 n 个数,使这 $n+2$ 个数组成和为 -21 的等差数列,则 n 为( )。

    A. 4   B. 5   C. 6   D. 7   E. 8

4. 数列 $\{a_n\}$ 为等差数列,共有 $2n+1$ 项,所有奇数项的和是100,所有偶数项的和是90,则 $n=$( )。

    A. 7   B. 8   C. 9   D. 10   E. 11

5. 数列 $\{a_n\}$ 为等差数列,共有20项,所有奇数项的和是30,所有偶数项的和是40,则公差 $d=$( )。

    A. 1   B. 2   C. 3   D. 4   E. 5

6. 若 $\{a_n\}$ 是等差数列,前 n 项和为 S_n,则 $a_3 = 4$。

(1) $a_1 + a_2 + a_3 + a_4 + a_5 = 20$。

(2) $S_n = 14n - 2n^2$。

7. (2011-1) 已知 $\{a_n\}$ 为等差数列,则该数列的公差为零。

(1) 对任何正整数 n,都有 $a_1 + a_2 + \cdots + a_n \leq n$。

(2) $a_1 \leq a_2$。

8. 已知方程 $(x^2 - 2x + m)(x^2 - 2x + n) = 0$ 的 4 个根组成一个首项为 $\dfrac{1}{4}$ 的等差数列,则 $|m - n| = (\quad)$。

  A. $\dfrac{3}{8}$ B. $\dfrac{1}{2}$ C. $\dfrac{3}{4}$ D. 1   E. $\dfrac{3}{2}$

9. 等差数列 $\{a_n\}$ 的前 n 项和为 S_n,已知 $a_{m-1} + a_{m+1} - a_m^2 = 0$,$S_{2m-1} = 38$,则 $m = (\quad)$。

  A. 38   B. 20   C. 10   D. 9   E. 8

10. (2009-1) 数列 $\{a_n\}$ 的前 n 项和 S_n 与 $\{b_n\}$ 的前 n 项和 T_n 满足 $S_{19} : T_{19} = 3 : 2$。

(1) $\{a_n\}$ 和 $\{b_n\}$ 是等差数列。

(2) $a_{10} : b_{10} = 3 : 2$。

11. 等差数列 $\{a_n\}$ 的前 n 项和为 S_n,且 $S_5 < S_6$,$S_6 = S_7$,$S_7 > S_8$,则下列结论错误的是 ( )。

  A. $d < 0$ B. $a_7 = 0$ C. $S_9 > S_5$

  D. $S_5 = S_8$ E. S_6 与 S_7 均为 S_n 的最大值

12. 已知等比数列 $\{a_n\}$ 的前 n 项和为 S_n,且 $S_6 = 9S_3$,则公比 $q = (\quad)$。

  A. $\dfrac{1}{2}$ B. $\dfrac{3}{2}$ C. 2   D. $\dfrac{5}{2}$ E. 4

13. 已知等比数列 $\{a_n\}$ 中,$a_3 = \dfrac{3}{2}$,$S_3 = 4\dfrac{1}{2}$,则 $a_1 = (\quad)$。

  A. $\dfrac{3}{2}$ B. 6   C. $\dfrac{3}{2}$ 或 6   D. $\dfrac{5}{2}$ E. $\dfrac{5}{2}$ 或 6

14. a, b, c, d 均为正数,且 a, b, c 成等差数列,a, d, c 成等比数列,则 b 与 d 大小关系为 ( )。

  A. $b < d$ B. $b \leq d$ C. $b > d$ D. $b \geq d$ E. $b = d$

15. 若 $\alpha^2, 1, \beta^2$ 成等比数列,而 $\dfrac{1}{\alpha}, 1, \dfrac{1}{\beta}$ 成等差数列,则 $\dfrac{\alpha + \beta}{\alpha^2 + \beta^2} = (\quad)$。

  A. $-\dfrac{1}{2}$ 或 1   B. $-\dfrac{1}{3}$ 或 1   C. $\dfrac{1}{2}$ 或 1

  D. $\dfrac{1}{3}$ 或 1   E. 以上结论均不正确

16. 已知 a, b, c 三个数既成等差数列,又成等比数列,设 α, β 是方程 $ax^2 + bx - c = 0$ 的两个根,且 $\alpha > \beta$,则 $\alpha^3 \beta - \alpha \beta^3 = (\quad)$。

A. 1   B. $\sqrt{2}$ C. $\sqrt{3}$ D. $\sqrt{5}$ E. $\sqrt{7}$

17. 若 a,b,c 成等比数列，那么函数 $f(x)=ax^2+bx+c$ 的图像与 x 轴交点的个数为（   ）。

　　A. 0   B. 1   C. 2   D. 0 或 1   E. 1 或 2

18. 在等差数列 $\{a_n\}$ 中，$a_3=2$，$a_{11}=6$，数列 $\{b_n\}$ 是等比数列，若 $b_2=a_3$，$b_3=\dfrac{1}{a_2}$，则满足 $b_n>\dfrac{1}{a_{26}}$ 的最大的 n 值是（   ）。

　　A. 3   B. 4   C. 5   D. 6   E. 以上结论均不正确

19. 等比数列 $\{a_n\}$ 的公比为 q，则 $q>1$。

　　(1) 对于任意正整数 n，都有 $a_{n+1}>a_n$。

　　(2) $a_1>0$。

20. (2009-1) $a_1^2+a_2^2+a_3^2+\cdots+a_n^2=\dfrac{1}{3}(4^n-1)$。

　　(1) 数列 $\{a_n\}$ 的通项公式为 $a_n=2^n$。

　　(2) 在数列 $\{a_n\}$ 中，对于任意正整数 n，有 $a_1+a_2+a_3+\cdots+a_n=2^n-1$。

21. (2008-1) 若 p 是以 a 为边长的正方形，P_1 是以 p 的四边中点为顶点的正方形，P_2 是以 P_1 的四边中点为顶点的正方形，$\cdots$，P_i 是以 P_{i-1} 的四边中点为顶点的正方形，则 P_6 的面积为（   ）。

　　A. $\dfrac{a^2}{16}$ B. $\dfrac{a^2}{32}$ C. $\dfrac{a^2}{40}$ D. $\dfrac{a^2}{48}$ E. $\dfrac{a^2}{64}$

22. 见图 5-4，在斜边长为 2 的等腰直角三角形内，不断作正方形，设这些正方形的面积分别为 $S_1,S_2,\cdots,S_n$，当 n 很大时，则 $S_1+S_2+\cdots+S_n$ 最接近于（   ）。

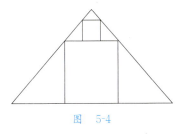

图 5-4

　　A. $\dfrac{1}{2}$ B. 1   C. $\dfrac{3}{4}$ D. $\dfrac{4}{5}$ E. $\dfrac{5}{6}$

23. 若平面内有 10 条直线，其中任何两条不平行，且任何三条不共点（即不相交于一点），则这 10 条直线将平面分成了（   ）部分。

　　A. 21   B. 32   C. 43   D. 56   E. 77

24. 在各项为正的等比数列 $\{a_n\}$ 中，$a_1a_3=36$，$a_2+a_4=60$，$S_n>400$，则 n 的最小值是（   ）。

　　A. 4   B. 5   C. 6   D. 7   E. 8

25. 已知等差数列 $\{a_n\}$ 的公差不为0, 但是第三、四、七项构成等比数列, 则 $\dfrac{a_2+a_6}{a_3+a_7}=$ (   )。

   A. $\dfrac{3}{5}$ 　　　　　　B. $\dfrac{2}{3}$ 　　　　　　C. $\dfrac{3}{4}$

   D. $\dfrac{4}{5}$ 　　　　　　E. 以上结论均不正确

26. 设等比数列 $\{a_n\}$ 的前 n 项和为 S_n, 若 $\dfrac{S_6}{S_3}=3$, 则 $\dfrac{S_9}{S_6}=$ (   )。

   A. 2 　　　　　　B. $\dfrac{7}{3}$ 　　　　　　C. $\dfrac{8}{3}$

   D. 3 　　　　　　E. 以上结论均不正确

27. (2013-1) 设 $a_1=1, a_2=k, \cdots, a_{n+1}=|a_n-a_{n-1}|(n\geqslant 2)$, 则 $a_{100}+a_{101}+a_{102}=2$。

   (1) $k=2$。

   (2) k 是小于20的正整数。

28. (2010-10) $x_n=1-\dfrac{1}{2^n}(n=1,2,\cdots)$。

   (1) $x_1=\dfrac{1}{2}, x_{n+1}=\dfrac{1}{2}(1-x_n)(n=1,2,\cdots)$。

   (2) $x_1=\dfrac{1}{2}, x_{n+1}=\dfrac{1}{2}(1+x_n)(n=1,2,\cdots)$。

29. (2008-1) 如果数列 $\{a_n\}$ 的前 n 项和 $S_n=\dfrac{3}{2}a_n-3$, 那么这个数列的通项公式是 (   )。

   A. $a_n=2(n^2+n+1)$ 　　B. $a_n=3\times 2^n$ 　　C. $a_n=3n+1$

   D. $a_n=2\times 3^n$ 　　　E. 以上结论均不正确

30. (2009-1) 若数列 $\{a_n\}$ 中, $a_n\neq 0(n\geqslant 1), a_1=\dfrac{1}{2}$, 前 n 项和 S_n 满足 $a_n=\dfrac{2S_n^2}{2S_n-1}(n\geqslant 2)$, 则 $\left\{\dfrac{1}{S_n}\right\}$ 是 (   )。

   A. 首项为2、公比为 $\dfrac{1}{2}$ 的等比数列

   B. 首项为2、公比为2的等比数列

   C. 既非等差数列也非等比数列

   D. 首项为2、公差为 $\dfrac{1}{2}$ 的等差数列

   E. 首项为2、公差为2的等差数列

31. (2012-10) 在一次数学考试中, 某班前6名同学的成绩恰好成等差数列, 若前6名同学的平均成绩为95分, 前4名同学的成绩之和为388分, 则第6名同学的成绩为 (   ) 分。

   A. 92　　B. 91　　C. 90　　D. 89　　E. 88

32. 从 2kg 质量分数为 20% 的盐水容器中倒出 1kg 盐水, 然后加入 1kg 水, 以后每次都倒出 1kg 盐水, 然后再加入 1kg 水, 则第5次倒出的 1kg 盐水中含盐 (   ) g。

   A. 10　　B. 12.5　　C. 15　　D. 25　　E. 37.5

强化提升习题详解

1.【解析】公差 $d=\dfrac{a_9-a_4}{9-4}=\dfrac{-6-9}{5}=-3$，则 $a_1=a_4-3d=18$，因此 $S_n=na_1+\dfrac{n(n-1)}{2}d=18n+\dfrac{n(n-1)}{2}\times(-3)=54$，整理为 $n^2-13n+36=0$，解得 $n=4$ 或 $n=9$，答案选C。

2.【解析】$a_4-a_2=2d=8-4=4$，则 $d=2$，$a_n=a_2+(n-2)d=4+(n-2)\times 2=2n$，因为 $\dfrac{1}{a_k a_{k+1}}=\dfrac{1}{2k[2(k+1)]}=\dfrac{1}{4k(k+1)}=\dfrac{1}{4}\left(\dfrac{1}{k}-\dfrac{1}{k+1}\right)$，所以 $\sum_{k=1}^{n}\dfrac{1}{a_k a_{k+1}}=\dfrac{1}{a_1 a_2}+\dfrac{1}{a_2 a_3}+\cdots+\dfrac{1}{a_n a_{n+1}}=\dfrac{1}{4}\left[\left(\dfrac{1}{1}-\dfrac{1}{2}\right)+\left(\dfrac{1}{2}-\dfrac{1}{3}\right)+\cdots+\left(\dfrac{1}{n}-\dfrac{1}{n+1}\right)\right]=\dfrac{5}{21}$，消项可得，$\dfrac{1}{4}\left(1-\dfrac{1}{n+1}\right)=\dfrac{5}{21}$，解得 $n=20$，答案选D。

3.【解析】$n+2$ 个数的和为 $\dfrac{-12+6}{2}\times(n+2)=-21$，解得 $n=5$，答案选B。

4.【解析】奇数项共有 $n+1$ 项，偶数项共有 n 项，所有奇数项的和 $S_{奇}=\dfrac{a_1+a_{2n+1}}{2}\times(n+1)$，所有偶数项的和 $S_{偶}=\dfrac{a_2+a_{2n}}{2}\times n$，又根据下角标性质 $a_1+a_{2n+1}=a_2+a_{2n}$，因此所有奇数项的和与所有偶数项的和之比为 $\dfrac{S_{奇}}{S_{偶}}=\dfrac{n+1}{n}=\dfrac{100}{90}$，解得 $n=9$，答案选C。

【套路】数列 $\{a_n\}$ 为等差数列，共有 $2n+1$ 项，则有 $S_{奇}-S_{偶}=a_n=a_{中}$，$\dfrac{S_{奇}}{S_{偶}}=\dfrac{n+1}{n}$。

5.【解析】奇数项和偶数项各有10项，所有偶数项的和与所有奇数项的和的差为 $S_{偶}-S_{奇}=10d$，即 $40-30=10d$，则 $d=1$，答案选A。

【套路】数列 $\{a_n\}$ 为等差数列，共有 $2n$ 项，则有 $S_{偶}-S_{奇}=nd$，$\dfrac{S_{奇}}{S_{偶}}=\dfrac{a_n}{a_{n+1}}$。

6.【解析】条件(1)，根据等差数列下角标性质得，$a_1+a_5=a_2+a_4=2a_3$，则 $5a_3=20$，解得 $a_3=4$，充分；条件(2)，等差数列前 n 项和 $S_n=\left(\dfrac{d}{2}\right)n^2+\left(a_1-\dfrac{d}{2}\right)n$，又 $S_n=14n-2n^2$，则 $d=-4$，$a_1=12$，因此 $a_3=a_1+2d=12+2\times(-4)=4$，也充分，答案选D。

7.【解析】条件(1)，$S_n\leqslant n$ 恒成立，则公差 $d\leqslant 0$，取 $a_1<0$，$d<0$，如 $a=-1$，$d=-1$，此时必然满足 $a_1+a_2+\cdots+a_n\leqslant n$，但是 $d=-1\neq 0$，不充分；条件(2)，$a_1\leqslant a_2$，则 $a_2-a_1\geqslant 0$，即公差 $d\geqslant 0$，也不充分；条件(1)、(2)联合，可以推出公差 $d=0$，联合充分，答案选C。

8.【解析】设 $x^2-2x+m=0$ 的两根为 x_1,x_2，$x^2-2x+n=0$ 的两根为 x_3,x_4，根据韦达定理可得 $x_1+x_2=x_3+x_4=2$，则 x_1,x_3,x_4,x_2 成等差数列（下角标性质），$x_1=\dfrac{1}{4}$，$x_3=\dfrac{3}{4}$，$x_4=\dfrac{5}{4}$，$x_2=\dfrac{7}{4}$，因此 $x_1 x_2=m=\dfrac{1}{4}\times\dfrac{7}{4}=\dfrac{7}{16}$，$x_3 x_4=n=\dfrac{3}{4}\times\dfrac{5}{4}=\dfrac{15}{16}$，$|m-n|=\dfrac{1}{2}$，答案选B。

9.【解析】根据等差数列下角标性质得，$a_{m-1}+a_{m+1}=2a_m$，则 $2a_m-a_m^2=0$，解得 $a_m=0$ 或 $a_m=2$，而 $S_{2m-1}=\dfrac{a_1+a_{2m-1}}{2}\times(2m-1)=38$，又 $a_1+a_{2m-1}=2a_m$，因此 $S_{2m-1}=a_m\times(2m-1)=38$，则 $a_m\neq 0$，将 $a_m=2$ 代入可得，$2\times(2m-1)=38$，解得 $m=10$，答案选 C。

10.【解析】显然条件（1）、（2）单独都不充分，联合起来，$\dfrac{S_{19}}{T_{19}}=\dfrac{\dfrac{a_1+a_{19}}{2}\times 19}{\dfrac{b_1+b_{19}}{2}\times 19}=\dfrac{a_1+a_{19}}{b_1+b_{19}}=\dfrac{2a_{10}}{2b_{10}}=\dfrac{a_{10}}{b_{10}}=\dfrac{3}{2}$，联合充分，答案选 C。

【套路】若等差数列 $\{a_n\}$ 与 $\{b_n\}$ 的前 n 项和分别为 S_n 与 T_n，则有 $\dfrac{S_{2n-1}}{T_{2n-1}}=\dfrac{a_n}{b_n}$。

11.【解析】等差数列前 n 项和 $S_n=\left(\dfrac{d}{2}\right)n^2+\left(a_1-\dfrac{d}{2}\right)n$，图像是过原点的抛物线，根据题意画出图像，见图 5-5，S_6 与 S_7 均为 S_n 的最大值，开口朝下 $d<0$，$a_7=S_7-S_6=0$，$S_5=S_8>S_9$，答案选 C。

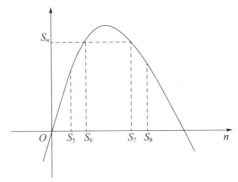

图 5-5

12.【解析】当 $q=1$ 时，明显 $S_6\neq 9S_3$；当 $q\neq 1$ 时，$\dfrac{a_1(1-q^6)}{1-q}=9\times\dfrac{a_1(1-q^3)}{1-q}$，整理为 $1-q^6=9\times(1-q^3)$，则 $\dfrac{1-q^6}{1-q^3}=9$，即 $\dfrac{(1+q^3)(1-q^3)}{1-q^3}=1+q^3=9$，解得 $q=2$，答案选 C。

13.【解析】当 $q=1$ 时，$a_1=a_2=a_3=\dfrac{3}{2}$，此时 $S_3=a_1+a_2+a_3=4\dfrac{1}{2}$，符合题干；当 $q\neq 1$ 时，$a_3=a_1q^2=\dfrac{3}{2}$，$S_3=\dfrac{a_1(1-q^3)}{1-q}=4\dfrac{1}{2}$，解得 $q=-\dfrac{1}{2}$，$a_1=6$，综上所述，$a_1=\dfrac{3}{2}$ 或 6，答案选 C。

14.【解析】根据题意，$\begin{cases}2b=a+c\\d^2=ac\end{cases}$，即 $\begin{cases}b=\dfrac{a+c}{2}\\d=\sqrt{ac}\end{cases}$，根据平均值定理得，$\dfrac{a+c}{2}\geqslant\sqrt{ac}$，因此 $b\geqslant d$，答案选 D。

15.【解析】依题意可得，$\begin{cases} \alpha^2\beta^2=1 \\ \dfrac{1}{\alpha}+\dfrac{1}{\beta}=2 \end{cases}$，整理为$\begin{cases} \alpha\beta=\pm1 \\ \dfrac{\alpha+\beta}{\alpha\beta}=2 \end{cases}$，当$\alpha\beta=1$时，$\alpha+\beta=2$，此时$\alpha^2+\beta^2=(\alpha+\beta)^2-2\alpha\beta=2^2-2\times1=2$，则$\dfrac{\alpha+\beta}{\alpha^2+\beta^2}=\dfrac{2}{2}=1$；当$\alpha\beta=-1$时，$\alpha+\beta=-2$，此时$\alpha^2+\beta^2=(\alpha+\beta)^2-2\alpha\beta=(-2)^2-2\times(-1)=6$，则$\dfrac{\alpha+\beta}{\alpha^2+\beta^2}=\dfrac{-2}{6}=-\dfrac{1}{3}$，答案选B。

16.【解析】根据题意，$a=b=c\neq0$，原方程可化为$x^2+x-1=0$，根据韦达定理可得$\alpha+\beta=-1$，$\alpha\beta=-1$，$\alpha-\beta=\sqrt{(\alpha-\beta)^2}=\sqrt{(\alpha+\beta)^2-4\alpha\beta}=\sqrt{(-1)^2-4\times(-1)}=\sqrt{5}$，因此$\alpha^3\beta-\alpha\beta^3=\alpha\beta(\alpha^2-\beta^2)=\alpha\beta(\alpha+\beta)(\alpha-\beta)=(-1)\times(-1)\times\sqrt{5}=\sqrt{5}$，答案选D。

17.【解析】根据题意，$b^2=ac(abc\neq0)$，则$\Delta=b^2-4ac=-3b^2<0$，抛物线与x轴无交点，答案选A。

18.【解析】依题意得，$a_{11}-a_3=8d=6-2=4$，则公差$d=\dfrac{1}{2}$，$a_2=a_3-d=2-\dfrac{1}{2}=\dfrac{3}{2}$，$a_{26}=a_3+23d=2+23\times\dfrac{1}{2}=\dfrac{27}{2}$，而$b_2=a_3=2$，$b_3=\dfrac{1}{a_2}=\dfrac{2}{3}$，则公比$q=\dfrac{b_3}{b_2}=\dfrac{1}{3}$，则$b_n=b_2\times q^{n-2}=2\times\left(\dfrac{1}{3}\right)^{n-2}$，又$b_n>\dfrac{1}{a_{26}}$，则$2\times\left(\dfrac{1}{3}\right)^{n-2}>\dfrac{2}{27}$，整理为$\left(\dfrac{1}{3}\right)^{n-2}>\left(\dfrac{1}{3}\right)^3$，解得$n<5$，因此$n$的最大值为4，答案选B。

19.【解析】条件(1)，举反例，$-8,-4,-2,-1,-\dfrac{1}{2},\cdots$，此时是递增等比数列，但$q=\dfrac{1}{2}<1$，不充分；条件(2)，明显也不充分；考虑联合，则$a_{n+1}>a_n>0$，即$a_n\cdot q>a_n>0$，可以推出$q>1$，联合充分，答案选C。

20.【解析】条件(1)，等比数列的通项公式是关于n的指数函数且无常数项，$a_n=2^n$，则$\{a_n\}$是首项$a_1=2$、公比$q=2$的等比数列，因此$\{a_n^2\}$是首项为$a_1^2=4$、公比为$q^2=4$的等比数列，则$\{a_n^2\}$的前n项和为$a_1^2+a_2^2+a_3^2+\cdots+a_n^2=\dfrac{4\times(1-4^n)}{1-4}=\dfrac{4}{3}(4^n-1)$，不充分；条件(2)，等比数列的前$n$项和$S_n=k-kq^n$，是关于$n$的指数函数且指数项前面的系数和常数项互为相反数，$\{a_n\}$的前$n$项和$S_n=2^n-1$，则$\{a_n\}$是首项$a_1=S_1=1$、公比$q=2$的等比数列，因此$\{a_n^2\}$是首项为$a_1^2=1$、公比为$q^2=4$的等比数列，则$\{a_n^2\}$的前$n$项和$a_1^2+a_2^2+a_3^2+\cdots+a_n^2=\dfrac{1\times(1-4^n)}{1-4}=\dfrac{1}{3}(4^n-1)$，充分，答案选B。

【技巧】特值验证法，条件(1)，当$n=1$时，$a_1=2$，不满足题干，不充分；条件(2)，当$n=1$时，$a_1=1$，满足题干，很可能充分，答案选B。

21.【解析】正方形p的面积为a^2，正方形P_1的面积为$\dfrac{1}{2}a^2$，正方形P_2的面积为$\left(\dfrac{1}{2}\right)^2a^2$，则正方形$P_6$的面积为$\left(\dfrac{1}{2}\right)^6a^2=\dfrac{a^2}{64}$，答案选E。

22.【解析】见图5-6,根据题意,$BC=2$,$\triangle BDF$ 与 $\triangle CEG$ 均为等腰直角三角形,因此,$DF=BD=EG=EC=FG=DE=\dfrac{1}{3}BC$,则 $S_1=\left(\dfrac{1}{3}BC\right)^2=\dfrac{1}{9}BC^2=\dfrac{1}{9}\times 2^2=\dfrac{4}{9}$,同理 $S_2=\left(\dfrac{1}{3}FG\right)^2=\dfrac{1}{9}FG^2=\dfrac{1}{9}\times\left(\dfrac{1}{3}BC\right)^2=\dfrac{1}{9}\times\dfrac{4}{9}$,以此类推,即 $\{S_n\}$ 是一个首项为 $\dfrac{4}{9}$,公比为 $\dfrac{1}{9}$ 的等比数列,$S_1+S_2+\cdots+S_n$ 接近于 $S=\dfrac{S_1}{1-q}=\dfrac{\dfrac{4}{9}}{1-\dfrac{1}{9}}=\dfrac{1}{2}$,答案选A。

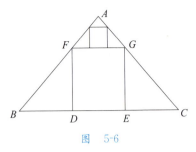

图 5-6

23.【解析】列举法,1条直线将平面分成2个部分$(1+1)$,2条直线将平面分成4个部分$(1+1+2)$,3条直线将平面分成7个部分$(1+1+2+3)$,4条直线将平面分成11个部分$(1+1+2+3+4)$,以此类推,10条直线将平面分成56个部分$(1+1+2+3+4+\cdots+10)$,答案选D。

24.【解析】$a_1 a_3=a_2^2=36$,则 $a_2=6$,又 $a_2+a_4=60$,则 $a_4=54$,$\dfrac{a_4}{a_2}=q^2=\dfrac{54}{6}=9$,则 $q=3$,$a_1=\dfrac{a_2}{q}=\dfrac{6}{3}=2$,所以 $S_n=\dfrac{a_1(1-q^n)}{1-q}=\dfrac{2\times(1-3^n)}{1-3}>400$,化简为 $3^n>401$($3^5=243$,$3^6=729$),则 $n\geq 6$,n 的最小值是6,答案选C。

25.【解析】根据题意,$a_3 a_7=a_4^2$,即 $(a_4-d)(a_4+3d)=a_4^2$,解得 $a_4=1.5d$,则 $\dfrac{a_2+a_6}{a_3+a_7}=\dfrac{2a_4}{2a_5}=\dfrac{a_4}{a_5}=\dfrac{1.5d}{1.5d+d}=\dfrac{3}{5}$,答案选A。

26.【解析】方法(1),根据公式 $\dfrac{S_n}{S_m}=\dfrac{1-q^n}{1-q^m}$ 可得,$\dfrac{S_6}{S_3}=\dfrac{1-q^6}{1-q^3}=3$,即 $\dfrac{(1+q^3)(1-q^3)}{1-q^3}=1+q^3=3$,则 $q^3=2$,因此 $\dfrac{S_9}{S_6}=\dfrac{1-q^9}{1-q^6}=\dfrac{1-(q^3)^3}{1-(q^3)^2}=\dfrac{1-2^3}{1-2^2}=\dfrac{7}{3}$,答案选B。

方法(2),特值法,令 $S_3=1$,则 $S_6=3$,而 S_3,S_6-S_3,S_9-S_6 成等比数列,则 $(S_6-S_3)^2=S_3\times(S_9-S_6)$,即 $(3-1)^2=1\times(S_9-3)$,解得 $S_9=7$,则 $\dfrac{S_9}{S_6}=\dfrac{7}{3}$,答案选B。

27.【解析】条件(1),$k=2$,则 $a_2=2$,$a_3=|a_2-a_1|=|2-1|=1$,以此类推,列举出前若干项,1,2,1,1,0,1,1,0,1,1,0,$\cdots$,观察得到后面任意连续三项之和为2,则 $a_{100}+a_{101}+a_{102}=2$,充分;条件(2),$k$ 是小于20的正整数,可以尝试让 k 取特值观察规律,当 $k=5$ 时,前若干项为1,5,4,1,3,2,1,1,0,1,1,0,1,1,0,$\cdots$,后面任意连续三项之和仍为2,此时只需要验证当 $k=19$ 时,前若干项为1,19,18,1,17,16,1,15,14,1,13,12,1,11,10,1,9,8,1,7,6,1,5,4,1,3,2,1,1,0,1,$\cdots$,明显在第100项之前已经进入1,1,0,1,1,$\cdots$ 的循环,也充分,答案选D。

28.【解析】题干数列为单调递增数列,而条件(1)是单调递减数列,不充分;条件(2),整理为 $x_{n+1}=\frac{1}{2}x_n+\frac{1}{2}$,可以等价转化为 $x_{n+1}-1=\frac{1}{2}(x_n-1)$,则 $\{x_n-1\}$ 是首项为 $-\frac{1}{2}$ 且公比为 $\frac{1}{2}$ 的等比数列,因此 $x_n-1=-\frac{1}{2}\times\left(\frac{1}{2}\right)^{n-1}=-\left(\frac{1}{2}\right)^n=-\frac{1}{2^n}$,因此 $x_n=1-\frac{1}{2^n}$,充分,答案选B。

【套路】形如 $a_{n+1}=qa_n+d$,当 $q\neq 1$ 且 $d\neq 0$ 时,可以等价转化为 $a_{n+1}+\frac{d}{q-1}=q\left(a_n+\frac{d}{q-1}\right)$,构造出新的等比数列。

【技巧】列举法,结论中 $x_2=1-\frac{1}{2^2}=\frac{3}{4}$,$x_3=1-\frac{1}{2^3}=\frac{7}{8}$,条件(1),$x_2=\frac{1}{2}\left(1-\frac{1}{2}\right)=\frac{1}{4}\neq\frac{3}{4}$,不充分;条件(2),$x_2=\frac{1}{2}\left(1+\frac{1}{2}\right)=\frac{3}{4}$,$x_3=\frac{1}{2}\left(1+\frac{3}{4}\right)=\frac{7}{8}$,都与结论对应的值相等,充分,答案选B。

29.【解析】当 $n\geqslant 2$ 时,$a_n=S_n-S_{n-1}=\left(\frac{3}{2}a_n-3\right)-\left(\frac{3}{2}a_{n-1}-3\right)$,整理得 $a_n=3a_{n-1}$,当 $n=1$ 时,$S_1=a_1=\frac{3}{2}a_1-3$,解得 $a_1=6$,因此数列 $\{a_n\}$ 是首项为6且公比为3的等比数列,$a_n=a_1\times q^{n-1}=6\times 3^{n-1}=2\times 3^n$,答案选D。

【技巧】特值法排除,当 $n=1$ 时,$a_1=S_1=6$;当 $n=2$ 时,$S_2=a_1+a_2=\frac{3}{2}a_2-3$,解得 $a_2=18$,代入选项逐一排除,答案选D。

30.【解析】$a_n=S_n-S_{n-1}=\frac{2S_n^2}{2S_n-1}$,整理为 $S_{n-1}-S_n=2S_nS_{n-1}$,两边同时除以 S_nS_{n-1},则 $\frac{1}{S_n}-\frac{1}{S_{n-1}}=2$,又 $a_1=S_1=\frac{1}{2}$,$\frac{1}{S_1}=2$,所以 $\left\{\frac{1}{S_n}\right\}$ 是以首项为2、公差为2的等差数列,答案选E。

【技巧】特值法,$\left\{\frac{1}{S_n}\right\}$ 的前三项:$\frac{1}{S_1}=\frac{1}{a_1}=2$,$\frac{1}{S_2}=4$,$\frac{1}{S_3}=6$,答案选E。

31.【解析】前6名同学的成绩成等差数列,设为 $a_1\sim a_6$,则 $S_6=6a_1+\frac{6\times 5}{2}d=95\times 6\cdots$①,$S_4=4a_1+\frac{4\times 3}{2}d=388\cdots$②,联立①②解得 $\begin{cases}a_1=100\\d=-2\end{cases}$,因此第6名同学的成绩 $a_6=a_1+5d=100+5\times(-2)=90$,答案选C。

32.【解析】原来2kg盐水的含盐量为 $2\times 20\%=0.4$kg,根据溶液倒掉一半,溶质也会倒掉一半,则第1次倒出的盐为 $0.4\times\frac{1}{2}$kg,第2次倒出的盐为 $0.4\times\left(\frac{1}{2}\right)^2$kg,以此类推,则第5次倒出的盐为 $0.4\times\left(\frac{1}{2}\right)^5=0.0125kg=12.5$g,答案选B。

第6章 平面几何

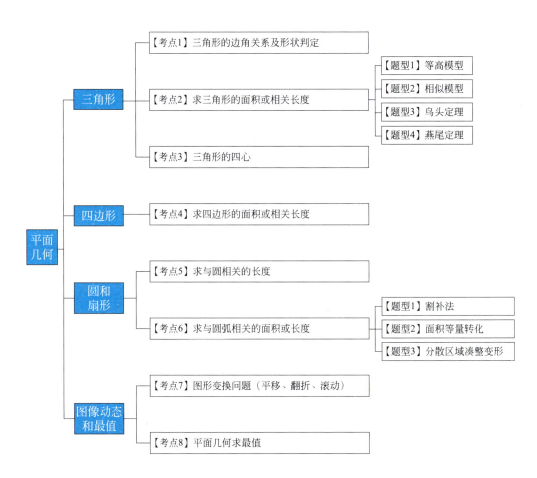

6.1 知识要点归纳

一、平行直线

(1) 直线与一组平行线所夹的角如图 6-1 所示。
① 两直线平行,同位角相等($\angle 1 = \angle 4$);
② 两直线平行,内错角相等($\angle 2 = \angle 4$);
③ 两直线平行,同旁内角互补($\angle 3 + \angle 4 = 180°$)。
(2) 直线被一组平行线截得的线段成比例如图 6-2 所示。

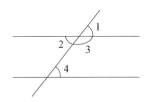 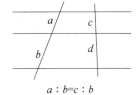

图 6-1　直线与一组平行线所夹的角　　　图 6-2　平行线截得的线段成比例

二、三角形

1. 三角形的角与边

（1）角：三个内角的和等于 $180°$，外角等于不相邻的两个内角的和；

（2）边：任意两边之和大于第三边，任意两边之差小于第三边；

（3）边与角：大边对大角，小边对小角，等边对等角。

2. 三角形的面积

$$S_\triangle = \frac{1}{2}ah = \frac{1}{2}ab\sin\angle C = \sqrt{p(p-a)(p-b)(p-c)}$$

其中，h 是 a 边上的高，$\angle C$ 是 a、b 边所夹的角，p 是三角形的半周长，$p = \dfrac{a+b+c}{2}$。

3. 特殊三角形

（1）直角三角形

① 勾股定理：$a^2 + b^2 = c^2$。

勾股数：$(3,4,5)$，$(6,8,10)$，$(9,12,15)$，$(5,12,13)$，$(7,24,25)$，$(8,15,17)$。

② 任意 Rt△，斜边的中点到三个顶点的距离相等。

（2）等腰直角三角形

① 三边之比为 $1:1:\sqrt{2}$；

② $S_\triangle = \dfrac{1}{2}a^2 = \dfrac{1}{4}c^2$，其中 a 是直角边，c 是斜边。

（3）内角为 $30°$、$60°$、$90°$ 的直角三角形

① $30°$ 所对的直角边等于斜边的一半；

② 三边之比为 $1:\sqrt{3}:2$。

（4）等边三角形

① $h = \dfrac{\sqrt{3}}{2}a$，其中 a 是边长；

② $S_\triangle = \dfrac{\sqrt{3}}{4}a^2$，其中 a 是边长。

（5）内角为 $30°$、$30°$、$120°$ 的等腰三角形

① $h = \dfrac{1}{2}a$，底边 $b = \sqrt{3}\,a$，其中 a 是腰长；

② $S_\triangle = \dfrac{\sqrt{3}}{4}a^2$，其中 a 是腰长。

4. 三角形的"四心"

三角形的"四心"见表6-1。

表6-1 三角形的"四心"

四心	定义	什么线交点	特 征	公 式
内心	内切圆的圆心	三条角平分线的交点	内心到三边距离相等	$S=\dfrac{r}{2}(a+b+c)$，S为面积，r为内切圆半径
外心	外接圆的圆心	三边的中垂线的交点	外心到三个顶点距离相等	直角三角形外心在斜边的中点
重心		三条中线的交点	重心将三角形分成三个面积相等的三角形	重心将中线分成2∶1两段
垂心		三条高的交点		

5. 三角形的全等及相似

(1) 三角形的全等

① 全等的定义：两个三角形形状、大小都相同。

② 全等的判定如下。

边边边：有三边对应相等的两个三角形全等(SSS)；

边角边：有两边和它们的夹角对应相等的两个三角形全等(SAS)；

角边角：有两角和它们的夹边对应相等的两个三角形全等(ASA)；

角角边：有两角和一角的对边对应相等的两个三角形全等(AAS)；

斜边、直角边：对于Rt△，有斜边和一条直角边对应相等的两个直角三角形全等(HL)。

(2) 三角形的相似

① 相似的定义：两个三角形形状相同、大小成比例。

② 相似的判定如下。

有两角对应相等的两个三角形相似；

有两边对应成比例且夹角相等的两个三角形相似；

有三边对应成比例的两个三角形相似。

③ 相似的性质如下。

相似三角形对应边的比相等，称为相似比；

相似三角形的高、中线、角平分线、周长的比等于相似比；

相似三角形的面积比等于相似比的平方。

三、四边形

1. 平行四边形

若平行四边形的两边长分别为a,b，以a为底边的高为h，则面积$S=ah$，周长$C=2(a+b)$。

2. 矩形

若矩形的两边长分别为 a,b，则面积 $S=ab$，周长 $C=2(a+b)$，对角线 $l=\sqrt{a^2+b^2}$。

3. 菱形

若菱形的四边边长为 a，以 a 为底边的高为 h，则面积 $S=ah=\dfrac{1}{2}l_1l_2$（其中 l_1,l_2 分别为对角线的长），周长 $C=4a$。

4. 梯形

若梯形的上底为 a，下底为 b，高为 h，则面积 $S=\dfrac{a+b}{2}\times h$，中位线 $l=\dfrac{a+b}{2}$。

四、多边形

从多边形的一个顶点出发可以引出 $(n-3)$ 条对角线，把多边形分割成了 $(n-2)$ 个三角形，$(n-2)$ 个三角形内角的总和恰好是 n 边形的内角和，则 n 边形的内角和为 $180°(n-2)$。

五、圆和扇形

1. 圆的面积及周长

圆的半径为 r，则周长 $C=2\pi r$，面积 $S=\pi r^2$。

2. 角的弧度

把圆弧的长度与半径的比值称作对一个圆周角的弧度。

度与弧度的换算关系：1弧度 $=\dfrac{180°}{\pi}$，$1°=\dfrac{\pi}{180}$ 弧度，几个常用的角度与弧度的关系见表6-2。

表6-2　几个常用的角度与弧度的关系

角度	30°	45°	60°	90°	120°	180°	360°
弧度	$\dfrac{\pi}{6}$	$\dfrac{\pi}{4}$	$\dfrac{\pi}{3}$	$\dfrac{\pi}{2}$	$\dfrac{2\pi}{3}$	π	2π

3. 扇形的弧长及面积

扇形弧长公式为

$$l=r\theta=\dfrac{\alpha°}{360}\times 2\pi r$$

其中，θ 为扇形角的弧度数，$\alpha°$ 为扇形角的角度，r 为扇形半径。

扇形面积公式为

$$S=\dfrac{\alpha°}{360°}\times \pi r^2=\dfrac{1}{2}lr$$

其中，$\alpha°$ 为扇形角的角度，r 为扇形半径，l 为扇形弧长。

6.2 基础精讲例题

一、三角形的边角关系及形状判定

【例6-1】如图6-3所示,$AB//CD$,$EG \perp AB$,垂足为G,若$\angle 1 = 50°$,则$\angle E$等于( )。

A. 30°　　　B. 40°　　　C. 50°　　　D. 60°　　　E. 75°

【解析】两条直线平行,同位角相等,则$\angle EFG = \angle 1 = 50°$,$\angle E = 90° - \angle EFG = 40°$,答案选B。

【技巧】用量角器测量即可得到$\angle E = 40°$,答案选B。

【例6-2】如图6-4所示,$AB//CE$,$CE = DE$,$y = 45°$,则x等于( )。

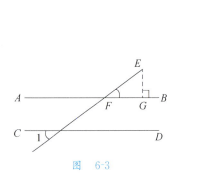

图 6-3　　　　　　　　　　　　图 6-4

A. 45°　　　B. 60°　　　C. 67.5°　　　D. 112.5°　　　E. 135°

【解析】$CE = DE$,则$\angle DCE = \angle D = \dfrac{180° - 45°}{2} = 67.5°$,又$AB//CE$,则$x = \angle DCE = 67.5°$,答案选C。

【技巧】用量角器测量即可得到$x = 67.5°$,答案选C。

【例6-3】(2014-10)三条长度分别为a,b,c的线段能构成一个三角形。

(1) $a + b > c$　　　　(2) $b - c < a$

【解析】能构成三角形的条件是任意两边之和大于第三边,即$\begin{cases} a+b>c \\ a+c>b \\ b+c>a \end{cases}$,条件(1),$a+b>c$,不充分;条件(2),$b-c<a$,可以整理为$a+c>b$,也不充分;联合起来,仍然可以举出反例$a=3$,$b=2$,$c=1$,构成不了三角形,还缺$b+c>a$,联合也不充分,答案选E。

【例6-4】(2008-1)若$\triangle ABC$的三边a,b,c满足$a^2 + b^2 + c^2 = ab + ac + bc$,则$\triangle ABC$为( )。

A. 等腰三角形　　　B. 直角三角形　　　C. 等边三角形

D. 等腰直角三角形　　　E. 以上结论均不正确

【解析】原等式可以整理为$2a^2 + 2b^2 + 2c^2 - 2ab - 2ac - 2bc = 0$,配方可得,$(a-b)^2 + (b-c)^2 + (c-a)^2 = 0$,利用非负性得$a = b = c$,则$\triangle ABC$为等边三角形,答案选C。

【技巧】观察发现,当$a = b = c$时,符合$a^2 + b^2 + c^2 = ab + ac + bc$,则$\triangle ABC$为等边三角形,答案选C。

二、求三角形的面积或相关长度

【例 6-5】如图 6-5 所示,已知等腰直角三角形 ABC 和等边三角形 BDC,设 $\triangle ABC$ 的周长为 $2\sqrt{2}+4$,则 $\triangle BDC$ 的面积是( )。

A. $3\sqrt{2}$ B. $6\sqrt{2}$ C. 12
D. $2\sqrt{3}$ E. $4\sqrt{3}$

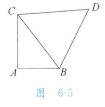

图 6-5

【解析】根据 $\triangle ABC$ 的周长为 $2\sqrt{2}+4$,可得到斜边 $BC=2\sqrt{2}$,则等边 $\triangle BDC$ 的面积 $S=\dfrac{\sqrt{3}}{4}BC^2=\dfrac{\sqrt{3}}{4}\times 8=2\sqrt{3}$,答案选 D。

【例 6-6】(2014-1)如图 6-6 所示,已知 $AE=3AB$,$BF=2BC$,若 $\triangle ABC$ 的面积是 2,则 $\triangle AEF$ 的面积为( )。

A. 14 B. 12 C. 10
D. 8   E. 6

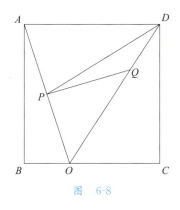

图 6-6

【解析】因为 $BC=CF$,利用三角形等高模型,面积比等于底边之比,则 $S_{\triangle ABC}=S_{\triangle ACF}=2$,因此 $S_{\triangle ABF}=4$,又因为 $BE=2AB$,再次利用等高模型,面积比等于底边之比,则 $S_{\triangle EBF}=2S_{\triangle ABF}=2\times 4=8$,因此 $S_{\triangle AEF}=S_{\triangle ABF}+S_{\triangle EBF}=4+8=12$,答案选 B。

【例 6-7】如图 6-7 所示,在 $\triangle ABC$ 中,$AD\perp BC$ 于 D,$BC=10$,$AD=8$,E,F 分别为 AB 和 AC 的中点,那么 $\triangle EBF$ 的面积等于( )。

A. 6 B. 7 C. 8
D. 9 E. 10

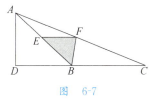

图 6-7

【解析】方法(1),根据等高模型,$S_{\triangle EBF}=\dfrac{1}{2}S_{\triangle ABF}=\dfrac{1}{2}\times\dfrac{1}{2}S_{\triangle ABC}=\dfrac{1}{2}\times\dfrac{1}{2}\times\dfrac{1}{2}\times 10\times 8=10$,答案选 E。

方法(2),$S_{\triangle EBF}=\dfrac{1}{2}\times EF\times h=\dfrac{1}{2}\times 5\times 4=10$,答案选 E。

【例 6-8】(2019-1)如图 6-8 所示,已知正方形 $ABCD$ 面积,O 为 BC 上一点,P 为 AO 的中点,Q 为 DO 上一点,则能确定 $\triangle PQD$ 的面积。

(1)O 为 BC 的三等分点。

(2)Q 为 DO 的三等分点。

图 6-8

【解析】根据题意,$S_{\triangle AOD}=\dfrac{1}{2}S_{ABCD}$,又 $AP=OP$,根据等高模型,高相等时,面积比等于底边之比,则 $\dfrac{S_{\triangle ADP}}{S_{\triangle ODP}}=\dfrac{AP}{OP}=1$,因此 $S_{\triangle ODP}=\dfrac{1}{2}S_{\triangle AOD}=\dfrac{1}{4}S_{ABCD}$,若确定 $\triangle PQD$ 的面积,根据等高模型,只需要确定 Q 的位置即可,条件(1)不可以,不充分;条件(2)可以推出,充分,答案选 B。

【例6-9】设△ABC和△A'B'C'相似,且$\frac{AB}{A'B'}=\frac{2}{3}$,若△ABC的面积是$a-1$,则△A'B'C'的面积是$a+1$,那么$a$的值为(   )。

A. 2.6　　　　B. 3　　　　C. 3.6　　　　D. 4　　　　E. 6

【解析】两个三角形相似,面积比等于相似比的平方,则$\frac{S_{\triangle ABC}}{S_{\triangle A'B'C'}}=\left(\frac{AB}{A'B'}\right)^2$,即$\frac{a-1}{a+1}=\left(\frac{2}{3}\right)^2$,解得$a=2.6$,答案选A。

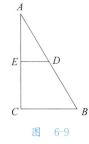

图 6-9

【例6-10】(2013-1)如图6-9所示,在Rt△ACB中,$AC=4$,$BC=3$,$DE//BC$,已知梯形$BCED$的面积为3,则DE的长为(   )。

A. $\sqrt{3}$　　　B. $\sqrt{3}+1$　　　C. $4\sqrt{3}-4$

D. $\frac{3}{2}\sqrt{2}$　　　E. $\sqrt{2}+1$

【解析】根据题意,$S_{\triangle AED}=S_{\triangle ABC}-S_{BCED}=6-3=3$,而△AED∽△ACB,根据相似三角形的面积之比等于相似比的平方可得,$\frac{S_{\triangle AED}}{S_{\triangle ABC}}=\left(\frac{DE}{BC}\right)^2$,即$\frac{3}{6}=\left(\frac{DE}{3}\right)^2$,解得$DE=\frac{3}{2}\sqrt{2}$,答案选D。

【套路】$DE//BC$,出现了金字塔模型,考查三角形的相似。

【例6-11】(2010-1)如图6-10所示,在Rt△ABC区域内部有座山,现计划从BC边上的一点D开凿一条隧道到点A,要求隧道长度最短,已知AB长为5km,AC长为12km,则所开凿的隧道AD的长度约为(   )km。

A. 4.12　　　B. 4.22　　　C. 4.42　　　D. 4.62　　　E. 4.92

【解析】在Rt△ABC中,根据勾股定理,$BC=\sqrt{AB^2+AC^2}=\sqrt{5^2+12^2}=13$,利用三角形面积公式,则$S_{\triangle ABC}=\frac{1}{2}\times AB\times AC=\frac{1}{2}\times AD\times BC$,所以$AD=\frac{5\times 12}{13}\approx 4.62$,答案选D。

【套路】直角三角形中,两个直角边的乘积等于斜边和斜边上的高的乘积。

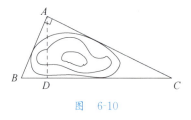
图 6-10

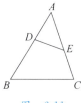
图 6-11

【例6-12】如图6-11所示,在△ABC中,D,E分别是AB,AC上的点,且$AD:AB=2:5$,$AE:AC=4:7$,$S_{\triangle ADE}=16$,则△ABC的面积为(   )。

A. 56　　　B. 65　　　C. 66　　　D. 70　　　E. 72

【解析】由题意得,这两个三角形有一对公共角∠A,因此为共角三角形,两个共角三角形面积比等于对应角的夹边乘积之比,则 $\dfrac{S_{\triangle ADE}}{S_{\triangle ABC}}=\dfrac{AD\times AE}{AB\times AC}$,即 $\dfrac{16}{S_{\triangle ABC}}=\dfrac{2}{5}\times\dfrac{4}{7}$,则 $S_{\triangle ABC}=70$,答案选 D。

【例 6-13】(2017-1)已知 $\triangle ABC$ 和 $\triangle A'B'C'$ 满足 $AB:A'B'=AC:A'C'=2:3$,$\angle A+\angle A'=\pi$,则 $\triangle ABC$ 与 $\triangle A'B'C'$ 的面积之比为( )。

A. $\sqrt{2}:\sqrt{3}$ B. $\sqrt{3}:\sqrt{5}$ C. $2:3$

D. $2:5$ E. $4:9$

【解析】 由题意可得,这两个三角形有一对角互补,因此为共角三角形,两个共角三角形面积比等于对应角的夹边乘积之比,$\angle A$ 的夹边为 AB,AC,$\angle A'$ 的夹边为 $A'B',A'C'$,则 $\dfrac{S_{\triangle ABC}}{S_{\triangle A'B'C'}}=\dfrac{AB\times AC}{A'B'\times A'C'}=\dfrac{2}{3}\times\dfrac{2}{3}=\dfrac{4}{9}$,答案选 E。

【技巧】 取特殊值,$\angle A=\angle A'=90°$,均看成直角三角形,令 $\triangle ABC$ 的两个直角边 $AB=AC=2$,则 $\triangle A'B'C'$ 的两个直角边 $A'B'=A'C'=3$,$\dfrac{S_{\triangle ABC}}{S_{\triangle A'B'C'}}=\dfrac{\frac{1}{2}\times 2\times 2}{\frac{1}{2}\times 3\times 3}=\dfrac{4}{9}$,答案选 E。

三、三角形的"四心"

【例 6-14】(2018-1)如图 6-12 所示,圆 O 是 $\triangle ABC$ 的内切圆,若 $\triangle ABC$ 的面积与周长的大小之比为 $1:2$,则圆 O 的面积为( )。

A. π B. 2π C. 3π D. 4π E. 5π

【解析】 如图 6-13 所示,设三角形三边分别为 a,b,c,内切圆半径为 r,则 $S_{\triangle ABC}=S_{\triangle AOB}+S_{\triangle AOC}+S_{\triangle BOC}=\dfrac{1}{2}ar+\dfrac{1}{2}br+\dfrac{1}{2}cr=\dfrac{1}{2}(a+b+c)r$,$a+b+c$ 为周长,又面积与周长的大小之比为 $1:2$,因此 $r=\dfrac{2S_{\triangle ABC}}{a+b+c}=1$,$S_{\text{圆}O}=\pi\times 1^2=\pi$,答案选 A。

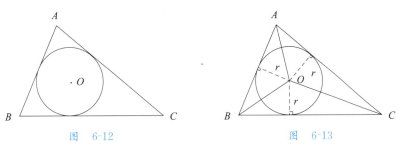

图 6-12   图 6-13

【套路】 对于任意三角形,内切圆的半径 $r=\dfrac{2S_{\triangle}}{\triangle\text{周长}}$。

四、求四边形的面积或相关长度

【例 6-15】 在四边形 $ABCD$ 中,设 AB 的长为 8,$\angle A:\angle B:\angle C:\angle D=3:7:4:10$,$\angle CDB=60°$,则 $\triangle ABD$ 的面积是( )。

A. 8 B. 32 C. 4 D. 16 E. 20

图 6-14

【解析】由于四边形 $ABCD$ 的四个内角之和为 $360°$，$\angle A:\angle B:\angle C:\angle D=3:7:4:10$，可以求出 $\angle A=45°$，$\angle D=150°$，又已知 $\angle CDB=60°$，可推出 $\angle ADB=90°$，所以 $\triangle ABD$ 为等腰直角三角形，又斜边 $AB=8$，对应的高 $h=4$，则 $S_{\triangle ABD}=\dfrac{1}{2}\times AB\times h=\dfrac{1}{2}\times 8\times 4=16$，答案选 D。

【例 6-16】(2011-10)如图 6-14 所示，一块面积为 400m^2 的正方形土地被分割成甲、乙、丙、丁四个小长方形区域作为不同的功能区，它们的面积分别为 128m^2、192m^2、48m^2 和 32m^2，乙的左下角划出一块正方形区域(阴影面积)作为公共区，则这块小正方形的面积为(　　)m^2。

A．16　　　B．17　　　C．18　　　D．19　　　E．20

【解析】大正方形的边长为 20m，又 $S_丙+S_丁=80\text{m}^2$，可得丙宽为 4m，则甲长为 $20-4=16\text{m}$，丙长为 $48\div 4=12\text{m}$，又 $S_甲=128\text{m}^2$，则甲宽为 8m，从而小正方形的边长为 $12-8=4\text{m}$，其面积为 $4^2=16\text{m}^2$，答案选 A。

【技巧】采用特征分析的技巧，小正方形的面积为完全平方数，只有 16 为完全平方数满足这个特征，答案选 A。

【例 6-17】(2012-10)若菱形两条对角线的长分别为 6 和 8，则这个菱形的周长和面积分别为(　　)。

A．14，24　　B．14，48　　C．20，12　　D．20，24　　E．20，48

【解析】菱形的对角线相互垂直且平分，两条对角线的一半分别为 3 和 4，根据勾股定理，可以求出菱形的边长为 $\sqrt{3^2+4^2}=5$，则菱形的周长为 $4\times 5=20$，菱形的面积为 $\dfrac{1}{2}\times 6\times 8=24$，答案选 D。

【例 6-18】如图 6-15 所示，在梯形 $ABCD$ 中，点 E 为 BC 的中点，设 $\triangle ADE$ 的面积为 S_1，梯形 $ABCD$ 的面积为 S_2，则 S_1 与 S_2 的关系是(　　)。

A．$S_1=\dfrac{1}{3}S_2$　　B．$S_1=\dfrac{2}{5}S_2$　　C．$S_1=\dfrac{1}{2}S_2$

D．$S_1=\dfrac{3}{5}S_2$　　E．$S_1=\dfrac{2}{3}S_2$

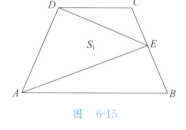

图 6-15

【解析】$S_2=\dfrac{AB+CD}{2}\times h$，$S_{\triangle ABE}+S_{\triangle CDE}=\dfrac{1}{2}AB\times\dfrac{h}{2}+\dfrac{1}{2}CD\times\dfrac{h}{2}=\dfrac{AB+CD}{2}\times\dfrac{h}{2}$，则 $S_{\triangle ABE}+S_{\triangle CDE}=\dfrac{1}{2}S_2$，因此 $S_1=\dfrac{1}{2}S_2$，答案选 C。

【技巧】图形特殊化，将梯形看成正方形，则明显 $S_1=\dfrac{1}{2}S_2$，答案选 C。

【例 6-19】如图 6-16 所示，在梯形 $ABCD$ 中，$AD//BC$，$S_{\triangle AOD}=8$，梯形的上底和下底之比为 $2:3$，则阴影部分面积为(　　)。

A．24　　　B．25　　　C．26　　　D．27　　　E．28

【解析】$\triangle AOD$ 与 $\triangle BOC$ 相似,面积比等于相似比的平方,所以 $\dfrac{S_{\triangle AOD}}{S_{\triangle BOC}}=\left(\dfrac{AD}{BC}\right)^2$,即 $\dfrac{8}{S_{\triangle BOC}}=\left(\dfrac{2}{3}\right)^2$,解得 $S_{\triangle BOC}=18$,根据梯形蝶形定理可得,$S_{\triangle AOB}=S_{\triangle DOC}$,$S_{\triangle AOB}\times S_{\triangle DOC}=S_{\triangle AOD}\times S_{\triangle BOC}=8\times 18=144=12^2$,则 $S_{\triangle AOB}=S_{\triangle DOC}=12$,阴影部分面积为 $12+12=24$,答案选 A。

【例6-20】如图6-17所示,梯形 $ABCD$ 中,$AD//BC$,中位线 EF 分别与 BD、AC 交于点 G、H,若 $AD=6$,$BC=12$,则 GH 为(   )。

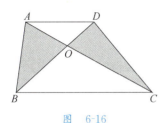

图 6-16   图 6-17

A. 1.5   B. 2   C. 2.5   D. 3   E. 4

【解析】$EG=FH=\dfrac{1}{2}AD=\dfrac{1}{2}\times 6=3$,又中位线 $EF=\dfrac{1}{2}(AD+BC)=\dfrac{1}{2}\times(6+12)=9$,则 $GH=EF-(EG+FH)=9-(3+3)=3$,答案选 D。

五、求与圆相关的长度

【例6-21】(2020-1)如图6-18所示,圆 O 的内接 $\triangle ABC$ 是等腰三角形,底边 $BC=6$,顶角为 $\dfrac{\pi}{4}$,则圆 O 的面积为(   )。

A. 12π B. 16π C. 18π D. 32π E. 36π

【解析】如图6-19所示,连接 OB,OC,则 $\angle BOC=2\angle BAC=2\times 45°=90°$(相同弧所对应的圆周角等于圆心角的一半),所以在等腰直角 $\triangle BOC$ 中,$BO=CO=\dfrac{BC}{\sqrt{2}}=\dfrac{6}{\sqrt{2}}=r$,因此圆 O 的面积为 $\pi r^2=\pi\times\left(\dfrac{6}{\sqrt{2}}\right)^2=18\pi$,答案选 C。

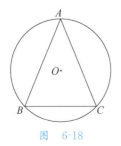 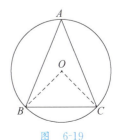

图 6-18   图 6-19

【例6-22】已知某个正方形的边长为1,则能盖住该正方形的最小圆的面积为(   )。

A. $\dfrac{\pi}{3}$ B. $\dfrac{\pi}{2}$ C. $\dfrac{2\pi}{3}$ D. $\dfrac{3\pi}{4}$ E. π

【解析】最小圆为正方形的外接圆，则圆的直径等于正方形的对角线，即 $2r=\sqrt{2}$，则 $r=\dfrac{\sqrt{2}}{2}$，$S_{圆}=\pi r^2=\pi \times \left(\dfrac{\sqrt{2}}{2}\right)^2=\dfrac{\pi}{2}$，答案选 B。

六、求与圆弧相关的面积或长度

【例 6-23】（2015-1）如图 6-20 所示，BC 是直径，且 $BC=4$，$\angle ABC=30°$，阴影部分的面积为（　　）。

A. $\dfrac{4\pi}{3}-\sqrt{3}$ 　　B. $\dfrac{4\pi}{3}-2\sqrt{3}$ 　　C. $\dfrac{2\pi}{3}+\sqrt{3}$

D. $\dfrac{2\pi}{3}+2\sqrt{3}$ 　　E. $2\pi-2\sqrt{3}$

【解析】如图 6-21 所示，设 O 是圆心，连接 OA，则 $OA=OB$，$\angle ABC=\angle OAB=30°$，求得 $\angle AOB=120°$，则 $S_{阴影}=S_{扇形AOB}-S_{\triangle AOB}=\dfrac{1}{3}\times\pi\times 2^2-\dfrac{1}{2}\times 2\sqrt{3}\times 1=\dfrac{4}{3}\pi-\sqrt{3}$，答案选 A。

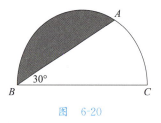
图 6-20

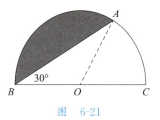
图 6-21

【例 6-24】（2017-1）如图 6-22 所示，在扇形 AOB 中，$\angle AOB=\dfrac{\pi}{4}$，$OA=1$，$AC\perp OB$，则阴影部分的面积为（　　）。

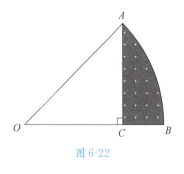
图 6-22

A. $\dfrac{\pi}{8}-\dfrac{1}{4}$ 　　B. $\dfrac{\pi}{8}-\dfrac{1}{8}$ 　　C. $\dfrac{\pi}{4}-\dfrac{1}{2}$

D. $\dfrac{\pi}{4}-\dfrac{1}{4}$ 　　E. $\dfrac{\pi}{4}-\dfrac{1}{8}$

【解析】由题意可得，阴影部分面积为扇形 AOB 的面积减去 $\triangle AOC$ 的面积，$OA=r=1$，$\angle AOB=\dfrac{\pi}{4}=45°$，则阴影部分面积为 $\dfrac{45°}{360°}\times\pi\times 1^2-\dfrac{1}{2}\times\left(\dfrac{1}{\sqrt{2}}\right)^2=\dfrac{\pi}{8}-\dfrac{1}{4}$，答案选 A。

【例 6-25】（2013-10）如图 6-23 所示，在正方形 $ABCD$ 中，弧 AOC 是四分之一圆周，$EF\parallel AD$，若 $DF=a$，$CF=b$，则阴影部分的面积是（　　）。

A. $\dfrac{1}{2}ab$ 　　B. ab 　　C. $2ab$ 　　D. b^2-a^2 　　E. $(b-a)^2$

【解析】割补法，如图 6-24 所示，过点 O 作 $OG\perp BC$，垂足为 G，由图形的对称性可知，两个阴影部分的面积之和就是矩形 $OFCG$ 的面积，又 $OF=DF=a$，$CF=b$，则 $S_{矩形OFCG}=ab$，答案选B。

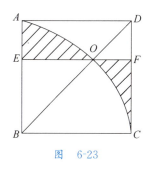

图 6-23

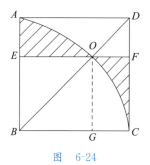

图 6-24

【例6-26】如图6-25所示,圆的周长是12π,圆的面积与长方形的面积相等,则阴影面积为(　　)。

A. 27π　　　B. 28π　　　C. 29π

D. 30π　　　E. 36π

图 6-25

【解析】圆的周长为$2\pi r=12\pi$,则$r=6$,又圆的面积与长方形的面积相等,因此$S_{阴影}=S_{长方形ABCD}-\dfrac{1}{4}S_{圆}=S_{圆}-\dfrac{1}{4}S_{圆}=\dfrac{3}{4}S_{圆}=\dfrac{3}{4}\times\pi\times 6^2=27\pi$,答案选A。

【例6-27】(2008-1)如图6-26所示,长方形$ABCD$中$AB=10$cm,$BC=5$cm,以AB和AD分别为半径作$\dfrac{1}{4}$圆,则图中阴影部分的面积为(　　)cm^2。

A. $25-\dfrac{25}{2}\pi$　　　B. $25+\dfrac{25}{2}\pi$　　　C. $50+\dfrac{25}{4}\pi$

D. $\dfrac{125}{4}\pi-50$　　　E. 以上结论均不正确

【解析】如图6-27所示,分块编号,所求的阴影面积为②+④,采用拼凑法,②+④=(①+②)+(②+③+④)-(①+②+③),即$S_{阴影}=S_{扇形ADF}+S_{扇形ABE}-S_{矩形ABCD}=\dfrac{1}{4}\pi\times 5^2+\dfrac{1}{4}\pi\times 10^2-5\times 10=\left(\dfrac{125}{4}\pi-50\right)$cm^2,答案选D。

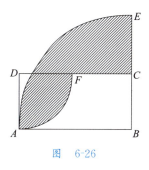

图 6-26

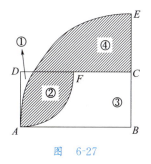

图 6-27

七、图形变换问题

【例6-28】(2017-1)某机器人可搜索到的区域是半径为1m的圆,若该机器人沿直线行走10m,则其搜索区域的面积为(　　)m²。

A. $10+\dfrac{\pi}{2}$　　B. $10+\pi$　　C. $20+\dfrac{\pi}{2}$　　D. $20+\pi$　　E. 10π

【解析】如图6-28所示,机器人可搜索的区域为长方形$ABCD$的面积加上两个半圆的面积,即$10\times2+\pi\times1^2=20+\pi$,答案选D。

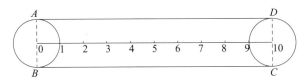

图 6-28

【例6-29】 如图6-29所示,已知$\triangle ABC$的面积是36,将$\triangle ABC$沿BC平移到$\triangle A'B'C'$,使B'和C重合,连接AC',交$A'C$于点D,则$\triangle C'DC$的面积为(　　)。

A. 6　　B. 9　　C. 12　　D. 18　　E. 24

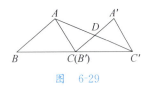

图 6-29

【解析】因为$\triangle A'B'C'$是$\triangle ABC$沿BC平移得到的,因此$\triangle A'B'C'$与$\triangle ABC$的面积相等,且$AC//A'C'$,$AC=A'C'$,则$\triangle ACD\cong\triangle C'A'D$,得到$CD=A'D$,利用等高模型,则$S_{\triangle C'DC}=S_{\triangle C'DA'}=\dfrac{1}{2}S_{\triangle A'B'C'}=\dfrac{1}{2}\times36=18$,答案选D。

八、平面几何求最值

【例6-30】(2008-1)直角边之和为12的直角三角形面积的最大值为(　　)。

A. 16　　B. 18　　C. 20　　D. 22　　E. 不能确定

【解析】方法(1),设两直角边分别为a和b,则$a+b=12$,$S_{\triangle}=\dfrac{1}{2}ab$,利用平均值定理$12=a+b\geqslant2\sqrt{ab}$,解得$ab\leqslant36$,则面积的最大值为$\dfrac{1}{2}\times36=18$,答案选B。

方法(2),设其中的一个直角边为x,则另外一个直角边为$12-x$,$S_{\triangle}=\dfrac{1}{2}x(12-x)=-\dfrac{1}{2}(x-6)^2+18$,明显当$x=6$时,面积取得最大值为18,答案选B。

6.3　基础巩固习题

1. 如图6-30所示,$AB//CD$,EG平分$\angle BEF$,若$\angle1=72°$,则$\angle2=(　　)$。

   A. 36°　　B. 48°　　C. 54°　　D. 60°　　E. 72°

2. 如图6-31所示,已知$\triangle ABC$中,$AB=AC$,D为BC边上一点,$BE=CD$,$CF=BD$,那么$\angle EDF=(　　)$。

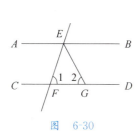

图 6-30

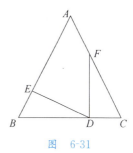

图 6-31

A. $180°-\angle A$ B. $90°-\angle A$ C. $90°-\dfrac{1}{2}\angle A$

D. $90°+\dfrac{1}{2}\angle A$ E. $45°-\dfrac{1}{2}\angle A$

3. 如图6-32所示，Rt△ABC中，∠C为直角，点E和D、F分别在直角边AC和斜边AB上，且$AF=EF=ED=CD=BC$，则∠A为(　　)。

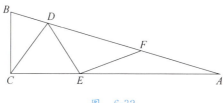

图 6-32

A. $\dfrac{\pi}{8}$ B. $\dfrac{\pi}{9}$ C. $\dfrac{\pi}{10}$ D. $\dfrac{\pi}{11}$ E. $\dfrac{\pi}{12}$

4. 在△ABC中，$AB=5,AC=3,\angle A=x$，当x在$(0,\pi)$中变化时，该三角形BC边上的中线长取值的范围为(　　)。

A. $(0,5)$　B. $(1,4)$　C. $(3,4)$　D. $(2,5)$　E. $(3,5)$

5. 若△ABC的三边长分别为互不相等的正整数a,b,c，且满足$a^2+b^2-4a-6b+13=0$，则$c=$(　　)。

A. 2　B. 3　C. 4　D. 5　E. 6

6. (2008-10)方程$3x^2+[2b-4(a+c)]x+4ac-b^2=0$有相等实根。

(1) a,b,c是等边三角形的三条边。

(2) a,b,c是等腰三角形的三条边。

7. (2013-1)△ABC的边长分别为a,b,c，则△ABC为直角三角形。

(1) $(c^2-a^2-b^2)(a^2-b^2)=0$。

(2) △ABC的面积为$\dfrac{1}{2}ab$。

8. 如图6-33所示，正方形ABCD中，$BE=2EC$，△AOB的面积是9，则阴影部分的面积为(　　)。

A. 28　B. 26　C. 21　D. 20　E. 18

9. 如图6-34所示,在△ABC中,DE//AC,若△ABC的面积为18,则△ADE面积为4。

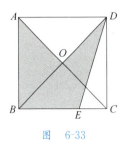

图 6-33

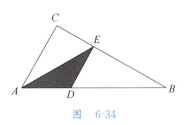

图 6-34

(1) $CE:EB = 1:2$。

(2) E、D为中点。

10. 如图6-35所示,一个长方形分成4个不同的三角形,则能确定长方形的面积。

(1) 绿色三角形的面积占长方形面积的15%。

(2) 黄色三角形面积是21。

11. 如图6-36所示,在△ABC中,DE,FG,BC相互平行,且$AD=DF=FB$,则$S_{\triangle ADE} : S_{四边形DEGF} : S_{四边形FGCB} = ($ $)$。

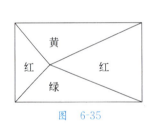

图 6-35

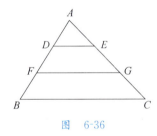

图 6-36

A. $1:3:5$ B. $1:2:5$ C. $1:3:4$ D. $1:3:6$ E. $2:3:5$

12. 如图6-37所示,在△ABC中,$\angle BAC = 90°$,$AC > AB$,AD是高,M是BC的中点,$BC = 8$,$DM = \sqrt{3}$,则AD的长度为(   )。

A. 3   B. $\sqrt{10}$ C. $2\sqrt{3}$ D. $\sqrt{13}$ E. $\sqrt{14}$

13. 如图6-38所示,在△ABC中,D在BA的延长线上,E在AC上,且$AB:AD = 5:2$,$AE:EC = 3:2$,$S_{\triangle ADE} = 12$,则△ABC的面积为(   )。

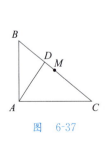

图 6-37

图 6-38

A. 30   B. 35   C. 43   D. 48   E. 50

14. 在 Rt△ABC 中,∠C=90°,∠A=15°,BC=1,则△ABC 的面积为(　　)。

A. 1   B. $\sqrt{2}$ C. $\sqrt{3}$ D. $\dfrac{\sqrt{3}}{2}+1$ E. $\sqrt{2}+1$

15. 等腰梯形的两底长分别为 a,b,且对角线相互垂直,它的一条对角线长是(　　)。

A. $\dfrac{\sqrt{2}}{3}(a+b)$ B. $\dfrac{1}{2}(a+b)$ C. $\dfrac{\sqrt{2}}{2}(a+b)$

D. $a+b$ E. $\sqrt{2}(a+b)$

16. (2010-10)如图 6-39 所示,小正方形的 $\dfrac{3}{4}$ 被阴影所覆盖,大正方形的 $\dfrac{6}{7}$ 被阴影所覆盖,则小、大正方形阴影部分面积之比为(　　)。

A. $\dfrac{7}{8}$ B. $\dfrac{6}{7}$ C. $\dfrac{3}{4}$ D. $\dfrac{4}{7}$ E. $\dfrac{1}{2}$

17. (2011-10)如图 6-40 所示,若相邻点的水平距离与竖直距离都是 1,则多边形 ABCDE 的面积为(　　)。

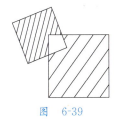

图 6-39

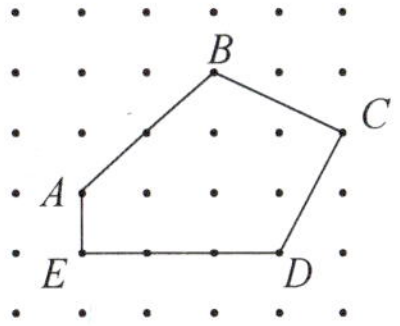

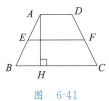

图 6-40

A. 7   B. 8   C. 9   D. 10   E. 11

18. 如图 6-41 所示,周长为 40 的等腰梯形 ABCD 中,AD//BC,梯形中位线 EF=AB,梯形的高 AH=6,则梯形的面积为(　　)。

A. 40   B. 50   C. 60   D. 80   E. 90

19. 如图 6-42 所示,矩形 ABCD 面积为 6,BE=DF,则 $S_{\triangle BEC}=1$。

图 6-41

图 6-42

(1) BE:EA=1:2。   (2) AB=3,CE=$\sqrt{5}$。

20. (2011-1)如图 6-43 所示,等腰梯形的上底与腰均为 x,下底为 $x+10$,则 $x=13$。

(1) 该梯形的上底与下底之比为 13:23。

(2) 该梯形的面积为 216。

21. 如图 6-44 所示,已知四边形 ABCD 是平行四边形,BC:CE=3:2,△DOE 的面积为 12,则阴影部分的面积为(　　)。

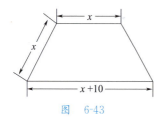
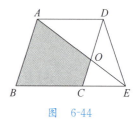

图 6-43　　　　　　　　　图 6-44

A. 40　　B. 42　　C. 44　　D. 48　　E. 52

22. 如图6-45所示,平行四边形$ABCD$中,E为AD中点,AC与BE交于F,则$\triangle AEF$面积为2。

(1) $\triangle ABF$面积为4。

(2) 四边形$ABCD$的面积为24。

23. 如图6-46所示,AB是圆O的直径,CD是弦,若$AB=10$,$CD=8$,那么A,B两点到直线CD的距离之和为(　　)。

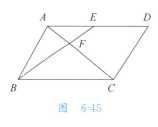
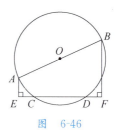

图 6-45　　　　　　　　　图 6-46

A. 12　　B. 10　　C. 8　　D. 6　　E. 4

24. (2012-10)如图6-47所示,AB是半圆O的直径,AC是弦,若$|AB|=6$,$\angle ACO=\dfrac{\pi}{6}$,则弧$BC$的长度为(　　)。

A. $\dfrac{\pi}{3}$　　B. π　　C. 2π　　D. 1　　E. 2

25. 如图6-48所示,正方形$ABCD$的边长为4,分别以A,C为圆心,4为半径画圆弧,则阴影部分的面积为(　　)。

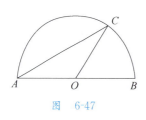
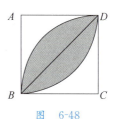

图 6-47　　　　　　　　　图 6-48

A. $16-8\pi$　　　　　B. $8\pi-16$　　　　　C. $4\pi-8$
D. $32-8\pi$　　　　　E. $8\pi-32$

26. 如图6-49所示,是一个直径为3的半圆,AB是直径,让点A不动,把整个半圆逆时针旋转$60°$,此时点B移动到点C,则阴影部分的面积为(　　)。

A. 1.25π　　B. 1.5π　　C. 1.65π　　D. 1.75π　　E. 1.8π

27. 如图6-50所示,某城市公园的雕塑是由3个直径为1m的圆两两相垒立在水平的地面上,则雕塑的最高点到地面的距离为(　　)m。

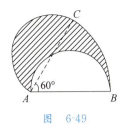

图 6-49

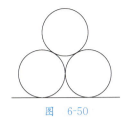

图 6-50

A. $\dfrac{2+\sqrt{3}}{2}$ B. $\dfrac{3+\sqrt{3}}{2}$ C. $\dfrac{2+\sqrt{2}}{2}$

D. $\dfrac{3+\sqrt{2}}{2}$ E. 2

28. 如图 6-51 所示,C 是以 AB 为直径的半圆上一点,再分别以 AC 和 BC 作半圆,若 $AB=5$,$BC=3$,则图中阴影部分的面积是(   )。

A. 3π B. 4π C. 6π D. 6   E. 4

29. (2010-10)如图 6-52 所示,阴影甲的面积比阴影乙的面积多 28cm²,$AB=40$cm,CB 垂直于 AB,则 BC 的长为(   )cm(π 取到小数点后两位)。

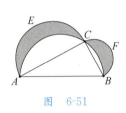

图 6-51

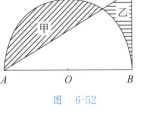

图 6-52

A. 30   B. 32   C. 34   D. 36   E. 40

30. (2009-1)Rt△ABC 的斜边 $AB=13$cm,直角边 $AC=5$cm,把 AC 对折到 AB 上去与斜边相重合,点 C 与点 E 重合,折痕为 AD,如图 6-53 所示,则图中阴影部分的面积为(   )cm²。

A. 20   B. $\dfrac{40}{3}$ C. $\dfrac{38}{3}$

D. 14   E. 12

图 6-53

❖ 基础巩固习题详解

1. 【解析】因为 $\angle BEG=\angle 2$,$\angle BEG=\angle GEF$,则 $\angle 2=\angle GEF=\dfrac{180°-72°}{2}=54°$,答案选 C。

2. 【解析】$AB=AC$,则 $\angle B=\angle C$,又 $BE=CD$,$CF=BD$,所以 △$DEB\cong$△FDC,则 $\angle BDE=\angle CFD$,$\angle EDF=180°-(\angle BDE+\angle CDF)=180°-(\angle CFD+\angle CDF)$,因此 $\angle EDF=\angle C=\angle B=\dfrac{180°-\angle A}{2}=90°-\dfrac{1}{2}\angle A$,答案选 C。

3. 【解析】设 $\angle A=x$,因为 $AF=EF$,则 $\angle AEF=x$,根据三角形的外角等于与它不相邻的两个内角的和,则 $\angle DFE=\angle A+\angle AEF=2x$,同理 $\angle EDF=2x$,$\angle CED=\angle A+$

$\angle EDF=3x,\angle DCE=3x,\angle BDC=\angle A+\angle DCE=4x,\angle B=4x$,而 $\angle A+\angle B=5x=\frac{\pi}{2}$,则 $x=\frac{\pi}{10}$,答案选C。

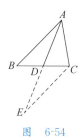

图 6-54

4.【解析】如图6-54所示,D 为 BC 中点,延长 AD 到 E,使得 $DE=AD$,易得 $\triangle ABD\cong\triangle ECD$,则 $CE=AB=5,CE-AC<AE<CE+AC,5-3<AE<5+3,2<AE<8$,则 $1<AD<4$,答案选B。

【技巧】考虑极端情况,$x=0$ 时,中线长度为 4;$x=\pi$ 时,中线长度为 1,因此中线长取值的范围为 $(1,4)$,答案选B。

5.【解析】题干方程可转化为 $(a-2)^2+(b-3)^2=0$,则 $a=2,b=3$,根据三边关系可得,$3-2<c<3+2$,即 $1<c<5$,又三边互不相等,所以 $c=4$,答案选C。

6.【解析】方程有相等的实根,则 $\Delta=[2b-4(a+c)]^2-4\times 3\times(4ac-b^2)=0$,整理为 $2a^2+2b^2+2c^2-2ab-2ac-2bc=0$,配方可得 $(a-b)^2+(a-c)^2+(b-c)^2=0$,则 $a=b=c$,因此,条件(1)充分,条件(2)不充分,答案选A。

7.【解析】条件(1),$c^2=a^2+b^2$ 或 $a=b$,只能得到直角或等腰三角形,不充分;条件(2),$\triangle ABC$ 的面积为 $\frac{1}{2}ab$,是直角三角形面积计算公式,所以充分,答案选B。

【套路】如果三角形的面积等于某两边之积的一半,则此三角形为直角三角形。

8.【解析】$S_{\triangle AOB}=9$,则 $S_{\triangle BCD}=18$,又 $BE=2EC$,$\triangle BDE$ 与 $\triangle CDE$ 等高,则 $\frac{S_{\triangle BDE}}{S_{\triangle CDE}}=\frac{BE}{CE}=\frac{2}{1}$,所以 $S_{\triangle BDE}=\frac{2}{3}S_{BCD}=\frac{2}{3}\times 18=12,S_{阴影}=9+12=21$,答案选C。

9.【解析】条件(1),$\triangle AEB$ 和 $\triangle AEC$ 等高,则 $\frac{S_{\triangle AEC}}{S_{\triangle AEB}}=\frac{CE}{EB}=\frac{1}{2},S_{\triangle AEB}=\frac{2}{3}S_{\triangle ABC}$,又 $\triangle AED$ 和 $\triangle BED$ 等高,则 $\frac{S_{\triangle AED}}{S_{\triangle BED}}=\frac{AD}{BD}=\frac{1}{2},S_{\triangle AED}=\frac{1}{3}S_{\triangle AEB}=\frac{1}{3}\times\frac{2}{3}S_{\triangle ABC}=\frac{2}{9}S_{\triangle ABC}=4$,充分;条件(2),同理求得 $S_{\triangle AED}=\frac{9}{2}$,不充分,答案选A。

10.【解析】条件(1)、(2)明显需要联合,黄色三角形与绿色三角形的底相等均为长方形的长,高相加为长方形的宽,则两个三角形面积之和为长方形的50%,所以黄色三角形的面积占了 $50\%-15\%=35\%$,因此长方形的面积是 $21\div 35\%=60$,联合充分,答案选C。

11.【解析】相似三角形,根据面积比等于相似比的平方可得,$S_{\triangle ADE}:S_{\triangle AFG}=\left(\frac{AD}{AF}\right)^2=\left(\frac{1}{2}\right)^2=\frac{1}{4},S_{\triangle ADE}:S_{\triangle ABC}=\left(\frac{AD}{AB}\right)^2=\left(\frac{1}{3}\right)^2=\frac{1}{9}$,容易推出 $S_{\triangle ADE}:S_{四边形DEGF}:S_{四边形FGCB}=1:3:5$,答案选A。

12.【解析】$AB\perp AC,AD\perp BC$,根据射影定理可得,$AD^2=BD\times DC$,即 $AD^2=(BM-DM)(CM+DM)=(4-\sqrt{3})(4+\sqrt{3})=13$,则 $AD=\sqrt{13}$,答案选D。

13.【解析】由题意可得,这两个三角形有一对角互补,因此为共角三角形,两个共角三角形面积比等于对应角的夹边乘积之比,则 $\dfrac{S_{\triangle ADE}}{S_{\triangle ABC}}=\dfrac{AD\times AE}{AB\times AC}$,即 $\dfrac{12}{S_{\triangle ABC}}=\dfrac{2}{5}\times\dfrac{3}{5}$,则 $S_{\triangle ABC}=50$,答案选 E。

14.【解析】如图 6-55 所示,在 AC 上取点 D,使得 $BD=AD$,则 $\angle ABD=\angle A=15°$,$\angle BDC=\angle ABD+\angle A=30°$,$AD=BD=2BC=2$,$CD=\sqrt{3}BC=\sqrt{3}$,因此 $AC=AD+CD=2+\sqrt{3}$,$S_{\triangle ABC}=\dfrac{1}{2}\times1\times(2+\sqrt{3})=\dfrac{\sqrt{3}}{2}+1$,答案选 D。

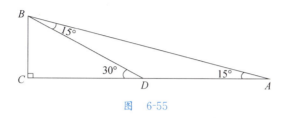

图 6-55

15.【解析】等腰梯形且对角线相互垂直,则有两个等腰直角三角形,对角线的上半段 $\dfrac{a}{\sqrt{2}}$,下半段为 $\dfrac{b}{\sqrt{2}}$,则对角线长为 $\dfrac{\sqrt{2}}{2}(a+b)$,答案选 C。

16.【解析】设小正方形面积为 x,大正方形面积为 y,由于没有被阴影覆盖的面积相等,则 $\dfrac{1}{4}x=\dfrac{1}{7}y$,整理为 $x=\dfrac{4}{7}y$,因此阴影部分面积之比为 $\dfrac{3}{4}x:\dfrac{6}{7}y=\dfrac{1}{2}$,答案选 E。

17.【解析】如图 6-56 所示,将图形补充成一个 3×4 的长方形,则多边形 $ABCDE$ 的面积等于长方形面积减去三个直角三角形的面积,即 $S_{ABCDE}=3\times4-\dfrac{1}{2}\times2\times2-2\times\dfrac{1}{2}\times2\times1=8$,答案选 B。

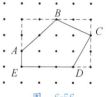

图 6-56

18.【解析】梯形中位线 $EF=\dfrac{AD+BC}{2}$,设 $EF=a$,则 $AD+BC=2a$,又 $AB=CD=EF=a$,则梯形的周长为 $2a+a+a=40$,解得 $a=10$,因此 $S_{梯形}=\dfrac{AD+BC}{2}\times AH=10\times6=60$,答案选 C。

【套路】梯形中位线等于上底与下底的和的一半;梯形的面积等于中位线×高。

19.【解析】条件(1),$S_{\triangle BEC}=\dfrac{1}{2}\times BE\times BC=\dfrac{1}{2}\times\dfrac{1}{3}AB\times BC=\dfrac{1}{6}S_{ABCD}=\dfrac{1}{6}\times6=1$,充分;条件(2),$S_{ABCD}=6$,$AB=3$,则 $BC=2$,$BE=\sqrt{EC^2-BC^2}=\sqrt{\sqrt{5}^2-2^2}=1$,$S_{\triangle BEC}=\dfrac{1}{2}\times1\times2=1$,也充分,答案选 D。

20.【解析】条件(1),上底与下底之比 $\dfrac{x}{x+10}=\dfrac{13}{23}\Rightarrow x=13$,充分;条件(2),等腰梯形的上底为 x,下底为 $x+10$,易得到等腰梯形的高 $h=\sqrt{x^2-5^2}$,因此梯形的面积为 $S=\dfrac{1}{2}(x+x+10)\times\sqrt{x^2-5^2}=216\Rightarrow x=13$,充分,答案选 D。

21.【解析】如图 6-57 所示,连接 AC,$\triangle AOD$ 与 $\triangle COE$ 相似,面积比等于相似比的平

方，所以 $\frac{S_{\triangle AOD}}{S_{\triangle COE}}=\left(\frac{AD}{CE}\right)^2=\left(\frac{3}{2}\right)^2=\frac{9}{4}$，设 $S_{\triangle COE}=4$ 份，则 $S_{\triangle AOD}=9$ 份，根据梯形蝶形定理，$S_{\triangle AOC}=S_{\triangle DOE}=\sqrt{S_{\triangle AOD}\times S_{\triangle COE}}=6$ 份，又 $S_{\triangle DOE}=12$，则 $S_{\triangle AOC}=12$，$S_{\triangle AOD}=18$，$S_{阴影}=S_{\triangle ABC}+S_{\triangle AOC}=S_{\triangle ACD}+S_{\triangle AOC}=(12+18)+12=42$，答案选 B。

22.【解析】连接 EC，设 $S_{\triangle AEF}=a$，由于 $AE:BC=1:2$，根据梯形的蝶形定理，则有 $S_{\triangle ABF}=S_{\triangle ECF}=2a$，$S_{\triangle BCF}=4a$，$S_{\triangle CDE}=3a$，$S_{ABCD}=12a$，条件（1），$S_{\triangle ABF}=2a=4$，则 $a=2$，充分；条件（2），$S_{ABCD}=12a=24$，则 $a=2$，也充分，答案选 D。

23.【解析】如图 6-58 所示，连接 OC，作 $OG\perp CD$ 于 G，则 $OC=r=5$，$CG=4$，根据勾股定理，$OG=\sqrt{OC^2-CG^2}=3$，又 OG 为梯形的中位线，则有 $AE+BF=2OG=6$，答案选 D。

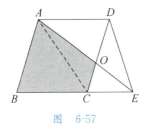

图 6-57

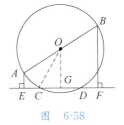

图 6-58

24.【解析】$|AB|=6$，则 $OA=OB=OC=r=3$，$\angle ACO=\angle CAO=\frac{\pi}{6}$，因此 $\angle BOC=\angle ACO+\angle CAO=\frac{\pi}{3}=60°$，则弧 BC 的长度为 $\frac{60°}{360°}\times 2\pi\times 3=\pi$，答案选 B。

25.【解析】$S_{阴影}=2(S_{扇形ABD}-S_{\triangle ABD})=2\times\left(\frac{1}{4}\pi\times 4^2-\frac{1}{2}\times 4^2\right)=8\pi-16$，答案选 B。

26.【解析】阴影面积=以 AC 为直径的半圆+以 AC 为半径的扇形-以 AB 为直径的半圆，则阴影面积就等于以 AC 为半径的扇形，即 $\frac{1}{6}\pi\times 3^2=1.5\pi$，答案选 B。

27.【解析】如图 6-59 所示，明显 $\triangle BCG$ 为等边三角形，$BC=BG=CG=1$，则 $BH=\frac{\sqrt{3}}{2}$，因此最高点 A 到地面的距离为 $AB+BH+HE=\frac{1}{2}+\frac{\sqrt{3}}{2}+\frac{1}{2}=\frac{2+\sqrt{3}}{2}$ m，答案选 A。

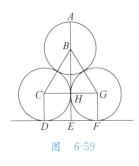

图 6-59

28.【解析】根据勾股数，可得 $AC=4$，设以 AC、BC、AB 为直径作的半圆的面积分别为 S_1，S_2，S_3，可以得到 $S_1+S_2=S_3$，则图中阴影部分的面积是 $S=S_1+S_2+S_{\triangle ABC}-S_3=S_{\triangle ABC}=\frac{1}{2}\times 3\times 4=6$，答案选 D。

29.【解析】$S_甲-S_乙=28$，采用拼凑法，恒等变形为 $(S_甲+S_{空白})-(S_乙+S_{空白})=28$，即 $S_{半圆}-S_{\triangle ABC}=28$，则 $\frac{1}{2}\pi\times 20^2-\frac{1}{2}\times 40\times BC=28$，解得 $BC=30$，答案选 A。

30.【解析】方法（1），$BC=\sqrt{AB^2-AC^2}=\sqrt{13^2-5^2}=12$cm，$S_{\triangle ABC}=\dfrac{1}{2}\times AC\times BC=\dfrac{1}{2}\times 5\times 12=30$cm^2，$BE=AB-AE=13-5=8$cm，因为 $\angle C=\angle BED=90°$，$\angle B$ 为公共角，因此 $\triangle ABC$ 与 $\triangle DBE$ 相似，面积比等于相似比的平方，则 $\dfrac{S_{\triangle DBE}}{S_{\triangle ABC}}=\left(\dfrac{BE}{BC}\right)^2$，即 $\dfrac{S_{\triangle DBE}}{30}=\left(\dfrac{8}{12}\right)^2$，因此 $S_{\triangle DBE}=30\times\dfrac{4}{9}=\dfrac{40}{3}$cm^2，答案选 B。

方法（2），设 $DC=DE=x$cm，则 $BD=(12-x)$cm，在 Rt$\triangle DBE$ 中，利用勾股定理得：$8^2+x^2=(12-x)^2$，解得 $x=\dfrac{10}{3}$cm，因此 $S_{\triangle DBE}=\dfrac{1}{2}\times 8\times\dfrac{10}{3}=\dfrac{40}{3}$cm^2，答案选 B。

方法（3），根据等高模型，可得 $\dfrac{S_{\triangle AED}}{S_{\triangle DBE}}=\dfrac{AE}{BE}=\dfrac{5}{8}$，设 $S_{\triangle ACD}=S_{\triangle AED}=x$，则 $S_{\triangle DBE}=\dfrac{8}{5}S_{\triangle AED}=\dfrac{8}{5}x$cm^2，$S_{\triangle ABC}=x+x+\dfrac{8}{5}x=30$cm^2，则 $x=\dfrac{25}{3}$cm^2，所以 $S_{\triangle DBE}=\dfrac{8}{5}\times\dfrac{25}{3}=\dfrac{40}{3}$cm^2，答案选 B。

6.4 强化精讲例题

一、三角形的边角关系及形状判定

【例 6-31】已知 $\triangle ABC$ 的三边分别为 a,b,c，且 $a=m^2-n^2$，$b=2mn$，$c=m^2+n^2$（m,n 是正整数），则 $\triangle ABC$ 是（　　）。

A. 等腰三角形　　　　　　B. 等边三角形　　　　　　C. 直角三角形

D. 钝角三角形　　　　　　E. 锐角三角形

【解析】由于 $(m^2+n^2)^2=(m^2-n^2)^2+4m^2n^2$，则 $c^2=a^2+b^2$，因此 $\triangle ABC$ 是直角三角形，答案选 C。

【例 6-32】(2011-1) 已知 $\triangle ABC$ 的三边长分别是 a,b,c，则 $\triangle ABC$ 是等腰直角三角形。

(1) $(a-b)(c^2-a^2-b^2)=0$。　　(2) $c=\sqrt{2}b$。

【解析】条件(1)，$a=b$ 或 $c^2=a^2+b^2$，则 $\triangle ABC$ 为等腰三角形或直角三角形，不充分；条件(2)，$c=\sqrt{2}b$，显然不充分；联合起来，当 $a=b$ 且 $c=\sqrt{2}b$ 时，可以推出为等腰直角三角形，当 $c^2=a^2+b^2$ 且 $c=\sqrt{2}b$ 时，也可以推出为等腰直角三角形，联合充分，答案选 C。

【例 6-33】(2020-1) 在 $\triangle ABC$ 中，$\angle B=60°$，则 $\dfrac{c}{a}>2$。

(1) $\angle C<90°$。　　　　　　　　(2) $\angle C>90°$。

【解析】由于 $\angle B=60°$ 已确定，当 $\angle C=90°$ 时，$\dfrac{c}{a}=2$，而 $\angle C$ 越大，对应的边 c 越大，因此当 $\angle C>90°$ 时，$\dfrac{c}{a}>2$，条件(1)不充分，条件(2)充分，答案选 B。

二、求三角形的面积或相关长度

1. 等高模型

（1）两个三角形高相等时，面积比等于底边长之比，如图6-60所示，$S_1:S_2=a:b$。

（2）夹在一组平行线之间的三角形高相等，如图6-61所示，$S_{\triangle ACD}=S_{\triangle BCD}$。

（3）三角形的面积等于与它等底等高的矩形面积的一半，如图6-62所示，$S_{\triangle BCE}=\dfrac{1}{2}S_{ABCD}$。

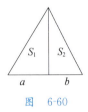

图 6-60

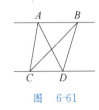

图 6-61

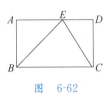

图 6-62

【例6-34】 如图6-63所示，已知△ABC的面积为1，$BE=2AB$，$BC=CD$，则△BDE的面积等于（　　）。

A. 3　　B. 3.5　　C. 4　　D. 4.5　　E. 6

【解析】 如图6-64所示，连接AD，由于$BC=CD$，利用等高模型，面积比等于底边长之比，可以推出$S_{\triangle ACD}=S_{\triangle ABC}=1$，则$S_{\triangle ABD}=2$，由于$BE=2AB$，再利用等高模型，可以推出$S_{\triangle BDE}=2S_{\triangle ABD}=2\times 2=4$，答案选C。

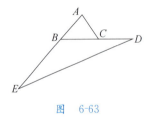

图 6-63

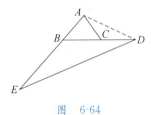

图 6-64

【例6-35】（2008-10）如图6-65所示，若△ABC的面积为1，△AEC、△DEC、△BED的面积相等，则△AED的面积为（　　）。

A. $\dfrac{1}{3}$　　B. $\dfrac{1}{6}$　　C. $\dfrac{1}{5}$　　D. $\dfrac{1}{4}$　　E. $\dfrac{2}{5}$

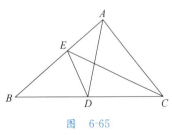

图 6-65

【解析】 方法（1），$S_{\triangle AEC}=S_{\triangle DEC}=S_{\triangle BED}=\dfrac{1}{3}$，因为$S_{\triangle DEC}=S_{\triangle BED}$，利用等高模型，面积比等于底边长之比，则$BD=DC$，再次利用等高模型，可得$S_{\triangle ABD}=S_{\triangle ADC}=\dfrac{1}{2}$，则$S_{\triangle AED}=S_{\triangle ABD}-S_{\triangle BED}=\dfrac{1}{2}-\dfrac{1}{3}=\dfrac{1}{6}$，答案选B。

方法（2），因为$S_{\triangle AEC}=S_{\triangle DEC}=S_{\triangle BED}=\dfrac{1}{3}$，可以推出$S_{\triangle BEC}=2S_{\triangle AEC}$，利用等高模型，面积比等于底边长之比，可以推出$BE=2AE$，再次利用等高模型，可得$S_{\triangle BED}=2S_{\triangle AED}$，所以

$S_{\triangle AED} = \dfrac{1}{2} S_{\triangle BED} = \dfrac{1}{2} \times \dfrac{1}{3} = \dfrac{1}{6}$,答案选 B。

【例6-36】如图6-66所示,矩形 $ADEF$ 的面积等于16,$\triangle ADB$ 的面积等于3,$\triangle ACF$ 的面积等于4,那么 $\triangle ABC$ 的面积等于(　　)。

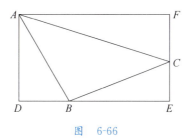

图 6-66

A. 6　　　　B. 6.5　　　　C. 7　　　　D. 7.5　　　　E. 8.5

【解析】$\triangle ADB$ 与 $\triangle ADE$ 等高,则 $\dfrac{S_{\triangle ADB}}{S_{\triangle ADE}} = \dfrac{BD}{DE} = \dfrac{3}{8}$,则 $BE = \dfrac{5}{8} DE$,同理 $CE = \dfrac{1}{2} EF$,则 $S_{\triangle BEC} = \dfrac{1}{2} \times BE \times CE = \dfrac{1}{2} \times \dfrac{5}{8} DE \times \dfrac{1}{2} EF = \dfrac{5}{32} S_{矩形ADEF} = \dfrac{5}{32} \times 16 = 2.5$,因此 $S_{\triangle ABC} = 16 - (3 + 4 + 2.5) = 6.5$,答案选 B。

2. 相似模型

(1) 金字塔模型如图6-67所示。

(2) 沙漏模型如图6-68所示。

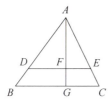　　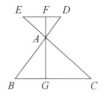

图 6-67　金字塔模型　　　图 6-68　沙漏模型

若 $DE // BC$,则 ① $\dfrac{AD}{AB} = \dfrac{AE}{AC} = \dfrac{DE}{BC} = \dfrac{AF}{AG}$;② 面积比等于相似比的平方,$\dfrac{S_{\triangle ADE}}{S_{\triangle ABC}} = \left(\dfrac{AD}{AB}\right)^2 = \left(\dfrac{AE}{AC}\right)^2 = \left(\dfrac{DE}{BC}\right)^2 = \left(\dfrac{AF}{AG}\right)^2$。

(3) 射影定理如图6-69所示。

若 $AC \perp BC, CD \perp AB$,则 ① $CD^2 = AD \times BD$;② $AC^2 = AD \times AB$;③ $BC^2 = BD \times AB$;④ $AB \times CD = AC \times BC$。

【例6-37】(2010-1)如图6-70所示,在 $\triangle ABC$ 中,已知 $EF // BC$,则 $\triangle AEF$ 的面积等于梯形 $EBCF$ 的面积。

(1) $|AG| = 2|GD|$。　　　　(2) $|BC| = \sqrt{2} |EF|$。

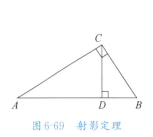

图6-69 射影定理

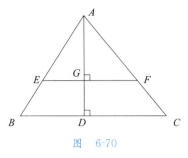

图 6-70

【解析】结论 $\triangle AEF$ 的面积等于梯形 $EBCF$ 面积,即 $\dfrac{S_{\triangle AEF}}{S_{\triangle ABC}}=\dfrac{1}{2}$,两个三角形相似,面积比等于相似比的平方,条件(2),因为相似比 $\dfrac{|EF|}{|BC|}=\dfrac{1}{\sqrt{2}}$,则 $\dfrac{S_{\triangle AEF}}{S_{\triangle ABC}}=\left(\dfrac{EF}{BC}\right)^2=\dfrac{1}{2}$,充分;条件(1),$\left|\dfrac{AG}{GD}\right|=2$,则相似比为 $\left|\dfrac{AG}{AD}\right|=\dfrac{2}{3}\neq\dfrac{1}{\sqrt{2}}$,不充分,答案选B。

【套路】$EF//BC$,出现了金字塔模型,考查三角形的相似。

【例6-38】(2012-1)如图6-71所示,$\triangle ABC$ 是直角三角形,S_1,S_2,S_3 为正方形,已知 a,b,c 分别是 S_1,S_2,S_3 的边长,则(   )。

A. $a=b+c$ B. $a^2=b^3+c^2$ C. $a^2=2b^2+2c^2$

D. $a^3=b^3+c^3$ E. $a^3=2b^3+2c^3$

【解析】如图6-72所示,直角三角形1与直角三角形2相似,故对应的直角边成比例,得到:$\dfrac{c}{a-b}=\dfrac{a-c}{b}$,整理得 $bc=(a-b)(a-c)$,化简得 $a=b+c$,答案选A。

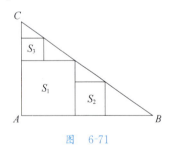

图 6-71

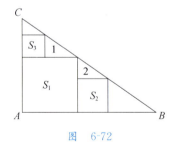

图 6-72

【技巧】采用尺规法,测量三边的长度。

【例6-39】(2013-10)如图6-73所示,$AB=AC=5$,$BC=6$,E 是 BC 的中点,$EF\perp AC$,则 $EF=(\ \ \ \ )$。

A. 1.2   B. 2   C. 2.2   D. 2.4   E. 2.5

【解析】如图6-74所示,连接 AE,则 $BE=EC=3$,又因为 $AB=AC=5$,则 $AE\perp BC$,因此 $AE=4$,而 $S_{\triangle AEC}=\dfrac{1}{2}\times AE\times EC=\dfrac{1}{2}\times AC\times EF$,即 $\dfrac{1}{2}\times 4\times 3=\dfrac{1}{2}\times 5\times EF$,解得 $EF=2.4$,答案选D。

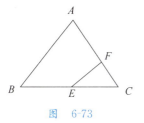
图 6-73

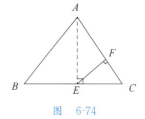
图 6-74

【套路】直角三角形中,两个直角边的乘积等于斜边和斜边上的高的乘积。

3. 鸟头定理

如图 6-75 所示,两个三角形中有一个角相等或互补,这两个三角形叫作共角三角形,共角三角形的面积比等于对应角(相等角或互补角)两夹边的乘积之比,即 $\dfrac{S_{\triangle ADE}}{S_{\triangle ABC}} = \dfrac{AD \times AE}{AB \times AC}$。

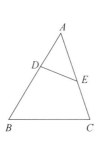
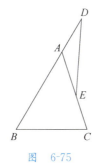
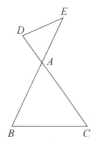

图 6-75

【例 6-40】如图 6-76 所示,$\triangle ABC$ 被分成了甲、乙两部分,$BD = DC = 4$,$BE = 3$,$AE = 6$,则乙部分面积是甲部分面积的( )倍。

A. 2　　　　B. 3　　　　C. 4　　　　D. 4.5　　　　E. 5

【解析】由题意可得,$\triangle BDE$ 与 $\triangle BAC$ 有一对角公共角 $\angle B$,因此为共角三角形,两个共角三角形面积比等于对应角的夹边乘积之比,则 $\dfrac{S_{\triangle BDE}}{S_{\triangle BAC}} = \dfrac{BD \times BE}{BC \times BA} = \dfrac{1}{2} \times \dfrac{3}{9} = \dfrac{1}{6}$,即 $\dfrac{S_乙}{S_甲} = 5$,答案选 E。

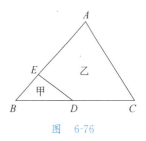
图 6-76

4. 燕尾定理(共边定理)

如图 6-77 所示,在 $\triangle ABC$ 中,AD,BE,CF 相交于同一点 O,则 $\dfrac{S_{\triangle ABO}}{S_{\triangle ACO}} = \dfrac{BD}{CD}$。

【例 6-41】如图 6-78 所示,大三角形分成五个小三角形,面积分别为 $40, 30, 35, x, y$,则 $x = ($)。

A. 72　　　　B. 70　　　　C. 68　　　　D. 66　　　　E. 64

【解析】根据燕尾定理,$\dfrac{y}{x+35} = \dfrac{BD}{CD}$,而根据等高模型得 $\dfrac{40}{30} = \dfrac{BD}{CD}$,因此 $\dfrac{y}{x+35} = \dfrac{40}{30}$,同理可得,$\dfrac{y}{40+30} = \dfrac{x}{35}$,解得 $x = 70$,$y = 140$,答案选 B。

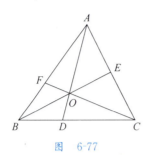
图 6-77

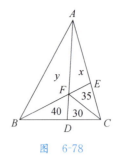
图 6-78

三、三角形的四心

【例6-42】等边三角形的外接圆半径与它的内切圆半径之比为（　　）。

A. $\sqrt{3}:1$　　B. $2:1$　　C. $2:\sqrt{3}$　　D. $\sqrt{5}:2$　　E. $3:2$

【解析】如图6-79所示，等边三角形的内心、外心、重心、垂心四心合一，皆为点O，外接圆半径为$R=OA$，内切圆半径为$r=OD$，根据重心的性质，$\dfrac{OA}{OD}=\dfrac{2}{1}$，即外接圆半径与内切圆半径之比为$\dfrac{R}{r}=\dfrac{2}{1}$，答案选B。

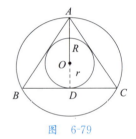
图 6-79

【例6-43】(2016-1)已知M是一个平面有限点集，则平面上存在到M中各点距离相等的点。

（1）M中只有三个点。

（2）M中的任意三点都不共线。

【解析】条件(1)，当这三点共线时，平面上到这三个点距离相等的点是不存在的，不充分；条件(2)，没有告知M中有几个点，当M中有四个点时，构成的四边形不一定有外接圆，因此这个点也不一定存在，不充分；明显联合，M中只有三个点且都不共线，显然构成了三角形，外接圆的圆心（三角形的外心）到三个顶点的距离相等，等于外接圆的半径，联合充分，答案选C。

四、求四边形的面积或相关长度

如图6-80所示，由梯形的蝶形定理可知：

① $\triangle AOD \sim \triangle COB$（沙漏模型），则 $\dfrac{S_1}{S_2}=\left(\dfrac{a}{b}\right)^2=\left(\dfrac{AO}{OC}\right)^2=\left(\dfrac{DO}{OB}\right)^2$；

② $S_{\triangle ABC}=S_{\triangle DBC}$（同底等高），即 $S_3+S_2=S_4+S_2$，则 $S_3=S_4$；

③ $\dfrac{S_1}{S_3}=\dfrac{DO}{OB}$，$\dfrac{S_4}{S_2}=\dfrac{DO}{OB}$（等高模型），则 $\dfrac{S_1}{S_3}=\dfrac{S_4}{S_2}$，即 $S_1 \times S_2 = S_3 \times S_4$；

④ $\dfrac{S_1+S_3}{S_2+S_4}=\dfrac{S_{\triangle ABD}}{S_{\triangle BCD}}=\dfrac{a}{b}=\dfrac{AO}{CO}$。

【例6-44】(2016-1)如图6-81所示，在四边形$ABCD$中，$AB//CD$，AB与CD的边长分别为4和8，若$\triangle ABE$的面积为4，则四边形$ABCD$的面积为（　　）。

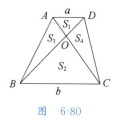

图 6-80

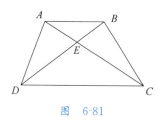

图 6-81

A. 24　　　B. 30　　　C. 32　　　D. 36　　　E. 40

【解析】$\triangle ABE$ 与 $\triangle CDE$ 相似，面积比等于相似比的平方，所以 $\dfrac{S_{\triangle ABE}}{S_{\triangle CDE}}=\left(\dfrac{AB}{CD}\right)^2$，即 $\dfrac{4}{S_{\triangle CDE}}=\left(\dfrac{4}{8}\right)^2$，解得 $S_{\triangle CDE}=16$，又根据等高模型，$\dfrac{S_{\triangle ABE}}{S_{\triangle ADE}}=\dfrac{BE}{DE}=\dfrac{AB}{CD}=\dfrac{4}{8}$，则 $S_{\triangle ADE}=2S_{\triangle ABE}=8$，同理可得 $S_{\triangle BEC}=8$，因此 $S_{ABCD}=4+16+8+8=36$，答案选 D。

【技巧】根据公式得 $S_{\triangle ADE}=S_{\triangle BCE}=\sqrt{S_{\triangle ABE}\times S_{\triangle CDE}}=\sqrt{4\times 16}=8$，因此 $S_{ABCD}=4+16+8+8=36$，答案选 D。

【例 6-45】如图 6-82 所示，BD，CF 将长方形 $ABCD$ 分成 4 块，$S_{\triangle DEF}=4$，$S_{\triangle CED}=6$，则四边形 $ABEF$ 的面积是（　　）。

A. 9　　　B. 10　　　C. 11　　　D. 12　　　E. 14

【解析】如图 6-83 所示，连接 BF，根据梯形的蝶形定理可得，$S_{\triangle BEF}=S_{\triangle CED}=6$，$S_{\triangle BEF}\times S_{\triangle CED}=S_{\triangle DEF}\times S_{\triangle BEC}$，即 $6\times 6=4\times S_{\triangle BEC}$，解得 $S_{\triangle BEC}=9$，则 $S_{\triangle ABD}=S_{\triangle BDC}=S_{\triangle BEC}+S_{\triangle CED}=9+6=15$，因此 $S_{四边形 ABEF}=S_{\triangle ABD}-S_{\triangle DEF}=15-4=11$，答案选 C。

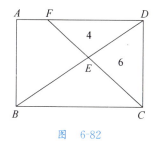

图 6-82

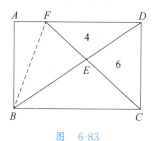

图 6-83

【例 6-46】如图 6-84 所示，四边形 $ABCD$ 是一个梯形，E 是 AD 的中点，直线 CE 把梯形分成甲、乙两部分，甲、乙面积比是 $10:7$，则上底 AB 与下底 CD 之比为（　　）。

A. $3:13$　　　B. $3:14$　　　C. $1:5$

D. $3:16$　　　E. $1:4$

【解析】如图 6-85 所示，连接 AC，根据等高模型可得，$\dfrac{S_{\triangle AEC}}{S_{\triangle DEC}}=\dfrac{AE}{DE}=1$，设甲、乙的面积分别为 $10a$，$7a$，则可以得到 $S_{\triangle AEC}=S_{\triangle DEC}=7a$，$S_{\triangle ABC}=10a-7a=3a$，再次利用等高模型，$\dfrac{AB}{CD}=\dfrac{S_{\triangle ABC}}{S_{\triangle ADC}}=\dfrac{3a}{7a+7a}=\dfrac{3}{14}$，答案选 B。

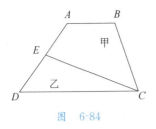
图 6-84

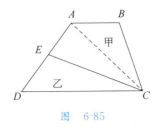
图 6-85

【例6-47】（2015-1）如图6-86所示，梯形$ABCD$的上底与下底分别为$5,7$，E为AC与BD的交点，MN过点E且平行于AD，则$MN=$（　　）。

A. $\dfrac{26}{5}$ B. $\dfrac{11}{2}$ C. $\dfrac{35}{6}$ D. $\dfrac{36}{7}$ E. $\dfrac{40}{7}$

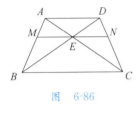
图 6-86

【解析】$\triangle AED:\triangle CEB$，相似对应的边成比例，则$\dfrac{AE}{CE}=\dfrac{AD}{BC}=\dfrac{5}{7}$，$\triangle AME:\triangle ABC$，则$\dfrac{ME}{BC}=\dfrac{AE}{AC}=\dfrac{5}{5+7}=\dfrac{5}{12}$，所以$ME=\dfrac{5}{12}BC=\dfrac{5}{12}\times 7=\dfrac{35}{12}$，同理可得$EN=\dfrac{35}{12}$，因此$MN=ME+EN=\dfrac{35}{6}$，答案选C。

【技巧】任意一个梯形，如果其上底和下底分别为a,b，那么过其对角线交点且与两底平行的线段长为$\dfrac{2ab}{a+b}$，则$MN=\dfrac{2\times 5\times 7}{5+7}=\dfrac{35}{6}$，答案选C。

【例6-48】（2016-1）如图6-87所示，正方形$ABCD$由四个相同的长方形和一个小正方形拼成，则能确定小正方形的面积。

（1）已知正方形$ABCD$的面积。
（2）已知长方形的长宽之比。

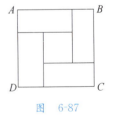
图 6-87

【解析】设长方形的长和宽分别为a,b，则中间正方形的面积为$(a-b)^2$，条件（1），$S_{ABCD}=(a+b)^2$，已知正方形$ABCD$的面积，即已知$a+b$的值，不能推出$a-b$的值，不充分；条件（2），已知长方形的长宽之比，即已知$\dfrac{a}{b}$的值，也不能推出$a-b$的值，不充分；需要联合，即已知$a+b$，$\dfrac{a}{b}$的值，则可以求出a,b的值，能够确定$a-b$的值，联合充分，答案选C。

【例6-49】（2012-1）某用户要建一个长方形的羊栏，则羊栏的面积大于500m^2。

（1）羊栏的周长为120m。
（2）羊栏对角线的长不超过50m。

【解析】条件（1）、（2）明显需要联合，可设长方形的长与宽分别为a和b，则$\begin{cases}a+b=60\\\sqrt{a^2+b^2}\leq 50\end{cases}$，因此羊栏的面积$ab=\dfrac{1}{2}[(a+b)^2-(a^2+b^2)]\geq\dfrac{1}{2}(60^2-50^2)=550$，联合充分，答案选C。

五、求与圆相关的长度

【例6-50】如图6-88所示,在 $\triangle ABC$ 中,$AB=10$,$AC=8$,$BC=6$,以点 C 到 AB 的垂线段 CD 为直径作圆,该圆交 AC 于点 M,交 BC 于点 N,则 $MN=$(   )。

A. 4　　　　B. 4.8　　　　C. 5　　　　D. 5.5　　　　E. 6

【解析】根据题意,$\triangle ABC$ 为直角三角形,$\angle ACB=90°$,又直径所对的圆周角为 $90°$,因此 MN 为圆的直径,则 $MN=CD=\dfrac{AC\times BC}{AB}=\dfrac{6\times 8}{10}=4.8$,答案选 B。

【例6-51】如图6-89所示,在 $\mathrm{Rt}\triangle ABC$ 中,$\angle C=90°$,$AB=10$,若以点 C 为圆心,BC 为半径的圆恰好经过 AB 的中点 D,则 AC 的长等于(   )。

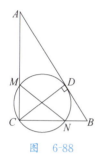

图 6-88

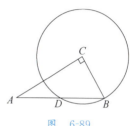

图 6-89

A. 5　　　　B. 6　　　　C. 7　　　　D. $5\sqrt{2}$　　　　E. $5\sqrt{3}$

【解析】连接 CD,因为 $\angle C=90°$,D 为 AB 的中点,则 $CD=AD=BD=5$,因此 $BC=CD=r=5$,根据勾股定理,$AC=\sqrt{10^2-5^2}=5\sqrt{3}$,答案选 E。

【套路】直角三角形斜边上的中点到三个顶点的距离相等。

【例6-52】(2014-1)如图6-90所示,O 是半圆的圆心,C 是半圆上的一点,$OD\perp AC$,则能确定 OD 的长。

(1)已知 BC 的长。

(2)已知 AO 的长。

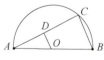

图 6-90

【解析】因为 AB 为直径,则 $\angle ACB=90°$,又 $OD\perp AC$,则 $OD//BC$,因为 $AO=BO$,则 OD 是 $\triangle ABC$ 的中位线,因此 $OD=\dfrac{1}{2}BC$,明显条件(1)充分,条件(2)不充分,答案选 A。

六、求与圆弧相关的面积或长度

1. 割补法

【例6-53】如图6-91所示,三个等圆两两都外切,且 $r=1$,则中间的阴影面积为(   )。

A. $\sqrt{3}-\dfrac{\pi}{4}$　　B. $\sqrt{3}-\dfrac{\pi}{2}$　　C. $2\sqrt{3}-\dfrac{\pi}{2}$　　D. $\dfrac{\pi}{2}-\dfrac{\sqrt{3}}{2}$　　E. $\sqrt{3}-\dfrac{\pi}{6}$

【解析】如图6-92所示,连接三个圆的圆心,则阴影面积等于 $\triangle ABC$ 的面积减去三个扇形的面积(即一个半圆的面积),因此 $S_{阴影}=S_{\triangle ABC}-S_{半圆}=\dfrac{\sqrt{3}}{4}\times 2^2-\dfrac{1}{2}\pi\times 1^2=\sqrt{3}-\dfrac{\pi}{2}$,答案选 B。

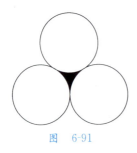
图 6-91

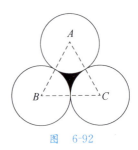
图 6-92

【例 6-54】(2014-1)如图 6-93 所示,圆 A 和圆 B 的半径均为 1,则阴影部分的面积为(   )。

A. $\dfrac{2\pi}{3}$ B. $\dfrac{\sqrt{3}}{2}$ C. $\dfrac{\pi}{3}-\dfrac{\sqrt{3}}{4}$ D. $\dfrac{2\pi}{3}-\dfrac{\sqrt{3}}{4}$ E. $\dfrac{2\pi}{3}-\dfrac{\sqrt{3}}{2}$

【解析】如图 6-94 所示,$AC=AB=BC=r=1$,因此 $\triangle ABC$ 为等边三角形,$\angle CAB=60°$,$\angle CAD=120°$,则 $S_{弓形BCD}=S_{扇形ACD}-S_{\triangle ACD}=\dfrac{120°}{360°}\times\pi\times1^2-\dfrac{\sqrt{3}}{4}\times1^2=\dfrac{1}{3}\pi-\dfrac{\sqrt{3}}{4}$,根据对称性可得阴影面积为 $2S_{弓形BCD}=2\left(\dfrac{1}{3}\pi-\dfrac{\sqrt{3}}{4}\right)=\dfrac{2}{3}\pi-\dfrac{\sqrt{3}}{2}$,答案选 E。

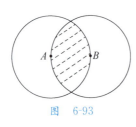
图 6-93

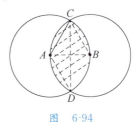
图 6-94

【例 6-55】(2021-1)如图 6-95 所示,正六边形的边长为 1,分别以正六边形的顶点 O,P,Q 为圆心,以 1 为半径做圆弧,则阴影部分的面积为(   )。

A. $\pi-\dfrac{3\sqrt{3}}{2}$ B. $\pi-\dfrac{3\sqrt{3}}{4}$ C. $\dfrac{\pi}{2}-\dfrac{3\sqrt{3}}{4}$

D. $\dfrac{\pi}{2}-\dfrac{3\sqrt{3}}{8}$ E. $2\pi-3\sqrt{3}$

【解析】如图 6-96 所示,$\triangle ABP$ 为等边三角形,利用对称性,则 $S_{阴}=6(S_{扇形ABP}-S_{\triangle ABP})=6\times\left(\dfrac{60°}{360°}\times\pi\times1^2-\dfrac{\sqrt{3}}{4}\times1^2\right)=\pi-\dfrac{3\sqrt{3}}{2}$,答案选 A。

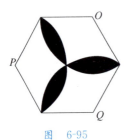
图 6-95

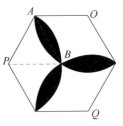
图 6-96

2. 面积等量转化

【例6-56】 如图6-97所示，C,D是以AB为直径的半圆O上的三等分点，$AB=12$，则阴影面积为(　　)。

A. 6π B. 7π C. 8π D. 9π E. 10π

【解析】 如图6-98所示，连接CD,OC,OD，而C,D是半圆O上的三等分点，可以推出$CD//AB$，$S_{\triangle COD}=S_{\triangle CAD}$，$\angle COD=60°$，所求阴影面积即可转化为扇形$COD$的面积，则$S_{阴影}=S_{扇形COD}=\pi\times 6^2\times\dfrac{60°}{360°}=6\pi$，答案选A。

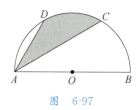

图 6-97

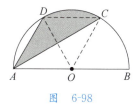

图 6-98

3. 分散区域凑整变形

【例6-57】 如图6-99所示，在$\text{Rt}\triangle ABC$中，$\angle C=90°$，$AC=4$，$BC=2$，分别AC,BC为直径画半圆，则阴影面积为(　　)。

A. $2\pi-1$ B. $3\pi-2$ C. $3\pi-4$ D. $\dfrac{5}{2}\pi-3$ E. $\dfrac{5}{2}\pi-4$

【解析】 如图6-100所示，分块编号，所求的阴影面积为①+③+⑤，采用拼凑法，由于①+③+⑤=(①+②+③)+(③+④+⑤)-(②+③+④)，则阴影部分面积为两个半圆的面积之和再减去$\triangle ABC$的面积，即为$\dfrac{1}{2}\pi\times 2^2+\dfrac{1}{2}\pi\times 1^2-\dfrac{1}{2}\times 4\times 2=\dfrac{5}{2}\pi-4$，答案选E。

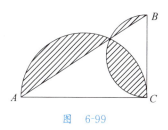

图 6-99

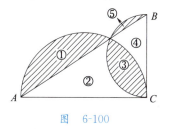

图 6-100

七、图形变换问题

【例6-58】 (2020-1)如图6-101所示，在$\triangle ABC$中，$\angle ABC=30°$，将线段AB绕点B旋转至DB，使$\angle DBC=60°$，则$\triangle DBC$与$\triangle ABC$的面积之比为(　　)。

A. 1   B. $\sqrt{2}$ C. 2   D. $\dfrac{\sqrt{3}}{2}$ E. $\sqrt{3}$

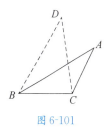

图 6-101

【解析】设 $AB=BD=a$，$BC=b$，则 $\dfrac{S_{\triangle DBC}}{S_{\triangle ABC}}=\dfrac{\dfrac{1}{2}DB\times BC\times \sin\angle DBC}{\dfrac{1}{2}AB\times BC\times \sin\angle ABC}=$

$\dfrac{\dfrac{1}{2}a\times b\times \sin 60°}{\dfrac{1}{2}a\times b\times \sin 30°}=\dfrac{\dfrac{\sqrt{3}}{2}}{\dfrac{1}{2}}=\sqrt{3}$，答案选 E。

【技巧】过点 D，A 分别作两条高 h_1，h_2，很容易求出两个高 $h_1=\dfrac{\sqrt{3}}{2}$，$h_2=\dfrac{1}{2}$，由于 $\triangle DBC$ 与 $\triangle ABC$ 的底都为 BC，两高之比即为面积之比，则 $\dfrac{S_{\triangle DBC}}{S_{\triangle ABC}}=\dfrac{h_1}{h_2}=\sqrt{3}$，答案选 E。

【例 6-59】(2018-1) 如图 6-102 所示，在矩形 $ABCD$ 中，$AE=FC$，则 $\triangle AED$ 与四边形 $BCFE$ 能拼接成一个直角三角形。

（1）$EB=2FC$。 （2）$ED=EF$。

【解析】如图 6-103 所示，EF 与 BC 的延长线交于点 G，只需要证明 $\triangle GCF$ 与 $\triangle DAE$ 全等即可，条件（1），$EB=2FC$，而 $EB//FC$，则 $CG=BC=AD$，又 $AE=FC$，因此 $\triangle GCF\cong\triangle DAE$（边角边），充分；条件（2），$ED=EF$，则 $\angle EDF=\angle EFD$，而 $\angle CFG=\angle EFD$，$\angle AED=\angle EDF$，则 $\angle AED=\angle CFG$，又 $AE=FC$，因此 $\triangle GCF\cong\triangle DAE$（角边角），也充分，答案选 D。

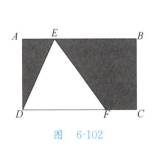

图 6-102

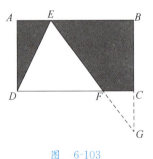

图 6-103

八、平面几何求最值

【例 6-60】底角为 30°，周长为 40 的等腰梯形，则梯形面积的最大值为（　　）。

A. 40　　　　B. 45　　　　C. 50

D. 55　　　　E. 60

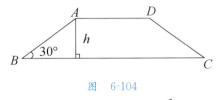

图 6-104

【解析】如图 6-104 所示，设 $AB=CD=a$，则 $AD+BC=40-2a$，梯形的高 $h=\dfrac{1}{2}AB=\dfrac{1}{2}a$，则 $S_{梯形}=\dfrac{AD+BC}{2}\times h=\dfrac{40-2a}{2}\cdot\dfrac{1}{2}a=\dfrac{-a^2+20a}{2}=\dfrac{-(a-10)^2+100}{2}\leqslant 50$，答案选 C。

6.5　强化提升习题

1. 已知 a,b,c 是 $\triangle ABC$ 的三条边长,并且 $a=c=1$,若 $(b-x)^2-4(a-x)(c-x)=0$ 有两个相同的实根,则 $\triangle ABC$ 为(　　)。

   A. 等边三角形　　　　B. 等腰三角形　　　　C. 直角三角形

   D. 钝角三角形　　　　E. 锐角三角形

2. 已知 p,q 均为质数,且满足 $5p^2+3q=59$,则以 $p+3,1-p+q,2p+q-4$ 为边长的三角形是(　　)。

   A. 等腰三角形　　　　B. 等边三角形　　　　C. 直角三角形

   D. 钝角三角形　　　　E. 锐角三角形

3. (2009-10) $\triangle ABC$ 是等边三角形。

   (1) $\triangle ABC$ 的三边 a,b,c 满足 $a^2+b^2+c^2=ab+ac+bc$。

   (2) $\triangle ABC$ 的三边 a,b,c 满足 $a^3-a^2b+ab^2+ac^2-b^3-bc^2=0$。

4. 如图 6-105 所示,梯形 $ABCD$ 的边 BC 在 x 轴上,点 A 在 y 轴的正方向,$A(0,6),D(4,6)$,且 $AB=2\sqrt{10}$,若 $\triangle ABC$ 的面积占梯形 $ABCD$ 面积的三分之二,点 C 坐标为(　　)。

   A. $(4,0)$　　B. $(5,0)$　　C. $(5.5,0)$　　D. $(6,0)$　　E. $(6.5,0)$

5. 如图 6-106 所示,四边形 $ABCD$ 中,点 E,F 分别在 BC,CD 上,$DF=FC,CE=2EB$,已知 $S_{\triangle ADF}=m,S_{AECF}=n(n>m)$,则 $S_{ABCD}=$(　　)。

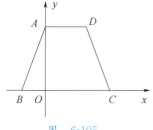

图 6-105

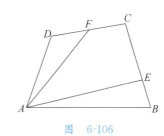

图 6-106

A. $\dfrac{3n-m}{2}$　　　　B. $\dfrac{3n+m}{2}$　　　　C. $\dfrac{3n-3m}{2}$

D. $\dfrac{3n+3m}{2}$　　　　E. $\dfrac{3n+2m}{2}$

6. 如图 6-107 所示,正方形 $ABCD$ 的边长为 6,$AE=1.5$,$CF=2$,则长方形 $EFGH$ 的面积为(　　)。

   A. 36　　B. 35　　C. 33　　D. 32　　E. 31

7. (2021-1) 给定两个直角三角形,则这两个直角三角形相似。

   (1) 每个直角三角形的边长成等比数列。

   (2) 每个直角三角形的边长成等差数列。

8. 如图 6-108 所示,长方形 $ABCD$ 的面积是 36,$AE=2ED$,则阴影部分的面积为(　　)。

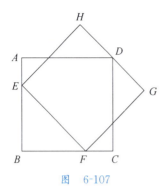

图 6-107

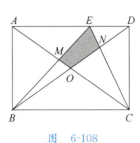

图 6-108

A. 1.8　　　B. 2　　　C. 2.2　　　D. 2.5　　　E. 2.7

9. (2008-10)如图 6-109 所示，$PQ \times RS = 12$。
(1) $QR \times PR = 12$。　　　(2) $PQ = 5$。

10. 如图 6-110 所示，$\triangle ABC$ 中，$BD:CD = 4:9$，$CE:AE = 4:3$，则 $AF:BF = ($　　$)$。

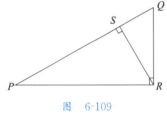

图 6-109

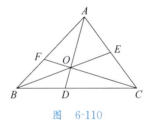

图 6-110

A. 27:17　　B. 27:14　　C. 25:16　　D. 28:15　　E. 27:16

11. (2008-1)方程 $x^2 - (1+\sqrt{3})x + \sqrt{3} = 0$ 的两根分别为等腰三角形的腰长 a 和底长 $b(a < b)$，则该等腰三角形的面积是($\quad$)。

A. $\dfrac{\sqrt{11}}{4}$　　B. $\dfrac{\sqrt{11}}{8}$　　C. $\dfrac{\sqrt{3}}{4}$　　D. $\dfrac{\sqrt{3}}{5}$　　E. $\dfrac{\sqrt{3}}{8}$

12. (2019-1)在 $\triangle ABC$ 中，$AB = 4$，$AC = 6$，$BC = 8$，D 为 BC 的中点，则 $AD = ($　　$)$。

A. $\sqrt{11}$　　B. $\sqrt{10}$　　C. 3　　D. $2\sqrt{2}$　　E. $\sqrt{7}$

13. 一个角是 $30°$ 的直角三角形的小直角边长为 a，则它的内切圆的半径为($\quad$)。

A. $\dfrac{1}{2}a$　　B. $\dfrac{\sqrt{3}}{a}$　　C. a　　D. $\dfrac{\sqrt{3}+1}{2}a$　　E. $\dfrac{\sqrt{3}-1}{2}a$

14. $\triangle ABC$ 的内切圆与外接圆的半径之比为 $1:2$。
(1) $\triangle ABC$ 为等边三角形。
(2) $\triangle ABC$ 为等腰直角三角形。

15. 菱形 $ABCD$ 的面积为 24，且对角线长之比为 $3:4$，则菱形 $ABCD$ 的边长为($\quad$)。

A. 3　　B. 4　　C. 5　　D. 6　　E. 10

16. 如图 6-111 所示，在四边形 $ABCD$ 中，$AB = 2$，$CD = 1$，$\angle A = 60°$，$\angle B = \angle D = 90°$，则四边形 $ABCD$ 的面积为($\quad$)。

A. $\dfrac{\sqrt{3}}{2}$　　B. $\sqrt{3}$　　C. $\dfrac{3\sqrt{3}}{2}$　　D. $\dfrac{7\sqrt{3}}{3}$　　E. $\dfrac{5\sqrt{3}}{2}$

17. (2010-1)如图 6-112 所示，长方形 $ABCD$ 的两条边长分别为 8m 和 6m，四边形 $OEFG$ 的面积是 $4m^2$，则阴影部分的面积为($\quad$)m^2。

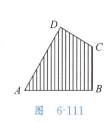
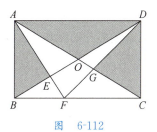

图 6-111 图 6-112

A. 32   B. 28   C. 24   D. 16   E. 8

18.（2012-1）如图6-113所示，三个边长为1的正方形所组成区域（实线区域）的面积为（   ）。

A. $3-\sqrt{2}$ B. $3-\dfrac{3\sqrt{2}}{4}$ C. $3-\sqrt{3}$

D. $3-\dfrac{\sqrt{3}}{2}$ E. $3-\dfrac{3\sqrt{3}}{4}$

19. 如图6-114所示，正方形$ABCD$的面积为24，M是AD边上的中点，则图中阴影部分的面积为（   ）。

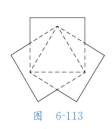
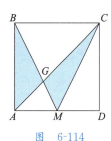

图 6-113 图 6-114

A. 6.4   B. 8   C. 9.6   D. 11.2   E. 12.8

20. 梯形$ABCD$被对角线分为4个小三角形，O为对角线AC,BD的交点，且$AD//BC$，$\triangle AOD$的面积为25，则梯形的面积为144。

(1) $\triangle COD$的面积为35。　　　　(2) $\triangle BOC$的面积为49。

21. 如图6-115所示，四边形$ABCD$的对角线AC,BD相交于点O，$S_{\triangle AOB}=4$，$S_{\triangle COD}=9$，则四边形$ABCD$面积的最小值为（   ）。

A. 22   B. 25   C. 28   D. 30   E. 32

22. 如图6-116所示，已知正方形$ABCD$四条边与圆O内切，而正方形$EFGH$是圆O的内接正方形，已知正方形$ABCD$的面积为1，则正方形$EFGH$的面积是（   ）。

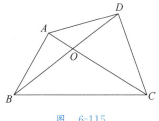
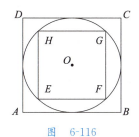

图 6-115 图 6-116

A. $\dfrac{2}{3}$ B. $\dfrac{1}{2}$ C. $\dfrac{\sqrt{2}}{2}$ D. $\dfrac{\sqrt{2}}{3}$ E. $\dfrac{1}{4}$

23. (2011-1)如图6-117所示,四边形 $ABCD$ 是边长为1的正方形,弧 $AOB, BOC, COD,$ DOA 均为半圆,则阴影部分的面积为( )。

A. $\dfrac{1}{2}$ B. $\dfrac{\pi}{2}$ C. $1-\dfrac{\pi}{4}$ D. $\dfrac{\pi}{2}-1$ E. $2-\dfrac{\pi}{2}$

24. 如图6-118所示,圆 O 的外切正六边形 $ABCDEF$ 的边长为2,则图中阴影部分的面积为( )。

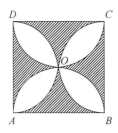

图 6-117

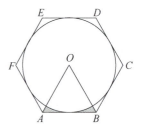

图 6-118

A. $\sqrt{3}-\dfrac{\pi}{2}$ B. $\sqrt{3}-\dfrac{2\pi}{3}$ C. $2\sqrt{3}-\dfrac{\pi}{2}$ D. $2\sqrt{3}-\dfrac{2\pi}{3}$ E. 1

25. 如图6-119所示,A 是半径为1的圆 O 外的一点,$OA=2$,AB 是圆 O 的切线,B 是切点,$BC//OA$,则阴影部分的面积为( )。

A. $\dfrac{5\pi}{12}$ B. $\dfrac{\pi}{3}$ C. $\dfrac{\pi}{4}$ D. $\dfrac{\pi}{6}$ E. $\dfrac{\pi}{12}$

26. (2014-10)如图6-120所示,大、小两个半圆的直径在同一直线上,弦 AB 与小半圆相切,且与直径平行,弦 AB 长为12,则图中阴影部分的面积为( )。

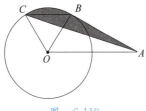

图 6-119

图 6-120

A. 24π B. 21π C. 18π D. 15π E. 12π

27. 如图6-121所示,四边形 $ABCD$ 是边长为2的正方形,以 AB 为直径的半圆以及以 AB 为半径的两个四分之一圆在正方形中划分出小面积 S_1, S_2, S_3, S_4,则 $S_4 - S_1 =$( )。

A. $\dfrac{4}{3}\pi - 2$ B. $3\pi - 2$ C. $\dfrac{8}{3}\pi - 4$ D. $\dfrac{3}{2}\pi - 4$ E. $\pi + 2$

28. (2012-10)如图6-122所示,长方形 $ABCD$ 的长与宽分别为 $2a$ 和 a,将其以顶点 A 为中心顺时针旋转 $60°$,则四边形 $AECD$ 的面积为 $24-2\sqrt{3}$。

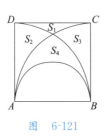

图 6-121

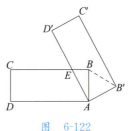

图 6-122

(1) $a=2\sqrt{3}$。

(2) △$AB'B$的面积为$3\sqrt{3}$。

29.(2014-10)一个长为8cm,宽为6cm的长方形木板在桌面上做无滑动的滚动(顺时针方向),如图6-123所示,第二次滚动中被一小木块垫住而停止,使木板边沿AB与桌面成30°角,则木板滚动中,点A经过的路径长为( )cm。

  A.4π B.5π C.6π D.7π E.8π

30.如图6-124所示,周长为12的矩形$ABCD$,将△ABC沿对角线AC折叠,得到△$AB'C$(点B到点B'),AB'交CD于点P,则△ADP面积的最大值为( )。

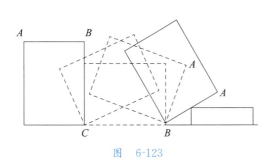

图 6-123

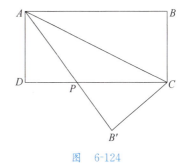

图 6-124

  A.18   B.$18-2\sqrt{2}$ C.$27-9\sqrt{2}$

  D.$36-9\sqrt{2}$ E.$27-18\sqrt{2}$

强化提升习题详解

1.【解析】$a=c=1$,则$(b-x)^2-4(1-x)^2=0$,整理为$3x^2-(8-2b)x+4-b^2=0$,方程有两个相同的实根,则$\Delta=(8-2b)^2-4\times3\times(4-b^2)=0$,解得$b=1$,则△$ABC$为等边三角形,答案选A。

2.【解析】$5p^2+3q=59$,则p,q为一奇一偶,又p,q均为质数,所以p,q必有一个为2,当$q=2$时,p不是质数;当$p=2$时,$q=13$,此时三边分别为5,12,13,是一组勾股数,为直角三角形,答案选C。

3.【解析】条件(1),配方可得$\frac{1}{2}\left[(a-b)^2+(a-c)^2+(b-c)^2\right]=0$,则$a=b=c$,△$ABC$是等边三角形,充分;条件(2),整理为$a(a^2+b^2+c^2)-b(a^2+b^2+c^2)=0$,即$(a^2+b^2+c^2)(a-b)=0$,可以推出$a=b$,只能得到△$ABC$是等腰三角形,不充分,答案选A。

4.【解析】$BO=\sqrt{AB^2-AO^2}=\sqrt{(2\sqrt{10})^2-6^2}=2$,根据题意,易得△$ABC$的面积是△$ADC$的面积的两倍,而这两个三角形高相等,面积之比等于底边之比,则$\frac{S_{\triangle ABC}}{S_{\triangle ADC}}=\frac{BC}{AD}=\frac{2}{1}$,因为$AD=4$,则$BC=8$,因此$OC=8-2=6$,即点$C$坐标为$(6,0)$,答案选D。

5.【解析】如图6-125所示,连接AC,由于$DF=FC$,根据等高模型,则$S_{\triangle ACF}=S_{\triangle ADF}=m$,$S_{\triangle ACE}=S_{AECF}-S_{\triangle ACF}=n-m$,又$CE=2EB$,同理可得$S_{\triangle ABE}=\frac{1}{2}S_{\triangle ACE}=\frac{n-m}{2}$,因此$S_{ABCD}=m+n+\frac{n-m}{2}=\frac{3n+m}{2}$,答案选B。

6.【解析】如图6-126所示,连接DE,DF,则$S_{EFGH}=2S_{\triangle DEF}$,而$S_{\triangle DEF}=S_{ABCD}-(S_{\triangle ADE}+S_{\triangle DCF}+S_{\triangle BEF})=6\times6-\dfrac{1}{2}\times1.5\times6-\dfrac{1}{2}\times2\times6-\dfrac{1}{2}\times4.5\times4=16.5$,则$S_{EFGH}=16.5\times2=33$,答案选C。

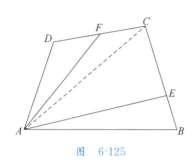

图 6-125

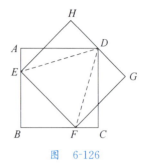

图 6-126

7.【解析】条件(1),假设一个直角三角形的边长分别为a_1,a_1q,a_1q^2,根据勾股定理$a_1^2+(a_1q)^2=(a_1q^2)^2$,解得$q=\sqrt{\dfrac{1+\sqrt{5}}{2}}$,即三角形三边长之间的比例固定,所以这两个三角形相似,充分;条件(2),假设一个直角三角形的边长分别为a_1,a_1+d,a_1+2d,根据勾股定理$a_1^2+(a_1+d)^2=(a_1+2d)^2$,解得$a_1=3d$,即三角形三边长之间的比例固定,均为$3:4:5$,所以这两个三角形相似,也充分,答案选D。

8.【解析】$S_{\triangle AME}=\dfrac{1}{2}\times AE\times h_1=\dfrac{1}{2}\times\dfrac{2}{3}AD\times\dfrac{2}{5}AB=\dfrac{2}{15}S_{ABCD}=4.8$,同理$S_{\triangle END}=\dfrac{1}{2}\times ED\times h_2=\dfrac{1}{2}\times\dfrac{1}{3}AD\times\dfrac{1}{4}AB=\dfrac{1}{24}S_{ABCD}=1.5$,则$S_{阴影}=S_{\triangle AOD}-(S_{\triangle AME}+S_{\triangle END})=9-(4.8+1.5)=2.7$,答案选E。

9.【解析】直角三角形中,两直角边乘积等于斜边与高乘积,即$PR\times QR=PQ\times RS$,条件(1)充分,条件(2)不充分,答案选A。

10.【解析】根据燕尾定理,$\dfrac{S_{\triangle ABO}}{S_{\triangle ACO}}=\dfrac{BD}{CD}=\dfrac{4}{9}$,$\dfrac{S_{\triangle CBO}}{S_{\triangle ABO}}=\dfrac{CE}{AE}=\dfrac{4}{3}$,则$\dfrac{S_{\triangle ABO}}{S_{\triangle ACO}}\times\dfrac{S_{\triangle CBO}}{S_{\triangle ABO}}=\dfrac{S_{\triangle CBO}}{S_{\triangle ACO}}=\dfrac{4}{9}\times\dfrac{4}{3}=\dfrac{16}{27}$,因此$\dfrac{AF}{BF}=\dfrac{S_{\triangle ACO}}{S_{\triangle CBO}}=\dfrac{27}{16}$,答案选E。

11.【解析】题干中方程可整理为$(x-\sqrt{3})(x-1)=0$,解得$x_1=\sqrt{3},x_2=1$,又$a<b$,则$a=1,b=\sqrt{3}$,利用勾股定理可以求出三角形底边上的高为$\sqrt{1^2-\left(\dfrac{\sqrt{3}}{2}\right)^2}=\dfrac{1}{2}$,则三角形的面积$S=\dfrac{1}{2}\times\sqrt{3}\times\dfrac{1}{2}=\dfrac{\sqrt{3}}{4}$,答案选C。

12.【解析】方法(1),如图6-127所示,过点A作BC边上的高AE,由题意可得,$BD=CD=4$,$AE^2=AB^2-BE^2=AC^2-CE^2$,即$AE^2=4^2-(4-DE)^2=6^2-(4+DE)^2$,解得$DE=\dfrac{5}{4},AE=\dfrac{3}{4}\sqrt{15}$,则$AD=\sqrt{AE^2+DE^2}=\sqrt{10}$,答案选B。

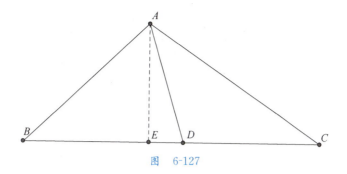

图 6-127

方法(2),根据公式$S_\triangle=\sqrt{p(p-a)(p-b)(p-c)}$(其中$p$是三角形的半周长,$p=\dfrac{a+b+c}{2}$),$S_{\triangle ABC}=\sqrt{9(9-4)(9-6)(9-8)}=\sqrt{135}$,又$D$为$BC$的中点,则$S_{\triangle ABD}=\dfrac{1}{2}S_{\triangle ABC}=\dfrac{\sqrt{135}}{2}$,而$\triangle ABD$的半周长为$\dfrac{AD+8}{2}$,因此$S_{\triangle ABD}=\sqrt{\dfrac{AD+8}{2}\times\dfrac{AD}{2}\times\dfrac{AD}{2}\times\dfrac{8-AD}{2}}=\dfrac{\sqrt{135}}{2}$,解得$AD=\sqrt{10}$,答案选B。

【技巧】在$\triangle ABC$中,AD为中线,根据三角形中线定理$AB^2+AC^2=2AD^2+\dfrac{1}{2}BC^2$,则$2AD^2=4^2+6^2-\dfrac{1}{2}\times 8^2$,解得$AD=\sqrt{10}$,答案选B。

13.【解析】内切圆的半径$r=\dfrac{2S_\triangle}{\triangle 周长}=\dfrac{2\times\dfrac{1}{2}\times a\times\sqrt{3}a}{a+2a+\sqrt{3}a}=\dfrac{\sqrt{3}-1}{2}a$,答案选E。

14.【解析】条件(1),内切圆与外接圆的半径之比为$1:2$,充分;条件(2),内切圆与外接圆的半径之比为$\dfrac{2-\sqrt{2}}{2}:\dfrac{\sqrt{2}}{2}=\sqrt{2}-1$,不充分,答案选A。

15.【解析】设对角线长分别为$3a,4a$,则$S_{菱形}=\dfrac{1}{2}\times 3a\times 4a=24$,解得$a=2$,则对角线的长分别为6和8,又对角线互相垂直且平分,利用勾股定理边长$=\sqrt{3^2+4^2}=5$,答案选C。

16.【解析】如图6-128所示,延长AD,BC交于点E,则$\angle E=30°$,又$CD=1$,则$DE=\sqrt{3}$,$S_{\triangle CDE}=\dfrac{1}{2}\times 1\times\sqrt{3}=\dfrac{\sqrt{3}}{2}$,而$\triangle CDE$与$\triangle ABE$相似,面积比等于相似比的平方,则$\dfrac{S_{\triangle CDE}}{S_{\triangle ABE}}=\left(\dfrac{CD}{AB}\right)^2$,即$\dfrac{\dfrac{\sqrt{3}}{2}}{S_{\triangle ABE}}=\left(\dfrac{1}{2}\right)^2$,解得$S_{\triangle ABE}=2\sqrt{3}$,则$S_{ABCD}=S_{\triangle ABE}-S_{\triangle CDE}=\dfrac{3\sqrt{3}}{2}$,答案选C。

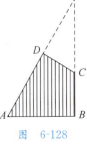

图 6-128

17.【解析】阴影面积$S=S_{ABCD}-S_{\triangle AFC}-S_{\triangle DFB}+S_{OEFG}$,而$S_{\triangle AFC}+S_{\triangle DFB}=\dfrac{1}{2}CF\times AB+\dfrac{1}{2}BF\times AB=\dfrac{1}{2}BC\times AB=\dfrac{1}{2}\times 8\times 6=24m^2$,$S_{OEFG}=4m^2$,因此阴影面积$S=48-24+4=28m^2$,答案选B。

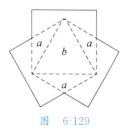

图 6-129

18.【解析】如图 6-129 所示，a 区域为两个正方形重合的面积，都是顶角为 120° 的等腰三角形，有 2 层；b 区域为三个正方形重合的面积，都是边长为 1 的等边三角形，有 3 层，3 个 a 的面积之和刚好是一个 b 的面积，则实线区域的面积等于三个正方形的面积减去 3 个等边三角形的面积，即为 $3-3\times\dfrac{\sqrt{3}}{4}\times 1^2=3-\dfrac{3\sqrt{3}}{4}$，答案选 E。

19.【解析】$\triangle BCG$ 与 $\triangle AMG$ 相似，面积比等于相似比的平方，所以 $\dfrac{S_{\triangle BCG}}{S_{\triangle AMG}}=\left(\dfrac{BC}{AM}\right)^2=\left(\dfrac{2}{1}\right)^2=4$，设 $S_{\triangle AMG}=1$ 份，则 $S_{\triangle BCG}=4$ 份，根据梯形蝶形定理，$S_{\triangle AGB}=S_{\triangle CGM}=\sqrt{S_{\triangle AMG}\times S_{\triangle BCG}}=2$ 份，则 $S_{\triangle CDM}=S_{\triangle AMC}=1+2=3$ 份，因此 $S_{阴影}=\dfrac{4}{12}S_{ABCD}=\dfrac{4}{12}\times 24=8$，答案选 B。

20.【解析】条件(1)，根据梯形蝶形定理，$S_{\triangle AOB}=S_{\triangle COD}=35$，$S_{\triangle AOD}\times S_{\triangle BOC}=S_{\triangle AOB}\times S_{\triangle COD}$，即 $25\times S_{\triangle BOC}=35\times 35$，解得 $S_{\triangle BOC}=49$，则 $S_{ABCD}=25+35+35+49=144$，充分；条件(2)和条件(1)是等价关系，也充分，答案选 D。

21.【解析】因为 $\dfrac{S_{\triangle AOB}}{S_{\triangle AOD}}=\dfrac{BO}{DO}=\dfrac{S_{\triangle BOC}}{S_{\triangle COD}}$，则 $S_{\triangle AOD}\times S_{\triangle BOC}=S_{\triangle AOB}\times S_{\triangle COD}=4\times 9=36$，因此 $S_{四边形ABCD}=S_{\triangle AOD}+S_{\triangle BOC}+4+9\geqslant 2\sqrt{S_{\triangle AOD}\times S_{\triangle BOC}}+13=2\sqrt{36}+13=25$，答案选 B。

22.【解析】圆的直径等于正方形 $ABCD$ 的边长，即 $2r=1$，而正方形 $EFGH$ 的对角线也等于圆的直径，则对角线 $HF=2r=1$，可以求出正方形 $EFGH$ 的边长 $HE=EF=\dfrac{1}{\sqrt{2}}$，则其面积为 $\left(\dfrac{1}{\sqrt{2}}\right)^2=\dfrac{1}{2}$，答案选 B。

23.【解析】将这四个半圆的面积相加时可知空白部分都加了两次，因此四个半圆的面积之和等于正方形的面积加空白的面积，则 $S_{空白}=\dfrac{1}{2}\pi\times\left(\dfrac{1}{2}\right)^2\times 4-1^2=\dfrac{\pi}{2}-1$，因此 $S_{阴影}=1^2-\left(\dfrac{\pi}{2}-1\right)=2-\dfrac{\pi}{2}$，答案选 E。

24.【解析】如图 6-130 所示，易得 $\triangle AOB$ 为等边三角形，则 $OA=OB=AB=2$，过点 O 作 $OG\perp AB$，垂足为点 G，则 $AG=1$，$OG=\sqrt{3}=r$，$S_{阴影}=S_{\triangle AOB}-S_{扇形MON}=\dfrac{\sqrt{3}}{4}\times 2^2-\pi\times\sqrt{3}^2\times\dfrac{60°}{360°}=\sqrt{3}-\dfrac{\pi}{2}$，答案选 A。

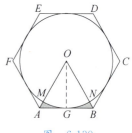

图 6-130

25.【解析】$BC\parallel OA$，则 $S_{\triangle OBC}=S_{\triangle ABC}$，$S_{阴影}=S_{扇形BOC}$，又 $OB\perp AB$，$OB=r=1$，$OA=2$，则 $\angle AOB=60°$，因此 $\angle OBC=$ ，$\triangle BOC$ 为等边三角

形,$\angle BOC=60°$,则$S_{扇形BOC}=\frac{1}{6}\pi\times 1^2=\frac{\pi}{6}$,答案选D。

26.【解析】如图6-131所示,过大半圆圆心F及小半圆圆心M分别向弦AB作垂线,交于点E,N,并连接FA,设大小两个半圆的半径分别为R和r,则$FA=R$,$MN=EF=r$,又$AB=12$,则$AE=6$,在$Rt\triangle AEF$中,$AF^2-EF^2=AE^2$,即$R^2-r^2=6^2=36$,图中阴影面积为两个半圆面积相减,即为$\frac{1}{2}\pi R^2-\frac{1}{2}\pi r^2=\frac{1}{2}\pi(R^2-r^2)=\frac{1}{2}\pi\times 36=18\pi$,答案选C。

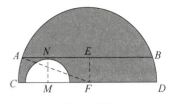

图 6-131

【技巧】此题可以将小半圆平移至小半圆圆心和大半圆圆心重合,再计算会更加简单。

27.【解析】采用拼凑法,$S_1+S_2+S_3+S_4=2^2-\frac{\pi}{2}\cdots$①,$S_2+S_4=\pi-\frac{\pi}{2}=\frac{\pi}{2}\cdots$②,$S_3+S_4=\pi-\frac{\pi}{2}=\frac{\pi}{2}\cdots$③,则$S_4-S_1=$②+③-①$=\frac{3}{2}\pi-4$,答案选D。

28.【解析】$\angle BAB'=60°$,则$\angle BAE=30°$,$\triangle BAE$是内角为30°、60°、90°的三角形,三边之比为$1:\sqrt{3}:2$,条件(1),$AB=a=2\sqrt{3}$,则$BE=2$,$S_{\triangle ABE}=\frac{1}{2}\times 2\times 2\sqrt{3}=2\sqrt{3}$,因此$S_{AECD}=2\sqrt{3}\times 4\sqrt{3}-2\sqrt{3}=24-2\sqrt{3}$,充分;条件(2),$\triangle AB'B$是等边三角形,则$S_{\triangle AB'B}=\frac{\sqrt{3}}{4}AB^2=3\sqrt{3}$,解得$AB=2\sqrt{3}$,即$a=2\sqrt{3}$,与条件(1)等价,也充分,答案选D。

29.【解析】根据题意,$AB=6$,$BC=8$,$AC=10$,第一次滚动时,点A经过的路径为以点C为旋转中心、圆心角为90°、AC为半径的一段圆弧长,即为$\frac{90°}{360°}\times 2\pi\times 10=5\pi$;第二次滚动时,点$A$经过的路径为以点$B$为旋转中心、圆心角为60°、$AB$为半径的一段圆弧长,即为$\frac{60°}{360°}\times 2\pi\times 6=2\pi$,综上所述,点$A$经过的路径长为$5\pi+2\pi=7\pi$,答案选D。

30.【解析】设$CD=x$,$DP=y$,则$AD=6-x$,而$\triangle ADP\cong\triangle CB'P$,因此$AP=PC=x-y$,在$Rt\triangle ADP$中,$(x-y)^2=(6-x)^2+y^2$,整理得到$y=6-\frac{18}{x}$,则$S_{\triangle ADP}=\frac{1}{2}AD\times DP=\frac{1}{2}(6-x)\left(6-\frac{18}{x}\right)=-3\left(x+\frac{18}{x}-9\right)$,又根据平均值定理,$x+\frac{18}{x}\geqslant 2\sqrt{x\times\frac{18}{x}}=6\sqrt{2}$(当且仅当$x=\frac{18}{x}$,即$x=3\sqrt{2}$时,取到等号),因此$S_{\triangle ADP}\leqslant -3(6\sqrt{2}-9)=27-18\sqrt{2}$,答案选E。

第7章 立体几何

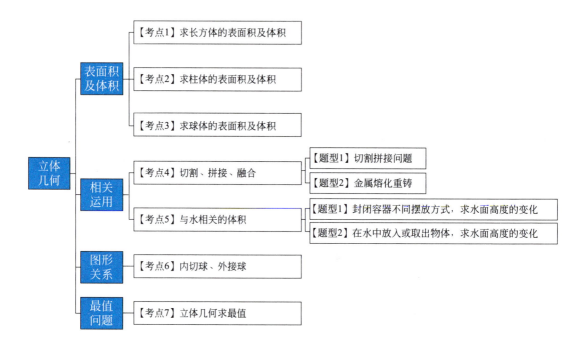

7.1 知识要点归纳

一、长方体

长方体如图7-1所示,设三条相邻的棱长度分别为a,b,c,则

(1) 全面积:$F = 2(ab + bc + ac)$;

(2) 体积:$V = abc$;

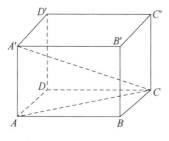

图7-1 长方体

(3) 体对角线：$d=\sqrt{a^2+b^2+c^2}$；

(4) 所有棱长之和：$l=4(a+b+c)$。

当 $a=b=c$ 时，长方体称作正方体，且有 $F=6a^2$，$V=a^3$，$d=\sqrt{3}\,a$。

二、柱体

1. 柱体的分类

圆柱：底面为圆的柱体称为圆柱。

棱柱：底面为多边形的柱体称为棱柱；底面为 n 边形的柱体称为 n 棱柱。

2. 柱体的一般公式

无论是圆柱还是棱柱，侧面展开图都是一个矩形，其中一边长为底面的周长，另一边长为柱体的高。

侧面积：$S=$ 底面周长 $\times$ 高；

体积：$V=$ 底面积 $\times$ 高。

3. 圆柱体的公式

圆柱体如图 7-2 所示，设高为 h，底面半径为 r，则

体积：$V=\pi r^2 h$；

侧面积：$S=2\pi rh$；

全面积：$F=S_{侧}+2S_{底}=2\pi rh+2\pi r^2$。

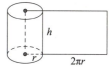

图 7-2　圆柱体

三、球

设球的半径为 R，则

(1) 球的表面积：$S=4\pi R^2$；

(2) 球的体积：$V=\dfrac{4}{3}\pi R^3$。

四、长方体、正方体、圆柱和球的关系

设长方体的长、宽、高分别为 a,b,c；正方体的棱长为 a；圆柱的底面半径和高分别为 r、h；球的半径为 R，对应关系见表 7-1。

表 7-1　长方体、正方体、圆柱和球的关系

种类	内切球	外接球
长方体	无，只有正方体才有	体对角线 $l=\sqrt{a^2+b^2+c^2}=2R$
正方体	棱长 $a=2R$	体对角线 $l=\sqrt{3}\,a=2R$
圆柱	只有等边圆柱（轴截面是正方形）才有，此时有 $2r=h=2R$	$2R=\sqrt{h^2+(2r)^2}$

7.2 基础精讲例题

一、求长方体的表面积及体积

【例 7-1】长方体的三条棱长的比是 3∶2∶1，表面积是 88，则最长的一条棱长等于( )。

A. 6　　　　B. 8　　　　C. 11　　　　D. 12　　　　E. 14

【解析】设长方体的三条棱长分别为 $3a, 2a, a$，表面积为 $2(3a \times 2a + 3a \times a + 2a \times a) = 88$，解得 $a = 2$，则最长的一条棱长为 6，答案选 A。

【例 7-2】已知某正方体的体对角线长为 $2\sqrt{3}$，则这个正方体的全面积是( )。

A. 12　　　　B. 16　　　　C. 18　　　　D. 24　　　　E. 36

【解析】设正方体的棱长为 a，则对角线长为 $\sqrt{3}\,a = 2\sqrt{3}$，解得 $a = 2$，因此正方体的全面积 $6a^2 = 24$，答案选 D。

【例 7-3】长方体不同的三个面的面积分别为 10、15 和 6，则这个长方体的体积是( )。

A. 30　　　　B. 32　　　　C. 34　　　　D. 36　　　　E. 38

【解析】设长方体过同一顶点的三条棱长分别为 a, b, c，由题意得：$\begin{cases} ab = 10 \\ ac = 15 \\ bc = 6 \end{cases} \Rightarrow \begin{cases} a = 5 \\ b = 2 \\ c = 3 \end{cases}$，则这个长方体的体积 $V = abc = 5 \times 2 \times 3 = 30$，答案选 A。

【技巧】$V^2 = (abc)^2 = ab \times ac \times bc = 10 \times 15 \times 6 = 900$，则 $V = 30$，答案选 A。

【例 7-4】(2014-1)如图 7-3 所示，正方体 $ABCD-A'B'C'D'$ 棱长为 2，F 是棱长 $C'D'$ 的中点，则 AF 的长为( )。

A. 3　　　　B. 5　　　　C. $\sqrt{5}$　　　　D. $2\sqrt{2}$　　　　E. $2\sqrt{3}$

【解析】如图 7-4 所示，过点 F 作 $FE \perp CD$，垂足为 E，连接 AE，利用勾股定理，$AE = \sqrt{AD^2 + DE^2} = \sqrt{2^2 + 1^2} = \sqrt{5}$，因此 $AF = \sqrt{AE^2 + EF^2} = \sqrt{\sqrt{5}^2 + 2^2} = 3$，答案选 A。

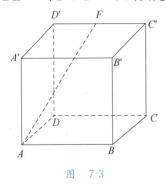

图 7-3

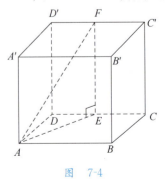

图 7-4

【套路】求空间线段长度，可以构造直角三角形，利用勾股定理来求解。

二、求柱体的表面积及体积

【例 7-5】等边圆柱(轴截面为正方形)的侧面积与全面积的比是( )。

A. $\dfrac{1}{2}$ B. $\dfrac{2}{3}$ C. $\dfrac{3}{4}$ D. $\dfrac{3}{2\pi}$ E. $\dfrac{1}{\pi}$

【解析】轴截面为正方形,则圆柱的高等于底面圆的直径,即 $h=2r$,因此圆柱的侧面积与全面积的比 $=\dfrac{2\pi r\times h}{2\pi r\times h+\pi r^2\times 2}=\dfrac{h}{h+r}=\dfrac{2r}{2r+r}=\dfrac{2}{3}$,答案选B。

【例7-6】若圆柱体的高增大到原来的3倍,底半径增大到原来的1.5倍,则其体积增大到原来体积的倍数是( )。

A. 4.5   B. 6.75   C. 9   D. 12.5   E. 15

【解析】由于圆柱体的体积为 $V=\pi r^2 h$,则体积为原来的 $1.5^2\times 3=6.75$ 倍,答案选B。

【例7-7】一个直圆柱形状的量杯中放有一根长为12cm的细搅棒(搅棒直径不计),当搅棒的下端接触量杯下底时,上端最少可露出杯口边缘2cm,最多能露出4cm,则这个量杯的容积为( )cm³。

A. 64π B. 72π C. 84π

D. 88π E. 96π

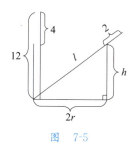

图 7-5

【解析】如图7-5所示,$h=12-4=8$cm,$l=12-2=10$cm,利用勾股定理,则底面直径 $2r=\sqrt{l^2-h^2}=\sqrt{10^2-8^2}=6$,即 $r=3$,则量杯的容积为 $\pi\times 3^2\times 8=72\pi$ cm³,答案选B。

三、求球体的表面积及体积

【例7-8】若一个球体的表面积增加到原来的9倍,则它的体积( )。

A. 增加到原来的9倍   B. 增加到原来的27倍   C. 增加到原来的3倍

D. 增加到原来的6倍   E. 增加到原来的8倍

【解析】球的表面积为 $S=4\pi r^2$,由于球体的表面积增加到原来的9倍,说明半径为原来的3倍,又球的体积为 $V=\dfrac{4}{3}\pi r^3$,因此体积为原来的27倍,答案选B。

【例7-9】如图7-6所示,已知球 A 有一个截面圆 B,截面圆 B 的周长为 8π,球心到圆心的距离 $AB=3$,则球的表面积为( )。

A. 36π B. 50π C. 72π D. 100π E. 144π

【解析】如图7-7所示,C 为截面圆 B 与球 A 的交点,连接 BC、AC,截面圆 B 的周长 $2\pi r=8\pi$,则 $r=BC=4$,球心到圆心的距离 $AB=3$,利用勾股定理,球的半径为 $R=AC=\sqrt{AB^2+BC^2}=\sqrt{3^2+4^2}=5$,因此球的表面积为 $4\pi R^2=4\pi\times 5^2=100\pi$,答案选D。

【套路】球的半径为 R,截面圆的半径为 r,球心到圆心的距离为 d,则有 $R^2=r^2+d^2$。

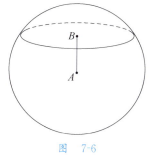

图 7-6

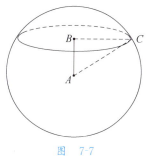

图 7-7

【例 7-10】表面积相等的球与正方体，两者体积之比为（　　）。

A. $\sqrt{\dfrac{6}{\pi}}$ B. $\sqrt{\dfrac{5}{\pi}}$ C. $\sqrt{\dfrac{4}{\pi}}$ D. $\sqrt{\dfrac{3}{\pi}}$ E. $\sqrt{\dfrac{2}{\pi}}$

【解析】球的表面积为 $4\pi R^2$，正方体的表面积为 $6a^2$，则 $4\pi R^2 = 6a^2$，因此 $\dfrac{R}{a} = \sqrt{\dfrac{6}{4\pi}} = \sqrt{\dfrac{3}{2\pi}}$，球与正方体的体积之比为 $\dfrac{\frac{4}{3}\pi R^3}{a^3} = \dfrac{4}{3}\pi\left(\dfrac{R}{a}\right)^3 = \dfrac{4}{3}\pi\left(\sqrt{\dfrac{3}{2\pi}}\right)^3 = \sqrt{\dfrac{6}{\pi}}$，答案选 A。

四、切割、拼接、融合

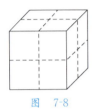

图 7-8

【例 7-11】将一块棱长为 5cm 的正方体豆腐块，切三刀，切成 8 个完全相同的小正方体，则 8 个小正方体的表面积之和比原来的正方体的表面积增加了（　　）cm²。

A. 30   B. 50   C. 75   D. 100   E. 150

【解析】如图 7-8 所示，每切一刀增加两个切面的面积，共切三刀，共增加 $5^2 \times 6 = 150$ cm²，答案选 E。

【例 7-12】(2013-1) 将体积为 4π cm³ 和 32π cm³ 的两个实心金属球熔化后铸成一个实心大球，则大球表面积为（　　）cm²。

A. 32π B. 36π C. 38π D. 40π E. 42π

【解析】由于金属熔化重铸，体积不变，所以大球的体积 $\dfrac{4}{3}\pi r^3 = 4\pi + 32\pi = 36\pi$，解得 $r = 3$，则大球的表面积为 $S = 4\pi r^2 = 4\pi \times 3^2 = 36\pi$ cm²，答案选 B。

五、与水相关的体积

【例 7-13】有两个底面圆半径分别为 6cm、8cm 且深度相等的圆柱形容器甲和乙，把装满容器甲的水倒入容器乙中，水深比容器深度的 $\dfrac{2}{3}$ 低 1cm，则容器深度为（　　）cm。

A. 9   B. 9.6   C. 9.9   D. 10   E. 12

【解析】抓住水的体积不变，则有 $\pi \times 6^2 \times h_{容器} = \pi \times 8^2 \times \left(\dfrac{2}{3}h_{容器} - 1\right)$，解得 $h = 9.6$，答案选 B。

【例 7-14】如图 7-9 所示，一个底面半径为 R 的圆柱形量杯中装有适量的水，若放入一个半径为 r 的实心铁球，水面高度恰好升高 r，则 $\dfrac{R}{r}$ 为（　　）。

A. $\dfrac{2\sqrt{3}}{3}$ B. $\dfrac{4\sqrt{3}}{3}$ C. $\dfrac{\sqrt{3}}{3}$

D. $\dfrac{5\sqrt{3}}{3}$ E. $\dfrac{7\sqrt{3}}{3}$

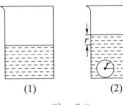

图 7-9

【解析】根据题意,水面上升的体积等于球的体积,即 $\pi R^2 r = \frac{4}{3}\pi r^3$,整理得 $\frac{R}{r} = \frac{2\sqrt{3}}{3}$,答案选A。

六、内切球、外接球

【例7-15】长方体的各顶点均在同一球的球面上,且一个顶点上的三条棱的长分别为1,2,3,则此球的表面积为(　　)。

　　A. 8π　　　　B. 10π　　　　C. 12π　　　　D. 14π　　　　E. 16π

【解析】长方体外接球的直径等于长方体体对角线的长,即 $2R = \sqrt{1^2 + 2^2 + 3^2}$,解得 $R = \frac{\sqrt{14}}{2}$,所以球的表面积 $S = 4\pi R^2 = 4\pi \times \left(\frac{\sqrt{14}}{2}\right)^2 = 14\pi$,答案选D。

【例7-16】(2021-1)若球体的内接正方体的体积为 $8m^3$,则该球体的表面积为(　　)m^2。

　　A. 4π　　　　B. 6π　　　　C. 8π　　　　D. 12π　　　　E. 24π

【解析】根据题意,正方体的边长 $a = 2$,而球体内接正方体,则正方体的体对角线长等于球的直径,即 $\sqrt{3}a = 2r$,则 $r = \frac{\sqrt{3}}{2}a = \sqrt{3}$,因此 $S_{球} = 4\pi r^2 = 4\pi \times \sqrt{3}^2 = 12\pi$,答案选D。

7.3　基础巩固习题

1. 一个长方体,长与宽之比是2:1,宽与高之比是3:2,若长方体的全部棱长之和是220cm,则长方体的体积为(　　)cm^3。

　　A. 2880　　B. 7200　　C. 4600　　D. 4500　　E. 3600

2. 圆柱体的底半径和高的比是1:2,若体积增加到原来的6倍,底半径和高的比保持不变,则底半径(　　)。

　　A. 增加到原来的 $\sqrt{6}$ 倍　　　　B. 增加到原来的 $\sqrt[3]{6}$ 倍　　　　C. 增加到原来的 $\sqrt{3}$ 倍

　　D. 增加到原来的 $\sqrt[3]{3}$ 倍　　　　E. 增加到原来的6倍

3. 有甲、乙两个圆柱体,甲的底面周长是乙的2倍,甲的高度是乙的 $\frac{1}{2}$,则甲的体积是乙的(　　)倍。

　　A. 1　　　　B. 1.5　　　　C. 2　　　　D. 3　　　　E. 4

4. 一张长是12,宽是8的矩形铁皮卷成一个圆柱体的侧面,高是12,则圆柱体的体积是(　　)。

　　A. $\frac{288}{\pi}$　　B. $\frac{192}{\pi}$　　C. 288　　D. 192π　　E. 288π

5. 如图7-10所示,一个体积为 $160cm^3$ 的长方体中两个侧面的面积分别为 $20cm^2$ 和 $32cm^2$,则这个长方体底面的面积(即图中阴影部分的面积)为(　　)cm^2。

　　A. 40　　B. 45　　C. 50

　　D. 55　　E. 60

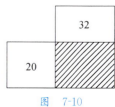

图 7-10

6.(2016-1)现有长方形木板340张,正方形木板160张,如图7-11所示,这些木板正好可以装配成若干竖式和横式的无盖箱子,如图7-12所示,装配成的竖式和横式箱子的个数分别为(　　)。

A.25,80　　B.60,50　　C.20,70　　D.60,40　　E.40,60

图　7-11

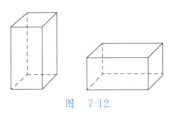

图　7-12

7.两个圆柱体的侧面积相等,则两圆柱体的体积之比为3∶2。
(1)两圆柱体的底面直径分别为6和4。
(2)两圆柱体的底面半径之比为3∶2。

8.球的表面积为原来的$3\sqrt[3]{3}$倍。
(1)球的体积为原来的9倍。　　(2)球的半径为原来的3倍。

9.将一个边长为a的正方体,切成27个全等的小正方体,则表面积增加了(　　)。

A.$3a^2$　　B.$6a^2$　　C.$12a^2$　　D.$24a^2$　　E.$8a^2$

10.把一个正方体和一个等底面积的长方体拼成一个新的长方体,拼成的长方体的表面积比原来的长方体的表面积增加了50,则原正方体的表面积为(　　)。

A.60　　B.64　　C.70　　D.75　　E.78

11.把14个棱长为1的正方体堆叠成如图7-13所示的立方体,然后将露出的部分染成红色,那么红色部分的面积为(　　)。

A.21　　B.24　　C.33
D.37　　E.42

图　7-13

12.把一个长、宽、高分别为9,7,3的长方体铁块和一个棱长是5的正方体铁块熔铸成一个圆柱体,这个圆柱体的底面直径为10,则高$h=$(　　)(π取3.14)。

A.2　　B.3　　C.4
D.6　　E.8

13.(2014-10)如图7-14所示,是一个棱长为1的正方体表面展开图,在该正方体中,AB与CD确定的截面面积为(　　)。

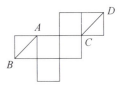

图　7-14

A.$\dfrac{\sqrt{3}}{2}$　　B.$\dfrac{\sqrt{5}}{2}$　　C.1　　D.$\sqrt{2}$　　E.$\sqrt{3}$

14.如图7-15所示,一个酒瓶里面深30cm,底面半径是5cm,瓶里酒深15cm,把酒瓶塞紧后将其瓶口向下倒立,这时酒深25cm,则酒瓶的容积是(　　)cm³。

A.500π　　B.450π　　C.425π
D.400π　　E.375π

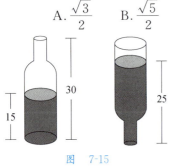

图　7-15

15.一个底面长为25cm,宽为20cm的长方体容器,里面盛有水,当把一个正方体木块放入水中时,木块一半浸入水中,此时水面升高了1cm,则正方体木块的棱长为(　　)cm。

　　A.8　　　B.10　　　C.12　　　D.14　　　E.16

16.两个球体容器,若将大球中的 $\frac{2}{5}$ 溶液倒入小球中,正好可装满小球,那么大球与小球的半径之比为(　　)。

　　A.5∶3　　B.8∶3　　C.$\sqrt[3]{5}:\sqrt[3]{2}$　　D.$\sqrt[3]{5}:\sqrt[3]{20}$　　E.5∶2

17.有一个长方体容器,长为30,宽为20,高为10,里面的水深为6(最大面为底面),如果把这个容器盖紧(不漏水),再朝左竖起来(最小面为底面),则里面的水深为(　　)。

　　A.18　　　B.16　　　C.15　　　D.14　　　E.12

18.一个圆柱形的玻璃杯中盛有水,水面高2.5cm,玻璃杯内侧的底面积是72cm²,在这个杯中放进棱长为6cm的正方体铁块后,水面没有淹没铁块,这时水面高(　　)cm。

　　A.1　　　B.2　　　C.3　　　D.4　　　E.5

19.长方体三面的面积分别是$\sqrt{2},\sqrt{3},\sqrt{6}$,那么它的外接球的半径是(　　)。

　　A.$\frac{\sqrt{6}}{2}$　　B.$\sqrt{3}$　　C.$\sqrt{6}$　　D.$\frac{3\sqrt{2}}{2}$　　E.1

20.(2011-1)现有一个半径为R的球体,拟用刨床将其加工成正方体,则能加工成的最大正方体的体积是(　　)。

　　A.$\frac{8}{3}R^3$　　B.$\frac{8\sqrt{3}}{9}R^3$　　C.$\frac{4}{3}R^3$　　D.$\frac{1}{3}R^3$　　E.$\frac{\sqrt{3}}{9}R^3$

21.把一个半球切割成底半径为球半径一半的圆柱,则半球体积和圆柱体积之比为(　　)。

　　A.4∶1　　B.8∶3　　C.16∶3　　D.16∶$3\sqrt{2}$　　E.16∶$3\sqrt{3}$

22.棱长为a的正方体的内切球与外接球的表面积之比为1∶3。

　　(1)$a=8$。　　　　　　(2)$a=10$。

23.能确定圆柱的体积。

　　(1)已知圆柱内切球的半径。

　　(2)该圆柱为等边圆柱,且已知其表面积。

24.有一块边长为24cm的正方形厚纸片,如果在它的四个角各剪去一个小正方形,就可以做成一个无盖的纸盒,现在要使做成的纸盒容积最大,剪去的小正方形的边长应为(　　)cm。

　　A.1　　　B.2　　　C.3　　　D.4　　　E.5

25.如图7-16所示,有一个圆柱形仓库,它的底面半径为4m,高为10m,在圆柱形仓库下底面的A处有一只蚂蚁,它想吃相对一侧中点B处的食物,则蚂蚁爬行的最短路程为(　　)m(π取3)。

　　A.10　　　B.12　　　C.13　　　D.15　　　E.18

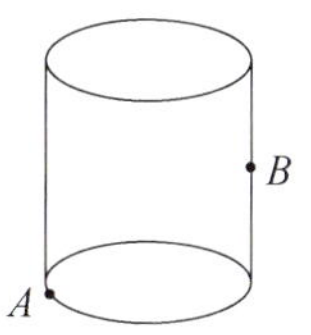

图 7-16

基础巩固习题详解

1.【解析】设长方体的长、宽、高分别为a,b,c,则$a:b:c=6:3:2$,又全部棱长之和$4(a+b+c)=220$cm,即$a+b+c=55$cm,容易求得$a=30$cm,$b=15$cm,$c=10$cm,因此长方体的体积$V=abc=10\times15\times30=4500$cm³,答案选D。

2. 【解析】设原来的底半径为 a,高为 $2a$,现在的底半径为 m,高为 $2m$,则原来的体积 $V=\pi a^2 \times 2a = 2\pi a^3$,现在的体积 $V=\pi m^2 \times 2m = 2\pi m^3$,现在的体积增加到原来的6倍,即 $2\pi m^3 = 6 \times 2\pi a^3$,则 $m = \sqrt[3]{6}\, a$,答案选B。

3. 【解析】根据题意 $r_甲 = 2r_乙, h_甲 = \dfrac{1}{2} h_乙$,则 $\dfrac{v_甲}{v_乙} = \dfrac{\pi r_甲^2 \times h_甲}{\pi r_乙^2 \times h_乙} = 2$,答案选C。

4. 【解析】圆柱底面圆的周长等于矩形的宽,即 $2\pi r = 8$,解得 $r = \dfrac{4}{\pi}$,又高 $h = 12$,则圆柱体的体积 $V = \pi r^2 h = \pi \times \left(\dfrac{4}{\pi}\right)^2 \times 12 = \dfrac{192}{\pi}$,答案选B。

5. 【解析】设长方体的长宽高分别为 a,b,h,则 $ah = 20\text{cm}^2, bh = 32\text{cm}^2$,又 $V = abh = 160\text{cm}^3$,则 $h = 20 \times 32 \div 160 = 4\text{cm}$,因此 $a = 5\text{cm}, b = 8\text{cm}$,底面的面积 $ab = 40\text{cm}^2$,答案选A。

6. 【解析】依题意得,竖式的箱子需要4个长方形木板和1个正方形木板,横式的箱子需要3个长方形木板和2个正方形木板,设竖式无盖箱子为 x 个,横式无盖箱子为 y 个,则 $\begin{cases} 4x + 3y = 340 \\ x + 2y = 160 \end{cases} \Rightarrow \begin{cases} x = 40 \\ y = 60 \end{cases}$,答案选E。

7. 【解析】条件(1),两个圆柱体底面半径之比为 $r_1 : r_2 = 3 : 2$,又两个圆柱体侧面积相等,即有 $2\pi r_1 h_1 = 2\pi r_2 h_2$,则 $h_1 : h_2 = 2 : 3$,因此体积之比 $V_1 : V_2 = \pi r_1^2 h_1 : \pi r_2^2 h_2 = 3 : 2$,充分;同理条件(2)也充分,答案选D。

【技巧】由于所求结论是比值,条件(1)、(2)明显是等价关系,答案选D。

8. 【解析】条件(1),球的体积为原来的9倍,则球的半径为原来的 $\sqrt[3]{9}$ 倍,球的表面积为原来的 $3\sqrt[3]{3}$ 倍,充分;条件(2),球的半径为原来的3倍,则球的表面积为原来的9倍,不充分,答案选A。

9. 【解析】每切一刀,增加两个切面的面积,根据题意可得一共切了6刀,则表面积增加了 $12a^2$,答案选C。

10. 【解析】拼成的长方体的表面积比原来的长方体的表面积增加了4个正方形的面积,即 $4a^2 = 50$,则原正方体的表面积为 $6a^2 = 75$,答案选D。

11. 【解析】正方体每个面的面积都为1,要求出露出的表面部分的面积,可以分成两个视角,一个是侧面的面积:第一层为 $1 \times 4 = 4$,第二层为 $1 \times 8 = 8$,第三层为 $1 \times 12 = 12$;另一个是每层的上面的面积:可以发现每层上面的面积之和其实就是第三层的上面的面积,即为 $1 \times 9 = 9$,所以红色部分的面积为 $4 + 8 + 12 + 9 = 33$,答案选C。

12. 【解析】由于金属熔化重铸,体积不变,则 $V_{圆柱体} = V_{长方体} + V_{正方体}$,即 $\pi \times 5^2 \times h = 9 \times 7 \times 3 + 5^3$,解得 $h = 4$,答案选C。

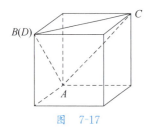
图 7-17

13. 【解析】如图7-17所示,把表面展开图拼成正方体,AB 与 CD 确定的截面为等边 $\triangle ABC$,边长为 $\sqrt{2}$,截面面积为 $\dfrac{\sqrt{3}}{4} \times \sqrt{2}^2 = \dfrac{\sqrt{3}}{2}$,答案选A。

14. 【解析】酒的体积为 $15 \times \pi \times 5^2 = 375\pi \text{cm}^3$,酒瓶倒立后空气的体积为 $5 \times \pi \times 5^2 = 125\pi \text{cm}^3$,由于酒和空气的体积均不

变,所以酒瓶容积为 $375\pi + 125\pi = 500\pi \text{cm}^3$,答案选 A。

15.【解析】 设正方体的棱长为 a,浸没于水下的木块体积等于水面上升的体积,即 $\dfrac{a^3}{2} = 25 \times 20 \times 1$,则 $a = 10\text{cm}$,答案选 B。

16.【解析】 根据水的体积不变,可得 $\dfrac{2}{5}V_{大} = V_{小}$,即 $\dfrac{2}{5} \times \dfrac{4}{3}\pi r_{大}^3 = \dfrac{4}{3}\pi r_{小}^3$,整理得 $\left(\dfrac{r_{大}}{r_{小}}\right)^3 = \dfrac{5}{2}$,即 $\dfrac{r_{大}}{r_{小}} = \dfrac{\sqrt[3]{5}}{\sqrt[3]{2}}$,答案选 C。

17.【解析】 封闭容器不同的摆放方式,水的体积不变,则 $30 \times 20 \times 6 = 20 \times 10 \times h$,解得 $h = 18$,答案选 A。

18.【解析】 水的体积不变,即为 $72 \times 2.5 = 180 \text{cm}^3$,底面积变为 $72 - 6^2 = 36 \text{cm}^2$,此时水面的高度为 $\dfrac{180}{36} = 5\text{cm}$,答案选 E。

【技巧】 水的体积=底面积×高,体积不变,底面积缩小为原来的一半,则高应该扩大到原来的2倍,即为 $2.5 \times 2 = 5\text{cm}$,答案选 E。

19.【解析】 设长方体过同一顶点的三条棱长分别为 a, b, c,由题意得:
$\begin{cases} ab = \sqrt{2} \\ ac = \sqrt{3} \\ bc = \sqrt{6} \end{cases} \Rightarrow \begin{cases} a = 1 \\ b = \sqrt{2} \\ c = \sqrt{3} \end{cases}$,外接球的直径等于长方体的体对角线,即 $2R = \sqrt{1^2 + \sqrt{2}^2 + \sqrt{3}^2}$,则 $R = \dfrac{\sqrt{6}}{2}$,答案选 A。

20.【解析】 设正方体棱长为 a,正方体为球体的内接正方体,正方体的体对角线等于球的直径,即 $\sqrt{3}a = 2R$,则 $a = \dfrac{2R}{\sqrt{3}}$,正方体的体积为 $V = a^3 = \left(\dfrac{2R}{\sqrt{3}}\right)^3 = \dfrac{8}{3\times\sqrt{3}}R^3 = \dfrac{8\sqrt{3}}{9}R^3$,答案选 B。

21.【解析】 设球的半径为 R,则圆柱体的高为 $h = \sqrt{R^2 - \left(\dfrac{1}{2}R\right)^2} = \dfrac{\sqrt{3}}{2}R$,因此 $\dfrac{V_{半球}}{V_{圆柱}} = \dfrac{\dfrac{1}{2} \times \dfrac{4}{3}\pi \times R^3}{\pi \times \left(\dfrac{1}{2}R\right)^2 \times \dfrac{\sqrt{3}}{2}R} = \dfrac{16}{3\sqrt{3}}$,答案选 E。

22.【解析】 正方体的棱长 a 等于内切球的直径,则半径为 $\dfrac{a}{2}$,正方体的体对角线 $\sqrt{3}a$ 等于外接球的直径,则半径为 $\dfrac{\sqrt{3}}{2}a$,内切球与外接球表面积之比等于半径之比的平方,即 $\left(\dfrac{a}{2}\right)^2 : \left(\dfrac{\sqrt{3}}{2}a\right)^2 = 1 : 3$,与正方体的棱长无关,因此条件(1)、(2)都充分,答案选 D。

23.【解析】 条件(1),只有等边圆柱才有内切球,设圆柱内切球的半径为 r,则圆柱底面半径为 r,高为 $2r$, $V_{圆柱} = \pi r^2 \times 2r = 2\pi r^3$,充分;条件(2), $S_{圆柱} = 2\pi r \times 2r = 4\pi r^2$ 已知,即可

求出 r 的值,体积可以确定,也充分,答案选 D。

24.【解析】设剪去的小正方形的边长为 $x$cm,则无盖的纸盒的体积 $V=x(24-2x)(24-2x)$,可以整理为 $V=\dfrac{1}{4}\times 4x(24-2x)(24-2x)$,则 $4x,(24-2x),(24-2x)$ 三个数的和为定值,利用平均值定理,可得三个数乘积有最大值,当且仅当 $4x=24-2x\Rightarrow x=4$ 时有最大值,即纸盒容积也最大,答案选 D。

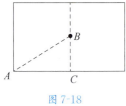

图 7-18

25.【解析】展开圆柱的侧面为长方形,如图 7-18 所示,点 B 为长方形的中心位置,长方形的长为圆柱的底面圆的周长,即为 $2\pi r=2\times 3\times 4=24$m,则 $AC=12$m,$BC=\dfrac{1}{2}h=\dfrac{1}{2}\times 10=5$m,在 Rt△$ABC$ 中,根据勾股定理得,$AB=\sqrt{AC^2+BC^2}=\sqrt{12^2+5^2}=13$,答案选 C。

7.4 强化精讲例题

一、求长方体的表面积及体积

【例 7-17】一个长方体的体对角线长为 $\sqrt{14}$cm,全表面积为 22cm²,则这个长方体所有的棱长之和为( )cm。

A. 22   B. 24   C. 26   D. 28   E. 30

【解析】设长方体的长、宽、高分别为 $a$cm,$b$cm,$c$cm,则体对角线为 $\sqrt{a^2+b^2+c^2}=\sqrt{14}$cm,全表面积为 $2(ab+ac+bc)=22$cm²,因为 $(a+b+c)^2=a^2+b^2+c^2+2(ab+ac+bc)$,则 $(a+b+c)^2=\sqrt{14}^2+22=36$cm²,所以 $a+b+c=6$cm,长方体所有棱长之和为 $4(a+b+c)=4\times 6=24$cm,答案选 B。

【例 7-18】(2019-1)如图 7-19 所示,六边形 $ABCDEF$ 是平面与棱长为 2 的正方体所截得到的,若 A,B,D,E 分别为相应棱的中点,则六边形 $ABCDEF$ 的面积为( )。

A. $\dfrac{\sqrt{3}}{2}$ B. $\sqrt{3}$ C. $2\sqrt{3}$ D. $3\sqrt{3}$ E. $4\sqrt{3}$

【解析】正方体的棱长为 2,则六边形的边长利用勾股定理求得均为 $\sqrt{1^2+1^2}=\sqrt{2}$,因此六边形 $ABCDEF$ 为正六边形,如图 7-20 所示,其面积为 6 个边长为 $\sqrt{2}$ 的正三角形面积之和,即为 $\dfrac{\sqrt{3}}{4}\times\sqrt{2}^2\times 6=3\sqrt{3}$,答案选 D。

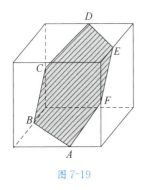

图 7-19

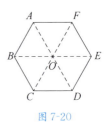

图 7-20

【例7-19】(2020-1)能确定长方体的体对角线。

(1) 已知长方体一个顶点的三个面的面积。

(2) 已知长方体一个顶点的三个面的面对角线。

【解析】设同一个顶点的三条棱长分别为 a,b,c，条件(1)，已知 ab,ac,bc，可以唯一求出 a,b,c 的值，因此可以确定体对角线 $\sqrt{a^2+b^2+c^2}$，充分；条件(2)，已知 $\sqrt{a^2+b^2}$，$\sqrt{b^2+c^2}$，$\sqrt{a^2+c^2}$，平方后求和，即可确定体对角线 $\sqrt{a^2+b^2+c^2}$，也充分，答案选 D。

二、求柱体的表面积及体积

【例7-20】一个圆柱的侧面展开图是一个正方形，这个圆柱的全面积与侧面积的比是(　　)。

A. $\dfrac{2\pi+1}{2\pi}$　　B. $\dfrac{4\pi+1}{4\pi}$　　C. $\dfrac{2\pi+1}{\pi}$　　D. $\dfrac{4\pi+1}{2\pi}$　　E. $\dfrac{\pi+1}{\pi}$

【解析】圆柱的侧面展开图是一个正方形，则圆柱的高等于底面圆的周长，设底面圆的半径为 r，即 $h=2\pi r$，因此圆柱的全面积与侧面积的比为 $\dfrac{2\pi r\times h+\pi r^2\times 2}{2\pi r\times h}=\dfrac{2\pi r+r}{2\pi r}=\dfrac{2\pi+1}{2\pi}$，答案选 A。

【例7-21】(2018-1)如图7-21所示，圆柱体的底面半径为2，高为3，垂直于地面的平面截圆柱体所得截面为矩形 $ABCD$，若弦 AB 所对的圆心角是 $\dfrac{\pi}{3}$，则截掉部分(较小部分)的体积为(　　)。

A. $\pi-3$　　B. $2\pi-6$　　C. $\pi-\dfrac{3\sqrt{3}}{2}$　　D. $2\pi-3\sqrt{3}$　　E. $\pi-\sqrt{3}$

【解析】如图7-22所示，截掉部分的体积为底面积乘以高，底面积为弓形 AB 的面积，$S_{弓形AB}=S_{扇形AOB}-S_{\triangle AOB}=\pi\times 2^2\times\dfrac{60°}{360°}-\dfrac{\sqrt{3}}{4}\times 2^2=\dfrac{2}{3}\pi-\sqrt{3}$，因此截掉部分的体积为 $\left(\dfrac{2}{3}\pi-\sqrt{3}\right)\times 3=2\pi-3\sqrt{3}$，答案选 D。

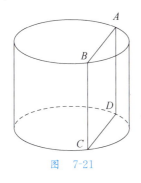

图 7-21

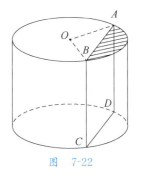

图 7-22

三、求球体的表面积及体积

【例 7-22】如图 7-23 所示,已知 OA 为球 O 的半径,过 OA 的中点 M 且垂直于 OA 的平面截球面得到圆 M,若圆 M 的面积为 3π,则球 O 的表面积等于(　　)。

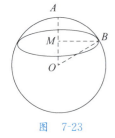

图 7-23

A. 4π　　　　　　　B. 6π　　　　　　　C. 8π

D. 12π　　　　　　E. 16π

【解析】容易求得圆 M 的半径 $r=\sqrt{3}$,设球的半径 $OA=OB=R$,则 $OM=\dfrac{1}{2}R$,因此 $\angle OBM=30°$,而 $BM=r=\sqrt{3}$,因此 $OM=1$,$OB=R=2$,球的表面积为 $4\pi R^2=4\pi\times 2^2=16\pi$,答案选 E。

【套路】若球的半径为 R,截面圆的半径为 r,球心到圆心的距离为 d,则根据直角三角形勾股定理可得 $R^2=r^2+d^2$。

【例 7-23】表面积相等的正方体、等边圆柱(轴截面是正方形)和球,它们的体积分别为 V_1,V_2,V_3,则有(　　)。

A. $V_1<V_3<V_2$　　　　　B. $V_3<V_1<V_2$　　　　　C. $V_2<V_3<V_1$

D. $V_1<V_2<V_3$　　　　　E. $V_3<V_2<V_1$

【解析】设正方体棱长为 a,等边圆柱的底面半径为 r(高 $h=2r$),球的半径为 R,由表面积相等可得,$6a^2=2\pi r\times 2r+2\pi r^2=4\pi R^2$,解得 $r=\sqrt{\dfrac{1}{\pi}}a$,$R=\sqrt{\dfrac{3}{2\pi}}a$,则 $V_1=a^3$,$V_2=\pi r^2\times 2r=2\pi r^3=2\pi\times\left(\sqrt{\dfrac{1}{\pi}}a\right)^3=\sqrt{\dfrac{4}{\pi}}a^3$,$V_3=\dfrac{4}{3}\pi R^3=\dfrac{4}{3}\pi\times\left(\sqrt{\dfrac{3}{2\pi}}a\right)^3=\sqrt{\dfrac{6}{\pi}}a^3$,则 $V_1<V_2<V_3$,答案选 D。

【套路】表面积相等时,越接近球形,体积越大;体积相等时,越接近球形,表面积越小。

四、切割、拼接、融合

1. 切割、拼接问题

【例 7-24】一个棱长为 6 的正方体木块,如果全部锯成棱长为 2 的小正方体木块,表面积增加(　　)。

A. 288　　　B. 360　　　C. 382　　　D. 432　　　E. 482

【解析】每切一刀,增加两个切面的面积,根据题意可得一共切了 6 刀,则表面积增加了 $12\times 6^2=432$,答案选 D。

【例 7-25】(2017-1)将长、宽、高分别是 12、9 和 6 的长方体切割成正方体,且切割后无剩余,则能切割成相同正方体的最少个数为(　　)。

A. 3　　　B. 6　　　C. 24　　　D. 96　　　E. 648

【解析】要使个数尽量少,则每个正方体的体积应该尽量大,切割后无剩余,则正方体的棱长一定是长方体三边长的最大公约数 3,因此每个正方体的体积为 3^3,最少个数为

$\dfrac{12\times 9\times 6}{3^3}=24$,答案选 C。

2. 金属熔化重铸

【例 7-26】(2015-1)有一根圆柱形铁管,管壁厚度为 0.1m,内径为 1.8m,长度为 2m,若将该铁管熔化后浇铸成长方体,则该长方体的体积为(　　)(单位:m³,π取 3.14)。

A. 0.38　　　　B. 0.59　　　　C. 1.19　　　　D. 5.09　　　　E. 6.28

【解析】根据题意,圆柱形的外半径为 $0.9+0.1=1$m,铁管底部的环形面积为 $\pi\times 1^2 - \pi\times 0.9^2 = 0.19\pi$m²,长方体的体积即为铁管的体积 $0.19\pi\times 2 = 0.38\pi \approx 1.19$m³,答案选 C。

【套路】金属熔化重铸,体积不变。

五、与水相关的体积

1. 封闭容器不同摆放方式,求水面高度的变化

【例 7-27】一个两头密封的圆柱形水桶,水平横放时桶内有水部分占水桶一头圆周长的 $\dfrac{1}{4}$,则水桶直立时水的高度与桶的高度之比值是(　　)。

A. $\dfrac{1}{4}$　　　B. $\dfrac{1}{4}-\dfrac{1}{\pi}$　　　C. $\dfrac{1}{4}-\dfrac{1}{2\pi}$　　　D. $\dfrac{1}{8}$　　　E. $\dfrac{\pi}{4}$

【解析】设圆柱的底半径和高分别为 r,h,水桶直立时水的高为 h_1,水平横放时如图 7-24 所示,则横截面上有水部分的面积为 $\dfrac{1}{4}\pi r^2 - \dfrac{1}{2}r^2$,水的体积为 $\left(\dfrac{1}{4}\pi r^2 - \dfrac{1}{2}r^2\right)\times h$;水桶直立时,水的体积为 $\pi r^2 h_1$,由于水的体积相等,则 $\pi r^2 h_1 = \left(\dfrac{1}{4}\pi r^2 - \dfrac{1}{2}r^2\right)\times h$,$\dfrac{h_1}{h}=\dfrac{1}{4}-\dfrac{1}{2\pi}$,答案选 C。

【套路】封闭容器不同的摆放方式,水的体积不变。

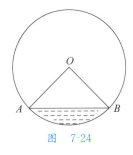

图 7-24

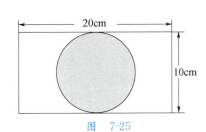

图 7-25

2. 在水中放入或取出物体,求水面高度的变化

【例 7-28】一个圆柱形容器的轴截面尺寸如图 7-25 所示,将一个实心铁球放入该容器中,球的直径等于圆柱的高,现将容器注满水,然后取出该球(假设原水量不受损失),则容器中水面的高度为(　　)cm。

A. $5\dfrac{1}{3}$　　　　B. $6\dfrac{1}{3}$　　　　C. $7\dfrac{1}{3}$　　　　D. $8\dfrac{1}{3}$　　　　E. $9\dfrac{1}{3}$

【解析】球的体积等于水面下降的体积,球的体积为 $\frac{4}{3}\pi \times 5^3 = \frac{500}{3}\pi \text{cm}^3$,圆柱形容器底面积为 $\pi \times 10^2 = 100\pi \text{cm}^2$,则水面下降的高度为 $\frac{500}{3} \times \frac{\pi}{100\pi} = \frac{5}{3}$ cm,此时水面的高度为 $10 - \frac{5}{3} = 8\frac{1}{3}$ cm,答案选 D。

【例 7-29】(2017-1)如图 7-26 所示,一个铁球沉入水池中,则能确定铁球的体积。
(1) 已知铁球露出水面的高度。
(2) 已知水深及铁球与水面交线的周长。

【解析】如图 7-27 所示,条件(1),信息量不够,不能推出球的半径,不充分;条件(2),已知球与水面交线的周长,即截面圆的周长,可以求出截面圆半径 $O_1A = r$,已知水深 $O_1B = h$,假定球的半径为 $OA = OB = R$,可以确定球心到水面的距离为 $OO_1 = h - R$,根据勾股定理可得,$(h-R)^2 + r^2 = R^2$,整理为 $R = \frac{h^2 + r^2}{2h}$,由于 r, h 已知,则能确定球的半径 R,即能确定球的体积,充分,答案选 B。

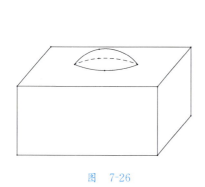

图 7-26

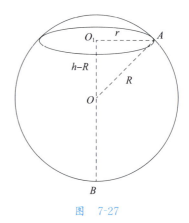

图 7-27

六、内切球、外接球

【例 7-30】棱长为 a 的正方体的内切球、外接球、外接半球的半径分别为(　　)。

A. $\frac{a}{2}, \frac{\sqrt{2}}{2}a, \frac{\sqrt{3}}{2}a$　　　　B. $\sqrt{2}a, \sqrt{3}a, \sqrt{6}a$　　　　C. $a, \frac{\sqrt{3}}{2}a, \frac{\sqrt{6}}{2}a$

D. $\frac{a}{2}, \frac{\sqrt{2}}{2}a, \frac{\sqrt{6}}{2}a$　　　　E. $\frac{a}{2}, \frac{\sqrt{3}}{2}a, \frac{\sqrt{6}}{2}a$

【解析】正方体的内切球的直径等于正方体的棱长 a,则半径为 $\frac{a}{2}$;正方体的外接球的直径等于正方体的体对角线 $\sqrt{3}a$,则半径为 $\frac{\sqrt{3}}{2}a$;正方体的外接半球可以作对称半球,补充为一个完整的球体,此时可得到球体内接一个底面为正方形的长方体,长方体的长、宽、高分别为 $a, a, 2a$,长方体的体对角线等于球的直径,即为 $\sqrt{a^2 + a^2 + (2a)^2} = \sqrt{6}a$,则球的半径为 $\frac{\sqrt{6}}{2}a$,即为外接半球的半径,答案选 E。

【例7-31】(2016-1)如图7-28所示,在半径为10cm的球体上开一个底面半径是6cm的圆柱形洞,则洞的内壁面积为(　　)(单位:cm²)。

A. 48π　　　B. 288π　　　C. 96π

D. 576π　　E. 192π

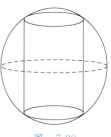

图 7-28

【解析】 圆柱轴截面的对角线等于球的直径,则有 $\sqrt{(2r)^2+h^2}=2R$,即 $\sqrt{(2\times6)^2+h^2}=2\times10$,解得 $h=16$,则圆柱体的侧面积 $2\pi r\times h=2\pi\times6\times16=192\pi$,答案选E。

【例7-32】(2019-1)如图7-29所示,正方体位于半径为3的球内,且一面位于球的大圆上,则正方体表面积最大为(　　)。

A. 12　　B. 18　　C. 24　　D. 30　　E. 36

【解析】 依题意得,这个正方体应为半球的内接正方体,如图7-30所示,以大圆为对称面,作正方体的对称图形,此时可得到球体内接一个底面为正方形的长方体,设小正方体的边长为 a,则长方体的长、宽、高分别为 $a,a,2a$,又长方体的体对角线等于球的直径,即 $\sqrt{a^2+a^2+(2a)^2}=6$,整理得 $a^2=6$,因此正方体的表面积为 $6a^2=36$,答案选E。

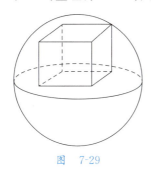

图 7-29

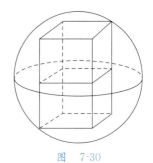

图 7-30

七、立体几何求最值

【例7-33】 圆柱轴截面的周长为12,则圆柱体积最大值为(　　)。

A. 6π　　　B. 8π　　　C. 9π　　　D. 10π　　　E. 12π

【解析】 设圆柱的高为 h,底面圆半径为 r,则截面的周长 $2h+4r=12$,则 $h=6-2r$,利用平均值定理,圆柱体积为 $\pi r^2\times h=\pi r^2(6-2r)=\pi\times r\times r\times(6-2r)\leqslant\pi\times\left[\dfrac{r+r+(6-2r)}{3}\right]^3=8\pi$,当且仅当 $r=r=6-2r$,即 $r=2$ 时,体积取到最大值 8π,答案选B。

【例7-34】 如图7-31所示,正方体 $ABCD-A'B'C'D'$ 的边长为2,E 和 F 分别是棱 AD 和 $C'D'$ 的中点,位于点 E 处的一个小虫要在这个正方体的表面上爬到 F 处,它爬行的最短距离为(　　)。

A. $\dfrac{5}{2}$　　B. 4　　C. $2\sqrt{2}$

D. $\sqrt{5}+1$　　E. $\sqrt{10}$

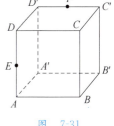

图 7-31

【解析】 将 $CDD'C'$ 沿 DD' 向左展开到与 $AA'D'D$ 在同一个平面上,此时最短距离为 $\sqrt{2^2+2^2}=2\sqrt{2}$;将 $CDD'C'$ 沿 CD 向前展开到与 $ABCD$ 在同一个平面上,此时最短距离为 $\sqrt{3^2+1^2}=\sqrt{10}$,综上所述,小虫爬行的最短距离为 $2\sqrt{2}$,答案选C。

7.5 强化提升习题

1. 一个长方体，有共同顶点的三个面的对角线长分别为 a,b,c，则它的体对角线长为（　　）。

   A. $\sqrt{a^2+b^2+c^2}$ B. $\dfrac{\sqrt{a^2+b^2+c^2}}{2}$ C. $\dfrac{\sqrt{a^2+b^2+c^2}}{4}$

   D. $\sqrt{\dfrac{a^2+b^2+c^2}{2}}$ E. $\sqrt{\dfrac{a^2+b^2+c^2}{6}}$

2. 一个正四棱柱的各个顶点在一个直径为2的球面上，如果正四棱柱的底面边长为1，则该棱柱的表面积为（　　）。

   A. $4\sqrt{2}$ B. $1+4\sqrt{2}$ C. $2+4\sqrt{2}$

   D. $1+5\sqrt{2}$ E. $6\sqrt{2}$

3. 圆柱体的高与正方体的高相等，且它们的侧面积也相等，则圆柱体的体积与正方体的体积之比为（　　）。

   A. $\dfrac{4}{\pi}$ B. $\dfrac{3}{\pi}$ C. $\dfrac{\pi}{3}$ D. $\dfrac{\pi}{4}$ E. π

4. （2012-1）如图7-32所示，一个储物罐的下半部分是底面直径与高均是20m的圆柱形，上半部分（顶部）是半球形，已知底面与顶部的造价是400元/m²，侧面的造价是300元/m²，该储物罐的造价是（　　）万元（π取3.14）。

   A. 56.52   B. 62.8   C. 75.36   D. 87.92   E. 100.48

5. （2014-1）某工厂在半径为5cm的球形工艺品上镀一层装饰金属，厚度为0.01cm，已知装饰金属的原料是棱长为20cm的正方体锭子，则加工10000个该工艺品需要的锭子数量最少为（　　）个（不考虑加工损耗，π取3.14）。

   A. 2   B. 3   C. 4   D. 5   E. 20

6. （2015-1）底面半径为r，高为h的圆柱体表面积记为S_1，半径为R的球体表面积记为S_2，则$S_1 \leqslant S_2$。

   （1）$R \geqslant \dfrac{r+h}{2}$。　　　　（2）$R \leqslant \dfrac{r+2h}{3}$。

7. 如图7-33所示，将一个横截面（$BCGF$）是正方形的长方体木料沿平面$AEGC$分割成大小相同的两块，表面积增加了30，已知EG长为5，分割后每块木料的体积是18，则原来长方体木料的表面积是（　　）。

   A. 56   B. 63   C. 64   D. 66   E. 68

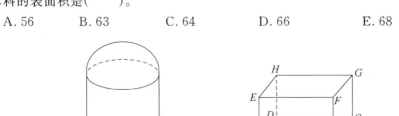

图 7-32　　　　图 7-33

8. 一个长方体的长、宽、高分别是 6,5,4,若把它切割成三个体积相等的小长方体,这三个小长方体表面积的和的最大值是(　　)。

　　A. 208　　B. 228　　C. 248　　D. 268　　E. 288

9. 把长、宽、高分别为 5,4,3 的两个相同的长方体黏合成一个大长方体,则大长方体的表面积为 164。

　　(1)将两个最大的面黏合在一起。

　　(2)将两个最小的面黏合在一起。

10. 把一个大金属球表面积涂漆,需油漆 2.4kg,若把这个金属球熔化,制成 64 个半径相等的小金属球(设损耗为零),将这些小金属球表面涂漆,需要油漆(　　)kg。

　　A. 7.2　　B. 9.6　　C. 12　　D. 14.4　　E. 16.8

11. 如图 7-34 所示,由三个正方体木块黏合而成的模型,它们的棱长分别为 1,2,4,要在表面涂刷油漆,如果大正方体的下面不涂油漆,则模型涂刷油漆的面积是(　　)。

　　A. 75　　B. 80　　C. 85　　D. 90　　E. 100

12. 如图 7-35 所示,圆柱体水管内积水的水面宽度 $CD=8$,G 为 CD 的中点,圆柱形水管的半径为 5,则此时水深 GF 的长度为(　　)。

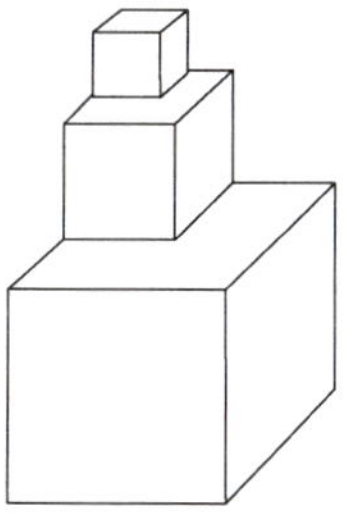

图 7-34

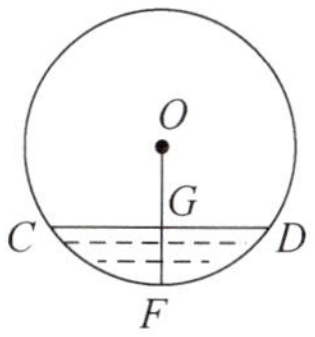

图 7-35

　　A. 1　　B. 2　　C. 3　　D. 3.5　　E. 4

13. 一个长方体容器的底面是一个边长为 50cm 的正方形,容器里直立着一个高 100cm,底面边长为 15cm 的长方体铁块,这时容器里的水深为 50cm,如果把这个铁块取出,容器里的水深为(　　)cm。

　　A. 44.5　　B. 45　　C. 45.5　　D. 46　　E. 46.5

14. 有甲、乙两个圆柱形玻璃杯,其内直径分别是 10cm、20cm,杯中盛有适量的水,甲杯中沉没着一铁块,当取出此铁块后,甲杯中的水位下降了 2cm,然后将铁块沉没于乙杯,且乙杯中的水未外溢,则此时乙杯中的水位上升了(　　)cm。

　　A. 0.3　　B. 0.4　　C. 0.5　　D. 0.6　　E. 0.7

15. 一个长方体容器内装满水,现在有大、中、小三个铁球,第一次把小球沉入水中,第二次把小球取出,把中球沉入水中,第三次把中球取出,把小球和大球一起沉入水中,已知每次从容器中溢出的水量情况是:第二次是第一次的 3 倍,第三次是第一次的 2.5 倍,则大球的体积是小球的(　　)倍。

　　A. 3.5　　B. 4　　C. 4.5　　D. 5　　E. 5.5

16. 在一个直径为 32cm 的圆柱形盛水容器中,放入一个实心铁球后,水没有溢出,则水面升高了 9cm。

(1) 铁球的直径为24cm。

(2) 铁球的表面积为144πcm²。

17. 一个高为$3r$,底半径为$2r$的无盖圆柱形容器内装有水,水高为r,则水能从容器内溢出。

(1) 向桶内放入49颗半径为$\dfrac{r}{2}$的实心钢球。

(2) 向桶内放入一个棱长为$2r$的实心正方体钢块。

18. 半径为R的球中有一内接等边圆柱(轴截面为正方形),则球的表面积与圆柱的表面积之比为(   )。

A. 2　　　B. $\dfrac{4}{3}$　　　C. $\dfrac{3}{2}$　　　D. π　　　E. $\dfrac{\pi}{2}$

19. 等边圆柱切割为球,切割下来部分的体积占球体积至少为(   )。

A. $\dfrac{3}{4}$　　　B. $\dfrac{2}{3}$　　　C. $\dfrac{1}{2}$　　　D. $\dfrac{1}{4}$　　　E. $\dfrac{1}{5}$

20. 若正三棱柱的底面边长为3,高为$2\sqrt{6}$,则该棱柱的外接球的体积为(   )。

A. 26π　　B. 30π　　C. 36π　　D. 40π　　E. 45π

21. 已知正方体$ABCD-A_1B_1C_1D_1$顶点A,B,C,D在半球的底面内,顶点A_1,B_1,C_1,D_1在半球球面上,则此半球的体积为$\dfrac{\sqrt{6}}{2}\pi$。

(1) 正方体的棱长为1。

(2) 正方体的棱长为2。

22. 若球的半径为R,则这个球的内接正方体的表面积为72。

(1) $R=3$。　　　　　　(2) $R=\sqrt{3}$。

23. 圆柱的外接球与内切球体积之比为$2\sqrt{2}:1$。

(1) 圆柱为等边圆柱。

(2) 圆柱的侧面积为下底面积的4倍。

24. 将半径为2的等边圆柱体(轴截面为正方形)的木头,用刨床加工成长方体的木块,则木块的体积最大为(   )。

A. 36　　B. 32　　C. 28　　D. 26　　E. 24

25. 一矩形周长为2,将它绕其一边旋转一周,所得圆柱体体积最大时的矩形面积为(   )。

A. $\dfrac{4\pi}{27}$　　B. $\dfrac{2}{3}$　　C. $\dfrac{2}{9}$　　D. $\dfrac{27}{4}$　　E. 以上结论均不正确

强化提升习题详解

1. 【解析】设长方体的长宽高分别为x,y,z,则有$a=\sqrt{x^2+y^2}$,$b=\sqrt{x^2+z^2}$,$c=\sqrt{y^2+z^2}$,则体对角线长为$\sqrt{x^2+y^2+z^2}=\sqrt{\dfrac{a^2+b^2+c^2}{2}}$,答案选D。

2. 【解析】正四棱柱是底面为正方形的四棱柱,设正四棱柱的高为h,根据题意,正四棱柱的体对角线等于球的直径,即 $\sqrt{1^2+1^2+h^2}=2R=2$,解得 $h=\sqrt{2}$,则该棱柱的表面积为 $2(1\times 1+1\times \sqrt{2}+1\times \sqrt{2})=2+4\sqrt{2}$,答案选 C。

3.【解析】设正方体的棱长为 a,圆柱的底面半径为 r,因为侧面积相等,则 $4a^2=2\pi ra$,整理得 $r=\dfrac{2}{\pi}a$,因此 $\dfrac{V_{圆柱}}{V_{正方体}}=\dfrac{\pi r^2\times h}{a^3}=\dfrac{\pi\left(\dfrac{2a}{\pi}\right)^2\times a}{a^3}=\dfrac{4}{\pi}$,答案选 A。

4.【解析】储物罐底面圆的面积为 $\pi\times 10^2=100\pi\text{m}^2$,顶部半球的表面积为 $4\pi\times 10^2\times\dfrac{1}{2}=200\pi\text{m}^2$,侧面积为 $2\pi\times 10\times 20=400\pi\text{m}^2$,根据题意,总造价为 $(100\pi+200\pi)\times 400+400\pi\times 300=240000\pi\approx 75.36$ 万元,答案选 C。

5.【解析】当厚度很薄时,球面上镀的金属体积可以近似看成球的表面积乘以厚度,设球的半径为 r,则一个球面上的金属体积为 $4\pi r^2\times 0.01=4\pi\times 5^2\times 0.01=\pi\approx 3.14\text{cm}^3$,加工 10000 个所需要体积为 $3.14\times 10000=31400\text{cm}^3$,而每个正方体锭子的体积为 20^3cm^3,$\dfrac{31400}{20^3}=3.925$,因此需要的锭子数量最少为 4 个,答案选 C。

6.【解析】根据题意,$S_1=2\pi r^2+2\pi rh$,$S_2=4\pi R^2$,结论为 $S_1\leqslant S_2$,即 $2r^2+2rh\leqslant 4R^2$,条件(1),$R\geqslant\dfrac{r+h}{2}\Rightarrow 2R\geqslant r+h\Rightarrow 4R^2\geqslant(r^2+h^2)+2rh$,由于无法确定 r 与 h 的大小关系,因此不能推出 $4R^2\geqslant 2r^2+2rh$,不充分;条件(2),$R\leqslant\dfrac{r+2h}{3}$,当 R 无限趋近于零时,则 $S_2=4\pi R^2$ 无穷小,不能推出 $S_1\leqslant S_2$,也不充分;条件(1)、(2)联合,则 $\dfrac{r+h}{2}\leqslant R\leqslant\dfrac{r+2h}{3}$,通过不等式的传递性可得,$\dfrac{r+h}{2}\leqslant\dfrac{r+2h}{3}$,整理得到 $h\geqslant r$,则 $4R^2\geqslant(r^2+h^2)+2rh\geqslant 2r^2+2rh$,即 $S_2\geqslant S_1$,联合充分,答案选 C。

7.【解析】$S_{AEGC}=30\div 2=15$,$AE=EH=15\div 5=3$,又长方体体积 $AE\times EH\times EF=18\times 2=36$,则 $EF=4$,长方体表面积为 $S=2(4\times 3+4\times 3+3\times 3)=66$,答案选 D。

8.【解析】长方体原来的表面积为 $2\times(6\times 5+6\times 4+5\times 4)=148$,每切一刀,增加两个切面的面积,切割成三个体积相等的小长方体,需要切两刀,共增加 4 个切面面积,要使表面积增加最大,应增加 $6\times 5=30$ 的切面,则这三个小长方体表面积的和的最大值是 $148+30\times 4=268$,答案选 D。

9.【解析】总面积减少了两个黏合面的面积,两个长方体的表面积之和为 $2\times(5\times 4+5\times 3+4\times 3)\times 2=188$,条件(1),$S_{大长方体}=188-5\times 4\times 2=148$,不充分;条件(2),$S_{大长方体}=188-4\times 3\times 2=164$,充分,答案选 B。

10.【解析】设大球的半径为 R,小球的半径为 r,则大球的体积等于 64 个小球的体积之和,即 $\dfrac{4}{3}\pi R^3=\dfrac{4}{3}\pi r^3\times 64$,整理得 $\dfrac{R}{r}=4$,则所有小球的表面积之和与大球表面积的比值为 $\dfrac{4\pi r^2\times 64}{4\pi R^2}=\left(\dfrac{r}{R}\right)^2\times 64=\left(\dfrac{1}{4}\right)^2\times 64=4$,因此所有小球的表面涂漆的用量应为 $2.4\times 4=$

9.6kg,答案选B。

【套路】若将一个大金属球熔化为n^3个相同的小金属球,则表面积为原来的n倍。

11.【解析】涂刷油漆的面积即露出的表面部分的面积,可以分成两个视角,一个是侧面的面积:第一层为$1^2×4=4$,第二层为$2^2×4=16$,第三层为$4^2×4=64$;另一个是每层的上面的面积:可以发现每层上面的面积之和其实就是第三层的上面的面积,即为$4^2=16$,所以涂刷油漆的面积是$4+16+64+16=100$,答案选E。

12.【解析】如图7-36所示,连接OC,则$OC=OF=r=5$,$CG=\frac{1}{2}CD=\frac{1}{2}×8=4$,在$Rt\triangle COG$中,根据勾股定理可得,$OG=\sqrt{5^2-4^2}=3$,因此水深$GF=OF-OG=5-3=2$,答案选B。

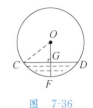

图 7-36

13.【解析】浸没于水下的铁块体积为$15×15×50=11250cm^3$,则取出铁块水面下降的高度为$11250÷50^2=4.5cm$,水深为$50-4.5=45.5cm$,答案选C。

14.【解析】甲、乙两个圆柱底面半径$5cm,10cm$,铁块的体积等于甲杯水面下降的体积,即为$\pi×5^2×2=50\pi cm^3$,又乙杯水面上升的体积也等于铁块的体积,则乙杯中水面上升的高度为$\frac{50\pi}{\pi×10^2}=0.5cm$,答案选C。

【技巧】甲、乙两个圆柱半径之比是$1:2$,所以底面积的比是$1:4$,乙杯中水面上升的体积等于甲杯中下降的体积,则乙杯中水面上升的高度应当是甲杯中下降的高度的$\frac{1}{4}$,即$2×\frac{1}{4}=0.5cm$,答案选C。

15.【解析】设小球的体积是1,则第一次溢出的水量也是1,第二次溢出的水量是3,因为取出了小球,则中球的体积是4,而第三次溢出的水量是2.5,因为取出了中球,则小球和大球的体积之和是6.5,因此大球的体积是5.5,大球的体积是小球的5.5倍,答案选E。

16.【解析】铁球的体积等于水面上升的体积,该铁球的半径为r,即$\frac{4}{3}\pi r^3=\pi×16^2×9$,解得$r=12cm$,条件(1),明显充分;条件(2),铁球的表面积$4\pi r^2=144\pi$,则$r=6cm$,不充分,答案选A。

17.【解析】$V_{圆柱}=\pi×(2r)^2×3r=12\pi r^3$,$V_水=\pi×(2r)^2×r=4\pi r^3$,条件(1),$V_{钢球}=\frac{4}{3}\pi×\left(\frac{r}{2}\right)^3×49=\frac{49}{6}\pi r^3$,由于$V_水+V_{钢球}>V_{圆柱}$,因此水能溢出,充分;条件(2),$V_{钢块}=(2r)^3=8r^3$,由于$V_水+V_{钢块}<V_{圆柱}$,因此水不能溢出,不充分,答案选A。

18.【解析】设等边圆柱体的底面半径为r,则高$h=2r$,圆柱的表面积为$2\pi r^2+2\pi r×2r=6\pi r^2$,球的直径等于内接圆柱的体对角线,即$2R=\sqrt{(2r)^2+h^2}=\sqrt{(2r)^2+(2r)^2}=2\sqrt{2}r$,则$R=\sqrt{2}r$,所以球的表面积为$4\pi R^2=4\pi×(\sqrt{2}r)^2=8\pi r^2$,则表面积之比为$8\pi r^2:6\pi r^2=4:3$,答案选B。

19.【解析】等边圆柱$h=2r$,要保证切割下来部分的体积最少,则该球是圆柱的内切球,球的直径等于圆柱的底面直径,即$R=r$,因此切割下来的部分体积与球体积之比为

$$\frac{\pi r^2\times 2r-\dfrac{4}{3}\pi\times r^3}{\dfrac{4}{3}\pi\times r^3}=\frac{1}{2}$$,答案选C。

20.**【解析】** 如图7-37所示,$CD=\sqrt{6}$,由于$AB=AC=BC=3$,则$\triangle ABC$外接圆的半径为$r=OC=\sqrt{3}$,因此外接球$R=\sqrt{CD^2+OC^2}=\sqrt{\sqrt{6}^2+\sqrt{3}^2}=3$,$V_{外接球}=\dfrac{4}{3}\pi\times 3^3=36\pi$,答案选C。

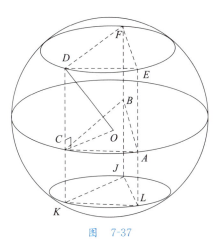

图 7-37

21.**【解析】** 如图7-38所示,设正方体的棱长为a,则半球的半径$R=\sqrt{a^2+\left(\dfrac{a}{\sqrt{2}}\right)^2}=\dfrac{\sqrt{6}}{2}a$,半球的体积$V=\dfrac{1}{2}\times\dfrac{4}{3}\pi\times\left(\dfrac{\sqrt{6}}{2}a\right)^3=\dfrac{\sqrt{6}}{2}\pi$,解得$a=1$,条件(1)充分,条件(2)不充分,答案选A。

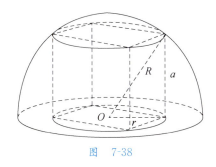

图 7-38

22.**【解析】** 设正方体的棱长为a,内接正方体的体对角线等于球的直径,即$\sqrt{3}a=2R$,则$a=\dfrac{2}{\sqrt{3}}R$,正方体的表面积为$6a^2=6\times\left(\dfrac{2}{\sqrt{3}}R\right)^2=8R^2=72$,解得$R=3$,条件(1)充分,条件(2)不充分,答案选A。

23.**【解析】** 条件(1),等边圆柱,底面直径等于高,圆柱的外接球的直径等于圆柱的体对角线,内切球的直径等于圆柱的底面直径,因此两球的半径之比为$\sqrt{2}:1$,推出体积之比为$2\sqrt{2}:1$,充分;条件(2),$\dfrac{2\pi r \times h}{\pi r^2}=4$,即$h=2r$,与条件(1)等价,也充分,答案选D。

24.【解析】设等边圆柱的高为h,底面圆半径为r,则$h=2r=4$,加工成体积最大的长方体的木块,则长方体的高等于圆柱的高,设长方体的长、宽分别为a、b,则长方体的体积为$4ab$,而在底面上,以长方形的长、宽为两个直角边,圆的直径为斜边构成直角三角形,利用勾股定理得:$a^2+b^2=(2r)^2=4^2$,即$a^2+b^2=16$,根据平均值定理$a^2+b^2=16\geqslant 2ab$,则$ab\leqslant 8$,因此长方体的体积最大为$4\times 8=32$,答案选B。

25.【解析】矩形周长为2,则长、宽之和为1,设长为x,则宽为$1-x$,以矩形的长x为圆柱体底面圆的半径,圆柱体的高为$1-x$,则圆柱体的体积$V=\pi x^2(1-x)=\dfrac{\pi}{2}x\times x\times (2-2x)\leqslant \dfrac{\pi}{2}\left(\dfrac{x+x+2-2x}{3}\right)^3=\dfrac{\pi}{2}\left(\dfrac{2}{3}\right)^3$,当且仅当$x=x=2-2x$,即$x=\dfrac{2}{3}$时,$V$取最大值,此时矩形面积为$S=x(1-x)=\dfrac{2}{3}\times \dfrac{1}{3}=\dfrac{2}{9}$,答案选C。

【套路】利用平均值定理$abc\leqslant \left(\dfrac{a+b+c}{3}\right)^3$,关键在于将$x^2(1-x)$变形为$\dfrac{1}{2}x\times x\times (2-2x)$,凑出和的定值,乘积才有最大值。

【技巧】由于长、宽之和为1,明显当长宽均为0.5时,矩形面积取到最大值为$0.5\times 0.5=0.25$,利用排除法,只有$\dfrac{2}{9}$小于0.25,答案选C。

第8章 解析几何

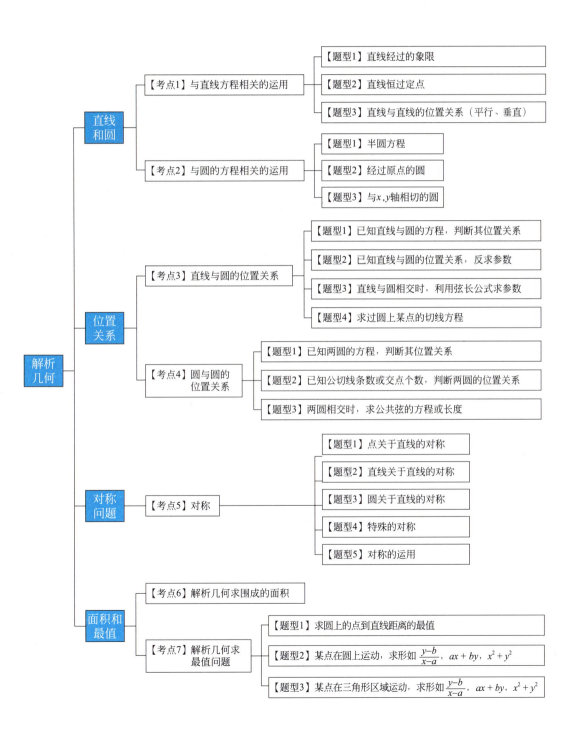

8.1 知识要点归纳

一、点

点 $P(x,y)$ 在平面直角坐标系中的相关性质如图 8-1 所示。

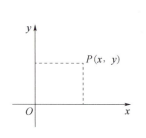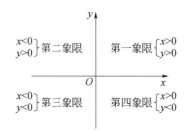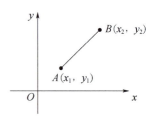

图 8-1 点的相关性质

(1) 两点 $A(x_1,y_1)$ 与 $B(x_2,y_2)$ 的距离公式：$AB=\sqrt{(x_2-x_1)^2+(y_2-y_1)^2}$。

(2) 两点 $A(x_1,y_1)$ 与 $B(x_2,y_2)$ 的中点坐标：$\left(\dfrac{x_1+x_2}{2},\dfrac{y_1+y_2}{2}\right)$。

二、直线

1. 直线的倾斜角和斜率

(1) 倾斜角

直线与 x 轴正方向所成的夹角称为倾斜角，记为 α，其范围：$0°\leqslant\alpha<180°$。

(2) 斜率

直线倾斜角的正切值称为斜率，记为 $k=\tan\alpha\,(\alpha\neq 90°)$，相关倾斜角的正切值见表 8-1。

表 8-1 相关倾斜角的正切值

α	0°	30°	45°	60°	120°	135°	150°
k	0	$\dfrac{\sqrt{3}}{3}$	1	$\sqrt{3}$	$-\sqrt{3}$	-1	$-\dfrac{\sqrt{3}}{3}$

(3) 两点斜率公式

过两点 $P(x_1,y_1)$ 和 $Q(x_2,y_2)$ 的直线的斜率 $k=\dfrac{y_2-y_1}{x_2-x_1}\,(x_2\neq x_1)$。

2. 直线方程的表达形式

(1) 点斜式

已知直线过点 (x_0,y_0)，斜率为 k，则直线的方程为 $y-y_0=k(x-x_0)$。

(2) 斜截式

已知直线的斜率为 k，与 y 轴的截距为 b（即过点 $(0,b)$），则直线的方程为 $y=kx+b$。

(3) 两点式

已知直线过两点 $P_1(x_1,y_1)$, $P_2(x_2,y_2)$，则直线的方程为 $\dfrac{y-y_1}{y_2-y_1}=\dfrac{x-x_1}{x_2-x_1}$ ($x_2\neq x_1$, $y_2\neq y_1$)。

(4) 截距式

已知直线与 x 轴的截距为 a (即过点 $(a,0)$)，与 y 轴的截距为 b (即过点 $(0,b)$)，则直线的方程为 $\dfrac{x}{a}+\dfrac{y}{b}=1$ ($a\neq 0, b\neq 0$)。

(5) 一般式

$ax+by+c=0$ (a,b 不全为零)，直线的斜率为 $k=-\dfrac{a}{b}$，与 x 轴的截距为 $-\dfrac{c}{a}$，与 y 轴的截距为 $-\dfrac{c}{b}$。

3. 点到直线距离

点 (x_0,y_0) 到直线 $ax+by+c=0$ 的距离为 $d=\dfrac{|ax_0+by_0+c|}{\sqrt{a^2+b^2}}$。

4. 两条直线的位置关系

两条直线的位置关系见表 8-2。

表 8-2　两条直线的位置关系

位置关系	直线形式	
	斜截式 $l_1:y=k_1x+b_1$ $l_2:y=k_2x+b_2$	一般式 $l_1:a_1x+b_1y+c_1=0$ $l_2:a_2x+b_2y+c_2=0$
平行 $l_1//l_2$	$k_1=k_2, b_1\neq b_2$	$\dfrac{a_1}{a_2}=\dfrac{b_1}{b_2}\neq\dfrac{c_1}{c_2}\Rightarrow a_1b_2=a_2b_1$
相交	$k_1\neq k_2$	$\dfrac{a_1}{a_2}\neq\dfrac{b_1}{b_2}$
垂直 $l_1\perp l_2$ (相交的特殊情况)	$k_1k_2=-1$	$\dfrac{a_1}{b_1}\times\dfrac{a_2}{b_2}=-1 \Leftrightarrow a_1a_2+b_1b_2=0$

5. 两平行直线的距离

直线 $ax+by+c_1=0$ 与直线 $ax+by+c_2=0$ 的距离 $d=\dfrac{|c_1-c_2|}{\sqrt{a^2+b^2}}$。

6. 两直线的夹角公式(了解)

若两条直线的斜率为 k_1, k_2，两直线的夹角 α, $0°\leqslant\alpha\leqslant 90°$，则有 $\tan\alpha=\left|\dfrac{k_1-k_2}{1+k_1k_2}\right|$。

三、圆

1. 圆的方程

（1）标准方程

若圆心为(x_0,y_0)，半径为r，则圆的标准方程为$(x-x_0)^2+(y-y_0)^2=r^2$，标准式特殊的圆的方程及特征见表8-3。

表8-3 标准式特殊圆的方程及特征

特殊的圆	方程	特征
$x_0=0$	$x^2+(y-y_0)^2=r^2$	圆心在y轴上
$y_0=0$	$(x-x_0)^2+y^2=r^2$	圆心在x轴上
$x_0=y_0=0$	$x^2+y^2=r^2$	圆心在原点
$|x_0|=r$	$(x-r)^2+(y-y_0)^2=r^2$	圆与y轴相切
$|y_0|=r$	$(x-x_0)^2+(y-r)^2=r^2$	圆与x轴相切
$|x_0|=|y_0|=r$	$(x-r)^2+(y-r)^2=r^2$	圆与两轴相切

（2）一般方程

$x^2+y^2+ax+by+c=0$，配方整理为：$\left(x+\dfrac{a}{2}\right)^2+\left(y+\dfrac{b}{2}\right)^2=\left(\sqrt{\dfrac{a^2+b^2-4c}{4}}\right)^2$，圆心坐标为$\left(-\dfrac{a}{2},-\dfrac{b}{2}\right)$，半径为$r=\sqrt{\dfrac{a^2+b^2-4c}{4}}>0$，一般式特殊的圆的方程及特征见表8-4。

表8-4 一般式特殊圆的方程及特征

特殊的圆	方程	特征
$a=0$	$x^2+y^2+by+c=0$	圆心在y轴上
$b=0$	$x^2+y^2+ax+c=0$	圆心在x轴上
$a=b=0$	$x^2+y^2=r^2$	圆心在原点
$c=0$	$x^2+y^2+ax+by=0$	圆经过原点

2. 点与圆的位置关系

设点$P(x_p,y_p)$，圆$(x-x_0)^2+(y-y_0)^2=r^2$，将点P的坐标代入，

$\begin{cases}(x_p-x_0)^2+(y_p-y_0)^2<r^2,\text{则点在圆内;}\\(x_p-x_0)^2+(y_p-y_0)^2=r^2,\text{则点在圆上;}\\(x_p-x_0)^2+(y_p-y_0)^2>r^2,\text{则点在圆外。}\end{cases}$

3. 直线与圆的位置关系

直线$l:y=kx+b$；圆$O:(x-x_0)^2+(y-y_0)^2=r^2$，$d$为圆心$(x_0,y_p)$到直线$l$的距离，

直线与圆的位置关系见表8-5。

表8-5 直线与圆的位置关系

直线与圆位置关系	图 形	成立条件(几何表示)	成立条件(代数式表示)
相离	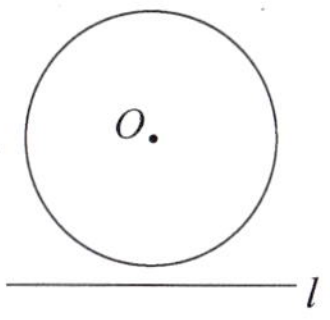	$d>r$	方程组 $\begin{cases} y=kx+b \\ (x-x_0)^2+(y-y_0)^2=r^2 \end{cases}$ 无实根,即$\Delta<0$
相切	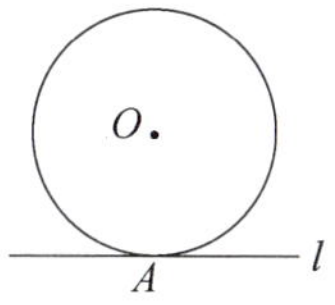	$d=r$	方程组 $\begin{cases} y=kx+b \\ (x-x_0)^2+(y-y_0)^2=r^2 \end{cases}$ 有两个相等的实根,即$\Delta=0$
相交	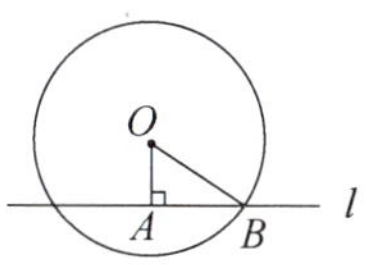	$d<r$	方程组 $\begin{cases} y=kx+b \\ (x-x_0)^2+(y-y_0)^2=r^2 \end{cases}$ 有两个不等的实根,即$\Delta>0$

4. 圆与圆的位置关系

圆$O_1:(x-x_1)^2+(y-y_1)^2=r_1^2$,圆$O_2:(x-x_2)^2+(y-y_2)^2=r_2^2$,$d$为圆心$(x_1,y_1)$与$(x_2,y_2)$的圆心距,圆与圆的位置关系见表8-6。

表8-6 圆与圆的位置关系

两圆位置关系	图 形	成立条件(几何表示)	内公切线条数	外公切线条数
外离	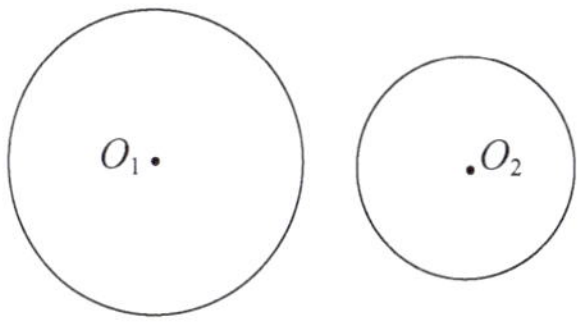	$d>r_1+r_2$	2	2
外切	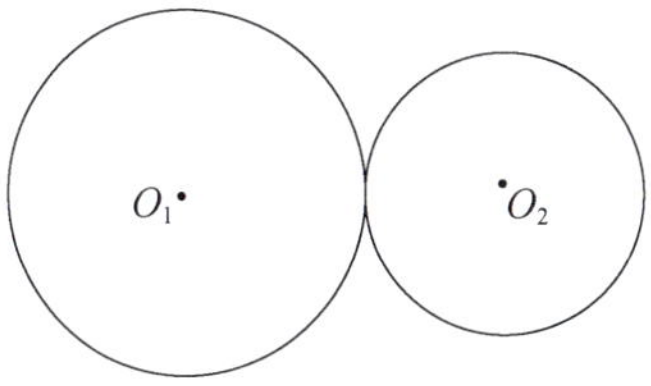	$d=r_1+r_2$	1	2
相交	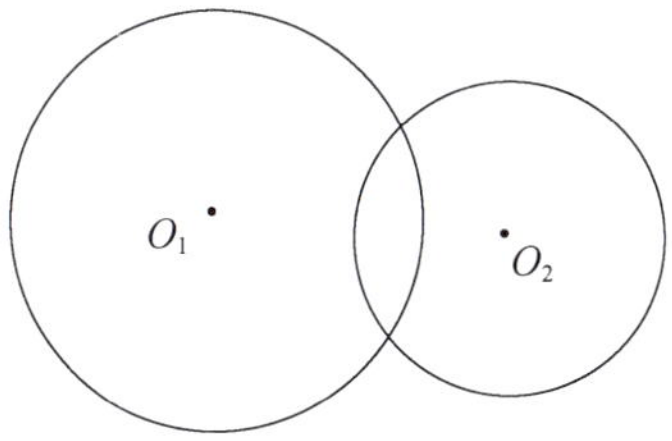	$\lvert r_1-r_2 \rvert<d<r_1+r_2$	0	2

续表

两圆 位置关系	图　形	成立条件 （几何表示）	内公切线 条数	外公切线 条数
内切		$d=|r_1-r_2|$	0	1
内含		$d<|r_1-r_2|$	0	0

8.2　基础精讲例题

一、与直线方程相关的运用

【例8-1】已知线段AB的长为12，点A的坐标是$(-4,8)$，点B的横纵坐标相等，则点B的坐标为(　　)。

A.$(-4,-4)$　　　　　　B.$(8,8)$　　　　　　C.$(4,4)$或$(8,8)$

D.$(-4,-4)$或$(8,8)$　　E.$(4,4)$或$(-8,-8)$

【解析】设点B的坐标为(x,x)，则利用两点距离公式得$AB=\sqrt{(x+4)^2+(x-8)^2}=12$，解得$x=-4$或$x=8$，则点$B$的坐标为$(-4,-4)$或$(8,8)$，答案选D。

【例8-2】已知$\triangle ABC$的三个顶点坐标分别为$A(1,2),B(-4,4),C(2,6)$，则BC上的中线AD的长为(　　)。

A.$\sqrt{5}$　　B.3　　C.$\sqrt{10}$　　D.$\sqrt{13}$　　E.4

【解析】设BC的中点D的坐标为(x_0,y_0)，根据中点坐标公式得$x_0=\dfrac{-4+2}{2}=-1$，$y_0=\dfrac{4+6}{2}=5$，则D的坐标为$(-1,5)$，再利用两点距离公式得$AD=\sqrt{(1+1)^2+(2-5)^2}=\sqrt{13}$，答案选D。

【例8-3】已知$ab<0,bc<0$，则直线$ax+by=c$不通过(　　)。

A.第一象限　　　　　　B.第二象限　　　　　　C.第三象限

D.第四象限　　　　　　E.以上结论均不正确

【解析】将直线化为斜截式 $y=-\dfrac{a}{b}x+\dfrac{c}{b}$,因为 $ab<0,bc<0$,则直线斜率 $k=-\dfrac{a}{b}>0$,与 y 轴截距 $\dfrac{c}{b}<0$,所以直线经过第一、三、四象限,不通过第二象限,答案选 B。

【例 8-4】不论 k 为何值,直线 $(2k-1)x-(k-2)y-(k+4)=0$ 恒过的定点是( )。

A. $(0,0)$ B. $(2,3)$ C. $(3,2)$
D. $(-2,3)$ E. $(-1,3)$

【解析】方法(1),直线可整理为 $(2x-y-1)k-(x-2y+4)=0$,直线恒过定点与参数 k 无关,则 $\begin{cases}2x-y-1=0\\x-2y+4=0\end{cases}$,解得 $x=2,y=3$,则直线恒过定点 $(2,3)$,答案选 B。

方法(2),不论 k 为何值,直线都有恒过的定点,则可采用特值法,分别令 $k=0、1$,得 $\begin{cases}-x+2y-4=0\\x+y-5=0\end{cases}$,解得 $\begin{cases}x=2\\y=3\end{cases}$,则两直线的交点 $(2,3)$ 即为恒过定点,答案选 B。

【例 8-5】过点 $(1,0)$ 且与直线 $x-2y-2=0$ 平行的直线方程是( )。

A. $x-2y-1=0$ B. $x-2y+1=0$ C. $2x+y-2=0$
D. $x+2y-1=0$ E. 以上结论均不正确

【解析】设所求平行直线为 $x-2y+c=0$,又经过点 $(1,0)$,则 $c=-1$,直线方程为 $x-2y-1=0$,答案选 A。

【例 8-6】直线 l 过点 $(-1,2)$ 且与直线 $2x-3y+4=0$ 垂直,则 l 的方程是( )。

A. $3x+2y-1=0$ B. $3x+2y+1=0$ C. $3x-2y-1=0$
D. $3x-2y+1=0$ E. 以上结论均不正确

【解析】两条直线垂直,斜率互为负倒数,因为已知直线的斜率为 $\dfrac{2}{3}$,则直线 l 的斜率为 $-\dfrac{3}{2}$,根据点斜式写出直线的方程 $y-2=-\dfrac{3}{2}(x+1)$,即 $3x+2y-1=0$,答案选 A。

【例 8-7】直线 $(m+2)x+3my+1=0$ 与直线 $(m-2)x+(m+2)y-3=0$ 相互垂直。

(1) $m=\dfrac{1}{2}$。 (2) $m=-2$。

【解析】两条直线垂直时,直接套用基本公式 $a_1a_2+b_1b_2=0$,即 $(m+2)(m-2)+3m(m+2)=0$,整理为 $(m+2)(m-2+3m)=0$,解得 $m=-2$ 或 $m=\dfrac{1}{2}$,两个条件都充分,答案选 D。

【套路】当 $m=-2$ 时,两条直线分别为竖线和水平线,这种特殊情况很容易被忽略。

【例 8-8】已知点 $A(6,3),M(3,4),N(7,1)$,则点 A 到直线 MN 的距离为( )。

A. $\dfrac{1}{2}$ B. $\dfrac{2}{3}$ C. 1 D. $\dfrac{4}{3}$ E. $\dfrac{3}{2}$

【解析】直线 MN 的斜率为 $\dfrac{1-4}{7-3}=-\dfrac{3}{4}$,则方程为 $y=-\dfrac{3}{4}(x-3)+4$,整理为 $3x+$

$4y-25=0$,利用点到直线的距离公式可得:$d=\dfrac{|3\times6+4\times3-25|}{\sqrt{3^2+4^2}}=1$,答案选C。

【例8-9】 已知直线$3x+4y-3=0$与直线$6x+my+14=0$平行,则它们之间的距离是( )。

A. 1　　　　　B. 2　　　　　C. $\dfrac{1}{2}$　　　　　D. 4　　　　　E. 3

【解析】 $3x+4y-3=0$可化为$6x+8y-6=0$,又两直线平行斜率相等,则$m=8$,所以两平行直线间的距离为$\dfrac{|14-(-6)|}{\sqrt{6^2+8^2}}=2$,答案选B。

二、与圆的方程相关的运用

【例8-10】 方程$x^2+y^2+4mx-2y+5m=0$表示圆的充分必要条件是( )。

A. $\dfrac{1}{4}<m<1$　　　　　B. $m<\dfrac{1}{4}$或$m>1$　　　　　C. $m<\dfrac{1}{4}$

D. $m>1$　　　　　E. $1<m<4$

【解析】 题干中方程配方整理为$(x+2m)^2+(y-1)^2=4m^2-5m+1$,只要$4m^2-5m+1>0$即可,解得$m<\dfrac{1}{4}$或$m>1$,答案选B。

【例8-11】 设AB为圆C的直径,点A,B的坐标分别是$(-3,5),(5,1)$,则圆C的方程是( )。

A. $(x-2)^2+(y-6)^2=80$　　　　　B. $(x-1)^2+(y-3)^2=20$

C. $(x-2)^2+(y-4)^2=80$　　　　　D. $(x-2)^2+(y-4)^2=20$

E. $x^2+y^2=20$

【解析】 A,B的中点是圆C的圆心,利用两点中点公式,圆心为$\left(\dfrac{-3+5}{2},\dfrac{5+1}{2}\right)$,即$(1,3)$;$AB$的长度为直径,利用两点距离公式,$AB=\sqrt{(-3-5)^2+(5-1)^2}=4\sqrt{5}$,则圆$C$的半径$r=2\sqrt{5}$,因此圆$C$的方程为$(x-1)^2+(y-3)^2=20$,答案选B。

【技巧】 可将A,B的坐标代入选项中圆的方程,验证排除。

三、直线与圆的位置关系

【例8-12】 直线$l:y=\dfrac{\sqrt{3}}{3}x$绕原点按逆时针方向旋转30°后所得的直线l_1与圆$(x-2)^2+y^2=3$的位置关系是( )。

A. 相交且过圆心　　　　　B. 相切　　　　　C. 相离

D. 相交但不过圆心　　　　　E. 以上结论均不正确

【解析】 方法(1),直线l的倾斜角为30°,则按逆时针方向旋转30°后所得的直线l_1的倾斜角为60°,其斜率为$\sqrt{3}$,即直线l_1的方程为$y=\sqrt{3}\,x$,圆心$(2,0)$到直线$\sqrt{3}\,x-y=0$的距

离 $d=\dfrac{|2\sqrt{3}|}{\sqrt{\sqrt{3}^2+(-1)^2}}=\sqrt{3}=r$,则直线 l_1 与圆相切,答案选 B。

方法(2),根据题意,直线 l_1 方程为 $y=\sqrt{3}\,x$,联立 $\begin{cases}y=\sqrt{3}\,x\\(x-2)^2+y^2=3\end{cases}$,消去 y 整理得,$4x^2-4x+1=0$,即 $(2x-1)^2=0$,则方程有两个相等实根,即直线 l_1 与圆相切,答案选 B。

【例 8-13】 过点 $(-2,0)$ 的直线 l 与圆 $x^2+y^2=2x$ 有两个交点,则直线 l 的斜率 k 的取值范围是( )。

A. $(-2\sqrt{2},2\sqrt{2})$ B. $(-\sqrt{2},\sqrt{2})$ C. $\left(-\dfrac{\sqrt{2}}{4},\dfrac{\sqrt{2}}{4}\right)$

D. $\left(-\dfrac{1}{4},\dfrac{1}{4}\right)$ E. $\left(-\dfrac{1}{8},\dfrac{1}{8}\right)$

【解析】 方法(1),设直线为 $y=k(x+2)$,圆配方为 $(x-1)^2+y^2=1$,圆心为 $(1,0)$,半径 $r=1$,则圆心 $(1,0)$ 到直线 $kx-y+2k=0$ 的距离小于圆的半径,即 $d=\dfrac{|3k|}{\sqrt{k^2+1}}<r=1$,解得 $-\dfrac{\sqrt{2}}{4}<k<\dfrac{\sqrt{2}}{4}$,答案选 C。

方法(2),图像法,如图 8-2 所示,当直线和圆相切时,$AC=r=1$,$AB=3$,则 $BC=\sqrt{AB^2-AC^2}=\sqrt{3^2-1^2}=2\sqrt{2}$,$k_{BC}=\dfrac{AC}{BC}=\dfrac{1}{2\sqrt{2}}=\dfrac{\sqrt{2}}{4}$,同理可求 $k_{BD}=-\dfrac{\sqrt{2}}{4}$,而直线 l 与圆有两个交点,则 $-\dfrac{\sqrt{2}}{4}<k<\dfrac{\sqrt{2}}{4}$,答案选 C。

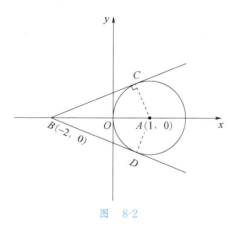

图 8-2

【例 8-14】 (2018-1)设 a,b 为实数,则圆 $x^2+y^2=2y$ 与直线 $x+ay=b$ 不相交。

(1) $|a-b|>\sqrt{1+a^2}$。　　(2) $|a+b|>\sqrt{1+a^2}$。

【解析】 方法(1),圆化为标准式 $x^2+(y-1)^2=1^2$,直线与圆不相交,即相切或相离,因此圆心 $(0,1)$ 到直线 $x+ay-b=0$ 的距离大于或等于半径,即 $d=\dfrac{|a-b|}{\sqrt{1+a^2}}\geqslant r=1$,可以整理为 $|a-b|\geqslant\sqrt{1+a^2}$,明显条件(1)充分,条件(2)不充分,答案选 A。

方法(2),联立 $\begin{cases} x+ay=b \\ x^2+y^2=2y \end{cases}$,消去 x 整理得,$(a^2+1)y^2-2(ab+1)y+b^2=0$,直线与圆不相交,即有一个交点或无交点,则关于 y 的一元二次方程有两个相等实根或无实根,因此 $\Delta=[-2(ab+1)]^2-4(a^2+1)b^2\leqslant 0$,整理得 $b^2-2ab+1\geqslant 0$,配方得 $(a-b)^2-a^2+1\geqslant 0$,即 $|a-b|\geqslant\sqrt{1+a^2}$,明显条件(1)充分,条件(2)不充分,答案选A。

【例8-15】圆 $(x-1)^2+y^2=1$ 被直线 $x+\sqrt{3}y-2=0$ 截得的弦长为( )。

A. $\dfrac{\sqrt{3}}{2}$　　B. 1　　C. $\sqrt{2}$　　D. $\sqrt{3}$　　E. 2

【解析】圆心 $(1,0)$ 到直线 $x+\sqrt{3}y-2=0$ 的距离 $d=\dfrac{|1+\sqrt{3}\times 0-2|}{\sqrt{1^2+\sqrt{3}^2}}=\dfrac{1}{2}$,根据弦长公式 $2\sqrt{r^2-d^2}=2\sqrt{1^2-\left(\dfrac{1}{2}\right)^2}=\sqrt{3}$,答案选D。

【例8-16】(2011-10)已知直线 $y=kx$ 与圆 $x^2+y^2=2y$ 有两个交点 A、B,若 AB 的长度大于 $\sqrt{2}$,则 k 的取值范围是( )。

A. $(-\infty,-1)$　　　　　　B. $(-1,0)$　　　　　　C. $(0,1)$
D. $(1,+\infty)$　　　　　　E. $(-\infty,-1)\cup(1,+\infty)$

【解析】圆配方为 $x^2+(y-1)^2=1^2$,圆心 $(0,1)$ 到直线 $kx-y=0$ 的距离 $d=\dfrac{1}{\sqrt{k^2+1}}$,利用弦长公式得:$|AB|=2\sqrt{r^2-d^2}=2\sqrt{1^2-\left(\dfrac{1}{\sqrt{k^2+1}}\right)^2}>\sqrt{2}$,解得 $k>1$ 或 $k<-1$,答案选E。

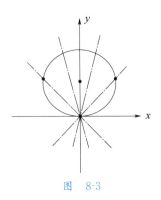

图 8-3

【技巧】如图8-3所示,当弦 AB 离圆心越近,越接近于直径时,弦长越大,所以过原点的直线 $y=kx$ 越接近 y 轴越好,此时斜率 k 趋近于正无穷或负无穷,答案选E。

【例8-17】圆 $x^2+y^2-4x+2=0$ 与直线 l 相切于点 $A(3,1)$,则直线 l 的方程为( )。

A. $2x-y-5=0$　　　　　　B. $x-2y-1=0$
C. $x-y-2=0$　　　　　　D. $x+y-4=0$
E. 以上结论均不正确

【解析】圆心 $(2,0)$ 和切点 $(3,1)$ 可以确定一条直线 l_1,可得 $k_{l_1}=\dfrac{1-0}{3-2}=1$,而 $l_1\perp l$,两直线斜率互为负倒数,则 $k_l=-1$,利用点斜式,直线 l 的方程为 $y-1=-(x-3)$,即 $x+y-4=0$,答案选D。

四、圆与圆的位置关系

【例8-18】圆 $C_1:x^2+y^2-10x-6y+25=0$ 与圆 $C_2:x^2+y^2-4x+2y+1=0$ 共有

( )条公切线。

A. 0　　　　　B. 1　　　　　C. 2　　　　　D. 3　　　　　E. 4

【解析】圆 C_1 配方为 $(x-5)^2+(y-3)^2=9$,圆心为 $(5,3)$,半径 $r_1=3$,圆 C_2 配方为 $(x-2)^2+(y+1)^2=4$,圆心为 $(2,-1)$,半径 $r_2=2$,两圆的圆心距 $d=\sqrt{(3+1)^2+(5-2)^2}=5$,而 $r_1+r_2=5$,则 $d=r_1+r_2$,两圆外切,共有3条公切线,答案选 D。

【例 8-19】半径分别为 2 和 5 的两个圆,圆心坐标分别为 $(a,1)$ 和 $(2,b)$,则它们有 4 条公切线。

(1) 点 $P(a,b)$ 在圆 $(x-2)^2+(y-1)^2=49$ 内。

(2) 点 $P(a,b)$ 在圆 $(x-2)^2+(y-1)^2=49$ 外。

【解析】两个圆有 4 条公切线,则两个圆相离,即 $d>r_1+r_2$,因此 $\sqrt{(a-2)^2+(b-1)^2}>2+5=7$,即 $(a-2)^2+(b-1)^2>49$,明显只有条件(2)可以推出结论,答案选 B。

【例 8-20】圆 $x^2+y^2=r^2$ 与圆 $x^2+y^2+2x-4y+4=0$ 没有交点。

(1) $0<r<\sqrt{5}-1$。

(2) $\sqrt{5}-1<r<\sqrt{5}+1$。

【解析】$x^2+y^2+2x-4y+4=0 \Rightarrow (x+1)^2+(y-2)^2=1$,两圆的圆心距为 $\sqrt{5}$,两圆没有交点说明两圆外离或内含,则 $0<r<\sqrt{5}-1$ 或 $r>\sqrt{5}+1$,条件(1)的范围完全落入结论中,答案选 A。

五、对称

【例 8-21】(2013-1)点 $(0,4)$ 关于 $2x+y+1=0$ 的对称点为( )。

A. $(2,0)$　　B. $(-3,0)$　　C. $(-6,1)$　　D. $(4,2)$　　E. $(-4,2)$

【解析】设对称点为 (x_0,y_0),则两点中点为 $\left(\dfrac{x_0}{2},\dfrac{y_0+4}{2}\right)$,根据对称条件得:

$\begin{cases} 2\times\left(\dfrac{x_0}{2}\right)+\left(\dfrac{y_0+4}{2}\right)+1=0 \\ \dfrac{y_0-4}{x_0-0}\times(-2)=-1 \end{cases}$,解得 $\begin{cases} x_0=-4 \\ y_0=2 \end{cases}$,则对称点为 $(-4,2)$,答案选 E。

【技巧】尺规法,可以通过画图判断点关于直线的对称点的坐标或象限,并逐一排除选项,如果仍有干扰选项,可以利用两点的中点是否满足直线方程再次进行排除。

【例 8-22】光线从 $A(1,1)$ 出发,经 y 轴反射到圆 $C:(x-5)^2+(y-7)^2=4$ 的最短路程是( )。

A. $5\sqrt{2}-2$　　　　　　B. $5\sqrt{2}+2$　　　　　　C. $6\sqrt{2}-2$

D. $6\sqrt{2}+2$　　　　　　E. 8

【解析】点 $A(1,1)$ 关于 y 轴的对称点为 $A'(-1,1)$,圆心 $(5,7)$,半径 $r=2$,因此最短距离为 $A'C-r=\sqrt{(5+1)^2+(7-1)^2}-2=6\sqrt{2}-2$,答案选 C。

【例8-23】直线$l: 2x-3y+1=0$关于$x=1$对称的直线l_1的方程为( )。

A. $3x+2y-5=0$　　B. $2x+3y-5=0$　　C. $3x-2y-1=0$

D. $2x+3y-5=0$　　E. 以上结论均不正确

【解析】根据题意，$k_{l_1}=-k_l=-\dfrac{2}{3}$，又直线$l_1$过直线$2x-3y+1=0$和$x=1$的交点$(1,1)$，则直线$l_1$的方程为$y-1=-\dfrac{2}{3}(x-1)$，整理为$2x+3y-5=0$，答案选B。

【套路】关于某竖线、水平线、x轴、y轴对称的两条直线的斜率互为相反数。

六、解析几何求围成的面积

【例8-24】(2009-10)曲线$|xy|+1=|x|+|y|$所围成的平面图形的面积为( )。

A. $\dfrac{1}{4}$　　B. $\dfrac{1}{2}$　　C. 1　　D. 2　　E. 4

【解析】整理为$|xy|-|x|-|y|+1=0$，分解为$(|x|-1)(|y|-1)=0$，解得$x=\pm1$，$y=\pm1$，如图8-4所示，图像为两条竖线、两条水平线，围成一个边长为2的正方形，其面积$S=2\times2=4$，答案选E。

【套路】若$|xy|-a|x|-b|y|+ab=0(a>0,b>0)$，则有$(|x|-b)(|y|-a)=0$，解得$x=\pm a, y=\pm b$，当$a=b$时，表示为正方形；当$a\neq b$时，表示为矩形。

【例8-25】曲线$|x|+|y|=1$所围成的平面图形的面积为( )。

A. 1　　B. $\sqrt{2}$　　C. 2　　D. $\sqrt{3}$　　E. $2\sqrt{2}$

【解析】如图8-5所示，去掉绝对值符号，即为四条直线$\begin{cases}x+y=1, x>0, y>0\\ x-y=1, x>0, y<0\\ -x+y=1, x<0, y>0\\ -x-y=1, x<0, y<0\end{cases}$，围成的图形是一个边长为$\sqrt{1+1}=\sqrt{2}$的正方形，面积为$\sqrt{2}^2=2$，答案选C。

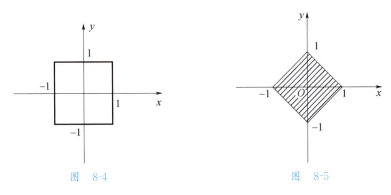

图 8-4　　　　　图 8-5

【例8-26】曲线$|x|+|2y|=4$所围成的平面图形的面积是( )。

A. 8　　B. 12　　C. 14　　D. 16　　E. 18

【解析】围成的图形是一个菱形，面积为 $\dfrac{2 \times 4^2}{1 \times 2} = 16$，答案选 D。

【套路】形如 $|ax-b|+|cy-d|=e(a,b,c,d,e$ 均为常数$)$，当 $\begin{cases} a=c, \text{为正方形} \\ a \neq c, \text{为菱形} \end{cases}$，图形围成的面积为 $S = \dfrac{2e^2}{ac}$，图像中心坐标为 $\left(\dfrac{b}{a}, \dfrac{d}{c}\right)$。

七、解析几何求最值问题

【例 8-27】(2009-10) 曲线 $x^2 - 2x + y^2 = 0$ 上的点到直线 $3x + 4y - 12 = 0$ 的最短距离为(　　)。

A. $\dfrac{3}{5}$　　B. $\dfrac{4}{5}$　　C. 1　　D. $\dfrac{4}{3}$　　E. $\sqrt{2}$

【解析】题干中曲线配方得：$(x-1)^2 + y^2 = 1$，圆心 $(1,0)$ 到直线 $3x+4y-12=0$ 的距离 $d = \dfrac{|3 \times 1 + 4 \times 0 - 12|}{\sqrt{3^2 + 4^2}} = \dfrac{9}{5} > r = 1$，直线与圆相离，则圆上的点到直线的最短距离等于圆心到直线的距离减去半径，即 $d - r = \dfrac{9}{5} - 1 = \dfrac{4}{5}$，答案选 B。

【例 8-28】(2010-1) 已知直线 $ax - by + 3 = 0(a>0, b>0)$ 过圆 $x^2 + 4x + y^2 - 2y + 1 = 0$ 的圆心，则 ab 的最大值为(　　)。

A. $\dfrac{9}{16}$　　B. $\dfrac{11}{16}$　　C. $\dfrac{3}{4}$　　D. $\dfrac{9}{8}$　　E. $\dfrac{9}{4}$

【解析】题干中圆方程整理为标准圆 $(x+2)^2 + (y-1)^2 = 2^2$，则圆心为 $(-2,1)$，直线过圆心，则 $-2a - b + 3 = 0$，整理为 $2a + b = 3$，根据平均值定理 $m + n \geqslant 2\sqrt{mn}$ $(m>0, n>0)$ 得到，$3 = 2a + b \geqslant 2\sqrt{2ab}$，解得 $ab \leqslant \dfrac{9}{8}$，答案选 D。

8.3　基础巩固习题

1. 已知三个点 $A(x,5), B(-2,y), C(1,1)$，若点 C 是线段 AB 的中点，则 $x+y=(\quad)$。

　　A. -2　　B. -1　　C. 0　　D. 1　　E. 2

2. 等边 $\triangle ABC$ 的两个顶点 $A(2,0), B(5, 3\sqrt{3})$，则 C 点的坐标为(　　)。

　　A. $(8,0)$　　　　　　B. $(-8,0)$　　　　　　C. $(1, -3\sqrt{3})$

　　D. $(8,0)$ 或 $(-1, 3\sqrt{3})$　　E. $(6,0)$ 或 $(-1, 3\sqrt{3})$

3. 已知直线 L 经过点 $A(-2,0)$ 与点 $B(-5,3)$，则该直线 L 的倾斜角为(　　)。

　　A. $150°$　　B. $135°$　　C. $75°$　　D. $45°$　　E. $30°$

4. 已知点 $A(1,-2), B(m,2)$，且线段 AB 的垂直平分线的方程是 $l: x + 2y - 2 = 0$，则实数 m 的值是(　　)。

　　A. -2　　B. -7　　C. 3　　D. 1　　E. 5

5. 当 $ab < 0$ 时,直线 $y = ax + b$ 必然（   ）。

  A. 经过第一、二、四象限   B. 经过第一、三、四象限

  C. 在 y 轴上的截距为正数   D. 在 x 轴上的截距为正数

  E. 在 x 轴上的截距为负数

6. (2012-1)直线 $y = ax + b$ 过第二象限。

  (1) $a = -1, b = 1$。   (2) $a = 1, b = -1$。

7. (2011-10)如图 8-6 所示,在直角坐标系 xOy 中,矩形 $OABC$ 的顶点 B 的坐标是 $(6, 4)$,则直线 l 将矩形 $OABC$ 分成了面积相等的两部分。

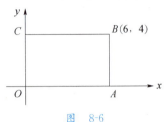

图 8-6

  (1) $l: x - y - 1 = 0$。   (2) $l: x - 3y + 3 = 0$。

8. 已知点 $A(-3, -4), B(6, 3)$,到直线 $l: ax + y + 1 = 0$ 的距离相等,则 $a = $（   ）。

  A. $\dfrac{7}{9}$ B. $-\dfrac{1}{3}$ C. $-\dfrac{7}{9}$ D. $-\dfrac{7}{9}$ 或 $-\dfrac{1}{3}$ E. $\dfrac{7}{9}$ 或 $-\dfrac{1}{3}$

9. 如果直线 $x + 2ay - 1 = 0$ 与直线 $(3a - 1)x - ay - 1 = 0$ 平行,则 a 等于（   ）。

  A. 0   B. $\dfrac{1}{6}$ C. 1   D. 0 或 1   E. 0 或 $\dfrac{1}{6}$

10. 已知定点 $A(2, -3), B(-3, -2)$,直线 L 过点 $P(1, 1)$ 且与线段 AB 相交,则直线 L 的斜率的取值范围为（   ）。

  A. $k \geqslant \dfrac{3}{4}$ 或 $k \leqslant -4$ B. $-4 \leqslant k \leqslant \dfrac{3}{4}$ C. $k \geqslant \dfrac{3}{4}$ 或 $k \leqslant -\dfrac{1}{4}$

  D. $-\dfrac{3}{4} \leqslant k \leqslant 4$ E. $k \leqslant -\dfrac{3}{4}$ 或 $k \geqslant 4$

11. 圆方程 $x^2 - 2x + y^2 + 4y + 1 = 0$ 的圆心是（   ）。

  A. $(-1, -2)$ B. $(-1, 2)$ C. $(-2, 2)$

  D. $(2, -2)$ E. $(1, -2)$

12. 圆 $x^2 + (y - 1)^2 = 4$ 与 x 轴的两个交点是（   ）。

  A. $(-\sqrt{5}, 0), (\sqrt{5}, 0)$ B. $(-2, 0), (2, 0)$ C. $(0, -\sqrt{5}), (0, \sqrt{5})$

  D. $(-\sqrt{3}, 0), (\sqrt{3}, 0)$ E. $(-\sqrt{2}, -\sqrt{3}), (\sqrt{2}, \sqrt{3})$

13. 若点 $(a, 2a)$ 在圆 $(x - 1)^2 + (y - 1)^2 = 1$ 的内部,则实数 a 的取值范围为（   ）。

  A. $\dfrac{1}{5} < a < 1$ B. $a > 1$ 或 $a < \dfrac{1}{5}$ C. $\dfrac{1}{5} \leqslant a \leqslant 1$

  D. $a \geqslant 1$ 或 $a \leqslant \dfrac{1}{5}$ E. 以上结论均不正确

14. 若圆的方程是 $y^2 + 4y + x^2 - 2x + 1 = 0$,直线方程是 $3y + 2x = 1$,则过已知圆的圆心并与已知直线平行的直线方程是（   ）。

  A. $2y + 3x + 1 = 0$ B. $2y + 3x - 7 = 0$ C. $3y + 2x + 4 = 0$

  D. $3y + 2x - 8 = 0$ E. $2y + 3x - 6 = 0$

15. 直线 $y = x + 2$ 与圆 $(x - a)^2 + (y - b)^2 = 2$ 相切。

  (1) $a = b$。   (2) $b - a = 4$。

16. (2015-1)若直线 $y=ax$ 与圆 $(x-a)^2+y^2=1$ 相切,则 $a^2=$(　　)。

　　A. $\dfrac{1+\sqrt{3}}{2}$ 　　　　B. $1+\dfrac{\sqrt{3}}{2}$ 　　　　C. $\dfrac{\sqrt{5}}{2}$

　　D. $1+\dfrac{\sqrt{5}}{3}$ 　　　　E. $\dfrac{1+\sqrt{5}}{2}$

17. (2019-1)直线 $y=kx$ 与圆 $x^2+y^2-4x+3=0$ 有两个交点。

　　(1) $-\dfrac{\sqrt{3}}{3}<k<0$。　　　(2) $0<k<\dfrac{\sqrt{2}}{2}$。

18. 若曲线 $y=\sqrt{x^2-4}$ 与直线 $y=k(x-2)+3$ 有一个公共点,则实数 k 的范围为(　　)。

　　A. $0<k<1$ 　　　　B. $0<k<\dfrac{3}{4}$ 　　　　C. $\dfrac{3}{4}<k<1$

　　D. $k>\dfrac{3}{4}$ 　　　　E. 以上结论均不正确

19. (2011-1)直线 $ax+by+3=0$ 被圆 $(x-2)^2+(y-1)^2=4$ 截得的线段长度为 $2\sqrt{3}$。

　　(1) $a=0, b=-1$。　　　(2) $a=-1, b=0$。

20. (2011-1)设 P 是圆 $x^2+y^2=2$ 上的一点,该圆在点 P 的切线平行于直线 $x+y+2=0$,则点 P 的坐标为(　　)。

　　A. $(-1,1)$ 　　B. $(1,-1)$ 　　C. $(0,\sqrt{2})$ 　　D. $(\sqrt{2},0)$ 　　E. $(1,1)$

21. (2010-10)直线 l 与圆 $x^2+y^2=4$ 相交于 A,B 两点,且 AB 中点的坐标为 $(1,1)$,则直线 l 的方程为(　　)。

　　A. $y-x=1$ 　　　　B. $y-x=2$ 　　　　C. $y+x=1$

　　D. $y+x=2$ 　　　　E. $2y-3x=1$

22. (2013-10)已知圆 A: $x^2+y^2+4x+2y+1=0$,则圆 B 和圆 A 相切。

　　(1) 圆 B: $x^2+y^2-2x-6y+1=0$。

　　(2) 圆 B: $x^2+y^2-6x=0$。

23. 点 $A(5,1)$ 与点 $B(1,-1)$ 关于直线 l 对称,则直线 l 的方程为(　　)。

　　A. $x-2y+3=0$ 　　　　B. $x-2y-3=0$ 　　　　C. $2x+y-6=0$

　　D. $2x-y+6=0$ 　　　　E. $6x-y+2=0$

24. (2008-1) $a=-4$。

　　(1) 点 $A(1,0)$ 关于直线 $x-y+1=0$ 的对称点是 $A'\left(\dfrac{a}{4},-\dfrac{a}{2}\right)$。

　　(2) 直线 $l_1:(2+a)x+5y=1$ 与直线 $l_2:ax+(2+a)y=2$ 垂直。

25. 直线 l 与直线 $2x-y=1$ 关于直线 $x+y=0$ 对称,则直线 l 的方程是(　　)。

　　A. $x-2y=1$ 　　　　B. $x+2y=1$ 　　　　C. $2x+y=1$

　　D. $x-2y=-1$ 　　　　E. 以上结论均不正确

26. 已知圆 C 与圆: $x^2+y^2-2x=0$ 关于直线 $x+y=0$ 对称,则圆 C 的方程为(　　)。

　　A. $(x+1)^2+y^2=1$ 　　　　B. $x^2+y^2=1$ 　　　　C. $x^2+(y+1)^2=1$

　　D. $x^2+(y-1)^2=1$ 　　　　E. 以上结论均不正确

27.（2008-1）两直线 $y=x+1$，$y=ax+7$ 与 x 轴所围成的面积为 $\dfrac{27}{4}$。

(1) $a=-3$。　　　　　　　(2) $a=-2$。

28.（2008-1）动点 (x,y) 的轨迹是圆。

(1) $|x-1|+|y|=4$。

(2) $3(x^2+y^2)+6x-9y+1=0$。

29.（2008-10）过点 $A(2,0)$ 向圆 $x^2+y^2=1$ 作两条切线 AM 和 AN，则两切线和弧 MN 所围成的面积（见图 8-7 阴影部分）为(　　)。

A. $1-\dfrac{\pi}{3}$　　　　　　B. $1-\dfrac{\pi}{6}$　　　　　　C. $\dfrac{\sqrt{3}}{2}-\dfrac{\pi}{6}$

D. $\sqrt{3}-\dfrac{\pi}{6}$　　　　　　E. $\sqrt{3}-\dfrac{\pi}{3}$

30.（2021-1）已知 $ABCD$ 是圆 $x^2+y^2=25$ 的内接四边形，若 A、C 是直线 $x=3$ 与圆 $x^2+y^2=25$ 的交点，则四边形 $ABCD$ 面积最大值为(　　)。

A. 20　　B. 24　　C. 40　　D. 48　　E. 80

31.如图 8-8 所示，MN 是圆 O 的直径，$MN=2$，点 A 在圆 O 上，$\angle AMN=30°$，点 B 是弧 AN 的中点，点 P 是直径 MN 上一动点，则 $PA+PB$ 的最小值为(　　)。

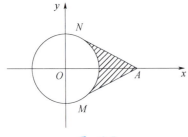
图　8-7

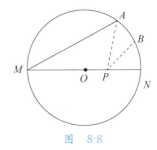
图　8-8

A. 1　　B. $\sqrt{2}$　　C. $\sqrt{3}$　　D. 2　　E. $2\sqrt{2}$

32.已知直线 $\dfrac{x}{a}+\dfrac{y}{b}=1$ 过点 $(1,2)$，且 a,b 皆为正数，那么直线与 x 轴和 y 轴所围成的三角形的面积的最小值为(　　)。

A. 2　　B. 4　　C. $2\sqrt{2}$　　D. $4\sqrt{2}$　　E. 8

基础巩固习题详解

1.【解析】根据中点坐标公式得 $\begin{cases}\dfrac{x-2}{2}=1\\\dfrac{5+y}{2}=1\end{cases}$，解得 $\begin{cases}x=4\\y=-3\end{cases}$，则 $x+y=1$，答案选 D。

2.【解析】设 C 点的坐标为 (x_0,y_0)，根据三边长相等，有 $\sqrt{(x_0-2)^2+(y_0-0)^2}=$

$\sqrt{(x_0-5)^2+(y_0-3\sqrt{3})^2}=\sqrt{(5-2)^2+(3\sqrt{3}-0)^2}$,解得 $\begin{cases}x_0=8\\y_0=0\end{cases}$ 或 $\begin{cases}x_0=-1\\y_0=3\sqrt{3}\end{cases}$,答案选D。

【技巧】C点的坐标明显有两个,排除A、B、C选项,大致画图,即可快速找到C点的坐标有一个为$(8,0)$,排除E选项,答案选D。

3.【解析】直线L的斜率$k_L=\dfrac{y_2-y_1}{x_2-x_1}=\dfrac{3-0}{-5-(-2)}=-1$,倾斜角为$135°$,答案选B。

4.【解析】方法(1),线段AB的中点$\left(\dfrac{m+1}{2},0\right)$在直线$x+2y-2=0$上,代入直线方程,解得$m=3$,答案选C。

方法(2),$AB\perp l$,则$k_{AB}\times k_l=-1$,即$\dfrac{2-(-2)}{m-1}\times\left(-\dfrac{1}{2}\right)=-1$,解得$m=3$,答案选C。

5.【解析】当$a>0,b<0$时,直线经过一、三、四象限;当$a<0,b>0$时,直线经过一、二、四象限,则直线必过一、四象限,A、B选项都不正确,直线在y轴上的截距为b(令$x=0$),不能确定正负,直线在x轴上的截距为$-\dfrac{b}{a}$(令$y=0$),而$ab<0$,则$-\dfrac{b}{a}>0$,截距为正数,答案选D。

6.【解析】条件(1),$y=-x+1$,直线通过第一、二、四象限,充分;条件(2),$y=x-1$,直线通过第一、三、四象限,不充分,答案选A。

7.【解析】直线l只要经过矩形对角线的交点$(3,2)$即可将其分为面积相等的两部分,条件(1)、(2)的两条直线都过点$(3,2)$,因此都充分,答案选D。

8.【解析】根据点到直线的距离公式得$\dfrac{|-3a-4+1|}{\sqrt{a^2+1}}=\dfrac{|6a+3+1|}{\sqrt{a^2+1}}$,解得$a=-\dfrac{1}{3}$或$a=-\dfrac{7}{9}$,答案选D。

9.【解析】两条直线平行,斜率相等,即$-\dfrac{1}{2a}=-\dfrac{3a-1}{-a}$,解得$a=\dfrac{1}{6}$;另外当$a=0$时,两条直线都为竖线,也是平行的,因此$a=\dfrac{1}{6}$或$a=0$,答案选E。

10.【解析】如图8-9所示,$k_{PA}=\dfrac{-3-1}{2-1}=-4$,$k_{PB}=\dfrac{-2-1}{-3-1}=\dfrac{3}{4}$,当直线$L$变成竖线时,斜率不存在,则直线$L$的斜率的范围为$\left[\dfrac{3}{4},+\infty\right)$或$(-\infty,-4]$,答案选A。

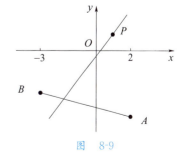

图 8-9

11.【解析】将题干中圆的方程转化成标准形式为$(x-1)^2+(y+2)^2=4$,可得圆心坐标为$(1,-2)$,答案选E。

12.【解析】令$y=0$,则$x^2+1=4$,解得$x=\pm\sqrt{3}$,与x轴的两个交点是$(-\sqrt{3},0)$,$(\sqrt{3},0)$,答案选D。

13.【解析】点在圆的内部,则$(a-1)^2+(2a-1)^2<1$,整理为$5a^2-6a+1<0$,解得$\frac{1}{5}<a<1$,答案选A。

14.【解析】由于所求的直线与$3y+2x=1$平行,可设为$3y+2x+c=0$,又直线经过圆心$(1,-2)$,代入直线方程可得$-6+2+c=0$,则$c=4$,所求直线方程为$3y+2x+4=0$,答案选C。

15.【解析】圆心(a,b)到直线$x-y+2=0$距离等于半径,即$d=\frac{|a-b+2|}{\sqrt{1^2+(-1)^2}}=r=\sqrt{2}$,整理得$|a-b+2|=2$,条件(1)、(2)都能推出此结论,均充分,答案选D。

16.【解析】方法(1),直线与圆相切,则圆心$(a,0)$到直线$ax-y=0$的距离等于半径,即$d=\frac{|a^2|}{\sqrt{a^2+1}}=r=1$,整理为$|a^2|=\sqrt{a^2+1}$,两边平方并移项整理得$(a^2)^2-a^2-1=0$,令$a^2=t(t\geq 0)$,方程即为$t^2-t-1=0(t\geq 0)$,利用求根公式求得$t_1=\frac{1+\sqrt{5}}{2}$,$t_2=\frac{1-\sqrt{5}}{2}$(舍去),因此$a^2=t=\frac{1+\sqrt{5}}{2}$,答案选E。

方法(2),联立$\begin{cases}y=ax\\(x-a)^2+y^2=1\end{cases}$,消去$y$整理得,$(a^2+1)x^2-2ax+(a^2-1)=0$,直线与圆相切,即有一个交点,则关于$x$的一元二次方程有两个相等实根,因此$\Delta=(2a)^2-4\times(a^2+1)(a^2-1)=0$,解得$a^2=\frac{1+\sqrt{5}}{2}$,答案选E。

17.【解析】方法(1),圆化为标准式$(x-2)^2+y^2=1$,直线与圆有两个交点,则圆心$(2,0)$到直线$kx-y=0$的距离小于圆的半径,即$\frac{|2k|}{\sqrt{k^2+1}}<r=1$,整理为$|2k|<\sqrt{k^2+1}$,两边平方可得,$4k^2<k^2+1$,解得$-\frac{\sqrt{3}}{3}<k<\frac{\sqrt{3}}{3}$,明显条件(1)充分,条件(2)不充分,答案选A。

方法(2),联立$\begin{cases}y=kx\\x^2+y^2-4x+3=0\end{cases}$,消去$y$整理得,$(k^2+1)x^2-4x+3=0$,直线与圆有两个交点,则关于$x$的一元二次方程有两个不同实根,因此$\Delta=4^2-4\times(k^2+1)\times 3>0$,解得$-\frac{\sqrt{3}}{3}<k<\frac{\sqrt{3}}{3}$,答案选A。

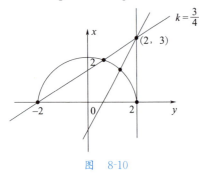

图 8-10

18.【解析】$y=\sqrt{x^2-4}\Rightarrow x^2+y^2=4(y\geq 0)$,为上半圆,直线恒过点$(2,3)$,所求$k$的范围即为直线斜率的范围,如图8-10所示,两个图像仅有一个公共点,则$k>\frac{3}{4}$,答案选D。

19.【解析】根据弦长公式$2\sqrt{r^2-d^2}=2\sqrt{3}$,又圆的半径$r=2$,则$d=1$,即圆心$(2,1)$到直线$ax+by+$

$3=0$ 的距离 $d=\dfrac{|2a+b+3|}{\sqrt{a^2+b^2}}=1$,条件(1)代入不满足,不充分;条件(2)代入满足,充分,答案选B。

20.【解析】设过点 P 的切线为 $x+y+c=0$,圆心 $(0,0)$ 到切线的距离等于半径,即 $d=\dfrac{|c|}{\sqrt{1^2+1^2}}=r=\sqrt{2}$,解得 $c=2$(舍去)或 $c=-2$,切线为 $x+y-2=0$,由于点 P 在切线上,代入选项逐一排除,只有 $(1,1)$ 满足,答案选E。

【技巧】切线的斜率为 -1,画图可以判断点 P 在第一象限或第三象限,且点 P 的横纵坐标相等,排除选项,答案选E。

21.【解析】如图8-11所示,设原点为 O,AB 的中点为 $M(1,1)$,则 $OM\perp l$,$k_{OM}\times k_l=-1$,而 $k_{OM}=1$,则 $k_l=-1$,根据点斜式,直线 l 的方程为 $y-1=-1\times(x-1)$,整理得 $y+x=2$,答案选D。

【技巧】AB 的中点 $(1,1)$ 在直线 l 上,代入选项排除,答案选D。

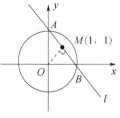

图 8-11

22.【解析】圆 A 化为标准式 $(x+2)^2+(y+1)^2=2^2$,则圆心为 $(-2,-1)$,半径 $r_1=2$,条件(1),圆 B 化为标准式 $(x-1)^2+(y-3)^2=3^2$,则圆心为 $(1,3)$,半径 $r_2=3$,两圆心距离 $d=\sqrt{(-2-1)^2+(-1-3)^2}=5=r_1+r_2$,因此两圆外切,充分;条件(2),圆 B 化为标准式 $(x-3)^2+y^2=3^2$,则圆心为 $(3,0)$,半径 $r_2=3$,两圆心距离 $d=\sqrt{(-2-3)^2+(-1-0)^2}=\sqrt{26}\ne r_1+r_2\ne|r_1-r_2|$,因此两圆不相切,不充分,答案选A。

23.【解析】直线 AB 的斜率 $k_{AB}=\dfrac{1-(-1)}{5-1}=\dfrac{1}{2}$,由于 $AB\perp l$,则 $k_{AB}\cdot k_l=-1$,因此 $k_l=-2$,又 AB 的中点 $(3,0)$ 在直线 l 上,则直线 l 的方程为 $y=-2(x-3)$,整理为 $2x+y-6=0$,答案选C。

24.【解析】条件(1),对称直线斜率为1时,可采用代入法,$x=1$ 时,$y=2$;$y=0$ 时,$x=-1$,则对称点是 $A'(-1,2)$,$a=-4$,充分;条件(2),两直线垂直,直接套用基本公式 $a_1a_2+b_1b_2=0$,即 $(2+a)\times a+5\times(2+a)=0$,解得 $a=-2$ 或 $a=-5$,不充分,答案选A。

25.【解析】关于 $y=-x$ 对称:$x\to -y$ 且 $y\to -x$,则直线 $2x-y=1$ 关于 $y=-x$ 对称的直线方程为 $2(-y)-(-x)=1$,整理为 $x-2y=1$,答案选A。

26.【解析】关于 $y=-x$ 对称:$x\to -y$ 且 $y\to -x$,$x^2+y^2-2x=0$ 化为标准式为 $(x-1)^2+y^2=1$,则圆 C 的方程为 $(-y-1)^2+(-x)^2=1$,整理为 $x^2+(y+1)^2=1$,答案选C。

27.【解析】条件(1),$y=-3x+7$,两直线的交点为 $\left(\dfrac{3}{2},\dfrac{5}{2}\right)$,两直线与 x 轴的交点分别为 $(-1,0)$ 和 $\left(\dfrac{7}{3},0\right)$,则围成的三角形的面积为 $\dfrac{1}{2}\times\left(\dfrac{7}{3}+1\right)\times\dfrac{5}{2}=\dfrac{25}{6}$,不充分;条件(2),$y=-2x+7$,两直线的交点为 $(2,3)$,两直线与 x 轴的交点分别为 $(-1,0)$ 和 $\left(\dfrac{7}{2},0\right)$,则围成的三

角形的面积为 $\frac{1}{2} \times \left(\frac{7}{2}+1\right) \times 3 = \frac{27}{4}$，充分，答案选B。

28.【解析】条件(1)，得到的为正方形，不充分；条件(2)，配方可得：$(x+1)^2 + \left(y - \frac{3}{2}\right)^2 = \frac{35}{12}$，为圆的标准方程，充分，答案选B。

【套路】形如 $|ax-b| + |cy-d| = e (a,b,c,d,e$ 均为常数)，当 $\begin{cases} a=c, \text{为正方形} \\ a \neq c, \text{为菱形} \end{cases}$，图形围成的面积为 $S = \frac{2e^2}{ac}$，图像中心坐标为 $\left(\frac{b}{a}, \frac{d}{c}\right)$。

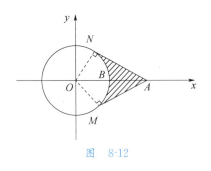

29.【解析】如图8-12所示，连接ON, OM，则$ON \perp AN$，因为$OA = 2, ON = r = 1$，则$\angle AON = 60°, AN = \sqrt{3}$，则 $S_{阴影} = 2(S_{\triangle AON} - S_{扇形BON}) = 2\left(\frac{1}{2} \times 1 \times \sqrt{3} - \pi \times 1^2 \times \frac{1}{6}\right) = \sqrt{3} - \frac{\pi}{3}$，答案选E。

30.【解析】如图8-13所示，明显当$BD \perp AC$时，面积最大为 $\frac{1}{2} BD \times AC = \frac{1}{2} \times 8 \times 10 = 40$，答案选C。

图 8-12

【套路】四边形字母必须按顺时针或者逆时针顺序书写，因此AC和BD只能是对角线。

31.【解析】如图8-14所示，做点B关于MN的对称点B'，连接AB'交MN于点P'，明显当点P与点P'重合时，$PA + PB$最小，即为AB'的长度，因为$\angle AMN = 30°$，点B是弧AN的中点，则$\angle AON = 60°, \angle BON = \angle B'ON = 30°$，因此$\angle AOB' = 90°$，而$OA = OB' = r = 1$，则$AB' = \sqrt{2}$，答案选B。

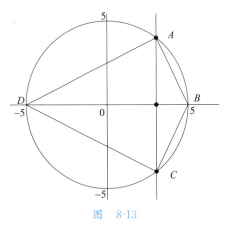

图 8-13

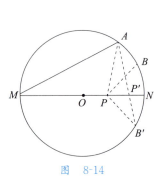

图 8-14

32.【解析】根据题意，$\frac{1}{a} + \frac{2}{b} = 1$，直线与两坐标轴所围成的三角形的面积为 $S = \frac{1}{2}ab$，根据平均值定理，$\frac{1}{a} + \frac{2}{b} = 1 \geq 2\sqrt{\frac{1}{a} \times \frac{2}{b}}$，则$ab \geq 8$，则三角形的面积的最小值为 $S = \frac{1}{2}ab \geq 4$，答案选B。

8.4 强化精讲例题

一、与直线方程相关的运用

1. 直线经过的象限

判断直线经过象限:可将直线方程化为斜截式 $y=kx+b$,见表 8-7 所示,根据斜率 k、与 y 轴截距 b 的正负性来确定。

表 8-7 判断直线经过象限

$k>0,b>0$	$k>0,b<0$	$k<0,b>0$	$k<0,b<0$
直线经过第一、二、三象限	直线经过第一、三、四象限	直线经过第一、二、四象限	直线经过第二、三、四象限

不要忘记讨论直线 $k=0$(水平线)、$k=\infty$(竖线)、$b=0$(过原点)三种特殊的情况。

【例 8-29】(2010-10)直线 $y=ax+b$ 经过第一、二、四象限。
(1) $a<0$。　　　　　　　(2) $b>0$。

【解析】两个条件明显需要联合,直线的斜率 $a<0$,与 y 轴的截距 $b>0$,因此直线一定经过第一、二、四象限,联合充分,答案选 C。

【套路】直线经过的象限问题,主要在于确定直线斜率和截距的正负性。

2. 直线恒过定点

【例 8-30】直线 $(m+1)x+(m-1)y-2=0$ 恒过的定点坐标为(　　)
A. $(1,-1)$　　　　　B. $(-1,-1)$　　　　　C. $(1,1)$
D. $(2,-1)$　　　　　E. $(1,-2)$

【解析】方法(1),直线可整理为 $(x+y)m+(x-y-2)=0$,直线恒过定点与参数 k 无关,则 $\begin{cases} x+y=0 \\ x-y-2=0 \end{cases}$,解得 $x=1,y=-1$,则直线恒过定点 $(1,-1)$,答案选 A。

方法(2),不论 m 为何值,直线都有恒过定点,则可采用特值法,分别令 $m=2$、3,得 $\begin{cases} 3x+y-2=0 \\ 4x+2y-2=0 \end{cases}$,解得 $\begin{cases} x=1 \\ y=-1 \end{cases}$,两直线的交点 $(1,-1)$ 即为恒过定点,答案选 A。

3. 直线与直线的位置关系(平行、垂直)

【例 8-31】到直线 $2x+y+1=0$ 的距离为 $\dfrac{1}{\sqrt{5}}$ 的点的集合为(　　)。

A. $2x+y-2=0$ B. $2x+y=0$
C. $2x+y=0$ 或 $2x+y-2=0$ D. $2x+y=0$ 或 $2x+y+2=0$
E. $2x+y-1=0$ 或 $2x+y-2=0$

【解析】方法(1),设满足要求的点为(x_0,y_0),利用点到直线的距离公式,则有 $\left|\dfrac{2x_0+y_0+1}{\sqrt{2^2+1^2}}\right|=\dfrac{1}{\sqrt{5}}$,解得$2x_0+y_0=0$或$2x_0+y_0+2=0$,即点的集合在直线$2x+y=0$或$2x+y+2=0$上,答案选D。

方法(2),满足要求的点的集合必然是平行于$2x+y+1=0$的直线,设所求直线为$2x+y+c=0$,利用两平行直线的距离公式,则有 $\left|\dfrac{c-1}{\sqrt{2^2+1^2}}\right|=\dfrac{1}{\sqrt{5}}$,解得$c=0$或$c=2$,即设所求直线为$2x+y=0$或$2x+y+2=0$上,答案选D。

【例8-32】已知直线$l_1:(a+2)x+(1-a)y-3=0$和直线$l_2:(a-1)x+(2a+3)y+2=0$互相垂直,则$a=($)。

A. -1 B. 1 C. ± 1 D. $-\dfrac{3}{2}$ E. 0

【解析】两条直线垂直时,直接套用基本公式$a_1a_2+b_1b_2=0$,即$(a+2)(a-1)+(1-a)(2a+3)=0$,整理为$(a-1)(a+2-2a-3)=0$,解得$a=\pm 1$,答案选C。

二、与圆的方程相关的运用

1. 半圆方程

【例8-33】(2010-10)若圆的方程是$x^2+y^2=1$,则它的右半圆(在第一象限和第四象限内的部分)的方程为(   )。

A. $y-\sqrt{1-x^2}=0$ B. $x-\sqrt{1-y^2}=0$ C. $y+\sqrt{1-x^2}=0$
D. $x+\sqrt{1-y^2}=0$ E. $x^2+y^2=\dfrac{1}{2}$

【解析】右半圆满足$x\geqslant 0$,开方整理得$x=\sqrt{1-y^2}$,即为$x-\sqrt{1-y^2}=0$,答案选B。

【套路】已知半圆的圆心为(x_0,y_0),半径为r,则

右半圆:$(x-x_0)^2+(y-y_0)^2=r^2(x\geqslant x_0)$ 或 $x=\sqrt{r^2-(y-y_0)^2}+x_0$;

左半圆:$(x-x_0)^2+(y-y_0)^2=r^2(x\leqslant x_0)$ 或 $x=-\sqrt{r^2-(y-y_0)^2}+x_0$;

上半圆:$(x-x_0)^2+(y-y_0)^2=r^2(y\geqslant y_0)$ 或 $y=\sqrt{r^2-(x-x_0)^2}+y_0$;

下半圆:$(x-x_0)^2+(y-y_0)^2=r^2(y\leqslant y_0)$ 或 $y=-\sqrt{r^2-(x-x_0)^2}+y_0$。

2. 经过原点的圆

【例8-34】(2016-1)圆$x^2+y^2-6x+4y=0$上到原点距离最远的点是(   )。

A. $(-3,2)$ B. $(3,-2)$ C. $(6,4)$
D. $(-6,4)$ E. $(6,-4)$

【解析】因为圆的方程没有常数项,当 $x=0$ 时,$y=0$,因此圆经过原点 $O(0,0)$,方程化为标准型 $(x-3)^2+(x+2)^2=13$,圆心为 $C(3,-2)$,画出图像如图 8-15 所示,则到原点距离最远的点为点 A,利用中点公式,得到点 A 的坐标为 $(6,-4)$,答案选 E。

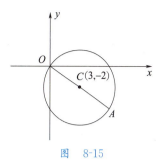

图 8-15

【技巧】此题找到圆心 $C(3,-2)$,大致画出图像,即可判断到原点距离最远的点的坐标在第四象限,通过排除法,只有 E 选项符合。

3. 与 x,y 轴相切的圆

【例 8-35】(2017-1)圆 $x^2+y^2-ax-by+c=0$ 与 x 轴相切,则能确定 c 的值。

(1) 已知 a 的值。
(2) 已知 b 的值。

【解析】方法(1),题干中圆转化为标准圆为 $\left(x-\dfrac{a}{2}\right)^2+\left(y-\dfrac{b}{2}\right)^2=\dfrac{a^2}{4}+\dfrac{b^2}{4}-c$,圆心为 $\left(\dfrac{a}{2},\dfrac{b}{2}\right)$,半径 $r=\sqrt{\dfrac{a^2}{4}+\dfrac{b^2}{4}-c}$,圆与 x 轴相切需满足圆心纵坐标的绝对值等于半径,即 $\left|\dfrac{b}{2}\right|=\sqrt{\dfrac{a^2}{4}+\dfrac{b^2}{4}-c}$,两边平方得 $\dfrac{b^2}{4}=\dfrac{a^2}{4}+\dfrac{b^2}{4}-c$,整理为 $a^2=4c$,因此要确定 c 的值,只需要知道 a 的值,答案选 A。

方法(2),x 轴的方程即为直线 $y=0$,联立 $\begin{cases} x^2+y^2-ax-by+c=0 \\ y=0 \end{cases}$,消去 y 得,$x^2-ax+c=0$,由于两个图像仅有一个交点,则关于 x 的一元二次方程有两个相等的实根,因此 $\Delta=a^2-4c=0$,即 $a^2=4c$,答案选 A。

三、直线与圆的位置关系

1. 已知直线与圆的方程,判断其位置关系

【例 8-36】(2011-10)直线 l 是圆 $x^2-2x+y^2+4y=0$ 的一条切线。

(1) $l:x-2y=0$。   (2) $l:2x-y=0$。

【解析】方法(1),题干中圆的方程转化成标准式:$(x-1)^2+(y+2)^2=5$,则圆心为 $(1,-2)$,半径 $r=\sqrt{5}$,圆心到直线的距离等于半径即相切,条件(1),$d=\dfrac{|1-2\times(-2)|}{\sqrt{1+(-2)^2}}=\sqrt{5}=r$,充分;条件(2),$d=\dfrac{|2\times1-(-2)|}{\sqrt{2^2+(-1)^2}}=\dfrac{4}{\sqrt{5}}\neq r$,不充分,答案选 A。

方法(2),条件(1),联立 $\begin{cases} x-2y=0 \\ x^2-2x+y^2+4y=0 \end{cases}$,消去 x 整理得,$5y^2=0$,则 $y=0,x=0$,则直线 l 与圆只有一个交点 $(0,0)$,直线与圆相切,充分;同理,条件(2),直线与圆有两个交点,直线与圆相交,不充分,答案选 A。

2. 已知直线与圆的位置关系，反求参数

【例8-37】(2010-10)直线 $y=k(x+2)$ 是圆 $x^2+y^2=1$ 的一条切线。

(1) $k=-\dfrac{\sqrt{3}}{3}$。　　　　(2) $k=\dfrac{\sqrt{3}}{3}$。

【解析】方法(1)，直线与圆相切，则圆心 $(0,0)$ 到直线 $kx-y+2k=0$ 的距离等于半径，即 $d=\dfrac{|2k|}{\sqrt{k^2+1}}=r=1$，两边平方整理得 $4k^2=k^2+1$，解得 $k=\pm\dfrac{\sqrt{3}}{3}$，两个条件都充分，答案选D。

方法(2)，图像法，如图8-16所示，切线 $y=k(x+2)$ 恒过点 $(-2,0)$，所求 k 值即为切线的斜率，AB 和 AC 为圆的两条切线，连接 OB，构造直角三角形，$OB=r=1$，$AO=2$，$AO=2BO$，则很容易得到两条切线的倾斜角分别为 $30°$，$150°$，对应的斜率分别为 $k_{AB}=\dfrac{\sqrt{3}}{3}$，$k_{AC}=-\dfrac{\sqrt{3}}{3}$，两个条件都充分，答案选D。

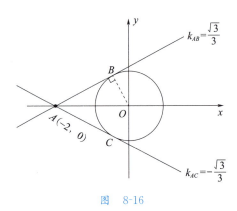

图 8-16

方法(3)，联立 $\begin{cases}y=k(x+2)\\x^2+y^2=1\end{cases}$，消去 y 整理得，$(k^2+1)x^2+4k^2x+(4k^2-1)=0$，直线与圆相切，即有一个交点，则关于 x 的一元二次方程有两个相等实根，因此 $\Delta=(4k^2)^2-4(k^2+1)(4k^2-1)=0$，解得 $k=\pm\dfrac{\sqrt{3}}{3}$，两个条件都充分，答案选D。

【例8-38】直线 $y=ax+1$ 与圆 $x^2-2x+y^2=0$ 有两个交点。

(1) $a<0$。　　　　(2) $a>1$。

【解析】方法(1)，题干中圆的方程可配方为 $(x-1)^2+y^2=1$，直线与圆有两个交点，则圆心 $(1,0)$ 到直线 $ax-y+1=0$ 的距离小于半径，即 $d=\dfrac{|a+1|}{\sqrt{a^2+1}}<r=1$，解得 $a<0$，因此条件(1)充分，条件(2)不充分，答案选A。

方法(2)，联立 $\begin{cases}y=ax+1\\x^2-2x+y^2=0\end{cases}$，消去 y 整理得，$(a^2+1)x^2+2(a-1)x+1=0$，直线

与圆有两个交点,则关于 x 的一元二次方程有两个不同实根,因此 $\Delta = [2(a-1)]^2 - 4 \times (a^2+1) > 0$,解得 $a < 0$,因此条件(1)充分,条件(2)不充分,答案选A。

【例8-39】(2020-1) $x^2 + y^2 = 2x + 2y$ 上的点到直线 $ax + by + \sqrt{2} = 0$ 的距离的最小值大于1。

(1) $a^2 + b^2 = 1$。　　　　(2) $a > 0, b > 0$。

【解析】题干圆的方程可化为 $(x-1)^2 + (y-1)^2 = 2$,则圆心为 $(1,1)$,半径 $r = \sqrt{2}$,圆心 $(1,1)$ 到直线 $ax + by + \sqrt{2} = 0$ 的距离 $d = \dfrac{|a+b+\sqrt{2}|}{\sqrt{a^2+b^2}}$,则圆上的点到直线的距离的最小值为 $\dfrac{|a+b+\sqrt{2}|}{\sqrt{a^2+b^2}} - \sqrt{2}$。条件(1),举反例 $a=1, b=0$,$\dfrac{|a+b+\sqrt{2}|}{\sqrt{a^2+b^2}} - \sqrt{2} = 1$,不充分;条件(2),明显也不充分,考虑联合,则 $(a+b)^2 = a^2 + b^2 + 2ab = 1 + 2ab > 1$,推出 $a + b > 1$,此时 $\dfrac{|a+b+\sqrt{2}|}{\sqrt{a^2+b^2}} - \sqrt{2} > 1$,联合充分,答案选C。

【例8-40】(2021-1) 设 a 为实数,圆 $C: x^2 + y^2 = ax + ay$,则能确定圆 C 的方程。

(1) 直线 $x + y = 1$ 与圆 C 相切。

(2) 直线 $x - y = 1$ 与圆 C 相切。

【解析】题干中圆 C 的方程化为标准式:$\left(x - \dfrac{a}{2}\right)^2 + \left(y - \dfrac{a}{2}\right)^2 = \dfrac{a^2}{2}$,条件(1),直线与圆相切,则圆心 $\left(\dfrac{a}{2}, \dfrac{a}{2}\right)$ 到直线 $x + y - 1 = 0$ 的距离等于半径,即 $d = \dfrac{\left|\dfrac{a}{2} + \dfrac{a}{2} - 1\right|}{\sqrt{2}} = \dfrac{|a|}{\sqrt{2}} = r$,整理为 $|a-1| = |a|$,解得 $a = \dfrac{1}{2}$,充分;条件(2),同理可得 $d = \dfrac{\left|\dfrac{a}{2} - \dfrac{a}{2} - 1\right|}{\sqrt{2}} = \dfrac{|a|}{\sqrt{2}} = r$,解得 $a = \pm 1$,无法确定,不充分,答案选A。

3. 直线与圆相交时,利用弦长公式求参数

【例8-41】圆 $x^2 + (y-2)^2 = 4$ 被直线 l 截得的弦长为 $2\sqrt{2}$。

(1) 直线 $l: y = x$。

(2) 直线 $l: y = -x$。

【解析】条件(1),圆心 $(0,2)$ 到直线 $x - y = 0$ 的距离 $d = \dfrac{|0-2|}{\sqrt{1^2 + (-1)^2}} = \sqrt{2}$,根据弦长公式 $2\sqrt{r^2 - d^2} = 2\sqrt{2^2 - \sqrt{2}^2} = 2\sqrt{2}$,充分;同理,条件(2)也充分,答案选D。

【技巧】圆心在 y 轴上,而直线 $y = x$ 与 $y = -x$ 关于 y 轴对称,明显圆被截得的弦长相等,即两个条件是等价关系,答案选D。

4. 求过圆上某点的切线方程

【例 8-42】(2014-1)已知直线 l 是圆 $x^2+y^2=5$ 在点 $(1,2)$ 处的切线,则 l 在 y 轴上的截距是( )。

A. $\dfrac{2}{5}$ B. $\dfrac{2}{3}$ C. $\dfrac{3}{2}$ D. $\dfrac{5}{2}$ E. 5

【解析】方法(1),圆心 $(0,0)$ 和切点 $(1,2)$ 可以确定一条直线 l_1,可得 $l_1:y=2x$,而 $l_1 \perp l$,则直线 l 的斜率为 $-\dfrac{1}{2}$,所以直线 l 的方程为 $y=-\dfrac{1}{2}(x-1)+2$,与 y 轴的截距:令 $x=0$,$y=\dfrac{1}{2}+2=\dfrac{5}{2}$,答案选 D。

方法(2),设直线 l 的方程为 $y=k(x-1)+2$,整理为一般式:$kx-y-k+2=0$,因为直线与圆相切,则圆心 $(0,0)$ 到直线 l 的距离 $d=\dfrac{|-k+2|}{\sqrt{k^2+1}}=\sqrt{5}$,解得 $k=-\dfrac{1}{2}$,所求直线 l 的方程为 $y=-\dfrac{1}{2}(x-1)+2$,与 y 轴的截距为 $\dfrac{5}{2}$,答案选 D。

方法(3),在圆 $x^2+y^2=r^2$ 上任意某点 (x_0,y_0) 处的切线的方程为 $x_0x+y_0y=r^2$,则在圆 $x^2+y^2=5$ 上点 $(1,2)$ 处的切线方程 l 为 $x+2y=5$,与 y 轴的截距为 $\dfrac{5}{2}$,答案选 D。

【技巧】画图观察选项,在 y 轴上的截距必然大于半径 $\sqrt{5}$,但是不会达到 5,直接选 D。

四、圆与圆的位置关系

1. 已知两圆的方程,判断其位置关系

【例 8-43】(2014-10)圆 $x^2+y^2+2x-3=0$ 与圆 $x^2+y^2-6y+6=0$ ( )。

A. 外离   B. 外切   C. 相交   D. 内切   E. 内含

【解析】题干中圆 $x^2+y^2+2x-3=0$ 配方为 $(x+1)^2+y^2=2^2$,圆心为 $(-1,0)$,半径为 2,圆 $x^2+y^2-6y+6=0$ 配方为 $x^2+(y-3)^2=\sqrt{3}^2$,圆心为 $(0,3)$,半径为 $\sqrt{3}$,两圆的圆心距 $d=\sqrt{(-1-0)^2+(0-3)^2}=\sqrt{10}$,而 $2-\sqrt{3}<\sqrt{10}<2+\sqrt{3}$,因此两圆相交,答案选 C。

2. 已知公切线条数或交点个数,判断两圆的位置关系

【例 8-44】(2008-1)圆 $C_1:\left(x-\dfrac{3}{2}\right)^2+(y-2)^2=r^2$ 与圆 $C_2:x^2-6x+y^2-8y=0$ 有交点。

(1) $0<r<\dfrac{5}{2}$。   (2) $r>\dfrac{15}{2}$。

【解析】圆 C_1 的圆心为 $\left(\dfrac{3}{2},2\right)$,半径为 r,圆 C_2 化为标准式 $(x-3)^2+(y-4)^2=5^2$,则圆

心为$(3,4)$,半径为5,根据两点距离公式,两圆的圆心距为$d=\sqrt{\left(3-\frac{3}{2}\right)^2+(4-2)^2}=\frac{5}{2}$,两圆有交点需满足$|r_1-r_2|\leqslant d\leqslant r_1+r_2$,即$|r-5|\leqslant\frac{5}{2}\leqslant r+5$,解得$\frac{5}{2}\leqslant r\leqslant\frac{15}{2}$,条件(1)和(2)都不充分,联合无交集,答案选E。

【技巧】采用极限反例法,条件(1),$0<r<\frac{5}{2}$,当$r\to 0$时,圆C_1趋近于一个定点$\left(\frac{3}{2},2\right)$,与圆$C_2$没有交点,不充分;条件(2),$r>\frac{15}{2}$,当$r\to+\infty$时,圆$C_1$半径无穷大,圆$C_2$必将被包含在圆$C_1$内,没有交点,不充分,两条件无交集,联合也不充分,答案选E。

3. 两圆相交时,求公共弦的方程或长度

【例8-45】两圆$(x-2)^2+(y+3)^2=5$和$(x-1)^2+(y+1)^2=3$有两个交点为A,B,则A,B所在直线的方程为( )。

A. $4x+2y-9=0$ B. $4x-2y+9=0$ C. $2x-4y-9=0$
D. $2x+4y-9=0$ E. $2x-4y+9=0$

【解析】$\begin{cases}x^2+y^2-4x+6y+8=0\\x^2+y^2-2x+2y-1=0\end{cases}$,两式相减得$2x-4y-9=0$,即为$A,B$所在直线的方程,答案选C。

五、对称

1. 点关于直线的对称

【例8-46】点$(-3,-1)$关于直线$3x+4y-12=0$的对称点是( )。

A. $(2,8)$ B. $(1,3)$ C. $(4,6)$ D. $(3,7)$ E. 以上结论均不正确

【解析】设对称点为(x_0,y_0),则两点中点为$\left(\frac{x_0-3}{2},\frac{y_0-1}{2}\right)$,根据对称条件得

$\begin{cases}3\times\left(\frac{x_0-3}{2}\right)+4\times\left(\frac{y_0-1}{2}\right)-12=0\\\frac{y_0+1}{x_0+3}\times\left(-\frac{3}{4}\right)=-1\end{cases}$,解得$\begin{cases}x_0=3\\y_0=7\end{cases}$,则对称点为$(3,7)$,答案选D。

【套路】已知$P_1(x_1,y_1)$关于直线$l:ax+by+c=0$的对称点$P_2(x_2,y_2)$,则①P_1P_2的中点在直线l上$\Rightarrow a\left(\frac{x_1+x_2}{2}\right)+b\left(\frac{y_1+y_2}{2}\right)+c=0$;②线段$P_1P_2$与直线$l$垂直$\Rightarrow\frac{y_2-y_1}{x_2-x_1}\times\left(-\frac{a}{b}\right)=-1$。

【技巧】尺规法,可以通过画图判断点关于直线的对称点的坐标或象限,并逐一排除选项,如果仍有干扰选项,可以利用两点的中点是否满足直线方程再次进行排除。

【例8-47】点 $P_1(1,-1)$ 关于直线 $x+y=1$ 的对称点 P_2 的坐标为(　　)。

A.$(2,0)$　　B.$(1,0)$　　C.$(-1,0)$　　D.$(0,-2)$　　E.$(-1,1)$

【解析】对称直线斜率为 -1 时，可采用代入法，$x=1$ 时，$y=0$；$y=-1$ 时，$x=2$，则 P_2 的坐标为 $(2,0)$，答案选 A。

【套路】当对称直线斜率为 ± 1 时，可采用代入法，①点 (x_0,y_0) 关于直线 $x+y+c=0$ 的对称点为 $(-y_0-c,-x_0-c)$；②点 (x_0,y_0) 关于直线 $x-y+c=0$ 的对称点为 (y_0-c,x_0+c)。

2. 直线关于直线的对称

(1) 平行直线的对称。直线 $l_1:ax+by+c_1=0$ 关于直线 $l:ax+by+c=0$ 对称的直线为 $l_2:ax+by+(2c-c_1)=0$。

(2) 相交直线的对称。直线 $l_1:a_1x+b_1y+c_1=0$ 关于直线 $l:ax+by+c=0$ 对称的直线 l_2 满足：①三线共点 P（l_2 也经过此点）；②在 l_1 上任取点 A 关于 l 的对称点 A' 在 l_2 上；③利用直线的两点式，写出 l_2 的方程。

(3) 当对称直线斜率为 ± 1 时，可采用代入法。

直线 $l_1:a_1x+b_1y+c_1=0$ 关于直线 $x+y+c=0$ 对称的直线 l_2：将 $x=-y-c,y=-x-c$ 代入 $a_1x+b_1y+c_1=0$，即为直线 l_2 的方程；

直线 $l_1:a_1x+b_1y+c_1=0$ 关于直线 $x-y+c=0$ 对称的直线 l_2：将 $x=y-c,y=x+c$ 代入 $a_1x+b_1y+c_1=0$，即为直线 l_2 的方程。

【例8-48】直线 $l_1:2x+y-4=0$ 关于直线 $l:x-y+3=0$ 对称的直线 l_2 的方程为(　　)。

A.$x+2y+7=0$　　B.$x+2y-7=0$　　C.$x-2y+7=0$

D.$x-2y-7=0$　　E.以上结论均不正确

【解析】$x-y+3=0$，将 $\begin{cases} x=y-3 \\ y=x+3 \end{cases}$ 代入 $2x+y-4=0$ 中，则有 $2(y-3)+(x+3)-4=0$，即 $x+2y-7=0$，此方程即为直线 l_2 的方程，答案选 B。

3. 圆关于直线的对称

【例8-49】(2019-1) 设圆 C 与圆 $(x-5)^2+y^2=2$ 关于 $y=2x$ 对称，则圆 C 的方程为(　　)。

A.$(x-3)^2+(y-4)^2=2$　　B.$(x+4)^2+(y-3)^2=2$

C.$(x-3)^2+(y+4)^2=2$　　D.$(x+3)^2+(y+4)^2=2$

E.$(x+3)^2+(y-4)^2=2$

【解析】圆心 $(5,0)$ 关于 $y=2x$ 对称的点即为圆 C 的圆心，通过大致画图可以判断在第二象限，逐一排除选项，只有 B、E 符合，再利用已知圆的圆心和圆 C 的圆心这两个点的中点是否满足对称直线方程再次进行排除，B 选项的圆心 $(-4,3)$ 与 $(5,0)$ 的中点为 $\left(\dfrac{1}{2},\dfrac{3}{2}\right)$，不在 $y=2x$ 上，不符合要求，E 选项的圆心 $(-3,4)$ 与 $(5,0)$ 的中点为 $(1,2)$，在 $y=2x$ 上，圆 C 的半径不变,答案选E。

【套路】求圆关于直线的对称圆,对称圆的半径大小不变,对称圆的圆心为已知圆的圆心关于直线的对称点。

4. 特殊的对称(见表8-8)

表8-8 特殊的对称

特殊对称方式	点$P(x_0,y_0)$	直线$l:ax+by+c=0$
关于x轴对称:$y \to -y$	$P'(x_0,-y_0)$	$l':ax+b(-y)+c=0$
关于y轴对称:$x \to -x$	$P'(-x_0,y_0)$	$l':a(-x)+by+c=0$
关于原点对称:$x \to -x$且$y \to -y$	$P'(-x_0,-y_0)$	$l':a(-x)+b(-y)+c=0$
关于$y=x$对称:$x \to y$且$y \to x$	$P'(y_0,x_0)$	$l':ay+bx+c=0$
关于$y=-x$对称:$x \to -y$且$y \to -x$	$P'(-y_0,-x_0)$	$l':a(-y)+b(-x)+c=0$

【例8-50】点$P(2,3)$关于直线$x+y=0$的对称点是(　　)。

A.$(4,3)$　　　　　　B.$(-2,-3)$　　　　　　C.$(-3,-2)$

D.$(-2,3)$　　　　　　E.以上结论均不正确

【解析】关于$y=-x$对称:$x \to -y$且$y \to -x$,因此,$P(2,3)$关于直线$y=-x$的对称点是$(-3,-2)$,答案选C。

【技巧】尺规法,可以通过画图判断点关于直线的对称点的坐标或象限,并逐一排除选项。

【例8-51】(2012-10)直线L与直线$2x+3y=1$关于x轴对称。

(1)$L:2x-3y=1$。　　　　(2)$L:3x+2y=1$。

【解析】关于x轴对称:$y \to -y$,则直线$2x+3y=1$关于x轴对称的直线L的方程为$2x+3(-y)=1$,整理为$2x-3y=1$,条件(1)充分,条件(2)不充分,答案选A。

5. 对称的运用

【例8-52】有一条光线从点$A(-2,4)$射到直线$2x-y-7=0$后再反射到点$B(5,8)$,则这条光线从点A到点B经过的路线长度为(　　)。

A.$3\sqrt{5}$　　B.$4\sqrt{5}$　　C.$5\sqrt{5}$　　D.$6\sqrt{5}$　　E.$5\sqrt{3}$

【解析】可以求出$A(-2,4)$关于直线$2x-y-7=0$的对称点为$A_1(10,-2)$,根据对称原理,光线实际走的距离是线段A_1B的长度,$A_1B=\sqrt{(10-5)^2+(-2-8)^2}=5\sqrt{5}$,答案选C。

六、解析几何求围成的面积

【例8-53】(2012-1)在直角坐标系中,若平面区域D中所有点的坐标(x,y)均满足$0 \leqslant x \leqslant 6, 0 \leqslant y \leqslant 6, |y-x| \leqslant 3, x^2+y^2 \geqslant 9$,则$D$的面积是(　　)。

A. $\dfrac{9}{4}(1+4\pi)$ B. $9\left(4-\dfrac{\pi}{4}\right)$ C. $9\left(3-\dfrac{\pi}{4}\right)$

D. $\dfrac{9}{4}(2+\pi)$ E. $\dfrac{9}{4}(1+\pi)$

【解析】如图8-17所示,D的面积即为阴影部分面积,可用正方形面积减去2个三角形面积与$\dfrac{1}{4}$圆的面积,则$S=6^2-2\times\dfrac{1}{2}\times 3^2-\dfrac{1}{4}\pi\times 3^2=9\left(3-\dfrac{\pi}{4}\right)$,答案选C。

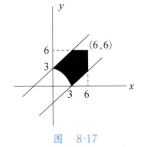

图 8-17

【套路】常见方程的图像:

$a\leqslant x\leqslant b$ 表示两条竖线 $x=a$ 和 $x=b$ 之间的区域;

$a\leqslant y\leqslant b$ 表示两条水平线 $y=a$ 和 $y=b$ 之间的区域;

$|ax+by|\leqslant c$ 表示两条平行线 $ax+by=\pm c$ 之间区域;

$x^2+y^2\geqslant r^2$ 表示圆上及圆外的区域;

$x^2+y^2\leqslant r^2$ 表示圆上及圆内的区域。

【技巧】观察图形发现,答案特征为某个常数减去多少π,则答案应该只有B、C,对图形再进行估算,面积较小,所以选C。

七、解析几何求最值问题

1. 求圆上的点到直线距离的最值

【例8-54】在圆 $x^2+y^2=4$ 上,与直线 $4x+3y-12=0$ 距离最近的点的坐标是( )。

A. $\left(\dfrac{8}{5},\dfrac{6}{5}\right)$ B. $\left(\dfrac{8}{5},-\dfrac{6}{5}\right)$ C. $\left(-\dfrac{8}{5},\dfrac{6}{5}\right)$

D. $\left(-\dfrac{8}{5},-\dfrac{6}{5}\right)$ E. $\left(\dfrac{6}{5},\dfrac{8}{5}\right)$

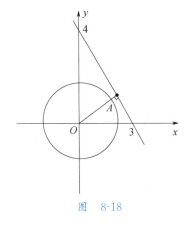

图 8-18

【解析】设此点的坐标为 $A(x_0,y_0)$,则A点在圆上,且A点与原点两点所在的直线和已知直线垂直,即 $\begin{cases}x_0^2+y_0^2=4\\ \dfrac{y_0-0}{x_0-0}\times\left(-\dfrac{4}{3}\right)=-1\end{cases}$,解得 $\begin{cases}x_0=\dfrac{8}{5}\\ y_0=\dfrac{6}{5}\end{cases}$ 或 $\begin{cases}x_0=-\dfrac{8}{5}\\ y_0=-\dfrac{6}{5}\end{cases}$,则与直线距离最近的点的坐标是 $\left(\dfrac{8}{5},\dfrac{6}{5}\right)$,最远的点的坐标是 $\left(-\dfrac{8}{5},-\dfrac{6}{5}\right)$,答案选A。

【技巧】如图8-18所示,所求点为A点,坐标在第一象限,排除B、C、D,进一步观察,A点的横坐标大于纵坐标,排除E,答案选A。

2. 某点在圆上运动,求形如 $\frac{y-b}{x-a}, ax+by, x^2+y^2$

【例8-55】 动点 (x,y) 在圆 $x^2+y^2=1$ 上运动,则 $\frac{y+1}{x+2}$ 的最大值为( )。

A. $\frac{1}{3}$ B. $\frac{2}{3}$ C. $\frac{4}{3}$ D. $\frac{5}{3}$ E. 1

【解析】 令 $\frac{y+1}{x+2}=k$,可转化为直线 $y=k(x+2)-1$,则 $\frac{y+1}{x+2}$ 的最值即为直线斜率 k 的最值,当直线与圆相切时产生最值,则圆心 $(0,0)$ 到直线 $kx-y+2k-1=0$ 的距离 $d=\frac{|2k-1|}{\sqrt{k^2+1}}=r=1$,解得 $k=0$ 或 $k=\frac{4}{3}$,因此最大值为 $\frac{4}{3}$,答案选C。

【例8-56】 若实数 x,y 满足条件:$x^2+y^2-2x+4y=0$,则 $x-2y$ 的最大值为( )。

A. $\sqrt{5}$ B. 10   C. 9
D. $5+2\sqrt{5}$ E. $2+5\sqrt{2}$

【解析】 题干中方程化为标准圆:$(x-1)^2+(y+2)^2=5$,则圆心为 $(1,-2)$,半径 $r=\sqrt{5}$,令 $x-2y=k$,可转化为直线 $x-2y-k=0$,当直线与圆相切时产生最值,则圆心 $(1,-2)$ 到直线的距离 $d=\frac{|1-2\times(-2)-k|}{\sqrt{1^2+(-2)^2}}=r=\sqrt{5}$,解得 $k=0$ 或 $k=10$,因此最大值为10,答案选B。

3. 某点在三角形区域运动,求形如 $\frac{y-b}{x-a}, ax+by, x^2+y^2$

【例8-57】 (2016-1)如图8-19所示,点 A,B,O 的坐标分别为 $(4,0),(0,3),(0,0)$,若 (x,y) 是 $\triangle AOB$ 中的点,则 $2x+3y$ 的最大值为( )。

A. 6   B. 7   C. 8
D. 9   E. 12

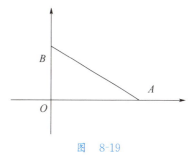

图 8-19

【解析】 令 $2x+3y=b$,则 $y=-\frac{2}{3}x+\frac{b}{3}$,看成斜率为 $-\frac{2}{3}$,与 y 轴截距为 $\frac{b}{3}$ 的直线,当在点 $B(0,3)$,截距有最大值,此时 $2x+3y$ 最大为9,答案选D。

【技巧】 某点在三角形区域内运动,则所求表达式的最值一定在三角形的顶点处产生,把点 A,B,O 的坐标分别代入 $2x+3y$,可得 $2\times4+3\times0=8$,$2\times0+3\times3=9$,$2\times0+3\times0=0$,最小值和最大值分别为0和9。

【例8-58】 (2018-1)已知点 $P(m,0),A(1,3),B(2,1)$,点 (x,y) 在三角形 PAB 上,则 $x-y$ 的最小值与最大值分别为 -2 和 1。

(1) $m\leqslant 1$。   (2) $m\geqslant -2$。

【解析】某点在三角形区域上运动,则所求表达式的最值一定在三角形的顶点处产生,把点 $P(m,0),A(1,3),B(2,1)$ 的坐标分别代入 $x-y$,可得 $x-y=m-0=m$；$x-y=1-3=-2$；$x-y=2-1=1$,结论要使 $x-y$ 的最小值与最大值分别为 -2 和 1,则 $-2\leqslant m\leqslant 1$,两个条件联合可以推出结论,答案选 C。

【例 8-59】(2020-1)设实数 x,y 满足 $|x-2|+|y-2|\leqslant 2$,则 x^2+y^2 的取值范围是( )。

A.$[2,18]$　　B.$[2,20]$　　C.$[2,36]$　　D.$[4,18]$　　E.$[4,20]$

【解析】如图 8-20 所示,$|x-2|+|y-2|\leqslant 2$ 表示的图形为正方形 $ABCD$,求 x^2+y^2 的范围,可以看作求正方形上的动点 (x,y) 到原点距离的平方的最值,观察图像可得,在点 $E(1,1)$ 处距离取最小值,$(x^2+y^2)_{\min}=1^2+1^2=2$；在点 $A(2,4)$ 或 $D(4,2)$ 处距离取最大值,$(x^2+y^2)_{\max}=2^2+4^2=20$,答案选 B。

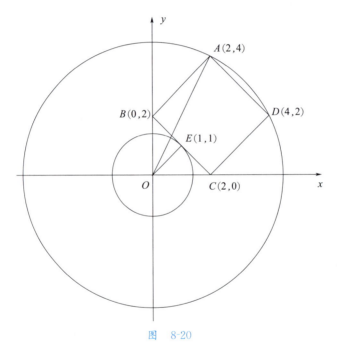

图 8-20

【技巧】特值验证,当 $x=y=1$ 时,$(x^2+y^2)_{\min}=1^2+1^2=2$；当 $x=4,y=2$ 时,$(x^2+y^2)_{\max}=2^2+4^2=20$,答案选 B。

8.5　强化提升习题

1. 直线 $l:ax+by+c=0$ 恒过第一、二、三象限。

(1) $ab<0$ 且 $bc<0$。　　　　(2) $ab<0$ 且 $ac>0$。

2. 已知直线 $(k-3)x+(4-k)y+1=0$ 与直线 $2(k-3)x-2y+3=0$ 平行,则 $k=(\quad)$。

A.1 或 3　　B.1 或 5　　C.3 或 5　　D.1 或 2　　E.以上均不正确

3. 已知直线 l 的方程为 $x+2y-4=0$，点 A 的坐标为 $(5,7)$，过点 A 作直线 l_1 垂直于 l，则垂足的坐标为（　　）。

　　A.$(6,-1)$　　B.$(4,0)$　　C.$(2,1)$　　D.$(-2,3)$　　E.$(0,2)$

4. 已知 $\triangle ABC$ 的顶点 A 坐标为 $(2,4)$，BC 边长为 4，线段 BC 在直线 $x+2y-5=0$ 上，则该三角形的面积为（　　）。

　　A.$\sqrt{3}$　　B.$\sqrt{5}$　　C.3　　D.$2\sqrt{3}$　　E.$2\sqrt{5}$

5. (2013-10) 设直线 $y=x+b$ 分别在第一和第三象限与曲线 $y=\dfrac{4}{x}$ 相交于 A、B 两点，则能确定 b 的值。

　　(1) 已知以 AB 为对角线的正方形的面积。

　　(2) 点 A 的横坐标小于纵坐标。

6. (2015-1) 圆盘 $x^2+y^2 \leqslant 2(x+y)$ 被直线 L 分为面积相等的两部分。

　　(1) $L:x+y=2$。　　(2) $L:2x-y=1$。

7. 若直线 $y=kx-4k$ 与曲线 $(x-2)^2+y^2=1$ 有公共点，则直线斜率的范围为（　　）。

　　A.$[-\sqrt{3},\sqrt{3}\,]$　　B.$(-\sqrt{3},\sqrt{3}\,)$　　C.$\left[-\dfrac{\sqrt{3}}{3},\dfrac{\sqrt{3}}{3}\right]$

　　D.$\left(-\dfrac{\sqrt{3}}{3},\dfrac{\sqrt{3}}{3}\right)$　　E.以上结论均不正确

8. 直线 $ax+by=1$ 与圆 $x^2+y^2=1$ 相交，则 $P(a,b)$ 的位置是（　　）。

　　A.在圆上　　B.在圆外　　C.在圆内　　D.圆上或圆外　　E.以上结论均有可能

9. 圆 $(x-3)^2+(y-3)^2=4$ 上到直线 $3x+4y-16=0$ 的距离等于 1 的点的个数为（　　）。

　　A.1　　B.2　　C.3　　D.4　　E.5

10. (2009-1) 圆 $(x-1)^2+(y-2)^2=4$ 和直线 $(1+2\lambda)x+(1-\lambda)y-3-3\lambda=0$ 相交于两点。

　　(1) $\lambda=\dfrac{2\sqrt{3}}{5}$。　　(2) $\lambda=\dfrac{5\sqrt{3}}{2}$。

11. 若直线 $y=x+b$ 与曲线 $x=\sqrt{1-y^2}$ 恰有一个公共点，则 b 的取值范围是（　　）。

　　A.$(-1,1]$ 或 $-\sqrt{2}$　　　　B.$(-1,1]$ 或 $\sqrt{2}$

　　C.$(-1,1)$ 或 $-\sqrt{2}$　　　　D.$\pm\sqrt{2}$

12. 已知圆 $(x-a)^2+(y-2)^2=4$ 及直线 $l:x-y+3=0$，当圆被 l 截得的弦长为 $2\sqrt{3}$ 时，$a=$（　　）。

　　A.$\sqrt{2}$　　B.$2-\sqrt{2}$　　C.$\sqrt{2}-1$　　D.$-\sqrt{2}-1$　　E.$\pm\sqrt{2}-1$

13. (2018-1) 已知圆 $C:x^2+(y-a)^2=b$，若圆 C 在点 $(1,2)$ 处的切线与 y 轴的交点为 $(0,3)$，则 $ab=$（　　）。

　　A.-2　　B.-1　　C.0　　D.1　　E.2

14. (2009-1)若圆 $C:(x+1)^2+(y-1)^2=1$ 与 x 轴交于 A 点,与 y 轴交于 B 点,则与此圆相切于劣弧 AB 中点 M(注:小于半圆的弧称为劣弧)的切线方程是(　　)。

　　A. $y=x+2-\sqrt{2}$　　　　B. $y=x+1-\dfrac{1}{\sqrt{2}}$　　　　C. $y=x-1+\dfrac{1}{\sqrt{2}}$

　　D. $y=x-2+\sqrt{2}$　　　　E. $y=x+1-\sqrt{2}$

15. (2009-10)圆 $(x-3)^2+(y-4)^2=25$ 与圆 $(x-1)^2+(y-2)^2=r^2(r>0)$ 相切。

　　(1) $r=5\pm 2\sqrt{3}$。　　　　(2) $r=5\pm 2\sqrt{2}$。

16. (2014-1)已知 x,y 为实数,则 $x^2+y^2\geqslant 1$。

　　(1) $4y-3x\geqslant 5$。　　　　(2) $(x-1)^2+(y-1)^2\geqslant 5$。

17. (2021-1)设 x,y 为实数,则能确定 $x\leqslant y$。

　　(1) $x^2\leqslant y-1$。　　　　(2) $x^2+(y-2)^2\leqslant 2$。

18. (2013-1)已知平面区域 $D_1=\{(x,y)|x^2+y^2\leqslant 9\}$,$D_2=\{(x,y)|(x-x_0)^2+(y-y_0)^2\leqslant 9\}$,则 D_1,D_2 覆盖区域的边界长度为 8π。

　　(1) $x_0^2+y_0^2=9$。　　　　(2) $x_0+y_0=3$。

19. 在平面直角坐标系中,以直线 $y=2x+4$ 为轴与原点对称的点的坐标是(　　)。

　　A. $\left(-\dfrac{16}{5},\dfrac{8}{5}\right)$　　　　B. $\left(-\dfrac{8}{5},\dfrac{4}{5}\right)$　　　　C. $\left(\dfrac{16}{5},\dfrac{8}{5}\right)$

　　D. $\left(\dfrac{8}{5},\dfrac{4}{5}\right)$　　　　E. 以上结论均不正确

20. 光经过点 $P(2,3)$ 照射在 $x+y+1=0$,反射后经过点 $Q(3,-2)$,则反射光线所在的直线方程为(　　)。

　　A. $7x+5y+1=0$　　　　B. $x+7y-17=0$　　　　C. $x-7y+17=0$

　　D. $x-7y-17=0$　　　　E. $7x-5y+1=0$

21. 直线 $l_1:2x-y-3=0$ 关于直线 $l:4x-2y+5=0$ 对称的直线 l_2 的方程为(　　)。

　　A. $x-2y+8=0$　　　　B. $2x+y+8=0$　　　　C. $2x-y-8=0$。

　　D. $2x-y+8=0$　　　　E. 以上结论均不正确

22. 圆 $(x-3)^2+(y+2)^2=4$ 关于 y 轴对称的圆的方程为(　　)。

　　A. $(x-3)^2+(y-2)^2=4$　　　　B. $(x+3)^2+(y+2)^2=4$

　　C. $(x+3)^2+(y-2)^2=4$　　　　D. $(x+2)^2+(y+3)^2=4$

　　E. $(x+2)^2+(y-3)^2=4$

23. (2008-1)以直线 $y+x=0$ 为对称轴且与直线 $y-3x=2$ 对称的直线方程为(　　)。

　　A. $y=\dfrac{x}{3}+\dfrac{2}{3}$　　　　B. $y=-\dfrac{x}{3}+\dfrac{2}{3}$　　　　C. $y=-3x-2$

　　D. $y=-3x+2$　　　　E. 以上结论均不正确

24. (2010-10)圆 C_1 是圆 $C_2:x^2+y^2+2x-6y-14=0$ 关于直线 $y=x$ 的对称圆。

　　(1) 圆 $C_1:x^2+y^2-2x-6y-14=0$。

　　(2) 圆 $C_1:x^2+y^2+2y-6x-14=0$。

25. (2009-1)设直线 $nx+(n+1)y=1$ (n 为正整数)与两坐标轴围成的三角形面积为 $S_n(n=1,2,\cdots,2009)$，则 $S_1+S_2+\cdots+S_{2009}=$（　　）。

  A. $\dfrac{1}{2}\times\dfrac{2009}{2008}$ B. $\dfrac{1}{2}\times\dfrac{2008}{2009}$ C. $\dfrac{1}{2}\times\dfrac{2009}{2010}$

  D. $\dfrac{1}{2}\times\dfrac{2010}{2009}$ E. 以上结论均不正确

26. 已知点 $A(-2,0)$，点 $B(0,2)$，点 C 为圆 $x^2+y^2-2x=0$ 上的一动点，则 $\triangle ABC$ 面积的最大值为（　　）。

  A. $\sqrt{2}$ B. $3-\sqrt{2}$ C. 3   D. $3+\sqrt{2}$ E. 5

27. 动点 (x,y) 在圆 $(x-2)^2+y^2=1$ 上运动，则 $\dfrac{y}{x}$ 的最大值为（　　）。

  A. $\sqrt{3}$ B. $\sqrt{2}$ C. $\dfrac{\sqrt{3}}{3}$ D. $\dfrac{\sqrt{2}}{2}$ E. 1

28. 能确定 $x+y$ 的最小值。

  (1) x,y 是面积为 3 的矩形两相邻边长。

  (2) 点 (x,y) 在圆 $x^2+(y+1)^2=4$ 上运动。

29. (2012-10)设 A,B 分别是圆周 $(x-3)^2+(y-\sqrt{3})^2=3$ 上使 $\dfrac{y}{x}$ 取到最大值和最小值的点，O 是坐标原点，则 $\angle AOB$ 的大小为（　　）。

  A. $\dfrac{\pi}{2}$ B. $\dfrac{\pi}{3}$ C. $\dfrac{\pi}{4}$ D. $\dfrac{\pi}{6}$ E. $\dfrac{5\pi}{12}$

30. 动点 (x,y) 在圆 $(x-3)^2+(y-4)^2=64$ 上运动，则 x^2+y^2 的最小值为（　　）。

  A. 8   B. 9   C. 12   D. 16   E. 20

31. 过点 $p(1,4)$ 作一条直线 l，使其在两坐标轴上的截距均为正，则截距之和的最小值为（　　）。

  A. 5   B. 6   C. 8   D. 9   E. 10

32. (2011-1)已知实数 a,b,c,d 满足 $a^2+b^2=1$，$c^2+d^2=1$，则 $|ac+bd|<1$。

  (1) 直线 $ax+by=1$ 与 $cx+dy=1$ 仅一个交点。

  (2) $a\neq c, b\neq d$。

强化提升习题详解

1.【解析】将题干中直线化为斜截式：$y=-\dfrac{a}{b}x+\left(-\dfrac{c}{b}\right)$，条件(1)，可以推出斜率 $k=-\dfrac{a}{b}>0$，与 y 轴截距 $-\dfrac{c}{b}>0$，则直线过第一、二、三象限，充分；条件(2)，明显可以推出 $bc<0$，也充分，答案选 D。

2.【解析】两条直线平行，直接套用基本公式 $a_1b_2=a_2b_1$ 可得，$(k-3)(-2)=2(k-3)(4-k)$，解得 $k=3$ 或 $k=5$，答案选 C。

【套路】当 $k=3$ 时，两条直线均为竖线，斜率不存在，这种特殊情况很容易被忽略。

3.【解析】因为 $l_1 \perp l$，则 $k_{l_1} \times k_l = -1$，又因为 $k_l = -\dfrac{1}{2}$，则 $k_{l_1} = 2$，又因为直线 l_1 过点 $A(5,7)$，则 l_1 的方程为 $y - 7 = 2(x - 5)$，整理为 $2x - y - 3 = 0$，垂足为 l_1，l 的交点，联立 $\begin{cases} x + 2y - 4 = 0 \\ 2x - y - 3 = 0 \end{cases}$，解得 $\begin{cases} x = 2 \\ y = 1 \end{cases}$，即垂足的坐标为 $(2,1)$，答案选 C。

4.【解析】该三角形 BC 边上的高即为点 $A(2,4)$ 到直线 $x + 2y - 5 = 0$ 的距离，则 $h = d = \dfrac{|2 + 2 \times 4 - 5|}{\sqrt{1^2 + 2^2}} = \sqrt{5}$，该三角形面积 $S = \dfrac{1}{2} BC \times h = \dfrac{1}{2} \times 4 \times \sqrt{5} = 2\sqrt{5}$，答案选 D。

5.【解析】直线的斜率 $k = 1$，倾斜角固定为 $45°$，所求 b 的值为直线与 y 轴的截距，条件（1），可以确定 AB 的长度，即两个图像交点的距离可以确定，如图 8-21 所示，可以画出两条关于原点对称的直线，因此直线与 y 轴的截距有一正一负，b 的值不能确定，不充分；条件（2），明显不充分；两个条件联合，A_2 的横坐标大于纵坐标，则 A_2B_2 这条直线不符合，A_1B_1 直线符合，则 b 的值能确定，联合充分，答案选 C。

6.【解析】圆盘整理为 $(x-1)^2 + (y-1)^2 \leq 2$，要被直线 L 分为面积相等的两个部分，只需要满足直线 L 过圆心 $(1,1)$ 即可，条件（1）和（2）都充分，答案选 D。

7.【解析】方法（1），直线与圆 $(x-2)^2 + y^2 = 1$ 有公共点，则圆心 $(2,0)$ 到直线 $kx - y - 4k = 0$ 的距离小于等于半径，即 $d = \left|\dfrac{2k - 4k}{\sqrt{k^2 + 1}}\right| \leq r = 1$，两边平方，分式化整，解得 $k^2 \leq \dfrac{1}{3}$，即 $-\dfrac{\sqrt{3}}{3} \leq k \leq \dfrac{\sqrt{3}}{3}$，答案选 C。

方法（2），图像法，如图 8-22 所示，直线整理为 $y = k(x - 4)$，恒过点 $(4,0)$，所求 k 值即为直线的斜率，先研究直线与圆相切时对应的斜率，设切点为 B，连接 AB，构造直角三角形，$AB = r = 1$，$AD = 2$，很容易得到两条切线的倾斜角分别为 $30°$、$150°$，对应的斜率为 $k_{CD} = \dfrac{\sqrt{3}}{3}$，$k_{BD} = -\dfrac{\sqrt{3}}{3}$，而直线与圆有公共点，则 $-\dfrac{\sqrt{3}}{3} \leq k \leq \dfrac{\sqrt{3}}{3}$，答案选 C。

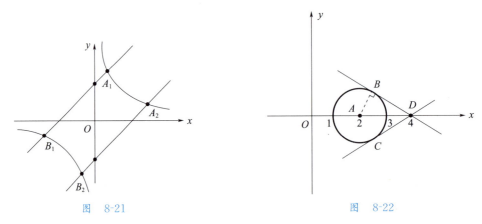

图 8-21　　　　　图 8-22

8.【解析】圆心为 $(0,0)$，半径为 $r = 1$，直线与圆相交，则圆心到 $ax + by - 1 = 0$ 的距离 $d = \dfrac{|-1|}{\sqrt{a^2 + b^2}} < r = 1$，整理得 $a^2 + b^2 > 1$，即 P 点到原点的距离大于半径，所以 P 点在圆外，

答案选B。

9.【解析】圆心$(3,3)$到直线$3x+4y-16=0$的距离$d=\dfrac{|3\times3+4\times3-16|}{\sqrt{3^2+4^2}}=1$,又因为圆的半径$r=2$,则圆上的点到直线的距离等于1的个数有3个,答案选C。

10.【解析】方法(1),直线与圆相交,则圆心$(1,2)$到直线$(1+2\lambda)x+(1-\lambda)y-3-3\lambda=0$的距离小于半径,即$d=\dfrac{|3\lambda|}{\sqrt{(1+2\lambda)^2+(1-\lambda)^2}}<r=2$,整理为$11\lambda^2+8\lambda+8>0$,由于$\Delta=8^2-4\times11\times8<0$,因此对于任意$\lambda$,不等式$11\lambda^2+8\lambda+8>0$恒成立,条件(1)和(2)都充分,答案选D。

方法(2),题干中直线整理为$(2x-y-3)\lambda+(x+y-3)=0$,令$\begin{cases}2x-y-3=0\\x+y-3=0\end{cases}$,解得$\begin{cases}x=2\\y=1\end{cases}$,直线恒过点$(2,1)$,而点$(2,1)$在圆的内部,所以直线与圆恒有两个交点,条件(1)和(2)都充分,答案选D。

【套路】带参数的直线方程在解题中经常出现,若能适时地应用直线恒过定点这一现象,可以简化解题过程,优化解题思路,起到事半功倍的效果。

11.【解析】$x=\sqrt{1-y^2}\Rightarrow x^2+y^2=1(x\geq0)$,为右半圆,直线$y=x+b$斜率为1,倾斜角固定为$45°$,所求$b$值即为直线与$y$轴截距,如图8-23所示,两个图像恰有一个公共点,则$-1<b\leq1$或$b=-\sqrt{2}$,答案选A。

12.【解析】圆心$(a,2)$到直线$x-y+3=0$的距离$d=\dfrac{|a-2+3|}{\sqrt{1^2+(-1)^2}}=\dfrac{|a+1|}{\sqrt{2}}$,根据弦长公式$2\sqrt{r^2-d^2}=2\sqrt{2^2-\left(\dfrac{|a+1|}{\sqrt{2}}\right)^2}=2\sqrt{3}$,解得$a=\pm\sqrt{2}-1$,答案选E。

13.【解析】依题意得,切线过点$(1,2)$和$(0,3)$,圆心$(0,a)$和切点$(1,2)$所在的直线与切线垂直,则斜率互为负倒数,即$\dfrac{a-2}{0-1}\times\dfrac{3-2}{0-1}=-1$,解得$a=1$,将点$(1,2)$代入圆$C$的方程有$1^2+(2-1)^2=b$,解得$b=2$,所以$ab=2$,答案选E。

【技巧】在圆$(x-a)^2+(y-b)^2=r^2$上任意某点(x_0,y_0)处的切线的方程为$(x_0-a)(x-a)+(y_0-b)(y-b)=r^2$,则在圆$x^2+(y-a)^2=b$上点$(1,2)$处的切线的方程为$1\times x+(2-a)(y-a)=b$,切线过点$(1,2)$和$(0,3)$,代入可得$\begin{cases}1\times1+(2-a)(2-a)=b\\1\times0+(2-a)(3-a)=b\end{cases}$,解得$a=1,b=2$,则$ab=2$。

14.【解析】如图8-24所示,切线EF的斜率明显为1(与AB平行),再求出y轴上的截距OF即可,由于$OC=\sqrt{2}$,所以$OM=OC-MC=OC-r=\sqrt{2}-1$,而$\triangle OEF$为等腰直角三角形,所以$OF=OE=\sqrt{2}OM=\sqrt{2}(\sqrt{2}-1)=2-\sqrt{2}$,所以切线方程为$y=x+2-\sqrt{2}$,答案选A。

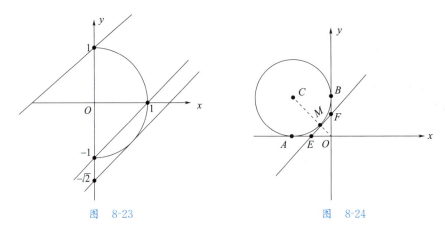

图 8-23   图 8-24

【技巧】画图分析,切线在 y 轴上的截距为正且小于1,排除法,只有A、B符合。A的截距 $2-\sqrt{2}\approx 0.6$,B的截距为 $1-\dfrac{1}{\sqrt{2}}\approx 0.3$,观察图像,截距 $OF>BF$,而 $OB=1$,则 $OF>0.5$。

15.【解析】两圆的圆心分别为 $(3,4)$ 和 $(1,2)$,半径分别为5和 r,两个圆心之间的距离 $d=\sqrt{(3-1)^2+(4-2)^2}=2\sqrt{2}$,两圆相切包含两种情况,当两个圆外切时,$2\sqrt{2}=5+r$,解得 $r=2\sqrt{2}-5<0$,r 不存在;当两个圆内切时,$2\sqrt{2}=|5-r|$,解得 $r=5\pm2\sqrt{2}$,明显条件(1)不充分,条件(2)充分,答案选B。

16.【解析】如图 8-25 所示,结论要求的点 (x,y) 都在圆 $x^2+y^2=1$ 圆上或圆外,条件(1),点 (x,y) 在 $4y-3x=5$ 直线上及左上方,而圆心 $(0,0)$ 到直线 $3x-4y+5=0$ 的距离 $d=\dfrac{|5|}{\sqrt{3^2+4^2}}=1=r$,则直线与圆相切,因此条件(1)的点 (x,y) 都在 $x^2+y^2=1$ 圆上或圆外,充分;条件(2),点 (x,y) 在 $(x-1)^2+(y-1)^2=5$ 圆上及圆外,而其圆心 $(1,1)$ 与圆 $x^2+y^2=1$ 圆心 $(0,0)$ 的距离 $d=\sqrt{(1-0)^2+(1-0)^2}=\sqrt{2}$,$\sqrt{5}-1<d<\sqrt{5}+1$,则两圆相交,因此条件(2)的点 (x,y) 有一部分在圆 $x^2+y^2=1$ 内,不充分,答案选A。

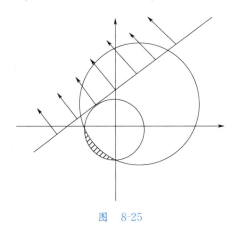

图 8-25

【技巧】条件(2),极限反例,当 $x=y=-0.6$ 时,推不出结论,不充分,则直接选A。

17.【解析】$x \leqslant y$,表示的是直线 $y=x$ 的上方区域,条件(1),如图 8-26 所示,表示的是抛物线 $y=x^2+1$ 的上方区域,联立 $\begin{cases} y=x \\ y=x^2+1 \end{cases}$,整理得 $x^2-x+1=0$,$\Delta<0$,直线与抛物线无交点,则抛物线在直线的上方,充分;条件(2),如图 8-27 所示,表示的是以 $(0,2)$ 为圆心,$\sqrt{2}$ 为半径的圆上及圆内区域,圆心 $(0,2)$ 到直线 $x-y=0$ 的距离 $d=\dfrac{|0-2|}{\sqrt{2}}=\sqrt{2}=r$,则圆与直线相切,且在直线的上方,因此条件(2)也充分,答案选 D。

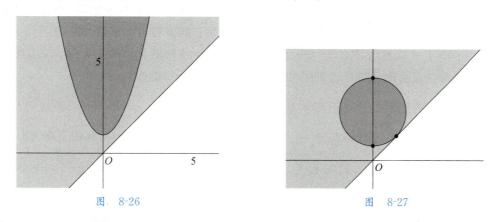

图 8-26   图 8-27

18.【解析】圆 $x^2+y^2=9$ 的圆心为 $A(0,0)$,半径 $r_1=3$,圆 $(x-x_0)^2+(y-y_0)^2=9$ 的圆心为 $B(x_0,y_0)$,半径 $r_2=3$,D_1,D_2 为圆上及圆内覆盖的区域,条件(1),如图 8-28 所示,圆心 $B(x_0,y_0)$ 在圆 $x^2+y^2=9$ 上运动,则两圆互过对方圆心,圆心 $B(x_0,y_0)$ 不论如何运动,两圆覆盖的区域形态不变,覆盖区域的边界长度为两圆周长减去中间两个弧长,而 $\triangle ABC$ 为等边三角形,所以圆心角 $\angle CAD=2\angle CAB=120°$,因此覆盖区域的边界长度为 $2\left(2\pi\times 3-2\pi\times 3\times\dfrac{120°}{360°}\right)=8\pi$,充分;条件(2),如图 8-29 所示,圆心 $B(x_0,y_0)$ 在直线 $x+y=9$ 上运动,无法确定两个圆的圆心距,两圆覆盖的区域形态会发生变化,覆盖区域的边界长度也不确定,不充分,答案选 A。

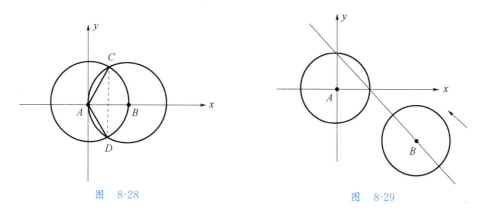

图 8-28   图 8-29

19.【解析】设对称点为(x_0,y_0),则两点中点为$\left(\dfrac{x_0}{2},\dfrac{y_0}{2}\right)$,根据对称条件得

$\begin{cases}\dfrac{y_0}{2}=2\times\left(\dfrac{x_0}{2}\right)+4\\ \dfrac{\dfrac{y_0}{2}-0}{\dfrac{x_0}{2}-0}\times 2=-1\end{cases}$,解得$\begin{cases}x_0=-\dfrac{16}{5}\\ y_0=\dfrac{8}{5}\end{cases}$,则对称点为$\left(-\dfrac{16}{5},\dfrac{8}{5}\right)$,答案选A。

【技巧】尺规法,可以通过画图判断点关于直线的对称点的坐标或象限,并逐一排除选项,如果仍有干扰选项,可以利用两点的中点是否满足直线方程再次进行排除。

20.【解析】可以求出$P(2,3)$关于直线$x+y+1=0$的对称点为$P_1(-4,-3)$,则P_1Q所在的直线即为反射光线所在的直线,即$x-7y-17=0$,答案选D。

21.【解析】直线$l:4x-2y+5=0$可以整理为$l:2x-y+\dfrac{5}{2}=0$,明显l_1平行于l,根据平行直线的对称,直线$l_1:ax+by+c_1=0$关于直线$l:ax+by+c=0$对称的直线为$l_2:ax+by+(2c-c_1)=0$,则直线l_2的方程为$2x-y+\left[\dfrac{5}{2}\times 2-(-3)\right]=0$,即$2x-y+8=0$,答案选D。

22.【解析】圆心$(3,-2)$关于y轴对称的点为$(3,2)$,即为对称圆的圆心,则对称的圆的方程为$(x+3)^2+(y+2)^2=4$,答案选B。

23.【解析】关于$y=-x$对称:$x\to -y$且$y\to -x$,则直线$y-3x=2$关于$y=-x$对称的直线方程为$(-x)-3(-y)=2$,整理为$y=\dfrac{x}{3}+\dfrac{2}{3}$,答案选A。

24.【解析】关于$y=x$对称:$x\to y$且$y\to x$,因此圆$C_2:x^2+y^2+2x-6y-14=0$关于直线$y=x$的对称圆为$y^2+x^2+2y-6x-14=0$,因此,条件(1)不充分,条件(2)充分,答案选B。

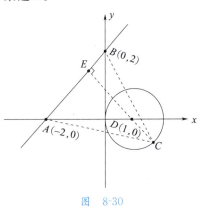

图 8-30

25.【解析】直线与x轴的交点为$\left(\dfrac{1}{n},0\right)$,与$y$轴的交点为$\left(0,\dfrac{1}{n+1}\right)$,则直线与两坐标轴围成的三角形面积为$S_n=\dfrac{1}{2}\times\dfrac{1}{n}\times\dfrac{1}{n+1}=\dfrac{1}{2}\times\dfrac{1}{n(n+1)}=\dfrac{1}{2}\left(\dfrac{1}{n}-\dfrac{1}{n+1}\right)$,因此$S_1+S_2+\cdots+S_{2009}=\dfrac{1}{2}\left(1-\dfrac{1}{2}\right)+\dfrac{1}{2}\left(\dfrac{1}{2}-\dfrac{1}{3}\right)+\cdots+\dfrac{1}{2}\left(\dfrac{1}{2009}-\dfrac{1}{2010}\right)=\dfrac{1}{2}\times\dfrac{2009}{2010}$,答案选C。

26.【解析】如图8-30所示,题干中圆的方程配方为$(x-1)^2+y^2=1$,$\triangle ABC$的底边$AB=2\sqrt{2}$,高h的最大值为圆心到AB的距离加上半径,即$h_{\max}=CE=DE+DC=d+r$,

而圆心 $D(1,0)$ 到直线 $AB:x-y+2=0$ 的距离 $d=\dfrac{|1-0+2|}{\sqrt{1^2+(-1)^2}}=\dfrac{3}{\sqrt{2}}$，$r=1$，则 $h_{\max}=\dfrac{3}{\sqrt{2}}+1$，因此，$\triangle ABC$ 面积的最大值为 $\dfrac{1}{2}\times 2\sqrt{2}\times\left(\dfrac{3}{\sqrt{2}}+1\right)=3+\sqrt{2}$，答案选 D。

【技巧】由于 $\angle BAD=45°$，则 $\triangle AED$ 为等腰直角三角形，又因为 $AD=3$，则 $DE=\dfrac{3}{\sqrt{2}}$。

27.【解析】令 $\dfrac{y}{x}=k$，可转化为直线 $y=kx$，则 $\dfrac{y}{x}$ 的最值即为直线斜率 k 的最值，当直线与圆相切时产生最值，则圆心 $(2,0)$ 到直线 $kx-y=0$ 的距离 $d=\dfrac{|2k|}{\sqrt{k^2+1}}=r=1$，解得 $k=-\dfrac{\sqrt{3}}{3}$ 或 $k=\dfrac{\sqrt{3}}{3}$，因此最大值为 $\dfrac{\sqrt{3}}{3}$，答案选 C。

28.【解析】条件(1)，$xy=3$，根据平均值定理，$x+y\geqslant 2\sqrt{xy}=2\sqrt{3}$，充分；条件(2)，令 $x+y=m$，看作直线方程，明显当直线和圆相切时产生最值，即圆心 $(0,-1)$ 到 $x+y-m=0$ 距离 $d=\dfrac{|0-1-m|}{\sqrt{1^2+1^2}}=r=2$，解得 $m=-1\pm 2\sqrt{2}$，则 $x+y$ 的最小值为 $-1-2\sqrt{2}$，充分，答案选 D。

29.【解析】令 $\dfrac{y}{x}=k$，可转化为直线 $y=kx$，则 $\dfrac{y}{x}$ 的最值即为直线 $y=kx$ 的斜率 k 的最值，当直线与圆相切时产生最值，则圆心 $(3,\sqrt{3})$ 到直线 $kx-y=0$ 的距离 $d=\dfrac{|3k-\sqrt{3}|}{\sqrt{k^2+1}}=r=\sqrt{3}$，解得 $k=\sqrt{3}$ 或 $k=0$，即 $\dfrac{y}{x}$ 的最大值为 $\sqrt{3}$，最小值为 0，$\angle AOB$ 是直线 $y=\sqrt{3}x$ 与 $y=0$（x 轴）的夹角，而直线 $y=\sqrt{3}x$ 的倾斜角为 $\dfrac{\pi}{3}$，因此 $\angle AOB=\dfrac{\pi}{3}$，答案选 B。

【技巧】图像法，如图 8-31 所示，令 $\dfrac{y}{x}=k$，可转化为过原点的直线 $y=kx$，当直线与圆相切时产生最值，因为 $BC=r=\sqrt{3}$，$OB=3$，则 $\angle BOC=\dfrac{\pi}{6}$，因此 $\angle AOB=\dfrac{\pi}{3}$。

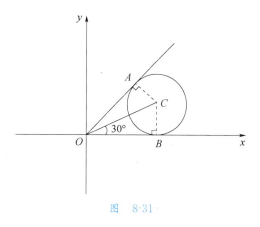

图 8-31

30.【解析】圆心为 $(3,4)$，半径 $r=8$，求 x^2+y^2 最小值，可以看作求圆上的动点 (x,y) 到原点距离的平方的最小值，又因为原点在圆的内部，则圆上的点到原点最小距离为半径减去圆心到原点的距离，即 $r-d=8-\sqrt{(3-0)^2+(4-0)^2}=8-5=3$，则 $\left(x^2+y^2\right)_{\min}=3^2=9$，答案选 B。

31.【解析】利用截距式，设直线 l 的方程为 $\dfrac{x}{a}+\dfrac{y}{b}=1$，过点 $p(1,4)$，则 $\dfrac{1}{a}+\dfrac{4}{b}=1(a>0,$

$b>0$),则截距之和为 $a+b$,利用平均值定理 $a+b=(a+b)\left(\dfrac{1}{a}+\dfrac{4}{b}\right)=5+\dfrac{b}{a}+\dfrac{4a}{b}\geqslant 5+2\sqrt{4}=9$,当且仅当 $\dfrac{b}{a}=\dfrac{4a}{b}$,即 $b=2a$ 时,取到等号,则 $\dfrac{1}{a}+\dfrac{4}{2a}=1$,解得 $a=3,b=6$,此时直线的方程为 $\dfrac{x}{3}+\dfrac{y}{6}=1$,答案选 D。

32.【解析】条件(1),直线相交,即斜率不相等,则 $-\dfrac{a}{b}\neq -\dfrac{c}{d}$,即 $ad\neq bc$,因此 $(ac+bd)^2-(a^2+b^2)(c^2+d^2)=2abcd-a^2d^2-b^2c^2=-(ad-bc)^2<0$,则 $(ac+bd)^2<(a^2+b^2)(c^2+d^2)=1$,即 $|ac+bd|<1$,充分;条件(2),$a\neq c,b\neq d$,不能推出 $ad\neq bc$,因此推不出 $|ac+bd|<1$,当然也可以找到反例 $a=b=\dfrac{\sqrt{2}}{2},c=d=-\dfrac{\sqrt{2}}{2}$,则 $|ac+bd|=1$,不充分,答案选 A。

【套路】二维形式的柯西不等式:$(ac+bd)^2\leqslant(a^2+b^2)(c^2+d^2)$(当且仅当 $ad=bc$ 时,取到等号)。

第9章 排列组合

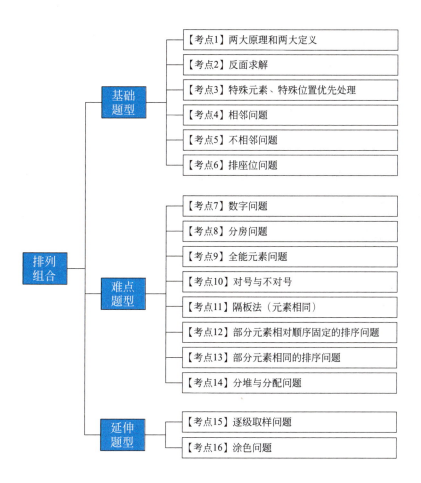

9.1 知识要点归纳

一、两大基本原理

1. 加法原理(分类原理)

做一件事,完成它有 n 类办法,第一类办法中有 m_1 种不同的方法,第二类办法中有 m_2 种不同的方法,…,第 n 类办法中有 m_n 种不同的方法,那么完成这件事共有 $N = m_1 + m_2 + \cdots + m_n$ 种不同的方法。

加法原理需要注意每类办法中的任何一种方法都能独立完成任务,分成几类就有几项相加。

2. 乘法原理(分步原理)

做一件事,完成它需要 n 个步骤,做第一个步骤有 m_1 种不同的方法,做第二个步骤有 m_2 种不同的方法,$\cdots$,做第 n 个步骤有 m_n 种不同的方法,那么完成这件事共有 $N=m_1 m_2 \cdots m_n$ 种不同的方法。

乘法原理需要注意缺少任何一步均无法完成任务,分成几步就有几项相乘。

3. 两大原理的联系

(1) 分类时注意不重不漏,分步时注意各个步骤需要依次连续完成。

(2) 分类相加,分步相乘。

二、两大基本定义

1. 组合

(1) 组合定义

从 n 个不同元素中,任意取出 m 个元素($m \leqslant n$)并为一组,称为一个组合,所有的组合数记为 C_n^m。如从 A,B,C 三个不同小球中任取两个,所有的情况数为 $C_3^2 = 3$。需要注意组与组取出的 m 个元素不完全相同,而不是完全不同。

(2) 组合公式

$$C_n^m = \frac{n(n-1) \times \cdots \times (n-m+1)}{m(m-1) \times \cdots \times 3 \times 2 \times 1}$$

如 $C_6^2 = \frac{6 \times 5}{2 \times 1} = 15$,$C_6^4 = \frac{6 \times 5 \times 4 \times 3}{4 \times 3 \times 2 \times 1} = 15$;$C_n^m = C_n^{n-m}$ $\left(\text{当}\, m > \frac{n}{2}\, \text{时,可简化计算}\right)$。

常用组合数

$C_3^2 = C_3^1 = 3$

$C_4^3 = C_4^1 = 4, C_4^2 = 6$

$C_5^4 = C_5^1 = 5, C_5^3 = C_5^2 = 10$

$C_6^5 = C_6^1 = 6, C_6^4 = C_6^2 = 15, C_6^3 = 20$

$C_n^n = C_n^0 = 1, C_n^{n-1} = C_n^1 = n$

(3) 阶乘定义

$$n! = n(n-1) \times \cdots \times 3 \times 2 \times 1$$

阶乘表示不同元素排序的方法数,$n!$ 表示 n 个不同元素全排的方法数。如将 A,B,C 三个不同小球排成一排,所有的情况数为 $3! = 6$。

常用数有:$0! = 1, 1! = 1, 2! = 2, 3! = 6, 4! = 24, 5! = 120, 6! = 720$。

2. 排列

(1) 排列定义

从 n 个不同的元素中,任意取出 m 个元素($m \leqslant n$),并按顺序排成一列,称为一个排列,所有的排列数记为 P_n^m 或 A_n^m。

如从 A,B,C 三个不同小球中任取两个,并按顺序排成一列,所有的情况数为

$$C_3^2 \times 2! = P_3^2 = A_3^2 = 6$$

(2) 排列公式

$$P_n^m = n(n-1) \times \cdots \times (n-m+1) = \frac{n!}{(n-m)!}$$

3. 组合和排列的联系

(1) 核心准则是将选元素和排顺序两个动作分开。选元素用组合 C_n^m，排顺序用阶乘 $m!$。注意：$C_n^m \times m! = p_n^m = A_n^m$。

(2) 组合无序，排列有序。

9.2　基础精讲例题

一、两大原理和两大定义

【例9-1】(2016-1)某委员会由三个不同专业的人员构成，三个专业的人数分别是2,3,4，从中选派2位不同专业的委员外出调研，则不同的选派方式有(　　)种。

A. 36　　　B. 26　　　C. 12　　　D. 8　　　E. 6

【解析】方法(1)，分类讨论，$C_2^1 C_3^1 + C_2^1 C_4^1 + C_3^1 C_4^1 = 26$ 种，答案选B。

方法(2)，利用反面求解法，从9人中任选2人有 C_9^2 种，去除这2人来自同一个专业的情况，即 $C_9^2 - (C_2^2 + C_3^2 + C_4^2) = 26$ 种，答案选B。

【例9-2】要从甲、乙、丙3名工人中选出2名分别上白班和晚班，有(　　)种不同选法。

A. 5　　　B. 6　　　C. 7　　　D. 8　　　E. 9

【解析】从3名工人中选出2名有 C_3^2 种，安排到白班和晚班 $2!$，总的情况数为 $C_3^2 \times 2! = 6$ 种，答案选B。

【例9-3】某班从6个学生中选取3个参加一项活动，其中有2个学生要么都参加，要么都不参加，共有(　　)种选取的方法。

A. 5　　　B. 6　　　C. 7　　　D. 8　　　E. 9

【解析】分为两种情况：① 这两个都参加，则需要从剩余4个中再选1个，有 $C_4^1 = 4$ 种；② 这两个都不参加，则需要从剩余4个中选3个，有 $C_4^3 = 4$ 种，因此共有8种，答案选D。

【例9-4】从6台原装计算机和5台组装计算机中任意选取5台，其中至少有原装与组装计算机各两台，则不同的取法有(　　)种。

A. 480　　　B. 300　　　C. 350　　　D. 180　　　E. 210

【解析】有两种情况，3台原装计算机和2台组装计算机有 $C_6^3 \times C_5^2 = 200$ 种；2台原装计算机和3台组装计算机有 $C_6^2 \times C_5^3 = 150$ 种，则不同的取法有 $200 + 150 = 350$ 种，答案选C。

【例9-5】有8位同学初次见面相互握一次手，一共要握(　　)次手。

A. 28　　　B. 32　　　C. 48　　　D. 56　　　E. 72

【解析】在8个人中选择2个人相互握手，无顺序可言，用组合即可，即 $C_8^2 = 28$ 种，答案选A。

【例9-6】平面上4条平行直线与另外5条平行直线相互垂直，则它们构成的矩形共有(　　)个。

A. 30　　　　B. 60　　　　C. 80　　　　D. 90　　　　E. 120

【解析】从4条平行线中任选2条,再从另5条平行线中任选2条,即可组成矩形,所有矩形的个数为 $C_4^2 \times C_5^2 = 60$ 个,答案选B。

二、反面求解

【例9-7】已知10件产品中有4件一等品,从中任取2件,则至少有一件一等品的情况数为(　　)。

A. 25　　　　B. 30　　　　C. 35　　　　D. 40　　　　E. 45

【解析】利用反面求解法,用总的情况数减去两件都不是一等品的情况数,即 $C_{10}^2 - C_6^2 = 30$,答案选B。

【例9-8】(2009-1)湖中有四个小岛,它们的位置恰好近似成正方形的四个顶点,若要修建三座桥将这四个小岛连接起来,则不同的建桥方案有(　　)种。

A. 12　　　　B. 16　　　　C. 13　　　　D. 20　　　　E. 24

【解析】如图9-1所示,正方形4条边和2条对角线共6条,从中任取3条建桥有 $C_6^3 = 20$ 种,排除无法将4个岛连接起来的4种情况如图9-2所示,则共有 $20 - 4 = 16$ 种建桥方案,答案选B。

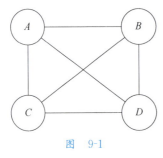

图 9-1

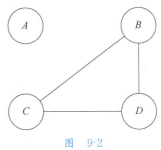

图 9-2

三、特殊元素、特殊位置优先处理

【例9-9】有5人排成一排,其中甲不能排在第二个位置的排法有(　　)种。

A. 36　　　　B. 60　　　　C. 96　　　　D. 112　　　　E. 120

【解析】方法(1),选位法(人选位置):甲先选其余四个位置中的一个有 C_4^1 种,此时还剩余四个位置四个人有4!种,即 $C_4^1 \times 4! = 96$ 种。

方法(2),占位法(位置选人):先从其余四个人中选出一人占住第二个位置有 C_4^1 种,此时还剩余四个位置四个人有4!种,即 $C_4^1 \times 4! = 96$ 种。

方法(3),利用反面求解法,用总的情况数减去甲排在第二个位置的情况数,即 $5! - 4! = 96$ 种,答案选C。

【例9-10】(2011-1)现有3名男生和2名女生参加面试,则面试的排序法有24种。

(1) 第一位面试的是女生。

(2) 第二位面试的是指定的某位男生。

【解析】条件(1),先从两个女生中选出第一个面试的女生,剩余四个人全排列,则有 $C_2^1 \times 4! = 48$ 种,不充分;条件(2),指定的对象不要选,只需要将其他四个人全排列,有 $4! =$

24种,充分,答案选B。

【例9-11】 从6名同学中选出4人参加4×100m接力赛,则共有240种不同的参赛方案。
(1)甲、乙两人都不跑第一棒(甲、乙两人可不参加比赛)。
(2)甲、乙两人必须参加比赛,但甲、乙两人都不跑第一棒。

【解析】条件(1),第一棒从剩余4人选取一人有C_4^1种,再从剩余5人中任取3人安排在后三棒有$C_5^3 \times 3!$种,则共有$C_4^1 \times C_5^3 \times 3! = 240$种,充分;条件(2),甲、乙必须参加比赛,再从剩余4人中选取两人有C_4^2种,第一棒从这两人中选取一人有C_2^1种,剩余3人安排在后三棒有$3!$种,根据乘法原理,共有$C_4^2 \times C_2^1 \times 3! = 72$种,不充分,答案选A。

【套路】条件(1),甲、乙两人有没有被选中,讨论的情况数较多,应考虑占位法,从其余的人中选出1人跑第一棒,此时甲、乙两人的特殊性消失。

四、相邻问题

【例9-12】 有A,B,C,D,E五人并排站成一排,如果A,B相邻,且B在A的右边,那么不同的排法有( )种。
A. 24　　　B. 60　　　C. 90　　　D. 120　　　E. 140

【解析】用捆绑法,把A,B看成一个包,再与其余3人进行整体全排有$4! = 24$种,答案选A。

【扩展】若去掉"B在A的右边",此时包内元素要排序,有$2! \times 4! = 48$种。

【例9-13】 (2011-1)3个三口之家一起观看演出,他们购买了同一排的9张连座票,则每一家的人都坐在一起的不同坐法有( )种。
A. $(3!)^2$　　　B. $(3!)^3$　　　C. $3(3!)^3$　　　D. $(3!)^4$　　　E. $9!$

【解析】每一家人各自捆绑打包有$3! \times 3! \times 3!$种,三家人三个包可以整体互换位置有$3!$种,则总的情况数为$3! \times 3! \times 3! \times 3! = (3!)^4$种,答案选D。

【例9-14】 计划展出9幅不同的画,其中2幅水彩画、3幅油画、4幅国画,排成一行陈列,要求同一品种的画必须连在一起,并且水彩画不放在两端,那么不同的陈列方式有( )种。
A. 462　　　B. 476　　　C. 546　　　D. 576　　　E. 586

【解析】同一品种的画必须连在一起,则将水彩画、油画和国画分别捆绑打包,方法数为$2! \times 3! \times 4!$,水彩画包不能放在两端,则水彩画包放中间,油画包和国画包放两侧,方法数为$2!$,则总的方法数为$2! \times 3! \times 4! \times 2! = 576$,答案选D。

【例9-15】 三名男歌唱家和两名女歌唱家联合举行一场音乐会,演出的出场顺序要求两名女歌唱家之间恰有一名男歌唱家,其出场方案有( )种。
A. 36　　　B. 18　　　C. 12　　　D. 24　　　E. 16

【解析】先从3名男歌唱家中选一人,放入两名女歌唱家之间,构成一个包,此时包内的方法数为$C_3^1 \times 2!$,然后将这个包与剩下的两名男歌唱家进行全排列,方法数为$3!$,则总的方法数为$C_3^1 \times 2! \times 3! = 36$,答案选A。

【例9-16】 (2010-1)某大学派出5名志愿者到西部4所中学支教,若每所中学至少有一名志愿者,则不同的分配方案共有( )种。
A. 240　　　B. 144　　　C. 120　　　D. 60　　　E. 24

【解析】方法(1),每所中学至少有一名志愿者,说明有2名志愿者去了同一所中学,利用捆绑法,先选出2名志愿者为C_5^2种,将其看成一个包再与其余3名志愿者一起分配到4所中学为4!种,根据乘法原理,总的情况数为$C_5^2 \times 4! = 240$种,答案选A。

方法(2),可以看成未指定对象分配,先分堆再分配,先将5名志愿者按照2、1、1、1分成四堆,再分配到4所中学,则有$\dfrac{C_5^2 C_3^1 C_2^1 C_1^1}{3!} \times 4! = 240$种,答案选A。

五、不相邻问题

【例9-17】7个人站成一行,如果甲、乙不相邻,则不同的排法种数是(   )种。
A. 1440　　B. 3600　　C. 4320　　D. 4800　　E. 4900

【解析】插空法,先将其余5个人全排为5!种,再将甲、乙插入到5个人中间及两端的6个空位中,6个空位选出2个空位为C_6^2种,甲、乙放入这两个空位中为2!种,则不同的排法种数为$5! \times C_6^2 \times 2! = 3600$,答案选B。

【例9-18】有甲、乙、丙、丁、戊5人站成一排,如果甲、乙相邻且丙、丁不相邻,则不同排法数有(   )种。
A. 12　　B. 18　　C. 24　　D. 32　　E. 36

【解析】将甲、乙捆绑看成一个包为2!种,再将甲、乙这个包与戊全排列为2!种,产生三个空,最后将丙、丁插空为$C_3^2 \times 2!$种,则总的方法数为$2! \times 2! \times C_3^2 \times 2! = 24$种,答案选C。

【例9-19】一排6把椅子上坐3人,每2人之间至少有一把空椅子,则共有(   )种不同的坐法。
A. 16　　B. 18　　C. 20　　D. 22　　E. 24

【解析】方法(1),可以让3人搬走三把椅子并都坐上去,由于椅子是相同元素,所以是1种方法,此时剩下三把空椅子,它们会产生4个空位,从4个空位中任意选3个,让3个坐着椅子的人插入即可,共有$C_4^3 \times 3! = 24$种办法,答案选E。

方法(2),6把椅子放好,选出3把两两都不相邻的椅子,通过列举有4种情况,3个人坐上去有3!种,共有$4 \times 3! = 24$种办法,答案选E。

六、排座位问题

【例9-20】6个人站前后两排,每排3人的不同站法;6个人站前后两排,每排3人,且甲不站后排的站法;6个人站前后两排,每排3人,甲、乙不在同一排的不同站法分别有(   )种。
A. 720,360,432
B. 720,216,432
C. 120,360,432
D. 720,360,642
E. 720,216,412

【解析】相当于6个人站一排,有$6! = 720$种;甲从前排选一个位置有C_3^1种,剩余5人全排有5!种,因此共有$C_3^1 \times 5! = 360$种;从前后两排各选出一个位置有$C_3^1 \times C_3^1$种,甲、乙站到选出的位置有2!种,剩余4人全排4!,因此共有$C_3^1 \times C_3^1 \times 2! \times 4! = 432$种,答案选A。

七、数字问题

【例9-21】从写有0,1,2,…,9的十张数字卡片中,任意抽出两张,数字之和为奇数的情况共有( )种。

A. 12　　　B. 15　　　C. 18　　　D. 20　　　E. 25

【解析】两张卡片为一奇一偶,则有 $C_5^1 C_5^1 = 25$ 种,答案选 E。

【扩展】若改为"数字之和为偶数",则两张卡片为两奇或两偶,有 $C_5^2 \times 2 = 20$ 种。

【例 9-22】移动公司推出一组手机卡号码,卡号的前七位数字固定,从 ×××××××0000 到 ×××××××9999 共 10000 个号码,公司规定:凡卡号的后四位带有数字 4 或 7 的一律作为优惠卡,则这组号码中优惠卡的个数为( )个。

A. 200　　　B. 4096　　　C. 5904　　　D. 8320　　　E. 6880

【解析】从反面思考,4 个位置,每个位置不含 4、7 的数都有 8 个,因此后四位数字不含 4、7 的共有 $8^4 = 4096$ 个,所以这组号码中优惠卡的个数为 $10000 - 4096 = 5904$ 个,答案选 C。

【技巧】利用尾数法,10000 的个位为 0,8^4 的个位为 6,则 $10000 - 8^4$ 的个位为 4,然后用排除法,答案选 C。

【例 9-23】用 0,1,2,3,4 这 5 个数字组成一个无重复数字的五位数,那么在这些五位数中,奇数共有( )个。

A. 16　　　B. 28　　　C. 32　　　D. 36　　　E. 72

【解析】第一步:个位数从 1 或 3 中选一个有 C_2^1 种;第二步:最高位不能放 0,从剩余的 3 个数选一个有 C_3^1 种;第三步:将剩余 3 个数字放入中间三个位置有 3! 种,总的情况数为 $C_2^1 \times C_3^1 \times 3! = 36$ 种,答案选 D。

八、分房问题

【例 9-24】有三个不同的信箱,今有四封不同的信欲投其中,则不同的投法有( )种。

A. 81　　　B. 64　　　C. 36　　　D. 24　　　E. 12

【解析】每封信只能选择 1 个信箱,则每封信都从 3 个不同的信箱中选取 1 个,有 $C_3^1 C_3^1 C_3^1 C_3^1 = 3^4$ 种,也可以利用方幂法公式:n 个不同元素分配到 m 个不同对象,任意分配,有 m^n 种,4 封不同的信放入到 3 个不同的信箱,有 $3^4 = 81$ 种,答案选 A。

【例 9-25】有 10 名乘客需要在两个不同的车站下车,则有( )种方案。

A. 100　　　B. 90　　　C. 2^{10}　　　D. 45　　　E. 144

【解析】每个乘客都有 2 种下车可能,所以共计有 2^{10} 种方案,答案选 C。

九、全能元素问题

【例 9-26】某外语组有 9 人,每人至少会英语和日语中的一门,其中 7 人会英语,3 人会日语,从中选出会英语和日语各 1 人,有( )种不同的选法。

A. 2　　　B. 6　　　C. 8　　　D. 12　　　E. 20

【解析】根据题意,有 1 人既会英语又会日语,仅会英语的有 6 人,仅会日语的有 2 人,从中选出会英语和日语各 1 人,根据全能元素是否选中分两种情况讨论。① 全能元素被选中:有 $1 \times C_8^1 = 8$ 种;② 全能元素未被选中:有 $C_6^1 \times C_2^1 = 12$ 种,根据加法原理,共计有 $8 + 12 = 20$ 种,答案选 E。

【技巧】利用反面求解法,反面情况为选出 2 人只会英语或只会日语,共有 $C_9^2 - C_6^2 -$

$C_2^2 = 20$ 种,答案选 E。

十、对号与不对号

【例 9-27】(2014-1)某单位决定对四个部门的经理进行轮岗,要求每个部门经理必须轮换到四个部门中的其他部门任职,则不同的轮岗方案有( )种。

A. 3　　B. 6　　C. 8　　D. 9　　E. 10

【解析】元素不对号问题,四个元素都不对号有 9 种不同的排法,答案选 D。

【套路】2 个元素不对号,有 1 种方法;3 个元素不对号,有 2 种方法;4 个元素不对号,有 9 种方法;5 个元素不对号,有 44 种方法。

【例 9-28】一个年级有 7 个班,每个班一个老师,考试时恰有 3 个老师监考本班,则不同监考方案有( )种。

A. 105　　B. 90　　C. 315　　D. 420　　E. 650

【解析】选出 3 个老师监考本班有 C_7^3 种,还剩余 4 个老师 4 个班都不对号的情况有 9 种,所以不同的监考方案共有 $C_7^3 \times 9 = 315$ 种,答案选 C。

十一、部分元素相对顺序固定的排序问题

【例 9-29】甲、乙、丙、丁、戊 5 人站成一排照相,要求甲必须站在乙的左边(甲、乙可以不相邻),丙必须站在乙的右边(乙、丙可以不相邻),有( )种不同的排法。

A. 16　　B. 18　　C. 20　　D. 25　　E. 30

【解析】方法(1),5 个人 5 个位置,甲、乙、丙 3 个人先选 3 个位置 C_5^3,由于 3 个人的相对顺序不变,即甲—乙—丙,这 3 个人放入这 3 个位置,只有 1 种方法,剩余 2 个人 2 个位置 2!,则共有 $C_5^3 \times 2! = 20$ 种,答案选 C。

方法(2),消序法,5 个人全排 5!,由于三个人的相对顺序不变,要消去这 3 个人的全排,除法消序有 $\dfrac{5!}{3!} = 20$ 种,答案选 C。

十二、部分元素相同的排序问题

【例 9-30】将 2 本相同的语文书、3 本相同的数学书和 4 本相同的英语书排一排,有( )种排法。

A. 880　　B. 960　　C. 1120　　D. 1260　　E. 480

【解析】方法(1),9 本书 9 个位置,语文书先选 2 个位置有 C_9^2 种,2 本语文书由于元素相同,放入选中的 2 个位置只有 1 种放法,同理数学书再选 3 个位置有 C_7^3 种,英语书放入到剩余的 4 个位置有 C_4^4 种,则总的情况数为 $C_9^2 \times C_7^3 \times C_4^4 = 1260$ 种,答案选 D。

方法(2),消序法,9 本书全排有 9! 种,2 本语文书相同,排法只有 1 种,3 本数学书相同,排法只有 1 种,4 本英语书相同,排法也只有 1 种,除法消序有 $\dfrac{9!}{2! \times 3! \times 4!} = 1260$ 种,答案选 D。

9.3 基础巩固习题

1. 某办公室有男职工5人,女职工4人,欲从中抽调3人支援其他工作,但至少有2人是男士,则抽调方案有( )种。

   A. 50　　B. 40　　C. 30　　D. 20　　E. 以上答案均不正确

2. 甲、乙两人从4门课程中各选2门,则甲、乙所选的课程中至少有1门不相同的选法有( )种。

   A. 6　　B. 12　　C. 30　　D. 36　　E. 48

3. (2012-1)在两队进行的羽毛球对抗赛中,每队派出3男2女共5名运动员进行5局单打比赛,如果女子比赛安排在第二局和第四局进行,则每队队员的不同出场顺序有( )种。

   A. 12　　B. 10　　C. 8　　D. 6　　E. 4

4. 有三张纸片,正、反两面分别写着数字1和2,3和4,5和6,将这三张纸片上的数字组成一个三位数,共有( )种情况。

   A. 24　　B. 36　　C. 48　　D. 50　　E. 64

5. 有甲、乙、丙三项任务,甲需2人承担,乙和丙各需1人承担,现从10人中选派4人承担这3项任务,不同的选派方法共有( )种。

   A. 1260　　B. 2025　　C. 2520　　D. 5040　　E. 6040

6. 有4位同学参加某种形式的竞赛,竞赛规则规定:每位同学必须从甲、乙两道题中任选一道作答,选甲题答对得100分,答错得−100分;选乙题答对得90分,答错得−90分,若4位同学的总分为零,则这4位同学不同得分的情况数为( )种。

   A. 48　　B. 36　　C. 24　　D. 18　　E. 19

7. (2015-1)平面上有5条平行直线与另一组n条平行直线垂直,若两组平行直线共构成280个矩形,则$n=$( )。

   A. 5　　B. 6　　C. 7　　D. 8　　E. 9

8. 某餐厅供应客饭,每位顾客可以在餐厅提供的菜肴中任选2荤2素共4种不同的品种,现在餐厅准备了5种不同的荤菜,若要保证每位顾客有200种以上的不同选择,则餐厅至少还需准备( )种不同的素菜。

   A. 4　　B. 5　　C. 6　　D. 7　　E. 8

9. (2008-1)公路AB上各站之间共有90种不同的车票。

   (1) 公路AB上有10个车站,每两站之间都有往返车票。

   (2) 公路AB上有9个车站,每两站之间都有往返车票。

10. 正六边形的中心和顶点共7个点,以其中3个点为顶点的三角形共有( )个。

    A. 28　　B. 30　　C. 32　　D. 33　　E. 35

11. 安排5名歌手的演出顺序时,要求某名歌手不是第一个出场,也不是最后一个出场,不同的安排方法总数为( )种。

    A. 60　　B. 72　　C. 80　　D. 120　　E. 140

12. 将5列火车停放在5条不同的轨道上,其中A列车不停在第一条轨道上,B列车不停在第二条轨道上,那么不同的停放方法有( )种。

A. 96　　B. 120　　C. 78　　D. 72　　E. 144

13. 有7人站成一排，其中甲、乙相邻且丙、丁相邻，共有（　　）种不同的排法。
   A. 160　　B. 240　　C. 360　　D. 480　　E. 600

14. 从颜色不同的5个球中任取4个球放入3个不同的盒子中，要求每个盒子不空，则不同的放法有（　　）种。
   A. 120　　B. 150　　C. 180　　D. 240　　E. 200

15. 有5个人排队，甲、乙必须相邻，丙不能在两头，则不同的排法共有（　　）种。
   A. 12　　B. 24　　C. 36　　D. 48　　E. 60

16. 记者要为5名志愿者和他们帮助的2名老人拍照，要求排成一排，2名老人相邻但不排在两端，不同的排法共有（　　）种。
   A. 1440　　B. 960　　C. 720　　D. 480　　E. 380

17. 现有5个人排成一排照相，其中甲、乙、丙三人不能都相邻的排法有（　　）种。
   A. 68　　B. 72　　C. 84　　D. 88　　E. 96

18. 3个人坐在一排8个椅子上，若每个人左右两边都有空椅子，则坐法的种数有（　　）种。
   A. 9　　B. 14　　C. 24　　D. 48　　E. 72

19. 停车场划出一排12个停车位置，今有8辆车需要停放，要求空车位置连在一起，不同的停车方法有（　　）种。
   A. 9!　　B. 8!　　C. $C_{12}^8 \times 8!$　　D. $C_7^1 \times 8!$　　E. 以上均不正确

20. 两排座位，第一排3个座位，第二排5个座位，若8位学生坐（每人一个座位），则不同的坐法种数是（　　）。
   A. C_8^3　　B. $2! \times 6!$　　C. 7!　　D. 8!　　E. $3! \times 5!$

21. 从0、1、2、3、5、7、11七个数字中每次取2个相乘，不同的积有（　　）种。
   A. 15　　B. 16　　C. 19　　D. 23　　E. 21

22. 某公司电话号码有5位，若第一位数字必须是5，其余各位可以是0到9的任意一个，则由完全不同的数字组成的电话号码的个数是（　　）。
   A. 126　　B. 1260　　C. 3024　　D. 5040　　E. 30240

23. 从0，1，2，3，4，5中任选4个数字，能组成（　　）个无重复数字的4位数。
   A. 120　　B. 180　　C. 240　　D. 300　　E. 480

24. 在1，2，3，4，6，9中任取两个数分别作对数的底数和真数，可得不同的对数值个数是（　　）个。
   A. 17　　B. 19　　C. 21　　D. 23　　E. 25

25. 某7层大楼一楼电梯上来7名乘客，他们到各自的楼层下电梯，则有（　　）种下电梯的方法。
   A. 6^7　　B. 7^6　　C. C_7^6　　D. $C_7^6 \times 6!$　　E. 以上答案均不正确

26. 高三年级的三个班到甲、乙、丙、丁四个工厂进行社会实践，其中甲工厂必须有班级去，每班去哪个工厂可自由选择，则不同的分配方案有（　　）种。
   A. 16　　B. 18　　C. 37　　D. 48　　E. 38

27. 设有编号为1，2，3，4，5的五个球和编号为1，2，3，4，5的五个盒子，现将这5个球放入这5个盒子内，要求每个盒子内放一个球，且恰好有两个球的号码与盒子的号码相同，则有( )种不同的放法。

  A. 20 B. 30 C. 45 D. 60 E. 120

28. 甲、乙、丙、丁四人一同买电影票看电影,则 $n=8$。

 (1)四人均不按电影票的位置坐的情况数等于 n。

 (2)除一人外,其他三人均不按电影票的位置坐的情况数等于 n。

29. 一张节目表上原有3个节目,如果保持这三个节目的相对顺序不变,再添进去2个新节目,有( )种安排方法。

  A. 16 B. 18 C. 20 D. 25 E. 30

30. 有6个身高都不同的人分成2排,每排3人,且后排的人比他身前的人高,问有( )种不同排法。

  A. 72 B. 84 C. 90 D. 120 E. 144

31. 信号兵把红旗与白旗从上到下挂在旗杆上表示信号,现有3面红旗、2面白旗,把这5面旗都挂上去,可表示不同信号的种数是( )。

  A. 7 B. 8 C. 9 D. 10 E. 11

32. 如图9-3所示,用5种不同的颜色给图中的4个格子涂色,每个格子涂一种颜色,要求相邻两格的颜色不同,则不同涂色方法的种数为( )种。

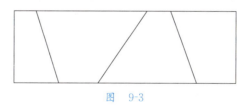

图 9-3

  A. 144 B. 126 C. 320 D. 360 E. 720

❖ 基础巩固习题详解

1.【解析】至少有两位是男士分两种情况:①2男1女,有 $C_5^2 C_4^1 = 40$ 种;②3男0女,有 $C_5^3 = 10$ 种,所以共有 $40+10=50$ 种,答案选A。

2.【解析】反面求解,总的情况数减去甲、乙所选的课程都相同的情况数,即 $C_4^2 C_4^2 - C_4^2 = 30$ 种,答案选C。

3.【解析】女生安排在第二局和第四局两个位置,则男生安排在第一、第三、第五局三个位置,由于位置固定,只需要将2个女生全排列和3个男生全排列,所有的方法有 $2! \times 3! = 12$ 种,答案选A。

4.【解析】将三张纸片排成一列有 $3!$ 种,每个纸片有正、反面2种,所以总的排法有 $3! \times 2 \times 2 \times 2 = 48$ 种,答案选C。

5.【解析】分步完成,先从10人中选2人承担甲任务有 C_{10}^2 种,再从剩余8人中选1人承担乙任务有 C_8^1 种,再从剩余7人中选1人承担丙任务有 C_7^1 种,根据乘法原理,不同的选派方法共有 $C_{10}^2 C_8^1 C_7^1 = 2520$ 种,答案选C。

6.【解析】4位同学的总分为零,有三种情况:①4人得分为100、-100、90、-90,有 $4! = 24$ 种;②两个人得100分,两个人得-100分,有 $C_4^2 = 6$ 种;③两个人得90分,两个人得-90分,

有 $C_4^2=6$ 种,综上所述,这4位同学不同得分的情况数为 $24+6+6=36$ 种,答案选B。

7.【解析】从5条平行线中任选2条,再从另一组 n 条平行线中任选2条,即可组成矩形,所有矩形的个数为 $C_5^2 \times C_n^2=280$,即 $10 \times \dfrac{n(n-1)}{2}=280$,解得 $n=8$,答案选D。

8.【解析】设素菜有 n 种,则 $C_5^2 C_n^2 \geqslant 200$,整理为 $10 \times \dfrac{n(n-1)}{2} \geqslant 200$,解得 $n \geqslant 7$,所以 n 的最小值为7,答案选D。

9.【解析】条件(1),10个车站任选2个车站有 C_{10}^2 种,又为往返车票,则有 $C_{10}^2 \times 2!=90$ 种,充分;条件(2),同理有 $C_9^2 \times 2!=72$ 种,不充分,答案选A。

10.【解析】7个点任取3个点构成三角形有 $C_7^3=35$ 种,其中三个点共线不能构成三角形的有3种,则符合要求的有 $35-3=32$ 种,答案选C。

11.【解析】根据题意,这名歌手有3种出场顺序,剩下4名歌手全排列有4!种,则总数为 $3 \times 4!=72$ 种,答案选B。

12.【解析】方法(1),根据A列车的停放分类讨论:①若A列车停在第二条,则剩下4辆列车可自由停放,有 $4!=24$ 种;②若A列车停在第三、第四或第五条有 C_3^1 种,此时B列车不停在第二条,还剩下三条可选有 C_3^1 种,最后还有3列车3条轨道有3!种,根据乘法原理有 $C_3^1 \times C_3^1 \times 3!=54$ 种,综上所述,共有 $24+54=78$ 种,答案选C。

方法(2),先让5列火车全排列,减去A列车停在第一条的情况,再减去B列车停在第二条的情况,加上A列车停在第一条且B列车停在第二条的情况,因此排法有 $5!-2 \times 4!+3!=78$ 种,答案选C。

13.【解析】首先将甲、乙捆绑看成一个整体有2!种,然后将丙、丁捆绑看成一个整体有2!种,最后将两个整体与剩余的3个人进行全排有5!种,根据乘法原理,共有 $2! \times 2! \times 5!=480$ 种,答案选D。

14.【解析】根据题意,必有2个球放在同一个盒子里,总的方法数为 $C_5^4 \times C_4^2 \times 3!=180$ 种,答案选C。

15.【解析】将甲、乙捆绑看成一个包2!,再将甲、乙这个包与除丙之外的其他2个人全排列3!,中间产生2个空位,将丙插空 C_2^1,则总的方法数为 $2! \times 3! \times C_2^1=24$ 种,答案选B。

16.【解析】2名老人相邻捆绑打包2!,5名志愿者全排5!,将2名老人看成一个整体插入中间的四个空位中 C_4^1,则不同的排法为 $2! \times 5! \times C_4^1=960$ 种,答案选B。

17.【解析】反面求解法,其反面为甲、乙、丙三人都相邻,则先将这三人捆绑看成一个整体有3!种,再将这个整体与剩余的2人进行全排有3!种,根据乘法原理有 $3! \times 3!$ 种,则总的情况数为 $5!-3! \times 3!=84$ 种,答案选C。

18.【解析】方法(1),可以让3人搬走3把椅子并都坐上去,由于椅子是相同元素,所以只有1种方法,此时剩下5把空椅子,他们会产生4个空位(不能插入到两端),从4个空位中任意选3个,让3个坐着椅子的人插入即可,共有 $C_4^3 \times 3!=24$ 种,答案选C。

方法(2),8个椅子放好,通过列举有4种情况,3个人坐上去3!,共有 $4 \times 3!=24$ 种办法,答案选C。

19.【解析】空车位置连在一起,列举共有9种,8辆车停放有8!种,根据乘法原理,共有 $9 \times 8!=9!$ 种,答案选A。

20.【解析】方法(1),从8人中选择3人坐前排,方法数为$C_8^3 \times 3!$种,剩下5人坐后排,方法数为$5!$,则总方法数为$C_8^3 \times 3! \times 5! = 8!$种,答案选D。

方法(2),8个人8个位置,有$8!$种,答案选D。

21.【解析】含0的乘积都为0,只有1种;不含0的乘积有$C_6^2 = 15$种,因此共有$1 + 15 = 16$种,答案选B。

22.【解析】第一位数是5只有1种,剩余4个数只能从除5之外的9个数中挑选,共有$C_9^4 \times 4! = 3024$种,答案选C。

23.【解析】分为两种情况:① 当没有选中0时,从其余5个数字中选出4个并全排列,有$C_5^4 \times 4! = 120$种;② 当选中0时,从其余5个数字中选出3个C_5^3,由于千位不能放0,则从选出的3个非0的数字选取1个C_3^1,此时还剩余3个数全排列$3!$,有$C_5^3 \times C_3^1 \times 3! = 180$种,因此共有$120 + 180 = 300$种,答案选D。

24.【解析】对数的底数不能为1,而当真数为1时,对数值都为0,只有1种;从2,3,4,6,9中任取两个数并分别作对数的底数和真数,有$C_5^2 \times 2! = 20$种,而$\log_2 4 = \log_3 9 = 2$,$\log_4 2 = \log_9 3 = \dfrac{1}{2}$,$\log_2 3 = \log_4 9$,$\log_3 2 = \log_9 4$,四组数值相同,需要去掉4个,因此不同的对数值有$1 + 20 - 4 = 17$个,答案选A。

25.【解析】每个人会从2层到7层任选一层下电梯有C_6^1种,根据乘法原理,共有$C_6^1 C_6^1 C_6^1 C_6^1 C_6^1 C_6^1 C_6^1 = 6^7$种,答案选A。

26.【解析】每个班都从4个工厂选取1个,情况数为$4 \times 4 \times 4 = 4^3$种,利用反面求解法,工厂甲必须有班级去的反面为工厂甲没有班级去,则每个班可以从乙、丙、丁这3个工厂任选1个,情况数为$3 \times 3 \times 3 = 3^3$种,则不同的分配方案有$4^3 - 3^3 = 37$种,答案选C。

27.【解析】先从5个球中取出2个与盒子对号有C_5^2种,还剩下3个球与3个盒子编号不能对号有2种,根据乘法原理,共有$C_5^2 \times 2 = 20$种,答案选A。

28.【解析】条件(1),四人错排,$n = 9$,不充分;条件(2),选出一人按电影票的位置坐有C_4^1种,其余三人错排有2种,根据乘法原理,则$n = C_4^1 \times 2 = 8$种,充分,答案选B。

29.【解析】方法(1),5个节目5个位置,原3个节目先选3个位置有C_5^3种,由于三个节目的相对顺序不变,则这3个节目放入这3个位置,只有1种方法,剩余2个新节目2个位置有$2!$种,则共有$C_5^3 \times 2! = 20$种,答案选C。

方法(2),消序法,5个节目全排有$5!$种,原3个节目的相对顺序不变,要消去这3个节目的全排列,除法消序有$\dfrac{5!}{3!} = 20$种,答案选C。

30.【解析】一共三列,每一列分前后,第一列,从6人中选出两人有C_6^2种,这两人中矮的自动站前排,高的站后排,第二列、第三列以此类推,则总的情况数为$C_6^2 C_4^2 C_2^2 = 90$种,答案选C。

31.【解析】方法(1),5面旗5个位置,3面红旗先选3个位置有C_5^3种,3面红旗由于元素相同,放入选中的3个位置只有1种放法,同理再将2面白旗放入到剩余的2个位置有C_2^2种,则总的情况数为$C_5^3 \times C_2^2 = 10$种,答案选D。

方法(2),消序法,5面旗全排有$5!$种,3面红旗相同,排法只有1种,2面白旗相同,排法只有1种,除法消序有$\dfrac{5!}{3! \times 2!} = 10$种,答案选D。

32.【解析】按照区域逐一涂色,首先给最左边一块涂色有 5 种,再给左边第二块涂色有 4 种,以此类推,第三块也有 4 种,第四块也有 4 种,根据乘法原理共有 $5×4×4×4=320$ 种,答案选 C。

9.4 强化精讲例题

一、两大原理和两大定义

【例 9-31】(2008-10)某公司员工义务献血,在体检合格的人中,O 型血的有 10 人,A 型血的有 5 人,B 型血的有 8 人,AB 型血的有 3 人,若从四种血型的人中各选 1 人去献血,则不同的选法种数共有( )种。

A. 1200　　B. 600　　C. 400　　D. 300　　E. 26

【解析】从四种血型的人中各选 1 人,共有 $C_{10}^1 C_5^1 C_8^1 C_3^1 = 10×5×8×3 = 1200$ 种,答案选 A。

【例 9-32】一个班里有 5 名男工和 4 名女工,若要安排 3 名男工和 2 名女工分别担任 5 个不同的工作,则不同的安排方法共有( )种。

A. 300　　B. 720　　C. 1440　　D. 7200　　E. 以上结论均不正确

【解析】5 名男工选出 3 名有 C_5^3 种,4 名女工选出 2 名有 C_4^2 种,5 人担当不同工作有 5! 种,所以共有 $C_5^3 × C_4^2 × 5! = 7200$ 种,答案选 D。

【例 9-33】(2018-1)羽毛球队有 4 名男运动员和 3 名女运动员,从中选出两组参加混双比赛,则不同的选派方式有( )种。

A. 9　　B. 18　　C. 24　　D. 36　　E. 72

【解析】先选出两男两女有 $C_4^2 C_3^2 = 18$ 种,再对所选两男两女进行男女搭配有 2 种,则总的情况数为 $18×2=36$ 种,答案选 D。

【例 9-34】(2021-1)甲、乙两组同学中,甲组有 3 名男同学、3 名女同学,乙组有 4 名男同学、2 名女同学,从甲、乙两组中各选出两名同学,这 4 人中恰有 1 名女同学的选法有( )种。

A. 26　　B. 54　　C. 70　　D. 78　　E. 105

【解析】1 名女同学从甲组选出,即从甲组中选 1 名男同学 1 名女同学,从乙组中选 2 名男同学,有 $C_3^1 C_3^1 C_4^2 = 54$ 种;1 名女同学从乙组中选出,即从甲组中选 2 名男同学,从乙组中选 1 名男同学 1 名女同学,有 $C_3^2 C_4^1 C_2^1 = 24$ 种,共计 $54+24=78$ 种,答案选 D。

二、反面求解

【例 9-35】从 5 名男医生、4 名女医生中选 3 名医生组成一个医疗小分队,要求其中男、女医生都有,则不同的组队方案共有( )种。

A. 70　　B. 80　　C. 90　　D. 100　　E. 120

【解析】反面求解,其反面为全是男医生或全是女医生,则符合要求的情况为 $C_9^3 - (C_5^3 + C_4^3) = 70$ 种,答案选 A。

【例 9-36】某地政府召集 5 家企业的负责人开会,已知甲企业有 2 人到会,其余 4 家企业各有 1 人到会,会上有 3 人发言,则这 3 人来自 3 家不同企业的可能情况的种数为( )种。

A. 4   B. 12   C. 16   D. 18   E. 21

【解析】方法(1),分成两种情况,含有甲的选法有 $C_2^1 C_4^2 = 12$ 种,不含有甲的选法有 $C_4^3 = 4$ 种,总的情况数为 $12 + 4 = 16$ 种,答案选 C。

方法(2),反面求解法,6人任取3人有 $C_6^3 = 20$ 种,其反面为3人不是来自3家不同企业,即甲企业2人且其余4家企业1人,有 $C_2^2 C_4^1 = 4$ 种,符合要求的情况为 $20 - 4 = 16$ 种,答案选 C。

三、特殊元素、特殊位置优先处理

【例9-37】加工某产品需要经过5个工种,其中甲工种不能最后加工,则可以安排(　　)种工序。

A. 96   B. 102   C. 112   D. 92   E. 86

【解析】方法(1),选位法,甲不能最后加工,让其选前4个位置有 C_4^1 种,还剩余四个位置4个工种有 $4!$ 种,共有 $C_4^1 \times 4! = 96$ 种,答案选 A。

方法(2),占位法,最后一个位置从其余4个工种里选择一个有 C_4^1 种,还剩余四个位置4个工种有 $4!$ 种,共有 $C_4^1 \times 4! = 96$ 种,答案选 A。

方法(3),反面求解法,用总的情况数减去甲工种最后加工的情况数,则有 $5! - 4! = 96$ 种,答案选 A。

【例9-38】从6人中选4人分别到北京、上海、广州、武汉四个城市游览,要求每个城市各一人游览,每人只游览一个城市,且这6人中甲、乙两人都不去北京游览,则不同的选择方案共有(　　)种。

A. 300   B. 240   C. 114   D. 96   E. 36

【解析】方法(1),占位法(位置选人):先从其余四个人中选出一人占住北京有 C_4^1 种,再从5个人中选出3人去剩余3个城市有 $C_5^3 \times 3!$ 种,则不同的选择方案为 $C_4^1 \times C_5^3 \times 3! = 240$ 种,答案选 B。

方法(2),反面求解法,反面是甲、乙有一人去北京有 C_2^1 种,再从5个人中选出3人去剩余3个城市有 $C_5^3 \times 3!$ 种,则不同的选择方案为 $C_6^4 \times 4! - C_2^1 \times C_5^3 \times 3! = 240$ 种,答案选 B。

四、相邻问题

【例9-39】有4名男生和3名女生共坐一排,男生必须排在一起的坐法有(　　)种。

A. 288   B. 324   C. 456   D. 600   E. 576

【解析】先将男生捆绑在一起看成一个大元素有 $4!$ 种排法,再将这个大元素与3名女生全排列,又有 $4!$ 种排法,根据乘法原理,共有 $4! \times 4! = 576$ 种,答案选 E。

【例9-40】将4封信投入三个不同的邮筒,若4封信全部投完,且每个邮筒至少投入一封信,则共有投法(　　)种。

A. 12   B. 21   C. 36   D. 42   E. 以上结论均不正确

【解析】方法(1),说明有2封信放入到了一个邮筒,利用捆绑法,先选出2封信有 C_4^2 种,将其看成一个包再与其余2封信一起放入到3个邮筒有 $3!$ 种,根据乘法原理,共有 $C_4^2 \times 3! = 36$ 种,答案选 C。

方法(2),可以看成未指定对象分配,先分堆再分配,先将4封信按照2,1,1分成三堆,再分配到三个邮筒中,则有 $\dfrac{C_4^2 C_2^1 C_1^1}{2!} \times 3! = 36$ 种,答案选C。

五、不相邻问题

【例9-41】要排一个有3个歌唱节目和4个舞蹈节目的演出节目单,要求甲、乙两个舞蹈节目相邻,丙、丁两个舞蹈节目不相邻,则有( )种不同的排法。

A.840　　B.860　　C.920　　D.960　　E.980

【解析】将甲、乙捆绑看成一个包2!,再将甲、乙这个包与3个歌唱节目全排列有4!种,产生5个空,最后将丙、丁插空有 $C_5^2 \times 2!$ 种,则总的方法数为 $2! \times 4! \times C_5^2 \times 2! = 960$ 种,答案选D。

【例9-42】马路上有8只路灯,为节约用电又不影响正常的照明,可把其中的三只灯关掉,但又不能同时关掉相邻的灯,则关灯方法共有( )种。

A.20　　B.60　　C.120　　D.144　　E.240

【解析】题干问题可以转化为关掉的三只灯都不相邻,利用插空法,在5只亮灯的6个空位中插入3只暗灯,方法数为 $C_6^3 = 20$ 种,答案选A。

【技巧】画出8只路灯,关掉的三只灯都不相邻,通过列举,共有20种,答案选A。

六、排座位问题

【例9-43】有8个人排成前后两排,每排4人,其中甲、乙在前排,丙在后排,共有( )种情况。

A.4650　　B.5760　　C.4450　　D.4640　　E.4540

【解析】先将甲、乙放入前排4个位置中的2个位置有 $C_4^2 \times 2!$ 种,再将丙放入后排4个位置中的1个位置有 C_4^1 种,还剩余5个人5个位置有5!种,因此总的情况数为 $C_4^2 \times 2! \times C_4^1 \times 5! = 5760$ 种,答案选B。

【例9-44】有6人排成一排照相,甲不排在左端,乙不排在右端,共有( )种不同的排法。

A.744　　B.720　　C.600　　D.504　　E.480

【解析】方法(1),可以根据甲的位置分类讨论:①若甲在右端,则剩下5人可自由排位,有 $5! = 120$ 种;②若甲在中间四个位置有 C_4^1 种,此时乙不排在右端,还剩下4个位置可选有 C_4^1 种,最后还剩下4个位置4个人有4!种,根据乘法原理有 $C_4^1 \times C_4^1 \times 4! = 384$ 种,综上所述,共有 $120 + 384 = 504$ 种,答案选D。

方法(2),先让6个人全排,减去甲在左端的情况,再减去乙在右端的情况,加上甲在左端且乙在右端的情况,因此排法有 $6! - 2 \times 5! + 4! = 504$ 种,答案选D。

七、数字问题

【例9-45】在小于100的正整数中,不含数字3的自然数的个数是( )个。

A.72　　B.78　　C.80　　D.81　　E.84

【解析】分为两类:①一位数不含3,有8个;②两位数不含3,十位不能取0、3,个位不能取3,有 $C_8^1 \times C_9^1 = 72$ 个,因此总的情况数为 $8 + 72 = 80$ 个,答案选C。

【例9-46】从0,1,2,3,4,5中选出4个数字,能组成( )个能被5整除的无重复数字的4位数。
A. 84   B. 96   C. 108   D. 120   E. 144

【解析】分成两种情况:① 个位为0时,从剩余5个数字中选3个放入千位、百位和十位,有 $C_5^3 \times 3! = 60$ 个;② 个位为5时,千位从除了0和5以外的4个数字中选一个有 C_4^1 个,再从剩余的4个数字中选2个放到百位和十位有 $C_4^2 \times 2!$ 个,有 $C_4^1 \times C_4^2 \times 2! = 48$ 个,因此共有 $60 + 48 = 108$ 个,答案选C。

八、分房问题

【例9-47】有5人报名参加3项不同的培训,每人都只报1项,则不同的报法有( )种。
A. 243   B. 125   C. 81   D. 60   E. 以上结论均不正确

【解析】每人都只报1项,则每人都从3项中任选1项,有 $C_3^1 C_3^1 C_3^1 C_3^1 C_3^1 = 243$ 种,也可以利用方幂法公式:n 个不同元素分配到 m 个不同对象,任意分配,有 m^n 种,5人报名参加3项不同的培训,即将5人任意分配给3个不同项目,有 $3^5 = 243$ 种,答案选A。

【例9-48】把6名实习生分配到7个车间实习,共有( )种不同方法。
A. 6^7 B. 7^6 C. $6!$ D. $7!$ E. $C_7^6 \times 6!$

【解析】每个人都从7个车间中选取1个,有 $C_7^1 C_7^1 C_7^1 C_7^1 C_7^1 C_7^1 = 7^6$ 种,也可以利用方幂法公式:n 个不同元素分配到 m 个不同对象,任意分配,有 m^n 种,6名实习生分配到7个车间,任意分配,有 7^6 种,答案选B。

九、全能元素问题

【例9-49】(2011-10)在8名志愿者中,只能做英语翻译的有4人,只能做法语翻译的有3人,既能做英语翻译又能做法语翻译的有1人,现在从这些志愿者中选取3人做翻译工作,确保英语和法语都有翻译的不同选法共有( )种。
A. 12   B. 18   C. 21   D. 30   E. 51

【解析】根据全能元素是否选中分成两种情况:① 全能元素被选中,有 $1 \times C_7^2 = 21$ 种;② 全能元素未被选中,1英2法或2英1法,有 $C_4^1 C_3^2 + C_4^2 C_3^1 = 30$ 种,则选法共有 $21 + 30 = 51$ 种,答案选E。

【技巧】反面求解法,反面情况为全是英语或全是法语,共有 $C_8^3 - C_4^3 - C_3^3 = 51$ 种,答案选E。

十、对号与不对号

【例9-50】将数字1,2,3,4填入标号为1,2,3,4的四个方格里,每格填一个数,则每个方格的标号与所填数字均不相同的填法有( )种。
A. 6   B. 9   C. 11   D. 23   E. 24

【解析】元素都不对号问题,四个元素都不对号共有9种不同的排法,答案选B。

【例9-51】(2018-1)某单位为检查3个部门的工作,由这3个部门的主任和外聘的3名人员组成检查组,分2人一组检查工作,每组有一名外聘成员,规定本部门主任不能检查本部门,则不同的安排方式有( )种。
A. 6   B. 8   C. 12   D. 18   E. 36

【解析】每个部门都有一个主任且都不对号,根据元素不对号公式,共有2种,每个部门都有一个外聘人员,共有3!种,总的情况数为$2 \times 3! = 12$种,答案选C。

【套路】2个元素不对号,有1种方法;3个元素不对号,有2种方法;4个元素不对号,有9种方法;5个元素不对号,有44种方法。

十一、隔板法(元素相同)

【例9-52】10个党员指标全部分给7个班,每班至少一个指标,则共有( )种。
A. 60   B. 64   C. 75   D. 84   E. 90

【解析】隔板法公式:将n个相同的元素分配给m个不同的对象,每个对象至少分一个,则有C_{n-1}^{m-1}种,10个党员指标元素都相同,全部分给7个班,每班至少一个指标,则共有$C_{10-1}^{7-1} = C_9^6 = 84$种,答案选D。

【例9-53】将20块相同的糖分给4个小朋友,
(1)每人至少一块糖;
(2)每人至少两块糖;
(3)允许有人没有分到糖。

【解析】将20块相同的糖分给4个小朋友,采用隔板法:将n个相同的元素分配给m个不同的对象:
(1)每个对象至少分一个,则有C_{n-1}^{m-1}种,每人至少一块糖共有$C_{20-1}^{4-1} = C_{19}^3$种;
(2)每个对象至少分两个,则有C_{n-m-1}^{m-1}种,每人至少两块糖共有$C_{20-4-1}^{4-1} = C_{15}^3$种;
(3)允许对象没有分到,则有C_{n+m-1}^{m-1}种,允许有人没有分到糖共有$C_{20+4-1}^{4-1} = C_{23}^3$种。

十二、部分元素相对顺序固定的排序问题

【例9-54】有4个男生,3个女生,高矮互不相等,现将7人排成一行,要求从左到右,女生从矮到高排,有( )种排法。
A. 660   B. 680   C. 720   D. 840   E. 860

【解析】方法(1),7个人7个位置,3个女生先选3个位置有C_7^3种,由于女生从矮到高排,相对顺序固定,这3个女生自动从矮到高进入这3个位置,只有1种方法,剩余4个男生4个位置有4!种,则共有$C_7^3 \times 4! = 840$种,答案选D。

方法(2),消序法,7个人全排列有7!种,女生从矮到高排,相对顺序不变,要消去这3个女生的全排列,除法消序有$\dfrac{7!}{3!} = 840$种,答案选D。

【扩展】题干中若再加上"男生也从矮到高排",则有$C_7^3 = 35$或$\dfrac{7!}{3! \times 4!} = 35$种。

十三、部分元素相同的排序问题

【例9-55】1个1,2个2,3个3共6个数组成一个六位数,有( )种情况。
A. 48   B. 56   C. 60   D. 72   E. 120

【解析】方法(1),6个数6个位置,1个1先选1个位置有C_6^1种,2个2再选2个位置有C_5^2种,2个2由于元素相同,放入选中的2个位置只有1种放法,同理3个3放入到剩余的3个位置只有1种放法,则总的情况数为$C_6^1 \times C_5^2 \times C_3^3 = 60$种,答案选C。

方法(2),消序法,6个数全排列6!,2个2相同,排法只有1种,3个3相同,排法也只有1种,要消去2个2和3个3的全排列,除法消序有$\dfrac{6!}{2! \times 3!} = 60$种,答案选C。

十四、分堆与分配问题

1. 分堆(分组)问题

【例9-56】6本不同的书:
(1)按照2本、2本、2本分成三堆;
(2)按照4本、1本、1本分成三堆;
(3)按照3本、2本、1本分成三堆。

【解析】(1) $\dfrac{C_6^2 C_4^2 C_2^2}{3!}$;(2) $\dfrac{C_6^4 C_2^1 C_1^1}{2!}$;(3) $C_6^3 C_3^2 C_1^1$。

【套路】分堆(分组)问题:有几堆元素数量相同就除以几的阶乘。

2. 未指定对象分配问题

【例9-57】6本不同的书:
(1)按照2本、2本、2本分给三个人;
(2)按照4本、1本、1本分给三个人;
(3)按照3本、2本、1本分给三个人。

【解析】特征:每个对象分得的元素的数量没有确定。
(1) $\dfrac{C_6^2 C_4^2 C_2^2}{3!} \times 3!$;(2) $\dfrac{C_6^4 C_2^1 C_1^1}{2!} \times 3!$;(3) $C_6^3 C_3^2 C_1^1 \times 3!$。

【套路】未指定对象分配问题:应先分堆,再分配(全排列)。

3. 指定对象分配问题

【例9-58】6本不同的书:
(1)分给甲2本,乙2本,丙2本;
(2)分给甲4本,乙1本,丙1本;
(3)分给甲3本,乙2本,丙1本。

【解析】特征:每个对象分得的元素的数量是确定的。
(1) $C_6^2 C_4^2 C_2^2$;(2) $C_6^4 C_2^1 C_1^1$;(3) $C_6^3 C_3^2 C_1^1$。

【套路】指定对象分配问题:直接让每个对象逐一选取相应个数的元素即可。

【例9-59】(2017-1)将6人分为3组,每组2人,则不同的分组方式有( )种。
A. 12   B. 15   C. 30   D. 45   E. 90

【解析】分组问题,有几组元素数量相同就除以几的阶乘,将6人分为3组,每组2人,3组元素都相同,则情况数为$\dfrac{C_6^2 \times C_4^2 \times C_2^2}{3!} = 15$种,答案选B。

【例9-60】(2020-1)某科室有4名男职工,2名女职工,若将这6名职工分为3组,每组2人,且女职工不同组,则有( )种不同的分组方式。
A. 4　　　B. 6　　　C. 9　　　D. 12　　　E. 15

【解析】方法(1),有两组是男女组合,另外一组是两男,只需要让两名女职工分别选取一名男职工有 $C_4^1 \times C_3^1 = 12$ 种,剩余两名男职工自动成一组,所以总的情况数就是12种,答案选D。

方法(2),利用反面求解法,将6名职工分为3组,每组2人有 $\dfrac{C_6^2 C_4^2 C_2^2}{3!} = 15$ 种,而女职工同组时,只需将4名男职工平均分成两组有 $\dfrac{C_4^2 C_2^2}{2!} = 3$ 种,则女职工不同组的方法有 $15 - 3 = 12$ 种,答案选D。

【例9-61】有12支不同的笔分给3人,一人6支,另外两人各3支,有( )种方法。

A. $\dfrac{C_{12}^6 C_6^3 C_3^3}{2!}$　　　B. $\dfrac{C_{12}^6 C_6^3 C_3^3}{2!} \times 3!$　　　C. $\dfrac{C_{12}^6 C_6^3 C_3^3}{3!}$

D. $C_{12}^6 C_6^3$　　　E. $C_{12}^6 C_6^3 C_3^3 \times 3!$

【解析】可以看成未指定对象分配,先分堆再分配。12支笔按照6,3,3方式分成三堆有 $\dfrac{C_{12}^6 C_6^3 C_3^3}{2!}$ 种,再将这三堆分配给三个人有3!种,根据乘法原理,共有 $\dfrac{C_{12}^6 C_6^3 C_3^3}{2!} \times 3!$ 种,答案选B。

【例9-62】(2018-1)将6张不同的卡片2张一组分别装入甲、乙、丙三个袋子中,若指定的两张卡片要在同一组,则不同的装法有( )种。
A. 12　　　B. 18　　　C. 24　　　D. 30　　　E. 36

【解析】方法(1),可以看成未指定对象分配,先分堆再分配,指定的两张卡片自动成为一组,剩余的4张卡片要平均分成两组有 $\dfrac{C_4^2 C_2^2}{2!}$ 种,再将这三组分配给甲、乙、丙有3!种,所有不同的装法为 $\dfrac{C_4^2 C_2^2}{2!} \times 3! = 18$ 种,答案选B。

方法(2),可以看成指定对象分配,先选出一个袋子有 C_3^1 种,将指定的两张卡片放入选中的袋子中,剩余两个袋子分别用组合各选取两张卡片有 $C_4^2 C_2^2$ 种,所有不同的装法为 $C_3^1 C_4^2 C_2^2 = 18$ 种,答案选B。

十五、逐级取样问题

【例9-63】(2019-1)某中学的5个学科各推荐2名教师作为支教候选人,若从中选派来自不同学科的2人参加支教工作,则不同的安排方式有( )种。
A. 20　　　B. 24　　　C. 30　　　D. 40　　　E. 45

【解析】方法(1),逐级取样,先从5个学科中选取两个学科有 C_5^2 种,再从选好的两个学科中各选出1名教师有 $C_2^1 \times C_2^1$ 种,则不同的选派方式有 $C_5^2 \times C_2^1 \times C_2^1 = 40$ 种,答案选D。

方法(2),利用反面求解法,从10名教师中选取2名 C_{10}^2,去除这两名来自同一个学科的情况,即 $C_{10}^2 - (C_2^2 + C_2^2 + C_2^2 + C_2^2 + C_2^2) = 40$ 种,答案选D。

【例9-64】(2016-1)某学生要在4门不同课程中选修2门课程,这4门课程中的2门各开设1个班,另外2门各开设2个班,该学生不同的选课方式共有( )种。

A. 6　　　B. 8　　　C. 10　　　D. 13　　　E. 15

【解析】方法(1),假设有 A,B,C,D 四门课程,A,B 各有1个班,C,D 有2个班,分三种情况:①选中 A,B 两门课程,有 $C_1^1 \times C_1^1 = 1$ 种;②选中 C,D 两门课程,有 $C_2^1 \times C_2^1 = 4$ 种;③A,B 选中一门且 C,D 选中一门,有 $C_2^1 \times C_2^1 \times C_2^1 = 8$ 种,共计有 $1+4+8=13$ 种,答案选D。

方法(2),利用反面求解法,共有6个班,选课方式有 C_6^2 种,减去选的两个班来自同一门课的情况,则不同的选课方式共有 $C_6^2 - C_2^2 - C_2^2 = 13$ 种,答案选D。

【套路】选课方式一定要具体到班级,而不是简单地选出课程。

【例9-65】10双不同的鞋子,从中任意取出4只,求下列情况数:

(1)4只鞋子没有成双的;(2)4只鞋子恰为2双;(3)4只鞋子恰有1双。

A. 3360　　　B. 45　　　C. 150　　　D. 1440　　　E. 900

【解析】(1)4只鞋子没有成双的,先从10双中选出4双,有 $C_{10}^4 = 210$ 种,再从每双中选出一只有 $C_2^1 \times C_2^1 \times C_2^1 \times C_2^1 = 16$ 种,总的情况数为 $210 \times 16 = 3360$ 种,答案选A。

(2)4只鞋子恰为2双,即表示从10双中任取2双,有 $C_{10}^2 = 45$ 种,答案选B。

(3)4只鞋子恰有1双,即表示有2只成双且另外2只不成双,先从10双中选出1双有 $C_{10}^1 = 10$ 种,再从剩余的9双中选出2双有 $C_9^2 = 36$ 种,最后从选出的2双中各选出一只有 $C_2^1 \times C_2^1 = 4$ 种,则总的情况数为 $10 \times 36 \times 4 = 1440$ 种,答案选D。

十六、涂色问题

【例9-66】如图9-4所示,用五种不同的颜色涂在四个区域里,每一区域涂一种颜色,且相邻区域的颜色必不同,则共有不同的涂法( )种。

A. 120　　　B. 140　　　C. 160　　　D. 180　　　E. 以上结论均不正确

【解析】按照区域逐一涂色,A区域涂色有 C_5^1 种,B区域涂色有 C_4^1 种,C区域涂色有 C_3^1 种,D区域涂色有 C_3^1 种(只需要和B,C不同色即可),则共有 $C_5^1 C_4^1 C_3^1 C_3^1 = 180$ 种涂法,答案选D。

【例9-67】用红、黄、蓝、白、黑五种颜色涂在如图9-5所示的四个区域内,每个区域涂一种颜色,相邻两个区域涂不同的颜色,如果颜色可以反复使用,共有( )种不同的涂色方法。

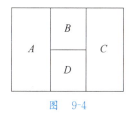

图 9-4　　　　　　　　　　图 9-5

A. 180　　　B. 240　　　C. 260　　　D. 320　　　E. 360

【解析】根据颜色使用的数量分成三类:① 用4种颜色涂完,共有 $C_5^4 \times 4! = 120$ 种;② 用3种颜色涂完,1、3同色时共有 $C_5^3 \times 3! = 60$ 种,2、4同色时也共有 $C_5^3 \times 3! = 60$ 种;③ 用两种颜色涂完,共有 $C_5^2 \times 2! = 20$ 种,则总的涂色方法为 $120+60+60+20=260$ 种,答案选C。

9.5 强化提升习题

1. 两次抛掷一枚骰子,两次出现的点数之和为奇数的情况有(　　)种。
   A. 9　　B. 12　　C. 18　　D. 24　　E. 36

2. (2012-1)某商店经营15种商品,每次在橱窗内陈列5种,若每两次陈列的商品不完全相同,则最多可陈列(　　)次。
   A. 3000　　B. 3003　　C. 4000
   D. 4003　　E. 4300

3. (2013-1)确定两人从A地出发经过B、C沿逆时针方向行走一圈回到A地的方案,如图9-6所示,当从A地出发时,每人均可选大路或山道,经过B、C时,至多有一人可以更改道路,则不同的方案有(　　)种。
   A. 16　　B. 24　　C. 36
   D. 48　　E. 64

4. 如图9-7所示,某城市有7条南北向的街,5条东西向的街,如果从城市一端A走向另一端B,最短的走法有(　　)种。
   A. 210　　B. 350　　C. 120
   D. 720　　E. 260

5. 现有10个台阶,一步可以走一个或两个,若要8步走完,共有(　　)种方法。
   A. 12　　B. 18　　C. 28
   D. 36　　E. 72

6. 某篮球比赛有12支球队报名参加,比赛的第一阶段中,12支球队平均分成2个组进行单循环比赛,每组前4名进入第二阶段;第二阶段采用单场淘汰赛,直至决出冠军,则此次篮球赛一共进行(　　)场比赛。
   A. 64　　B. 63　　C. 45　　D. 37　　E. 36

7. (2013-1)三个科室的人数分别为6,3,2,因工作原因,每晚需要安排3人值班,则在两个月中以便每晚的值班人员不完全相同。
   (1)值班人员不能来自同一科室。
   (2)值班人员来自三个不同科室。

8. 从4名男生和3名女生中选出3人,分别从事三项不同的工作,若这3人中至少有1名女生,则选派方案共有(　　)种。
   A. 108　　B. 186　　C. 216　　D. 270　　E. 360

9. 有8本互不相同的书,其中数学书3本,英语书2本,语文书3本,若将这些书排成一列放在书架上,则数学书恰好排在一起且英语书也恰好排在一起的排法共有(　　)种。
   A. 2340　　B. 3460　　C. 3500　　D. 3630　　E. 1440

10. 将甲、乙、丙、丁四名学生分到三个班,每个班至少分到一名学生,且甲、乙两名学生不能分到同一个班,则不同分法的种数为(　　)种。
    A. 18　　B. 24　　C. 30　　D. 36　　E. 42

11. 三男三女排队,恰有两名女生相邻的不同排法共有( )种。
    A. 64   B. 72   C. 240   D. 400   E. 432

12. 某人射击8枪,命中4枪,其中恰有3枪连中的情况有( )种。
    A. 72   B. 24   C. 20   D. 19   E. 64

13. 从编号为1,2,3,…,9的这九个球中取4个球,使它们编号之和为奇数,再把这4个球排成一排,不同的排法总数有( )种。
    A. 1440   B. 1320   C. 1500   D. 1400   E. 1800

14. 在一次奥林匹克运动会上有四项比赛的冠军在甲、乙、丙三人中产生,那么不同的夺冠情况共有( )种。
    A. $C_4^3 \times 3!$ B. 4^3 C. 3^4 D. C_4^3 E. 以上结论均不正确

15. 设有编号为1、2、3、4、5的五个茶杯和编号为1、2、3、4、5的五个杯盖,将五个杯盖盖在五个茶杯上,至少有两个茶杯盖与茶杯编号相同的盖法共有( )种。
    A. 24   B. 30   C. 31   D. 36   E. 48

16. 用三种不同的颜色填涂如图9-8所示的方格中的9个区域,要求每行每列的三个区域都不同色,则不同色的填涂种数共有( )种。
    A. 6   B. 12   C. 18   D. 24   E. 36

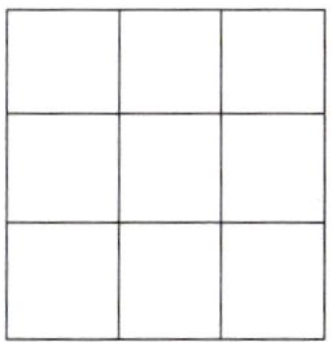

图 9-8

17. (2009-10)若将10只相同的球随机放入编号为1,2,3,4的四个盒子中,则每个盒子不空的投放方法有( )种。
    A. 72   B. 84   C. 96   D. 108   E. 120

18. 若6人带10瓶汽水参加春游,每人至少带1瓶汽水,共有( )种不同的带法。
    A. 72   B. 120   C. 126   D. 360   E. 144

19. 将20个相同的小球放入编号分别为1,2,3,4的四个盒子中,要求每个盒子中的球数不少于它的编号数,求放法总数为( )种。
    A. C_{20}^3 B. C_{20}^2 C. C_{13}^3 D. C_{13}^2 E. C_{19}^4

20. (2014-10)用0,1,2,3,4,5组成没有重复数字的四位数,其中千位数字大于百位数字且百位数字大于十位数字的四位数的个数是( )。
    A. 36   B. 40   C. 48   D. 60   E. 72

21. 某人制订了一项旅游计划,从7个旅游城市中选择5个进行游览,如果A,B为必选城市,并且在游览过程中必须按先A后B的次序经过A,B两城市(A,B两城市可以不相邻),则有不同的游览线路有( )种。
    A. 120   B. 240   C. 480   D. 600   E. 720

22. 将3名医生和6名护士分配到3所学校为学生体检,每所学校分配1名医生和2名护士,不同的分配方法种数共有( )种。
    A. 240   B. 720   C. 360   D. 540   E. 426

23. 神六航天员由甲、乙等六人组成,每两人为一组,若指定的甲、乙两人一定同在一个小组,则这六人的不同分组方法有( )种。
    A. 3   B. 6   C. 12   D. 18   E. 24

24. 将9个人平均分成三组,甲、乙分在同一组,则不同的分组方法有( )种。
    A.70   B.140   C.280   D.840   E.80

25. 将6个男生和3个女生分成三组,每组2个男生和1个女生,则一共有( )种方法。
    A.15   B.90   C.180   D.360   E.540

26. 三名教师分配到6个班级任教,若其中一人教一个班,一人教二个班,一人教三个班,则共有分配方法( )种。
    A.720   B.360   C.120   D.60   E.以上结论均不正确

27. (2013-10)在某次比赛中有6名选手进入决赛,若决赛设有1个一等奖,2个二等奖,3个三等奖,则可能的结果共有( )种。
    A.16   B.30   C.45   D.60   E.120

28. 将6名学生和4名老师分成红、蓝色两队拔河,要求每个队都是3名学生和2名老师,一共有( )种分队的方法。
    A.30   B.60   C.120   D.240   E.360

29. 将6名旅客安排在3个房间中,每个房间至少安排一名旅客,则不同的安排方法共有( )种。
    A.240   B.360   C.420   D.540   E.680

30. 四个不同的小球放入编号为1,2,3,4的四个盒中,则恰有一个空盒的放法共有( )种。
    A.182   B.148   C.144   D.128   E.84

31. 现有8副不同的手套,若从左右手手套各取一只,要求不成对,共有( )种取法。
    A.8   B.28   C.56   D.64   E.36

32. 如图9-9所示,一个地区分为5个行政区域,现给地图着色,要求相邻区域不得使用同一颜色,现有4种颜色可供选择,则不同的着色方法共有( )种。
    A.18   B.48   C.72
    D.84   E.128

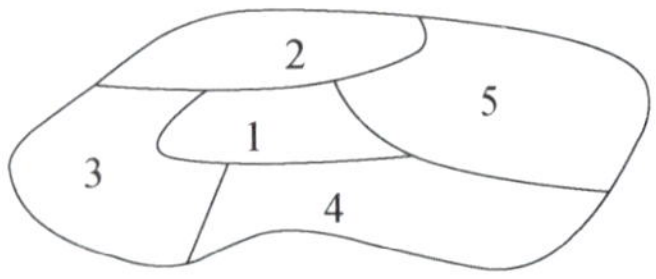

图 9-9

强化提升习题详解

1.【解析】分为两种情况:① 第一次是奇数且第二次是偶数,有 $3\times3=9$ 种;② 第一次是偶数且第二次是奇数,有 $3\times3=9$ 种,因此共有18种,答案选C。

2.【解析】5种商品每次陈列的是不完全相同的,要保证最多的陈列次数,即从15种商品中选出5种的所有组合数,共有 $C_{15}^{5}=\dfrac{15\times14\times13\times12\times11}{5\times4\times3\times2\times1}=3003$ 种,答案选B。

【套路】从 n 个不同元素中,任取 m 个($m\leqslant n$)并为一组,所有的组合数记为 C_n^m。注意:组与组取出的 m 个元素是不完全相同的,而不是完全不同的。

3.【解析】分步原理,从A到B,每人有两条路可选,共有 $C_2^1 C_2^1=4$ 种走法;从B到C,至多有一人改道有3种情况:两人均不改道或者有一人改道;同理从C到A,两人有3种情况,从而总共有 $4\times3\times3=36$ 种,答案选C。

【套路】注意更改道路不涉及重新再次选道,只涉及是按照原路走还是改道。

【扩展】题干若改为"至少有一人更改道路",答案仍然是36。

4.**【解析】**从A到B最短的走法,无论怎样走,一共要走10段,其中6段向东,4段向北,10段由于向东和向北的先后顺序不同,路线也不同,则从10段中选出6段走东向的,另外4段走北向的,共有$C_{10}^4=210$种走法,答案选A。

5.**【解析】**设有x步走1个台阶,有y步走2个台阶,则$\begin{cases}x+y=8\\x+2y=10\end{cases}$,解得$\begin{cases}x=6\\y=2\end{cases}$,走1个或2个台阶的先后顺序不同,则走法也不同,因此从8步中选出2步走2个台阶,剩余6步走1个台阶,共有$C_8^2=28$种,答案选C。

6.**【解析】**2个组单循环赛场数共有$2C_6^2=30$场,淘汰赛场数有$4+2+1=7$场,所以共进行37场比赛,答案选D。

【套路】n名选手单循环比赛,共需比赛C_n^2场,其中每位选手比赛$(n-1)$场;n名选手双循环比赛,共需比赛$C_n^2\times 2!$场,其中每位选手比赛$2(n-1)$场。

7.**【解析】**条件(1),反面求解法,共有$C_{11}^3-C_6^3-C_3^3=144$种,两个月最多62天,可以保证每晚值班人员不完全相同,充分;条件(2),共有$C_6^1 C_3^1 C_2^1=36$种,无法保证每晚值班的人不完全相同,不充分,答案选A。

8.**【解析】**反面求解法,反面为三人都是男生,选派方案有$(C_7^3-C_4^3)\times 3!=186$种,答案选B。

9.**【解析】**先将数学书和英语书各自捆绑看成两个整体,有$3!\times 2!=12$种,再将这两个整体和剩余3本语文书进行全排列,有$5!=120$种,根据乘法原理,共有$12\times 120=1440$种,答案选E。

10.**【解析】**必有两名学生分到一个班,选出两名学生捆绑有$C_4^2=6$种,但要除去甲、乙在一个班的情况,则有$6-1=5$种,再与其他两名学生共三个整体一起分配给三个班有$3!=6$种,根据乘法原理,共有$5\times 6=30$种,答案选C。

11.**【解析】**选出两名女生并捆绑打包有$C_3^2\times 2!$种,再将三名男生全排有$3!$种,出现4个空位,将两名相邻女生的包和另外一名女生插空有$C_4^2\times 2!$种,则共有$C_3^2\times 2!\times 3!\times C_4^2\times 2!=432$种,答案选E。

12.**【解析】**3枪连中,即命中的3枪相邻,捆绑看成一个整体,则与命中的另外一枪不能相邻,采用插空法,放好没有命中的4枪,出现5个空位,再从5个空位中选出2个空位有C_5^2种,最后将两个命中的整体插入$2!$,所以总的情况数为$C_5^2\times 2!=20$种,答案选C。

【技巧】列举法,很容易得到恰有3枪连中的情况共有20种。

13.**【解析】**编号之和为奇数有两种情况:①取出的球三偶一奇,有$C_4^3 C_5^1=20$种;②取出的球一偶三奇,有$C_4^1 C_5^3=40$种,即共有$20+40=60$种,则排成一排的排法有$60\times 4!=1440$种,答案选A。

14.**【解析】**每项冠军由其中1人获得,则每项冠军都从3人中选取1人,有$C_3^1 C_3^1 C_3^1 C_3^1=81$种;也可以利用方幂法公式:$n$个不同元素分配到$m$个不同对象,任意分配,有$m^n$种,将4项冠军任意分给3个人,有$3^4$种,答案选C。

15.**【解析】**对号和不对号问题,分情况讨论:① 恰有2个相同:先选出2个相同的有C_5^2种,剩余3个都不对号有2种,共有$C_5^2\times 2=20$种;② 恰有3个相同:先选出3个相同的有C_5^3

种,剩余2个都不对号有1种,共有 $C_5^3 \times 1 = 10$ 种;③ 恰有4个相同:说明5个都相同,只有1种,综上所述,共有 $20 + 10 + 1 = 31$ 种,答案选C。

16.【解析】第一步,为第一行涂色,有3!种;第二步,为第二行涂色,要保证每列的区域不同色,则需要满足第二行与第一行的颜色都不对号,有2种;第三步,为第三行涂色,有1种,根据乘法原理,共有 $3! \times 2 \times 1 = 12$ 种,答案选B。

17.【解析】隔板法公式:将 n 个相同的元素分配给 m 个不同的对象,每个对象至少分一个,则有 C_{n-1}^{m-1} 种。10只相同的球,放入到4个不同的盒子,每个盒子至少一个,则共有 $C_{10-1}^{4-1} = C_9^3 = 84$ 种,答案选B。

18.【解析】隔板法公式:将 n 个相同的元素分配给 m 个不同的对象,每个对象至少分一个,则有 C_{n-1}^{m-1} 种。10瓶相同的汽水分配给6个人,每个人至少1瓶,则共有 $C_{10-1}^{6-1} = C_9^5 = 126$ 种,答案选C。

19.【解析】根据题意,可以先在编号分别为1,2,3,4的四个盒子分别放0,1,2,3个球,有1种方法,再把剩下的14个球再次放入这四个盒子中,此时每盒至少放1个,根据隔板法公式,则共有 $C_{14-1}^{4-1} = C_{13}^3 = 286$ 种,答案选C。

20.【解析】方法(1),从6个数中任取一个数放到个位为 C_6^1,再从剩余5个数中任取3个数放到千、百、十位为 C_5^3,因为三个位置的大小顺序相对固定,所以无须排序,选出的3个数会从大到小自动放好,因此总的情况数为 $C_6^1 \times C_5^3 = 60$,答案选D。

方法(2),消序法,从6个数中任选4个数并排成四位数,有 $C_6^4 \times 4!$ 种,又因为千、百、十位数字的大小顺序相对固定,所以需要消除其顺序,共有 $P = \dfrac{C_6^4 \times 4!}{3!} = 60$ 种,答案选D。

21.【解析】A,B为必选城市,则从剩下的5个城市中再选取3个有 C_5^3 种,将确定的5个城市全排列有5!种,又由于A,B顺序相对固定,利用除法消序,则游览线路共有 $\dfrac{C_5^3 \times 5!}{2!} = 600$ 种,答案选D。

22.【解析】可以看成指定对象分配,直接让每个对象逐一选取相应个数的元素即可。每个学校各1名医生有 $C_3^1 C_2^1 C_1^1 = 6$ 种,每所学校各2名护士有 $C_6^2 C_4^2 C_2^2 = 90$ 种,所以总的情况数为 $6 \times 90 = 540$ 种,答案选D。

23.【解析】甲、乙两人自动成一组,只有1种,再将剩余4人按照2、2的方式分成两组,有 $\dfrac{C_4^2 C_2^2}{2!}$ 种,根据乘法原理,共有 $1 \times \dfrac{C_4^2 C_2^2}{2!} = 3$ 种,答案选A。

24.【解析】先从其他7个人选1人与甲、乙组成一组,有 $C_7^1 = 7$ 种,再将剩下6个人按照2、2的方式分成两组,有 $\dfrac{C_6^3 C_3^3}{2!} = 10$ 种,根据乘法原理,共有 $7 \times 10 = 70$ 种,答案选A。

25.【解析】可以看成指定对象分配,每个女生对应2个男生,直接用组合选取即可,则有 $C_6^2 C_4^2 C_2^2 = 90$ 种,答案选B。

26.【解析】可以看成未指定对象分配,先分堆再分配。题干等价于将6个班级按照1、2、3分给三名教师,先将6个班按照1、2、3分三组有 $C_6^1 C_5^2 C_3^3 = 60$ 种,再将三组分配给三名教师有 $3! = 6$ 种,所以总的情况数为 $60 \times 6 = 360$ 种,答案选B。

【扩展】若改为"其中甲教1个班,乙教2个班,丙教3个班",则可以看成指定对象分配,即每名教师教的班级数量是确定的,直接用组合选取即可,则有 $C_6^1 C_5^2 C_3^3 = 60$ 种。

27.【解析】指定对象分配问题,直接用组合选取即可。从6名选手中选出1名选手获取一等奖有 C_6^1 种,再从剩余5名选手中选出2名选手获取二等奖有 C_5^2 种,最后剩余3名选手获取三等奖有 C_3^3 种,因此可能的结果共有 $C_6^1 C_5^2 C_3^3 = 60$ 种,答案选 D。

28.【解析】指定对象分配问题,直接用组合选取即可。红队从6名学生和4名老师分别选出3名学生和2名老师有 $C_6^3 C_4^2 = 120$ 种,剩余的3名学生和2名老师去蓝队,因此共有120种方法,答案选 C。

29.【解析】可以看成未指定对象分配,先分堆再分配。整体分成三大类:① 将6名旅客按照4、1、1的方式分给这3个房间,有 $\dfrac{C_6^4 C_2^1 C_1^1}{2!} \times 3! = 90$ 种;② 将6名旅客按照3、2、1的方式分给这3个房间,有 $C_6^3 C_3^2 C_1^1 \times 3! = 360$ 种;③ 将6名旅客按照2、2、2的方式分给这3个房间,有 $\dfrac{C_6^2 C_4^2 C_2^2}{3!} \times 3! = 90$ 种,根据加法原理,共计 $90 + 360 + 90 = 540$ 种,答案选 D。

30.【解析】先从四个盒中选1个成为空盒有 C_4^1 种,再将四个小球放入到剩余三个盒子中,此时每个盒子至少放一个,只能按照2、1、1的方式放入到三个盒子中。先将四个小球分成三堆有 $\dfrac{C_4^2 C_2^1 C_1^1}{2!}$ 种,再分配到三个盒子中有 $3!$ 种,根据乘法原理,共有 $C_4^1 \times \dfrac{C_4^2 C_2^1 C_1^1}{2!} \times 3! = 144$ 种,答案选 C。

31.【解析】方法(1),先在左手手套中取1只,再在右手手套的另外不匹配的7只手套中取1只,则 $N = 8 \times 7 = 56$ 种,答案选 C。

方法(2),反面求解法,从左右手手套各取一只共有 $C_8^1 \times C_8^1 = 64$ 种,成对的情况有8种,则两只不成对的情况为 $64 - 8 = 56$ 种,答案选 C。

32.【解析】根据颜色使用的数量分成两类:① 选用3种颜色涂时,必须是2、4同色且3、5同色,涂色方法有 $C_4^3 \times 3! = 24$ 种;② 4种颜色全用时,是2、4同色且3、5不同色,或2、4不同色且3、5同色两种情况,涂色方法有 $4! \times 2 = 48$ 种,所以共有 $24 + 48 = 72$ 种,答案选 C。

第10章 概率初步

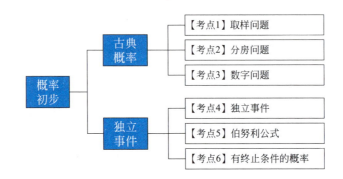

10.1 知识要点归纳

一、概率的定义和性质

1. 概率的定义

概率,又称或然率、机会率、可能性,是一个在0到1之间的实数,是对随机事件发生的可能性的度量。表示一个事件发生的可能性大小的数,叫作该事件的概率。

2. 概率的性质

(1) 必然事件的概率为1,不可能事件的概率为0,因此 $0 \leqslant P(A) \leqslant 1$。

(2) 对于任意两个事件 A,B,有 $P(A \cup B) = P(A) + P(B) - P(A \cap B)$。

(3) 当事件 A 与 B 互斥时,有 $P(A \cup B) = P(A) + P(B)$。

(4) 当事件 A 与 B 对立时,有 $P(A) + P(B) = 1$。

二、古典概型

1. 主要特征

(1) 样本空间所包含的基本事件的个数是有限多个。

(2) 每个基本事件发生的可能性完全相同。

2. 计算公式

在古典概型中,若样本空间所包含的基本事件总数为 n,事件 A 包含的基本事件数为 m,则事件 A 发生的概率为 $P(A) = \dfrac{m}{n}$。

3. 三大类古典概型

常考的三大类古典概型分别为取样问题、分房问题和数字问题。

三、独立事件

1. 定义

如果两个事件中任意一个事件的发生不影响另一个事件的概率,则称这两个事件相互独立。

2. 计算公式

已知事件 A 发生的概率为 $P(A)$,事件 B 发生的概率为 $P(B)$,则

(1) 事件 A,B 同时发生的概率为 $P(AB)=P(A)\times P(B)$;

(2) 事件 A,B 同时不发生的概率为 $[1-P(A)]\times[1-P(B)]$;

(3) 事件 A,B 至少有一个不发生的概率为 $1-P(A)\times P(B)$;

(4) 事件 A,B 至少有一个发生的概率为 $1-[1-P(A)]\times[1-P(B)]$;

(5) 事件 A,B 恰好有一个发生的概率为 $P(A)\times[1-P(B)]+[1-P(A)]\times P(B)$。

3. 独立事件与古典概率的区别(见表 10-1)

表 10-1 独立事件与古典概率的区别

内容	特 征	方 法
古典概率	已知元素的数量(个数)来求概率	用两个排列组合数相除求概率
独立事件	已知概率求概率	用乘法或加法求概率

四、伯努利公式

1. 独立重复试验

在相同条件下,将某试验重复进行 n 次,且每次试验中任何一事件的概率不受其他试验结果的影响,此种试验称为 n 次独立重复试验。

2. 计算公式

如果在一次试验中某事件发生的概率为 P,则在 n 次独立重复试验中,这个事件恰好发生 k 次的概率为 $C_n^k P^k(1-P)^{n-k}(k=0,1,2,\cdots,n)$。

特殊:$k=n$ 时,即在 n 次独立重复试验中这个事件全部发生,概率为 P^n;$k=0$ 时,即在 n 次独立重复试验中这个事件全部没有发生,概率为 $(1-P)^n$。

10.2 基础精讲例题

一、取样问题

【例 10-1】一个袋中有 8 个大小、形状相同的球,其中 5 个黑球,3 个白球:

(1)从袋中随机取出两个球,求取出的两个球都是黑球的概率;

(2)从袋中不放回的取两次,每次取一个球,求取出的两个球都是黑球的概率;

(3)从袋中有放回的取两次,每次取一个球,求取出的两个球至少有一个是黑球的概率。

【解析】(1)一次性取样,两个球都是黑球的概率 $P = \dfrac{C_5^2}{C_8^2} = \dfrac{5}{14}$;

(2)逐次不放回取样,两个球都是黑球的概率 $P = \dfrac{C_5^1 \times C_4^1}{C_8^1 \times C_7^1} = \dfrac{5}{14}$;

(3)逐次有放回取样,两个球至少有一个是黑球的概率 $P = 1 - \dfrac{C_3^1 \times C_3^1}{C_8^1 \times C_8^1} = \dfrac{55}{64}$。

【例10-2】一袋中装有大小相同的八个球,编号分别为1,2,3,4,5,6,7,8,从中有放回地每次取一个球,共取2次,则取得两个球的编号之和不小于15的概率为( )。

A. $\dfrac{1}{32}$ B. $\dfrac{1}{64}$ C. $\dfrac{3}{32}$ D. $\dfrac{3}{64}$ E. $\dfrac{5}{64}$

【解析】有放回的取两次的情况数为 $C_8^1 \times C_8^1 = 64$ 种,其和不小于15的有3种,即(7,8),(8,7),(8,8),则所求概率 $P = \dfrac{3}{63}$,答案选D。

【扩展】若改为"不放回",则取两次的情况数为 $C_8^1 \times C_7^1 = 56$ 种,只有(7,8),(8,7)符合,则所求概率 $P = \dfrac{2}{56} = \dfrac{1}{28}$。

【例10-3】一只口袋中有5只同样大小的球,编号分别为1,2,3,4,5,今从中随机抽取3只球,则取到的球中最大号码是4的概率为( )。

A. 0.3   B. 0.4   C. 0.5   D. 0.6   E. 以上结论均不正确

【解析】从中抽取3只球有 C_5^3 种,最大号码为4,则4必选,再从1,2,3中选取2个有 C_3^2 种,则 $P = \dfrac{C_3^2}{C_5^3} = \dfrac{3}{10} = 0.3$,答案选A。

【例10-4】(2021-1)从装有1个红球,2个白球,3个黑球的袋中随机取出3个球,则这3个球的颜色至多有两种的概率为( )。

A. 0.3   B. 0.4   C. 0.5   D. 0.6   E. 0.7

【解析】其反面为3个球的颜色都不相同,有 $C_1^1 C_2^1 C_3^1$ 种,则所求概率 $P = 1 - \dfrac{C_1^1 C_2^1 C_3^1}{C_6^3} = \dfrac{14}{20} = 0.7$,答案选E。

【例10-5】甲、乙两人参加知识竞答,共有10个不同的题目,其中选择题6个,判断题4个,甲、乙两人依次各抽一题,则

(1)求甲抽到选择题且乙抽到判断题的概率;

(2)求甲、乙两人中至少有一人抽到选择题的概率。

【解析】甲、乙依次各抽一题的总情况数为 $C_{10}^1 C_9^1$ 种,(1)所求概率 $P_1 = \dfrac{C_6^1 C_4^1}{C_{10}^1 C_9^1} = \dfrac{4}{15}$;

(2)反面求解法,反面为两人抽到的都是判断题,则所求概率 $P_2 = 1 - \dfrac{C_4^1 C_3^1}{C_{10}^1 C_9^1} = \dfrac{13}{15}$。

【例10-6】某班有两个课外活动小组,其中第一小组有足球票6张,排球票4张;第二小

组有足球票 4 张,排球票 6 张,甲从第一小组的 10 张票中任抽 1 张,乙从第二小组的 10 张票中任抽 1 张,则

(1) 求两人都抽到足球票的概率;

(2) 求两人中至少有 1 人抽到足球票的概率。

【解析】(1)所求概率 $P = \dfrac{C_6^1 \times C_4^1}{C_{10}^1 \times C_{10}^1} = \dfrac{6}{25}$;(2)反面求解法,其反面为两人抽到的都是排球票,则所求概率 $P = 1 - \dfrac{C_4^1 \times C_6^1}{C_{10}^1 \times C_{10}^1} = \dfrac{19}{25}$。

【例 10-7】一个坛子中有编号为 $1,2,\cdots,12$ 的 12 个大小相同的球,其中 1~6 号球是红球,其余的是黑球,若从中任取两个球,则取到的都是红球且至少有 1 个球的号码是偶数的概率为( )。

A. $\dfrac{1}{22}$ B. $\dfrac{1}{11}$ C. $\dfrac{3}{22}$ D. $\dfrac{2}{11}$ E. $\dfrac{3}{11}$

【解析】从 12 个球中任取 2 个球有 C_{12}^2 种,取到的都是红球有 C_6^2 种,至少有一个球的号码是偶数的对立事件是两个球的号码都是奇数,共有 C_3^2 种,则所求概率 $P = \dfrac{C_6^2 - C_3^2}{C_{12}^2} = \dfrac{2}{11}$,答案选 D。

【例 10-8】一个盒子中有大小相同的 4 个红球和 2 个白球,现从中不放回地先后摸球,直到 2 个白球都摸出为止,则

(1) 摸球 2 次就完成的概率为( );

A. $\dfrac{2}{15}$ B. $\dfrac{1}{5}$ C. $\dfrac{2}{5}$ D. $\dfrac{1}{15}$ E. $\dfrac{11}{32}$

(2) 摸球 4 次就完成的概率为( )。

A. $\dfrac{3}{5}$ B. $\dfrac{1}{5}$ C. $\dfrac{7}{16}$ D. $\dfrac{2}{32}$ E. $\dfrac{1}{3}$

【解析】(1)第一次和第二次摸出的都是白球,则概率 $P_1 = \dfrac{C_2^1 C_1^1}{C_6^1 C_5^1} = \dfrac{1}{15}$,答案选 D;(2)第四次摸到的肯定是白球,前三次是二红一白,从 4 个红球中选 2 个放入前 3 个位置中的两个有 $C_4^2 \times C_3^2 \times 2!$ 种,再将 2 个白球放入剩余 2 个位置有 2! 种,而总的情况数为 $C_6^4 \times 4!$ 种,则概率 $P_2 = \dfrac{C_4^2 \times C_3^2 \times 2! \times 2!}{C_6^4 \times 4!} = \dfrac{1}{5}$,答案选 B。

二、分房问题

【例 10-9】3 个人,分配到 4 间房,每个人可以随机分配到任何一个房间,求

(1) 恰有 3 个房间各有 1 人的概率;

(2) 指定的 3 个房间中各有 1 人的概率;

(3) 指定的某个房间中有一人的概率;

(4) 至少有 2 人在同一个房间的概率。

【解析】3 个人,分配到 4 间房,每个人都有 4 种选择,共有 $4 \times 4 \times 4 = 4^3$ 种。

(1) 恰有3个房间各有1人有 $C_4^3 \times 3!$ 种，则概率 $P = \dfrac{C_4^3 \times 3!}{4^3}$；

(2) 指定的3个房间中各有1人有 $3!$ 种，则概率 $P = \dfrac{3!}{4^3}$；

(3) 先选出1人放入此指定的房间有 C_3^1 种，再将剩余2人随机放到其他3个房间有 3^2 种，则概率 $P = \dfrac{C_3^1 \times 3^2}{4^3}$；

(4) 至少有2人在同一个房间的反面为每个房间至多1人，即恰有3个房间各有1人，反面求解法，则概率 $P = 1 - \dfrac{C_4^3 \times 3!}{4^3}$。

三、数字问题

【例10-10】（2020-1）从1至10这10个数中任取3个数，恰有1个质数的概率为（　　）。

A. $\dfrac{2}{3}$　　B. $\dfrac{1}{2}$　　C. $\dfrac{5}{12}$　　D. $\dfrac{2}{5}$　　E. $\dfrac{1}{120}$

【解析】 10以内的质数有4个，分别为2、3、5、7，任取3个恰有1个质数的概率 $P = \dfrac{C_4^1 \times C_6^2}{C_{10}^3} = \dfrac{1}{2}$，答案选B。

【例10-11】（2018-1）从标号为1到10的10张卡片中随机抽取2张，它们的标号之和能被5整除的概率为（　　）。

A. $\dfrac{1}{5}$　　B. $\dfrac{1}{9}$　　C. $\dfrac{2}{9}$　　D. $\dfrac{2}{15}$　　E. $\dfrac{7}{45}$

【解析】 从10张卡片中随机抽取2张有 $C_{10}^2 = 45$ 种，标号之和能被5整除分为三种情况，标号之和为 $5 = 1+4 = 2+3$，有2种；标号之和为 $10 = 1+9 = 2+8 = 3+7 = 4+6$，有4种；标号之和为 $15 = 5+10 = 6+9 = 7+8$，有3种，满足条件的有共 $2+4+3 = 9$ 种，概率 $P = \dfrac{9}{45} = \dfrac{1}{5}$，答案选A。

【例10-12】（2017-1）甲从1、2、3中抽取一数，记为 a；乙从1、2、3、4中抽取一数，记为 b，规定当 $a > b$ 或 $a + 1 < b$ 时甲获胜，则甲获胜的概率为（　　）。

A. $\dfrac{1}{6}$　　B. $\dfrac{1}{4}$　　C. $\dfrac{1}{3}$　　D. $\dfrac{5}{12}$　　E. $\dfrac{1}{2}$

【解析】 总的情况数为 $C_3^1 C_4^1$ 种，通过穷举法，满足 $a > b$ 的有 $(2,1),(3,1),(3,2)$ 三组，满足 $a + 1 < b$ 的有 $(1,3),(1,4),(2,4)$ 三组，总共有6组，则概率 $P = \dfrac{6}{C_3^1 C_4^1} = \dfrac{1}{2}$，答案选E。

【例10-13】（2016-1）从1到100的整数中任取一个数，则该数能被5或7整除的概率为（　　）。

A. 0.02　　B. 0.14　　C. 0.2　　D. 0.32　　E. 0.34

【解析】 能被5整除的数有 $100 \div 5 = 20$ 个，能被7整除的数有 $98 \div 7 = 14$ 个，既能被5整除也能被7整除的数有2个（35,70），所以概率 $P = \dfrac{20 + 14 - 2}{100} = 0.32$，答案选D。

【例10-14】从数字1,2,3,4,5中任取3个,组成没有重复数字的三位数,计算:
(1) 三位数是5的倍数的概率;
(2) 三位数是偶数的概率;
(3) 三位数大于400的概率。

【解析】组成无重复数字的三位数共有 $C_5^3 \times 3!$ 种。(1)需要满足个位是5,再从剩余的4个数中选出2个并放入百位和十位有 $C_4^2 \times 2!$ 种,则概率 $P = \dfrac{C_4^2 \times 2!}{C_5^3 \times 3!} = \dfrac{1}{5}$;(2)需要满足个位是偶数,即2或4,共 C_2^1 种,再从剩余的4个数中选出2个并放入百位和十位有 $C_4^2 \times 2!$ 种,则概率 $P = \dfrac{C_2^1 \times C_4^2 \times 2!}{C_5^3 \times 3!} = \dfrac{2}{5}$;(3)需要满足百位是4或5,共 C_2^1 种,再从剩余的4个数中选出2个并放入十位和个位有 $C_4^2 \times 2!$ 种,则概率 $P = \dfrac{C_2^1 \times C_4^2 \times 2!}{C_5^3 \times 3!} = \dfrac{2}{5}$。

【技巧】① 这5个数出现在个位上的概率是等可能的,则个位是5的概率 $P = \dfrac{1}{5}$;② 同理可得个位是偶数的概率 $P = \dfrac{2}{5}$;(3)同理可得百位是4或5的概率 $P = \dfrac{2}{5}$。

四、独立事件

【例10-15】设有两门高射炮,每一门击中飞机的概率都是0.6,则同时射击一发炮弹而命中飞机的概率为(   )。
A. 0.64　　B. 0.68　　C. 0.74　　D. 0.78　　E. 0.84

【解析】命中飞机的概率即至少有一门炮弹命中的概率,反面求解法,$P = 1 - (1-0.6)(1-0.6) = 0.84$,答案选E。

【例10-16】甲、乙两人独立地解决同一问题,甲解决这个问题的概率是 P_1,乙解决这个问题的概率是 P_2,那么恰好有1人解决这个问题的概率是(   )。
A. $P_1 P_2$　　　　　　　　B. $P_1(1-P_2) + P_2(1-P_1)$　　　C. $1 - P_1 P_2$
D. $1 - (1-P_1)(1-P_2)$　　E. $1 - P_1 - P_2$

【解析】恰有一人解决,即甲解决且乙没有解决或甲没有解决且乙解决两种情况,因此概率为 $P_1(1-P_2) + P_2(1-P_1)$,答案选B。

【例10-17】在一条线路上并联着3个自动控制的常开开关,只要其中一个开关能够闭合,线路就能正常工作。如果在某段时间里三个开关能够闭合的概率分别为 P_1, P_2, P_3,那么这段时间内线路正常工作的概率为(   )。
A. $P_1 + P_2 + P_3$　　　　　　　B. $P_1 P_2 P_3$　　　C. $\dfrac{P_1 + P_2 + P_3}{3}$
D. $1 - (1-P_1)(1-P_2)(1-P_3)$　　E. 以上结论均不正确

【解析】线路正常工作的概率即至少有一个开关能够闭合的概率,反面求解法,$1 - (1-P_1)(1-P_2)(1-P_3)$,答案选D。

【例10-18】(2017-1)某试卷由15道选择题组成,每道题有4个选项,只有一项是符合试题要求的,甲有6道题能确定正确选项,有5道题能排除2个错误选项,有4道题能排除1个错误选项,若从每题排除后剩余的选项中选1个作为答案,则甲得满分的概率为(   )。

A. $\dfrac{1}{2^4} \times \dfrac{1}{3^5}$ B. $\dfrac{1}{2^5} \times \dfrac{1}{3^4}$ C. $\dfrac{1}{2^5} + \dfrac{1}{3^4}$ D. $\dfrac{1}{2^4} \times \left(\dfrac{3}{4}\right)^5$ E. $\dfrac{1}{2^4} + \left(\dfrac{3}{4}\right)^5$

【解析】有6道题能确定正确选项,则答对这6题的概率都为1;有5道题能排除2个错误选项,则答对这5道题的概率都为$\dfrac{1}{2}$;有4道题能排除1个错误选项,则答对这4道题的概率都为$\dfrac{1}{3}$,甲得满分必须满足所有题都答对,概率$P = 1^6 \times \left(\dfrac{1}{2}\right)^5 \times \left(\dfrac{1}{3}\right)^4 = \dfrac{1}{2^5} \times \dfrac{1}{3^4}$,答案选B。

【例10-19】甲、乙两队进行排球决赛,现在的情形是甲队只要再赢一局就能获得冠军,乙队需要再赢两局才能获得冠军,若两队每局获胜的概率相同,则甲队获得冠军的概率为( )。

A. $\dfrac{3}{5}$ B. $\dfrac{1}{2}$ C. $\dfrac{3}{4}$ D. $\dfrac{14}{25}$ E. 以上结论均不正确

【解析】甲要获得冠军有两种情况:第一局就取胜,概率为$\dfrac{1}{2}$;第一局失败且第二局取胜,概率为$\dfrac{1}{2} \times \dfrac{1}{2} = \dfrac{1}{4}$,则甲获得冠军的概率为$\dfrac{1}{2} + \dfrac{1}{4} = \dfrac{3}{4}$,答案选C。

【例10-20】(2015-1)信封中装有10张奖券,只有1张有奖,从信封中同时抽取2张奖券,中奖的概率记为P;从信封中每次抽取1张奖券后放回,如此重复抽取n次,中奖的概率记为Q,则$P < Q$。

(1) $n = 2$。   (2) $n = 3$。

【解析】$P = \dfrac{C_1^1 C_9^1}{C_{10}^2} = \dfrac{1}{5}$,条件(1),重复抽取2次,中奖即为2次中至少有1次中奖,则中奖的概率$Q = 1 - \dfrac{C_9^1}{C_{10}^1} \times \dfrac{C_9^1}{C_{10}^1} = \dfrac{19}{100} < \dfrac{1}{5} = P$,不充分;同理,条件(2),重复抽取3次,中奖即为3次中至少有1次中奖,则中奖的概率$Q = 1 - \dfrac{C_9^1}{C_{10}^1} \times \dfrac{C_9^1}{C_{10}^1} \times \dfrac{C_9^1}{C_{10}^1} = \dfrac{271}{1000} > \dfrac{1}{5} = P$,充分,答案选B。

五、伯努利公式

【例10-21】某射手射击一次,击中目标的概率为0.7,他连续射击四次,且每次射击互不影响,则求

(1) 他至少有一次击中目标的概率;
(2) 他只有第三次击中目标的概率;
(3) 他四次有三次连续击中,另外一次没有击中目标的概率;
(4) 他四次恰有三次击中目标的概率。

【解析】(1) 至少有一次击中目标,反面求解,$P = 1 - 0.3^4$;

(2) 只有第三次击中目标意味着其他3次都没中,$P = 0.3 \times 0.3 \times 0.7 \times 0.3$;

(3) 四次有三次连续击中目标,有两种情况,$P = 0.7^3 \times 0.3 \times 2$;

(4) 四次恰有三次击中目标,不知道是哪三次击中,用组合选取有C_4^3种,$P = C_4^3 \times 0.7^3 \times 0.3^1$。

【例10-22】掷一枚不均匀的硬币,正面朝上的概率为 $\frac{2}{3}$,若将此硬币掷4次,则正面朝上3次的概率为( )。

A. $\frac{8}{81}$ B. $\frac{8}{27}$ C. $\frac{32}{81}$ D. $\frac{1}{2}$ E. $\frac{26}{27}$

【解析】利用伯努利公式,则概率 $P = C_4^3 \times \left(\frac{2}{3}\right)^3 \times \frac{1}{3} = \frac{32}{81}$,答案选C。

【例10-23】(2012-1)在某次考试中,3道题中答对2道即为及格,假设某人答对各题的概率相同,则此人及格的概率是 $\frac{20}{27}$。

(1) 答对各题的概率为 $\frac{2}{3}$。

(2) 3道题全部答错的概率为 $\frac{1}{27}$。

【解析】条件(1),3题都答对的概率为 $\left(\frac{2}{3}\right)^3$;3题恰对2题的概率为 $C_3^2 \times \left(\frac{2}{3}\right)^2 \times \frac{1}{3}$,所以此人及格的概率为 $\left(\frac{2}{3}\right)^3 + C_3^2 \left(\frac{2}{3}\right)^2 \times \frac{1}{3} = \frac{20}{27}$,充分;条件(2),设答对各题的概率为 P,则3道题全部答错的概率 $(1-P)^3 = \frac{1}{27}$,解得 $P = \frac{2}{3}$,和条件(1)等价,也充分,答案选D。

六、有终止条件的概率

【例10-24】一出租车司机从饭店到火车站途中有六个交通岗,假设他在各交通岗遇到红灯都是相互独立的,并且概率都是 $\frac{1}{3}$,那么这位司机遇到红灯前,已经通过了两个交通岗的概率是( )。

A. $\frac{1}{6}$ B. $\frac{1}{90}$ C. $\frac{4}{27}$ D. $\frac{5}{9}$ D. $\frac{1}{24}$

【解析】根据题意,这位司机在第一、二个交通岗未遇到红灯且在第三个交通岗遇到红灯,则概率 $P = \left(1-\frac{1}{3}\right) \times \left(1-\frac{1}{3}\right) \times \frac{1}{3} = \frac{4}{27}$,答案选C。

【例10-25】甲、乙两人进行三局两胜的台球赛,已知每局甲取胜的概率为0.6,乙取胜的概率为0.4,那么最终乙胜甲的概率为( )。

A. 0.36   B. 0.352   C. 0.432   D. 0.648   E. 以上结论均不正确

【解析】包含两种情况:乙第一局和第二局连胜两局,概率为 $0.4 \times 0.4 = 0.16$;乙前两局恰胜一局且第三局胜,利用伯努利公式,概率为 $C_2^1 \times 0.4 \times 0.6 \times 0.4 = 0.192$,则最终乙胜甲的概率为 $0.16 + 0.192 = 0.352$,答案选B。

【例10-26】在一次抗洪抢险中,准备用射击的方法引爆从桥上漂流而下的一个巨大的汽油罐,已知只有5发子弹备用,且首次命中只能使汽油流出,再次命中才能引爆成功,每次射击命中率都是 $\frac{2}{3}$,每次命中与否相互独立,则射击4次汽油罐被引爆的概率为( )。

A. $\frac{4}{27}$ B. $\frac{10}{81}$ C. $\frac{1}{9}$ D. $\frac{8}{81}$ E. $\frac{2}{27}$

【解析】第四次射击一定命中,前3次恰好命中1次,根据伯努利公式,前3次恰好命中1次的概率为$C_3^1 \times \frac{2}{3} \times \left(\frac{1}{3}\right)^2$,则所求概率为$C_3^1 \times \frac{2}{3} \times \left(\frac{1}{3}\right)^2 \times \frac{2}{3} = \frac{4}{27}$,答案选A。

10.3 基础巩固习题

1. (2009-1)在36人中,血型情况如下:A型12人,B型10人,AB型8人,O型6人,若从中随机选出两人,则两人血型相同的概率是(　　)。

   A. $\frac{77}{315}$　　B. $\frac{44}{315}$　　C. $\frac{33}{315}$　　D. $\frac{9}{122}$　　E. 以上结论均不正确

2. 袋中有6只红球、4只黑球,今从袋中随机取出4只球,设取到一只红球得2分,取到一只黑球得1分,则得分不大于6分的概率是(　　)。

   A. $\frac{23}{42}$　　B. $\frac{4}{7}$　　C. $\frac{25}{42}$　　D. $\frac{13}{21}$　　E. 以上结论均不正确

3. 在10件产品中有3件次品,从中随机抽出2件,至少抽到一件次品的概率是(　　)。

   A. $\frac{1}{3}$　　B. $\frac{2}{5}$　　C. $\frac{7}{15}$　　D. $\frac{8}{15}$　　E. $\frac{3}{5}$

4. (2010-10)在10道备选试题中,甲能答对8道,乙能答对6道题,若某次考试从这10道备选题中随机抽出3道题作为考题,至少答对2道题才算合格,则甲、乙两人考试都合格的概率是(　　)。

   A. $\frac{28}{45}$　　B. $\frac{2}{3}$　　C. $\frac{14}{15}$　　D. $\frac{26}{45}$　　E. $\frac{8}{15}$

5. (2012-10)在一个不透明的布袋中装有2个白球、m个黄球和若干个黑球,它们只有颜色不同,则$m = 3$。

   (1)从布袋中随机摸出一个球,摸到白球的概率是0.2。

   (2)从布袋中随机摸出一个球,摸到黄球的概率是0.3。

6. 一个盒子中装有标号为1,2,3,4,5,6的6张标签,依次随机地抽取两张标签,则数字相邻的概率$P = \frac{5}{18}$。

   (1)标签的抽取是无放回的。

   (2)标签的抽取是有放回的。

7. 在共有10个座位的小会议室内随机地坐6名与会者,则指定的4个座位被坐满的概率是(　　)。

   A. $\frac{1}{14}$　　B. $\frac{1}{13}$　　C. $\frac{1}{12}$　　D. $\frac{1}{11}$　　E. 以上结论均不正确

8. 某地有3个工厂,由于用电紧缺,每个工厂在一周内必须某一天停电(选哪一天是等可能的),假定工厂之间的选择互不影响,则这三个工厂选择同一天停电的概率为(　　)。

   A. $\frac{1}{7}$　　B. $\frac{1}{7^2}$　　C. $\frac{1}{7^3}$　　D. $\frac{6^3}{7^3}$　　E. 以上结论均不正确

9. 将编号为1,2,3的三本书随意地排列在标号为一、二、三的三个书架上,每个书架只能放一本书,则概率 $P = \dfrac{2}{3}$。

(1) 每本书的编号都不和它的书架标号相同的概率 P。

(2) 至少有一本书的编号和它的书架标号相同的概率 P。

10. 从集合 $\{3,4,5,6,7,8\}$ 中任取两个数相乘,积是偶数的概率是(　　)。

   A. $\dfrac{4}{5}$ B. $\dfrac{2}{3}$ C. $\dfrac{1}{2}$ D. $\dfrac{1}{3}$ E. $\dfrac{1}{6}$

11. (2013-10)如图 10-1 所示,是某市3月1日至14日的空气质量指数趋势图,空气质量指数小于100表示空气质量优良,空气质量指数大于200表示空气重度污染,某人随机选择3月1日至13日中的某一天到达该市,并停留2天,此人停留期间空气质量都是优良的概率为(　　)。

图 10-1

   A. $\dfrac{2}{7}$ B. $\dfrac{4}{13}$ C. $\dfrac{5}{13}$ D. $\dfrac{6}{13}$ E. $\dfrac{1}{2}$

12. 先后抛掷两枚均匀的正方体骰子,骰子朝上的点数分别为 x,y,则 $\log_{2x} y = 1$ 的概率为(　　)。

   A. $\dfrac{2}{7}$ B. $\dfrac{7}{60}$ C. $\dfrac{3}{8}$ D. $\dfrac{7}{64}$ E. $\dfrac{1}{12}$

13. 一枚骰子连续投掷两次,第二次出现的点数不小于第一次出现的点数的概率为(　　)。

   A. $\dfrac{1}{3}$ B. $\dfrac{1}{2}$ C. $\dfrac{5}{12}$ D. $\dfrac{7}{12}$ E. $\dfrac{3}{14}$

14. (2009-1)点 (s,t) 落入圆 $(x-a)^2 + (y-a)^2 = a^2$ 内的概率为 $\dfrac{1}{4}$。

(1) s,t 是连续掷一枚骰子两次所得到的点数, $a = 3$。

(2) s,t 是连续掷一枚骰子两次所得到的点数, $a = 2$。

15. 有五条线段,长度分别为1,3,5,7,9(单位:cm),从中任取三条,能构成一个三角形的概率为(　　)。

   A. 0.2   B. 0.3   C. 0.4   D. 0.5   E. 0.6

16. 从集合 $\{0,1,3,5,7\}$ 中先任取一个数记为 a,放回集合后再任取一个数记为 b,若 $ax + by = 0$ 能表示一条直线,则该直线的斜率等于 -1 的概率是(　　)。

   A. $\dfrac{4}{25}$ B. $\dfrac{1}{6}$ C. $\dfrac{1}{4}$ D. $\dfrac{1}{15}$ E. 以上结论均不正确

17. 将一块各面均涂有红漆的立方体锯成125个大小相同的小立方体,从这些小立方体中随机抽取一个,所取到的小立方体至少两面涂有红漆的概率是( )。

  A.0.064 B.0.216 C.0.288 D.0.352 E.以上结论均不正确

18. 从含有2件次品、$n-2(n>2)$件正品中随机抽查2件,其中恰有1件次品的概率为0.6。

  (1) $n=5$。   (2) $n=6$。

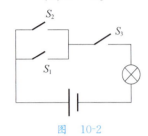

图 10-2

19. (2012-10)如图10-2所示是一个简单的电路图,S_1,S_2,S_3表示开关,随机闭合S_1,S_2,S_3中的两个,灯泡⊗发光的概率是( )。

  A.$\dfrac{1}{6}$ B.$\dfrac{1}{4}$ C.$\dfrac{1}{3}$

  D.$\dfrac{1}{2}$ E.$\dfrac{2}{3}$

20. 设3次独立重复试验中,事件A发生的概率相等,若事件A至少发生一次的概率为$\dfrac{19}{27}$,则事件A发生的概率为( )。

  A.$\dfrac{1}{9}$ B.$\dfrac{2}{9}$ C.$\dfrac{1}{3}$ D.$\dfrac{4}{9}$ E.$\dfrac{2}{3}$

21. (2013-1)档案馆在一个库房中安装了n个烟火感应报警器,每个烟火感应报警器遇到烟火成功报警的概率均为P,则该库房遇烟火发出报警的概率达到0.999。

  (1) $n=3,P=0.9$。 (2) $n=2,P=0.97$。

22. 乒乓球比赛的规则是五局三胜制,甲、乙两球员的胜率分别是0.6和0.4,在一次比赛中,若甲先连胜了前两局,则甲最后获胜的概率为( )。

  A.60%   B.81%～85%   C.86%～90%

  D.91%以上 E.以上结论均不正确

23. 如图10-3所示,字母代表元件种类,字母相同但下标不同的元件为同一类元件,已知A,B,C,D各类元件的正常工作概率依次为p,q,r,s,且各元件的工作是相互独立的,则此系统正常工作的概率为( )。

  A.$s^2 pqr$

  B.$s^2(p+q+r)$

  C.$s^2(1-pqr)$

  D.$1-(1-pqr)(1-s)^2$

  E.$s^2[1-(1-p)(1-q)(1-r)]$

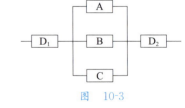

图 10-3

24. 一批产品的合格率为95%,而合格率中一等品占60%,其余为二等品,现从中任取一件检验,这件产品是二等品的概率为( )。

  A.0.57 B.0.38 C.0.35 D.0.26 E.以上结论均不正确

25. 甲、乙两个人轮流射击,先命中者为胜,最多各打3发,已知他们的命中率都为$\dfrac{1}{2}$,甲先射,则甲获胜的概率是( )。

  A.$\dfrac{1}{2}$ B.$\dfrac{17}{32}$ C.$\dfrac{5}{8}$ D.$\dfrac{21}{32}$ E.$\dfrac{23}{32}$

26. 若王先生驾车从家到单位必须经过三个有红绿灯的十字路口,则他没有遇到红灯的概率为0.125。

(1) 他在每一个路口遇到红灯的概率都是0.5。

(2) 他在每一个路口遇到红灯的事件相互独立。

27. (2011-10)某种流感正在流行,从人群中任意找出3人,其中至少有1人患该种流感的概率为0.271。

(1) 该流感的发病率为0.3。

(2) 该流感的发病率为0.1。

28. (2009-10)命中来犯敌机的概率是99%。

(1) 每枚导弹命中率为0.6。

(2) 至多同时向来犯敌机发射4枚导弹。

29. 一学生通过某种英语听力测试的概率为$\frac{1}{2}$,他连续测试2次,则恰有1次通过的概率为( )。

A. $\frac{1}{4}$ B. $\frac{1}{3}$ C. $\frac{1}{2}$ D. $\frac{3}{4}$ E. 以上结论均不正确

30. 某三人小组参加知识竞答,每人回答一个问题,答对者为本队赢得1分,答错得零分。假设每人答对的概率均为$\frac{2}{3}$,则该小组得2分的概率是( )。

A. $\frac{2}{9}$ B. $\frac{1}{3}$ C. $\frac{4}{9}$ D. $\frac{5}{9}$ E. $\frac{2}{3}$

31. (2008-10)张三以卧姿射击10次,命中靶子7次的概率是$\frac{15}{128}$。

(1) 张三以卧姿打靶的命中率是0.2。

(2) 张三以卧姿打靶的命中率是0.5。

32. 将一枚硬币连掷5次,如果出现k次正面的概率等于出现$k+1$次正面的概率,那么k的值为( )。

A. 1   B. 2   C. 3   D. 4   E. 5

基础巩固习题详解

1. 【解析】在36人中随机选2人,总的情况数为$C_{36}^2=630$种,两人血型相同的情况数为$C_{12}^2+C_{10}^2+C_8^2+C_6^2=154$种,所以概率为$P=\frac{154}{630}=\frac{77}{315}$,答案选A。

2. 【解析】从袋中随机取出4只球共有C_{10}^4种,得分不大于6分的取法有(4黑),(3黑1红),(2黑2红),所求概率$P=\frac{C_4^4+C_4^3C_6^1+C_4^2C_6^2}{C_{10}^4}=\frac{23}{42}$,答案选A。

3. 【解析】方法(1),随机抽出2件,至少抽到一件次品,即一件次品、一件正品或两件都是次品,概率$P=\frac{C_3^1C_7^1+C_3^2}{C_{10}^2}=\frac{8}{15}$,答案选D。

方法(2),反面求解法,反面为抽出的2件都是正品,则至少抽到一件次品的概率$P=$

$1-\dfrac{C_7^2}{C_{10}^2}=\dfrac{8}{15}$,答案选 D。

4.【解析】甲考试合格,即 3 道题都对或 2 道题对 1 道题错,概率 $P=\dfrac{C_8^3+C_8^2C_2^1}{C_{10}^3}=\dfrac{14}{15}$;同理,乙考试合格概率 $P=\dfrac{C_6^3+C_6^2C_4^1}{C_{10}^3}=\dfrac{2}{3}$,则两人都合格的概率 $P=\dfrac{14}{15}\times\dfrac{2}{3}=\dfrac{28}{45}$,答案选 A。

5.【解析】设黑球有 n 个,条件(1), $\dfrac{2}{2+m+n}=0.2$,不充分;条件(2), $\dfrac{m}{2+m+n}=0.3$,也不充分;联合起来,解得 $m=3,n=5$,联合充分,答案选 C。

6.【解析】条件(1),无放回的抽法共有 $6\times5=30$ 种,其中抽到的数字相邻,列举可得:(1,2),(2,3),(3,4),(4,5),(5,6)及把两数交换位置的情况,共计 10 种,所求概率 $P=\dfrac{10}{30}=\dfrac{1}{3}$,不充分;条件(2)有放回的抽法共有 $6\times6=36$ 种,而抽到的数字相邻仍然只有 10 种,所求概率 $P=\dfrac{10}{36}=\dfrac{5}{18}$,充分,答案选 B。

7.【解析】指定的 4 个座位不用选,再从剩余的 6 个座位中选 2 个有 C_6^2 种,将 6 个人放入这 6 个座位有 6!种,则所求概率 $P=\dfrac{C_6^2\times6!}{C_{10}^6\times6!}=\dfrac{1}{14}$,答案选 A。

8.【解析】每个工厂都有 C_7^1 种选择,总的情况为 $C_7^1C_7^1C_7^1=7^3$ 种,三个工厂选择同一天停电有 7 种,则所求概率 $P=\dfrac{7}{7^3}=\dfrac{1}{7^2}$,答案选 B。

9.【解析】条件(1),三个元素都不对号有 2 种,则概率 $P=\dfrac{2}{3!}=\dfrac{1}{3}$,不充分;条件(2),和条件(1)是对立事件,则概率 $P=1-\dfrac{1}{3}=\dfrac{2}{3}$,充分,答案选 B。

10.【解析】反面求解法,若积是奇数,则取出的两个数必须都是奇数,其概率 $P=\dfrac{C_3^2}{C_6^2}=\dfrac{1}{5}$,所以积是偶数的概率为 $\dfrac{4}{5}$,答案选 A。

11.【解析】3 月 1 日至 13 日,任意一天到达,总计 13 种情况,其中连续两天优良,通过列举有:1、2 日,2、3 日,12、13 日,13、14 日,共 4 种情况,则此人选择 1 日、2 日、12 日、13 日这 4 天到达都满足要求,则概率 $P=\dfrac{4}{13}$,答案选 B。

12.【解析】所有的组合数为 $C_6^1C_6^1=36$ 种,要满足 $\log_{2x}y=1$,即 $y=2x$,列举有三组: $x=1,y=2;x=2,y=4;x=3,y=6$,则概率 $P=\dfrac{3}{36}=\dfrac{1}{12}$,答案选 E。

13.【解析】总情况数为 $C_6^1C_6^1=36$ 种,所求有两种情况:① 两次点数相同:共有 6 种;② 两次点数不同:从 6 个数任取两个有 $C_6^2=15$ 种,自动排序(小数在前,大数在后),因此概率 $P=\dfrac{6+15}{36}=\dfrac{7}{12}$,答案选 D。

【技巧】一枚骰子连续投掷两次,有三种情况:①第二次小于第一次;②第二次等于第一次;③第二次大于第一次,而所求概率即为②+③概率之和,因此 $P>\dfrac{1}{2}$,答案选D。

14.【解析】(s,t) 的所有取值有 $C_6^1 C_6^1=36$ 种,条件(1),$a=3$,点要落入圆内,需满足 $(s-3)^2+(t-3)^2<3^2$,s,t 只要小于6即可,有 $C_5^1 C_5^1=25$ 种,则概率 $P=\dfrac{25}{36}$,不充分;条件(2),$a=2$,点要落入圆内,需满足 $(s-2)^2+(t-2)^2<2^2$,通过列举有9种,则概率 $P=\dfrac{9}{36}=\dfrac{1}{4}$,充分,答案选B。

15.【解析】列举可得,有 $(3,5,7)(3,7,9)(5,7,9)$ 三组符合,则所求概率 $P=\dfrac{3}{C_5^3}=0.3$,答案选B。

16.【解析】从集合有放回选2个数共有 $C_5^1 C_5^1=25$ 种,当 $a=b=0$ 时,$ax+by=0$ 不是直线,因此能表示一条直线的情况数为 $25-1=24$ 种,直线的斜率 $k=-\dfrac{a}{b}=-1$,则 $a=b$,即 $a=b=1,3,5,7$ 共4种,则概率 $P=\dfrac{4}{24}=\dfrac{1}{6}$,答案选B。

17.【解析】正方体被锯成 $5\times 5\times 5$ 个,正方体的每个顶点处的小正方体均为三面涂漆,则共有8个小正方体有3面涂漆;每一条棱上,排除2个顶点处的小正方体,还有3个小正方体均有2面涂漆,则共有 $12\times 3=36$ 个小正方体2面涂漆;每个面中间有9个小正方体均为1面涂漆,则共有 $9\times 6=54$ 个小正方体1面涂漆;正方体内部有 $3\times 3\times 3=27$ 个小正方体均为0面涂漆,综上所述,符合要求的概率 $P=\dfrac{36+8}{125}=0.352$,答案选D。

18.【解析】条件(1),$n=5$,恰有1件次品的概率 $P=\dfrac{C_2^1 C_3^1}{C_5^2}=0.6$,充分;条件(2),$n=6$,恰有1件次品的概率 $P=\dfrac{C_2^1 C_4^1}{C_6^2}\ne 0.6$,不充分,答案选A。

19.【解析】随机闭合2个的情况数为 $C_3^2=3$,灯泡 $\otimes$ 可以发光,闭合 S_1,S_3 或 S_2,S_3 两种,则所求概率 $P=\dfrac{2}{3}$,答案选E。

20.【解析】设事件 A 发生的概率为 P,利用反面求解法,事件 A 至少发生一次的概率为 $1-(1-P)^3=\dfrac{19}{27}$,解得 $P=\dfrac{1}{3}$,答案选C。

21.【解析】该库房遇烟火发出报警表示至少有一个烟火感应器发出报警,利用反面求解法,条件(1),该库房遇烟火发出报警的概率 $P=1-(1-0.9)^3=0.999$,充分;条件(2),该库房遇烟火发出报警的概率 $P=1-(1-0.97)^2=0.9991>0.999$,充分,答案选D。

22.【解析】甲要获得冠军有三种情况:第三局就取胜,概率为0.6;第三局失败且第四局取胜,概率为 $0.4\times 0.6=0.24$;第三、四局失败且第五局取胜,概率为 $0.4\times 0.4\times 0.6=0.096$;则甲获得冠军的概率为 $0.6+0.24+0.096=0.936=93.6\%$,答案选D。

23.【解析】系统正常工作,则D元件必定正常工作且A,B,C至少有一个正常工作,所以所求概率为 $s^2[1-(1-p)(1-q)(1-r)]$,答案选E。

【套路】在电路中,若使系统正常工作,串联元件都要正常工作,其概率为每个元件正常工作的概率相乘；对于并联元件，至少有一个元件正常工作即可，考虑反面求解法。

24.【解析】这件产品是二等品的概率为 $0.95 \times (1-0.6) = 0.38$，答案选 B。

25.【解析】有三种情况：第一种，甲第一发命中，概率为 $\frac{1}{2}$；第二种，甲、乙第一发都没命中且甲第二发命中，概率为 $\frac{1}{2} \times \frac{1}{2} \times \frac{1}{2} = \frac{1}{8}$；第三种，甲、乙第一、二发都没命中且甲第三发命中，概率为 $\frac{1}{2} \times \frac{1}{2} \times \frac{1}{2} \times \frac{1}{2} \times \frac{1}{2} = \frac{1}{32}$，则甲获胜的概率为 $\frac{1}{2} + \frac{1}{8} + \frac{1}{32} = \frac{21}{32}$，答案选 D。

26.【解析】条件(1)和(2)明显需要联合，他没有遇到红灯的概率 $P = 0.5 \times 0.5 \times 0.5 = 0.125$，联合充分，答案选 C。

27.【解析】利用反面求解法，设该流感的发病率为 p，则至少有 1 人患该种流感的概率为 $1-(1-p)^3 = 0.271$，则 $p = 0.1$，条件(1)不充分，条件(2)充分，答案选 B。

28.【解析】条件(1)、(2)明显需要联合，命中来犯敌机表示至少有一枚导弹命中，利用反面求解法，当发射 1 枚导弹时，命中概率 $P = 0.6$；当发射 2 枚导弹时，命中概率 $P = 1-(1-0.6)^2 = 0.84$；当发射 3 枚导弹时，命中概率 $P = 1-(1-0.6)^3 = 0.936$；当发射 4 枚导弹时，命中概率 $P = 1-(1-0.6)^4 = 0.9744$，联合也不充分，答案选 E。

29.【解析】利用伯努利公式，则概率 $P = C_2^1 \times \frac{1}{2} \times \frac{1}{2} = \frac{1}{2}$，答案选 C。

30.【解析】该小组得 2 分，则 3 人恰有 2 人答对，利用伯努利公式可得，$P = C_3^2 \times \left(\frac{2}{3}\right)^2 \times \frac{1}{3} = \frac{4}{9}$，答案选 C。

31.【解析】利用伯努利公式，条件(1)，$P = C_{10}^7 \times 0.2^7 \times (1-0.2)^3 = \frac{144}{5^9} \neq \frac{15}{128}$，不充分；条件(2)，$P = C_{10}^7 \times 0.5^7 \times (1-0.5)^3 = \frac{15}{128}$，充分，答案选 B。

32.【解析】利用伯努利公式可得，$C_5^k \times \left(\frac{1}{2}\right)^k \times \left(\frac{1}{2}\right)^{5-k} = C_5^{k+1} \times \left(\frac{1}{2}\right)^{k+1} \times \left(\frac{1}{2}\right)^{5-(k+1)}$，整理为 $C_5^k = C_5^{k+1}$，解得 $k = 2$，答案选 B。

10.4 强化精讲例题

一、取样问题

【例 10-27】(2011-1) 现从 5 名管理专业、4 名经济专业和 1 名财务专业的学生中随机派出一个 3 人小组，则该小组中 3 个专业各自有 1 名学生的概率为(　　)。

A. $\frac{1}{2}$　　B. $\frac{1}{3}$　　C. $\frac{1}{4}$　　D. $\frac{1}{5}$　　E. $\frac{1}{6}$

【解析】从 10 人选 3 人的情况数为 C_{10}^3，从每个专业各选 1 人的情况数为 $C_5^1 C_4^1 C_1^1$，则概率 $P = \frac{C_5^1 C_4^1 C_1^1}{C_{10}^3} = \frac{1}{6}$，答案选 E。

【例10-28】(2010-10)某公司有9名工程师,张三是其中之一,从中任意抽调4人组成攻关小组,包括张三的概率是( )。

A. $\dfrac{2}{9}$ B. $\dfrac{2}{5}$ C. $\dfrac{1}{3}$ D. $\dfrac{4}{9}$ E. $\dfrac{5}{9}$

【解析】从9人中选4人有 C_9^4 种,其中包括张三,则张三自动选中,再从剩余的8人中选出3人有 C_8^3 种,则概率 $P=\dfrac{C_8^3}{C_9^4}=\dfrac{4}{9}$,答案选D。

【例10-29】一个袋子中有5个大小相同的球,其中3个黑球,2个红球,如果从中任取两个球,则恰好取到两个同色球的概率是( )。

A. $\dfrac{2}{5}$ B. $\dfrac{1}{5}$ C. $\dfrac{3}{10}$ D. $\dfrac{3}{5}$ E. $\dfrac{1}{2}$

【解析】所取两个球都是黑球或都是红球,则概率 $P=\dfrac{C_3^2+C_2^2}{C_5^2}=\dfrac{2}{5}$,答案选A。

【例10-30】(2010-1)某商场举行店庆活动,顾客消费达到一定数量后,可以在4种赠品中随机选取2件不同的赠品,在任意两位顾客所选的赠品中,恰有一件品种相同的概率是( )。

A. $\dfrac{1}{6}$ B. $\dfrac{1}{4}$ C. $\dfrac{1}{3}$ D. $\dfrac{1}{2}$ E. $\dfrac{2}{3}$

【解析】两位顾客各从4种赠品中随机选取2件有 $C_4^2 C_4^2$ 种,两人恰有一件相同,则两位顾客先选出相同的赠品 C_4^1,再分别各自选出一个赠品 $C_3^1 C_2^1$,所以概率 $P=\dfrac{C_4^1 C_3^1 C_2^1}{C_4^2 C_4^2}=\dfrac{2}{3}$,答案选E。

【套路】注意优先选取公共元素,再考虑各自分别选取不同的元素。

【例10-31】(2014-1)已知袋中装有红、黑、白三种颜色的球若干个,则红球最多。

(1)随机取出的一球是白球的概率为 $\dfrac{2}{5}$。

(2)随机取出的两球中至少有一个黑球的概率小于 $\dfrac{1}{5}$。

【解析】条件(1),只能推出白球占比 $\dfrac{2}{5}$,不能推出红球最多,不充分;同理,条件(2),只能推出黑球占比情况,不能推出红球最多,也不充分;条件(1)和(2)联合,此题可以转化为已知比例求比例问题,采用特值法,假定袋中共有10个球,根据条件(1)可得白球有 $10\times\dfrac{2}{5}=4$ 个,红球和黑球共6个,假设红球有 x 个,则黑球有 $6-x$ 个,根据条件(2),利用反面求解法,则 $1-\dfrac{C_{4+x}^2}{C_{10}^2}<\dfrac{1}{5}$,即 $C_{4+x}^2>36$,解得 $x>5$,则红球个数大于5个,推出红球最多,联合充分,答案选C。

【例10-32】(2020-1)甲、乙两种品牌的手机共有20部,从中任选2部,则恰有1部甲品牌手机的概率为 P, $P>\dfrac{1}{2}$。

(1)甲品牌的手机不少于8部。

(2)乙品牌的手机多于7部。

【解析】设甲品牌手机有 x 部，则乙品牌手机有 $(20-x)$ 部，从中任选 2 部，则恰有 1 部甲品牌手机的概率 $P=\dfrac{C_x^1 C_{20-x}^1}{C_{20}^2}=\dfrac{x(20-x)}{190}$，条件(1)，若甲品牌手机是 19 部，此时 $P=\dfrac{19\times 1}{190}<\dfrac{1}{2}$，不充分；条件(2)，若乙品牌手机是 19 部，则甲品牌手机有 1 部，此时 $P=\dfrac{1\times 19}{190}<\dfrac{1}{2}$，也不充分；考虑联合，则 $8\leqslant x\leqslant 12$，而 $x(20-x)$ 可以看成开口朝下的抛物线，对称轴为 $x=10$，x 的取值离对称轴越近，函数值越大，又当甲为 8 或 12 时，$P=\dfrac{8\times 12}{190}=\dfrac{48}{95}>\dfrac{1}{2}$，明显联合充分，答案选 C。

二、分房问题

【例 10-33】 有 3 个人，每人都以相同的概率被分配到 4 间房的每一间中，某指定房间中恰有 2 人的概率是( )。

A. $\dfrac{1}{64}$ B. $\dfrac{3}{64}$ C. $\dfrac{9}{64}$ D. $\dfrac{5}{32}$ E. $\dfrac{3}{16}$

【解析】每个人都可以从 4 间房中任选 1 间有 C_4^1 种，则 3 人随机分到 4 间房共有 $C_4^1 C_4^1 C_4^1=4^3$ 种，某指定房间中恰有 2 人，先从 3 人中选出 2 人去指定的房间 C_3^2，再将剩余 1 人放入剩余的 3 个房间中的一个 C_3^1，概率 $P=\dfrac{C_3^2\times C_3^1}{4^3}=\dfrac{9}{64}$，答案选 C。

【扩展】若改为"有一个房间中恰有 2 人的概率"，则需要选房间，概率 $P=\dfrac{C_4^1\times C_3^2\times C_3^1}{4^3}=\dfrac{9}{16}$。

【例 10-34】 将 3 个人分配到 4 间房的每一间中，若每人被分配到这 4 间房的每一间房中的概率都相等，则第 1、2、3 号房中各有 1 人的概率是( )。

A. $\dfrac{3}{4}$ B. $\dfrac{3}{8}$ C. $\dfrac{3}{16}$ D. $\dfrac{3}{32}$ E. $\dfrac{3}{64}$

【解析】每个人都可以从 4 间房中任选 1 间有 C_4^1 种，则 3 人随机分到 4 间房共有 $C_4^1 C_4^1 C_4^1=4^3$ 种，第 1、2、3 号房中各有 1 人有 $C_3^1 C_2^1 C_1^1=3!=6$ 种，则概率 $P=\dfrac{6}{4^3}=\dfrac{3}{32}$，答案选 D。

【扩展】若改为"有 3 间房各有 1 人的概率"，则概率 $P=\dfrac{C_4^3\times 3!}{4^3}=\dfrac{3}{8}$。

【例 10-35】 甲、乙、丙三个人随机分配到 A、B、C、D 四个不同的岗位，则

(1) 甲、乙两人同时参加 A 岗位的概率；

(2) 甲、乙两人不在同一个岗位的概率。

【解析】每个人都有 4 种选择，共 $4\times 4\times 4=4^3$ 种，(1) 甲、乙两人参加 A 岗位，丙仍然有四个岗位可选有 C_4^1 种，所求概率 $P=\dfrac{C_4^1}{4^3}=\dfrac{1}{16}$；(2) 反面求解法，其反面为甲、乙两人在同

一个岗位,甲、乙两人先选一个岗位C_4^1,丙再选一个岗位C_4^1,所求概率$P=1-\dfrac{C_4^1\times C_4^1}{4^3}=\dfrac{3}{4}$。

【例10-36】(2011-1)将2个红球与1个白球随机地放入甲、乙、丙3个盒子中,则乙盒中至少有1个红球的概率为( )。

A.$\dfrac{1}{8}$ B.$\dfrac{8}{27}$ C.$\dfrac{4}{9}$ D.$\dfrac{5}{9}$ E.$\dfrac{17}{27}$

【解析】方法(1),3个球随机放入三个盒子,每个球都有3种放法,共有$3\times3\times3=3^3$种,当乙只有1个红球时,先选出1个红球放入乙有C_2^1种,再将另外一个红球放入甲、丙中的一个有C_2^1种,白球可以放入3个盒子中的任何一个有C_3^1种,共计$C_2^1C_2^1C_3^1=12$种;当乙有2个红球时,直接将2个红球放入乙,白球可以放入3个中的任何一个有C_3^1种,共计$C_3^1=3$种,则概率$P=\dfrac{12+3}{3^3}=\dfrac{5}{9}$,答案选D。

方法(2),反面求解法,其反面为乙中没有红球,则2个红球只能选甲、丙放入有$C_2^1C_2^1$种,白球可以放入3个中的任何一个有C_3^1种,共计$C_2^1C_2^1C_3^1=12$种,则概率$P=1-\dfrac{12}{3^3}=\dfrac{5}{9}$,答案选D。

【例10-37】(2020-1)如图10-4所示,节点A,B,C,D两两相连,从一个节点沿线段到另一个节点当作一步,若机器人从节点A出发,随机走了三步,则机器人未到达节点C的概率为( )。

A.$\dfrac{4}{9}$ B.$\dfrac{11}{27}$ C.$\dfrac{10}{27}$

D.$\dfrac{19}{27}$ E.$\dfrac{8}{27}$

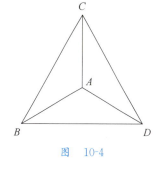
图 10-4

【解析】随机走三步,每步都有3种选择,总的情况数为$3\times3\times3=27$种,走三步均未到达节点C,则每步都有2种选择,因此走了三步未到达节点C的情况数为$2\times2\times2=8$种,其概率$P=\dfrac{8}{27}$,答案选E。

三、数字问题

【例10-38】(2016-1)在分别标记了数字1、2、3、4、5、6的6张卡片中随机取3张,其上数字之和等于10的概率为( )。

A.0.05 B.0.1 C.0.15 D.0.2 E.0.25

【解析】6张随机选取3张有C_6^3种,3张数字之和为10,利用列举法,$10=1+3+6=1+4+5=2+3+5$,共有3组符合条件,则概率$P=\dfrac{3}{C_6^3}=0.15$,答案选C。

【例10-39】(2019-1)在分别标记1,2,3,4,5,6的6张卡片上,甲抽取1张,乙从余下的卡片中再抽2张,乙的卡片数字之和大于甲的卡片数字的概率为( )。

A.$\dfrac{11}{60}$ B.$\dfrac{13}{60}$ C.$\dfrac{43}{60}$ D.$\dfrac{47}{60}$ E.$\dfrac{49}{60}$

【解析】正难则反,其反面为乙的卡片数字之和小于或等于甲的卡片数字,利用列举法,当甲取 3 时,乙可取 1+2,情况数为 1;当甲取 4 时,乙可取 1+2、1+3,情况数为 2;当甲取 5 时,乙可取 1+2、1+3、1+4、2+3,情况数为 4;当甲取 6 时,乙可取 1+2、1+3、1+4、1+5、2+3、2+4,情况数为 6,共计 1+2+4+6=13 种,则所求概率 $P=1-\dfrac{13}{60}=\dfrac{47}{60}$,答案选 D。

【例 10-40】(2012-1)在一次商品促销活动中,主持人出示一个 9 位数,让顾客猜测商品的价格,商品的价格是该 9 位数中从左到右相邻的 3 个数字组成的 3 位数,若主持人出示的是 513535319,则顾客一次猜中价格的概率是(　　)。

A. $\dfrac{1}{7}$　　B. $\dfrac{1}{6}$　　C. $\dfrac{1}{5}$　　D. $\dfrac{2}{7}$　　E. $\dfrac{1}{3}$

【解析】穷举法,从左到右相邻的 3 个数字组成的 3 位数有:513、135、353、535、353、531、319,注意 353 出现了两次,因此所有可能有 6 种,猜中价格的概率 $P=\dfrac{1}{6}$,答案选 B。

【例 10-41】(2008-10)若以连续掷两枚骰子分别得到的点数 a,b 作为点 M 的坐标,则点 M 落入圆 $x^2+y^2=18$ 内(不含圆周)的概率是(　　)。

A. $\dfrac{7}{36}$　　B. $\dfrac{2}{9}$　　C. $\dfrac{1}{4}$　　D. $\dfrac{5}{18}$　　E. $\dfrac{11}{36}$

【解析】点 M 的坐标情况数为 $C_6^1 C_6^1=36$ 种,满足 $x^2+y^2<18$,利用列举法,$a=1$,$b=1,2,3,4$,有 4 种;$a=2,b=1,2,3$,有 3 种;$a=3,b=1,2$,有 2 种;$a=4,b=1$,有 1 种,共计 4+3+2+1=10 种,则概率 $P=\dfrac{10}{36}=\dfrac{5}{18}$,答案选 D。

【例 10-42】将一骰子连续抛掷三次,它落地时向上的点数依次成等差数列的概率为(　　)。

A. $\dfrac{1}{9}$　　B. $\dfrac{1}{12}$　　C. $\dfrac{1}{15}$　　D. $\dfrac{1}{18}$　　E. $\dfrac{1}{14}$

【解析】总的情况有 $6\times6\times6=6^3$ 种,其中等差数列有五类:$d=0$ 时,111,222,…,666 共 6 种;$d=1$ 时,123,234,345,456 共 4 种;$d=-1$ 时,321,432,543,654 共 4 种;$d=2$ 时,135,246 共 2 种;$d=-2$ 时,531,642 共 2 种,共计 18 种,则概率 $P=\dfrac{18}{6^3}=\dfrac{1}{12}$,答案选 B。

【套路】要注意公差为 0 和负数的情况讨论。

【扩展】"等差数列"若改为"等比数列",尝试列举。

四、独立事件

【例 10-43】某人对一个目标进行射击,每次命中的概率是 $\dfrac{2}{3}$,共射击 4 次,目标被击中的概率是(　　)。

A. $\dfrac{1}{81}$　　B. $\dfrac{8}{81}$　　C. $\dfrac{4}{81}$　　D. $\dfrac{64}{81}$　　E. $\dfrac{80}{81}$

【解析】目标被击中的概率即至少命中一次的概率,利用反面求解法,$P=1-\left(1-\dfrac{2}{3}\right)^4=\dfrac{80}{81}$,答案选 E。

【例10-44】三人独立的破译密码,三个人破译的概率分别为 $\frac{1}{3}$、$\frac{1}{4}$、$\frac{1}{5}$,则密码能被破译的概率为( )。

A. 0.4　　　　B. 0.5　　　　C. 0.6　　　　D. 0.7　　　　E. 0.8

【解析】 密码能被破译的概率即为三人至少有一人能破译的概率,利用反面求解法,$P = 1 - \left(1 - \frac{1}{3}\right)\left(1 - \frac{1}{4}\right)\left(1 - \frac{1}{5}\right) = 0.6$,答案选 C。

【例10-45】 一道数学竞赛试题,甲解出它的概率为 $\frac{1}{2}$,乙解出它的概率为 $\frac{1}{3}$,丙解出它的概率为 $\frac{1}{4}$,现由甲、乙、丙三人独立解答此题,则只有一人解出的概率为( )。

A. $\frac{1}{6}$　　　　B. $\frac{1}{90}$　　　　C. $\frac{4}{25}$　　　　D. $\frac{5}{9}$　　　　E. $\frac{11}{24}$

【解析】 只有一人解出必须满足另外两人同时都没有解出,所求概率 $P = \frac{1}{2} \times \frac{2}{3} \times \frac{3}{4} + \frac{1}{2} \times \frac{1}{3} \times \frac{3}{4} + \frac{1}{2} \times \frac{2}{3} \times \frac{1}{4} = \frac{11}{24}$,答案选 E。

【例10-46】(2015-1)某次网球比赛的四强对阵为甲对乙、丙对丁,两场比赛的胜者将争夺冠军,选手之间相互获胜的概率见表10-2。

表10-2　选手之间相互获胜的概率

概率	甲	乙	丙	丁
甲获胜的概率		0.3	0.3	0.8
乙获胜的概率	0.7		0.6	0.3
丙获胜的概率	0.7	0.4		0.5
丁获胜的概率	0.2	0.7	0.5	

甲获得冠军的概率为( )

A. 0.165　　　　B. 0.245　　　　C. 0.275　　　　D. 0.315　　　　E. 0.330

【解析】 甲获得冠军有两种情况:第一种,甲胜乙,丙胜丁,甲胜丙,概率为 $0.3 \times 0.5 \times 0.3 = 0.045$;第二种,甲胜乙,丁胜丙,甲胜丁,概率为 $0.3 \times 0.5 \times 0.8 = 0.12$,则甲得冠军的概率为 $0.045 + 0.12 = 0.165$,答案选 A。

【例10-47】(2018-1)甲、乙两人进行围棋比赛,约定先胜两盘者赢得比赛,已知每盘棋甲获胜的概率是0.6,乙获胜的概率是0.4,若乙在第一盘获胜,则甲赢得比赛的概率为( )。

A. 0.144　　　　B. 0.288　　　　C. 0.36　　　　D. 0.4　　　　E. 0.6

【解析】 乙在第一盘获胜,事件已经发生,概率为100%,甲要赢得比赛,则只需要第二、三盘都获胜,因此所求概率 $P = 0.6 \times 0.6 = 0.36$,答案选 C。

【扩展】 若改为"则乙在第一盘获胜且最终甲赢得比赛的概率",其概率 $P = 0.4 \times 0.6 \times 0.6 = 0.144$。

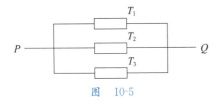

图 10-5

【例 10-48】（2021-1）如图 10-5 所示，由 P 到 Q 的电路中有三个元件，分别标有 T_1, T_2, T_3，电流通过 T_1, T_2, T_3 的概率分别为 0.9, 0.9, 0.99，假设电流能否通过三个元件相互独立，则电流能在 P, Q 之间通过的概率是（   ）。

A. 0.8019　　B. 0.9989　　C. 0.999　　D. 0.9999　　E. 0.99999

【解析】 并联结构，至少有一个原件能通过即可，利用反面求解法，则电流能在 P, Q 之间通过的概率 $P = 1 - (1-0.9)(1-0.9)(1-0.99) = 0.9999$，答案选 D。

【例 10-49】（2019-1）有甲、乙两袋奖券，获奖率分别为 p 和 q，某人从两袋奖券中各随机抽取 1 张奖券，则此人获奖的概率不小于 $\frac{3}{4}$。

(1) 已知 $p + q = 1$。

(2) 已知 $pq = \frac{1}{4}$。

【解析】 此人获奖表示至少有一张奖券获奖，利用反面求解法，概率为 $1 - (1-p)(1-q) = p + q - pq$，条件(1)，$p + q = 1$，$p + q - pq = 1 - pq$，利用平均值定理，$p + q = 1 \geq 2\sqrt{pq}$，所以 $pq \leq \frac{1}{4}$，则 $1 - pq \geq 1 - \frac{1}{4} = \frac{3}{4}$，充分；条件(2)，$pq = \frac{1}{4}$，$p + q - pq = p + q - \frac{1}{4}$，利用平均值定理，$p + q \geq 2\sqrt{pq} = 1$，则 $p + q - \frac{1}{4} \geq 1 - \frac{1}{4} = \frac{3}{4}$，也充分，答案选 D。

【例 10-50】 4 把不同的车钥匙，只有 1 把能打开，则

(1) 第一次打开车门的概率；

(2) 第二次才打开车门的概率；

(3) 第三次才打开车门的概率；

(4) 第四次才打开车门的概率。

【解析】 第 k 次成功，表明前 $(k-1)$ 失败：

(1) 第一次打开车门的概率 $P = \frac{1}{4}$；

(2) 第二次打开车门的概率 $P = \frac{3}{4} \times \frac{1}{3} = \frac{1}{4}$；

(3) 第三次打开车门的概率 $P = \frac{3}{4} \times \frac{2}{3} \times \frac{1}{2} = \frac{1}{4}$；

(4) 第四次打开车门的概率 $P = \frac{3}{4} \times \frac{2}{3} \times \frac{1}{2} \times 1 = \frac{1}{4}$。

【套路】 当只有 1 把钥匙能打开时，无论第几次尝试成功的概率都相等。

【例 10-51】 某人忘记三位号码锁（每位均有 0～9 十个数码）的最后一个数码，因此，在正确拨出前两个数码后，只能随机地试拨最后一个数码，每拨一次算作一次试开，则他在第 4 次试开时才将锁打开的概率是（   ）。

A. $\frac{1}{4}$　　B. $\frac{1}{6}$　　C. $\frac{2}{5}$　　D. $\frac{1}{10}$　　E. 以上结论均不正确

【解析】第4次才将锁打开意味着前3次都失败,所求概率 $P=\dfrac{9}{10}\times\dfrac{8}{9}\times\dfrac{7}{8}\times\dfrac{1}{7}=\dfrac{1}{10}$,答案选D。

【技巧】每次尝试成功打开的概率都是 $\dfrac{1}{10}$。

【例10-52】5张卡片中有2张是有奖卡片,甲、乙两人按顺序抽取,每人抽一张卡片不放回,则乙抽到有奖卡片的概率为(　　)。

　　A. $\dfrac{3}{10}$　　　　B. $\dfrac{2}{5}$　　　　C. $\dfrac{1}{2}$　　　　D. $\dfrac{3}{5}$　　　　E. $\dfrac{4}{5}$

【解析】有两种情况:①甲抽到有奖卡片且乙抽到有奖卡片的概率为 $\dfrac{2}{5}\times\dfrac{1}{4}=\dfrac{1}{10}$;②甲没有抽到有奖卡片且乙抽到有奖卡片的概率为 $\dfrac{3}{5}\times\dfrac{2}{4}=\dfrac{3}{10}$,则所求概率为 $\dfrac{1}{10}+\dfrac{3}{10}=\dfrac{2}{5}$,答案选B。

【技巧】抽签模型:n张卡片中有m张是有奖卡片,逐一抽出若干个卡片,每次抽一张卡片不放回,则第k次抽到有奖卡片的概率 $P=\dfrac{m}{n}$,则乙抽到有奖卡片的概率 $P=\dfrac{2}{5}$,答案选B。

【例10-53】(2021-1)某商场利用抽奖方式促销,10个奖券中设有3个一等奖,7个二等奖,则一等奖先于二等奖抽完的概率为(　　)。

　　A. 0.3　　　　B. 0.5　　　　C. 0.6　　　　D. 0.7　　　　E. 0.73

【解析】10个奖券安排10个位置,3个一等奖任意放入有 C_{10}^3 种,一等奖先于二等奖抽完,则最后一次抽奖应抽得二等奖,3个一等奖放入前9个位置有 C_9^3 种,因此所求概率为 $\dfrac{C_9^3}{C_{10}^3}=0.7$,答案选D。

【技巧】根据抽签原理,每次抽到二等奖的概率均为 $\dfrac{7}{10}=0.7$,则最后一次抽奖抽得二等奖的概率为0.7,答案选D。

五、伯努利公式

【例10-54】某人射击一次击中的概率是 $\dfrac{3}{5}$,经过3次射击,此人至少有两次击中目标的概率为(　　)。

　　A. $\dfrac{81}{125}$　　　　B. $\dfrac{54}{125}$　　　　C. $\dfrac{36}{125}$　　　　D. $\dfrac{27}{125}$　　　　E. 以上结论均不正确

【解析】分成两种情况:①3次都击中目标,概率为 $\left(\dfrac{3}{5}\right)^3$;②3次恰有2次击中目标,根据伯努利公式,概率为 $C_3^2\times\left(\dfrac{3}{5}\right)^2\times\dfrac{2}{5}$,则所求概率为 $\left(\dfrac{3}{5}\right)^3+C_3^2\times\left(\dfrac{3}{5}\right)^2\times\dfrac{2}{5}=\dfrac{81}{125}$,答案选A。

【例10-55】甲、乙两人各射击一次,击中目标的概率分别为 $\dfrac{2}{3}$ 和 $\dfrac{3}{4}$,假设两人射击是否击中目标没有影响,两人各射击4次,则甲恰好击中目标2次且乙恰好击中目标3次的概率为( )。

A. $\dfrac{2}{3}$ B. $\dfrac{1}{2}$ C. $\dfrac{1}{4}$ D. $\dfrac{1}{8}$ E. $\dfrac{1}{16}$

【解析】根据伯努利公式,概率 $P = C_4^2 \times \left(\dfrac{2}{3}\right)^2 \times \left(\dfrac{1}{3}\right)^2 \times C_4^3 \times \left(\dfrac{3}{4}\right)^3 \times \left(\dfrac{1}{4}\right)^1 = \dfrac{1}{8}$,答案选D。

【例10-56】(2017-1)某人参加资格考试,有A类和B类可以选择,A类的合格标准是抽3道题至少会做2道,B类的合格标准是抽2道题需都会做,则此人参加A类合格的机会大。

(1) 此人A类题中有60%会做。
(2) 此人B类题中有80%会做。

【解析】条件(1),此人A类题中有60%会做,说明答对每个题的概率都为0.6,则此人参加A类合格的概率 $P_1 = C_3^2 \times 0.6^2 \times 0.4 + 0.6^3 = 0.648$;条件(2),此人B类题中有80%会做,说明答对每个题的概率都为0.8,则此人参加B类合格的概率 $P_2 = 0.8 \times 0.8 = 0.64$,$P_1 > P_2$,联合充分,答案选C。

【技巧】此题必须得分别算出参加A,B两类合格的概率才能进行大小比较,明显需要联合。

六、有终止条件的概率

【例10-57】(2008-1)某乒乓球男子单打决赛在甲、乙两选手间进行,比赛采用7局4胜制。已知每局比赛甲选手战胜乙选手的概率均为0.7,则甲选手以4:1战胜乙选手的概率为( )。

A. 0.84×0.7^3 B. 0.7×0.7^3 C. 0.3×0.7^3
D. 0.9×0.7^3 E. 以上结论均不正确

【解析】总共比赛5局,第五局甲必胜,前4局甲恰好胜3局,利用伯努利公式,前4局甲恰好胜3局的概率为 $C_4^3 \times 0.7^3 \times (1-0.7)$,所以甲以4:1战胜乙的概率 $P = C_4^3 \times 0.7^3 \times (1-0.7) \times 0.7 = 0.84 \times 0.7^3$,答案选A。

【例10-58】(2014-1)掷一枚均匀的硬币若干次,当正面向上的次数大于反面向上的次数时停止,则在4次之内停止的概率为( )。

A. $\dfrac{1}{8}$ B. $\dfrac{3}{8}$ C. $\dfrac{5}{8}$ D. $\dfrac{3}{16}$ E. $\dfrac{5}{16}$

【解析】有两种情况:①掷一次,正,概率为 $\dfrac{1}{2}$;②掷三次,反正正,概率为 $\dfrac{1}{2} \times \dfrac{1}{2} \times \dfrac{1}{2} = \dfrac{1}{8}$,所以所求概率 $P = \dfrac{1}{2} + \dfrac{1}{8} = \dfrac{5}{8}$,答案选C。

【套路】对于有终止条件的概率,一定要考虑终止因素的影响,最后一次一旦达到终止条件,则试验停止。

【扩展】若改为"当正面向上的次数等于反面向上的次数时停止",则有四种情况:①掷两次,正反,概率为 $\dfrac{1}{2} \times \dfrac{1}{2} = \dfrac{1}{4}$;②掷两次,反正,概率为 $\dfrac{1}{2} \times \dfrac{1}{2} = \dfrac{1}{4}$;③掷四次,正正反反,概

率为 $\frac{1}{2} \times \frac{1}{2} \times \frac{1}{2} \times \frac{1}{2} = \frac{1}{16}$；④掷四次，反反正正，概率为 $\frac{1}{2} \times \frac{1}{2} \times \frac{1}{2} \times \frac{1}{2} = \frac{1}{16}$，所以所求概率 $P = \frac{1}{4} + \frac{1}{4} + \frac{1}{16} + \frac{1}{16} = \frac{5}{8}$。

【例10-59】(2010-1)在一次竞猜活动中，共有5关，如果连续通过2关就算闯关成功，小王通过每关的概率都是 $\frac{1}{2}$，他闯关成功的概率为(　　)。

A. $\frac{1}{8}$　　　　B. $\frac{1}{4}$　　　　C. $\frac{3}{8}$　　　　D. $\frac{4}{8}$　　　　E. $\frac{19}{32}$

【解析】一共分为以下几种闯关成功的可能性，见表10-3。

表10-3　闯关成功的可能性

关卡 情况	1	2	3	4	5	概率
(1)	√	√				$\left(\frac{1}{2}\right)^2$
(2)	×	√	√			$\left(\frac{1}{2}\right)^3$
(3)	√	×	√	√		$2 \times \left(\frac{1}{2}\right)^4$
(4)	×		√	√		
(5)	√	×				$3 \times \left(\frac{1}{2}\right)^5$
(6)	×	√	×	√	√	
(7)	×	×				

从而上述概率之和为 $\left(\frac{1}{2}\right)^2 + \left(\frac{1}{2}\right)^3 + 2 \times \left(\frac{1}{2}\right)^4 + 3 \times \left(\frac{1}{2}\right)^5 = \frac{19}{32}$，答案选E。

【技巧】只要连续通过2关就算闯关成功，闯关成功的概率一定超过了 $\frac{1}{2}$，利用排除法，答案选E。

10.5　强化提升习题

1. 匣中有4个球，其中红球、黑球、白球各一个，另有一个红、黑、白三色球，现从匣中任取2球，其中恰有一球上有红色的概率为(　　)。

A. $\frac{1}{6}$　　　　B. $\frac{1}{3}$　　　　C. $\frac{1}{2}$　　　　D. $\frac{2}{3}$　　　　E. $\frac{5}{6}$

2. 一个袋中共装有形状一样的小球6个，其中红球1个、黄球2个、蓝球3个，现有放回的取球三次，记取到红球得1分、取到黄球得0分、取到蓝球得-1分，则三次取球总得分为0分的概率为(　　)。

A. $\frac{1}{36}$　　　　B. $\frac{1}{27}$　　　　C. $\frac{1}{6}$　　　　D. $\frac{11}{54}$　　　　E. 以上结论均不正确

3. 某校 A 班有学生 40 名,其中有男生 24 人,B 班有学生 50 名,其中有女生 30 人,现从 A,B 两班各找一名学生进行问卷调查,则找出的学生是一男一女的概率为( )。

   A. $\dfrac{1}{12}$ B. $\dfrac{7}{60}$ C. $\dfrac{13}{25}$ D. $\dfrac{7}{64}$ E. $\dfrac{1}{3}$

4. 有红、黄、蓝三种颜色的旗帜各 3 面,在每种颜色的 3 面旗帜上分别标上号码 1、2、3,现任取 3 面,它们的颜色与号码均不相同的概率是( )。

   A. $\dfrac{1}{3}$ B. $\dfrac{1}{9}$ C. $\dfrac{1}{12}$ D. $\dfrac{1}{14}$ E. $\dfrac{1}{27}$

5. 袋子中有红、黄、蓝色玻璃球若干个,其中红色玻璃球有 6 个,黄色玻璃球有 9 个,已知从袋子中随机摸出一个蓝色玻璃球的概率为 $\dfrac{2}{5}$,现在随机摸出两个玻璃球,摸出两个不同颜色玻璃球的概率为( )。

   A. $\dfrac{17}{25}$ B. $\dfrac{16}{75}$ C. $\dfrac{2}{3}$ D. $\dfrac{26}{75}$ E. $\dfrac{17}{50}$

6. 一位国王的铸币大臣在每箱 10 枚的硬币中各掺入了一枚劣币,国王怀疑大臣作弊,他用了两种方式来检测,方式一:在 10 个箱子中各任意抽查一枚;方式二:在 5 个箱子中各任意抽查两枚,国王用方式一、方式二能发现至少一枚劣币的概率分别是 P_1 和 P_2,则( )。

   A. $P_1 = P_2$ B. $P_1 < P_2$ C. $P_1 > P_2$ D. 均有可能   E. 以上结论均不正确

7. 有 10 张奖券中含一等奖 2 张,二等奖 3 张,三等奖 5 张,甲、乙、丙三人依次无放回地各抽 1 张,则三种奖各有 1 人抽到的概率为( )。

   A. $\dfrac{3}{20}$ B. $\dfrac{1}{24}$ C. $\dfrac{1}{4}$ D. $\dfrac{1}{6}$ E. $\dfrac{3}{10}$

8. 将四名学生分到三个不同的班级,允许班级没有分到学生,则指定的两名学生分到同一个班级的概率为( )。

   A. $\dfrac{1}{6}$ B. $\dfrac{1}{3}$ C. $\dfrac{1}{2}$ D. $\dfrac{2}{3}$ E. $\dfrac{5}{6}$

9. 一种编码由 6 位数字组成,其中每位数字可以是 0,1,2,…,9 中的任意一个,求编码的前两位数字都不超过 5 的概率是( )。

   A. 0.36   B. 0.37   C. 0.38   D. 0.46   E. 0.39

10. (2009-10)若以连续两次掷骰子得到的点数 a 与 b 作为点 P 的坐标,则点 $P(a,b)$ 落在直线 $x+y=6$ 与两坐标轴围成的三角形内的概率为( )。

    A. $\dfrac{1}{6}$ B. $\dfrac{7}{36}$ C. $\dfrac{2}{9}$ D. $\dfrac{1}{4}$ E. $\dfrac{5}{18}$

11. 把一枚六个面编号分别为 1,2,3,4,5,6 的质地均匀的正方体骰子先后投掷 2 次,若两个正面朝上的编号分别为 m,n,则二次函数 $x^2 + mx + n = 0$ 的图像与 x 轴有两个不同交点的概率是( )。

    A. $\dfrac{5}{12}$ B. $\dfrac{4}{9}$ C. $\dfrac{17}{36}$ D. $\dfrac{7}{12}$ E. $\dfrac{19}{36}$

12. 从 1,2,3,4,5 中随机取 3 个数(允许重复)组成一个三位数,则各数位之和等于 9 的概率为( )。

A. $\dfrac{5}{125}$ B. $\dfrac{3}{25}$ C. $\dfrac{19}{125}$ D. $\dfrac{1}{5}$ E. $\dfrac{8}{25}$

13. 甲从正方形四个顶点中任意选择两个顶点连成直线,乙从该正方形四个顶点中任意选择两个顶点连成直线,则所得的两条直线相互垂直的概率是(　　)。

A. $\dfrac{1}{18}$ B. $\dfrac{5}{18}$ C. $\dfrac{3}{18}$ D. $\dfrac{7}{18}$ E. 以上结论均不正确

14. 甲、乙两人约定6点到7点之间在某处会面,并约定先到者等候另一个人一刻钟,过时即可离去,则两人会面的概率是(　　)。

A. $\dfrac{1}{16}$ B. $\dfrac{3}{16}$ C. $\dfrac{5}{16}$ D. $\dfrac{7}{16}$ E. $\dfrac{9}{16}$

15. (2014-1)在某项活动中,将3男3女共6名志愿者随机分成甲、乙、丙三组,每组2人,则每组志愿者都是异性的概率为(　　)。

A. $\dfrac{1}{90}$ B. $\dfrac{1}{15}$ C. $\dfrac{1}{10}$ D. $\dfrac{1}{5}$ E. $\dfrac{2}{5}$

16. 随机地将6名新生平均分到三个班,则甲、乙两人被分到一个班的概率(　　)。

A. $\dfrac{1}{9}$ B. $\dfrac{1}{8}$ C. $\dfrac{1}{6}$ D. $\dfrac{1}{5}$ E. $\dfrac{1}{3}$

17. (2011-10)10名网球选手中有2名种子选手,现将他们分成两组,每组5人,则2名种子选手不在同一组的概率为(　　)。

A. $\dfrac{5}{18}$ B. $\dfrac{4}{9}$ C. $\dfrac{5}{9}$ D. $\dfrac{1}{2}$ E. $\dfrac{2}{3}$

18. 某人将5个环一一投向一木栓,直到有一个套中为止,若每次套中的概率为0.1,则至少剩下一个环未投的概率是(　　)。

A. $1-0.9^4$ B. $1-0.9^3$ C. $1-0.9^5$
D. $1-0.1\times 0.9^4$ E. 以上结论均不正确

19. 三支球队中,甲队胜乙队的概率为0.4,乙队胜丙队的概率为0.5,丙队胜甲队的概率为0.6,比赛顺序是:第一局是甲队对乙队,第二局是第一局中胜者对丙队,第三局是第二局中胜者对第一局中败者,第四局是第三局中胜者对第二局中败者,则乙队连胜四局的概率(　　)。

A. 0.08 B. 0.09 C. 0.1 D. 0.12 E. 0.15

20. (2012-1)经统计,某机场的一个安检口每天中午办理安检手续的乘客及相应的概率见表10-4,该安检口2天中至少有1天中午办理安检手续的乘客人数超过15人的概率是(　　)。

表10-4　办理安检手续的乘客及相应的概率

乘客人数/人	0~5	6~10	11~15	16~20	21~25	25以上
概率	0.1	0.2	0.2	0.25	0.2	0.05

A. 0.2 B. 0.25 C. 0.4 D. 0.5 E. 0.75

21. (2008-1)若从原点出发的质点M向x轴的正向移动一个和两个坐标单位的概率分别是$\dfrac{2}{3}$和$\dfrac{1}{3}$,则该质点移动3个坐标单位到达点$x=3$的概率是(　　)。

A. $\dfrac{19}{27}$ B. $\dfrac{20}{27}$ C. $\dfrac{7}{9}$ D. $\dfrac{22}{27}$ E. $\dfrac{23}{27}$

22. 假设实验室器皿中产生 A 类细菌与 B 类细菌的机会相等,且每个细菌的产生是相互独立的,若某次发现产生了 n 个细菌,则其中至少有一个 A 类细菌的概率是(　　)。

A. $1-\left(\dfrac{1}{2}\right)^{n}$ B. $1-C_n^1\left(\dfrac{1}{2}\right)^{n}$ C. $\left(\dfrac{1}{2}\right)^{n}$

D. $1-\left(\dfrac{1}{2}\right)^{n-1}$ E. $1-\left(\dfrac{1}{2}\right)^{n+1}$

23. 如图 10-6 所示,一个小球从 M 处投入,通过管道自上而下落到 A 或 B 或 C,已知小球从每个岔口落入左、右两个管道的可能性是相等的,则投入的小球落到 A 的概率为(　　)。

A. $\dfrac{1}{8}$ B. $\dfrac{3}{16}$ C. $\dfrac{5}{16}$ D. $\dfrac{1}{3}$ E. $\dfrac{7}{16}$

24. 如图 10-7 所示,用 A,B,C,D 四类不同的元件连接成系统 N,当元件 A 正常工作且元件 B,C 也都正常工作,或当元件 A 正常工作且元件 D 正常工作时,系统 N 正常工作。已知元件 A,B,C,D 正常工作的概率依次为 $\dfrac{2}{3},\dfrac{3}{4},\dfrac{3}{4},\dfrac{4}{5}$,则系统 N 正常工作的概率为(　　)。

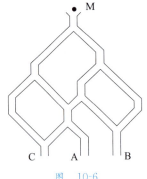
图 10-6

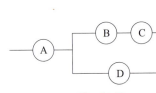
图 10-7

A. $\dfrac{71}{120}$ B. $\dfrac{73}{120}$ C. $\dfrac{77}{120}$ D. $\dfrac{79}{120}$ E. $\dfrac{83}{120}$

25. 甲、乙两人独立解出某一道数学题的概率分别为 $P_1,P_2(P_1>P_2)$,则 $P_1-P_2=0.1$。

(1) 该题被甲或乙解出的概率为 0.8。

(2) 甲、乙两人同时解出该题的概率为 0.3。

26. (2010-1)某装置的启动密码是由 0 到 9 的 3 个不同数字组成,连续三次输入错误密码,就会导致该装置永久关闭,一个仅记得密码是由 3 个不同数字组成的人能够启动此装置的概率为(　　)。

A. $\dfrac{1}{120}$ B. $\dfrac{1}{168}$ C. $\dfrac{1}{240}$ D. $\dfrac{1}{720}$ E. $\dfrac{3}{1000}$

27. 袋中有 50 个球,其中 20 个是白色的,30 个是黄色的,现有两人依次随机从袋中各取一球,取后不放回,则第二人取到白球的概率是(　　)。

A. $\dfrac{19}{50}$ B. $\dfrac{19}{49}$ C. $\dfrac{2}{5}$ D. $\dfrac{20}{49}$ E. $\dfrac{2}{3}$

28. 进行一系列独立的试验,每次试验成功的概率为 p,则在成功2次之前已经失败3次的概率为( )。

A. $4P^2(1-P)^3$ B. $4P(1-P)^3$ C. $10P^2(1-P)^3$
D. $P^2(1-P)^3$ E. $(1-P)^3$

29. 某机器生产正品的概率为0.8,生产中,若发现第一个次品,则继续生产,若发现第二个次品,需要停机检修,则生产了6个产品就需要停机的概率是( )。

A. 0.2×0.8^4 B. 0.4×0.8^4 C. 0.1×0.8^4
D. 2×0.8^4 E. 0.8^4

30. 某学生在上学路上要经过3个路口,假设在各路口遇到红灯或绿灯是等可能的,遇到红灯时停留的时间都是2min,设这名学生在上学路上到第三个路口时首次遇到红灯的概率为 P_1;这名学生在上学路上只遇到一次红灯的概率为 P_2;这名学生在上学路上因遇到红灯停留的总时间至多是4min的概率为 P_3,则下列正确的是( )。

A. $P_2-P_1=\dfrac{1}{2}$ B. $P_3-P_1=\dfrac{1}{2}$ C. $P_3-P_1=\dfrac{3}{4}$
D. $P_3-P_2=\dfrac{1}{4}$ E. $P_3=\dfrac{5}{8}$

31. 甲、乙两人投篮命中的概率分别为 p,q,他们各投两次,若 $p=\dfrac{1}{2}$,且甲比乙投中次数多的概率恰好等于 $\dfrac{7}{36}$,则 q 的值为( )。

A. $\dfrac{4}{5}$ B. $\dfrac{3}{4}$ C. $\dfrac{2}{3}$ D. $\dfrac{1}{2}$ E. $\dfrac{2}{5}$

32. 甲、乙两人各进行三次射击,甲恰好比乙多击中目标两次的概率为 $\dfrac{1}{24}$。

(1)甲每次击中目标的概率为 $\dfrac{1}{2}$。

(2)乙每次击中目标的概率为 $\dfrac{2}{3}$。

强化提升习题详解

1.【解析】匣中任取2球共有 $C_4^2=6$ 种,恰有一球上有红色,先从红球和三色球中选1个有 C_2^1 种,再从黑球和白球中选1个有 C_2^1 种,则符合要求的有 $C_2^1 \times C_2^1=4$ 种,则所求概率为 $P=\dfrac{4}{6}=\dfrac{2}{3}$,答案选D。

2.【解析】有放回的取球三次,总的情况数为 $C_6^1 C_6^1 C_6^1=216$,总得分为0分的有两种情况:① 三次均为黄球,有 $C_2^1 C_2^1 C_2^1=8$ 种;② 三次为一红、一黄、一蓝,因为分步,需要排序,有 $C_1^1 C_2^1 C_3^1 \times 3!=36$ 种,则所求概率 $P=\dfrac{8+36}{216}=\dfrac{11}{54}$,答案选D。

3.【解析】有两种情况:① A班男生和B班女生,概率为 $\dfrac{24}{40} \times \dfrac{30}{50}=\dfrac{9}{25}$;② A班女生和B班男生,概率为 $\dfrac{16}{40} \times \dfrac{20}{50}=\dfrac{4}{25}$,因此所求概率为 $\dfrac{9}{25}+\dfrac{4}{25}=\dfrac{13}{25}$,答案选C。

4.【解析】从9面旗帜中任取3面共有 $C_9^3=84$ 种,取3面颜色与号码均不相同的有 $C_3^1C_2^1C_1^1=6$ 种,则所求概率 $P=\dfrac{6}{84}=\dfrac{1}{14}$,答案选D。

5.【解析】设有 x 个蓝色玻璃球,则 $\dfrac{x}{6+9+x}=\dfrac{2}{5}\Rightarrow x=10$,所以袋子里共有25个玻璃球,摸出两个不同颜色玻璃球的概率 $P=\dfrac{C_6^1\times C_9^1+C_6^1\times C_{10}^1+C_9^1\times C_{10}^1}{C_{25}^2}=\dfrac{17}{25}$,答案选A。

6.【解析】从反面考虑,其反面为没有劣币,方式一:每箱没有劣币的概率为 $\dfrac{C_9^1}{C_{10}^1}=0.9$,则 $P_1=1-0.9^{10}=1-0.9^{2\times5}=1-0.81^5$;方式二:每箱没有劣币的概率为 $\dfrac{C_9^2}{C_{10}^2}=0.8$,则 $P_2=1-0.8^5$,因此 $P_1<P_2$,答案选B。

7.【解析】先在三种奖券中各抽一张有 $C_2^1C_3^1C_5^1$ 种,然后再把这三张奖券分配给这三个人有3!种,则概率为 $P=\dfrac{C_2^1C_3^1C_5^1 3!}{C_{10}^1 C_9^1 C_8^1}=\dfrac{1}{4}$,答案选C。

8.【解析】指定的两名学生先选一个班级有 C_3^1 种,另外两名学生每个人可以分到三个班级中的任何一个有 $C_3^1C_3^1=3^2$ 种,而总的情况数为 $C_3^1C_3^1C_3^1C_3^1=3^4$,所求概率 $P=\dfrac{C_3^1\times3^2}{3^4}=\dfrac{1}{3}$,答案选B。

9.【解析】每一个数字都从10个数任选一个,共有 $C_{10}^1C_{10}^1C_{10}^1C_{10}^1C_{10}^1C_{10}^1=10^6$ 种,编码的前两位只能从6个数中任选一个,有 $C_6^1C_6^1=6^2$ 种,概率 $P=\dfrac{6^2\times10^4}{10^6}=0.36$,答案选A。

10.【解析】总的情况数为 $C_6^1C_6^1=36$ 种,符合要求的应满足 $a+b<6$,列举法可得:$a=1$ 时,$b=1,2,3,4$;$a=2$ 时,$b=1,2,3$;$a=3$ 时,$b=1,2$;$a=4$ 时,$b=1$,共有 $4+3+2+1=10$ 种情况,则概率 $P=\dfrac{10}{36}=\dfrac{5}{18}$,答案选E。

11.【解析】共有 $6\times6=36$ 种,符合要求的需满足 $\Delta=m^2-4n>0$,整理为 $4n<m^2$,列举法可得:$n=1,m=3,4,5,6$;$n=2,m=3,4,5,6$;$n=3,m=4,5,6$;$n=4,m=5,6$;$n=5,m=5,6$;$n=6,m=5,6$,共计17种,则概率 $P=\dfrac{17}{36}$,答案选C。

12.【解析】每个位置可以重复使用这些数字,每个位置都有5种选择,共有 $5\times5\times5=125$ 种,满足条件的组合有 $(3,3,3),(1,4,4),(2,2,5),(1,3,5),(2,3,4)$,考虑排序,共有 $1+2\times3+2\times3!=19$ 种,所求概率 $P=\dfrac{19}{125}$,答案选C。

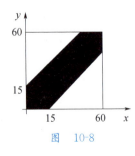

图 10-8

13.【解析】正方形四个顶点可以确定6条直线,甲、乙各自任选一条共有 $C_6^1C_6^1=36$ 种,4组邻边和对角线中两条直线相互垂直的情况有5组,每组甲、乙可以互换,则有 $5\times2!=10$ 种,所求概率 $P=\dfrac{10}{36}=\dfrac{5}{18}$,答案选B。

14.【解析】设两人到达约会地点的时间分别为 x,y,则两人能会面的条件是 $|x-y|\leqslant15$,如图10-8所示,(x,y) 的所有可能结果是边

长为60的正方形,而符合条件的是中间阴影部分面积,则所求概率$P=\dfrac{60^2-45^2}{60^2}=\dfrac{7}{16}$,答案选D。

15.【解析】甲、乙、丙各选取2人有$C_6^2 C_4^2 C_2^2=90$种,将3男分给甲、丙有3!种,将3女分给甲、丙有3!种,则概率$P=\dfrac{3!\times 3!}{90}=\dfrac{2}{5}$,答案选E。

16.【解析】可以看成是未指定对象分配,总的情况数为$\dfrac{C_6^2 C_4^2 C_2^2}{3!}\times 3!=90$种,甲、乙自动成一组,剩余4人按照2,2方式分成两组有$\dfrac{C_4^2 \times C_2^2}{2!}$种,再将三组分配给三个班有$\dfrac{C_4^2 \times C_2^2}{2!}\times 3!=18$种,则概率$P=\dfrac{18}{90}=\dfrac{1}{5}$,答案选D。

17.【解析】10名网球选手分成两组,每组5人有$\dfrac{C_{10}^5 C_5^5}{2!}$种,利用反面求解法,其反面为2名种子选手在同一组,再从剩余8人中选出3人与种子选手搭配有C_8^3种,剩余5人组成一组,则所求概率$P=1-\dfrac{C_8^3 C_5^5}{\dfrac{C_{10}^5 C_5^5}{2!}}=\dfrac{5}{9}$,答案选C。

【套路】有几组元素数量相同就除以几的阶乘。

18.【解析】利用反面求解法,其反面为5个环都要投,只需满足前四个均失败即可,所求概率$P=1-(1-0.1)^4=1-0.9^4$,答案选A。

19.【解析】乙队连胜四局,对阵情况如下:第一局甲队对乙队,乙胜;第二局乙队对丙队,乙胜;第三局乙队对甲队,乙胜;第四局乙队对丙队,乙胜,所求概率$P=(1-0.4)\times 0.5\times (1-0.4)\times 0.5=0.09$,答案选B。

20.【解析】每天超过15人的概率为$0.25+0.2+0.05=0.5$,所以2天中至少有1天中午办理安检手续的乘客人数超过15人的概率$P=1-(1-0.5)\times(1-0.5)=0.75$,答案选E。

21.【解析】移动3个坐标单位到达点$x=3$,有三种情况:第一次移动2个单位,第二次移动1个单位,概率为$P_1=\dfrac{1}{3}\times\dfrac{2}{3}$;第一次移动1个单位,第二次移动2个单位,概率为$P_2=\dfrac{2}{3}\times\dfrac{1}{3}$;第一次移动1个单位,第二次移动1个单位,第三次移动1个单位,概率为$P_3=\dfrac{2}{3}\times\dfrac{2}{3}\times\dfrac{2}{3}$,则总概率$P=P_1+P_2+P_3=\dfrac{20}{27}$,答案选B。

22.【解析】利用反面求解法,其反面为n个细菌没有一个A类细菌,则所求概率$P=1-\left(\dfrac{1}{2}\right)^n$,答案选A。

23.【解析】从每个岔口落入左、右两个管道的概率均为$\dfrac{1}{2}$,则所求概率$P=\dfrac{1}{2}\times\dfrac{1}{2}\times\dfrac{1}{2}+\dfrac{1}{2}\times\dfrac{1}{2}\times\dfrac{1}{2}\times\dfrac{1}{2}=\dfrac{3}{16}$,答案选B。

24.【解析】元件B,C和元件D至少有一组正常工作的概率为$1-\left(1-\dfrac{3}{4}\times\dfrac{3}{4}\right)\times\left(1-\dfrac{4}{5}\right)=\dfrac{73}{80}$,则系统N正常工作的概率为$\dfrac{2}{3}\times\dfrac{73}{80}=\dfrac{73}{120}$,答案选B。

25.【解析】条件(1),$1-(1-P_1)(1-P_2)=0.8$,不充分;条件(2),$P_1P_2=0.3$,也不充分;条件(1)和(2)明显需要联合,则$\begin{cases}P_1+P_2=1.1\\P_1P_2=0.3\end{cases}$,$(P_1-P_2)^2=(P_1+P_2)^2-4P_1P_2=1.1^2-4\times0.3=0.01$,则$P_1-P_2=0.1$,联合充分,答案选C。

26.【解析】3个不同数字组成的密码总的情况数为$C_{10}^1 C_9^1 C_8^1=720$种,第一次正确的概率为$\dfrac{1}{720}$;第一次错误且第二次正确的概率为$\dfrac{719}{720}\times\dfrac{1}{719}=\dfrac{1}{720}$;前两次都错误且第三次正确的概率为$\dfrac{719}{720}\times\dfrac{718}{719}\times\dfrac{1}{718}=\dfrac{1}{720}$,则能够启动此装置的概率$P=\dfrac{3}{720}=\dfrac{1}{240}$,答案选C。

27.【解析】有两种情况:① 第一人取到白球且第二人取到白球,概率为$\dfrac{20}{50}\times\dfrac{19}{49}$;② 第一人取到黄球且第二人取到白球,概率为$\dfrac{30}{50}\times\dfrac{20}{49}$,则所求概率为$\dfrac{20}{50}\times\dfrac{19}{49}+\dfrac{30}{50}\times\dfrac{20}{49}=\dfrac{2}{5}$,答案选C。

【技巧】根据抽签模型公式,所求的概率$P=\dfrac{20}{50}=\dfrac{2}{5}$。

28.【解析】第五次必定成功,前四次恰有一次成功,利用伯努利公式,前四次恰有一次成功的概率为$C_4^1 p(1-p)^3$,则所求概率$P=C_4^1 p(1-p)^3\cdot p=4p^2(1-p)^3$,答案选A。

29.【解析】第6次一定是次品,且前五次生产中恰好有1个次品和4个正品,利用伯努利公式,前五次恰有一个次品概率为$C_5^1\times0.2\times0.8^4$,则所求概率为$C_5^1\times0.2\times0.8^4\times0.2=0.2\times0.8^4$,答案选A。

30.【解析】到第三个路口时首次遇到红灯,说明前两次都是绿灯,则$P_1=\dfrac{1}{2}\times\dfrac{1}{2}\times\left(1-\dfrac{1}{2}\right)=\dfrac{1}{8}$;只遇到一次红灯,利用伯努利公式,则$P_2=C_3^1\times\left(1-\dfrac{1}{2}\right)\times\left(\dfrac{1}{2}\right)^2=\dfrac{3}{8}$;利用反面求解法,其反面是停留超过4min,即三个路口都遇到红灯,则$P_3=1-\left(1-\dfrac{1}{2}\right)\times\left(1-\dfrac{1}{2}\right)\times\left(1-\dfrac{1}{2}\right)=\dfrac{7}{8}$,因此$P_2-P_1=\dfrac{3}{8}-\dfrac{1}{8}=\dfrac{1}{4}$,$P_3-P_1=\dfrac{7}{8}-\dfrac{1}{8}=\dfrac{3}{4}$,$P_3-P_2=\dfrac{1}{2}$,答案选C。

31.【解析】甲比乙投中次数多有两类,第一类:甲中两次且乙至多中一次,概率为$\dfrac{1}{2}\times\dfrac{1}{2}\times(1-q^2)$;第二类:甲两次恰中一次且乙不中,概率为$C_2^1\times\dfrac{1}{2}\times\dfrac{1}{2}\times(1-q)^2$,则$\dfrac{1}{2}\times\dfrac{1}{2}\times$

$(1-q^2)+C_2^1\times\dfrac{1}{2}\times\dfrac{1}{2}\times(1-q)^2=\dfrac{7}{36}$,解得 $q=\dfrac{2}{3}$,答案选 C。

32.【解析】条件(1)和(2)明显需要联合,甲恰好比乙多击中两次有两种情况,第一种:甲击中 3 次且乙恰好击中 1 次,根据伯努利公式,概率为 $\left(\dfrac{1}{2}\right)^3\times C_3^1\times\left(\dfrac{2}{3}\right)\times\left(\dfrac{1}{3}\right)^2=\dfrac{2}{72}$;第二种:甲恰好击中 2 次且乙击中 0 次,概率为 $C_3^2\times\left(\dfrac{1}{2}\right)^2\times\dfrac{1}{2}\times\left(\dfrac{1}{3}\right)^3=\dfrac{1}{72}$,则所求概率为 $\dfrac{2}{72}+\dfrac{1}{72}=\dfrac{1}{24}$,联合充分,答案选 C。

第11章 数 据 描 述

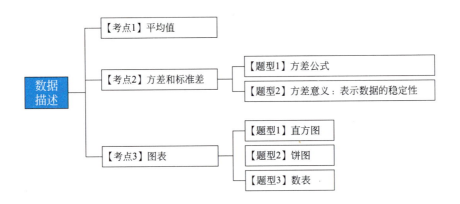

11.1 知识要点归纳

一、基本概念

1. 平均值

有 n 个数 $x_1, x_2, \cdots, x_n$,则这 n 个数的平均值为 $\overline{x} = \dfrac{x_1 + x_2 + \cdots + x_n}{n}$。

2. 方差和标准差

(1) 方差

设有 n 个数 $x_1, x_2, \cdots, x_n$,其平均值为 $\overline{x}$,则这 n 个数的方差为 $s^2 = \dfrac{1}{n}[(x_1 - \overline{x})^2 + (x_2 - \overline{x})^2 + \cdots + (x_n - \overline{x})^2]$。

(2) 标准差

标准差是方差的算术平方根,即标准差 $s = \sqrt{s^2}$。

(3) 方差和标准差的意义

用来度量随机变量和其数学期望(平均值)之间的偏离程度,方差或标准差越大,说明数据的波动越大,越不稳定;方差或标准差越小,说明数据的波动越小,越稳定。

(4) 极差

一组数据中,极差是指一列数据中最大数与最小数的差值。

3. 中位数和众数

(1) 中位数

将数据由小到大排列,若有奇数个数据,则正中间的数为中位数;若有偶数个数据,则中间两个数的平均值为中位数。

（2）众数

所有数中出现次数最多的数为众数。

二、直方图和饼图

1. 频率分布直方图

（1）定义

在直角坐标系中，横轴表示样本数据，纵轴表示频率与组距的比值，将频率分布图中各组频率的大小用相应矩形面积的大小来表示，由此画成的统计图叫作频率分布直方图。在图中，各个长方形的面积等于相应各组的频率的数值，所有小矩形面积之和为1。

（2）要点

组数：全体样本分成的组的个数。

组距：每一组两个端点的差。

频数：落在不同小组中的数据个数，各组的频数之和等于这组数据的总数。

频率：频数与数据总数的比，频率大小反映了各组频数在数据总数中所占的比例，各组频率之和为1。

（3）基本概念

从频率分布直方图可以求出以下几个数据。

众数：频率分布直方图中最高矩形的底边中点的横坐标。

平均数：频率分布直方图各个小矩形的面积乘底边中点的横坐标之和。

中位数：把频率分布直方图分成两个面积相等部分的平行于 Y 轴的直线的横坐标。

2. 饼图

饼图是一个划分为几个扇形的圆形统计表，用于描述量、频率或者百分比之间的相对关系，一般运用某部分所占的百分比等于对应扇形所占整个圆的比例加以计算。

11.2 基础精讲例题

一、平均值

【例11-1】在一次法律知识竞赛中，甲机关20人参加，平均分是80分，乙机关30人参加，平均分是70分，则两个机关参加竞赛的总平均分是（　　）。

A. 76　　　B. 75　　　C. 74　　　D. 73　　　E. 77

【解析】$(20 \times 80 + 30 \times 70) \div (20 + 30) = 74$，答案选C。

【例11-2】某人参加了4门功课的考试，平均分是82分，若他下一门功课考完后，5门功课的平均分至少达到92分（每门功课总分均为150分），则他下门功课至少应得（　　）分。

A. 122　　　B. 126　　　C. 128　　　D. 130　　　E. 132

【解析】4门功课考试总分为$82 \times 4 = 328$分，5门功课的总分至少为$92 \times 5 = 460$分，因此，第5门功课的分数最少为$92 \times 5 - 82 \times 4 = 132$分，答案选E。

【例11-3】(2012-1)甲、乙、丙三个地区的公务员参加一次测评,其人数和考分情况见表11-1。

表11-1 三个地区的人数和考分情况

人数/个	6	7	8	9
甲分数/分	10	10	10	10
乙分数/分	15	15	10	20
丙分数/分	10	10	15	15

则三个地区按平均分由高到低的排名顺序为( )。

A. 乙、丙、甲　　　　　B. 乙、甲、丙　　　　　C. 甲、丙、乙

D. 丙、甲、乙　　　　　E. 丙、乙、甲

【解析】根据平均分的定义可以计算出:

$$甲的平均分 = \frac{6 \times 10 + 7 \times 10 + 8 \times 10 + 9 \times 10}{40} = 7.5$$

$$乙的平均分 = \frac{6 \times 15 + 7 \times 15 + 8 \times 10 + 9 \times 20}{60} = 7.58$$

$$丙的平均分 = \frac{6 \times 10 + 7 \times 10 + 8 \times 15 + 9 \times 15}{50} = 7.7$$

因此,丙>乙>甲,答案选E。

【技巧】通过观察,明显丙得高分人数多于得低分人数,则丙的平均分最高;而从乙得9分的20人中移动5人到得8分的人数上,此时乙的平均分等于甲的平均分,则在没移动之前,乙的平均分高于甲的平均分,综上所述,丙>乙>甲,答案选E。

【例11-4】某校学生的学期体育成绩由三部分组成:体育课外活动占10%,理论测试占30%,体育技能测试占60%,一名同学的上述成绩依次为90,92,73,则该同学这学期的体育成绩为( )。

A. 85.4　　　B. 84　　　C. 82.4　　　D. 81.4　　　E. 80.4

【解析】利用权重法,该同学这学期的体育成绩为 $90 \times 10\% + 92 \times 30\% + 73 \times 60\% = 80.4$,答案选E。

二、方差和标准差

【例11-5】甲、乙两名同学在相同条件下各射击5次,命中的环数见表11-2,那么下列结论正确的是( )。

表11-2 甲、乙命中的环数

甲/环	8	5	7	8	7
乙/环	7	8	6	8	6

A. 甲的平均数是7,方差是0.8　　　　　B. 乙的平均数是7,方差是1.2

C. 甲的平均数是8,方差是1.2　　　　　D. 乙的平均数是8,方差是0.8

E. 甲的平均数是7,方差是1.2

【解析】$\bar{x}_{甲}=\dfrac{8+5+7+8+7}{5}=7$, $\bar{x}_{乙}=\dfrac{7+8+6+8+6}{5}=7$, $S_{甲}^{2}=\dfrac{1}{5}[(8-7)^{2}+(5-7)^{2}+(7-7)^{2}+(8-7)^{2}+(7-7)^{2}]=1.2$, $S_{乙}^{2}=\dfrac{1}{5}[(7-7)^{2}+(8-7)^{2}+(6-7)^{2}+(8-7)^{2}+(6-7)^{2}]=0.8$, 答案选 E。

【例 11-6】给出两组数据:甲组为 20,22,23,24,26;乙组为 100,102,103,104,106,甲组、乙组的方差分别为 s_{1}^{2},s_{2}^{2},则下列正确的是(　　)。

A. $s_{1}^{2}>s_{2}^{2}$　　B. $s_{1}^{2}<s_{2}^{2}$　　C. $s_{1}^{2}=s_{2}^{2}$　　D. $s_{1}^{2}\leqslant s_{2}^{2}$　　E. $s_{1}^{2}\geqslant s_{2}^{2}$

【解析】由于甲组每个数据都加上 80 即为乙组数据,则甲、乙两组的方差相等,答案选 C。

【套路】原数据 $x_{1},x_{2},x_{3},\cdots,x_{n}$ 的平均数为 $\bar{x}$,方差为 s^{2},则新数 $x_{1}+b,x_{2}+b,x_{3}+b,\cdots,x_{n}+b$ 的平均数为 $\bar{x}+b$,方差为 s^{2}。

【例 11-7】(2019-1)有 10 名同学的语文和数学成绩见表 11-3。

表 11-3　语文和数学成绩

语文成绩/分	90	92	94	88	86	95	87	89	91	93
数学成绩/分	94	88	96	93	90	85	84	80	82	98

语文和数学成绩的均值分别为 E_{1} 和 E_{2},标准差分别为 σ_{1} 和 σ_{2},则(　　)。

A. $E_{1}>E_{2},\sigma_{1}>\sigma_{2}$　　B. $E_{1}>E_{2},\sigma_{1}<\sigma_{2}$　　C. $E_{1}>E_{2},\sigma_{1}=\sigma_{2}$

D. $E_{1}<E_{2},\sigma_{1}>\sigma_{2}$　　E. $E_{1}<E_{2},\sigma_{1}<\sigma_{2}$

【解析】采用平移法,将一组数据中的每一个数据都加上或减去同一个不为零的常数,平均数不变,语文每个数据都减去 90,则语文分别为 0,2,4,-2,-4,5,-3,-1,1,3,平均值为 0.5,可得 $E_{1}=0.5+90=90.5$,同理可得 $E_{2}=-1+90=89$,则 $E_{1}>E_{2}$,可利用极差(数据中最大数与最小数的差值)来大致估算方差和标准差,语文和数学成绩的极差分别为 $95-86=9,98-80=18$,则 $\sigma_{1}<\sigma_{2}$,答案选 B。

【技巧】由于人数相同,要比较平均值,只需比较总分和即可。将每名同学的语文和数学成绩上下相减,依次得到 -4,4,-2,-5,-4,10,3,9,9,-5,其和为 15,因此,语文的平均成绩高于数学。

【例 11-8】(2017-1)甲、乙、丙三人每轮各投篮 10 次,投了 3 轮,投中数见表 11-4。

表 11-4　投篮次数

人员	第一轮	第二轮	第三轮
甲/次	2	5	8
乙/次	5	2	5
丙/次	8	4	9

记 $\sigma_{1},\sigma_{2},\sigma_{3}$ 分别为甲、乙、丙投中数的方差,则

A. $\sigma_{1}>\sigma_{2}>\sigma_{3}$　　B. $\sigma_{1}>\sigma_{3}>\sigma_{2}$　　C. $\sigma_{2}>\sigma_{1}>\sigma_{3}$

D. $\sigma_{2}>\sigma_{3}>\sigma_{1}$　　E. $\sigma_{3}>\sigma_{2}>\sigma_{1}$

【解析】甲的平均数为 $\bar{x}_{1}=\dfrac{2+5+8}{3}=5$,再利用方差公式可得 $\sigma_{1}=\dfrac{1}{3}\times[(2-5)^{2}+$

$(5-5)^2+(8-5)^2]=6$,同理得 $\sigma_2=2$,$\sigma_3=\dfrac{14}{3}$,所以 $\sigma_1>\sigma_3>\sigma_2$,答案选 B。

【技巧】可以利用极差(数据中最大数与最小数的差值)大致估算方差,甲、乙、丙的极差分别为 $8-2=6$,$5-2=3$,$9-4=5$,因此 $\sigma_1>\sigma_3>\sigma_2$。

三、图表

【例 11-9】(2019-1)某影城为了统计观众人数(单位:万人),如图 11-1 所示,则第一季度男、女观众的人数之比为(　　)。

A. 3∶4　　B. 5∶6　　C. 12∶13
D. 13∶12　　E. 4∶3

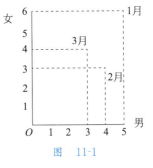

图 11-1

【解析】由图可知,男、女人数之比为 $\dfrac{5+4+3}{6+3+4}=\dfrac{12}{13}$,答案选 C。

【例 11-10】某学校随机抽取部分新生调查其上学路上所需时间(单位:min),并将所得数据绘制成频率分布直方图(见图 11-2),其中,上学路上所需时间的范围是 [0,100),样本数据分组为 [0,20),[20,40),[40,60),[60,80),[80,100),如果上学路上所需时间不少于 40min 的学生可申请在学校住宿,则学校 1000 名新生中有(　　)名学生可以申请住宿。

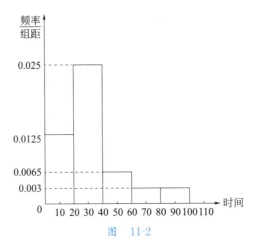

图 11-2

A. 200　　B. 250　　C. 275　　D. 300　　E. 350

【解析】不少于 40min 的学生所在的长方形的面积为 $(0.0065+0.003+0.003)\times20=0.25$,即所占比例为 25%,因此,可申请留宿的学生的人数为 $1000\times0.25\%=250$,答案选 B。

11.3 基础巩固习题

1. 在一次英语考试中,第一小组的 10 名学生与全班学生的平均分 88 分的差分别是 2,0,-1,-5,-6,10,8,12,3,-3,则这个小组的平均分是(　　)。

A. 90　　B. 89　　C. 88　　D. 86　　E. 84

2. 假设三个相异正整数的最大数是 54,则三个数的最小平均值是(　　)。

A. 17　　　B. 18　　　C. 19　　　D. 21　　　E. 23

3. (2013-10)如果 a,b,c 的算术平均值等于13,且 $a:b:c=\dfrac{1}{2}:\dfrac{1}{3}:\dfrac{1}{4}$,那么 $c=$(　　)。

A. 7　　　B. 8　　　C. 9　　　D. 12　　　E. 18

4. 某市6月上旬前5天的最高气温如下(单位:℃):28,29,31,29,32,对这组数据,下列说法正确的是(　　)。

A. 平均数为30　　　B. 众数为29　　　C. 中位数为31

D. 极差为5　　　E. 平均数为31

5. 如果两组数据 $x_1,x_2,\cdots,x_n$ 和 $y_1,y_2,\cdots,y_n$ 的平均数分别为 a,b,那么新的一组数据 $x_1+y_1,x_2+y_2,\cdots x_n+y_n$ 的平均数为(　　)。

A. a　　　B. b　　　C. $a+b$　　　D. $\dfrac{a+b}{2}$　　　E. $\dfrac{a+b}{3}$

6. 某车间进行季度考核,整个车间平均分是85分,其中 $\dfrac{2}{3}$ 的人得了80分以上(含80分),他们的平均分是90分,则低于80分的人的平均分是(　　)。

A. 60　　　B. 70　　　C. 75　　　D. 78　　　E. 80

7. 某科研小组研制了一种水稻良种,第一年5块试验田的亩产(单位:kg)分别为1000,900,1100,1050,1150,第二年有意改进了种子质量,5块试验田的亩产(单位:kg)分别为1050,950,1150,1100,1200,则这两年的产量(　　)。

A. 平均值增加了,方差也增加了

B. 平均值增加了,方差减小了

C. 平均值增加了,方差不变

D. 平均值不变,方差也不变

E. 平均值减小了,方差不变

8. 在一次歌手大奖赛上,七位评委为歌手打出的分数如下:9.4,8.4,9.4,9.9,9.6,9.4,9.7,去掉一个最高分和一个最低分后,所剩数据的平均值和方差分别为(　　)。

A. 9.4,0.484　　　B. 9.4,0.016　　　C. 9.5,0.04

D. 9.5,0.016　　　E. 9.5,0.025

9. 某赛季甲、乙两名篮球运动员12场比赛得分情况,如图11-3所示,对两名运动员的成绩进行比较,下列结论中不正确的是(　　)。

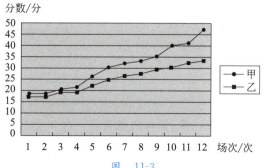

图　11-3

A. 甲运动员得分的极差大于乙运动员得分的极差
B. 甲运动员得分的中位数大于乙运动员得分的中位数
C. 甲运动员得分的平均数大于乙运动员得分的平均数
D. 甲运动员的成绩比乙运动员的成绩稳定
E. 乙运动员的成绩比甲运动员的成绩稳定

10. 这组数据的方差是 3.5。
(1) 若一组数据是 10,9,11,12,13,8,10,7。
(2) 若一组数据是 110,109,111,112,113,108,110,107。

11. a 是实数,则 3、2、a、5 这四个数的方差是 $\frac{3}{2}$。
(1) 方程 $x^2+ax+1=0$ 有两个相等实根。
(2) $a=|a|$。

12. (2020-1) 某人在同一观众群体中调查了对五部电影的看法,得到了如下的数据,见表 11-5。

表 11-5 对五部电影的看法

电影	第一部	第二部	第三部	第四部	第五部
好评率	0.25	0.5	0.3	0.8	0.4
差评率	0.75	0.5	0.7	0.2	0.6

据此数据,观众意见分歧最大的前两部电影依次是(　　)。

A. 第一部,第三部　　B. 第二部,第三部　　C. 第二部,第五部
D. 第四部,第一部　　E. 第四部,第二部

13. 为了检查一批手榴弹的杀伤半径,抽取了其中 20 颗做试验,得到这 20 颗手榴弹的杀伤半径,并列表见表 11-6。

表 11-6 手榴弹的杀伤半径

杀伤半径/米	7	8	9	10	11
手榴弹数/颗	1	5	4	6	4

在这个试验中,这 20 颗手榴弹的杀伤半径的众数和中位数分别是(　　)。

A. 10,9.4　B. 10,9.5　C. 9.5,10　D. 10,9.4　E. 以上结论均不正确

14. 为了估计某市的空气质量情况,某同学在 30 天里做了如下记录,见表 11-7。

表 11-7 空气质量情况

污染指数(a)	40	60	80	100	120	140
天数	3	5	10	6	5	1

其中,$a<50$ 时空气质量为优,$50\leq a\leq 100$ 时空气质量为良,$100<a\leq 150$ 时空气质量为轻度污染,若 1 年按照 365 天计算,估计该城市在一年中空气质量达到良以上(含良)的天数为(　　)天。

A. 294　　B. 293　　C. 292　　D. 291　　E. 290

15. 某班学生参加知识竞赛,将竞赛所取得的成绩(得分取整数)进行整理后分成5组,并绘制成直方图,如图11-4所示,请结合直方图提供的信息,60.5~70.5分这一分数段的频率是(　　)。

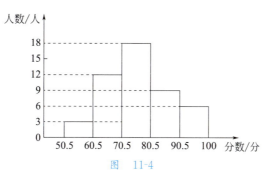

图 11-4

A. 0.2　　　B. 0.25　　　C. 0.3　　　D. 0.35　　　E. 0.4

16. 为了了解某地区高一新生的身体发育情况,抽查了该地区100名年龄为17.5~18岁的男生体重(单位:kg),得到频率分布直方图,如图11-5所示,则这100名学生中体重在56.5~64.5kg的学生人数是(　　)。

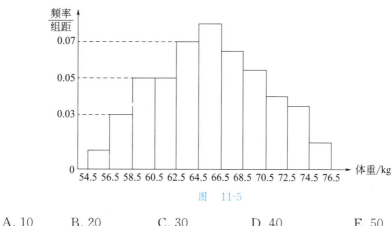

图 11-5

A. 10　　　B. 20　　　C. 30　　　D. 40　　　E. 50

✦ 基础巩固习题详解

1. 【解析】平均分为 $88+\dfrac{1}{10}(2+0-1-5-6+10+8+12+3-3)=90$,答案选A。

2. 【解析】最大数是54,则另外两个数最小为1和2,因此三个数的最小平均值为 $\dfrac{1+2+54}{3}=19$,答案选C。

3. 【解析】$a:b:c=\dfrac{1}{2}:\dfrac{1}{3}:\dfrac{1}{4}=\dfrac{1}{2}\times 12:\dfrac{1}{3}\times 12:\dfrac{1}{4}\times 12=6:4:3$,设 $a=6m, b=4m, c=3m$,则 $a+b+c=6m+4m+3m=13\times 3=39$,因此 $m=3, c=3m=3\times 3=9$,答案选C。

4. 【解析】平均数为 $\dfrac{28+29+29+31+32}{5}=29.8$,29出现的次数最多,则众数为29,极差为 $32-28=4$,中位数为29,答案选B。

5.【解析】根据题意，$\dfrac{(x_1+y_1)+(x_2+y_2)+\cdots+(x_n+y_n)}{n}=\dfrac{x_1+x_2+\cdots+x_n}{n}+\dfrac{y_1+y_2+\cdots+y_n}{n}=a+b$，答案选C。

6.【解析】利用特值法，总人数看成3份，则得80分以上的人数为2份，低于80分的人数为1份，低于80分的人的平均分为$(85\times 3-90\times 2)\div 1=75$分，答案选C。

【技巧】利用权重法，$\dfrac{2}{3}$的人得80分以上，则$\dfrac{1}{3}$的人得80分以下，设低于80分的人的平均分为x，则$\dfrac{2}{3}\times 90+\dfrac{1}{3}x=85$，解得$x=75$，答案选C。

7.【解析】由于每个数据都增加了50，则平均值增加了50，方差不变，答案选C。

8.【解析】所剩数据的平均值为$\dfrac{9.4+9.4+9.6+9.4+9.7}{5}=9.5$，方差为$s^2=\dfrac{1}{5}\times[(9.4-9.5)^2+(9.4-9.5)^2+(9.6-9.5)^2+(9.4-9.5)^2+(9.7-9.5)^2]=0.016$，答案选D。

9.【解析】由于甲运动员得分数据波动较大，所以乙运动员的成绩比甲运动员的成绩稳定，选项D不正确，答案选D。

10.【解析】条件(1)，数据可以整理为7,8,9,10,10,11,12,13，明显平均值$\overline{x}=10$，则方差$s^2=\dfrac{1}{8}\times[3^2+2^2+1^2+0^2+0^2+1^2+2^2+3^2]=3.5$，充分；条件(2)，每个数据是在条件(1)的数据上加100，则方差不变，也充分，答案选D。

11.【解析】条件(1)，$\Delta=a^2-4=0\Rightarrow a=\pm 2$；条件(2)，$a=|a|$，则$a\geq 0$，联合起来得$a=2$，其平均数为3，则方差$s^2=\dfrac{1}{4}\times[(3-3)^2+(2-3)^2+(2-3)^2+(5-3)^2]=\dfrac{3}{2}$，充分，答案选C。

12.【解析】好评率与差评率越接近，说明评价越不统一，即分歧越大，所以意见分歧最大的是第二部和第五部，答案选C。

13.【解析】共有20个数，出现次数最多的数10即为众数，把这些数从小到大排列得到中间第十个和第十一个两个数分别为9和10，其平均数9.5即为中位数，答案选B。

14.【解析】$365\times\dfrac{3+5+10+6}{30}=365\times 80\%=292$，答案选C。

15.【解析】全班总人数为$3+6+9+12+18=48$人，60.5～70.5分这一分数段的频数是12，则频率为$12\div 48=0.25$，答案选B。

16.【解析】56.5～64.5kg的频率为$(0.03+0.05\times 2+0.07)\times 2=0.4$，则频数为$100\times 0.4=40$人，答案选D。

11.4 强化精讲例题

一、平均值

【例11-11】(2018-1)为了解某公司的年龄结构，按男、女人数的比例进行了随机抽样，结果见表11-8，根据表中数据结构，该公司男员工的平均年龄与全体员工的平均年龄分别是( )。

A. 32,30　　　B. 32,29.5　　　C. 32,27　　　D. 30,27　　　E. 29.5,27

表11-8　男、女员工年龄

男员工年龄	23　26　28　30　32　34　36　38　41
女员工年龄	23　25　27　27　29　31

【解析】对于男员工,第一个数据加1,最后一个数据减1,年龄总和不变,数据构成等差数列,其平均值为中间项32;对于女员工,去掉其中一个27,剩余5个数据成等差数列,其平均值为中间项27,再加上去掉的27,6个数据的平均值仍为27,则全体员工的平均年龄为 $\frac{32\times 9+27\times 6}{9+6}=30$,答案选A。

【例11-12】(2019-1)某校理学院五个系每年录取人数如表11-9所示,今年与去年相比,物理系平均分没变,则理学院录取平均分升高了。

(1) 数学系录取平均分升高了3分,生物系录取平均分降低了2分。
(2) 化学系录取平均分升高了1分,地理系录取平均分降低了4分。

表11-9　五个系每年录取人数

系列	数学系	物理系	化学系	生物系	地理系
录取人数	60	120	90	60	30

【解析】条件(1),不知道化学系和地理系的平均分变化情况,不充分;同理,条件(2),不知道数学系和生物系的平均分变化情况,也不充分,考虑联合,数学系比去年提高了60×3分,物理系不变,化学系提高了90×1分,生物系降低了60×2分,地理系降低了30×4分,则总分提高了$60\times 3+90\times 1-60\times 2-30\times 4=30$分,因此平均分升高了,联合充分,答案选C。

二、方差和标准差

【例11-13】甲、乙两个学员参加夏令营的射击比赛,每人射击5次,甲的环数分别是5,9,8,10,8;乙的环数分别是6,10,5,10,9,则甲、乙两人命中环数更高的是( ),射击水平发挥得较稳定的是( )。

A. 都是甲　　B. 都是乙　　C. 甲、乙　　D. 乙、甲　　E. 一样高,甲

【解析】$\bar{x}_甲=\frac{5+9+8+10+8}{5}=8$,$\bar{x}_乙=\frac{6+10+5+10+9}{5}=8$,$s_甲^2=\frac{1}{5}\times[(5-8)^2+(9-8)^2+(8-8)^2+(10-8)^2+(8-8)^2]=2.8$,$S_乙^2=\frac{1}{5}\times[(6-8)^2+(10-8)^2+(5-8)^2+(10-8)^2+(9-8)^2]=4.4$,所以$s_甲^2<s_乙^2$,答案选E。

【例11-14】要从甲、乙、丙三位射击运动员中选拔一名参加比赛,在预选赛中,他们每人各打10发子弹,命中的环数如下:

甲:10,10,9,10,9,9,9,9,9,9;
乙:10,10,10,9,10,8,8,10,10,8;
丙:10,9,8,10,8,9,10,9,9,9。

根据这次成绩,应该选拔( )去参加比赛。

A. 甲　　　B. 乙　　　C. 丙　　　D. 甲和乙　　　E. 甲和丙

【解析】甲、乙、丙的平均值分别为9.3,9.3,9.1,丙直接淘汰,大致观察甲、乙的数据,明显甲的数据波动更加稳定,应选甲去参加比赛,答案选A。

【例11-15】某校A、B两队10名参加篮球比赛的队员的身高(单位:cm)见表11-10,设两队队员身高的平均数分别$\overline{x_A},\overline{x_B}$,身高的方差分别为$s_A^2,s_B^2$,则正确的选项为( )。

A. $\overline{x_A}=\overline{x_B},s_A^2>s_B^2$　　　B. $\overline{x_A}<\overline{x_B},s_A^2<s_B^2$　　　C. $\overline{x_A}>\overline{x_B},s_A^2>s_B^2$

D. $\overline{x_A}=\overline{x_B},s_A^2<s_B^2$　　　E. $\overline{x_A}=\overline{x_B},s_A^2=s_B^2$

表11-10　篮球比赛队员身高

队	1号	2号	3号	4号	5号
A队/cm	176	175	174	171	174
B队/cm	170	173	171	174	182

【解析】由于人数相同,要比较平均值,只需要比较身高总和,将A、B两队队员的身高上下相减,依次得到6,2,3,-3,-8,其和为0,则两队的平均数相等,又可利用极差(数据中最大数与最小数的差值)来大致估算方差,两队的极差分别为176-171=5,182-170=12,则A队的方差小于B队,答案选D。

【例11-16】已知一组数据$x_1,x_2,\cdots,x_n$的平均数$\overline{x}=5$,方差$s^2=4$,则新的数据$3x_1+7,3x_2+7,3x_3+7,\cdots,3x_n+7$的平均数和标准差分别为( )。

A. 15,36　　　B. 22,6　　　C. 15,6　　　D. 22,36　　　E. 以上结论均不正确

【解析】新数据的平均数为$3\times5+7=22$,方差为$3^2\times4=36$,则标准差为6,答案选B。

【套路】原数据$x_1,x_2,x_3,\cdots,x_n$的平均数为$\overline{x}$,方差为s^2,则:①新数据$ax_1,ax_2,ax_3,\cdots,ax_n$的平均数为$a\overline{x}$,方差为$a^2s^2$;②新数据$x_1+b,x_2+b,x_3+b,\cdots,x_n+b$的平均数为$\overline{x}+b$,方差为$s^2$;③新数据$ax_1+b,ax_2+b,ax_3+b,\cdots,ax_n+b$的平均数为$a\overline{x}+b$,方差为$a^2s^2$。

【例11-17】(2014-1)已知$M=\{a,b,c,d,e\}$是一个整数集合,则能确定集合M。

(1) a,b,c,d,e的平均值为10。

(2) a,b,c,d,e的方差为2。

【解析】条件(1),$a+b+c+d+e=50$,不能确定M,不充分;条件(2),a,b,c,d,e的方差为2,不知道其平均值,也不能确定M;条件(1)和(2)联合,则$\frac{1}{5}\times[(a-10)^2+(b-10)^2+(c-10)^2+(d-10)^2+(e-10)^2]=2$,即$(a-10)^2+(b-10)^2+(c-10)^2+(d-10)^2+(e-10)^2=10$,由于$a,b,c,d,e$是五个不同的整数,只有$(-2)^2+(-1)^2+0^2+1^2+2^2=10$,则$a,b,c,d,e$的值分别为8,9,10,11,12,由于集合具有无序性,a,b,c,d,e可以互换数值,但集合不变,即能确定M,联合充分,答案选C。

【例11-18】(2016-1)设有两组数据$S_1:3,4,5,6,7$和$S_2:4,5,6,7,a$,则能确定a的值。

(1) S_1与S_2的均值相等。

(2) S_1与S_2的方差相等。

【解析】条件(1)，显然可以得到 $a=3$，充分；条件(2)，根据方差公式 $s^2 = \dfrac{x_1^2 + x_2^2 + \cdots + x_n^2}{n} - (\bar{x})^2$ 得到：$s_1^2 = \dfrac{3^2 + 4^2 + 5^2 + 6^2 + 7^2}{5} - 5^2 = 2$，则 $s_2^2 = \dfrac{a^2 + 4^2 + 5^2 + 6^2 + 7^2}{5} - \left(\dfrac{4+5+6+7+a}{5}\right)^2 = 2$，整理得 $a^2 - 11a + 24 = 0$，解得 $a = 3$ 或 $a = 8$，仍然不能确定 a 的值，不充分，答案选 A。

【技巧】根据方差的性质，一组数据同时加上一个常数，其方差不变，条件(2)，S_1 与 S_2 的方差相等，则 S_2 可以为 3,4,5,6,7 或 4,5,6,7,8，即 $a=3$ 或 $a=8$，不充分，答案选 A。

三、图表

【例 11-19】200 辆汽车经过某一雷达地区，时速频率分布直方图如图 11-6 所示，则时速超过 65km/h 的汽车的数量为 m 辆。

(1) $m = 48$。　　　　　(2) $m = 24$。

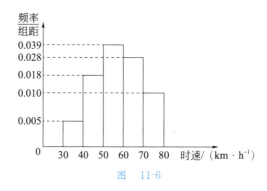

图 11-6

【解析】各个长方形的面积等于相应各组的频率的数值，超过 65km/h 的汽车的长方形的面积为 $5 \times 0.028 + 10 \times 0.010 = 0.24$，即超过 65km/h 的汽车数量所占比例为 24%，则其数量为 $200 \times 24\% = 48$ 辆，条件(1)充分，条件(2)不充分，答案选 A。

11.5　强化提升习题

1. 某同学 9 门课的平均考试成绩为 80 分，后查出某两门课的试卷分别少加了 5 分和 4 分，则该同学的实际平均成绩为(　　)分。

　　A. 80　　　　B. 81　　　　C. 82　　　　D. 83　　　　E. 90

2. 从一组数据中取出 a 个 x_1，b 个 x_2，c 个 x_3 组成一个样本，则这个样本的平均数是(　　)。

　　A. $\dfrac{x_1 + x_2 + x_3}{3}$　　　　B. $\dfrac{a+b+c}{3}$　　　　C. $\dfrac{ax_1 + bx_2 + cx_3}{3}$

　　D. $\dfrac{ax_1 + bx_2 + cx_3}{a+b+c}$　　　　E. 1

3. 若 5 个互不相等的正整数的平均值为 15，中位数是 18，则这 5 个正整数中最大的那个数的最大值为(　　)。

　　A. 32　　　　B. 35　　　　C. 38　　　　D. 40　　　　E. 42

4. 某校男子篮球队10名队员的身高(单位:cm)如下:179,182,170,174,188,172,180,195,185,182,则这组数据的中位数和众数分别是(　　)。

　　A.181,181　　B.182,181　　C.180,182　　D.181,182　　E.180,181

5. 某班有50个学生,在数学考试中,成绩是在前10名的学生的平均分比全班的平均分高12分,那么其余同学的平均分比全班的平均分低了(　　)分。

　　A.3　　B.4　　C.5　　D.6　　E.7

6. (2012-1)已知三种水果的平均价格为10元/kg,则每种水果的价格均不超过18元/kg。

(1) 三种水果中价格最低的为6元/kg。

(2) 购买重量分别是1kg、1kg和2kg的三种水果共用了46元。

7. 已知样本 $x_1,x_2,\cdots,x_n$ 的方差为2,则样本 $2x_1,2x_2,\cdots,2x_n$ 和 $x_1+2,x_2+2,\cdots,x_n+2$ 的方差分别为(　　)。

　　A.8,2　　B.4,2　　C.2,4　　D.8,0　　E.4,4

8. 某人5次上班途中所花的时间(单位:min)分别为 $x,y,10,11,9$,已知这组数据的平均数为10,方差为2,则 $|x-y|$ 的值为(　　)。

　　A.5　　B.4　　C.3　　D.2　　E.1

9. 甲、乙、丙三名射箭运动员在某次测试中各射箭20次,三人的测试成绩见表11-11,则三人中(　　)的成绩更加稳定。

表11-11　射箭测试成绩

项目	甲的成绩				乙的成绩				丙的成绩			
环数	7	8	9	10	7	8	9	10	7	8	9	10
频数	5	5	5	5	6	4	4	6	4	6	6	4

　　A.甲　　B.乙　　C.丙　　D.三人一样　　E.甲与丙

10. 为参加计算机汉字输入比赛,甲和乙两位同学进行了6次测试(每分钟输入汉字个数),成绩见表11-12,其中说法正确的是(　　)。

表11-12　计算机汉字输入测试成绩

参赛人员	第1次	第2次	第3次	第4次	第5次	第6次
甲/个	134	137	136	136	137	136
乙/个	135	136	136	137	136	136

　　A.甲的平均值大于乙的平均值。

　　B.甲的平均值小于乙的平均值。

　　C.乙的成绩比较稳定。

　　D.甲的成绩比较稳定。

　　E.甲和乙的方差一样。

11. 可以确定 $x_1,x_2,\cdots,x_{10}$ 的方差。

(1) 已知 $x_1,x_2,\cdots,x_{10}$ 的平均数。

(2) 已知 $x_1^2,x_2^2,\cdots,x_{10}^2$ 的平均数。

12. 样本中共有五个个体,其值分别为 $a,0,1,2,3$,则样本方差为2。
（1）该样本的平均值为2。
（2）该样本的平均值为1。

13. 记录某班50名学生一天课外阅读所用时间的数据,结果如图11-7所示,根据条形图可得到50名学生一天中平均每人的课外阅读时间为(　　)h。

A. 0.6　　B. 0.7　　C. 0.8　　D. 0.9　　E. 1.1

14. 为了调查某厂工人生产某种产品的能力,随机抽查了20位工人某天生产该产品的数量,产品数量的分组区间为$[45,55),[55,65),[65,75),[75,85),[85,95)$,由此得到频率分布直方图,如图11-8所示,则这20名工人中一天生产该产品数量在$[55,75)$的人数是(　　)。

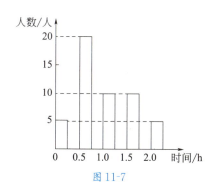

图 11-7

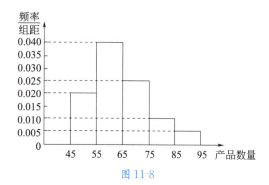

图 11-8

A. 12　　B. 13　　C. 14　　D. 15　　E. 16

15. 在抽查某批产品尺寸的过程中,样本尺寸数据的频率分布表见表11-13,则 m 等于(　　)。

表 11-13　样本尺寸数据的频率分布

分组	[100,200]	(200,300]	(300,400]	(400,500]	(500,600]	(600,700]
频数	10	30	40	80	20	m
频率	0.05	0.15	0.2	0.4	a	b

A. 10　　B. 20　　C. 30　　D. 40　　E. 50

16. 统计某校1000名学生的数学水平测试成绩,得到样本频率分布直方图,如图11-9所示,若满分为100分,规定不低于60分为及格,则及格人数有(　　)名。

A. 200　　B. 300　　C. 400
D. 650　　E. 800

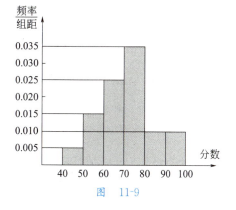

图 11-9

强化提升习题详解

1.【解析】平均成绩为 $80+\dfrac{5+4}{9}=81$ 分,答案选B。

2.【解析】这个样本的平均数是 $\dfrac{ax_1+bx_2+cx_3}{a+b+c}$,答案选 D。

3.【解析】根据题意,这 5 个数之和为 $15\times 5=75$,又从小到大顺序排列,位于中间的数为 18,要求这 5 个数中最大的数,应使得其他的数最小,即其他三个数应为 1,2,19,因此最大的数为 $75-(1+2+18+19)=35$,答案选 B。

4.【解析】将这组数据从小到大排列,位置居于中间的数是 180 和 182,则这组数据的中位数是 181;众数是出现的次数最多的 182,答案选 D。

5.【解析】设全班的平均分为 x 分,后 40 名同学的平均分为 y 分,则 $\dfrac{(x+12)\times 10+y\times 40}{50}=x$,整理得 $x-y=3$,即其余同学的平均分比全班的平均分低了 3 分,答案选 A。

【技巧】后 40 名同学比全班低的总分数为 $12\times 10=120$ 分,则后 40 名同学的平均分比全班平均分低了 $120\div 40=3$ 分。

6.【解析】三种水果的价格之和为 30 元,条件(1),最低为 6 元,则其他两种价格之和为 24 元,当其中一种水果也为 6 元时,另一种价格最高为 $24-6=18$ 元,未超过 18 元,充分;条件(2),设三种水果价格分别为 x,y,z,则有 $\begin{cases} x+y+z=30 \\ x+y+2z=46 \end{cases}$,两式相减得:$z=16$,$x+y=14$,显然都不会超过 18 元,也充分,答案选 D。

7.【解析】$2x_1,2x_2,\cdots,2x_n$ 的方差为 $2^2\times 2=8$,$x_1+2,x_2+2,\cdots,x_n+2$ 的方差仍然为 2,答案选 A。

【套路】原数据 $x_1,x_2,x_3,\cdots,x_n$ 的平均数为 $\bar{x}$,方差为 s^2,则:①新数据 $ax_1,ax_2,ax_3,\cdots,ax_n$ 的平均数为 $a\bar{x}$,方差为 a^2s^2;②新数据 $x_1+b,x_2+b,x_3+b,\cdots,x_n+b$ 的平均数为 $\bar{x}+b$,方差为 s^2;③新数据 $ax_1+b,ax_2+b,ax_3+b,\cdots,ax_n+b$ 的平均数为 $a\bar{x}+b$,方差为 a^2s^2。

8.【解析】由题意可得,平均值 $\dfrac{x+y+10+11+9}{5}=10$,则 $x+y=20$,方差 $s^2=\dfrac{1}{5}\times[(x-10)^2+(y-10)^2+0+1^2+(-1)^2]=2$,则 $x^2+y^2=208$,而 $(x+y)^2=x^2+2xy+y^2=20^2$,则 $2xy=192$,$(x-y)^2=x^2-2xy+y^2=208-192=16$,即 $|x-y|=4$,答案选 B。

9.【解析】甲、乙、丙三人的平均成绩明显都为 8.5,方差是用来度量随机变量和其数学期望(即均值)之间的偏离程度,方差越大,说明数据的波动越大,越不稳定,观察可得 $S_乙>S_甲>S_丙$,即丙的成绩更加稳定,答案选 C。

10.【解析】要比较平均值,只需要比较总数和,将甲、乙每次的数据上下相减,依次得到 $-1,1,0,-1,1,0$,相加为 0,则甲和乙的平均值相等,而甲的数据较分散,方差大于乙,因此乙的成绩比较稳定,答案选 C。

11.【解析】条件(1),设平均数为 a,则 $x_1+x_2+\cdots+x_{10}=10a$;条件(2),设平均数为 b,则 $x_1^2+x_2^2+\cdots+x_{10}^2=10b$,两个条件明显需要联合,则 $x_1,x_2,\cdots,x_{10}$ 的方差为 $s^2=\dfrac{1}{10}[(x_1-a)^2+(x_2-a)^2+\cdots+(x_{10}-a)^2]=\dfrac{1}{10}[(x_1^2+x_2^2+\cdots+x_{10}^2)-2a(x_1+x_2+\cdots+x_{10})+10a^2]=\dfrac{1}{10}[10b-2a\times 10a+10a^2]=b-a^2$,即可以确定一组数 $x_1,x_2,\cdots,x_{10}$ 的方

差,联合充分,答案选C。

【技巧】根据方差公式 $s^2 = \dfrac{x_1^2 + x_2^2 + \cdots + x_n^2}{n} - \bar{x}^2$ 可得,只需要知道这组数的平均值和这组数的平方的平均值就可以求出这组数的方差,联合充分,所以选C。

12.【解析】条件(1),由平均值 $\dfrac{a+0+1+2+3}{5} = 2$ 可得 $a=4$,根据方差公式可得 $S^2 = \dfrac{1}{5} \times [(4-2)^2 + (0-2)^2 + (1-2)^2 + (2-2)^2 + (3-2)^2] = 2$,充分;条件(2),平均值 $\dfrac{a+0+1+2+3}{5} = 1 \Rightarrow a = -1$,根据方差公式可得 $S^2 = \dfrac{1}{5} \times [(-1-1)^2 + (0-1)^2 + (1-1)^2 + (2-1)^2 + (3-1)^2] = 2$,也充分,答案选D。

【套路】连续5个整数的方差均为2。

13.【解析】平均每人的课外阅读时间为 $\dfrac{5 \times 0 + 20 \times 0.5 + 10 \times 1 + 10 \times 1.5 + 5 \times 2}{5+20+10+10+5} = 0.9\text{h}$,答案选D。

14.【解析】由图可知,一天生产该产品数量在 $[55,75)$ 的频率为 $(0.04+0.025) \times 10 = 65\%$,则人数为 $20 \times 65\% = 13$,答案选B。

15.【解析】频率与频数的关系:频率 = $\dfrac{\text{频数}}{\text{数据总和}}$,所以样本总量为 $\dfrac{10}{0.05} = 200$,则 $a = \dfrac{20}{200} = 0.1$,由于各组的频率之和为1,容易求出 $b = 0.1$,因此 $m = 200 \times 0.1 = 20$,答案选B。

16.【解析】及格率为 $(0.025+0.035+0.01+0.01) \times 10 = 0.8 = 80\%$,及格人数为 $1000 \times 80\% = 800$,答案选E。

【套路】各个长方形的面积等于相应各组的频率,即各组的数量所占的百分比。

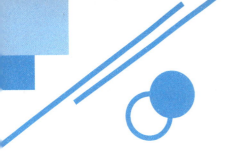

参考文献

[1] 吕保献.初等数学(上)[M].2版.北京:北京大学出版社,2013.
[2] 吕保献.初等数学(下)[M].2版.北京:北京大学出版社,2016.
[3] 彭翕成.从初等数学到高等数学:第1卷[M].北京:中国科学技术大学出版社,2017.